박영사

한국의 노사관계

산/업/별/동/향/과/전/망

김동원 · 김승호 · 김영두
손동희 · 유병홍 · 정경은

머 리 말

이번에 출간되는 『한국의 노사관계: 산업별 동향과 전망』은 지금까지 우리나라에서 노사관계 연구가 산업이나 업종의 구분 없이 전 산업을 망라하여 수행해 왔다는 문제의식에서 출발했다. 그나마 1987년 노동자대투쟁 이후 급성장한 제조업 대공장 노사관계를 대상으로 한 연구는 상대적으로 많았다고 할 수 있다. 2000년대 들어 금속과 금융, 보건의료산업에서 기업별노조가 산별노조로 전환한 데 이어 산별교섭이 현실화되면서 산업별 노사관계 연구가 활성화되기도 하였다. 반면, 1987년 노동자대투쟁 이전부터 노사관계가 형성된 버스나 택시 등 운수산업에 관한 연구는 크게 조명 받지 못한 편이다. 건설산업 노사관계도 다단계 하도급구조하에서 일용직 노사관계, 특수고용형태 노사관계가 복잡한 양상으로 전개되는 특성을 보여 왔다. 이 책은 그동안 한국의 노사관계가 포착하지 못했던 산업구조의 특징과 노사관계의 차이를 반영하고자 하였다.

산업별 노사관계의 특성을 검토한 결과, 연구진은 공통점과 차이점을 발견할 수 있었다. 우선, 공통된 현상은 다음과 같다. 첫째, IMF 외환위기 이후 산업별 노사관계의 형성은 기존의 기업별 노사관계와 구분되는 전환을 보였으나, 2000년대 후반 들어 기업별 노사관계로 회귀하는 양상을 보이고 있다. 둘째, 기업단위 복수노조 허용으로 노동운동의 활성화 조짐이 보인다. 예를 들어, 13년간 유예됐던 기업단위 복수노조가 2011년 7월부터 본격적으로 도입되기 시작되어 1년을 넘기는 동안 840개가 넘는 신규노조가 결성되었다는 점에서 주목된다. 셋째, 한국 노사관계의 주요한 특징 중 하나가 전투적 노조주의였으나 최근 들어 노조의 실리주의 추구 경향이 강화되고 있다. 마지막으로, 비정규직 문제가 노사관계의 주요 문제가 되고 과거와 같은 양면적 노사관계가 희석되고 있으며, 다면적 노사관계로 시각을 전환해야 할 필요성을 제시하고 있다.

반면, 산업별 차이점은 다음과 같이 논의할 수 있다. 첫째, 금속-공공-보건의료산업에서 산별노조 전환과 산별교섭 시행이 2000년대 들어 주목을 받았으며, 이 과정에서 노사갈등을 겪었다. 우선, 전통적으로 지역별 공동교섭을 시행해 왔던 버스나 택시 등 운수업의 경우 2000년대 들어 파업이 급격히 감소하였다. 둘째, 기업단위 복수노조는 제조업의 일부 사업장과 버스·택시 등 운수업에서 두드러진 편이다. 다만 공공부문이나 금융, 보건의료산업, 건설업에서는 현안으로 부각됐다고 볼 수 없다. 셋째, 한국의 노사관계에서 실리주의가 주된 특징이 되면서 파업이 약화되고 있는 반면, 현대자동차 사내하청, 한진중공업이나 쌍용자동차의 경우처럼 사회운동적 요구가 결합하여 전투성을 띠기도 한다. 또한 이들 사업장 사례에서 알 수 있듯이, 노사갈등이 표면화되면 장기화될 뿐만 아니라 해소하기도 어렵다는 것을 감지할 수 있다. 마지막으로, 2000년대 들어 공통적으로 비정규직 문제가 부상하였음에도 산업별 차이를 보여 주고 있다. 제조업에서는 사내하청 노동자들의 불법파견 문제와 직접고용 여부가 노사갈등의 핵심적인 문제이다. 격렬한 형태로 진행됐던 사내하청 노동자들의 투쟁은 정규직 노조의 지원을 얻지 못하고 대부분 소기의 성과를 얻지 못한 채 마무리되었다. 반면, 공공부문 개혁과 민영화 과정에서 민간위탁이나 외주용역으로 전환된 공공부문 용역 노동자들의 경우 노조가 안정적으로 유지되는 편이고, 최저임금 및 생활임금 운동을 전개하였다. 다른 한편, 금융산업과 보건의료산업은 산별교섭을 통해 기간제 비정규직을 정규직으로 전환한 경험을 갖고 있다. 건설업의 경우 레미콘을 비롯하여 특수고용 문제가 중심인 데 비하여, 운수업의 경우 비정규직 문제가 거의 표면화되지 않았다고 할 수 있다.

연구진이 이 책을 출간하게 된 이유는 산업별 특성을 고려한 노사관계 연구의 필요성이 높다고 보았기 때문이다. 연구진 스스로도 산업별 동향과 전망을 논의하는 과정에서 노사관계의 동향의 공통점과 차이점을 알게 되는 데 많은 도움을 받았다. 그럼에도 불구하고, 이 책이 갖고 있는 한계를 밝히지 않을 수 없다. 이 책은 금속, 공공기관, 공무원, 금융산업, 보건의료산업, 건설산업, 운수업 등 7개 산업에 국한하여 산업별 동향과 전망을 논의했다. 이 책이 미처 다루지 못한 산업이나 부문은 추후 새로운 연구가 필요한 작업으로 남겨 둔다.

마지막으로 이번 책자는 지난 2010년과 2011년에 수행한 고용노동부 연구용역 결과물을 수정·보완해서 『한국의 노사관계: 산업별 동향과 전망』이라는 제목으로 출판하게 된 것이다. 먼저, 연구의 내용을 출판하도록 승낙해 주신 방하남 고용노동부장관님께 감사드린다. 또한 여러 연구 작업으로 바쁜 와중에서도 책자 발간을 위해 시간을 할애해 준 연구진에게 감사드린다. 마지막으로 기꺼이 책자 출판에 응해 주신 박영사의 안종만 회장님과 편집실무를 도맡아 주신 이강용 편집위원님, 박광서 대리님, 관련 직원 여러분께 고마운 마음을 전한다.

2013년 4월 안암동에서

대표 저자 **김 동 원**

차 례

제 1 장 서 론

제 2 장 금속산업 노사관계의 동향과 전망

제 5 장 금융산업 노사관계의 동향과 전망

서 론 1

1. 연구의 필요성과 목적

2. 연구의 대상과 방법

제1장 서 론

1. 연구의 필요성과 목적

한국의 노사관계는 1987년 민주화투쟁과 1997년 IMF(국제통화기금) 외환위기를 양대 분수령으로 하여 큰 변화를 겪어 왔다. 전자의 경우 민주화 투쟁과정에서 전국적으로 신규노조가 결성되었으며, 사용자와 이익배분을 둘러싸고 대립적 노사관계가 형성됐다. 이 시기에 한국의 주요 사업장 대부분이 크고 작은 노사갈등을 겪었다. 그러나 IMF 외환위기 이후 양대노총 산하 주요 노조들이 조직구조를 기업별 노조에서 산별노조로 전환하며 사용자에 대해 산별교섭을 촉구하는 등의 변화를 목도할 수 있었다. 노동계는 산별노조 전환과 산별교섭 구축이 기존의 정규직 중심의 기업별 노조의 한계를 극복하고 비정규직 근로자 조직화를 위해 불가피하다고 보았다. 최근 들어 산별 노사관계 약화현상이 뚜렷하다고 할 수 있음에도, 실제로 일부 주요 산업에서는 산별교섭을 통해 근로자들의 근로조건이 결정되고 있다.

이러한 움직임에도 불구하고 지금까지 한국 노사관계 연구는 산업별 노사관계에 관한 고찰이 상대적으로 부족했다고 할 수 있다. 특히 제조업 대공장 노사관계가 주된 연구대상이었다고 할 수 있다. 제조업 노사관계 추이를 살펴볼 때, 노조조직률의 하락, 파업의 감소 등 노조의 약화와 노사관계 안정 추세가 이어지고 있다고 할 수 있다. 그러나 이는 유통서비스업에서 여성-비정규직 중심의 노사관계나 인사이동에 민감한 사무직 노사관계, 정부정책에 영향을 받는 공공부문 노사관계 등 산업별 특성을 담지 못한다. 2000년대 들어 금속-금융-보건의료 산업에서 산별교섭이 진행되며 산업별 노사관계 연구가 본격적으로 활성화되었다. 그러나 대부분 산별노조 결성, 산별교섭 결정요인 등 특정 주제에 관한 연구로, 특정 산업 노사관계를 통시적으로 심층분석한 연구는 매우 드물다. 외국의 경우 산업별 노사관계에 대해 전문적인 연구자들이 많다는 점과 대조적이다. 이러한 문제점을 해소하기 위하여, 본 연구는 주요 산업을 선정하여 노사관계의 흐름을 이해한 뒤 향후 전망을 제시하고자 한다.

2. 연구의 대상과 방법

본 연구는 위와 같은 상황을 반영하여 건설, 공공기관, 공무원, 금속, 금융, 보건의료, 운수산업 등 한국의 7개 산업을 선정하였다. 산업별 노사관계 흐름을 이해하기 위해 특히 IMF 외환위기 이후 전개된 양상을 중심으로 살펴볼 것이다. 구체적으로, 7개 산업에 대해 산업의 특성, 노사관계 당사자의 특성, 노사관계의 흐름 변화, 현안 검토와 향후 전망을 살펴보고자 한다.

이를 위해, 본 연구는 문헌연구와 면접조사를 결합하였다. 문헌자료는 고용노동부에서 공식적으로 발표한 자료, 주요 언론에서 발표한 신문기사, 해당 산업 노사관계 당사자와 상급단체가 발간한 간행물과 홍보물, 보도자료 등이 포함된다. 면접대상은 산별 노사단체 주요 간부, 각 산업별 주요사업장 인사관리자 및 노조대표, 양대노총 관계자, 정부 해당 부서 관계자 등이다.

본 연구는 한국의 대표적인 산업을 선정하여 노사관계 흐름을 장기적으로 고찰함으로써 노사관계 연구에서 다음과 같은 기여를 할 것으로 보인다. 첫째, 주요 산업 노사관계를 동시에 살펴봄으로써 개별산업 사례연구의 한계를 넘어설 것으로 보인다. 둘째, 7개 주요 산업 노사관계에 대한 심층분석을 통해 노사관계 변화와 지속성을 고찰한다는 데 의의가 있다. 셋째, 기존의 산별 노사관계 연구가 주로 금속-금융-보건의료 산업에 국한된 데 비해, 본 연구는 공공부문을 공무원과 공공기관으로 세분하고, 그간 연구대상으로 다루어지지 않았던 건설과 운수를 포함하여 고찰하고 있다.

마지막으로, 이 연구는 연구진이 2010년부터 2011년까지 고용노동부 연구용역 과제로 수행했던 '노사관계 실태분석과 평가' 연구를 바탕으로 새로이 자료를 추가하여 보완한 것임을 밝혀 둔다. 본 연구는 한국의 다양한 산업별 노사관계 중 7개 산업만을 포함하는 것으로, 향후 추가 작업을 통해 나머지 산업 노사관계를 다룰 것이다.

2 금속산업 노사관계의 동향과 전망

1. 서 론
2. 산업환경과 특징
3. 노사관계 연혁
4. 노사관계 당사자 현황
5. 노사관계 현황 - 금속노조의 교섭구조를 중심으로
6. 최근의 이슈
7. 금속산업 노사관계 특징과 전망

제2장 금속산업 노사관계의 동향과 전망[1)]

1. 서 론

금속산업은 전통적으로 한국의 노사관계에서 가장 중요하고 두드러진 역할을 해 왔고, 인상적인 변화를 주도해 왔던 영역이다. 1987년 노동자대투쟁의 중심 거점이 되기도 했고, 한국노총에 대항하여 결성된 전국조직인 전노협(전국노동조합협의회)의 주된 주체도 금속산업의 노동조합이었다. 민주노총 결성 이후에도 금속산업은 산업적 규모와 높은 조직률을 배경으로 민주노총의 중심 세력이 되었고, 2001년부터는 산별노조로의 전환과 중앙교섭의 실현, 사용자 단체의 결성 등 그 규모와 변화의 영역이 크다는 점에서 금속산업 노사관계를 다루는 것은 매우 의미 있는 일이라 할 수 있다.

1987년의 폭발적 성장기를 지나 1997년 말 외환위기를 기점으로 금속산업에서는 기업과 노조 양측에서 모두 극심한 변화를 경험했다. 자동차업종에서는 기아자동차, 대우자동차, 쌍용자동차가 모두 부도의 경험 끝에 타 기업으로 인수합병되는 구조조정을 겪었고, 그때마다 대규모 노동쟁의와 사회적 파장을 낳았다. 조선업종에서는 1990년대 중반까지 가장 전투적이었고 민주노총의 주력이었던 노동조합들이 실리주의 노선으로 전환하거나 과거의 전투적 경향에서 탈피하는 변화가 나타나기도 했다. 노동조합 조직적으로는 1998년 자동차업종과 조선업종의 대규모 노동조합과 일반기계금속 노동조합이 모두 결집한 전국금속산업노동조합연맹이 18만 명의 조합원으로 출범하였고, 2001년에는 산별노조인 금속노조가 결성되고 2006년에 완성차노동조합이 산별전환을 하였다. 이로써 조직구조 측면에서는 15만 명의 산별노조가 탄생하였다.

그러나 교섭구조 측면에서는 여전히 조합원 3만 명을 채 포괄하지 못하는 중앙교섭과 10만여 명의 조합원을 포괄하는 완성차의 기업별 교섭으로 이원화

---

1) 금속산업의 노사관계는 민주노총 금속노조의 교섭구조 변화와 쟁점을 중심으로 살펴본다. 한국노총 금속노련의 경우 조직구조 변화를 시도했으나 실패했고, 기업별 노조체계를 유지하는 가운데 개별기업의 임금인상을 중심으로 활동하고 있어 전반적인 활동에서 과거의 패턴에서 벗어나지 못하고 있기 때문이다.

된 모습을 보여 주고 있다. 뿐만 아니라 2007년 이후 한국의 노동조합에서 가장 전투적이라 평가받았던 완성차노동조합에서 무쟁의타결이 이루어지는 등 새로운 변화의 모습이 나타나기도 하였다. 이와 비슷한 시기에 노사관계 환경적으로는 노동조합 활동에 가장 크게 영향을 미칠 것으로 예상되었던 전임자 임금지급금지 법안과 복수노조 허용 법안이 통과, 시행되었다. 이를 둘러싸고 노사, 노정 간 쟁점과 갈등이 형성되었으나 과거와 같은 전면적인 투쟁으로 비화되지는 않았다. 오히려 정부의 강경한 방침에 따라 노조의 수세적 방어 국면이 전개되었고 표면상 제도는 빠르게 안착되는 것으로 보이고 있다. 다만 복수노조의 경우 주로 악화된 기업별 노사관계를 배경으로 설립되는 경향을 보이고 산별노조에 불리하게 작용하는 것으로 나타나고 있다.

여기서는 한국의 전반적인 노사관계를 주도했던 금속산업에서 나타난 변화의 과정과 특징은 무엇인가를 중심으로 살펴본다. 이를 위해 금속산업의 환경과 특징을 간략하게 본 후, 노사관계의 시기별 연혁과 주된 흐름, 노사관계 당사자의 현황과 특징, 교섭구조와 협상을 중심으로 한 노사관계 현황, 교섭 이외의 주된 쟁점과 이슈를 살펴보고 향후 전망을 결론으로 대신한다.

2. 산업환경과 특징

금속산업은 제조업 중 1차 금속 제조업/금속가공제품 제조업(기계 및 가구 제외)/전자부품, 컴퓨터, 영상, 음향 및 통신장비 제조업/의료, 정밀, 광학기기 및 시계 제조업/전기장비 제조업/기타 기계 및 장비 제조업/자동차 및 트레일러 제조업/기타 운송장비 제조업을 포괄하는 산업이다. 이들 각각의 업종들은 그 특성이 다양하고 편차가 커 노사관계에 작용하는 환경요인의 성격이 매우 다르다.

가. 산업적 특성

자동차업종은 2~3만 개의 부품으로 구성되는 자동차의 특성상 거대한 설비와 장비, 고도의 운영시스템을 필요로 하기 때문에 자본집약적이고, 동시에 최종 조립라인의 자동화에 한계가 있기 때문에 노동집약적이기도 하다(조성재 외, 2004).[2] 그리고 완성차업체와 부품업체 간 서열화와 전속도가 강하다는 특징 때문에 완성차나 부품업체의 쟁의가 생산에 영향을 많이 끼친다는 특징이 있다. 이 때문에 완성차가 부품업체의 노사관계에 개입하는 경우가 많다는 지적도 있다. 또한 1997년 외환위기를 계기로 국내업체의 급격한 구조조정과 국내자본의 해외진출, 해외자본의 국내진출 등으로 글로벌 경쟁에 직접 노출되어 있다는 특징을 갖는다. 이런 가운데 현대기아차를 중심으로 해외생산 비중이 크게 늘고 있다. 국내생산 비중이 낮아진다는 것은 고용불안 요인의 증가와 노사관계 불안정 요인이 동시에 커진다는 것을 의미한다.

조선업종은 수주산업의 특성을 지니고 있고 다른 산업에 비해 고용유연성을 확보해야 하는 산업이다. 조선시장의 특성이 주기적인 경기순환의 기복이 매우 크기 때문에 조선사들은 이러한 시장특성에 대응하여 비정규직 하도급 노동자의 활용을 통한 고용유연성을 확보함과 동시에 조선전업도를 낮추고 종합중공업체로의 다각화를 적극적으로 추진한다(노병직 외, 2004).[3] 그 결과 조선사의 고용구조는 정규직 조합원이 1만 5,442명인 데 비해 사내하청 비정규직은 2만 7,958명으로 1.8배에 달하는 것으로 조사되기도 했다(금속노조・비정규센터, 2007).[4] 한국의 조선산업은 2000년대 중반 이후 해외로 활발하게 생산네트워크를 구축하기 시작했다. 동시에 고부가가치 선박으로의 주력업종 전환이 빠르게 진행되었다. 노동비용 상승과 함께 중국의 원가우위 전략이 강화됨에 따라 저비용에 기반한 원가우위 전략에서 차별화 전략으로의 전환이 필요했기 때문이다. 이러한 차별화 전략은 노동집약적이기보다는 자본집약적, 기술집약적으로 이루어지는 경향이 강하고 따라서 1990년대 초와 2000년대 초반과 같은 설비확장은 없을 것이며 이러한 가운데 조선시장이 침체되거나 새로운 조선 수요가 증가하지 않을 경우 조선산업의 구조조정이 불가피할 것으로 전망되기도 한다(신원철・허민영, 2010).[5]

철강산업은 '규모의 경제(economy of scale)' 효과가 큰 산업이다. 즉, 철강

2) 조성재・홍장표・이시균(2004), 자동차산업 도급구조와 고용관계, 산업별 도급구조와 고용관계, 한국노동연구원.
3) 노병직・신원철・이상호(2004), 조선산업의 도급구조와 고용관계, 산업별 도급구조와 고용관계, 한국노동연구원.
4) 전국금속노동조합・한국비정규센터(2007), 금속산업 노동시장 및 금속노조 비정규실태 연구보고서, 전국금속노동조합.
5) 신원철・허민영(2010), 한국 조선 기업의 해외진출과 고용관계에 관한 조사 보고서, 전국금속노동조합.

산업은 생산규모의 증가에 따라 생산원가가 급격히 하락하는 특성을 갖는다. 철강산업에서 규모의 경제가 발생하는 이유로는 어느 정도의 규모에 이르기까지는 생산량에 비례하여 생산요소를 분할하기 어려운 점, 기계설비의 대형화에 의해 생산비용을 절감시킬 수 있는 여지가 많다는 점, 제선·제강·압연 각 공정을 한곳에 설치할 경우 운반비용 및 조업시간의 절감을 가져올 수 있다는 점 등을 들 수 있다(남종현, 1979: 50-51).[6] 때문에 철강산업은 최적 규모를 구비할 때까지 계속해서 생산설비를 증대시킬 유인을 가지고 있다. 여기에 철강산업은 생산을 탄력적으로 조절하기 힘든 특성을 가지고 있다. 용광로 가동중단에 따른 손실이 크고, 제철소 건설기간이 길다는 점 때문이다. 이와 함께 철강 생산과정의 각 단위가 시간, 공간적으로 독립되거나 분할될 수 없는 순차적인 연속생산 과정을 특징으로 하고 생산과정의 자동화가 필수적이기 때문에 노동자는 주로 자동화 공정을 감시하는 오퍼레이터 역할을 담당하게 된다(박준식, 1991).[7] 이러한 특성으로 철강산업에서는 오래전부터 사내협력업체라 불리는 사내하도급 구조가 발달되어 왔다.

전자산업은 대기업 시장지배 정도가 매우 크고 노사관계 측면에서는 삼성의 무노조주의, LG의 협력적 노사관계, 경제위기 시기의 현대(하이닉스반도체)와 같은 전투적 노사관계에 이르기까지 다양한 유형을 보인다.

나. 고용 및 임금 현황

고용과 임금조건이라는 측면에서의 특성을 보게 되면 금속산업 내의 업종별, 규모별 격차가 크게 나타나고 있다. 2009년 현재 금속산업의 총사업체수는 10만 599개로 총종사자수는 186만여 명이다. 이중 상용근로자는 167만여 명이고, 임시 및 일용근로자는 11만 7,000여 명이다.

이를 중분류산업별로 보면, 사업체수는 금속가공업과 기타기계가 각각 35.6%, 25.1%로 50% 이상을 차지하고 있다. 총종사자수는 전자통신장비제조업이 20.2%, 금속가공이 18.5%, 기타기계 17.9%, 자동차 14.1%의 순으로 나

6) 남종현(1979), 철강공업의 특성과 수급구조, 한국개발연구원.

7) 박준식(1991), 중공업 대기업에서의 노사관계 유형에 관한 비교연구: 철강, 자동차, 조선산업의 세 기업을 중심으로, 연세대학교 사회학과 박사학위 논문.

[표 2-1] 금속산업 기업체 및 고용 현황

(단위: 개, 명)

연 도	사업체수	총종사자수	상용근로자	임시 및 일용근로자
2007	103,601	1,888,714	1,718,570	94,461
2008	99,073	1,860,739	1,679,206	109,062
2009	100,599	1,862,752	1,672,787	116,642

출처: 통계청, 광업·제조업 통계.

타난다. 단위기업당 종사자는 기타운송장비가 69.9명, 자동차가 47.4명, 전자통신장비제조업이 45.1명으로 가장 많다. 이들 3개 산업의 기업규모가 상대적으로 크고, 금속가공, 의료정밀, 기타기계, 정기장비의 기업규모가 상대적으로 작다는 것을 의미한다. 한편 임시 및 일용근로자의 비중은 금속가공업이 32.3%로 가장 높고, 기타기계 18.6%, 전자통신 14.5%, 전기장비 11.8%의 순으로 나타난다. 기타운송장비 0.4%, 의료정밀기기 3.8%, 1차금속 4.1%, 자동차 6.1%의 경우 임시 및 일용근로자의 비중이 낮은 것으로 나타나고 있다.

[표 2-2] 금속산업 기업체 및 종사자수, 상용 및 임시/일용근로자수(2009년 기준)

구 분	사업체수		총종사자수		단위 기업당 종사자	상용근로자		임시 및 일용근로자	
	명	비중(%)	명	비중(%)		명	비중(%)	명	비중(%)
전 체	100,599	100.0	1,862,752	100.0	18.5	1,672,787	100.0	116,642	100.0
1차금속	5,201	5.2	133,179	7.1	25.6	125,437	7.5	4,750	4.1
금속가공	35,844	35.6	343,687	18.5	9.6	274,787	16.4	37,632	32.3
전자통신	8,352	8.3	376,381	20.2	45.1	355,253	21.2	16,936	14.5
의료정밀	6,086	6.0	77,357	4.2	12.7	68,955	4.1	4,476	3.8
전기장비	12,147	12.1	180,995	9.7	14.9	159,267	9.5	13,815	11.8
기타기계	25,204	25.1	332,952	17.9	13.2	293,276	17.5	21,690	18.6
자동차	5,525	5.5	261,723	14.1	47.4	250,916	15.0	7,070	6.1
기타운송	2,240	2.2	156,478	8.4	69.9	68,894	4.1	500	0.4

출처: 통계청, 광업·제조업 통계.

그러나 금속노조의 조사에 의하면 임시 및 일용근로자 이외에 사내하도급의 형태로 종사하고 있는 비정규직 규모는 다르게 나타난다(금속노조・비정규센터, 2007). 금속노조의 조사에 의하면 임시, 일용, 파견, 사내하청, 용역, 이주노동자 등의 형태로 존재하는 비정규직 규모는 위에서 임시 및 일용근로자의 비중이 낮은 것으로 나타났던 1차금속, 자동차, 기타운송장비 등에서 아주 높게 나타난다. 비정규직 규모는 기타운송장비제조업에 해당하는 조선업종에서 사원 대비 비정규직 비중은 177.2%에 달하며, 철강이 42.1%, 자동차부품이 40.4%에 이르는 것으로 나타나고 있다. 비정규직 유형 중 임시 및 일용근로자의 수는 1,090명으로 매우 미미하다. 반면 사내하청은 전체 비정규직 중에서 차지하는 비중이 90%를 넘고 있다. 이 조사는 금속노조 산하 조직을 대상으로 한 것이기 때문에 전체 금속산업의 추이를 반영하지 못한다고 볼 수도 있으나, 노조가 조직된 상태에서의 비정규직 규모와 유형을 파악한 것이기 때문에 노조가 조직되어 있지 않은 경우 그 규모는 더욱 커질 수 있음을 시사한다. 이와 같은 특성은 금속산업의 노사관계에서 사내하청을 중심으로 한 비정규직 노사관계가 중요한 지위를 차지한다는 점을 보여 준다.

[표 2-3] 금속노조 업종별 비정규직 현황

(단위: 명, %)

업 종	사원수	조합원수	비정규					
			임시 일용	파견 용역	사내 하청	이주 노동	소 계	사원 대비 비중
자동차완성	117,981	91,248	88	1,008	18,098	70	19,194	16.3
자동차부품	29,032	23,853	680	854	9,845	349	11,728	40.4
조 선	16,666	15,442	12	185	27,958	1,378	29,533	177.2
철 강	11,542	7,418	52	253	4,475	79	4,859	42.1
기 계	21,081	11,860	336	331	3,961	14	4,642	22.0
전 자	6,670	3,887	154	341	390	41	926	13.9
계	202,972	153,708	1,090	2,973	64,738	1,931	70,895	34.9

자료: 금속노조・비정규센터(2007) 자료를 수정. 업종 중 기타로 분류된 것 제외. 시간제, 촉탁, 실습생, 딜러 제외.

한편 금속산업에서 업종별, 규모별로 종사자수와 비중을 보면, 전자통신, 자동차, 기타운송장비 제조업종에서 1,000명 이상 규모의 기업에 종사하는 종사자의 비중이 43.4%, 33.4%, 44.3%로 가장 높다. 이들 업종에서 고용규모의 기업 간 격차가 크다는 것으로 그만큼 고용이 대규모 기업에 집중되어 있다는 것을 말한다.

[표 2-4] 금속산업 중분류/종사자 규모별 종사자수(2009년 기준)

(단위: 천 명, %)

종사자 규모별	1차 금속	금속 가공	전자 통신	의료 정밀	전기 장비	기타 기계	자동차	기타 운송
전 규모	133	344	376	77	181	333	262	156
1~4인	4	50	7	7	14	29	4	1
5~9인	10	68	17	13	23	49	9	4
10~29인	24	96	35	20	41	91	26	10
30~49인	17	41	24	9	19	44	23	10
50~99인	19	37	32	8	22	45	36	19
100~199인	16	26	37	11	19	31	29	26
200~299인	7	8	22	4	10	13	21	8
300~499인	8	5	13	2	11	12	13	2
500~999인	7	4	27	2	8	8	14	7
1,000인 이상	22	9	163	1	13	12	88	69
전 규모	100.0	100.0	100.0	100.0	100.0	100.0	100.0	100.0
1~4인	3.2	14.6	1.8	9.1	8.0	8.7	1.4	0.7
5~9인	7.2	19.8	4.4	16.9	12.9	14.6	3.3	2.3
10~29인	17.7	28.1	9.2	25.5	22.4	27.3	10.1	6.3
30~49인	12.9	11.8	6.3	11.9	10.6	13.2	8.8	6.5
50~99인	14.0	10.6	8.4	10.8	12.4	13.4	13.6	12.1
100~199인	12.4	7.5	9.8	14.1	10.4	9.3	11.0	16.8
200~299인	4.9	2.2	5.9	5.2	5.6	3.8	7.9	5.3
300~499인	6.0	1.6	3.5	2.7	6.3	3.6	5.0	1.3
500~999인	5.2	1.1	7.3	2.2	4.3	2.4	5.4	4.3
1,000인 이상	16.5	2.7	43.4	1.6	7.1	3.5	33.4	44.3

출처: 통계청, 광업・제조업 통계.

[표 2-5] 금속산업 중분류/종사자 규모별 부가가치 비중(2009년 기준)

(단위: %)

종사자 규모별	1차 금속	금속 가공	전자 통신	의료 정밀	전기 장비	기타 기계	자동차	기타 운송	전체
10~19	4.6	20.3	1.3	16.7	10.5	15.9	2.1	1.3	5.6
20~49	10.2	26.0	5.4	24.6	16.2	23.7	5.2	3.8	10.2
50~99	7.7	14.7	2.5	15.2	12.9	16.4	5.9	4.5	7.0
100~199	10.3	13.0	3.3	24.4	11.4	13.5	5.6	5.2	7.3
200~299	4.9	6.0	2.8	8.0	7.5	7.8	5.3	3.5	4.6
300~499	5.3	4.4	1.6	6.2	11.2	8.4	4.6	0.7	3.9
500~999	8.2	4.8	3.0	5.0	13.7	3.8	6.9	2.3	5.0
1,000명 이상	48.8	10.7	80.1	-	16.6	10.6	64.4	78.8	56.4

출처: 통계청, 광업·제조업 통계.

부가가치 측면에서 제조업 전체에서 금속산업이 차지하는 비율은 65.4%이다. 각 업종별로 1,000명 이상 규모의 기업체가 부가가치 생산에서 차지하는 비중을 보면 1차금속이 48.8%, 전자통신 80.1%, 자동차 64.4%, 기타운송장비(조선) 78.8% 등으로 규모별 격차가 매우 심하다. 금속가공과 전기장비, 기타기계, 의료정밀광학은 그 비중이 10~15% 정도로 낮아 업종 간 격차가 심하다.

업종별 상용직의 월평균 임금수준은 자동차가 평균 417만 2,000원, 기타운송장비 395만 7,000원, 전자통신장비제조업이 353만 원, 1차금속이 343만 4,000원 등으로 높게 나타난다. 규모별 편차는 300인 이상을 100으로 했을 때 차하위 규모를 비교하면 금속가공업과 기타운송장비제조업이 각각 58.1%와 59.1%로 가장 낮다. 자동차는 62.1%, 기타운송장비는 59.1%, 1차 금속은 70.5% 등의 분포를 보인다.

상용직과 비상용직을 비교해 보면 금속가공과 기타기계제조업에서 비상용직의 임금이 상용직의 52.9%와 57.6%로 나타날 뿐 1차금속 22.4%에서 기타운송장비제조 44.8%로 매우 낮은 분포를 보인다.

[표 2-6] 업종별, 규모별, 고용형태별 연평균 임금수준(2009년 기준)

(단위: 천 원, %)

구 분	규모별	1차금속	금속가공	전자통신	의료정밀	전기장비	기타기계	자동차	기타운송
상용	전체	3,434	2,670	3,530	2,591	2,771	2,802	4,172	3,957
	5~9인	1,829	2,086	2,280	2,205	2,434	2,428	2,358	2,338
	10~29인	2,905	2,396	2,635	2,417	2,500	2,529	2,414	2,309
	30~99인	2,950	2,504	2,947	2,544	2,328	2,626	2,768	2,400
	100~299인	3,291	3,118	2,952	2,460	2,905	2,892	3,530	3,048
	300인 이상	4,666	5,310	4,064	4,022	3,697	4,354	5,684	5,156
	5~9인	39.2	39.3	56.1	54.8	65.8	55.8	41.5	45.4
	10~29인	62.3	45.1	64.8	60.1	67.6	58.1	42.5	44.8
	30~99인	63.2	47.2	72.5	63.3	63.0	60.3	48.7	46.5
	100~299인	70.5	58.7	72.6	61.2	78.6	66.4	62.1	59.1
	300인 이상	100.0	100.0	100.0	100.0	100.0	100.0	100.0	100.0
비상용	전체	906	1,412	1,300	960	1,220	1,612	998	1,772
	5~9인	922	1,280	619	837	855	1,667	695	923
	10~29인	885	1,229	845	1,007	1,227	1,030	1,141	1,528
	30~99인	723	1,909	1,348	961	811	1,329	844	3,503
	100~299인	1,245	1,523	1,768	1,189	1,392	2,547	1,372	815
	300인 이상	1,817	1,192	1,533	511	1,947	2,162	1,859	1,443
	5~9인	50.7	107.4	40.4	163.8	43.9	77.1	37.4	64.0
	10~29인	48.7	103.2	55.1	196.9	63.0	47.7	61.4	105.9
	30~99인	39.8	160.1	87.9	188.0	41.7	61.5	45.4	242.7
	100~299인	68.5	127.8	115.3	232.7	71.5	117.8	73.8	56.4
	300인 이상	100.0	100.0	100.0	100.0	100.0	100.0	100.0	100.0
비상용 상용	전체	26.4	52.9	36.8	37.0	44.0	57.6	23.9	44.8
	5~9인	50.4	61.4	27.1	38.0	35.1	68.7	29.5	39.5
	10~29인	30.5	51.3	32.1	41.7	49.1	40.7	47.2	66.2
	30~99인	24.5	76.2	45.7	37.8	34.8	50.6	30.5	146.0
	100~299인	37.8	48.8	59.9	48.3	47.9	88.0	38.9	26.7
	300인 이상	38.9	22.4	37.7	12.7	52.7	49.6	32.7	28.0

출처: 통계청, 광업·제조업 통계.

주) 1규모: 5~9인, 2규모: 10~29인, 3규모: 30~99인, 4규모: 100~299인, 5규모: 300인 이상.

다. 금속산업의 노동조합 조직률

2010년 말 기준으로 노동조합에 가입한 조합원수는 164만 3,111명으로, 노동조합 규모별 조합원수 분포는 아래 [표 2-7]과 같다(고용노동부, 2011).[8)]

민주노총 금속노조와 한국노총 금속노련의 사업보고 자료를 토대로 금속산업의 조직률을 추산해 보면, 금속노조 조합원이 13만 8,029명, 금속노련 조합원이 10만 5,127명으로 총조합원수는 24만 3,156명이고, 이는 금속산업 종사자 186만 명 대비 13.1%이다. 현대중공업 등 양 노총에 가입하지 않은 미가맹 노동조합을 포함시키더라도 전체적으로 15%를 넘지는 않을 것이다. 이러한 조직률은 전체 조직률 10%에 비하면 상대적으로 높은 편이기는 하나, 지속적인 조합원 감소 추세에 비추어 노동조합 활동이 침체될 가능성도 있다.

고용노동부가 발표한 2010년 기준 조합원 규모별 조직 현황에 따르면, 2010년 말 기준 조합원수 50인 미만 노동조합이 45.7%(2,021개소)를 차지하나

[표 2-7] 전국노동조합 규모별 조합원수 분포

(단위: 개, 명)

규모별	2007년		2008년		2009년		2010년	
	조합수	조합원수	조합수	조합원수	조합수	조합원수	조합수	조합원수
계	5,099	1,687,782	4,886	1,665,798	4,689	1,640,334	4,420	1,643,113
50인 미만	2,444	41,103	2,435	38,629	2,274	37,411	2,021	33,207
50~99인	919	65,953	826	59,132	790	56,489	774	55,134
100~299인	1,140	186,141	1,052	173,603	1,062	176,023	1,022	167,893
300~499인	240	92,811	229	89,775	223	87,435	250	96,035
500~999인	173	117,806	167	114,856	162	113,064	167	114,319
1,000인 이상	183	1,183,968	177	1,189,803	178	1,169,912	186	1,176,525

출처: 고용노동부, 2010년 전국노동조합 조직 현황.

8) 고용노동부(2011), 2010년 전국노동조합 조직 현황. 그러나 한편에서는 이러한 노동부의 조직률 통계가 잘못되었다는 비판도 있다. 노조의 신고에 의존하는 조사방식 때문에 2009년과 2010년 조합원수가 동일하다고 조사된 노조의 비율이 54.7%에 달한다는 문제제기가 있었다(워크인조직혁신연구소, 2012).

조합원수는 2.0%(3만 3,207명)에 지나지 않는다. 반면 조합원 1,000인 이상인 노동조합수는 4.2%(186개소)에 불과하나, 조합원수는 전체의 71.6%(117만 6,525명)를 차지해 4.2%의 대규모 노조가 71.6%의 조합원을 보유하고 있는 것으로 나타나고 있다.

[표 2-8] 조합원규모별 조직 현황

(단위 : 개소, 명, %)

구 분	50명 미만	50~99	100~299	300~499	500~999	1,000명 이상	총 계
노조수 (%)	2,021 (45.7)	774 (17.5)	1,022 (23.1)	250 (5.7)	167 (3.8)	186 (4.2)	4,420 (100)
조합원수 (%)	33,207 (2.0)	55,134 (3.4)	167,893 (10.2)	96,035 (5.8)	114,319 (7.0)	1,176,525 (71.3)	1,643,113 (100)

출처: 고용노동부, 2010년 전국노동조합 조직 현황.

한편 사업체 규모별 조직 현황을 보더라도 2009년 노조조직률이 10.1%이나 종업원 규모별로 조직률을 세분화해서 보면 300명 이상 기업의 경우 조직률이 42.4%로 나타나 대규모 기업으로 갈수록 조직률이 높게 나타난다. 100명 미만 사업장의 조직률은 겨우 3.1%에 불과하다.

[표 2-9] 사업체 규모별 조직 현황

(단위 : 명, %)

구 분	30명 미만	30~99명	100~299명	300명 이상
임금노동자수	9,602,000	3,361,000	1,646,000	1,946,000
조합원수	22,548	98,080	210,046	825,659
조직률	0.2	2.9	12.8	42.4

임금근로자수 자료 출처: 경활 자료(2009년 12월 말 현재).

주) 1. 위 숫자는 총조합원 164만 명 중 기업규모 산정이 적절하지 않거나 불가능한 공무원, 교원, 지역노조(지부, 지회 포함) 조합원을 제외한 115만 6,000명을 기준으로 계산.

2. 지역노조, 지역지부, 사내하청지부 등 기업규모 산정이 불가능한 경우 제외.

금속노조와 금속노련의 자료를 토대로 산업업종에 따른 규모별 조직 현황을 추산해 보면, 사업장수는 금속노조가 215개, 금속노련이 464개인 데 비해 조합원수는 금속노조가 13만 6,962명, 금속노련이 10만 5,127명이다. 따라서 단위별 조합원수는 금속노조가 더 많다. 규모별 현황을 보면, 금속노조의 경우 1,000명 미만 규모의 사업장수는 201개이고, 조합원수로는 32,403명, 비중으로는 23.7%이다. 금속노련은 450개 사업장, 67,196명, 비중으로는 63.9%이다. 1,000명 이상 사업장은 금속노조와 금속노련 모두 14개이고, 조합원 비중으로는 76.3%와 36.1%를 차지하고 있다.

[표 2-10] 금속노조와 금속노련의 규모별 사업장, 조합원 현황

(단위: 개, 명, %)

구 분	민주노총 금속노조						한국노총 금속노련					
	지회 (사업장)		조합원수		조합원 비율		노조(지부) 사업장		조합원수		조합원 비율	
규 모	개	누적	명	누적	%	누적	개	누적	수	누적	%	누적
99 이하	104	104	3,547	3,547	2.6	2.6	228	228	11,862	11,862	11.3	11.3
100~299	62	166	10,848	14,395	7.9	10.5	168	396	28,575	40,437	27.2	38.5
300~499	19	185	7,517	21,912	5.5	16.0	35	431	13,433	53,870	12.8	51.2
500~999	16	201	10,491	32,403	7.7	23.7	19	450	13,326	67,196	12.7	63.9
1,000~1999	6	207	7,618	40,021	5.6	29.2	10	460	15,144	82,340	14.4	78.3
2000~4999	5	212	11,665	51,686	8.5	37.7	2	462	8,408	90,748	8.0	86.3
5,000 이상	3		85,276		62.3		2		14,379		13.7	
계	215		136,962		100.0		464		105,127		100.0	

출처: 금속노조 대의원대회 자료, 금속노련 내부자료.

주) 금속노조는 2011년 9월 기준, 금속노련은 2010년 말 기준. 양 조직 모두 지역별로 분산된 사업장을 대상으로 규모별 분류(금속노조는 기업지부와 전북의 지역지부는 1개의 사업장으로 계산). 금속노조는 사업장에 소속되지 않거나 사업장에 소속되어 있더라도 개인별로 가입한 개별 조합원은 제외.

이제 금속산업의 기업규모별 종사자수 대비 금속노조와 금속노련의 조직률을 보면, 100명 이하는 1.5%, 300인 미만 전체로 해도 13.7%이다. 이에 비해 300인 이상 조직률은 모두 30%를 상회하고 있다. 노동조합의 구성으로만 보더라도 노동조합 활동이 대공장 정규직 중심으로 이루어질 수밖에 없는 조건에 있음을 알 수 있다. 향후 금속산업의 조직률 확대는 300인 이하 사업장 노동자와 비정규직 노동자를 대상으로 이루어져야 하고 금속산업 내에서 업종별, 규모별, 고용형태별 각종 격차를 줄이기 위한 활동을 전개해야 함을 알 수 있다. 이는 동시에 현재 금속산업 노사관계에서 노사가 해결해야 할 과제가 되기도 한다.

[표 2-11] 금속산업 규모별 노동조합 조직률

(단위: 명, %)

구 분	금속산업 종사자	금속노조		금속노련		전 체	
		조합원수	비율	조합원수	비율	조합원수	비율
99 이하	1,054,132	3,547	0.3	11,862	1.1	15,409	1.5
100~299	286,822	10,848	3.8	28,575	10.0	39,423	13.7
300~499	67,317	7,517	11.2	13,433	20.0	20,950	31.1
500~999	76,805	10,491	13.7	13,326	17.4	23,817	31.0
1,000 이상	377,676	104,559	27.7	37,931	10.0	142,490	37.7
전체	1,862,752	136,962	7.4	105,127	5.6	242,089	13.0

주) 통계청 광업・제조업 통계자료와 금속노조, 금속노련 내부자료를 토대로 계산.

3. 노사관계 연혁

금속산업의 노사관계 연혁은 주로 1987년 이후 폭발적인 노동조합의 성장과 조직발전을 반영해 노동조합의 조직변화 과정을 한편으로 하고, 1997년 외환위기 이후 격렬한 노사 간 충돌을 야기했던 구조조정과 사회적 파장이 컸던 사안들을 중심으로 간략하게 살펴본다.

가. 금속산업에서의 노동조합의 변화과정

1) 금속노조

금속산업에서의 본격적인 노사관계는 1987년 여름의 '노동자대투쟁'으로부터 출발한다. 현대미포조선, 대우조선, 현대중공업 등 대규모 중공업 공장에서의 노동조합 결성과 파업을 시작으로 각 지역에서 지역노동조합협의회가 만들어졌고, 1990년에는 각 지역별 노동조합협의회가 모여 전국노동조합협의회(전노협)를 결성하였다. 1995년에는 제조업의 중소사업장 노동조합을 중심으로 한 전노협과 사무직, 보건, 건설 등 산업업종별 노동조합의 연합체인 전국업종노동합회의(업종회의), 현대그룹노동조합총연합(현총련), 대우그룹노동조합협의회(대노협)이 연합하여 1995년 전국민주노동조합총연맹(민주노총)을 건설하였다. 민주노총은 산업업종별로 연맹을 구성하였고 이때부터 산업별 조직이 노사관계의 전면에 등장하게 되었다.

민주노총이 건설되고 어느 정도 조직이 안정되는 시기인 1997년 3월을 기준으로 보면, 조선업종과 일반기계금속, 전기전자업종의 노동조합이 가입한 민주금속노동조합연맹(민주금속연맹)이 120개 노조 8만 300명, 완성차와 자동차부품 노동조합이 가입한 전국자동차산업노동조합연맹(자동차연맹)이 40개 노조 6만 242명으로 금속산업으로 포괄된 노조는 160개 14만 542명이다(민주노총, 1997).[9] 여기에는 당시 현총련 소속이었던 완성차부문이 현대자동차와 현대정공은 포함되지 않았다.[10]

이어 1997년을 거치면서 산업업종조직 중심의 민주노총조직을 재정비할 필요성이 제기되었고 민주노총의 가입단위였던 그룹별 조직인 현총련과 대노협의 재편문제가 대두되었다. 이에 따라 현총련과 대노협은 그룹별 협의조직으로 잔존하되 민주노총 가입은 민주금속연맹이나 자동차연맹을 통하도록 하는 방안이 논의되었다. 그 결과 민주노총 대의원대회의 이름으로 민주금속연맹과 자동차연맹, 현총련 소속의 금속부문 노동조합이 통합할 것을 권고하였다. 이러한 권고에 맞춰 민주금속연맹, 자동차연맹, 현총련 소속 금속부문 노동조합이 통합하여 1998년 2월 전국금속산업노동조합연맹(금속산업연맹)이 출범하게 되었다.

---

9) 전국민주노동조합총연맹(1997), 1996년 사업보고, 자료모음. 전국민주노동조합총연맹.

10)여기에는 완성차노동조합으로 현총련 소속이었던 현대자동차와 현대정공노동조합은 포함되지 않았다. 민주노총 건설과정에서 금속산업의 모든 노동조합을 하나로 조직하자는 입장과, 자동차・조선 등 업종별로 조직하자는 입장이 제출되면서 전자는 민주금속연맹으로, 후자는 자동차연맹으로 조직이 분리되어 있던 상태였다. 이런 조건에서 현대자동차와 현대정공은 자동차연맹에 가입하지 않고 현총련 소속으로 남아 있었던 것이다. 당시 이와 관련된 각 주장의 구체적인 내용은 '민주노총 건설을 위한 제1차 조사연구 보고서'(전국노동조합대표자회의 정책반, 1994), 57-115를 참조할 것.

금속산업연맹은 1998년 2월 통합 당시 184개 노조, 19만 234명의 조합원을 포괄하고 있었다. 금속산업연맹은 10개 지역본부를 주된 조직체계로 하고, 업종별로 조선분과, 일반금속분과, 자동차분과를 별도로 두고 업종별 사업을 추진하였다.

금속산업연맹이 창립하던 1998년은 1997년 말의 외환위기로 인해 전면적인 구조조정이 이루어지던 시기였다. 당시 노동조합은 대규모 인원정리와 임금동결, 임금삭감, 상여금 반납 등을 경험해야 했다. 이는 기업별 노조의 한계를 절감하는 계기가 되었고, 금속산업연맹은 1999년부터 산별노조 건설을 위한 준비를 시작하였다.

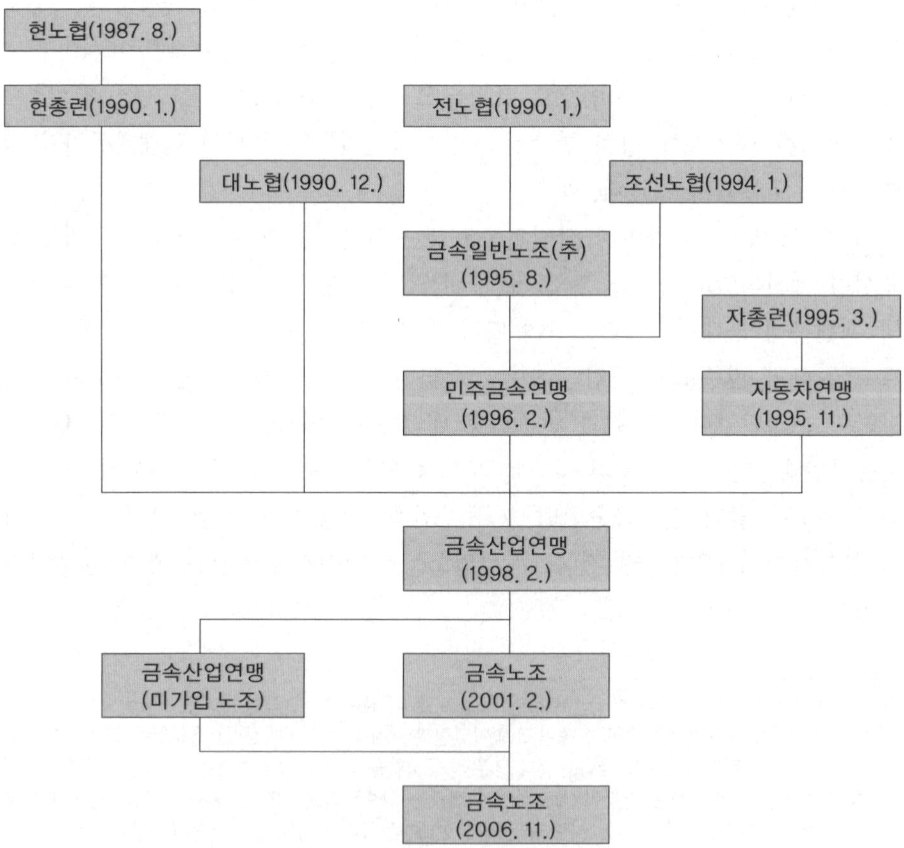

[그림 2-1] 민주노총 금속노조의 조직발전 경로

2년여에 걸친 준비와 논의 끝에 2001년 2월 전국금속노동조합(금속노조)이 출범했다. 그러나 출범 당시에는 연맹 산하 노동조합 중 완성차와 조선, 철강 등 주요 대공장 노동조합이 산별전환을 하지 못한 상태에서 중소사업장 노동조합 중심으로 2만 8,000여 명만이 금속노조에 합류하였다. 이후 지속적으로 조합원수가 증가해 4만여 명의 조합원을 포괄하고 중앙교섭을 성사시키기도 했으나 완성사 노동조합을 포함한 대공장 노동조합이 산별전환을 가결시켜 금속산업연맹 소속 노동조합 전체가 합류한 것은 2006년 9월이었다. 즉, 15만 명으로 구성된 현재의 금속노조가 본격적으로 활동하기 시작한 것은 2007년부터였다.

2) 금속노련

금속노련의 조직발전 방안은 두 가지 방향으로 진행되었다. 하나는 금속노련과 화학노련을 중심으로 한 제조업 관련 연맹 통합에 대한 논의과정이고, 다른 하나는 금속노련 자체의 산별전환 시도이다. 그러나 결론부터 말하면 이러한 두 가지 방향에서의 조직개편 시도는 모두 실패로 귀결되었다. 제소연대는 활동중단 상태였다가 최근에 다시 활동을 재개하는 정도이고, 산별노조 전환사업은 중단된 채 아무런 움직임이 없는 상태이다.

2000년 8월 금속노련과 화학노련이 공동연대 선언을 한 것을 계기로 한국노총 내 제조부문 5개 연맹이 2001년 1월 제조연대를 결성하였다. 2003년 2월에 화학노련이, 5월에는 금속노련이 제조대산별 통합을 결의하고 통합추진실무위원회를 구성하였다. 그러나 추진위 논의과정에서는 통합연맹의 대의원 배정, 임원, 지역본부 개편 등에서 쟁점이 제기되었다. 이로 인해 2003년 9월 이후 활동이 중단되었다. 2005년 1월 제조업 공동화 현상과 노조전임자 임금지급 금지 등 노사관계 로드맵에 대한 대응을 위해 다시 모였으나 현재까지 조직통합은 가시화되지 않고 있는 상태이다. 다만 현안에 대한 공동대응이나 공동임단투 등을 진행하고 있다.

한편 금속노련은 제조연대 활동과는 별개로 산별노조 전환사업을 추진했다. 외환위기 국면인 1998년 대대적인 구조조정과 임금동결, 상여금 반납 등의 근로조건 후퇴를 경험한 후 9월에 산별노조 전환 조직지침을 내려보내고, 10월에는 단위노조 임원들을 대상으로 산별노조의 필요성에 대한 교육도 실시했다. 그러나 그 이후 산별전환 사업은 주춤했다.

그러다가 2006년 복수노조 허용과 전임자 임금지급금지 도입 등 제도변화가 예상되고, 현대자동차 등 완성차노동조합들이 대거 산별전환을 통해 민주노총 금속노조로 합류하는 것에 영향을 받아 다시 산별노조 전환사업을 추진하게 되었다. 금속노련은 2006년 11월 산별노조 전환계획을 구체적으로 확정하고 2007년 6월 중앙위원회에서 산별노조 전환지침을 시달하기로 결의했다. 그리고 2008년 5월 산별전환추진위원회 전략기획단을 구성하고 11월에는 소산별 형태의 노조를 출범시킨다는 계획을 수립했다. 그러나 2008년 2월 현재 423개 노동조합 중 산별전환을 결의한 곳은 14개에 불과했다. 여기에 금속노련의 다수를 차지하는 LG디스플레이(1만여 명), LG전자(9,000여 명), 하이닉스반도체(8,000여 명) 등 전기·전자업종 대형사업장이 산별노조 전환에 소극적이거나 반대 입장을 가지고 있으면서 산별노조 전환사업은 한계에 부딪혔다. 결국 2008년 10월 중앙위원회에서 산별노조 출범을 무기한 연기하는 한편 산별전환과 관련된 논의를 중단하기로 했다. 이에 따라 한국노총 금속노련은 기업별 노동조합 체제를 유지하고 있다.

나. 금속산업 노사관계에서의 주요 사건 연혁

금속산업 노사관계에서의 주요 사건을 보면, 우선 1997년 기아자동차그룹의 부도로 시작된 외환위기 이후 자동차산업의 구조조정과 대규모 인원정리가 진행되었다. 1998년 현대자동차의 정리해고, 2000년 대우자동차의 정리해고, 2010년 쌍용자동차의 정리해고와 이를 저지하려는 노동조합의 강경한 투쟁이 노사관계의 축을 형성하였다. 그리고 다른 한편으로는 사내하청을 중심으로 한 비정규직 노사관계가 주된 사회적 쟁점으로 부상하였다.

1) 금속산업연맹 출범부터 2001년 금속노조 출범까지(1998~2000년)

1995년 민주노총 출범은 노동조합이 산업업종별로 재편되는 계기가 되었고, 이는 노사관계 역시 산업업종별로 전개되는 조건이 마련되었음을 의미하는 것이기도 했다. 앞에서 본 것처럼 금속산업에서의 노동조합 조직은 민주노총 초기 분할과정을 거쳐 금속산업 전체를 아우르는 형태로 재편되었다.

그리고 다른 한편으로는 IMF를 계기로 금속산업 특히 자동차산업에서 급격한 구조조정이 발생하였고, 이는 전국적 노사관계를 흔들 만한 파괴력을 지니고 있기도 했다. 여기서는 이러한 현안과 사건을 중심으로 금속산업 노사관계의 흐름을 전체적으로 살펴본다.

금속산업에서 나타난 가장 첫 번째 사건은 기아자동차그룹의 부도였다. 1997년 5월 기아자동차가 부도에 처해지면서 그 배경에 자동차산업에 진출하려는 삼성의 음모가 숨어 있다는 의혹이 제기되고, 기아자동차의 경영지배구조가 여타 재벌과는 달리 전문경영인 체제이고 종업원지주제를 도입하고 있다는 특수성 때문에 기아자동차의 처리문제에 대한 쟁점이 사회적으로, 노동조합 내부에서 형성되었다. 그러나 결국 기아자동차는 독자회생하지 못하고 현대자동차로 인수되었다.

1998년에는 외환위기를 배경으로 현대자동차가 대규모 인원정리를 추진하였다. 수개월에 걸친 공장 점거 농성과 노사간 갈등 끝에 순환 무급휴직과 구내식당 근무자에 대한 최소한의 인원정리를 내용으로 합의되었다.

1999년 8월에는 대우그룹 부도와 그 여파로 대우자동차가 부도를 맞게 되었다. 1999년 12월에 정부는 대우와 쌍용자동차 해외매각을 발표하였다. 대우자동차도 역시 대규모 인원정리를 둘러싸고 노사간 극한적인 대립을 경험했으며, 노동조합이 공장점거 농성을 벌이고, 결국 농성을 해산시키기 위해 경찰이 투입되면서 대규모 인원정리가 현실화되었다. 이 과정에서 완성차 노동조합들이 공동파업을 벌이기도 하였다.

외환위기를 계기로 사용자들이 임금삭감, 인원정리 등 공세를 취하자 노동조합들은 교섭권위임 등을 통해 연맹을 중심으로 공동대응을 모색했으나, 실제 교섭권위임률도 낮았고 특히 자동차, 조선 등 대공장에서의 교섭권위임이 이루어지지 않음에 따라 사실상 공동대응은 실패로 끝나게 되었다. 결국 노조 교섭력이 대폭 후퇴한 가운데 대부분의 노조가 양보교섭을 할 수밖에 없었다. 1998년 말 기업별 노조의 한계를 절감하면서 노동조합들은 본격적인 산별전환을 준비하기 시작했다. 2년여의 준비기간을 거쳐 산별전환에는 성공했으나 자동차, 조선 등 주요 대공장노조가 산별전환에 실패하고 중소사업장 중심의 전국금속노동조합이 출범하게 되었다.

2) 금속노조 출범부터 완성차노조의 산별전환 시기까지(2001~2006년)

2001년 금속노조가 출범하면서 외환위기의 충격을 극복한 노동조합들은 지역별로 공세적 교섭을 진행하였다. 산별교섭을 주된 요구로 내세운 금속노조는 지역별로 사용자들을 압박했으며, 결국 사용자들은 2003년 중앙교섭을 제안하게 되었다. 이 시기는 금속노조를 중심으로 한 중앙교섭과 산별전환을 하지 않은 노조들이 금속산업연맹 산하 조직으로 있으면서 기업별 교섭을 하는 이원화된 형태로 조직과 교섭이 운영되었다. 금속노조를 중심으로 한 중앙교섭에서는 주40시간제 도입, 사용자단체 구성, 비정규직 보호와 처우개선 등이 쟁점이 되었다.

그러나 다른 한편으로는 금속노조의 전반적인 공세 속에서도 개별 사업장에서의 노사갈등이 첨예하게 나타났다. 2003년에는 손배가압류로 인한 두산중공업지회 조합원의 분신, 그리고 계속된 세원테크 간부의 분신, 한진중공업 지회장의 자결로 노조탄압에 대한 쟁점이 사회화되었다. 2004년에는 현대중공업 사내하청 조합원이 비정규직에 대한 차별과 노조탄압에 항의하며 분신하는 사건이 발생하였고, 이는 현대중공업이 민주노총을 탈퇴하는 직접적인 계기가 되었다. 같은 해 쌍용자동차가 부도나고 워크아웃 상태에서 중국의 상하이자동차로 인수되었다. 인수 당시에도 기술유출과 먹튀 논란이 있었으나, 결국 상하이자동차가 철수하면서 2010년 대규모 정리해고가 행해졌다. 노동조합의 공장점거 농성과 경찰의 진압, 대규모 정리해고가 과거처럼 반복되었다.

2005년은 비정규법 개악저지를 위한 민주노총 차원의 투쟁이 전개되었고, 금속산업연맹에서는 26명이 구속되고, 717명이 해고되는 한편 2,552억 원의 손배가압류가 발생하는 등 갈등양상이 첨예하였다. 이 해 금속산업연맹이 불법파견 집단 진정서를 제출한 것을 시작으로 현대자동차 비정규직지회의 파업과 공장점거, 현대자동차 아산과 전주공장 비정규직지회의 파업, GM대우자동차 창원공장 비정규직지회의 점거농성, 하이닉스매그나칩 사내하청지회 파업, 현대하이스코 비정규직지회의 공장 크레인 점거 등 비정규직 고용관계가 핵심이슈가 되었다. 2006년에도 비정규직을 중심으로 한 쟁점이 그대로 유지되었고, 하반기에는 한미 FTA 반대, 비정규법 개악저지 투쟁이 전개되었다. 한편 2006년에는 완성차를 비롯한 10만여 명이 금속노조로 합류하는 산별전환을 가결시킴에 따라 사실상 하반기는 새롭게 출발해야 하는 금속노조의 조직체계와 운영에 대한 논의가 주된 의제가 되었다.

3) 완성차노조의 금속노조 합류와 금속노조 침체기(2007~2011년)

2006년 완성차노조의 산별전환을 계기로 기존의 금속산업연맹이 해산되고 금속노조 단일체계로 전환되었다. 2007년부터 2011년까지의 노사관계 흐름은 주로 금속노조 측면에서는 완성차 사용자의 중앙교섭 참가를 위한 노력과 다른 한편으로는 현안에 대한 대응으로 구분되어 진행되었다. 완성차의 중앙교섭 참가는 2007년부터 시도되었으나 2007년과 2008년에는 산별교섭 참가에 대한 확답이 아닌 전제조건이 첨부된 확약서의 형태로 교섭을 마무리지었다. 2009년에는 완성차 사용자 모두가 산별교섭과 산별교섭준비위원회 재가동에 부정적 입장을 밝히고 불참하겠다는 뜻을 분명히 했다. 이 과정에서 완성차지부의 독자성과 원심력이 강해지면서 사실상 완성차지부에 대한 금속노조의 통제력

[표 2-12] 금속산업 노사관계 시기별 특징

구 분	1998~2001	2001~2006	2007~현재
산업환경(특징)	외환위기/구조조정	외환위기 충격 극복	글로벌 금융위기
노사관계 영향요인	경제위기로 인한 구조조정, 고용불안	구조조정	전임자임금지급금지 복수노조
노조체계	기업별	기업별+산별노조	산별노조
사용자	개별 사용자	개별 사용자	금속산업사용자협의회
교섭구조 변화	기업별 교섭 (교섭권위임)	기업별 교섭+중앙교섭	중앙교섭/지역지부 집단교섭/기업지부 개별교섭
노조교섭력	낮은 수준	높은 수준	약간 높은 수준
교섭기조	양보교섭	공세적 교섭	공세적 교섭(지역지부) 타협적 교섭(기업지부)
주요 교섭쟁점	인원정리, 임금동결 등	산별교섭 주40시간제 사용자단체구성 등	완성차 등 중앙교섭 참가 전임자임금지급금지
노사간 쟁점	구조조정	산별교섭 비정규직	전임자임금지급금지 복수노조 창구단일화 비정규직

은 무너지다시피 하였다. 이후 금속노조의 교섭은 완성차지부의 개별교섭과 중소사업장 중심의 중앙교섭과 지역지부교섭으로 이원화되어 진행되고 있다.

2010년은 쌍용자동차의 정리해고와 이를 저지하려는 지부의 파업, 공장점거 농성으로 노사간 갈등이 첨예하게 부딪혔던 해였다. 또한 복수노조와 전임자 임금지급금지 법안을 둘러싸고 노-정간 갈등이 빚어지기도 했다.

4. 노사관계 당사자 현황

가. 노동조합

1) 금속노조 현황[11)]

전국금속노동조합은 민주노총 소속으로 산하조직은 지역지부와 기업지부, 그리고 그 어디에도 편제되지 않은 지회로 구분되어 있다. 금속노조는 2011년 9월 현재 14개 지역지부와 5개 기업지부, 그리고 미편제지회 7개 지회 등으로 구성되어 있으며, 총 13만 8,029명의 조합원이 있다. 이는 2010년보다 약 4,000여 명이 줄어든 것이다. 2011년의 경우 5개 지회 300여 명이 신규 조직되었고, 반면 해산하거나 탈퇴한 지회는 경주지부 4개, 대구와 포항 각 1개 등 6개 지회 조합원수 950여 명으로 집계되고 있다.

금속노조는 지난 몇 년간 기업지부를 지역지부로 전환하기 위한 노력을 기울여 왔다. 그러나 2011년 5월 30일 대의원대회에서 결국 기업지부를 2013년까지 2년간 한시적으로 유예하는 것을 골자로 10월부터는 지역공동사업비를 지역-기업지부 각각 조합비 1% 의무배정, 지역-기업지부 지역공동운영위원회 구성, 월 1회 지역공동운영위원회 개최, 지역공동사업비 집행 지역-기업지부 공동감사와 중앙위원회 보고 등을 내용으로 하는 금속노조 조직발전 전망 중 조직체계안을 통과시켰다.

---

11) 금속노조는 지회를 기업별이 아닌 공장별로 지역에 따라 분리 편제하고 있다. 동일기업이라 하더라도 여러 사업장이 서로 다른 지역에 있으면 별도의 지회로 편제한다. 예를 들어 A 기업이 경기 안산, 인천 주안, 창원에 3개의 공장이 있으면 지회는 각각 지역별로 독립적으로 편제되고 3개의 지회가 되는 것이다. 따라서 지회는 기업단위로 편제되지 않으며 기업수와 지회수가 일치하지는 않는다.

[표 2-13] 금속노조 조직 현황

(단위: 개, 명)

지부 \ 지역		지회수	조합원수
지역지부	경기	18	3,946
	경남	30	12,007
	경주	20	2,779
	광전	15	6,976
	구미	4	816
	대구	10	1,863
	대충	15	2,861
	부양	14	2,920
	서울	9	1,178
	울산	12	2,470
	인천	13	1,797
	전북	5	2,316
	충남	26	6,591
	포항	6	278
기업지부	기아	5	30.342
	만도	4	2,364
	쌍용	4	660
	현대	7	44,775
	GM대우		10,159
소 계			132,237
미편제	현대차울산비정규		1,117
	현대하이스코(순천)		322
	GM대우사무직		924
	현대제철(인천)		2,022
	현대제철(포항)		1,382
	강원지역지회		14
	현대자동차일반직		10
소 계			5,791
총 계			138,029

주) 1. 금속노조 31차 정기대의원대회자료(2011. 12. 5)를 참조하여 정리.

2. 부산양산지부 르노삼성차는 9월 집계에서 제외.

3. 쌍용자동차지부는 사고조합원 포함한 숫자임.

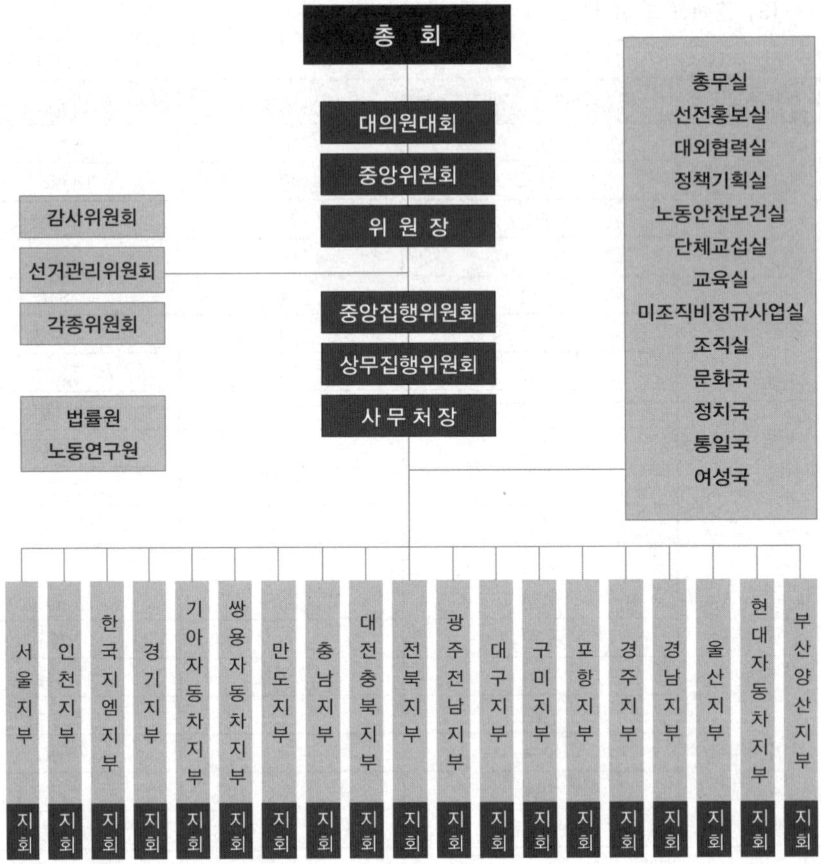

[그림 2-2] 금속노조 조직체계

2) 전국금속노동조합연맹

1959년 3월 부산지구 철공노동조합을 중심으로 결성된 전국금속노동조합연맹, 1960년 10월 대한조선공사를 중심으로 결성된 한국금속노동조합연맹, 1960년 10월 인천중공업회사를 중심으로 한 전국철강노동조합연맹 결성위원회 등 당시 금속산업에 존재했던 여러 개의 연맹체들은 1961년 5·16 군사쿠데타로 모두 해체되고 단일산업별 체계인 전국금속노동조합이 전국적 규모를 갖추어 결성되었다. 이후 1980년 개정노동법에 따라 1981년 2월 23일 전국금속노동조합을 전국금속노동조합연맹으로 개편하여 현재에 이르고 있다.

전국금속노동조합연맹은 민주노총 금속노조와 달리 기업별 노조의 연합체인 상급단체이다. 따라서 기본적인 조직구조는 16개로 구획된 지역본부와 그 산하의 단위노조를 중심으로 구성된다. 2010년 말 내부자료를 토대로 추산하면 419개 단위노동조합과 45개 단위노동조합의 지부에 조합원수는 10만 5,127명인 것으로 파악된다. 419개 노동조합을 규모별로 보면 50명 미만이 91개, 50~99명 사이 118개, 100~299명 155개, 300~999명 45개, 1,000명 이상이 10개의 분포를 보이고 있다. 업종별로는 전기전자 4만 7,209명, 자동차부품이 2만 2,040명, 조선(기자재) 812명, 철강 1만 1,814명, 일반기계금속 1만 9,464명, 기타(미분류) 3,788명 등의 분포를 보인다.

[표 2-14] 금속노련 조직 현황(2010년 말 기준)

(단위: 개, 명)

지 역	단위노동조합	노동조합지부	조합원수
서울	12	9	11,175
경기	61	6	17,177
인천	23	4	3,415
안산/시흥	36	3	4,579
대전	4	0	289
충남	41	2	5,020
충북	32	7	12,108
부산	30	1	4,030
경남	46	4	9,243
울산	17	6	5,768
대구/경북	50	0	8,135
구미	12	1	16,395
포항	26	2	3,402
광주/전남	18	0	1,613
전북	6	0	1,962
강원	5	0	816
전 체	419	45	105,127

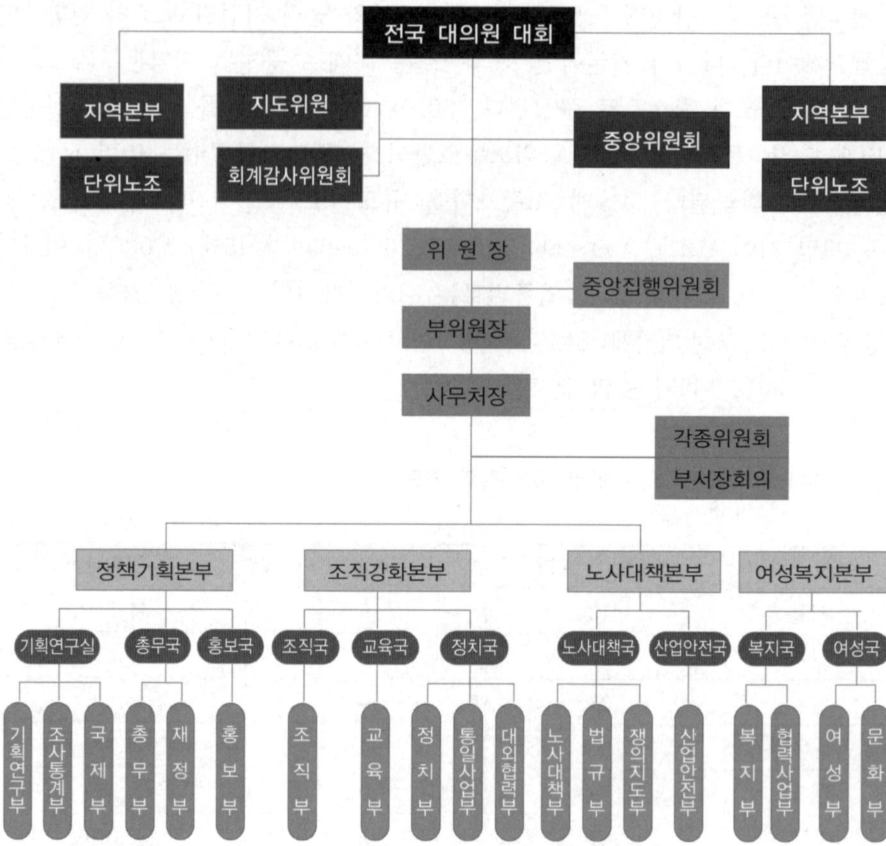

[그림 2-3] 금속노련 조직체계

나. 사용자

1) 사업자단체

금속산업에는 다양한 업종 특성에 따라 자신들의 이익을 집단적으로 도모하기 위해 여러 사업자단체가 존재한다. 완성차부문의 기업을 대상으로 하는 한국자동차산업협회, 자동차부품 기업을 대상으로 하는 한국자동차공업협동조합, 조선해양부문의 기업을 대상으로 하는 한국조선협회, 철강업종의 기업을 대상으로 하는 한국철강협회, 비철금속부문의 기업을 대상으로 하는 비철금속협회 등이 대표적이라 할 수 있다. 이들 단체들은 1999년 제정된 산업발전법

제38조의 사업자단체에 근거하여 설치되어 활동하고 있다.[12] 이 법에 의하면 사업자는 '대통령령이 정하는 바에 의하여 지식경제부장관의 허가를 받아 업종별로 당해 업종의 사업자단체를 설립할 수 있다'고 규정되어 있다.

[표 2-15] 금속산업의 주요 사업자단체

단체명	설립 연도	회원 자격과 현황
한국건설기계 산업협회	1994	건설기계 및 관련 부품의 제조업을 영위하는 자와 국내에서 제작된 건설기계의 판매업을 영위하는 자. 현대중공업 등 건설기계업체 197개
한국공작기계 산업협회	1979	금속공작기계(금속절삭, 금속성형), 목재가공기계, 제조업용 로봇 및 이에 관련된 자동화장치와 관련 부품 및 소재 공업과 공작기계 관련 지식기반서비스 사업을 영위하는 전문생산자. 공작기계업체 181개
한국기계산업 진흥회	1968	금속제품, 일반기계, 전자기계, 수송기계 등 기계산업을 영위하는 생산업체, 유통업체 등 760개
한국비철 금속협회	1975	비철금속 제련, 가공업체. 풍산금속 등 33개 업체
한국자동차공업 협동조합	1962	중소기업기본법 제2조에 해당하는 중소기업자 중 자동차 및 동 부품을 제조하는 업종의 사업을 영위하는 자와 조합 업무구역 내에서 동일업종 또는 관련업종의 사업을 영위하는 자. 현대위아 등 277개
한국자동차 산업협회	1988	현대, 기아, 한국GM, 르노삼성, 쌍용자동차 등 완성차업체 5개
한국전기 산업진흥회	1989	전기산업을 영위하는 자 및 수출/입 업자 212개
한국전자정보 통신산업진흥회	1976	삼성전자 등 162개 회원사
한국조선협회	1977	현대중공업 등 조선업체 9개
한국조선공업 협동조합	1947	중소조선업체 75개
한국철강협회	1975	포스코 등 철강업체 33개

12) 사업자단체들은 1988년 제정된 공업발전법상의 사업자단체로 정의되었다가, 1999년 산업발전법 제정에 따라 설치근거가 옮겨지게 되었다.

이들 단체는 회원사의 이익을 도모하기 위한 여러 활동을 전개한다. 이들의 주된 기능은 소속 기업들이 정보를 공유하고 정부 유관기관과의 협조사항을 처리하고 이해관계가 걸린 정책이나 입법과 관련된 로비활동에 치중되어 있어 회원사의 경제적 이익을 중심으로 한 사업자단체로서의 성격을 강하게 띠고 있다. 물론 노사관계 동향 파악, 노사관계에서의 사용자의 권리와 이익을 증진시키기 위한 활동도 일부 하고는 있으나 노사관계에서 노조를 상대로 교섭을 진행하는 사용자단체로서의 기능이나 노사관계 현안에 대한 입장을 공개적으로 표명하는 경우는 거의 없다. 노동조합도 몇 개의 단체를 제외하고는 이들 단체를 교섭당사자로 지목해 교섭을 요구하는 경우도 별로 없고, 있다 하더라도 이들 협회는 자신들이 회원사를 대표해 노사관계 당사자로서 교섭할 권한과 의무가 없다며 회피하곤 했다.

금속산업 내의 사업자단체의 다양함과 노사관계를 중심으로 하지 않는 활동, 해당 업종의 노조 조직률의 차이, 한국노총 금속노련과 민주노총 금속노조의 분할 등 조건이 금속산업 내에서 금속노조를 상대로 교섭을 주된 기능으로 설정한 사용자협의회가 출범한 배경이 되었다.

2) 금속산업사용자협의회

앞에서 본 금속산업의 사업자단체가 노사관계에 직접적인 개입을 하지 않는 조직의 성격을 가지고 있다면 지금 살펴볼 금속산업사용자협의회는 전형적으로 노조의 압력에 의해 노사관계를 중심사업으로 하고 노조와의 교섭을 목적으로 설립된 사용자단체라 할 수 있다.

(가) 금속산업사용자협의회 구성 경과

2001년 전국금속노동조합이 산별노조로 출범하고 산하 조직의 사용자들에게 중앙교섭에 참가할 것을 요구함에 따라 2003년부터 금속노조 산하 조직의 사용자들은 중앙교섭에 참여하기 시작했다. 그리고 이어 이들 사용자들이 노동조합과의 교섭을 주된 기능으로 하는 사용자단체를 조직하기에 이르렀다. 금속산업사용자협의회는 전형적으로 노동조합과의 단체교섭 수행과 단체협약 체결을 목적으로 명시한 사용자단체라 할 수 있다.

이는 2002년 금속노조와 108개 사업장 사이에 '금속노조 관계사용자는 조속한 시일 내에 사용자단체를 구성하기 위해 노력한다. 2002년 10월부터 사용자단체 준비를 위한 실무위원회를 조합과 함께 구성한다'는 기본협약 합의에 기초한 것이었다. 이에 따라 2002년 12월 20일 제1차 전국노사실무회의를 시작으로 2003년 4월 22일 제7차에 이르는 전국노사실무회의를 개최하여 사용자단체 구성에 대한 협의를 진행하였다. 이후 2003년 8월 22일 중앙교섭 체결시에 사용자단체구성에 관한 사항을 기본협약에 포함하여 2002년 합의내용을 재확인하는 합의를 하였고, 그 후 2004년 중앙교섭을 시작하면서 사용자들은 2004년 4월 8일 금속노조와 중앙교섭을 원만히 진행하기 위하여 '금속산업사용자협의회를 구성하여 임한다'는 확약서를 각 지역대표들의 연서명으로 금속노조에 제출하였다.

그 후 2004년 7월 6일 금속노사간 잠정합의시 부속합의 사항으로 '금속노조 관계사용자는 사용자단체로서 2005년 중앙교섭에 참여한다'고 합의하였다. 그러나 2005년 3월 30일 14차 전국노사실무위원회에서 사용자측은 사용자단체 구성과 관련해 '금속산업사용자단체 설립추진위원회를 2005년 4/4분기 내에 구성하고, 2006년 1/4분기 내에 회칙제정을 완료하여 2006년 3/4분기 내에 임원선출 및 조직체계를 완료한다'는 구체적인 실행방안을 제시하였고 금속노조는 이러한 사용자측의 사용자단체 구성방안을 수용하지 않았다. 사용자측은 2005년 3월 31일 제8차 교섭에서 '2005년 6월까지 사용자단체 추진위원회를 구성하여 8월까지 사용자단체 구성에 관한 계획안을 수립하여 설명회를 개최하고, 10월까지 각 회사의 동의를 받아 사용자단체 운영에 필요한 회칙(안)을 마련한 후 2006년 2월까지 사용자단체 창립총회를 개최하여 회칙제정과 임원선출을 완료한다'는 안을 제출하였다. 그러나 금속노조는 '금속산업사용자협의회의 구성형태는 법인이어야 하며 올해(2005년) 중앙교섭이 끝나기 전까지 법인등록을 완료한 사용자단체로서 중앙교섭의 조인식에 서명할 것'을 요구하였으며, 더 나아가 금속노조는 2005년 6월 2일, 각 지부교섭시 '2005년 중앙교섭 조인식 때 법인등록된 사용자단체 명의로 체결할 것'과 '2005년 중앙교섭 잠정합의 전까지 사용자단체의 정관과 임원구성 등 세부사항을 마련하여 제출할 것'이라는 내용이 명시된 동의서를 작성해 각 지역 사용자대표들로부터 서명을 받기에 이르렀다. 사용자단체 구성과 관련하여 노사간 이견이 표출되다가 2005년 7월 26일 잠정합의식에서 사용자측은 정관 확정 및 임원구성을 위한 임시총회 개최를 8월 하순에 하여 사단법인 허가신청을 9월에 하기로 확약하고, 사업목적 중 '금속노조와의 단체교섭 및 협약체결에 관한 사업', 권리와 의무사항 중 '중앙교섭 합의사항 준수', 이사 수를 현재 지역대표 수준으로 유지할 것을 정관에 포함시킬 것을 확약하였으며, 2005년 8월 30일 (가칭)사단법인 금속산업사용자협의회 발기인 대회를 개최하여 정관의 심의·의결, 임원의 선출, 회비 납부규정 등을 확정하고 2005년 9월 9일 창립총회를 개최하였다. 11월 29일에는 임원구성을 완료하였고 이어 12월 23일 산자부에 법인설립신청을 했으나 정관상 '금속노조와 단체교섭 및 단체협약체결'이라는 주요 사업내용의 성격상 노동부장관의 허가를 받는 것이 타당하다는 부처간 협의에 따라 산자부가 법인설립 허가를 노동부로 이관하였다. 노동부는 2006년 4월 24일 법인설립허가를 내주었고, 2006년 5월 15일 법인설립등기를 함으로써 법인격을 갖춘 한국 최초의 사용자단체가 출범하였다.

금속산업사용자협의회는 설립 총회에서 △금속산업 육성을 위한 기술표준화사업 △노사관계제도 연구 및 단체교섭지도사업 △인사노무관리제도 연구 및 교육사업 △금속산업 발전을 위한 정책 개발사업 △금속노조와의 단체교섭 및 단체협약체결 등을 주요 사업으로 정함으로써 노사관계에서 실질적인 사용자단체로서의 기능을 명확히 하고 있다.

(나) 금속산업사용자협의회의 구성과 역할

금속산업사용자협의회는 이사회를 중심으로 금속노조의 조직체계에 대응해 지역별 대표를 두고 상시적인 연락과 회의체계를 두는 형태로 운영하고 있다. 금속노조와 중앙교섭을 하기 위해서는 각 지역별 대표자가 있어야 하는데, 이들이 각 지역별 사업장간 연락을 담당하면서 대표기능을 수행한다. 금속노조 교섭에는 상근부회장을 대표로 각 지역별 대표들이 교섭단을 구성하여 교섭을 수행한다.

[표 2-16]에서 보는 것처럼 지역별로 사용자협의회에 참가하는 사업장수와 조합원수는 편차가 크고, 전체 94개 중 70%인 65개가 자동차부품 제조사로 자동차업종의 비중이 매우 높다.

[표 2-16] 금속산업사용자협의회 회원사 현황(2010년)

(단위: 개, 명)

지 역	사업장수	조합원수	자동차부품 제조 여부
경기	6	1,532	5
인천	4	466	2
충남	12	2,518	8
대구	9	2,551	8
경주	10	2,332	10
서울	2	399	0
부산양산	6	1,757	4
경남	15	3,768	7
울산	8	2,559	8
포항	4	277	1
대전충북	8	2,509	5
구미	1	698	0
광주전남	0	0	0
만도	2	2,377	2
전북	7	1,267	5
총 계	94	25,010	65

주) 사용자협의회 내부자료를 참조하여 재정리.

2005년 9월 창립 당시 57개사가 가입한 금속산업사용자협의회는 2005년 말에는 95개사로 증가했다가, 2006년 완성차노조를 비롯한 대규모 노동조합의 산별전환을 계기로 오히려 위상과 역할이 약화되는 모습을 보이고 있다. 산별전환 직후 완성사가 금속산업사용자협의회에 가입하지 않고 있으며, 기존의 중앙교섭에도 참가하지 않았기 때문이다. 2010년 기준 94개 회원사를 대상으로 중앙교섭 참가실태를 보면, 94개 회원사 중 2003년부터 중앙교섭에 참여한 사업장은 29개, 2004년부터 참여한 사업장은 24개, 2005년 8개, 2006년 0개로, 중앙교섭에 합류하는 사업장수는 계속 감소 추세를 보여 왔다. 완성차 노조를 중심으로 미전환 노조들이 대거 산별로 전환한 다음해인 2007년부터 중앙교섭에 참여한 사업장은 11개, 2008년 15개로 증가하였으나 2009년 5개, 2010년 2개로 다시 주춤하고 있다. 이는 기존의 중앙교섭이 확산되지 못하고 정체상태에 있음을 보여 주는 것이다.

금속산업사용자협의회의 전체 회원사 현황을 보면 2005년 말 95개에서 완성차노조가 산별전환을 통해 금속노조로 합류하기로 한 2006년에는 오히려 87개로 감소하였다. 이후 2007년 90개, 2008년 97개, 2009년 101개로 증가하다가 2010년에는 94개로 감소하였고 다시 2011년에는 77개로 크게 감소한 것으로 나타나고 있다. 이처럼 사용자협의회의 회원수가 급속히 감소한 배경에는 2010년부터 경주의 발레오만도, 대구의 상신브레이크, 구미의 KEC 등 각 지역별로 주요 사업장에서 발생한 노사갈등의 과정에서 산하 노동조합의 금속노조 탈퇴, 복수노조 설립 등에 따라 사용자협의회 탈퇴 등이 영향을 미친 것으로 평가되고 있다.

이처럼 회원사가 감소하고 금속노조의 주요 소속 조직인 완성차부문의 사용자들이 가입하지 않음으로써 그 영향력과 교섭단체로서의 의의가 반감되고 있다. 완성차부문의 노동조합은 2006년 산별전환 총회를 거쳐 금속노조에 합류하였으나, 완성차부문 사용자들은 사용자협의회 가입은 물론 사용자협의회와 진행하는 중앙교섭에도 불참하고 있다.

5. 노사관계 현황 - 금속노조의 교섭구조를 중심으로[13)]

금속노조의 노사관계는 조직 수준에 따른 다층화된 교섭구조와 조직규모에 따른 이원화된 교섭구조를 특징으로 한다. 금속노조는 금속산업사용자협의회와 중앙교섭을, 각 지역지부 산하 사업장의 사용자들과는 지부집단교섭을, 개별 사업장별로는 보충교섭 성격의 지회교섭을 진행한다. 이런 점에서 금속노조의 교섭은 중앙교섭-지부교섭-사업장교섭의 세 수준에서 이루어지는 다층적 교섭이다.

---

13) 노사관계 현황을 금속노조 중심으로 보는 이유는 한국노총 금속노련의 경우 기업별 교섭이 행해지고 있고, 교섭을 중심으로 한 노사관계에서 주목할 만한 특징을 보이고 있지 않기 때문이다. 교섭 이외의 영역에서는 주로 한국노총 차원에서 제반 입장과 방향이 정해지기 때문에 금속노련이 주도하거나 중심적인 역할을 하는 경우도 드물다.

[표 2-17] 금속노조의 기본적인 교섭구조

교섭 틀	대 상	교섭단
중앙교섭	사용자단체에 가입한 100여 개 사업장	사용자단체 : 노조 교섭위원 (중앙+지부임원)
지부 집단교섭	지역지부 소속 지회 (10~30개)	지부 사용자 : 지부 교섭대표
사업장 보충교섭	해당 사업장	사업장 사용자 : 지회

지역지부 산하의 사업장들이 금속노조의 통제를 받으면서 집합적 성격의 교섭을 진행하는 반면, 완성차를 중심으로 한 기업지부의 경우 완성차회사의 개별 사용자와 교섭을 행함으로써 사실상 기업별 교섭을 행하고 있다. 이런 점에서 금속노조의 교섭은 중앙교섭-지부집단교섭을 한축으로, 또 완성차를 중심으로 한 기업 수준의 개별교섭을 한축으로 하는 이원화된 구조를 갖는다고 할 수 있다. 여기서는 금속노조의 노사관계를 교섭구조와 진행과정을 중심으로 살펴보기로 한다.

가. 금속노조의 투쟁/교섭/타결방침

기업별 노조에서 산별노조로 전환한 조건을 감안하여 금속노조는 산하조직을 일사불란하게 통제할 수 있는 방침을 정하게 되었다. 이러한 방침은 크게 투쟁방침, 교섭방침, 타결방침으로 구분되어 정리된다.

금속노조는 매년 투쟁방침을 정하지만 그 주된 목표는 대체로 재벌사 공동투쟁을 포함한 15만 조합원 산별투쟁으로 공동요구의 쟁취, 단체협약상 주요 요구의 쟁취, 당면 현안(예를 들면 2010년의 경우 타임오프와 복수노조 창구단일화 관련 노동법 개정)에 대한 대응 등을 중심으로 구성된다. 이를 기초로 투쟁과제와 세부 투쟁방침이 정해진다. 투쟁과제는 목표에 따른 제도개선 영역이나 단체협약의 내용으로 이루어진다. 세부 투쟁방침은 목표와 과제를 달성하기 위한 사실상 금속노조의 투쟁방식을 규정하는 내용이다. 세부내용에 있어서는 조금씩 차이가 있으나, 대체로는 중앙교섭에 참여하는 지역지부 산하 사업장과 기업지부로 존재하는 완성차지부의 투쟁시기 통일, 금속노조의 공동

요구를 사회쟁점화, 정부와 사용자의 노조탄압과 노조분열 전략에 대해 금속노조의 통일방침에 따른 공동대응과 공동투쟁, 비정규/미조직 노동자의 권익보호 및 조직확대 사업, 사회 양극화 저지를 위한 시민사회단체와의 연대 등을 뼈대로 해당 시기 현안과 관련된 내용이 첨가된다.

2010년의 경우는 복수노조 시행에 따른 사업장의 혼란을 막기 위해 복수노조에 대한 대응방침을 별도로 수립하였다. 그 주요 내용은 △'교섭창구단일화' 폐기와 '복수노조 자율교섭 쟁취'를 위한 노조법 전면 재개정 투쟁 △노조를 사수하기 위한 조직력 강화 방안 마련 △전 사업장(지부,지회 포함)은 금속노조의 방침에 따라 교섭과 쟁의 일정을 최대한 통일 △유일단체교섭 조항은 6월30일까지 계속 유지하며 7월 1일 이후 복수노조 전면 시행시에는 금속노조(노조·지부·지회)와의 자율교섭 조항(산별공동요구)으로 대체한다는 것이었다. 이와 같은 방침을 이행하기 위해 통상적인 교섭시기 이전에 특단협 교섭을 요구하여 교섭을 진행하기도 하였다.

금속노조는 교섭방침의 주요 방향으로 중앙교섭을 먼저 시작한 후 순차적으로 지부집단교섭을 추진하고, 지부집단교섭에 들어간 직후부터는 사업장별 보충교섭을 시작할 수 있도록 하고 있다. 이에 따른 세부적인 교섭방침은 △단체교섭권과 체결권은 조합에 있고 조합 내 모든 단체교섭의 대표자는 위원장이 된다. 단, 지역지부의 경우에만 교섭권 위임이 가능하다 △기업지부는 모든 사업에 우선하여 중앙교섭과 산별협약 쟁취에 나서며, 중앙교섭 불참사업장 역시 중앙교섭 쟁취를 최우선 과제로 배치한다 △조합(대의원대회)에서 결정한 전체 일정을 포함하여 시기집중, 공동투쟁, 타결방침을 반드시 준수한다 △임금교섭은 교섭의 진전에 따라 중집의 결정으로 교섭돌입한다 △교섭돌입시기는 중앙교섭→지부교섭→사업장보충교섭을 순차적으로 실시한다 △임단협 교섭돌입 사업장은 조합지침에 따라 일제히 조정신청에 돌입하고 쟁위행위 찬반투표를 진행한다는 것이 핵심내용이다.

타결방침 중 중요한 것은 △중앙교섭과 기업지부교섭은 중앙쟁대위에서 심의하여 의견접근 후 참가 단위의 조합원총회에서 교섭결과에 대한 찬반투표를 진행하고 그 결과에 따라 위원장이 체결한다 △지부집단교섭은 지부운영위 심의를 거쳐 위원장의 사전승인을 받은 다음 지부총회를 거쳐 위원장이 체결한다 △중앙교섭 타결 없이 지부, 지회교섭 타결 없다 △모든 임단협 합의서 내용 중 무쟁의, 무분규가 조건이 되는 합의, 임금동결 및 임금저하가 합의에 포함되어서는 안 된다는 것 등이었다.

이처럼 금속노조가 교섭과 조직운영에서의 중앙집중성을 강조하는 이유는 매우 파편적 구조와 활동관행을 지닌 기업별 노조체제에서 산별노조로 전환했기 때문이다. 금속노조 전체 차원의 일사불란한 행동통일을 이루지 못할 경우 업종과 규모, 임금과 근로조건의 차이가 크고 전국에 산재한 산하 조직의 개별적 행동을 통제하지 못하고 결국 산별체제의 강화를 이루지 못할 것이라는 우려 때문이다. 이러한 우려는 2001년 금속노조가 출범한 이후 일부 대공장과 특히 완성차지부가 금속노조에 합류한 2006년 이후 크게 현실화되었다. 기존 중앙교섭에 참여하는 지역지부 산하의 중소사업장과 대규모 완성차지부 간 요구, 교섭, 투쟁 시기 등이 달라 결국 전체적으로 이원화되는 현상이 발생했기 때문이다.

나. 중앙교섭 형성과정과 현황

금속노조 교섭은 2001년 출범 직후의 통제된 기업별 교섭과 2002년 지역집단교섭을 거쳐 2003년부터 2006년까지의 중앙교섭을 중심으로 한 지역교섭과 사업장교섭, 그리고 2006년 완성차노조를 비롯한 주요 대공장 노조들이 산별전환한 이듬해인 2007년부터 현재까지의 중앙교섭과 지역교섭, 사업장교섭, 그리고 대공장 노조의 통제되지 않은 개별교섭으로 구분해 볼 수 있다.

1) 중앙교섭 전사(2001~2002년)

2001년 2월 108개의 기업별 노조(조합원수 3만 795명)가 통합하여 금속노조가 설립되었다. 금속노조는 본조-지역지부-지회(기존의 기업별 노조)의 조직구조를 갖추었다. 지회의 대부분은 기존에 조합원 1,000명 미만 규모의 조직으로 이루어졌고 업종별로는 자동차부품업이 47%를 차지하고 있었다.

금속노조 출범 첫해인 2001년의 단체교섭 집중화는 노조설립 준비에 따른 단체교섭 준비의 부진과 과거 금속산업연맹 시절의 교섭집중화 과정의 실패를 교훈 삼아 '지역지부별 집단교섭을 추진하되 여의치 않을 경우 대각선교섭으로 전환한다'는 방침하에서 이루어졌다. 또한 대각선교섭으로 전환할 경우 차기 연도(2002년)부터 집단교섭으로 전환한다는 확약서를 사용자에게 받을 것을 각 교섭단위에 주문하였다. 이러한 방침하에 전개된 2001년 금속노조 단체교섭의 성과는 복합적이었다. 우선 교섭형태는 금속노조 출범 이전에 이미 지역단일노조로 조직형태를 전환했던 경주지부에서만 집단교섭과 지역별 단체협약이 체결되었고, 나머지 대부분의 지부에서는 대각선교섭을 통한 기업별 단체협약이 체결되었다. 한편 2002년부터 집단교섭을 추진할 것을 노사가 합의한 경우는 72개 지회였다. 노조측에 의하면 경주지역에서 집단교섭이 결실을 맺은 것은 1990년대 중반부터 이루어진 연대활동과 그 결실인 2000년 지역단일노조로의 전환, 현대자동차를 원청으로 하는 자동차부품업체들로서 그간의 단체교섭에서 임금 및 근로조건 결정에 있어 패턴교섭의 양상을 띠어 왔다는 점, 금속노조 본조의 집단교섭 전략지부 선정에 따른 지도·지원 등이 원인으로 자리 잡고 있었다.

2002년 금속노조 단체교섭은 지부별 집단교섭의 성사와 산별기본협약 체결로 특징지워진다. 노조측의 방침은 '지부별 집단교섭과 산별기본협약 체결을 추진하고, 산별 기본협약과 임금인상률은 집단교섭에서, 사업장별 단체교섭은 대각선교섭을 통해 체결한다'는 것으로 요약된다. 또 교섭순서는 기본협약과 사업장단체협약을 먼저 체결하고 기본협약 관철 여부에 따라 임금교섭을 병행 추진하기로 하였다. 집단교섭과 산별기본협약은 금속노조측이 단체교섭의 최종 단계로 설정한 산별중앙교섭과 산별협약으로 이행하기 위한 중요성을 지니고 있었다.[14] 이러한 노조측의 교섭 추진에 대한 사용자측의 저항도 만만치 않았다. 당시 전면파업 돌입 예정일인 5월 22일까지 기본협약에 합의한 사업장은 불과 2곳이었다. 결국 노조는 5월 22일부터 전면파업에 돌입하여 사용자들을 압박하기 시작하였고, 이를 계기로 결국 108군데 사업장에서 산별기본협약을 체결하기에 이르렀다. 이는 금속노조 소속 지회 162개의 2/3에 달하는 숫자였다. 반면 2002년 교섭과정에서는 검토를 요하는 현상인 대공장의 기본협약 체결거부 현상이 나타나기도 하였다. 모두 1,000명 이상 사업장인 5개의 대공장 지회에서 벌어진 사용자측의 산별기본협약 체결거부는 비교적 소규모의 산별노조와 기업별 노사관계에 대한 선호가 뚜렷한 대형사업장 사용자 간의 세력투쟁을 여실히 보여 준다.

---

14) 당시 노조가 제출한 산별기본협약에는 '2003년부터 중앙교섭 및 이를 담당할 사용자단체 구성을 추진한다'는 내용이 포함되어 있었다.

2) 중앙교섭 시기(2003~2006년)

2003년의 금속노조 단체교섭은 2002년 산별기본협약에서 합의된 산별중앙교섭의 형태로 진행되었다. 2003년 단체교섭에서 특기할 점은 사용자측이 예상을 깨고 2003년부터 중앙교섭을 하자고 제안했다는 점이다. 사용자측의 제안은 노조 내부에도 충격을 주었다. 당시 금속노조는 요구안과 임단투 방침을 확정한 상태였고, 사용자의 중앙교섭 제안에 대해 내부에서 강하게 반대하는 의견도 있었기 때문이다. 결국 중앙집행위원회 전원의 명의로 중앙교섭 추진을 결의하고 반대 진영도 자신들의 우려를 충분히 전달했다고 판단하면서 사용자의 제안을 수용하기로 결정했다. 이에 따라 금속노조와 총 97개 사업장 사용자들이 스스로 선출한 대표들에게 교섭권과 체결권을 위임한 교섭기구 사이에 중앙교섭이 진행되었다.

2003년 중앙교섭은 격렬한 힘의 각축, 교섭구조를 둘러싼 본격적인 노사간 논쟁, 집중성이 부족한 사용자측의 조직적 혼란 등 산별교섭 초기의 현상들을 전형적으로 보여 주었다. 예를 들어 사용자측이 중앙교섭 요구안은 지부교섭이나 지회교섭에서 배제하자고 주장한 데 반해 노동조합은 기본협약과 지부공동요구는 중앙교섭에서 논의하고 지부가 추가로 요구한 사항은 지부 및 지회에서 다루자고 주장한 것은 중앙-지부-지회로 계층화된 금속노조 중앙교섭구조의 각 층위에서 다룰 의제들을 정렬하는 문제를 둘러싼 논란이라 할 수 있다. 또 이 시기부터 2006년 교섭까지 사용자들은 3층(중앙-지역지부-지회) 단체교섭 구조와 파업권의 분권화(중앙, 지부, 지회 각각의 파업권 보유), 이에 따른 임금부상 효과에 대한 문제를 제기해 왔다. 결국 2003년 단체교섭은 최초의 산별중앙교섭에 대한 부담으로 노사 모두 격렬한 논쟁과 힘겨루기를 거듭했으며, 결국 노조의 전면파업을 거쳐서야 합의에 이르게 되었다.

2004년 중앙교섭은 2003년 체결된 중앙협약의 성과를 바탕으로 중앙교섭을 비롯한 전체 산별교섭 구조의 구체적인 확립에 초점이 맞춰졌다. 노조는 2004년부터 사용자들이 사용자단체를 결성하여 중앙교섭에 임할 것을 요구하였으며 아울러 이 사용자단체가 교섭권과 체결권을 지닐 것, 중앙교섭 과정에서 개별 사용자들의 중도 이탈을 방지할 것, 합의사항을 이행할 것 등을 요구하였다. 한편 노조의 협약요구 중에는 '비정규직과 이주노동자들을 적용 대상에 포함한 산별 최저임금 설정'에 대한 내용도 포함되었다. 사용자측은 노조의 요구 중 사용자단체 관련 사항에 대해서는 교섭대표 기구인 금속산업관계사용자협의회로 2004년 중앙교섭을 치르고, 2005년부터는 이 협의회를 정식 사용자단체로 구성하도록 노력한다고 응답하였다. 대신 사용자측은 3층 교섭구조가 교섭비용의 과다를 초래하므로 지부집단교섭을 폐지할 것을 주장하였다. 그러나 노조는 이를 일축했다. 2003년과 다름없이 교섭구조와 협약안에 대한 격렬한 논쟁이 반복된 2004년 중앙교섭은 또다시 노조의 수차례에 걸친 파업(6월 16일, 23일, 29~30일, 7월 2일, 6일)과 20차례에 걸친 본 교섭을 거쳐서야 합의에 도달하였다.

2005년 중앙교섭의 주요 이슈는 단연 사용자단체 구성문제였다. 사용자측은 2004년의 합의에도 불구하고 노무사를 교섭대표로 선정하여 교섭에 임하고자 하였다. 제7차 본교섭까지 사용자단체 구성을 둘러싼 논란이 거듭되자 노조측은 결국 지부별로 사용자들을 압박하기 위해 파업에 돌입하였으며 이 논란은 결국 제10차 본교섭에서 사측이 합의이행 확인서를 제출함으로써 일단락되었다. 이후 협약안을 중심으로 진행된 본교섭 역시 노사간 견해 차이가 커 결국 6월 29일, 7월 6일, 8일, 12~13일, 15일의 파업을 거쳐 7월 26일 제19차 교섭에서 최종 합의에 도달하였다.

한편 2005년 중앙교섭 종료 후 사용자들은 9월 9일 정식 사용자단체인 금속산업사용자협의회 설립총회를 열고 정관을 승인했으며 11월 3일 회장단과 상근이사를 선출하였다. 2006년에는 노동부에 정식으로 사용자단체 등록을 마쳤다. 이로써 노사는 모두 중앙교섭을 수행할 집중화된 주체를 형성하기에 이르렀다. 노조측이 사용자단체 결성을 집요하게 요구하고 사용자측이 이에 대해 수년간 결성을 지연시킨 데에는 사용자단체가 지니는 권력과 영향력의 존재 때문이다. 산별노조가 기존의 기업별 노조와는 달리 사업장 외부의 본조(노동조합)에서 교섭권, 체결권, 쟁의권, 재정권, 인사권 등을 행사하듯이 사용자단체 역시 정도의 차이는 있으나 유사한 수준의 개별 사용자에 대한 통제력을 보유할 수 있다. 따라서 사용자단체가 임금과 근로조건의 결정과 합의의 이행에 있어서 개별 사용자에 대한 통제력이 분명할수록 노사간의 교섭은 중앙집중성이 분명해질 수 있으며 합의결과의 이행 여부도 보장받을 수 있다. 결국 교섭구조의 집중화에 있어서 최소한의 전제조건 중 하나가 개별 사용자를 통제할 수 있는 권위 있는 사용자단체의 존재인 셈이다. 반면 개별 사용자에게 임금 및 근로조건의 결정권을 기업 외부의 대변단체에게 위임한다는 것은 자신의 사업경영권 일부를 제약당하는 것으로 극히 꺼려할 만한 일이다. 이 때문에 노사관계상의 사용자단체는 사용자들 스스로 결성하기보다는 노조의 압력에 의해 형성되는 경향이 있으며[15] 노조가 계급적 포괄성, 조직적 집중성, 변혁적 이념과 전투성 등을 가질수록 사용자단체도 이에 대응하는 조직적 특성을 가지게 된다(김영두・노광표, 2005).[16] 반면 변혁적이고 집중적인 노조의 압력에 의해 형성된 사용자단체는 이에 대응하는 과정에서 스스로의 계급적 대표성, 조직적 집중성, 전투성 등을 강화하는 경향도 보인다. 2006년 금속노조 중앙교섭에서 나타난 양상도 이와 관련이 있다. 노조가 그러했듯이 중앙교섭 과정은 사용자들의 집단적 역량을 결집하는 과정으로도 기능하였다. 2006년 중앙교섭에 임하면서 사용자단체를 정식 결성한 사용자들은 한층 결집된 자신들의 집단적 힘에 대한 자신감 속에서 노조측의 요구에 대해 역제안을 거듭하며 팽팽한 힘겨루기를 거듭하였다. 여기에는 특히 2006년에 있었던 완성차노조의 파업으로 인해 재고물량이 넘치고 있었기 때문에 노조의 파업효과가 미미할 수밖에 없었고 이런 상황이 사용자들에게는 교섭력을 높이는 요인으로 작용했던 배경도 있다.

결국 2006년 중앙교섭은 초입부터 인사노무 실무자에게 교섭위원 자격을 부여하자는 사용자측과 사측 교섭위원을 회사 임원급 이상으로 제한해야 한다는 노조측 주장이 부딪친 것을 시작으로, 2007년부터는 지부교섭을 중단하자는 주장이 다시 제기되었고 17차례에 이르기까지 노조의 요구안을 사용자측이 거부하는 극한 대립의 양상을 보였다. 협약안에서 주요 쟁점은 비정규직 문제로, 사용자측은 노조가 제시한 사내하청 노동자들의 동등 처우 문제를 사회정치적 파장, 원청 사용자성 인정 문제, 인건비 상승 등의 이유를 들어 수용불가를 주장하였다. 이러한 대립은 노조측이 7월 20일 지부집단교섭을 전면 중단하고 총 180개 지회의 지회장을 참여시킨 결의대회를 개최함으로써 정점에 올랐다. 이 결의대회를 계기로 전면파업에 부담을 느낀 사용자측이 노조의 요구

---

15) 그 과정에 대한 자세한 내용은 산별노조 조직화와 교섭구조의 변화: 금속노조의 사례를 중심으로(김승호, 2003) 참조.
16) 김영두・노광표(2005), 사용자단체 연구, 한국노총 중앙연구원.

를 수용함으로써 7월 26일 합의에 이르렀다.

지금까지 금속노조 중앙교섭의 발전과정을 보면 [표 2-18]과 같다. 노동조합의 투쟁방식은 2003년부터 산별노조답게 전국통일투쟁을 수행하면서 사용자를 압박하고 있으며, 교섭형태도 2003년부터 3중 교섭구조의 틀을 갖춰 나가고 있다. 단체협약은 설립 초기 개별 사업장 단협을 금속노조가 승계한다는 조항을 시작으로, 2002년 기본협약 합의를 거쳐 2003년부터는 주5일제 도입, 비정규직 처우개선, 금속산업 최저임금 등 금속산업 전체를 규율할 수 있는 요구들을 다루었다. 사용자측도 많은 변화가 있었다. 2001년 개별교섭을 고수하던 입장에서 집단교섭을 통한 전국노사실무위원회를 거쳐, 협의회 구성, 사용자단체 구성에 이르기까지 변화를 겪었다.

이 시기에는 교섭의 집중화와 함께 투쟁의 집중화도 동시에 이루어졌다. 2003년 6월 25일~7월 15일 기간에 총 9일의 파업, 2004년 6월 16일~7월 6일

[표 2-18] 금속노조 중앙교섭 발전과정

연 도	금속노조 투쟁	교섭형태	단체협약	사용자 입장
2001	시기집중투쟁	대각선교섭 (경주: 집단교섭)	사업장단협의 승계 (전문, 유효기간, 집단교섭 등)	개별교섭
2002	지부별 통일투쟁	지부집단교섭 지회대각선교섭	기본협약 합의	전국노사실무위원회
2003	전국통일투쟁	중앙교섭 지부집단교섭 지회대각선교섭	주5일제 등 중앙교섭 합의	교섭체결권위임 금속노조관계사용자회의
2004	전국통일투쟁	중앙교섭 지부집단교섭 사업장보충교섭	중앙협약 체결 사업장단협 체계정비	교섭체결권위임 금속산업사용자협의회 (사용자단체준비위원회 수준)
2005	전국통일투쟁	중앙교섭 지부교섭 사업장보충교섭	중앙협약 체결 사업장단협 체계정비	금속사용자협의회 (사용자단체 구성 추진)
2006	전국통일투쟁	중앙교섭 지부교섭 사업장보충교섭	중앙협약 체결 사업장단협 내용정비	금속산업사용자협의회 사단법인 출범

기간에 6일의 파업, 2005년은 5월 말과 6월 초에 2004년의 합의내용을 이행하라는 요구를 내건 2일간의 파업을 제외하면 6월 29일~7월 15일 기간에 6일의 파업, 2006년은 6월 21일~7월 25일 기간에 9일의 파업이 진행되었다. 이 시기의 파업은 특별한 경우를 제외하고는 대부분 사업장에서 평균 2만여 명의 조합원이 참가한 것으로 나타나고 있다.

3) 중앙교섭의 위축과 교섭구조 이원화의 시기(2007~2011년)

2007년의 중앙교섭은 이전과 다른 조건에서 진행되었다. 2006년 완성사노조를 포함해 10만여 명의 신규 조합원이 금속노조에 합류함에 따라 이들에 대응하는 사용자의 중앙교섭 참가 여부가 주요 관심사가 되었고, 이를 위한 노동조합의 내부 조정력과 통제력, 그리고 사용자를 압박하기 위한 조직 동원력이 과거와 달라지게 되었기 때문이다. 동시에 금속노조 내부적으로는 오랜 기간 기업별 노조의 중심에 섰던 대공장 노동조합이 과거와 전혀 다른 산별노조 시스템을 임단협을 통해 본격적으로 경험함으로써 조직 전체가 얼마나 빠르게 어떤 방식으로 변화될 것인가를 판가름하는 계기이기도 했다.

이와 같은 조건에 맞춰 4월 금속노조 대의원대회에서는 15만 조합원이 하나 되는 투쟁을 통해 산별중앙교섭을 쟁취한다는 임단협 목표와 함께 7월 말까지 임단협을 종료한다는 일정을 확정하였다. 이후 5월 4일 요구안을 발송하고 22일 첫 중앙교섭을 시작하였다. 그러나 신규전환 사업장의 사용자들은 중앙교섭에 불참하였고, 중앙교섭은 2만 명을 포괄하는 사업장을 대상으로 하게 됨에 따라 과거보다 오히려 축소된 상태에서 진행되었다. 특히 완성사 등 기업지부들이 금속노조의 방침과 무관하게 개별교섭을 진행하거나 금속노조의 일정에 통일적으로 합류하지 못함으로써 기업지부의 교섭과 중앙교섭은 분리되어 진행되었다. 이 과정에서 6월에 있었던 한미 FTA 저지 전면파업으로 지도부 전원이 수배되었고, 금속노조의 투쟁전선은 애초 계획했던 대로 형성되지 못하였다. 그 결과 중앙교섭은 일시 중단되었을 뿐만 아니라 교섭안건을 충분히 논의하지 못한 상태에서 7월 11일 재개되었고, 7월 18~20일의 집중투쟁을 거쳐 7월 25일 타결되었다.

이처럼 6월의 한미 FTA 전면파업 등 후유증으로 인해 신규전환 사업장의 중앙교섭 참가는 사실상 2008년을 대비한 참가확약서를 받는 것으로 전술적 전환을 하게 되었다.

한편 신규전환 사업장 사용자의 중앙교섭 참가는 2008년을 대비한 참가 확약서를 받는 형태로 전술적 전환을 하게 되었다. 이러한 배경에는 신규전환 사업장에서 산별교섭에 대한 현장조합원의 동의를 조직하고 투쟁하기 어려웠다는 점, 현대자동차지부의 임단협이 늦어져 투쟁시기와 동력을 집중하기 어려웠다는 점, 중앙교섭 전면파업의 동력이 크지 않았던 점들이 존재했다.

[표 2-19] 2007년 중앙교섭 관련 확약서 제출 현황

(단위: 명)

유 형	수	조합원수	사업장 명
확약서 (단서조항 있음)	16	95,194	대원강업, STX조선, 위아, 경남메티아, 로템, 하이스코비정규직, 울산메티아, 비앤테크, 현대제철(당진), 다이모스, 대경특수강, 기아자동차, 대우자동차, 현대하이스코, 쌍용자동차, 현대자동차
참가확약서	2	627	엘림, 덕양산업
사용자단체 가입	6	903	에코프라스틱, 오리엔스, 대림프라스틱(미가입), 롤스로이스, 영창악기, 일진소재
2008년 참가	8	2,301	경기금속(네오웨이브), 경기금속(유도실업), 경기(삼천리열처리), 로버트보쉬, 한라공조, 엔텍, 스카니아, SLS조선
기본협약 합의	2	214	캐스코드, 이원정공
2008년 1월 가입	4	1,436	케피코, 경기(파카한일유압), 두원정공, 계양전기
결과 이행	8	1,278	동우기계, 광주(동국철강), 광주(동양정산), 델타캐스트, 삼우정밀, 한국델파이, 산도고경
합 계	45	101,953	

2008년 이후 중앙교섭에 참가한다는 확약서를 제출한 사업장은 현대자동차, 기아자동차, 대우자동차를 비롯한 45개로 10만여 명의 조합원을 포괄하고 있다. 그러나 확약서의 내용은 다양한 유형으로 이루어졌다. 2008년 중앙교섭에 참가한다는 확약서가 아니라 단서조항이 있거나 사전준비와 노력을 명시하고 있었던 것이다. 현대자동차가 합의한 확약서의 내용을 보면, '노사는 노사

공동으로 산별교섭위원회를 10월 안에 구성, 2008년 중앙교섭 개시 이전에 산별교섭의 제반 사항 등에 대한 합의안을 노사공동으로 마련하여 2008년 금속노조 중앙교섭에 참여하도록 한다. 금속 노사는 미참여 사업장이 산별교섭준비위원회에 공동 참여토록 노력한다'는 것이었다. 현대자동차가 제출한 이 내용은 현대자동차 그룹사뿐만 아니라 대부분 사업장에 준용되어 확약서의 기준이 되었다. 신규가입한 완성차 등이 중앙교섭에 참여하지 않았고, 중앙교섭 참여 사업장과 조합원수가 오히려 감소했다는 점에서 2007년 금속노조의 중앙교섭 강화전략은 실패였다고 평가된다.

2007년 말 산별교섭준비위 실무협의는 사용자측의 사정으로 개최되지 못하다가 2008년 2월20일이 되어서야 산별교섭준비위원회가 가동되었다. 여기에는 완성차 노사가 모두 참여하여 2008년 중앙교섭 성사에 대한 일말의 기대를 낳기도 했다. 그러나 노사간 교섭의 틀과 관련된 합의가 이루어지지 않았고, 사측이 산별교섭준비위원회를 통한 충분한 논의를 주장한 반면, 노조는 4월부터 시작되는 중앙교섭에 참가를 전제로 한 것이라는 주장을 하면서 산별교섭준비위원회는 중단되었다. 그리고 약속이나 한 듯 중앙교섭 시작 하루 전인 4월 14일 완성차 사용자들은 일제히 중앙교섭 불참 공문을 금속노조에 발송하였다. 이후 수차례 공문을 통해 중앙교섭 참가 요구에 대해 사용자가 거부하는 과정을 거쳐 결국 5월 6일 대각선교섭으로 전환한다는 결정을 내린다. 이에 따라 완성차 4사는 중앙교섭에 참가하지 않은 채 금속노조와 공동 대각선교섭을 진행하게 된다.

이처럼 신규전환한 완성차 사용자들이 빠진 상태에서 진행된 중앙교섭은 예년에 비해 침체된 분위기에서 진행되었다. 사용자협의회가 회장을 비롯, 일부 지역의 대표를 선출하지 못한 상태에서 1차 교섭이 두 차례나 연기되었고, 중도에는 사용자측 성원 미달로 유회되는 사태까지 벌어졌던 것이다. 사용자협의회는 5월 말이 되어서야 지역대표 임원선출을, 6월 초에 회장선출을 마칠 수 있었다. 금속노조는 5월 말, 6월 중순, 6월 말 세 차례에 걸쳐 제출된 사용자측 제시안을 수용하지 않으면서 6월 24~27일 쟁의행위 찬반투표를 진행하였다. 7월 1일부터 합법적 쟁의권한을 갖게 된 금속노조는 민주노총 총파업 방침에 따라 7월 2일 2시간 파업에 돌입했다. 그러나 이는 미국산 쇠고기 수입에 반대하는 민주노총의 총파업에 참여한 것이었고 1회적인 것이었다.

금속노조의 파업이 진행된 7월 8일 11차 교섭에서 보다 진전된 안을 제시한 것에 대해 금속노조는 차기 교섭에서 일괄타결안을 제출할 것을 요구하였다. 동시에 7월 10일과 15일 연이어 파업을 벌였고 7월 16일과 18일에도 전면파업 일정을 계획하였다. 7월 15일 12차 교섭에서 사용자측은 일괄타결안을 제시하였고 노조의 거부, 세 차례의 수정제시안 제출 등의 과정을 통해 16일 새벽 의견접근안을 도출하는 데 성공하였다.

그러나 금속노조는 중앙교섭 타결 후 중앙교섭 참가사업장과 불참사업장에 대한 차별적 대응을 표명하면서 불참사업장에만 파업지침을 내려 16일과 18일에 하기로 계획되었던 파업을 결행하였다. 완성차 등 대공장이 금속노조에 결합함으로써 중소사업장 중심으로 진행되던 중앙교섭의 위상이 약화되고 참여유인이 부재한 조건과 이를 극복하기 위한 금속노조의 시도가 동시에 반영된 것이었다.

2008년 교섭은 2007년의 과도기를 거쳐 사실상 중앙교섭의 확대 여부를 가늠할 수 있는 시기였다. 그러나 중앙교섭은 축소되었고, 완성차 노사는 모두 금속노조의 통제에서 벗어나 개별교섭을 진행하였다. 그러나 다른 한편으로는 완성차지부의 교섭이 개별적으로 진행되었지만, 2007년 제출했던 확약서의 내용을 보다 구체화하거나 보다 진전된 내용으로 타결되어 중앙교섭의 교두보를 마련할 것인가가 관심의 대상이었다. 그러나 2008년에도 완성사를 중심으로 한 확약서는 2007년의 내용을 뛰어넘지 못하는 것이었고, 오히려 확약서에 대한 승인을 놓고 금속노조 내부에서 논쟁이 벌어지기도 했다.[17)]

2009년 중앙교섭은 예년보다 빠른 3월 17일 상견례로 시작되었다. 사용자협의회가 5차 교섭에서 1차안을 제시한 이후 교섭에 진전이 없자 금속노조는 5월 20일 조정신청, 5월 27일 쟁의행위 찬반투표를 거쳐 6월 10일에는 2시간 부분

---

17) 당시 중앙교섭과 관련한 GM대우차의 의견접근(안)은 다음과 같다.

1. 금속노조와 지엠대우오토앤테크놀로지㈜(이하 '회사'라 한다)는 산별기본협약에 합의한다. 단, 금속사용자협의회 가입과 관련 현 금속사용자협의회 개편에 대하여 제반 사항을 금속사용자협의회와 본 합의를 체결하는 사용자들간의 자율적 논의를 통해 2008년 12월까지 결정하여 2009년 중앙교섭에 임한다.
2. 금속노조와 회사(본 합의를 체결하는 사용자 포함)는 '산별교섭개선 노사공동위원회'를 2008년 10월 안에 구성하여 산별중앙협약 중 회사의 기존 단체협약을 넘어서는 사항을 포함하여 산별교섭 개선에 필요한 제반 사항을 2009년 2월까지 논의, 결과에 따른 조치를 시행한다.
3. 본 합의의 체결은 중앙교섭 조인식을 통해 최종 합의한다.

이 내용은 2007년에 사용자들이 제출했던 확약서의 내용과 크게 다르지 않다.

파업을 전개했다. 그러나 6월 16일 현대자동차지부 집행부가 주간연속2교대제와 관련해 내부 이견으로 사퇴하는 사태가 발생했다. 이에 금속노조가 교섭연기를 요청했고, 7월 7일 13차 교섭을 재개했으나 다시 7월 14일 쌍용자동차 구조조정투쟁 지원을 위해 금속노조가 교섭연기를 요청했다. 14차 교섭은 휴가가 끝난 8월 11일 이루어졌고, 15차 교섭에 이르기까지 사용자협의회의 제시안을 놓고 공방을 벌인 끝에 8월 19일 16차 교섭에서 최종 의견일치를 보았다.

이처럼 중앙교섭이 외부의 영향요인에 의해 늦어진 것처럼 금속노조의 파업 또한 그에 맞게 전개되었다. 2009년 금속노조의 10차례 파업 중 세 차례가 중앙교섭과 관련된 것이었고, 일곱 차례는 쌍용자동차지부 지원파업이었던 것이다. 이에 대해 사용자협의회는 중앙교섭의제와 무관한 일로 교섭연기와 파업이 진행된 것에 대해 문제제기를 하기도 했다.

또한 중앙교섭과 관련해 금속노조는 2009년에는 완성차 사용자들에게 대해 중앙교섭 참가를 요구하지 않았다. 대신 중앙교섭 요구안을 개별 사용자에게 통보하고 대각선교섭에서 관철시킨다는 전술로 전환한 것이다. 이는 완성차 사용자들에 대한 중앙교섭 참가 요구로 인해 중앙교섭 전선의 교란, 조직 내부의 쟁점형성 등 2008년의 경험을 반영한 것이었다.

그리고 이 시기는 금속노조 내부에 교섭구조를 다양화할 필요가 있다는 논의가 이루어졌다. 주되게는 현재의 중앙교섭을 기본 틀로 전제하되, 업종별 교섭을 병행하는 방안이 논의되었다.

2010년의 교섭은 예년과 조금 다른 조건에서 진행되었다. 근로시간면제심의위원회(이하 근면위)가 가동됨에 따라 금속노조는 위원회의 결정 이전에 전임

[표 2-20] 제2기 금속노조 출범 이후 투쟁과 교섭형태

연 도	금속노조 투쟁	교섭형태	단체협약	사용자 입장
2007 ~ 2011	지역지부 통일투쟁	중앙교섭 지역지부집단교섭 지회보충교섭	중앙협약체결 지부협약체결 (지역단위) 사업장협약	금속산업사용자협의회 지역지부집단교섭 참가 지회보충교섭
	기업지부 개별투쟁	기업지부 개별교섭 (지회노사협의회)	지부협약체결 (사업장단위)	완성차사용자 개별교섭

자 유지에 관한 교섭을 마무리한다는 방침을 세웠다.[18] 이에 금속노조는 조기 전선구축의 중요함을 강조하며 중앙교섭 전인 2월 9일부터 12일 사이에 각 지부별로 특단협 요구안을 제출하고 교섭을 진행하도록 하였다. 이는 2월과 3월 교섭기간을 거쳐 4월 조정신청과 파업결의를 통해 민주노총 차원으로 투쟁전선을 집중시키면서 확대시킨다는 계획에 따른 것이었다. 이러한 계획은 근로시간면제심의원회가 근로시간면제와 관련된 결정을 4월 30일까지 내리고 이때까지 결정하지 못할 경우 국회의 의견을 들어 공익위원이 단독 결정한다는 점을 고려한 것이었다.[19] 이러한 방침에 따르면 특별교섭은 2월 9일부터 요구안을 발송해 교섭을 진행한 후 3월 말 쟁의발생을 결의하고 4월 초 조정신청, 4/20 쟁의행위찬반투표를 거쳐 4/28 총파업 총력투쟁을 예정하는 일정이고, 임단협은 3월 19일 요구안을 발송하고 3월 25일 상견례를 시작으로 5월 동안 쟁의발생결의, 조정신청, 쟁의행위투표를 거쳐 6월 초 총력투쟁을 하는 이원화된 일정으로 제출되었다.

이처럼 전임자임금지급금지법안과 관련된 특별단체교섭과 2010년 금속노조의 요구가 신설 5개, 갱신 6개로 예년에 비해 많았던 것이 겹치면서 3월 25일 시작된 교섭이 17차례에 걸쳐 10월 19일까지 7개월이나 진행되었다. 타임오프와 관련해 금속노조가 이미 중앙교섭 전에 특단협을 요구하고 이를 이유로 쟁의조정신청을 하는 한편 특단협 문제를 중앙교섭, 지부특별교섭, 지회보충교섭 요구로 모두 포함시킨 것에 대해 사용자협의회가 문제제기를 하였다. 그러나 금속노조는 4월 30일 근면위가 타임오프를 통과시키자 노동기본권 요구안을 임단협과 병합하기로 한 결정에 따라 중앙교섭 요구안으로 제출하였다. 5월 4일 한라공조 대전공장에서 열린 5차 교섭에서는 금속노조의 방침이 당연히 쟁점이 되었다. 사용자협의회는 5월 3일 노조가 노동기본권 보장을 위한 세부내용을 사용자들에게 전달한 것에 대해 지부집단교섭과 지회보충교섭, 중앙교섭에서 기본권 문제를 다루자고 요구하는 것에 대해 교섭구조의 복잡성을 들어 강력히 문제제기를 하였다. 중앙의 합의와 지부의 합의가 천편일률적이면 불필요

18) 타임오프와 관련한 자세한 내용은 뒷부분 쟁점에 대한 기술 참조.

19) 이는 민주노총이 4월 30일을 시한으로 하고 있는 근면위의 결정에 대비해 4월 말 총력투쟁을 전개한다는 방침에 맞춰 노조법 개정을 저지하면서 동시에 4월 총력 선도투쟁으로 2010년 임단협 승리의 주도권을 확보하고 더 나아가 6월 지자체 선거까지 이러한 분위기를 유지시키겠다는 기조에 따른 것이었다.

한 교섭을 2중으로 할 필요가 없다는 주장이었다. 이에 대해 노조는 지난해 교섭에서 총고용보장 문제를 중앙교섭, 지부교섭, 사업장교섭에서 다룬 전례를 들어 사용자의 주장을 반박하였다. 이에 사용자측은 다시, 총고용보장은 근로조건과 관련된 요구라는 점에서 노동기본권과는 성격이 다르다고 주장하고, 특별교섭을 진행하고 있으면 중앙교섭에서 다루지 말든가 요구안을 냈으면 지부별 특별교섭을 중단할 것을 요구하였다. 중앙, 지부, 사업장 수준에서 각기 조건에 따른 다른 요구를 다루는 교섭이 되든가 해야 되는데, 노동기본권은 동일한 요구를 가지고 모든 수준의 교섭에서 다루자고 하는 것이기 때문에 중앙교섭에서 다루게 되면 지부교섭에서는 빼자는 것이 사측의 주장이었던 것이다. 사용자측은 또한 법으로 정한 범위를 넘어서는 요구를 받은 것에 대해 교섭에서의 융통성을 발휘하기 어렵다며 부담을 느낀다고 표명하였고, 노조는 노동기본권에 관련한 내용들이 사업장, 지역마다 다르기 때문에 중앙에서는 평균치를 갖기 위해 노력하고 지역에서는 특성에 맞게 하는 것이 옳다는 의견을 제시하였다. 이후 교섭에서 사용자측은 금속노조의 요구에 대해 안을 제시하기도 하였으나 금속노조는 불충분하다며 반려하는 과정이 되풀이되었다. 6월부터는 금속노조가 파업에 들어가기로 예정되어 있었다. 6월 15일 9차 교섭에서 금속노조는 타임오프제가 7월 1일부터 시행된다는 점을 들어 노조는 6월 말 타결을 목표로 교섭하고 있음을 밝혔다. 이에 사용자측은 자신들이 선택할 수 없는 의제를 이유로 노조가 파업을 하고 있음을 지적하고 법으로 정한 한도를 뛰어넘어 합의하는 것이 불가능하며 노동기본권 요구가 교섭의제로 다뤄지고 있는 한 교섭이 지연될 수밖에 없음을 피력하였다. 그러나 여전히 타임오프를 둘러싼 쟁점은 평행선을 달리고 있었다. 결국 중앙교섭은 8월 여름휴가와 추석을 넘긴 10월 19일 타결되었다. 가장 쟁점이 되었던 타임오프는 "회사와 조합은 노조전임자와 관련한 지회의 합의내용을 존중하여야 한다"는 내용으로 제출되었고, 최종 합의는 "노조전임자와 관련한 내용은 노사합의를 준수하도록 한다"는 것으로 정리되었다. 이때까지 금속노조는 6월에만 다섯 차례의 파업과 7월과 9월에 각각 한 차례의 파업을 진행하였다. 그러나 앞의 교섭과정에서 살펴보았던 것처럼 이들 파업이 사용자의 교섭태도에 큰 변화를 가져오지는 못했다.

금속노조의 2011년 중앙교섭은 3월 25일 시작했던 2010년보다 3주가량 늦은 4월 19일 상견례로 시작되었다. 그러나 교섭 도중 사용자협의회가 두 차례의 사용자안을 제시하면서 공방이 벌어진 것과 7월 6일 금속노조가 부분파업을 진행한 것 이외에는 특별한 쟁점이나 갈등 없이 7월 12일 사용자협의회가 제시한 안을 수정하여 13일 의견일치안을 만들어 냄으로써 지난해에 비해 두 달 가까이 일찍 타결되었다. 이는 여러 가지 이유가 있겠으나 금속노조가 9월에 위원장, 각 지부장 등 주요 선거를 앞두고 가능한 일찍 타결한다는 기조를 세웠기 때문이다.

2007~2011년 사이에 금속노조의 파업은 오히려 축소되는 경향을 보인다. 완성차지부가 산별전환하고 첫 번째 교섭을 맞는 2007년은 크게 두 차례의 파업이 진행되었다. 하나는 한미 FTA 비준반대 파업으로 6월 25일부터 6월 29일까지 5일 동안 진행된 파업이고, 다른 하나는 중앙교섭 결렬에 따른 파업이었다. 한미 FTA 비준반대 파업은 6월 28일과 29일 현대자동차의 파업참가로 인원이 10만여 명으로 증가하였다. 그러나 중앙교섭 결렬로 인한 파업참가 사업장수와 조합원은 절반 이하로 줄어들었다. 2008년은 민주노총의 총파업, 중앙교섭 결렬 파업, 위원장 연행 항의 파업 등 파업사유가 다양했다. 이러한 여파로 파업기간은 총 8일로 증가했다. 2009년은 파업이 3일로 줄었다가, 2010년 9일로 급격히 증가한다. 그러나 전체적인 참가사업장수와 조합원수가 급격히 축소되어 전체적인 파업기간은 큰 의미를 갖지 않는다. 2011년은 교섭관련 파업 1일, KEC와 G20 반대 관련 파업 1일 등으로 급격히 줄어들었다.

[표 2-21] 연도별 금속노조의 파업 현황

(단위: 시간, 개, 명)

연 도	파업일	시 간	사업장수	참여인원	총기간	비 고
2007	6/25	2H	31	8,061	5일	한미 FTA 반대 파업
	6/26	2H	53	24,280		
	6/27	2H	33	34,882		
	6/28	4H	148	98,317		
	6/29	6H	126	99,799		
	7/18	4H	76	54,021		중앙교섭 결렬 파업
	7/19	4H	76	54,468		
	7/20	4H	86	59,932		
	7/23	6H	46	13,959		
	7/24	6H	58	17,250		
2008	7/2		130	113,014	8일	• 7/2 민주노총
	7/8	총량 4H	22	17,346		

(계속)

	7/10		40	105,718		• 7/8, 7/10, 7/15, 7/18, 7/16 중앙교섭 불참사업장 • 8/14 미타결사업장 • 8/27 위원장 연행 항의
	7/15	총량 6H	21	17,558		
	7/18		45	90,412		
	7/16	4H	97	97,834		
	8/14	4H	39	49,213		
	8/27	2H	83	96,518		
2009	6/10	2H	91	19,762	3일	3일
	6/29	4H	24	6,495		
	7/1	4H	109	27,438		
2010	6/9	4H	113	25,365	9일	중앙교섭 참가
	6/11	4H	86	20,402		
	6/15	4H	45	11,356		
	6/16	6H	73	17,850		
	6/17	6H	45	13,097		
	6/25		38	9,808		
	7/7		23	5,848		미타결사업장
	7/21		23	5,848		
	9/10	4H	35	7,043		
2011	7/6	1H~4H	79	27,069	1일	파업시간은 지부별로 조정
	11/11		55	10,138	1	KEC 문제 해결 G20 규탄 민중행동

4) 중앙교섭 합의의 내용과 수준

중앙교섭에서 다루고 합의한 내용은 금속노조 내부의 업종별, 규모별 격차를 감안해 가능한 최소 공통의 범위에서 설정되었다. 임금이나 근로조건을 직접 다루기보다는 조합활동, 고용안정, 비정규직 고용과 처우에 관한 사항, 금속산업 최저임금 등이 주로 다루어졌다. 중앙교섭에서 다루어졌던 사항들을 연도별로 보면 다음과 같다.

2003년의 주40시간제 도입, 2004년의 손배가압류금지, 2005년의 우리쌀 사용 등 매년 사회적 쟁점이 되었던 사항을 제기하고 합의하는 성과도 있었고, 특히 중앙교섭 초반부터 비정규직 문제와 금속산업 최저임금을 지속적으로 다루고 있다는 점에서 비정규직에 대한 금속노조의 관심을 엿볼 수 있다. 그러나 금속노조의 중앙교섭 요구안은 상대적으로 규모가 큰 금속노조 조합원의 관심을 끌기 어렵다는 지적도 있다. 금속노조에서 가장 많은 비중을 차지하는 기업지부의 경우는 임금, 근로조건 수준이 가장 높아 일률적으로 적용되는 금속노조 중앙교섭에 대한 유인이 없다는 지적에서부터, 고용안정과 조합활동 등은 상당수 사업장 지회에서 이미 보장받고 있는 수준이기 때문이다. 이러한 이유로 현재 금속노조의 중앙교섭 요구안은 사업장협약의 표준적인 수준을 기준으로 협약의 내용과 수준을 통일시켜 가는 과정에 있다고 할 수 있다. 문제는 금속노조 내부의 사업장들의 편차가 다양해서 여전히 임금이나 근로조건에 대한 사항은 다루기 어렵다는 데 있다. 이러한 조건은 상당기간 극복되기 어려울 것으로 전망된다. 그렇다면 한편으로는 다양한 교섭틀을 실험하는 과정과 함께, 요구안의 수준과 내용에 대해서도 다양한 접근이 필요할 것으로 보인다. 기업간 격차가 큰 조건에서 노사 당사자만의 교섭을 통한 해결은 한계가 있을 것이기 때문에 사회적으로 파장이 큰 문제를 산업 수준을 넘어 전국 수준에서 쟁점화시키고 복지와 연계시키는 방안도 고민해 볼 필요가 있다. 대학등록금과 의료비 지원 항목을 예로 들 수 있다. 기업별 복지의 대표적인 항목을 민주노총 차원에서 접근하고 기업별 복지의 혜택 비중을 대폭 줄이는 전략도 고민해 볼 필요가 있다.

[표 2-22] 연도별 금속노조 요구와 합의

연 도	요 구	합 의	비 고
2003	• 기본협약(유효기간, 갱신) • 주40시간제 도입 • 임시직 정규직화 • 사내하청 노동자의 처우개선/산업안전 • 외주 또는 하도급 • 근골격계질환 예방대책 • 조합활동 보장	• 기본협약(유효기간, 연장) • 주40시간제 도입 • 임시직 정규직화 • 사내하청 노동자의 처우개선/산업안전 - • 근골격계질환 예방대책 • 조합활동 보장	
2004	• 손배가압류금지 • 금속산업 최저임금보장 • 금속산업 구조조정시 노사합의 및 산업공동화 대책마련 • 사용자단체 구성 교섭	• 손배가압류금지 • 금속산업 최저임금보장 • 금속산업 구조조정 및 산업공동화 대책마련 • 사용자단체 구성 교섭	

(계속)

2005	• 해외공장 설립관련 • 산별고용안정시스템 구축 • 금속산업 최저임금 • 비정규노동자 조합활동 및 고용보장 • 사내하청 사용제한과 불법파견 금지 • 우리쌀 사용	• 해외공장 설립관련 • 산별고용안정시스템 구축 • 금속산업 최저임금 • 비정규노동자 조합활동 보장 • 불법파견 및 용역사용 금지 • 우리쌀 사용	
2006	• 협약유효기간 • 금속산업 최저임금 • 신기계도입, 작업공정개선, 공장이전 • 조합활동 보장 • 사내하청 처우개선	• 협약유효기간 • 금속산업 최저임금 • 신기계도입, 공장이전 • 조합활동 보장 • 사내하청 처우개선	2005년 까지 합의 승계
2007	• 신기계도입, 공장이전 • 분할, 합병, 분사 • 총고용보장, 신규채용 • 납품하도급계약시 불공정거래 폐지 • 최저임금 • 노사공동연구팀 구성	• 신기계도입, 공장이전 • 분할, 합병, 분사 - • 납품하도급계약시 불공정거래 폐지 • 최저임금 • 노사공동연구팀 구성	
2008	• 조합활동 보장 • 노동시간 단축과 교대제 개선 • 산업재해 예방과 재해인정 • 사내하청노동자 처우개선 • 원청사용자성 인정 • 비정규직 단계적 정규직화 • 고용보장 • 원하청 불공정거래 개선 • 금속산업 최저임금 • 임금인상 • 임금차별 해소	• 조합활동 보장 • 노동시간 단축과 교대제 개선 • 산업재해 예방과 재해인정 - 현행유지 • 원청사용자성 인정 • 비정규직 단계적 정규직화 • 고용보장 • 원하청 불공정거래 개선 • 금속산업 최저임금 - • 임금차별 해소	중앙 교섭에 임금 요구 포함
2009	• 노동시간 단축 통한 일자리 만들기 • 모든 해고 금지, 고용안정 • 기업잉여금 10% 사회환원 • 제조업 중소기업 기반강화 • 금속산업 최저임금	• 노동시간 단축 통한 일자리 만들기 • 고용안정 - 노사공동선언문에 포함 • 금속산업 최저임금	

다. 지역지부교섭의 전개와 특징

금속노조의 지부교섭은 2개의 형태로 구분된다. 하나는 2001년 금속노조 출범 당시부터 진행된 지역지부 사업장들의 집단교섭이고 다른 하나는 2007년부터 완성차지부가 수행해 온 개별교섭이다. 여기서는 지역지부의 교섭을 다루고, 기업지부인 완성차지부의 교섭은 별도로 다룬다.

금속노조의 교섭체계에서 중앙교섭이 최저임금 등 단위사업장을 넘어서는 안건을 중심으로 다루고, 사업장 수준의 교섭인 지회보충교섭에서는 사업장 내부의 현안을 중심으로 다룬다. 반면 지부집단교섭의 의제는 분명히 정해지지 않았다. 때문에 지부별로 실제 교섭과정이나 다루는 안건들은 차이가 있다. 안건을 다루는 방식은 중앙교섭에서 다룬 내용을 조금 더 구체화하거나 지회보충교섭을 모아 놓은 경우도 있지만 대체적인 경향은 금속노조 차원에서 지부의 공동요구안에 덧붙여 해당 지부의 현안이나 중요하다고 판단하는 요구안 1~2개를 추가해 교섭을 요구하는 방식이 일반적이다. 교섭을 진행하는 방식은 대체로 해당 지역의 사용자들과 집단교섭으로 진행하지만, 임금의 경우는 사업장별 내부협의를 거쳐 지부집단교섭에서 추인을 받는 방식과 아예 집단교섭에서 최저 수준을 정하고 사업장별 협의를 하게 하는 방식을 택한다.

이처럼 지부교섭은 교섭안건과 교섭방식의 측면에서 중앙교섭과 사업장지회의 보충교섭을 매개하는 역할을 하지 못하고 있다. 때문에 금속사용자협의회는 2009년 교섭 초기 지부집단교섭을 하지 말고 중앙교섭-사업장지회 보충교섭의 이중 교섭구조로 재편하자는 제안을 하기도 했다. 또한 금속노조 내부에서도 지부교섭의 역할과 기능에 대해 의문을 제기하는 의견이 있다. 그러나 전국 수준의 중앙교섭과 사업장지회 보충교섭의 이원체계는 지역을 근간으로 활동해 왔던 금속노조의 입장에서 보면 가장 중요한 사업단위인 지역지부의 역할을 축소시킬 가능성이 있고, 중앙교섭이 명실상부한 산별교섭으로의 위치를 점하고 있지 않다는 점에서 지부집단교섭을 쉽게 포기하기는 쉽지 않다.

1) 연도별 교섭전개과정

2001년 임단협 교섭은 금속노조의 교섭방침에 따라 지부 중심으로 추진하는 것이었다. 그리고 교섭형태는 대각선교섭을 중심으로 하되, 집단교섭의 발전을 위해 경주지부를 전략적으로 선정하였다. 이것은 금속노조가 2001년 2월에 출범했기 때문에 임단협 준비가 부족하다는 점을 고려한 것이었다. '지부 중심의 임단투 추진' 방침은 기업별 체계와 관행을 넘어서자는 것이 주요한 취지였다. 대부분의 지부, 지회에서 바로 집단교섭을 추진하기 힘들었던 상황이었지만 경주지역의 경우 '금속노조가 건설되면서 집단교섭을 실시할 것'을 2000년에 합의해 놓은 상태였으며 이에 따라 '집단교섭 실시' 자체가 관철해야 할 목표였다.[20] 2001년 임단협을 통해 72개 사업장에서 2002년부터 집단교섭을 실시하기로 합의함에 따라 2002년에는 지부집단교섭이 전면화되었다.

2002년 금속노조는 '기본협약 요구, 지부별 집단교섭, 통일투쟁'이라는 3대 방침을 수립하였다. 기본협약을 설정한 것은 경주를 제외한 모든 지역지부가 집단교섭의 경험이 없는 상태에서 기업별 편차를 극복하고 집단교섭을 매개할 요구가 필요했기 때문이다. 금속노조는 2002년 기본협약, 집단교섭, 기본급 11만 원 임금인상, 주5일근무제, 고용안정 보장, 비정규직 철폐, 해고자 복직 등을 '7대 중심요구'로 제출하였다. 집단교섭 요구는 기본협약 체결과 임금인상이었지만 기본협약은 진전되지 않은 채 임금인상으로 관심이 흐르면서 노조 내에 혼선이 발생하였다. 이에 금속노조는 '기본협약 관철 없이 임금합의 없다'는 방침을 세우고 집중투쟁을 통한 기본협약 체결을 관철시키는 데 주력했다. 그 결과 108개 사업장에서 기본협약이 체결되었다.

한편 지부별로 합의된 내용과 형식은 조금씩 달랐다. 경주, 대구, 대전충북, 포항 지부에서는 금속노조의 통일요구안 중에서 임단협 지부 요구안을 제출하였다. 대전충북지부에서는 '유휴인력 발생시 노사합의, 근골격계질환 대책위 운영, 명예산안감독관 활동시간 보장' 등 3개 요구안을 각 지회별로 관철시키는 전략을 구사해 1개 지회를 제외하고 관철시켰다. 포항지부는 '조합활동 보장' 등 공동단협 요구를 제출하여 교육시간 등을 확보했으며 대구지부는 고용보장 등을 확보했다. 경주지부의 경우 지부 추가 전임을 요구하여 2명의 추가 전임을 합의했다.

2003년 임단협에서는 원래 집단교섭 요구로 설정했던 기본협약과 조합통일요구(주5일근무, 비정규직 철폐, 근골격계질환 예방대책, 조합활동 보장)가 중앙교섭

20) 그러나 당시 경주지부의 집단교섭은 임금인상 요구에 한정되었기 때문에 해당 사업장들의 규모와 경영상태, 그리고 임금 및 근로조건 차이 등으로 인해 노사 모두 교섭을 진행하는 데 어려움을 겪었으며 전체를 만족시키는 안을 도출하기가 어려웠다.

이 성사됨에 따라 중앙교섭 요구로 이관되었다. 이에 따라 지부집단교섭에서는 임금인상과 지부별 요구를 가지고 교섭을 진행했다. 지부별 요구를 제출한 곳은 경기, 대구, 대전충북, 서울, 울산, 포항 등 6개 지부이며 포항과 대전충북은 근골격계질환 예방대책 요구를 중심으로, 경기·울산·서울은 지부 상근자 확보를 중심으로, 대구는 고용안정을 중심으로 지회의 단협을 강화하는 방향으로 설정되었다. 지부 전체가 지부 요구안을 만들지 않았던 것은 조합 통일요구안을 중심으로 하기 위함이었고 조합 통일요구안에 담을 수 없는 요구가 지부 공동요구로 만들어진 것이다. 이에 따라 지부별로는 집단교섭의 결과로 지부전임자, 해외공장과 공장 신설시 노사합의, 근골격계 대책 강화 등이 합의되기도 했다. 나머지 지부는 임금인상 요구(기본급 12만 5,141원 인상)를 중심으로 교섭을 진행했다. 임금교섭의 경우 실제로는 중앙교섭 잠정합의 이후 지회보충교섭으로 전환되어 진행되었다. 그러나 일부 지부에서는 보충교섭으로 전환하기 전에 최저 임금인상 기준을 마련하기도 했다. 기본협약 합의사업장은 2002년보다 다소 늘어 114개 사업장으로 확대되었다.

2004년 집단교섭은 2003년에 비해 보다 통일적이고 정교한 형태로 진행되었다. 2월 13일 금속노조 임시대의원대회에서 '지부공동 요구안+지부별 요구안'을 지부교섭 요구로 제출하여 교섭을 추진하기로 결정하였다. 지부공동 요구안은 조합 추가 전임 인정과 처우보장, 사업장 단협 장·절체계 정비, 유효기간 통일(단협갱신을 짝수 연도 중심으로 하고 2006년까지 완료한다), 임금 기본급 12만 5,445원 인상으로 결정했으며, 지부별 요구는 지부별로 논의하여 결정하되, 명예근로감독관 활동시간 보장(사업장별 1명 주8시간 활동 보장)을 권고안으로 채택했다.

2004년 집단교섭 결과 대다수 지부들이 조합 추가 전임 인정과 조합 활동시간 보장 부문에서 합의를 이루었고, 일부 지부는 비정규직 처우개선, 근골격계 직업병 예방대책 마련, 소정근로시간 등의 조항에서도 합의를 이루었다. 중소영세사업장 중심으로 구성된 서울지부는 임금인상에 주력하여 최저 단일인상액 5만 원을 합의하였다.

2005년 지부집단교섭은 임금인상과 사업장 단협 통일요구를 중심으로 하고, 지부공동요구는 지부별로 특수한 요구가 있을 경우에 한해 추진하기로 했다. 이에 따라 조합활동 보장, 산업안전, 비정규 노동과 차별 철폐 등의 요구가 많이 제출되었고, 그에 따른 성과도 지부별로 추가 전임자 확대와 임금인상, 지부 총회시간 확보, 징계・해고 제한, 비정규직 처우개선, 산업안전부문 등에서 다양하게 나타났다. 한편 임금부문에서도 전북지부, 서울지부, 인천지부가 최저단일인상액을 합의했다.

2006년에는 지부교섭의 합의내용에 편차가 확대되고 있는 점을 고려해 사업장 통일요구안을 중심으로 추진하고 지부별 요구는 최소화하기로 했다. 지부집단교섭은 금속노조 산하 15개 지부 가운데 14개 지부에서 진행되었다. 중앙교섭이 공전되는 교섭 초반기에는 교섭 진행원칙을 둘러싸고 노사간에 소모적인 공방전이 벌어졌다. 그러다가 금속노조가 6월 9일 조정신청을 하고, 사용자측이 6월27일 11차 교섭에서 처음으로 사용자측 안을 제시한 후부터 지부교섭에서도 사용자측이 적극적으로 안을 제시하는 등 교섭이 본격화되었다. 그리고 7월 25일 19차 중앙교섭에서 노사간에 의견이 접근되면서 지부교섭의 진전속도도 빨라져 몇몇 지부를 제외하고는 거의 마무리 수순으로 흘러갔다. 2006년 지부교섭을 벌인 13개 지역지부 중 경남・경주・충남・포항 지부를 제외한 9개 지부가 8월 중순까지 잠정합의에 이르렀으며, 이들 지부도 포항지부를 제외하면 모두 8월 말까지 교섭을 마무리했다. 지부교섭과 관련하여 지부 파업을 벌인 지부는 경주지부와 충남지부, 포항지부이다.

한편 교섭 결과를 보면 2005년 지부교섭의 연장선에서 지부 전임자 임금인상, 지부 총회시간 인정, 지부 간부 활동시간 보장, 단협 불이행시 당사자 책임, 고용안정, 산업안전부문을 중심으로 합의가 되었다. 경주지부가 근로조건 저하 없는 주5일 40시간 근무제를 비정규직에게도 적용하기로 합의한 것과 충남지부가 정당한 노조활동시 해고를 못하도록 한 것 등이 특징적이다.

2007년은 완성차를 포함한 대규모 사업장들이 대거 금속노조에 합류한 이후 맞는 첫 교섭이었다. 때문에 금속노조의 교섭, 타결방침 등에 대한 이해가 부족하고 통일성을 갖추지 못할 우려가 있었다. 때문에 지부교섭의 중요 방침으로 '중앙교섭 타결 전 지부, 지회교섭을 타결하지 않는다'는 점이 특히 강조되었다. 교섭형식을 보면 지부별 단일교섭군을 원칙으로 하되, 특별한 경우 지부 판단에 맡김으로써 변화를 줄 수 있도록 했다. 기업지부교섭에 대한 관장력을 높이기 위해 본조 임원이 결합하였으며, 지부교섭위원회는 지부 대의원대회에서 선출하고, 지부장 책임하에 운영하도록 하였다. 사업장 보충교섭은 지부교섭의 하위 개념으로 지부의 관장하에 추진되도록 하였다. 지부교섭 타결절차는 △사업장 단협과 교섭결과를 지부운영위에서 심의하고 △위원장의 사전승인을 받은 다음 △해당 지부/지회 조합원의 찬반투표를 거쳐 위원장이 체결한다 등으로 정리하였다. 이는 교섭의 중앙관장력을 높이고, 본조 승인 없이 교섭돌입과 체결을 일체 금지함으로써 중앙교섭의 협상력을 높이기 위함이었다.

그럼에도 불구하고 실제로는 많은 문제점이 노출되었다. 핵심적으로 드러난 것은 지부의 교섭권 관할과 관련한 것이었다. 기업지부의 경우 교섭권 위임이 금지된 규약이 있으나 기아차의 고용안정위원회, 대우차의 특단협 등 일반적 임단협이 아닌 하위, 또는 유사 교섭에 대한 관할권이 문제되었다. 또한 교섭대표 1인만 지부 교섭대표로 파견되는 방식으로는 실질적으로 지부교섭을 관장하기 어려운 면이 있었다. 현대자동차의 임단협 요구안 승인과정에서는 단체협약 체결주체가 금속노조가 아닌 지부로 명기되는 등의 문제도 있었다.

2007년 이후 지부교섭은 크게 이원화되어 진행되었다. 기존의 지역지부는 중앙교섭 일정과 보조를 맞춰 집단교섭을 진행하였다. 그러나 새로이 합류한 완성차지부는 사실상 금속노조 1인이 형식상 교섭대표로 참석했을 뿐 내용적으로는 개별교섭을 진행하였다. 동시에 금속노조 중앙교섭, 지역지부 집단교섭 일정과 완성차지부의 일정은 계속 분리되어 진행되었다. 이는 금속노조의 규모가 커진 만큼 교섭력이 증가하는 것을 막았고, 시간이 흐를수록 지역지부와 기업지부의 인식격차가 커지는 원인이 되었다.

2) 지부교섭 진행방식과 특징

지부집단교섭의 기본적인 진행방식은 노조의 방침에 따라 통일되어 있다. 교섭일이 통일적으로 정해지거나, 교섭장소도 대체로 사업장을 순회하면서 진행하도록 되어 있다. 교섭은 조합의 방침에 따라 중앙교섭이 시작된 후 중앙집행위원회의 결정에 따라 시작된다. 교섭 개시일의 사업장 보충교섭과의 선후관계는 일관된 방침으로 정리되어 있지 않다. 대체로 비슷한 시기에 교섭이 시작된다.

"중앙교섭 타결 없이 지부교섭 타결 없다"는 방침에 따라 교섭이 진행되기 때문에 교섭의 진전속도는 중앙교섭의 진행 흐름을 따른다. 때문에 요구안에 대한 실질적인 교섭은 중앙교섭의 의견접근 시점을 전후하여 시작되는 경향이 크다. 지부에 따라 교섭이 장기화되는 곳도 있지만 임금을 제외한 지부공동요구에 대해서는 중앙교섭 의견접근 이후 교섭이 급진전되어 마무리까지 이어지는 게 대체적인 흐름이다. 그리고 교섭 마무리 시기에는 축소교섭이 진행되는 경우도 많다. 체결절차는 교섭에서 의견접근이 되면 지부운영위에서 심의하고, 노조의 사전승인을 받은 후 교섭참여 사업장 조합원 찬반투표를 거쳐 조인하는 순서로 진행된다.

그러나 교섭의 구체적인 진행방식이나 과정을 보면 지부별로 상당한 차이가 있다. 먼저 교섭위원 구성을 보면 교섭위원을 별도로 선정하여 교섭을 진행하는 경우도 있지만 대다수 지부들은 참여 사업장의 지회 교섭위원들까지 모두 교섭위원으로 참여하고 있다. 사측 교섭위원은 보통 사업장별로 1~2명으로 구성되며, 자격은 임원급으로 제한하고 있다.

지부 교섭위원들의 상근기간은 대체로 조인식까지이고, 대체로 전 교섭기간 동안 임시상근이 보장되지만 지회에 따라 교섭 당일이나 일정시간을 정해 상근하는 곳도 적지 않다. 교섭기간 동안 지부 교섭위원들의 역할과 활동 내용도 지부에 따라 차이가 많다. 포항지부처럼 지부 차원에서 교섭위원들을 모아 현장순회, 교육, 선거투쟁 등 구체적인 역할을 일정한 수준에서 부여하는 곳도 있지만 지부에서 제대로 관장하지 못하고 지회에 맡겨 두는 곳도 많다.

임금인상 요구를 다루는 방식은 크게 몇 가지로 구분할 수 있다. 전북·서울·인천 지부는 최저 기준액을 확보한 후 사업장 보충교섭으로 전환해서 다루는 방식으로 진행되고 있다. 나머지 지부들의 경우도 지부요구에 대한 의견접근이 이루어지면 사업장 보충교섭으로 전환하는 지부가 있는가 하면, 지부집단교섭에서 사업장별로 인상안을 제시하게 하고 마무리도 지부교섭에서 하는 등 절차상으로는 지부집단교섭에서 관장하는 곳도 있다. 물론 이 경우에도 실질적인 교섭진행은 사업장 보충교섭(또는 사업장별 실무협의)에서 이루어진다. 또한 같은 지부에서도 임금교섭 방식이 일관되지 않고 해에 따라 바뀌는 경우도 있다. 어쨌거나 결과를 놓고 보면 임금교섭 진행방식의 차이에 따라 지부교섭 기간도 달라진다. 임금인상 요구를 지부교섭에서 관장하는 경우 지부교섭 기간은 길어진다.

지부교섭의 결과에 대한 합의형태도 지부에 따라 다양하게 나타난다. 교섭결

[표 2-23] 지부교섭 방식

교섭위원	노	- 지부임원+사업장별 2명 - 지회교섭위원까지 - 노사 각 3명(사업장 순회시 지회교섭위원 참관) - 지부임원+지회장
	사	- 사업장별 2인 - 사업장별 1인+실무간사 - 사업장별 1명
임금교섭		- 지부요구 의견접근 후 보충교섭 전환, 지부교섭에서 인준 - 집단교섭에서 안 제시, 보충교섭으로 마무리. 지부교섭 합의서에 포함 - 지부요구 잠정합의 후 보충교섭 전환 - 최저기준 합의 후 사업장 보충교섭에서 다룸
타결절차		- 임금까지 마무리 후 찬반투표 - 임금과 별개로 지부합의에 대한 찬반투표 → 조인식 - 잠정합의 후 조인식(찬반투표 하지 않음) - 찬반투표 거쳐서 보충교섭 마무리되면 조인식 - 보충교섭 마무리 되는 대로 지회별 찬반투표 거쳐서 조인식 - 지부요구 합의되면 임금 끝나지 않아도 찬반투표 → 조인식
합의서 형태		- 합의사항의 사업장 단협 포함 여부는 사업장별로 다름 - 지부합의서 사업장 단협에 포함되지 않음 - 사업장 단협에 포함

과를 지부 합의서로 작성하고 체결하면서, 동시에 사업장 단협에 그 내용을 반영시키는 지부도 있고, 지부 합의서는 체결하지만 사업장 단협에는 포함시키지 못하는 지부도 있다.

인천지부와 대구지부는 경우가 또 다르다. 인천지부는 중앙교섭 합의서와 마찬가지로 해당 연도 이전 집단교섭의 결과까지 포함하여 단일한 합의서 형태로 정리하고 있지만, 사업장 단협에는 포함시키지 못하고 있다. 대구지부는 사업장 단협에 포함시키지만 지부 차원에서 별도의 합의서를 작성하지 않고 회의록만 남기는 방식으로 처리한다. 체결주체도 대다수의 지부는 금속노조위원장으로 되어 있지만, 지부장이 서명하는 경우도 있다.

타결 찬반투표 형태도 통일되어 있지 않다. 대체로 지부공동요구와 관련한 합의사항에 대해 찬반을 묻고, 임금은 지회별 찬반투표를 실시한다. 그러나 경기지부는 지부공동요구 합의사항과 임금을 묶어서 타결 찬반투표를 실시하며, 대구지부는 지부 공동요구 합의사항과 지회별 임단협을 묶어서 진행한다. 또한 경남지부는 집단교섭에서 지부요구가 사실상 '지부 추가 전임자 처우 보장' 하나뿐임을 감안하여 지부 차원의 타결 찬반투표를 실시하지 않은 경우도 있다.

마지막으로 집단교섭 참여 사업장 현황을 보 면 대체로 중앙교섭 참여 사업장과 일치하지만 중앙교섭에 불참하고 지부집단교섭에만 참여하는 사업장들도 있기 때문에 중앙교섭 참여 사업장보다는 범위가 약간 넓다고 할 수 있다.

라. 완성차지부 교섭

완성차지부의 교섭은 2006년 산별전환 이후 첫 교섭이 진행된 2007년부터의 현대자동차지부, 기아자동차지부, GM대우자동차지부를 다룬다. 쌍용자동차지부를 제외한 이유는 쌍용자동차가 중국의 상하이자동차로 인수된 이후 일상적인 교섭과 활동보다는 매각과 구조조정이 쟁점이 된 상태이고, 나아가 2009년 정리해고를 둘러싼 갈등 이후 금속노조를 탈퇴한 기업별 노조가 생겼기 때문이다. 금속노조 산하 쌍용자동차지부는 해고자 중심으로 원직복직을 중심으로 사업장 외부에서 활동하고 있는 상태이다.

여기서는 완성차지부의 교섭과정이나 내용보다는 금속노조에 합류한 이후 금속노조 전체의 교섭과 투쟁에 어떻게 결합하고 있는가를 중심으로 살펴본다. 지역지부와는 달리 기업별 독립성을 강하게 지니고 있는 기업지부로서의 지위를 가지고 있는 상태에서 완성차지부의 결합방식과 그 정도는 현재 진행되는 중앙교섭의 향방과 보다 넓게는 금속노조 전체의 전망에도 영향을 미치기 때문이다. 이런 측면에서 주요하게 검토해야 할 사항들은 주된 교섭형태와 교섭 진행방식, 중앙교섭 참가를 둘러싼 노사간 주장, 전체적인 교섭일정, 조정과 쟁의행위, 파업 등 투쟁일정의 통합성 여부, 완성차지부의 주요한 쟁점 등이다.

금속노조는 2007년을 '15만 조합원 산별 원년'으로 규정하고 산별교섭 확보 투쟁에 주력한다는 방침을 세웠다. 당시 교섭과 관련한 주요 방향과 일정은 다음과 같았다. 4월 말, 5월 초 중앙교섭 요구안 발송을 시작으로 새로 가입한 10만 명을 포함한 중앙교섭 미참가 사업장들이 금속노조를 인정하고 중앙교섭에 나오도록 하는 것을 주요 목표로 설정하여 산별교섭 구조를 확립하는 것에 집중한다. 이를 위해 5,000명 이상 사업장인 현대차, 기아차, 대우차, 쌍용차 지부를 전략사업장으로 설정하고, 이들에 대해서는 임단협 준비과정부터 산별적 실천을 다할 수 있도록 중앙교섭 설명회, 교섭위원 수련회, 간부 간담회, 조합원 교육에 중앙간부가 직접 참가하기로 하였다. 나아가 미참여 기업지부에는 교섭위원과 조합임원이 직접 가서 참여를 압박한다는 기조하에 중앙교섭에 기업지부장이 전원 참여하고, 미참여 사업장 참여를 압박하는 한편, 기업지부교섭은 금속노조의 임원이 주재하여 중앙교섭 참여를 우선 의제로 한다는 방향을 설정하였다.

그러나 완성차지부에 대한 금속노조의 통제력은 생각처럼 쉽게 생기지 않았다. 완성차지부의 금속노조 합류로 인해 전반적인 일정이 늦어진 가운데, 금속노조 결선투표 자체가 2월 26일에 치러졌다. 더욱이 현대자동차지부 집행부가 상여금 미지급을 둘러싸고 회사와 갈등을 빚다가 파업 후유증으로 1월에 사퇴하는 사건이 벌어졌다. 결국 집행부 선출은 3월 중순에 이루어졌고 6월 21일에야 요구안이 확정되었다. 이때 금속노조의 한미 FTA 반대 전면파업 지침에 따라 6월 28~29일 파업에 돌입했고, 1차 교섭은 7월 12일에야 이루어졌다. 기아자동차는 금속노조와 일정을 맞춰 5월 4일 요구안을 발송했으나 지부 자체의 요구안 심의 등으로 5월 16일에 추가요구안을 통보하고 5월 28일 교섭을 요구하였다. 그러나 사측의 요구안에 대한 문제제기와 교섭 불참으로 실제 교섭은 6월 18일에야 시작되었다. GM대우차지부는 별다른 문제없이 6월 13일 1차 교섭을 시작하였다. 타결시기는 현대자동차가 9월 4일, 기아자동차 8월 17일, GM대우자동차가 7월 26일이었다. 이처럼 일정이 제각각인 가운데, 교섭 또한 개별적으로 진행되었다. 물론 금속노조 위원장을 비롯한 임원들이 교섭대표의 자격으로 상견례에 참여하기는 했으나 이는 형식적인 것이었고 실제 교섭을 주도한 것은 지부장을 중심으로 한 지부 교섭대표였다.

2007년 교섭을 앞두고 금속노조에서는 교섭방침을 두고 상당한 논의를 진행한 바 있다. 애초 집행부는 실력과 조건에 맞는 산별 완성이라는 기조를 가지고 있었다. 특히 대공장들이 중앙교섭에 참석하기 어렵다고 판단하고 지역, 업종별 교섭 등의 단계를 설정하고 중앙교섭을 추진할 의향을 가지고 있었다.

그러나 실제 중앙교섭 성사의 로드맵으로 설정한 것은 2007년 중앙교섭 계승 및 산별교섭 돌파, 2008년 산별교섭 완전돌파, 대정부교섭 추진의 단계를 거쳐 2009년에는 산별교섭 안정화, 대정부 교섭 정착이었다. 이처럼 집행부의 의중과 실제방침 결정의 괴리가 존재하는 가운데 완성차지부를 중심으로 중앙교섭에 참여시키기 위한 노력은 별로 이루어지지 않았다. 이는 앞에서 본 것처럼 현대자동차 집행부 사퇴 등으로 인한 일정상 차질 때문이기도 하지만, 이미 논의과정에서부터 금속노조가 완성차지부를 통제하지 못하고 있음이 드러났다. 3월 12일 1차 단협위원회에서 완성사의 준비시기를 고려하여 투쟁일정을 배치해야, 완성4사 집행부를 만나 중앙교섭 상과 투쟁방침에 대해 확답을 받아야 한다는 주문이 쏟아지고 있기 때문이다. 금속노조가 추진하고자 하는 상과 방침, 일정을 가지고 조직하기보다는 완성차지부의 일정에 맞춰서 따라가겠다는 소극적 자세를 보이고 있기 때문이다.

결국 완성차지부는 중앙교섭과 분리된 채 개별교섭을 진행하였다. 특히 6월 말 한미 FTA 반대 전면파업 이후 7월 11일 중앙교섭을 재개하면서 전환사업장의 사정 등을 고려해 확약서를 받는 것으로 방침을 정하였다. 중앙교섭 잠정합의가 이루어진 7월 25일을 전후해 기아자동차와 GM대우자동차, 쌍용자동차가 확약서를 제출하였다.[21]

2008년 교섭은 2007년의 확약서에 근거해 중앙교섭 성사의 분수령으로 여겨졌던 해이다. 그러나 금속노조의 전체 교섭을 준비하는 단위인 단협위원회에서는 완성차지부의 중앙교섭 참가를 준비하기 위한 논의는 진행되지 않았다. 다만 교섭실 주관으로 2007년 10월부터 확약서에 근거해 산별교섭준비위 개최를 요구하였다. 10월 말 열린 노사실무간담회는 현대와 기아자동차만 참여하였고, 11월 28일에야 GM대우자동차와 쌍용자동차가 참가하기로 결정하였다. 2008년 1월 9일에야 금속노조와 완성4사 관계자들이 모일 수 있었고, 1월 10일까지 산별준비위원회가 구성되지 않으면 확약서 위반으로 간주하겠다는 금속노조의 주장에 대해, 완성사들은 '사용자측의 내부 의견 취합 및 조율을 위한 대표기구 또는 간사 역할을 담당하는 주체가 필요하고 경총을 포함한 단체의 의견을 묻는 과정으로 시일과 절차가 필요하며, 완성사 실무 및 임원진

---

21) 대우자동차 7월 23일, 기아자동차 7월 24일, 쌍용자동차 7월 25일, 현대자동차 9월 4일 확약서 제출.

이 참가하는 워크숍을 추진하자'고 대응하였다. 이런 과정을 거쳐 2008년 2월 20일 산별준비위원회 상견례 및 1차 회의가 개최되었으나 사측 내부의 의견 조율 등으로 2차 회의는 3월 13일 개최되었다. 다음날인 3월 14일은 금속노조가 요구안을 발송하면서 4월 1일을 1차 교섭일로 예정하였다. 이후에는 충분한 시간을 가지고 외국 산별노조 사례 등을 검토하자는 사측과 계획된 교섭일정에 따라 중앙교섭에 참가할 것을 요구하는 금속노조간 공방이 4월 내내 지속되다가 5월 6일 이후는 개별교섭으로 전환하였다.

이처럼 2007년과 2008년은 확약서를 중심으로 노사간 공방을 주고받았으나 결국 완성차 사용자들은 중앙교섭에 참가하지 않았고, 금속노조의 교섭은 중앙교섭과 지부교섭을 한축으로, 완성차지부의 기업별 교섭을 또 다른 한축으로 진행되는 이원화된 구조를 보이게 되었다.

2009년부터는 완성차지부의 개별적인 사정이 겹치면서 금속노조의 통제력 이완 현상은 더욱 심화되었다. 2009년에는 현대자동차 집행부가 주간연속2교대제의 도입을 둘러싸고 지부 내 갈등으로 6월 12일 사퇴함에 따라 11월에 집행부가 교체되어 12월에 교섭을 진행하였고, 기아자동차는 7월 말까지 노사 입장이 팽팽하게 맞서다가 8월 13일 회사 교섭위원이 사퇴하는 초유의 사태가 발생하였다. 뒤이어 9월에는 지부집행부 선거로 인해 교섭이 이루어지지 않았고, 12월에 교섭이 재개되었다. GM대우자동차는 본사인 GM의 유동성 위기로 인해 교섭이 난항을 겪었으나 총고용보장과 임금동결과 성과급 지급 등을 합의하면서 7월 12일 교섭을 마무리하였다.

2010년은 현대자동차가 6월 14일 1차 교섭을 시작한 지 한 달여 만인 7월 21일 무쟁의로 타결하였다. GM대우자동차도 비슷한 시기에 임금과 격려금, 고용보장을 주내용으로 무쟁의 타결하였다. 기아자동차는 전임자 임금지금금지법안의 시행을 둘러싸고 노사간 공방이 치열했고 휴가 전까지 회사가 노조의 전임자임금 유지 등의 요구를 문제 삼아 교섭에 참여하지 않았다. 그러나 휴가 직후인 8월 11일 1차 교섭이 시작된 이후 집중적인 교섭을 통해 8월 31일 임금과 성과급을 주내용으로 타결하였다. 이로써 완성차지부가 2년 연속 무쟁의를 기록하기도 하였다.

2011년은 현대자동차가 6월 18일, 기아자동차가 7월 7일, GM대우자동차가 5월 25일 1차 교섭에 들어가는 등 개별화 현상이 더욱 두드러졌다. 현대자동차는 교섭에 들어가기도 전에 타임오프 문제가 쟁점이 되기도 했고, 교섭을 앞둔 6월 9일 아산공장의 현장위원이 자살하는 사건이 발생하면서 긴장이 높아지기도 했다. 휴가 이후에는 지지부진한 교섭에 항의해 지부장이 손가락을 자르는 사건이 벌어지기도 했으나 8월 23일 기본급 인상, 성과급 등에 합의하였다. 기아자동차도 최대 실적에 부합하는 임금인상에 대한 기대로 1차 합의안이 부결되었으나 결국 무쟁의로 합의하였다. GM대우자동차는 노조의 실적에 맞는 이익배분 요구와 회사의 비용절감 주장이 맞서 두 차례 부분파업을 겪은 후에 7월 11일 성과급 등에 합의하였다.

마. 교섭구조 집중화의 전략 수정

금속노조의 중앙교섭은 출범 초기부터 교섭구조 집중화 방식의 목표로 설정되었다. 그러나 2007년 이후에도 중앙교섭이 기존의 틀과 범위를 넘어서지 못하고, 완성차지부의 독자성이 커지게 되자 교섭구조 집중화의 전략을 수정할 필요가 있다는 목소리가 나오기 시작했다. 이러한 움직임에 따라 2011년 중앙교섭 확대강화 전략이 제시되었다. 중앙교섭과 병행해 부문별(특성별) 교섭/협의 틀을 구성하여 운영하면서 중앙교섭의 단계적 완성을 꾀하는 방식이 있으며, 부문별 교섭은 지부교섭 산하에 두어 지역지부 중심의 산별정신을 훼손하지 않도록 한다는 것을 전제로 세 가지 교섭형태의 가능성을 두고 있다. △대각선교섭은 규약상의 교섭구조를 근본적으로 변경하지 않는 한 기존의 대각선 교섭체제를 유지한다. △공동교섭(정책협의)은 자동차공업협회/자동차공업협동조합, 조선공업협회와 주제별 교섭이나 정책협의 등이 추진되면 이에 대응하는 공동의 교섭(협의)팀을 구성하여 초기업적 의제에 대해 논의의 장을 열어간다. △부문별 교섭(협의)은 그룹별, 업종별 공동교섭이나 부문별 협의기구를 최대한 가동하여 초기업단위의 논의 틀을 확장한다는 것이다. 이러한 전략에 따라 금속노조는 2011년 완성사의 통일투쟁을 최대한 성사시키고 업종분과의 협의 틀을 구축한다는 목표를 세웠다. 그러나 업종별 교섭을 추진하기 위한 구체적인 계획은 수립되지 않았고, 기존의 중앙교섭과 완성차지부의 기업 수준의 개별교섭은 여전히 병행되고 있는 실정이다.

6. 최근의 이슈

금속산업에서의 이슈는 갈수록 다층적으로 복잡해지고 있다. 구조조정과 인원정리에 따른 노사갈등의 장기화, 전임자 임금지급금지법안과 복수노조 허용, 노조의 파업에 대응한 사용자의 공격적 직장폐쇄를 통한 노조 무력화 시도, 사내하청을 중심으로 한 비정규 고용 등 사실상 기업단위 노사관계에서 나타날 수 있는 거의 모든 갈등의 유형이 나타나고 있다 해도 과언이 아니다. 여기서는 전임자 임금지급금지, 사내하청 비정규 노사관계, 복수노조를 둘러싼 현황과 쟁점 등을 중심으로 살펴본다.

가. 전임자 임금지급금지

2010년은 사용자가 노동조합의 전임자 임금을 지급하는 것을 부당노동행위로 규정하고, 사용자의 지원을 중단할 것을 내용으로 하는 법안의 도입을 예고하고 있었다. 이에 따라 근로시간면제심의위원회(이하 근면위)가 구성되고 운영될 예정이었다. 금속노조는 정부의 움직임에 대응해 조기전선 구축이 중요하다고 강조하며 전임자 유지를 위한 노동기본권 요구를 중심으로 특단협 교섭을 각 지부별로 진행할 것을 방침으로 정했다.

1) 진행경과

금속노조는 2월 9일부터 12일 사이에 각 지부별로 특단협 요구안을 제출하고 교섭을 진행하도록 하였다. 이는 2월과 3월 교섭기간을 거쳐 4월 조정신청과 파업결의를 통해 민주노총 차원으로 투쟁전선을 집중시키면서 확대시킨다는 계획에 따른 것이었다. 이러한 계획은 최초 근로시간면제심의위원회가 2010년 4월 30일까지 결정하지 못할 경우 국회의 의견을 들어 공익위원이 단독결정한다는 점을 고려한 것이었다.[22)]

---

22) 이는 민주노총이 4월 30일을 시한으로 하고 있는 근면위의 결정에 대비해 4월 말 총력투쟁을 전개한다는 방침에 맞춰 노조법 개정을 저지하면서 동시에 4월 총력 선도투쟁으로 2010년 임단협 승리의 주도권을 확보하고 더 나아가 6월 지자체선거까지 이러한 분위기를 유지시키겠다는 기조에 따른 것이었다.

[표 2-24] 금속노조 전임자 관련 특별단체협약 요구안

특단협 요구안(노동기본권 요구안)
• **노조 전임자 관련 요구** 1. 전임자수 및 활동 보장 - 회사는 전임자의 수와 처우를 현행과 동일하게 보장한다. 2. 조합원 조합활동 보장 - 회사는 모든 조합원의 노동조합 총회, 대의원대회, 교육시간, 조합·지부 파견(상급단체 파견 포함) 및 기타 시간할애 등을 포함한 기존 노조활동을 현행과 동일한 조건으로 보장한다. - 회사는 대의원, 부서대표 등 선출직 간부에 대한 현행 유급활동시간을 보장한다. 3. 회사는 근로자참여 및 협력증진에 관한 법률, 산업안전보건법, 사내근로복지기금법 등에 의거한 활동과 단협상 각종 위원회의 활동은 현행과 동일하게 유급으로 보장한다. 4. 노조 자립 후속대책 노사는 현행 전임자 유지 및 활동보장과 관련하여 지속적으로 후속대책을 마련한다.
• **복수노조 창구단일화 관련 요구** 1. 회사는 2011년 7월 1일 이후 별도의 절차 없이 금속노조(지부·지회 교섭 포함)와의 교섭을 보장하며, 교섭창구단일화 대상에 포함시키지 않는다. 2. 이 합의로 조합(지부·지회 포함)과 노조법상 자율교섭을 동의한 것으로 간주한다.
• **협약 유효기간** 본 합의의 유효기간은 2012. 3. 31.까지 유효한 것으로 한다.

이러한 방침에 따르면 특별교섭은 2월 9일부터 요구안을 발송해 교섭을 진행한 후 3월 말 쟁의발생을 결의하고 4월 초 조정신청, 4월 20일 쟁의행위찬반투표를 거쳐 4월 28일 총파업 총력투쟁을 예정하는 일정이고, 임단협은 3월 19일 요구안을 발송하고 3월 25일 상견례를 시작으로 5월 동안 쟁의발생결의, 조정신청, 쟁의행위투표를 거쳐 6월 초 총력투쟁을 하는 이원화된 일정으로 제출되었다.

좀 더 세부적인 방침은 [표 2-25]와 같이 제출되었다. 임단협 상견례(3/25) 이후 4월 한 달 동안 △중앙교섭에서는 임단협을 중심으로 교섭을 진행하고 △지부집단교섭에서는 임단협과 특별교섭을 진행하며 △기업지부와 직할지회를 포함한 중앙교섭 미참여 사업장 보충교섭도 지부집단교섭과 동일하게 진행한다. 5월부터는 특별교섭, 임단협을 병합하여 △중앙교섭에서 다루고 △지부집단교섭에서는 임단협을 중심으로 교섭하고 △중앙교섭 미참여 사업장 보충

[표 2-25] 금속노조 임단협/특단협 일정별 계획

<table>
<tr><th>구분</th><th>임 단 협</th><th>특별(보충)교섭</th></tr>
<tr><td>3월</td><td>- 3/19 요구안 및 교섭요청 공문 발송
- 3/25 중앙교섭 상견례
- 3월 말~4월 초순 지부교섭/사업장교섭 돌입</td><td>- 3/18, 3/27 전임자 임금지급금지 반대집회
- 3월 말 중앙위원회 쟁의발생 결의</td></tr>
<tr><td>4월</td><td>- 4월 중순 전 조합원 결의대회 (노동기본권 사수와 임단투승리)/권역 및 지역별</td><td>- 4월 초 조정신청
- 4/20 쟁의행위 찬반투표
- 4/28 전면파업(예정)</td></tr>
<tr><td rowspan="2">5월</td><td colspan="2">특별교섭 요구가 관철되지 않을 경우 특별교섭을 중앙교섭 및 임단협과 결합하여 임단협 일정으로 소화함</td></tr>
<tr><td colspan="2">- 5월 초순(특별교섭요구 관철되지 않을 시) 특별교섭을 중앙교섭/임단협과 병합
- 5월초 · 중순 조정신청, 성실교섭 촉구 및 악질사업장 타격투쟁
- 5월중 · 하순 쟁의행위결의 찬반투표 및 반MB노동정책 심판 전조합원결의대회</td></tr>
<tr><td>6월</td><td colspan="2">- 6월 내 전면파업, 총력투쟁 돌입
- 6월 중(하)순 확대간부 상경 및 전조합원 총파업투쟁/전국(노동기본권 사수, 정리해고 저지, 임단투승리)</td></tr>
</table>

교섭에서는 특단협과 임단협을 동시에 진행하며 △중앙교섭 참여사업장 보충교섭에서는 임단협을 중심으로 교섭을 진행한다. 즉, 전체적으로는 약 40여일의 편차를 두고 임단협과 특별교섭을 진행하며 특단협 교섭이 여의치 않을 경우 5월 임단협 국면으로 전환하여 시행 전 마무리를 한다는 계획이다.

금속노조의 방침에 따라 전 지부는 2월 9~12일 사이에 일제히 특별교섭 요구안을 각 사업장으로 발송하였다. 그러나 지부별 특단협 교섭은 전반적으로 원활하게 진행되지 않았다. 4월 22일 현대, 기아, GM대우, 만도를 비롯한 대공장 사용자들이 특별교섭에 응하지 않았으며 경기지부, 경남지부, 인천지부, 대전충북지부의 사용자들도 대부분 지부집단교섭이나 지회보충교섭 모두 거부하고 있는 상태였다. 2월 23일의 상견례에 참여했던 충남지부의 사용자들도 3월 9일의 3차 교섭 때는 모두 불참했다. 집단교섭에 참여하거나 사업장별 보충교섭을 진행하는 경우에도 사용자들은 대부분 안을 제시하지 않았다.

지부교섭에서 특단협 교섭이 제대로 진행되지 않은 이유는 사용자들의 반대가 컸기 때문인데, 실제로 사용자들은 △중앙에서 일괄결정할 문제를 왜 지역별로 논의해야 하는가 △정부에서 결정한 문제를 왜 논의해야 하는가 등의 문제제기를 하거나 △논의를 하더라도 근면위 결과 고시 후 논의하자 △사업장 보충교섭에서 다룰 수 있도록 해 달라는 등의 다양한 견해를 제출하고 있었다.

금속노조 내부에서도 특단협 관련 홍보활동 등이 제대로 이루어지지 않음으로써 특단협 교섭에 대해 조합원들이 잘 모르고 있고, 관심이 높지 않은 상태라는 지적이 일기도 했다. 현대차지부의 경우는 4월 말이 되어야 요구안 발송이 가능하기 때문에 상견례와 교섭도 없이 쟁의행위 투표를 조직하기 어렵다는 제기가, 기아차지부에서는 4월 총파업 찬반투표가 현장에 와닿지 않고 분위기가 일지 않는다는 제기가 있었다. 지역지부는 전반적으로 금속노조 일정에 최대한 맞추겠다는 의지를 보였으나 현장 분위기가 만만치 않고 4월 중하순에 사업장별 보충교섭이 진행되는 경우, 특단협 찬반투표, 임단협 찬반투표 등 두 번의 투표가 현장을 혼란스럽게 할 것이라는 우려도 존재했다. 이는 한편으로는 전임자 문제와 관련해 개정된 법을 돌파하는 것이 가능한가라는 현장의 인식을 반영하는 것이기도 했다.

이러한 상태에서 노조는 4월 16일 중앙노동위원회에 조정신청을 하는 한편 21일부터 3일 동안 특단협을 이유로 쟁의행위 찬반투표를 진행하였다. 노조 총인원은 14만 3,133명이고 찬반투표 재적인원은 조합비 미납 등 권리가 제한되어 있는 인원을 제외한 13만 7,450명이었다. 이 중 투표에 참가한 조합원수는 10만 8,882명으로 투표율 79%를 기록했다. 이번 투표 결과 찬성은 7만 2,369명, 반대는 3만 5,265명으로 투표자 대비 66.65%, 재적인원 대비 52.65%의 찬성률을 보였다.

금속노조는 28일 민주노총의 계획에 맞춰 총파업 등 총력투쟁에 나서기로 한 바 있다. 그러나 28일 총파업은 근면위에 참여하고 있는 민주노총의 상황보고에 따라 연기되었다. 민주노총에 의하면 노동계와 경영계의 입장 차이가 워낙 커 4월 안에 근로시간면제 기준에 대한 합의가 이루어지기는 불가능할 것으로 보인다며 이에 따라 투쟁을 집중하는 날짜로 28일이 적합지 않다는 판단을 한 것이었다. 또한 천안함 사고 애도기간에 따른 국민적 정서도 감안했다. 그러나 근면위는 4월 30일 시한을 넘긴 5월 1일 새벽 타임오프를 의결하였고 이에 따라 타임오프를 둘러싼 국면은 새롭게 전개되었다. 즉, 금속노조에서는 5월부터 중앙교섭, 지부교섭, 지회보충교섭 등 모든 교섭 수준에서 노동기본권 요구를 제시하고 교섭을 요구했던 것이다. 이는 지부집단교섭에서 지역과 사업장을 중심으로 하여 사업장 동력을 최대한 결집시키는 투쟁전선과 함께 중앙교섭에서 노동기본권쟁취 요구에 대한 집중교섭을 통해 전국적인 교섭과 투쟁전선을 동시에 구축하기 위한 것이었다. 이를 위해 5월 말 조정신청과 6월 초 쟁의행위 찬반투표를 통해 6월 10일 전에는 쟁의권을 확보하여 6월 중순 15만 조합원의 산별공동요구 쟁취투쟁이 집중되도록 하며, 노동기본권 6대 요구는 6월 중순까지 중앙교섭 및 지부집단교섭에서 타결을 완료하며 6월 말 전 사업장 보충교섭 및 중앙교섭-지부집단교섭 불참 사업장으로 확대한다는 복안이었다. 그러나 앞에서 살펴본 것처럼 특단협 교섭은 원활하게 진행되지 않았다. 그리고 이미 중앙교섭 국면으로 넘어간 상태에서 중앙교섭 또한 전체의 힘이 집중되지 않았고 휴가와 추석을 넘겨 타결됨에 따라 전임자 임금지급 금지를 둘러싼 금속노조의 대응은 애초의 계획대로 진행되지 않았다.

2) 타결 현황

고용노동부에 따르면 12월 말 현재 근로자수 100인 이상 유노조 사업장(금속, 공공기관은 100인 미만 포함) 중 2010년 12월 말 이전에 단협이 만료된 사업장은 1,878개소이다. 이 중 12월 말에 근로시간면제제도 도입에 (잠정)합의한 사업장은 1,624개소(86.5%)이며 단협체결은 943개소, 잠정합의는 681개소라 밝히고 있다.

[표 2-26] 전임자 관련 단체협약 합의 사업장 현황

(단위: 개)

지도대상 사업장*	(잠정)합의 사업장		
	합 계	한도 준수	한도 초과
1,878	1,624	1,598(98.4%)	26(1.6%)

* 근로자수 100인 이상 유노조 사업장(금속, 공공기관은 100인 미만 포함) 중 2010년 12월 말 이전에 단협이 만료되는 사업장.

이를 상급단체별로 보면 한국노총 소속 90.7%, 민주노총 소속 79.3%, 미가입 사업장 87.0%가 (잠정)합의했다고 밝혔다.

[표 2-27] 상급단체별 전임자 관련 단체협약 합의 현황

(단위: 개)

한국노총(1,027)*			민주노총(613)*			미가입(238)*		
소 계	준수	초과	소 계	준수	초과	소 계	준수	초과
931 (90.7%)	929	2	486 (79.3%)	462	24	207 (87.0%)	207	0

* ( )는 대상.

한편 고용노동부는 면제한도를 도입한 1,624개소 점검 결과, 면제한도를 초과한 54개소에 대해 단협을 개정토록 시정조치하였다고 밝혔다. 54개소에 대한 시정조치 현황을 보면, 자율시정지도(4개소), 지노위 의결요청(1개소), 시정명령(14개소), 시정완료(28개소), 사법처리(7개소) 등이다. 또한 현장 지도점검 결과 전임자급여 지급, 노조운영비 원조 등 법 위반(부당노동행위) 사업장 56개소(단협 시정명령 19개소 포함)에 대해 시정조치를 내렸고 구체적인 현황은 추가조사 중(6개소), 시정지시 중(9개소), 시정완료(32개소), 사법처리(9개소) 등이다.

고용노동부의 이러한 발표에 대해 금속노조는 11월 9일 현재 임단협 진행 사업장 180개 중 잠정합의를 한 사업장은 134개이며, 이 중 94개 사업장이 단협 현행유지, 10개 사업장이 단협 현행유지 후 추후 재협의, 18개 사업장이 단협 현행유지(이면-현장발령), 별도수당지급 12개 등이고 전임자 축소는 3개 사업장이라고 반박하였다.

[표 2-28] 금속노조 노동기본권(전임자) 합의 현황(2010년 11월 9일)

(단위: 개, %/지회)

2010년 임단협 진행 사업장	잠정합의(의견접근) 지회					전임자 축소
	합 계	노동기본권 유지 (단협 현행유지)	단협 현행유지 (추후 재협의)	단협 현행유지 (이면-현장발령)	별도수당지급 (조합비 인상)	
180	134	94(70.1%)	10(7.4%)	18(13.4%)	12(8.9%)	3

주) 1. 임단협이 진행 중인 사업장 중 전임자 관련 의견접근 사업장 기준.
2. 별도수당지급 사업장에는 조합원 투표에서 부결되어 다시 교섭이 진행 중인 사업장도 포함됨.
3. 추후 재협의 사업장은 재협의가 진행 중인 사업장도 있음.

[표 2-29] 금속노조 전임자 관련 지부별 단체협약 합의 현황

(단위: 개)

지 부	단협 현행유지	추후 재협의	이면합의 (현장)	수당-조합비	전임자 축소
경기	8		2	3	
경남	13		6	4	
경주	15	2			
광주전남	2	1			2
구미	1		1		
대구	5			2	
대전충북	8		2		
부산양산	9			1	
서울	3				1
울산	4		4		
인천	4		1	1	
전북	7		2		
충남	12	4			
포항	3				
만도		2			
현대차	단협유효기간				
기아차				1	
GM대우		1			
계	94	10	18	12	

주) 단협 현행유지는 전임자를 인정하는 기존의 단협이 유지된다는 것으로 실제 전임자 축소가 적용되는 사업장인지 여부는 확인되지 않는다. 기아차의 경우 고용노동부는 전임자 축소 사업장으로 보는 반면, 금속노조는 일부 축소되기는 했으나 수당을 통해 상당수 전임자가 유지되기 때문에 전임자 축소에 해당하지 않는다고 보고 있다.

나. 사내하청 비정규 고용관계

2007년 기준으로 금속노조의 사내하청 비정규 고용규모는 6만 4,738여 명으로 금속노조 조합원 15만 3,708명의 42.1%에 달한다. 이처럼 금속산업에서의 사내하청 비정규 고용은 노사관계를 다차원적으로 만드는 요인이 되고 있다. 사내하청을 직접 고용하고 있는 사용자와 사내하청 노조간 관계만이 아니라 사용 사용주로서의 원청 사용자와 사내하청 노조간 관계 및 이를 둘러싼

원청 노-사간 문제까지 복잡하게 얽혀 전개되는 양상을 보이고 있기 때문이다. 특히 산별노조인 금속노조에서는 정규직과 비정규직 모두 금속노조의 조합원이지만, 기아자동차 사내하청 지회가 기아자동차지부의 산하 조직인 데 비해 현대자동차는 지부와 지회가 독립적인 조직으로 존재하는 등 지부에 따라 조직구성 방식이 조금씩 다르다. 때문에 사내하청 노사관계를 둘러싼 원하청 노사의 입장이나 대응방식이 달라지기도 한다. 그러나 대체적으로 금속산업의 자동차와 조선업종을 중심으로 한 사내하청 비정규직 노사관계는 공통적으로 갈등이 폭발적으로 분출되는 양상을 보이고는 했다. 사내하청 비정규직 문제가 본격적으로 제기되기 시작한 것은 2000년대 초부터이다.

2003년 8월 현대중공업에서 '현대중공업 사내하청 노동조합'이 설립되었다.[23] 그러나 사내하청 노조가 설립되자마자 9월부터 12월까지 조합원과 조합간부가 소속된 하청업체들이 대부분 폐업하거나 사업부분이 폐업하였다. 이에 노조간부와 조합원들은 하도급업체의 폐업과 조합원들에 대한 해고는 원청사인 현대중공업이 지배개입하여 이루어진 것이라 주장하며 현대중공업을 상대로 부당노동행위 구제신청을 제기했다.[24] 이처럼 현대중공업 사내하청 노동조

23) 사내하청은 사내하도급과 혼용되어 쓰인다. 실제 노동조합에서는 사내하청 비정규직 혹은 사내하청 노동조합 등의 표현을 더 많이 쓴다. 그러나 2011년 7월 18일 고용노동부가 사내하도급 근로자의 근로조건 보호를 위한 가이드라인을 발표하면서 사내하청은 사내하도급이라는 용어로 통일시키기로 하였다. 그러나 여기서는 관련 당사자에 따라 달리 쓰는 명칭을 모두 혼용해서 사용하는 것으로 한다.

24) 2006년 5월 16일 서울행정법원 제13부(재판장 이태종)는 2005년 3월 3일 중앙노동위원회가 현대중공업과 관련 부당노동행위를 인정하는 판단을 내리자, 현대중공업이 이의 취소를 구하는 행정소송에서 "현대중공업 사내하청 노조설립 이후에 사내하청 노조의 간부와 조합원들에 대해 하청업체 폐업이라는 방식으로 사업장에서 배제(해고)한 것이 정당한 노조활동에 대한 지배개입 행위로서 부당노동행위에 해당하고 아울러 원청회사인 현대중공업이 이들 사내하청 노동자들의 노조법상 사용자로서 책임을 지는 지위에 있다"고 판결을 내렸다.

2007년 4월에는 서울고법도 현대중공업이 현대중공업 사내하청 노동조합을 상대로 낸 항소심 선고에 대해 "하청업체 폐업이라는 방식으로 사업장에서 배제(해고)한 것이 정당한 노조활동에 대한 지배개입 행위로서 부당노동행위에 해당한다"며 "아울러 원청회사인 현대중공업이 이들 사내하청 노동자들의 노조법상 사용자로서 책임을 지는 지위에 있다"고 판결했다. 그러나 서울고법 판결이 노조법상 사용자 지위를 인정했지만, 근로기준법상의 개별 근로관계에 대한 사용자성은 인정하지 않았다는 것이 대체적인 의견이다.

2010년 3월 25일 대법원 특별 2부(주심 전수안 대법관)는 현대중공업이 사내하청 노조 간부와 조합원들에 대하여 하청업체 폐업이라는 방식으로 사업장에서 배제(해고)한 것은 정당한 노조활동에 대한 지배개입 행위로 부당노동행위이고, 원청회사인 현대중공업은 사용자로서 책임을 인정해야 한다는 판결을 내렸다.

합 결성을 둘러싸고 갈등을 빚는 과정에서 2004년 2월 사내하청 기업의 박OO 씨가 하청기업 노동자에 대한 차별대우에 항의하며 분신했고, 60일간의 하청 노조 파업이 있었다. 하청노조 조합원은 그 수가 적었으나 민주노총 지역본부 등의 지원으로 사태가 장기화되었다. 당시 현대중공업 노동조합과 민주노총 지역본부, 금속산업연맹 등 지역의 노동조합단체들 사이에는 이 사안의 처리 방식을 놓고 이견을 보였고, 결국 금속산업연맹으로부터 제명처분을 받은 노동조합은 이러한 처분을 취소하고 사과하라는 요구를 제출한 채 독자노선을 걷게 되었다.

기아자동차의 경우는 기아자동차지부가 2006년 산별전환을 하고 2007년 초 대의원대회에서 금속노조의 1사1노조 방침에 따라 사내하청 비정규직 지회와의 조직통합을 결의했다. 그러나 조직통합과 관련해 지부와 비정규직 지회가 이견을 보이는 가운데,[25] 비정규직지회가 원청회사인 기아차와 협력업체들이 함께 참가하는 집단교섭을 요구했다. 그러나 기아차는 비정규직과 직접 고용관계가 없다는 점을 들어 지회의 교섭요구를 거부하였다. 이에 비정규직지회 조합원 100여 명이 8월 23일 도장라인을 점거했고 여기에 일부 정규직 조합원들이 도장공장 점거에 동조하면서 조립라인이 모두 멈췄다. 이어 기아차지부 화성지회도 같은 날 오후 3시 대의원대회를 열어 생산중단을 결정하기에 이르렀다. 27일에는 사내하청업체들이 '농성해제 즉시 아무런 조건 없는 노사협의를 실시한다'는 타협안을 제시했지만 비정규직지회가 거부했다. 지회는 지난해와 올해 초까지 기아차가 원하청 교섭에 직접 또는 간접적으로 참가해 왔다며 원청의 직접 교섭 참여와 하청업체 집단교섭 요구는 특별하거나 새로운 게 아니다라고 주장

---

25) 기아자동차지부는 2006년 12월 금속노조의 완성대의원대회 결정인 1사1노조 방침에 따라 2007년 1월 20일 임시대의원대회에서 조합원 범위를 사무관리직과 사내하청 비정규직까지 확대하기로 결정하였다. 이에 따라 기아자동차노조와 사내하청노조, 사무관리직 노조가 조직통합을 하려 하였으나 기아차지부는 하청노동자들이 직가입을 통해 비정규직 조직을 기아차지부로 통합할 것을 제시한 반면 비정규직지회는 비정규직을 대변할 수 있는 조직통합 방식을 요구함으로써 통합이 미뤄졌다. 기아자동차지부는 비정규직 지회의 2007년 단협은 금속노조의 방침에 따라 짝수 연도인 2008년에 기아차지부와 함께 단협갱신을 요구하면서 동일단협 적용문제를 해결하는 것과 임금부분에 있어서는 금속노조의 요구안인 12만 8,805원을 동일하게 요구하는 것을 제안한 바 있다. 그러나 비정규직 지회와 일부 정규직 활동가들이 기아자동차지부에 대해 강제적인 통합을 시도하고 있다며 반발하였다. 여기에 비정규직지회 소속 조합원 500여 명이 기아차지부에 직가입원서를 제출하면서 두 조직 사이에 긴장관계가 형성되기도 했다.

했다. 실제 비정규직지회는 지난 2005년 20여 개 하청업체와 집단교섭을 통해 단체협약을 체결한 바 있고 기아차의 경우 2006년 교섭에 참가해 고용관련 합의서를 작성했고, 2007년 초에는 일부 공정의 외주화 문제를 놓고 간접적으로 교섭석상에 참여하기도 했다. 이에 대해 회사는 비정규직지회와 직접 고용관계가 없는 만큼 교섭의무가 없다는 원론적인 주장을 했다. 이처럼 회사와 비정규직 지회 간 갈등과정에서 기아차지부는 중립을 유지했다. 이러한 배경에는 비정규직지회의 투쟁방식이 정규직 조합원들에게 동의가 되지 않았다는 평가가 있다.[26] 이처럼 노사간 대치과정이 지속되는 가운데, 8월 31일 기아차지부와 비정규직지회 사이에 조직통합에 대해서는 선통합 후 조직체계를 논의하는 것과 비정규직지회의 임단협에 기아차지부가 협력하기로 하는 등 1사1조직과 공동교섭에 대한 합의가 이루어지면서 비정규직지회의 파업은 종료되었다. 이후 9월 3일에는 양 조직이 조직통합을 선언하였다. 그럼에도 불구하고 여전히 비정규직 지회의 통합에 대해 집행부가 독단으로 처리했다는 비판이 제기되었고 집행부가 이를 반박하는 홍보물을 발간하는 등 여전히 이견이 존재했다. 여기에 화성공장 점거 건으로 정규직-비정규직 관계가 악화되는 가운데 기아차지부와 비정규직지회의 통합안이 대의원대회에서 부결되기도 했다. 이후 지부의 적극적인 태도로 금속노조의 방침에 따라 1사1노조가 되었다

2010년 7월 22일 대법원은 2005년 7월 1일 이전에 입사한 사내하청 노동자가 2년 이상 근무했다면 원청회사가 정규직으로 직접 고용한 것으로 보아야 한다는 판결을 내렸다. 대법원 3부는 현대차울산비정규직지회 조합원이 제기한 부당해고 및 부당노동행위 구제 재심 관련 2008년 2월 12일 서울고등법원 판결을 파기하고 환송하는 결정을 내렸던 것이다.

해당 조합원은 지난 2002년 3월 13일 현대차울산공장의 한 사내하청 업체에 입사한 뒤 무단결근을 이유로 2005년 2월 2일 업체로부터 해고됐다. 그러나 해당 조합원은 사실상 노조활동을 이유로 해고를 했다며 그해 5월부터 지방노동위원회, 중앙노동위원회, 서울행정법원, 서울고등법원 등에 부당해고 및 부당노동행위 구제의 소를 제기해 왔다. 특히 2006년 12월 21일 개정되어

26) 노동조합 소식지(8. 27. 함성소식)에도 이러한 정황이 나타난다. 지부 간부와 지부에 직가입한 비정규직 조합원에 대한 비정규직 지회의 욕설과 비아냥거리는 태도와 도장공장 점거는 정규직과 비정규직 간의 갈등으로 전환되어 본질이 호도될 수 있음을 경고하고 있다.

2007년 7월 1일부터 시행되기 이전의 옛 파견근로자보호 등에 관한 법률(이하 옛 파견법) 제6조 제3항 '직접고용간주 규정'에 근거해 현대자동차가 직접 부당해고 및 부당노동행위를 자행했다고 주장해 왔다.

그동안 노동위원회와 각 법원은 이러한 주장에 손을 들어주지 않았으나 대법원은 서울고등법원까지의 원심이 잘못됐다며 사건을 다시 심리 판단하라고 판결했다. 대법원은 이날 "현대자동차가 2년을 초과하여 계속적으로 파견노동자를 사용하는 경우 2년 기간 만료 다음날부터 직접 고용한 것으로 본다"며 "이 조합원은 2004년 3월 13일부터 현대자동차에 의해 직접 고용된 것으로 간주 된다"고 판시했다.

대법원 판결문에는 현대자동차가 사내하청 노동자를 직접 노무지휘하고 있다는 점을 명시하고 있다. 대법원은 △현대자동차와 도급계약이 체결된 사내하청 노동자의 생산작업이 컨베이어벨트를 이용한 자동흐름 방식으로 진행되는 점 △현대차 소유 시설 및 부품을 사용해 현대자동차가 교부한 각종 작업지시서에 의해 업무를 수행한 점 △현대자동차가 사내하청 노동자에 대한 작업배치와 변경결정권을 갖고 있는 점 △현대자동차가 노동 및 휴게시간, 근무교대와 작업속도를 결정한다는 점 △현대자동차가 사내하청 노동자의 근태 및 인원현황을 파악하고 있는 점 등을 들며 "해당 조합원은 현대자동차로부터 직접 노무지휘를 받는 근로자파견 관계에 있다"고 판시했다. 하지만 대법원은 사내하청 노동자들과 현대자동차 사이에 묵시적 근로계약관계가 성립되어 있다는 이 조합원의 '위장도급' 주장에 대해서는 인정하지 않았다.

대법원 판결이 나자 금속노조는 26일 기자회견을 열고, '불법파견 저지, 정규직화 투쟁'을 위한 금속노조 법적 대응방안과 향후 조직화 계획 등을 밝혔다. 노조는 '이번 판결을 바탕으로 금속 산하 사업장뿐 아니라 삼성, LG 등 재벌사 비정규직 노동자들에 대해서도 조직화에 나서겠다'는 계획을 밝히고, 현대자동차를 비롯해 사내하청 노동자를 사용하고 있는 모든 사용자에게 특별교섭을 요구한다는 계획도 밝혔다. 현대자동차뿐 아니라 기아차, GM대우차, 쌍용차, 대우버스, 타타대우상용차 등 완성차를 비롯해 컨베이어벨트 자동흐름 상시 근무를 하고 있는 사내하청 노동자들에게 적용되는 판결이기 때문이라는 것이다.

금속노조의 이러한 움직임에 뒤이어 8월 11일에는 금속노조 현대차 아산,

울산, 전주 비정규직 세 지회가 사내하청업체와의 집단교섭 및 임금협약 요구를 전면 중단하고 현대차에 직접 교섭을 요구하기로 결정하고 통합 쟁의대책위원회의를 통해 공동 요구안을 확정했다. 이어 9월 29일 현대차를 상대로 2010년 임금협상 및 단체교섭을 공식 요청했다. 세 지회는 이날 오후 4시 현대차 울산공장 본관을 방문해 임금인상 요구안 및 대법원 판결 이행에 관한 요구안을 전달하고, 10월 6일 첫 교섭을 요청했다. 구체적인 내용은 △사내하청 노동자 전원 정규직화 △불법파견 정규직화 투쟁과정에서 부당해고된 조합원 정규직으로 원직복직 △사내하청 노동자 입사일 기준으로 정규직과 차별해 미지급된 임금의 지급 △현재까지 진행 중인 비정규직 노동자에 대한 구조조정 중단 등이다. 그리고 노조는 회사에 주 1회 교섭을 요청했다. 하지만 현대자동차(주)는 대법원 판결이 확정판결이 아니며 비정규직 노조가 교섭 상대방이 아니라는 이유로 10월 6일(1차), 10월 14일(2차), 10월 21일(3차), 11월 5일(4차) 등 노조가 요청한 교섭에 응하지 않았다.

대법원 판결 이후 현대차 비정규직 세 지회 조합원은 1,500여 명이 늘어나 총 2,500여 명에 이르게 되었고, 금속노조는 사내하청 노동자들의 정규직화를 하반기 핵심 투쟁과제로 삼는다는 계획을 세웠다. 이러한 계획에 따라 10월 30일에는 서울 양재동 현대차 본사 앞에서 사내하청 정규직화를 촉구하는 집회를 열기도 하였다. 한편 11월 4일에는 현대차 비정규 노동자 1,940명이 (주)현대자동차 상대로 '불법파견 노동자 집단소송'을 공식 제기했다. 그 소송에도 역시 2007년 7월 1일 이전에 현대차가 2년 이상 사용한 비정규직 노동자들의 근로자지위확인 및 임금차액 청구소송이 포함돼 있다. 이후 11월 5일에는 현대차 비정규 노동자들이 현대자동차(주)를 상대로 벌이고 있는 임단협 교섭 관련 쟁의조정신청서를 중앙노동위원회에 접수시켰다. 노조의 이날 쟁의조정신청에는 현대차아산 사내하청지회 320여 명, 현대차전주 비정규직지회 350명, 그리고 울산의 현대차 비정규직지회 1,950여 명 등 2,600여 명의 조합원이 해당한다. 그리고 뒤이어 11일과 12일 이틀에 걸쳐 쟁의행위 찬반투표를 진행했다. 그 결과 3지회 총인원 2,349명 중 2,041명이 투표에 참여했고, 이 중 1,841명(재적 대비 78.37%, 투표자 대비 90.2%)이 찬성해 파업을 결의했다.

이어 12일, 서울고등법원 민사 제2부는 현대차 아산공장 사내하청 노동자 7명의 현대차 근로자지위확인소송에서 2년 이상 근무한 4명에 대해 "2년 이상 근무한 노동자는 정규직"이라는 1심 판결을 그대로 확정했다. 이 판결은 사내하청 노동자가 2년 이상 근무했다면 원청회사가 정규직으로 직접 고용한 것으로 보아야 한다는 취지의 지난 7. 22. 대법원 판결 취지를 재확인한 것으로 평가되고 있다.

이처럼 사내하청 조합원들에게 유리한 판결이 계속되고 조합원수 증가와 투쟁 열기가 확산되고 있던 시점인 10월 14일 울산공장 시트1부의 동성기업과 시트2부의 태성산업이 폐업공고를 부착했다. 그 뒤 태성기업은 폐업공고를 철회했으나 동성기업은 폐업을 하기로 최종 확정되었다. 이에 현대차비정규직지회는 지난 11월 4일 운영위를 열어 "시트조합원은 신규업체와의 근로계약을 거부하며 사측이 조합원을 해고할 시 지회는 즉각 쟁의행위에 돌입한다"고 결정했다. 그리고 지회는 12일 쟁의대책위원회 회의를 통해 △14일 이후 지회 전 조합원 특근거부 △야간조 조합원 전체 15일 새벽 7시 시트1부 출근투쟁 결합 △15일 시트상황 발생시 지회 전체 간부 파업돌입, 시트1~2부 주간조 파업돌입, 주간조 조합원 잔업거부 후 시트1부 집결 △15일 야간조 잔업거부 후 16일 새벽 7시까지 시트1부 집결 등을 정한 바 있다.

시트1부 사내하청업체인 동성기업이 폐업을 공고하고 14일부로 계약이 해지되자 15일 새벽 조합원 40여 명이 시트1공장 14프런트 라인을 잡고 농성을 시작했다. 이들은 사측이 동성기업을 대체할 업체와 새로 계약을 맺은 뒤, 고용승계 조건으로 조합탈퇴를 강요하고 있다고 주장하며 신규업체와 근로계약 체결을 거부하고 현대차 사내하청 불법파견 대법판결(7. 22.)에 따라 현대차와의 직접고용을 요구하면서 농성을 시작했다.

이후 노사간 공방은 비정규직 농성을 지원하기 위한 금속노조, 민주노총 집회 등으로 확산되었고 20일에는 비정규직 조합원이 집회 중 분신을 기도하는 사건이 발생하기도 하였다. 이에 금속노조는 22일 충주에서 열 예정이던 대의원대회를 울산으로 옮겨 개최하고 경찰투입 등 탄압을 할 경우 총파업을 진행하기로 결의했다. 그러나 대의원대회 과정에서 현대자동차 지부장은 무조건적인 총파업돌입에 반대하며 총회 개최를 통한 파업돌입을 결정할 것을 주장하기도 하였다. 이는 가장 근접한 당사자인 현대자동차지부의 입장을 반영함과 동시에 정규직 조합원의 참여에 대한 정당성을 확보하려는 시도이기도 했다. 어쨌든 금속노조는 대의원대회에서 '현대자동차가 11월 말까지 불법파견 관련

교섭에 응하지 않을 땐 12월에 총파업을 벌인다'고 결정하면서 세부전술을 쟁대위로 위임했다.

이후 국제노동단체와 시민사회단체 등 각계의 지지성명 등이 발표되기도 하였고, 현대자동차지부는 11월 26일 잔업거부를 하는 한편 민주노총과 금속노조가 울산에서 지원집회를 개최하였다. 야당 국회 및 관계자들도 노사간 중재를 시도하는 등 문제해결을 위한 다양한 방면의 시도가 진행되었다. 그러나 노사 모두 기존의 입장을 굽히지 않았다.

27일 노조는 △농성장의 비정규직 고소고발, 손해배상, 치료비 해결 △농성자 고용보장 △비정규직지회 지도부 사내 신변보장 △불법파견 교섭에 대한 대책요구 등을 의제로 금속노조-현대차지부-현대차비정규직 3지회 특별교섭단을 구성하여 회사에 교섭을 요구하였다. 이에 대해 회사는 28일 금속노조 현대차지부에 보낸 공문을 통해 현대차-사내하청업체, 정규직지부, 비정규직지회 등 4자간 협의를 할 수 있다며 그 전제조건으로 비정규 노동자들의 점거파업 해제를 요구하였다.

금속노조가 교섭참여 시한으로 정한 11월 30일 회사가 교섭에 나오지 않자 금속노조는 12월 1일 쟁의대책위원회를 열고, △농성장 침탈시 전면 총파업 재확인 △3일 전 조직 2차 잔업거부 투쟁 △8일 전체 노조간부 파업 등을 정했다. 이어 노조는 8일까지 일정한 성과가 없을 시 10일을 파업목표 일정으로 하여 8일 울산에서 쟁대위를 개최해 확정하기로 했다.

한편 12월 7일 야 4당 국회의원 및 최고의원 등이 현대차 노사 양측을 만나며 중재에 나섰다. 이들은 이날 회사로부터 지난달 27일 금속노조, 현대차지부, 비정규직지회가 함께 요구한 △농성장의 비정규직 고소고발, 손해배상, 치료비 해결 △농성자 고용보장 △비정규직지회 지도부 사내에서의 신변보장 △불법파견 교섭에 대한 대책요구 등에 대해 전향적인 입장에서 협의할 수 있다는 답을 얻었다. 또한 회사는 금속노조도 교섭주체로 인정할 수 있다는 여지를 내비쳤다. 하지만 사측은 핵심적인 문제인 1공장 점거농성에 대해서는 협상과 함께 반드시 해제돼야 한다는 입장을 고수했다. 그러나 지회는 회사의 농성해제 요구에 대해 분명하게 거부의사를 밝혔다.

이날 비정규직지회와 회사의 교섭창구가 마련되지 않음에 따라 현대차지부는 12월 8일 쟁의행위 찬반투표를 진행하였고, 금속노조도 이날 전국 대의원

이상 노조간부 파업을 벌이고 2,000여 명이 울산에 모여 비정규직 투쟁 승리를 위한 집회를 열었다. 집회 후 금속노조는 쟁의대책위원회를 열고 '13일까지 일정한 성과가 없을 시 오는 14일 전 조직이 오후 4시간 파업에 돌입하고 지역별 결의대회를 진행'하기로 결정했다. 또한 노조는 이날 회의에서 현대차지부(지부장 이경훈)가 8~9일 동안 진행하고 있는 조합원 파업찬반투표 개표를 14일 정오까지 유보해 줄 것을 권고했다.[27]

그러나 9일 전격적으로 금속노조, 현대차지부, 비정규직지회, 현대차와 사내하청업체가 포함된 5자간 특별교섭 상견례가 이루어지면서 비정규직의 농성도 해제되었다. 현대자동차 지부가 조합원 총회를 실시하자 비정규지회는 농성조합원 총회를 열고 교섭 및 향후 투쟁방향에 대해 토론했다. 지회는 토론에서 나온 조합원들의 의견을 바탕으로 이날 오후 박유기 금속노조위원장과 이경훈 현대차지부장을 만나, 노조와 지부가 지회와 함께 불법파견 문제 해결을 위한 공동투쟁본부를 구성해 향후 투쟁을 함께 책임져 준다면 농성을 해제하고 특별교섭에 나서겠다고 입장을 정리했다. 이에 3주체 회의에서 이 같은 내용을 추진하기로 결정했으며, 이날 곧바로 상견례가 이루어졌다.

이후 14일부터 본격적인 교섭이 시작되었다. 노조측은 농성에 참여한 비정규직 고소고발과 손해배상, 치료비 해결, 농성자 고용보장, 사내에서 비정규지회 지도부 신변보장, 불법파견 교섭에 대한 대책 요구 등 네 가지 의제를 회사측에 제안했다. 그러나 교섭에서는 공장점거와 파업에 참여했던 사내하청 조합원들에 대한 각 협력업체의 징계회부 문제, 동성기업 폐업 후 새 하청업체와 근로계약을 맺지 않은 29명의 거취 문제 등이 쟁점이 되었다. 21일 3차 교섭에서도 이들 쟁점은 여전히 논란사항이었다. 노조측은 일괄 정리하자는 입장이고 회사측은 징계절차의 일괄 연기나 고용문제에 대한 확정적인 답변이 어렵다고 답했기 때문이다.

이후 1월 20일 5차 교섭에서 회사가 아래와 같이 안을 제시했으나 비정규직지회가 거부함으로써 교섭은 결렬되었다.

---

27) 비정규직지회의 농성이 해제된 이후 현대차지부는 조합원 총회결과를 발표했다. 지부의 발표에 의하면 찬성 9,004명, 반대 25,795명, 기권 8,226명으로 기권표와 반대표를 합쳐 77.2%가 비정규직지회를 지원하기 위한 파업에 반대한 것으로 나타났다.

[표 2-30] 현대자동차 비정규직지회 요구와 회사 제시안

구 분	지회의 요구	회사 제시안
고용보장	구 동성기업 인원 중 보류자 5명 취업알선	책임단위를 제외한 인원 취업알선 노력. 단, 행위에 대한 책임소재는 분명히 해야 한다. 대신 2공장 JM 단산 관련 인원도 최선을 다하겠다
징계	특별교섭 진행으로 중단상태인데, 해고 없는 징계 최소화	협력업체는 책임소재를 명확히 주장하고 있으나 특별교섭의 의의를 담아 지도부를 중심으로 최소인원의 징계(해고)에 노력하겠다
손배(민사)	현재 11건 711명에 대한 208억원이 진행 중인 바 철회 요구	손배 관련은 장기간 소요되는 사항으로 취하 불가
가압류	가압류로 기초생활도 못하고 있는 상태임→즉각 취하 요구(정규직 인원 포함 64명)	통장변경 등으로 가압류 효력이 상실된 상태이다. 사회적 시각에 대한 우려는 있으나 긍정적으로 검토하겠다
고소고발	현재 25건 200명 고소고발 상태→취하 요구(정규직 포함)	지도부를 중심으로 한 고소고발 최소화에 노력, 단, 개인별 취하가 불가능하며 책임단위 인원보다 증가될 수도 있다
불법파견	비정규직 불법파견에 대한 근본대책 수립 요구	별도의 협의체 구성 등 이후 방안을 실무교섭에서 논의

교섭이 결렬된 이후 교섭은 재개되지 않았고 울산, 아산, 전주 공장에서 1,500여 명이 징계를 받았다. 이에 금속노조는 4월 26일부터 4박 5일 동안 현대차 비정규 3지회 징계자 중심으로 약 150명가량이 상경투쟁을 진행하였고, 4월 28일 현대자동차 양재동 본사 앞과 29일 경총회관 앞에서 300여 명이 참가한 가운데 '비정규직 철폐, 불법파견 정규직화 투쟁 승리를 위한 집중투쟁'을 전개하기도 하였다. 또한 7월 18일부터 23일까지는 현대차울산, 아산, 전주 해고자 중심으로 '비정규직 없는 공장 만들기 희망버스'라는 이름으로 전국순회를 하기도 하였다. 그러나 전체적으로 비정규직 문제가 사회쟁점화하지는 못했고, 현대자동차 비정규직 지회의 경우 조합비 횡령 등으로 집행부가 사퇴하는 등 내부 조직력 자체가 와해되는 상태에 이르렀다.

한편 현대자동차 비정규직 지회가 농성에 들어간 동안 GM대우자동차에서도 비정규지회 조합원 2명이 정문 조형물 위에서 2010년 12월 1일부터 농성에 들어갔고, 그 와중에 23일에는 창원지법 제1형사부가 파견근로자 보호 등에 관한 법률(파견법) 위반 혐의로 기소된 GM대우자동차의 전 사장에게 무죄를 선고했던

원심을 뒤집고 불법파견을 인정하는 판결을 내렸다. 그 근거는 현대자동차의 사내하청을 파견법 위반으로 판정했던 것과 비슷한 내용이었다. 12월 23일 민주노총위원장, 한국GM지부장과 회사의 면담, 1월 16일 노사면담, 1월 18일 노사면담 등을 통해 계속 의견을 접근시키다가 농성이 시작된 지 64일 만인 2011년 2월 2일 해고된 15명 전원복직과 서문텐트 철수와 농성해제 등을 내용으로 합의되었다. 이후 한국GM지부와 회사는 샤워시설 등의 수리, 노후 시설, 탈의함 교체 등 비정규직 처우개선 등 복리후생 개선 등을 지속시키기로 합의하였다.

비정규직 농성 등이 잠잠해질 무렵인 3월 7일 대우조선에서는 사내하도급 해고자가 대우조선 남문 앞 고공철탑에서 '위장폐업 책임지고 원청에서 직접고용, 노조활동 보장, 불법파견 정규직화'를 요구하며 농성에 들어갔다. 이에 대우조선 노조, 민주노총 경남본부, 금속노조 경남지부 등이 이를 지원하였다. 농성 88일 만인 6월 2일 노사간에 ① 2012년 말까지 대우조선 내 하청업체로 복귀한다, ② 원청상대 부당해고(불법파견) 소송은 취하하고 위로금을 지급한다는 것에 합의하고 농성이 종료되었다. 한국GM과 대우조선 모두 당사자간 합의방식이 아니라 노조가 업체단 대표에게 '확약서'를 받는 방식을 취했다는 것이 특징이다. 이와 함께 대법원 판결에 근거해 '불법파견에 대한 집단제소'도 병행되었다. 2011년 8월 말 현재 제소 현황은 다음과 같다.

[표 2-31] 금속노조 불법파견 집단제소 현황(2011년 8월 31일 현재)

사업장	인 원	소송경과	업무내용
현대자동차 (울산/아산/전주)	1,882명	1심 진행 중	자동차 제조 생산공정 등
금호타이어	111명	1심 진행 중	타이어 제조 생산공정 등
STX조선	7명	1심 대기 중	조선소 자재공급 업무
쌍용자동차	4명	1심 진행 중	자동차 제조 생산공정 등
포스코 광양	17명	1심 진행 중	철강 크레인 운전 등
기아자동차 (소하리/화성/광주)	547명	1심 진행 중	자동차 제조 생산공정 등
현대하이스코	108명	1심 진행 중	철강 크레인 운전 등
현대중공업	3명	소송 준비 중	조선소 상시업무
12개 사업장	2,679명		

이처럼 공장점거, 아치, 고공철탑 등 극한적인 수단과 장기농성 등을 특징으로 하는 비정규직 노사관계는 그러나 해당 사업장이나 지역 차원의 현안에 그쳐 전국적이고 사회적인 쟁점으로 확산되지는 못하였다. 이를 계기로 회사의 입장이 크게 변화된 것도 없다. 당사자들의 문제가 해결되거나 개선된 것 말고 제도나 협약상 개선이 이루어지지는 않았다.

다. 복수노조[28)]

복수노조 시행을 앞둔 2010년 9월 금속노조가 조사한 바에 따르면, 복수노조 허용시 새로운 노조설립 가능성과 노사관계의 특징 사이의 관계는 노조에 대한 회사의 태도가 우호적인 경우, 노사간 힘 관계에서 노조가 우위에 있는 경우, 집행부의 지도력이 안정적인 경우에 새로운 노조설립 가능성이 적거나 설립되더라도 그 기간이 길어질 것으로 예상되고 있다(금속노조, 2010).[29)] 즉, 노조에 대한 회사의 태도가 적대적이거나 노조의 힘이 약화될 경우 복수노조 설립 가능성이 그만큼 높아진다는 것으로 예상할 수 있다.

복수노조가 본격적으로 시행된 이후 금속노조는 노사간 갈등 관계에서 회사가 금속노조라고 비판하고 있다(금속노조, 2012).[30)] 즉, '교섭대표노조'로 선정된 노조는 교섭과 체결에 관한 일체의 권한을 갖게 되며, 교섭대표권을 가시지 못한 노조는 (찬반투표 참가를 제외하고) 사실상 교섭-쟁의-체결 절차에서 제외된다. 교섭대표노조로 선정된 노조는 교섭기간(최장 1년)과 체결된 협약의 효력기간(최장 2년)을 더한 최장 3년간 교섭대표노조의 지위를 가지며, 설사

28) 복수노조와 관련해서는 복수노조 시행일이 2010년 1월 1일이라는 고용노동부의 입장과 2010년 7월 1일이라는 법원의 판결이 엇갈려 논란을 빚었다. 전국금속노동조합이 KEC를 상대로 낸 단체교섭 응낙 가처분 신청사건에서 서울중앙지법 민사50부는 지난 3일 "2010년 1월 1일로 해석하게 되면 전부터 교섭 중인 경우를 제외하고는 아무런 경과조치 없이 노조의 교섭권이 박탈될 수 있다"라며 "사용자가 이를 악용할 우려가 있기 때문에 시행일을 올 7월 1일로 보는 게 맞다" 라고 결정했다. 이에 대해 고용노동부는 시행일을 '2010년 1월 1일'로 계속 유지해야 한다는 입장을 보이고 있다. 고용노동부는 "이 법 시행일을 2011년 7월 1일로 해석하면 복수노조 시행 이후 신설되는 노조의 교섭권이 박탈될 수 있기 때문이며 법원의 시점대로 시행일을 볼 경우 신설노조의 교섭권을 사실상 2년간 더 제한하는 결과를 초래할 수 있다"는 입장이다.

29) 금속노조(2010), 복수노조 시행에 따른 노사관계 변화 예상에 대한 인식 조사보고서, 전국금속노동조합.

30) 금속노조(2012), 복수노조 악용한 노동탄압사례와 노동법개정 방향 토론회, 자료집.

이 기간 중 조합원 숫자에 변동이 생겨 소수노조가 되더라도 지위에 변함이 없다. 복수노조 중 사용자와 자율교섭을 요구하는 노조가 있을 경우, 사용자는 △교섭대표노조와의 교섭 △복수노조와의 자율교섭 중 하나의 방식을 선택할 수 있다. 이 선택권을 가지고 사용자가 '자율교섭(개별교섭)'을 정한 경우, 복수의 노조는 각각 교섭권과 쟁의권, 체결권을 갖게 된다. 이와 같은 제도는 '어용노조 설립 → 어용노조 과반 여부에 따른 교섭방식 선택(사용자가 결정) → 민주노조 교섭권 및 단체행동권 제한 → 단체협약을 이용한 어용노조 육성 → 민주노조 말살'의 방식을 통해 사용자에게 자주적인 노동조합을 탄압하는 도구로 사용되고 있다는 것이다(김태욱, 2012: 49).[31]

실제로 2011년 10월 기준 금속노조 내부의 복수노조 현황은 [표 2-32]와 같다. 복수노조가 설립된 사업장의 노사관계나 현안문제의 성격 등을 보면 대체로 사업장 노사관계가 악화되고 노조를 탈퇴하거나 별도로 기업노조를 설립하도록 사주하거나 금속노조 지회를 차별대우한다고 주장하며, 복수노조가 노조를 탄압하기 위한 수단으로 악용되고 있어 장기간 갈등이 빚어지는 사업장, 구조조정을 앞두고 있는 사업장에서 복수노조가 설립되는 추세를 보이고 있다.

[표 2-32] 금속노조 내 복수노조 현황(2011년 10월 현재)

지 부	지 회	복수노조 상태
경기	파카한일유압	- 지회: 해고자(34명) 포함하여 62명(정리해고, 징계해고로 장기간 갈등) - 6월 29일 기업노조 55명 창립총회 7월 1일 설립신고함 - 7월 6일 보충교섭 및 11년 임금교섭을 요구했으나, 회사는 창구단일화 요구 - 8월 2일 기업노조(파카한일유압노동조합)을 과반수 노조로 확정공고, 지노위 이의신청 기각. 회사는 기업노조와 교섭함
경남	두산모트롤	- 지회: 110명. 단협해지로 장기 갈등 - 기업노조 46명 창립총회, 7월 5일 91명 설립신고 - 노동부에서 '지회가 법인 안에 있는 두산전자노조의 단협 중 최초로 만료되는 단협까지 교섭권이 있다'는 해석. 이후 회사에서 두산전자와 교섭단위 분리 인정, 추석 전 임단협 마무리 안 되고 선거 후 재개 예정

31) 김태욱(2012), '대안모색 1 - 복수노조법 악용한 부당노동행위 및 산별교섭 법제화 중심으로', 복수노조 악용한 노동탄압사례와 노동법개정 방향 토론회, 자료집.

(계속)

<table>
<tr><td></td><td>센트랄</td><td>- 금속노조 탈퇴 관련 총회를 주도했던 3명에 대해 제명조치
- 7월 8일 12명으로 기업노조 설립(현재 59명)
- 회사는 신규노조 사무실 및 전임자 인정하고, 두 노조에 대해 개별교섭을 진행</td></tr>
<tr><td>경주</td><td>청우</td><td>- 지회는 19명의 조합원이 있으며, 7월 14일 21명이 신규노조 설립
- 7월 1일 이전 지회가 교섭을 요구하고 교섭 중이었으나 회사는 7월 26일에 교섭요청 공고를 붙이고 창구단일화를 요구. 교섭응락 가처분 진행 중</td></tr>
<tr><td>구미</td><td>KEC</td><td>- 지회: 170여 명. 직장폐쇄, 징계해고 갈등. 직장폐쇄 해제 후 현장복귀, 징계해고자 28명
- 7월 1일 14명 기업노조 설립신고. 지회 개별탈퇴 후 450여 명 가입
- 회사가 창구단일화를 요구했으나 지회가 교섭응락 가처분 승소(8월 3일) 후 주1회 교섭 진행. 기업노조와도 별도로 교섭(2011년 임단협) 진행 중</td></tr>
<tr><td rowspan="2">광주
전남</td><td>보워터
코리아</td><td>- 지회: 해고자(6명) 포함하여 86명. 2007년 임단협 중. 단협 해지로 갈등
- 7월 1일 설립신고함. 과반수 이상 조직된 것으로 파악되고 있으나 기존 지회가 2010년 1월 1일 이전 교섭사업장으로 인정되고 있음</td></tr>
<tr><td>금호
타이어</td><td>- 7월 15일 46명으로 설립신고(현재 조합원 150여 명)</td></tr>
<tr><td>대구</td><td>AVO
카본
코리아</td><td>- 직반장 중심 지회에서 탈퇴. 7월 4일 10명 설립신고함(현재 15명)
- 지회는 46명. 지회에서 기업노조에 공동교섭 제안했으나 기업노조가 거부. 회사는 다수노조와 교섭하겠다는 의사를 밝히고 교섭 진행. 추석 전후로 지회가 파업진행, 22일 합의</td></tr>
<tr><td>대전
충북</td><td>엔텍</td><td>- 7월 1일 5명 기업노조 설립신고. 회사가 ‘교섭중지’ 공문 발송하고 금속노조는 성실교섭 요청 공문 발송(7월 6일)
- 금속노조가 7월 15일 교섭응락가처분 진행했으나 기업노조는 8월 30일 기업노조 1,110시간/ 엔텍지회 640시간으로 하는 유급활동시간 등 단체협약을 체결함. 지회장에 대해 활동시간이 지났다고 하면서 현장복귀 요구, 현장에 복귀함</td></tr>
<tr><td>인천</td><td>두산
인프라
코어</td><td>- 지회장 선거에서 금속노조 탈퇴공약 내세운 후보 결선진출, 찬반투표에서 과반수 득표 실패. 금속노조 탈퇴. 10월 5일 기업노조 설립. 이후 금속노조지회 조합원 탈퇴 240여 명 남음. 기업노조가 다수노조로 교섭대표권 확보한 상태</td></tr>
<tr><td rowspan="2">충남</td><td>유성
기업</td><td>- 파업과 직장폐쇄, 농성 등으로 장기간 갈등 겪음
- 7월 15일 기업노조 설립신고, 560여 명 지회조합원 중 200여 명 탈퇴</td></tr>
<tr><td>경남
제약</td><td>- 8월 21일 29명으로 노동조합 설립(한국노총), 회사에서 관리자들에 대한 구조조정을 진행하자, 이에 대한 자기방어를 위해 자체적으로 노동조합을 결성한 것으로 판단</td></tr>
</table>

7. 금속산업 노사관계 특징과 전망

가. 조직률 하락과 조직대상의 정체

금속산업의 조직률은 타 산업에 비해 높은 편이기는 하지만 기업규모 간 조직률 격차가 너무 크다. 조직확대 대상은 100인 미만이 거의 90%를 차지할 정도로 중소영세사업장 노동자와 비정규 노동자가 압도적이다. 금속노조가 지역별로 조직확대 사업을 전략적으로 추진하고 있으나 실제 조직되는 정도는 매우 미미하다.

중소영세사업장의 경우 사업장 규모에 따른 지불능력의 협소함 때문에 실제 조직화의 실익이 크지 않을 수 있고, 규모의 영세성 때문에 특정 지역에서 다수가 한번에 조직되지 않는 한 사용자의 반대와 여러 가지 불리한 조건을 뛰어넘을 수 있는 정도의 조직세가 확보되기도 어렵다.

나. 중앙교섭 성사 가능성의 저하

현재 금속산업에서의 교섭구조는 금속노련이 기업별 교섭을, 금속노조가 중앙교섭과 지역지부교섭, 사업장단위의 지회교섭, 기업지부교섭을 진행하고 있다. 2003년부터 실시된 중앙교섭은 2006년 이후 확대 가능성을 전망하게 하였으나 완성차지부가 독자적 교섭을 진행하면서 오히려 축소되는 경향을 보이고 있다. 실제 교섭안건이나 진행과정도 확장되기보다는 기존의 수준을 크게 뛰어넘지 못하고 관성화되는 측면이 있다. 한편 완성차지부는 완성차 회사의 지불능력에 기대 실리극대화 전략을 사용함으로써 금속노조의 방침을 따르기보다는 독자적인 교섭과 활동을 유지하고 있다. 이러한 경향은 최근 몇 년 동안 집행부의 정치적 성향에 관계없이 20여년 만에 무쟁의를 기록하는 배경이 되기도 했다.

이처럼 중앙교섭과 기업지부교섭의 분리, 완성차지부의 독자적 행보로 인한 원심력이 커지자 금속노조는 교섭구조 집중화의 전략을 중앙교섭 강화, 완성차 사용자의 중앙교섭 참가에서 기존의 중앙교섭을 강화한다는 기본 전제하에 자동차, 조선 등 업종교섭을 동시에 진행할 수 있다는 것으로 전략을 수정하였다. 그러나 완성차지부 내에서도 현대그룹과 GM이라는 자본의 성격, 현대그룹 내에서도 노사관계에서의 주도적 역할을 해 왔던 현대자동차와 이를 따라왔던 기아자동차의 차이 등이 업종별 교섭에 대한 단일한 입장을 내기 어려운 조건으로 작용하고 있다. 이미 현대/기아자동차와 한국GM은 생산량과 임금, 근로조건에서 많은 격차가 벌어져 있는 상태이다. 여기에 현대자동차와 기아자동차 조합원들 사이에서도 교섭 결과를 둘러싸고 양사 간에 차이가 있어야 한다는 입장과 이를 부정하는 입장이 존재하고 있어 통일된 행동을 취하기가 쉽지만은 않다. 2008년 산별교섭 준비위원회의 구성과 운영의 실패 이후 완성차 노사 모두 동일한 의제를 가지고 논의를 진행한 경험이 없다. 때문에 노조와 회사 모두 업종별 교섭이라는 하나의 틀에 선뜻 동의하고 참여하기는 어려울 것으로 전망된다. 산별교섭 준비위 당시 회사의 입장도 차이가 커서 조정하기가 어려웠는데, 이러한 입장의 차이가 단기간에 극복되기는 어려울 것이며, 특히 노조의 경우는 금속노조의 압도적 다수를 차지하는 현대/기아자동차를 중심으로 제반 방침을 수립하려는 움직임이 있어 완성차지부를 아우르는 전략의 수립과 이를 실행하기 위한 계획의 실천도 쉽지 않다.

2012년 초 현대자동차지부와 기아자동차지부가 공동교섭과 공동투쟁을 전개하겠다고 선언하였으나 실제 교섭은 각각 개별적으로 진행하는 형태여서 엄밀한 의미에서의 공동교섭은 아니며 한국GM이 빠져 있다는 점을 감안하면 사실상 금속노조에서 계획하고 있는 교섭구조 집중화와는 거리가 먼 투쟁선언이라 할 수 있다.

이렇게 본다면 금속노조의 교섭구조 집중화 전략은 상당 기간 표류할 가능성이 크다. 중앙교섭은 현재와 비슷한 수준에서 의제가 논의되고 금속노조의 파업이 단기간에 집중적으로 진행되는 경우 지금과 같은 형태로 유지될 가능성이 크다. 그러나 전체적으로 이러한 패턴을 벗어나게 될 경우 중앙교섭에 대한 사용자의 태도는 부정적으로 변할 가능성이 매우 크다. 그리고 이러한 부정적 태도는 중앙교섭을 거부하는 집단적 형태보다는 개별지회를 공격하는 형태로 나타날 것으로 보인다. 최근 몇 년 동안 경주의 발레오만도, 구미의 KEC, 충남의 유성기업, 대구의 상신브레이크, 대전충북의 보쉬전장, 부산의 한진중공업 등에서 공격적 직장폐쇄, 복수노조 설립을 통한 금속노조 지회의 약화를 꾀하는 사례가 지속적으로 증가하고 있다.

다. 복수노조 도입의 영향

복수노조 도입 이후 금속노조에는 40여 개의 복수노조가 설립되었다. 주로 장기간의 투쟁이 진행되거나 노사관계가 극도로 악화된 사업장을 중심으로 복수노조가 설립되는 경향을 보이고 있다. 이들 새롭게 설립되는 노조의 특징을 보면, 대체로 금속노조의 방침에 반대하여 금속노조를 탈퇴하거나 빠른 시일 내에 금속노조의 지회보다 많은 수의 조합원을 장악하여 다수노조가 되고 있으며 회사와의 교섭에서 교섭대표노조로서의 지위를 확보하려는 경향을 갖는 것으로 요약할 수 있다. 이는 산별노조와 기업별 노조가 경합할 경우 동일한 조건에서 사업장단위의 다수만을 따져 교섭대표노조의 지위를 부여한다는 점에서 산별노조에 대한 심각한 위협이 될 수 있다. 창구단일화가 복수노조 설립의 결과로 산별노조를 제약하는 조건이 되고 있다면, 복수노조 자체는 금속노조의 조직적 기반을 약화시키는 조건이 되고 있다.

라. 실리주의의 확산과 노조 동력의 저하

최근 들어 특히 대공장 노조에서 나타나는 두드러진 경향이 실리주의의 확산이다. 이러한 실리주의는 기업의 지불능력에 그 뿌리를 두고 있다. 이는 연대주의에 입각한 보편적 복지보다는 기업복지를 강조하게 되어 산별노조의 존립 자체를 흔들리게 하는 조건이 되고 있다. 금속노조의 경우 현대/기아 그룹 소속 사업장이 많은 비중을 차지하고 있는데, 교섭결과를 보면 대체로 현대자동차와 기아자동차, 1차 부품 계열사 등으로 인상액이나 성과급이 조금씩 낮아진다. 그러나 비슷한 규모의 사업장에 비해서는 임금이나 기업복지가 여전히 높은 수준에 있어 재벌 계열사와 그렇지 않은 사업장 사이에 어느 정도 차이가 존재한다. 때문에 재벌계열사를 중심으로 실리주의가 확산되고 이는 금속노조의 활동에 적극적으로 참여하지 않는 환경으로 작용한다.

마. 전 망

전체적으로 금속노조는 과거 정치적 이념에 기반한 활동에서 경제주의적 활동으로 그 중심이 이동하고 있다. 물론 노동조합의 중요한 영역으로 정치세력화를 설정하고 친노동자 정당을 건설하는 활동을 하고는 있으나 과거 노동조합 활동이나 투쟁 자체가 정치적 색깔을 띠던 것과는 그 성격이 다르다. 그리고 조합원의 고령화와 상시적인 구조조정이나 글로벌 경쟁에의 노출로 인해 고용불안 심리가 강해짐에 따라 한편으로는 안정희구 심리와 단기적인 경제 이익에 집착하는 경향도 강해지고 있다. 과거 노동조합 활동에 앞장섰던 활동가 그룹들도 분명한 정치노선과 이념적 입장에 따라 조합원들에게 활동의 정당성이나 방향을 선전했다면, 지금은 각 집단의 정치노선이나 이념적 입장의 구분이 모호해지고 오히려 조합원을 핑계로 경제주의에 매몰되거나 집행권력을 획득하기 위한 경쟁에 치중하면서 조합원의 실리주의와 경제주의를 부추기고 있다. 이처럼 금속노조의 활동 주체가 변화하는 동안 주변의 환경 또한 불리하게 작용하고 있다.

금속노조의 설립 이후 중앙교섭은 진전되지 않고 있으며, 기대했던 완성차 회사의 중앙교섭 참여 가능성은 오히려 낮아지고 있다. 뿐만 아니라 중앙교섭 참여 사업장이 수도 감소하고 있다. 이는 중앙교섭 참여 사업장의 사용자가 노동조합을 공격함으로써 교섭은 물론이고 금속노조를 탈퇴하거나 제2의 기업별 노조를 결성하도록 부추기면서 금속노조의 조직적 토대 자체를 약화시키고 있다는 점에서 주목할 필요가 있다. 복수노조는 장기적으로 금속노조의 조직을 침식시키는 요인으로 작용할 가능성이 크다. 현재와 같이 실리주의에 기반해 사업장 내부에서의 각축전을 벌이는 전투성은 노사관계를 악화시키면서 사용자들로 하여금 노조회피 전략을 사용하도록 만들 것이다.

전반적으로 금속산업에서 사용자의 노조회피 성향이 강화되는 가운데 노동조합의 힘은 약화되거나 정체현상을 보이고 있다. 이것이 노사갈등을 장기화시키는 요인이 되고 있고, 향후 노사관계의 대립적 성격을 강화시키는 요인이 될 수도 있다. 동시에 다른 한편에서는 경제적 이해관계가 충족되는 재벌계열사 노동조합이 금속노조 활동이나 방침에 소극적 태도를 보일 가능성도 있다. 다만 최근 들어 사회 양극화나 비정규직 문제 등이 정치 선거에서의 쟁점이 되고 있고, 사회 여론 또한 이들 문제의 해결을 촉구하는 것으로 나타나 노동조합의 역할을 높일 수 있는 환경을 조성하고 있다. 노사 모두 변화하는 환경에 맞춰 전략적 관점을 가지고 노사관계에 접근해야 하는 시기이다.

참고문헌

고용노동부(2011), 2010년 전국노동조합 조직현황.

금속노조 중앙집행위원회, 중앙위원회, 대의원대회 회의자료 및 사업보고

금속노조(2010), 복수노조 시행에 따른 노사관계 변화 예상에 대한 인식 조사보고서.

______(2012), 복수노조 악용한 노동탄압사례와 노동법개정 방향 토론회자료집.

김승호(2003), "산별노조 조직화와 교섭구조의 변화: 금속노조의 사례를 중심으로", 고려대학교 노동대학원 경제학과 석사학위논문.

김영두 · 노광표(2005), 사용자단체 연구, 한국노총 중앙연구원.

김태욱(2012), "복수노조법 악용한 부당노동행위 및 산별교섭 법제화 중심으로", 복수노조 악용한 노동탄압사례와 노동법개정 방향, 토론회자료집.

남종현(1979), 철강공업의 특성과 수급구조, 한국개발연구원.

노병직 · 신원철 · 이상호(2004), 조선산업의 도급구조와 고용관계, 산업별 도급구조와 고용관계, 한국노동연구원.

박준식(1991), "중공업 대기업에서의 노사관계 유형에 관한 비교연구: 철강, 자동차, 조선산업의 세 기업을 중심으로", 연세대학교 사회학과 박사학위 논문.

신원철 · 허민영(2010), 한국 조선 기업의 해외진출과 고용관계에 관한 조사 보고서, 전국금속노동조합.

워크인조직혁신연구소(2012), 한국의 노조조직률 얼마나 정확한가.

전국금속노동조합 · 한국비정규센터(2007), 금속산업 노동시장 및 금속노조 비정규실태 연구보고서.

전국노동조합대표자회의(1994), 민주노총 건설을 위한 제1차 조사연구보고서.

전국민주노동조합총연맹(1997), 1996년 사업보고, 자료모음.

조성재 · 홍장표 · 이시균(2004), 자동차산업 도급구조와 고용관계, 산업별 도급구조와 고용관계, 한국노동연구원.

- 금속노조 i-Labor 금속노동자 및 교섭속보 각호.
- 기아자동차(주) 소식지 열린소식 각호.
- 기아자동차지부 소식지 함성소식 각호.
- 대우자동차지부 소식지 민주광장 각호.
- 현대자동차(주) 소식지 임협소식지 각호.
- 현대자동차지부 소식지 현자지부소식.

3 공공기관 노사관계의 동향과 전망

제3장 공공기관 노사관계의 동향과 전망

이 장에서는 공공부문 중 한 부분인 공공기관 노사관계를 살펴본다. 공공부문은 좁게는 정부부문과 같은 뜻으로 쓰기도 하고 좀 더 넓게는 정부와 간접으로 관련된 부문까지 통틀어서 말하기도 하는데 한국에서 공공부문에는 공무원, 공공기관, 교원이 포함된다.

아래에서는 다음과 같이 공공기관 노사관계를 살펴본다. 첫째, 공공기관 노사관계 분석을 위한 이론적 배경으로 공공부문 개념과 특징을 살펴본다. 세부적으로는 공공기관이 속해 있는 공공부문의 개념과 특징을 알아보고, 공공부문의 노사관계 특성을 살펴보고, 공공부문의 최근 변화 양상을 신공공관리를 중심으로 살펴본다. 둘째, 시계열 흐름으로 공공부문 노사관계 시기별 특징과 법제도 변화과정을 살펴본다. 셋째, 공공기관 노사관계 당사자 성격과 특징을 살펴본다. 특히 민간부문과 달리 공공기관 사용자가 갖는 특성에 주목한다. 넷째, 공공기관 노사관계 주요 쟁점을 살펴본다. 다섯째, 결론으로 공공기관 노사관계 현재 상태의 주요 특징과 이후 전망을 살펴본다.

1. 공공부문 개념과 특징

공공기관 노사관계를 살펴보기 위해 먼저 공공기관이 속해 있는 공공부문의 특징을 살펴볼 필요가 있다.

가. 공공부문 개념

1) 공공부문과 민간부문 구분의 의미

(가) 문제제기: 부문 구분의 의의

공공부문과 민간부문을 구분하고 따로 살펴볼 필요가 있는지는 결국 공공부문이 독자적인 성격을 갖는가 하는 문제로 귀결된다. 공공부문은 독자적인 정체성을 갖는가? 만일 독자적인 정체성을 갖는다면 정책적으로 민간부문 경영기법을 공공부문에 그대로 적용하는 것은 타당한가 하는 질문으로 이어진다.

공공부문의 정체성, 달리 말하면 민간부문과 차이가 있는가에 대한 견해는 다음과 같이 나누어진다. 먼저, 공공부문과 민간부문의 차이보다는 보편적인 경영을 강조하는 견해가 있다. 이런 견해에 따르면 공공부문과 민간부문 조직 사이의 유사성이 명백해서 보편적인 경영과정으로 나타나고 절차적으로도 목표를 달성하는 수단이 유사해서 공공부문과 민간부문 사이의 경계가 모호해지고 있다(McGregor, 1981; Murray, 1975).

이와 달리 공공부문과 민간부문 차이를 전제로 하는 견해가 있다(Freeman, 1986; Haque, 2001). 또한 공공부문의 독자성을 염두에 두되 공공부문과 민간부문을 양극단의 순수한 형태로 접근할 것이 아니라 연속선상에 있는 것으로 접근할 필요성을 강조하는 견해가 있다(안병영・정무권・한상일, 2007; Perry and Rainey, 1988; Rainey, Backoff and Levine, 1976).

공공부문과 민간부문에 동시에 적용되는 경영의 보편성을 검토할 필요가 있다고 하더라도 공공부문과 민간부문은 많은 차이점을 보이고 있는 만큼 별도로 고찰할 필요가 있다.

(나) 신공공관리를 둘러싼 논쟁

공공부문의 독자성에 대한 이런 접근방식의 차이는 신공공관리(New Public Management: NPM)[1)]를 둘러싸고 더욱 구체성을 띠게 되었다. 신공공관리론은 공공부문은 비효율적이므로 개혁을 필요로 한다면서 그 방안으로 사유화와 공공부문에 대한 민간부문 경영기법 적용을 전제로 하고 출발한다. 이는 공공부문과 민간부문 차이보다는 보편성을 강조하고 있고 좀 더 세부적으로는 민간경영기법의 공공부문 적용을 제안하고 있다. 그러나 신공공관리정책에 따른 공공서비스 축소가 공공부문에 대한 관심과 논쟁을 불러일으키고 있고 또한 공공부문 축소에 따른 부작용으로 인해 오히려 공공서비스 필요성에 대한 관심이 높아지고 있다(Haque, 2001).

1) 이러한 흐름을 세부적으로 살펴보면 정치적으로는 신보수주의, 경제적으로는 신자유주의, 이들 내용이 공공부문과 적용되는 것을 신공공관리라고 할 수 있다. 여기에서는 공공기관 노사관계에 대해 살펴보는 것이므로 주로 신공공관리라는 용어를 사용한다.

신공공관리론에 대한 반론 또는 공공서비스 확충을 둘러싼 논쟁은 결국 공공부문 독자성을 전제로 하고 있기 때문에 논의를 위해서는 공공부문 별도 고찰을 필요로 한다.

(다) 공공부문 노사관계에 대한 관심 증대

노사관계와 관련해서는 공공부문 노동운동의 상대적 위상이 격상됨에 따라 공공부문 노사관계에 대한 관심이 높아졌다. 최근 들어 전 세계적으로 노동운동 중심이 공공부문과 서비스업으로 옮겨지는 현상이 가속화하면서 공공부문 노동운동이 절대적 또는 상대적으로 비중이 커짐에 따라 공공부문 노사관계에 대한 관심이 높아지고 있다(김동원, 2003; 홍주환・김현우, 2007; Freeman & Medoff, 1984). 공공부문 노조운동 활성화에 따라 공공부문 노사관계가 정책적, 이론적 관심을 끌게 된 만큼 공공부문 노사관계에 대한 심층적인 고찰이 필요하다.

2) 공공부문과 민간부문 개념 정의

(가) 유사 개념에 대한 검토

공공부문과 민간부문 개념 정의를 위해서 먼저 공공부문, 민간부문 개념과 다르면서도 일부 중복되거나 혼선 가능성이 있는 유사 개념을 살펴볼 필요가 있다.

첫째, 이윤부문과 비이윤부문으로 분류하는 기준이 있을 수 있다(Rawles, Ullich, and Nelson, 1975). 대체로 공공부문은 비이윤부문인 경우가 많고 민간부문은 이윤부문인 경우가 많다. 그러나 이 분류기준에 따르면 민간비이윤부문, 공공이윤부문이 있을 수 있다.

둘째, 공익사업 개념이 있다. 공익사업부문은 다중이 편익을 얻는 사업부문을 말하며 따라서 민간부문, 공공부문 모두 공익사업부문에 해당될 수 있다(신수식・김동원・이규용, 2012). 그러나 이 분류기준은 노동쟁의에 대한 공공규제가 필요한지, 그 범위는 어느 정도가 되어야 하는지를 결정하기 위한 노동법상 규정이므로 공공부문, 민간부문 분류기준과는 성격을 달리한다.

셋째, 공공서비스부문을 설정할 수 있다. 박태주(2002)는 소유와 지배구조 측면에서 정부나 공공단체가 운영하는 좁은 의미의 공공부문(public sector)과 공공재를 생산하는 넓은 의미의 공공서비스부문(public service sector)을 구분하는데, 후자에는 공공서비스를 공급하는 민간 소유·관리부문도 포함된다고 정의하고 있다. 이런 개념은 현실에서는 유용할 수 있으나 공공서비스 범위 규정이 쉽지 않다는 문제점을 안고 있다.

(나) 공공부문과 민간부문 분류기준

흔히 공공부문은 좁게는 정부부문과 같은 뜻으로 쓰기도 하고 좀 더 넓게는 정부와 간접으로 관련된 부문까지 통틀어서 말하기도 한다. 그러나 실제 세부 연구에 들어가면 첫째, 이론적으로 이에 대한 개념정의가 쉽지 않고(Perry and Rainey, 1988), 둘째, 나라마다 공공부문 범위가 다르고(안병영·정무권·한상일, 2007), 셋째, 한 나라 안에서도 경제여건 변화 또는 정부정책 변화에 따라 공공부문 범위가 달라지기 때문에(안병영·정무권·한상일, 2007; 정재하, 2005; 홍주환·김현우, 2007) 공공부문을 개념정의하기가 어렵다.

공공부문과 민간부문 분류가 쉽지 않은 이유 중 하나는 공공부문과 민간부문 분류기준을 무엇으로 할 것인가에 대해 의견일치가 쉽지 않기 때문이다. 분류기준은 예를 들어 정부와 관련성, 공공이익, 공공재와 시장실패, 소유권과 재원조달에 기초한 개념정의 등 다양할 수 있다. 그러나 이들 요소 하나하나는 공공부문과 민간부문을 구분하는 명확한 기준이 되기 어렵고 모호한 경계 또는 예외 사항이 많다. 따라서 공공부문과 민간부문을 분류할 때는 여러 차원을 동시에 고려할 필요가 있다(Bozeman and Bretschneider, 1994; Fottler, 1981; Rainey, Backoff and Levine, 1976). 페리와 레이니(Perry and Rainey, 1988)는 공공부문과 민간부문 분류를 다양한 측면에서 접근해야 할 필요성이 있음을 지적하고 분류기준이 되는 3차원으로 소유권(공공 또는 민간), 재원조달(공공 또는 민간), 사회적 통제(다면통제 또는 시장)를 제시하고 있다. 여기에서 공공이라 함은 직접, 간접으로 정부와 관련이 있음을 말한다. 이런 분류는 공공부문과 민간부문에 다양한 형식의 혼합조직들이 존재하고 있고 경계가 모호한 현실을 고려할 때 유용한 분류방식이 될 수 있다. 그러나 분류기준이 다양하기 때문에 복잡하고 이들 다양한 유형을 공공부문과 민간부문 분류 연속선상에 어디에 놓아야 할지를 규명하는 것은 논란의 여지가 있다.

위에서 살펴본 공공부문과 유사한 개념을 정리하면 [표 3-1]과 같다.

[표 3-1] 공공부문과 유사 개념 특징과 구분기준

부 문	특징 및 구분기준
비이윤부문	• 이윤을 목적으로 하지 않음 • 공공부문, 민간부문을 각각 부분적으로 포함함
공익사업	• 다중에게 편익을 제공하는 사업부문 • 노동쟁의에 대한 공공규제가 필요한지를 결정하기 위한 개념 • 공공부문, 민간부문을 각각 부분적으로 포함함
공공서비스 부문	• 공공재를 제공함 • 공공부문 전부와 공공재를 생산하는 민간부문 일부를 포함함
공공부문	• 직접, 간접으로 정부와 관련이 있음 • 소유권-공공, 재원조달-공공, 사회적 통제-다면통제(polyarchy)라는 특징을 가짐

(다) 노사관계이론에서 접근하는 공공부문

공공부문 개념정의가 쉽지 않은 이유 중 하나는 어느 학문에서 접근하는가에 따라 강조점이 다르기 때문이다. 정치적인 관점에서 공공부문은 공익개념을 중심으로 전개되고 행정학적인 관점에서 공공부문 개념은 일반적으로 공공기관(the public institute)이 행하는 활동과 이들 기관이 의사를 결정하고 집행하는 영역 모두를 포함한다(정재하, 2005).

그렇다면 노사관계에서 접근하는 공공부문 개념은 무엇을 분류기준으로 할 것인가? 노사관계이론은 그 주체로서 노사정을 상정하고 환경과 이데올로기를 포함한 체제적 접근을 하고 있다(Kerr, Dunlop, Harbison and Myers, 1960; Kochan, Katz and McKersie, 1986). 노사관계이론에 따르면 공공부문, 민간부문을 분류하는 기준으로 사용자가 누구인가라는 기준을 설정할 수 있다. 이런 분류기준에 따른다면 정부를 사실상 사용자로 하는 부문을 공공부문으로 규정할 수 있다(박태주・김정한, 2002; 신수식・김동원・이규용, 2012; 정재하, 2005). 그러나 사실상 사용자라는 말은 형식상(법률상) 사용자는 아닐 수 있다는 것을 전제로 한다. 한국 공공부문 노사관계 현실에서 공공부문 노조는 정부가 사실상 사용자라고 주장하는 데 대해 정부는 법률상 요건을 이유로 사실상 사용자임을 부정하고 있어 갈등이 일어나고 있다.

그러나 이와 같은 문제점이 있다고 해도 노사관계이론에서 접근할 때 공공부문은 사실상 사용자가 누구인가를 기준으로 판단하는 것이 가장 현실에 적합하다. 여기에서는 소유권과 재원조달에서 정부 관련성을 갖고 사실상 사용자를 정부로 하는 부문을 공공부문으로 규정한다.

나. 공공부문 주요 특징

1) 공공부문 주요 특징

(가) 정부 관련성

공공부문이 갖는 자명한 특징 중 하나는 정부 관련성이다. 공공부문이 갖는 다른 어떤 특징보다 명확하고 또한 다른 모든 특징들을 규정하는 근본적인 특징이 정부 관련성이다. 정부와 관련성 정도는 공무원과 같이 직접적일 수도 있고, 공공기관과 같이 상대적으로 덜 직접적일 수도 있으며, 좀 더 영역을 넓힌다면 정부가 영향을 미치는 다양한 공공서비스 영역까지 다양할 수 있다. 그런데 정부는 궁극적인 사용자 대표성을 가지면서 지휘감독은 하지만 직접 노사관계 담당자는 아니라는 이중성을 갖는다. 또한 정부는 입법자, 규제자, 조정자(Salamon, 2000)로서 민간부문까지 고려해야 하는 정책적 판단을 해야 하기 때문에 모범사용자(model employer)로서 선도적인 역할을 요구받는다.

공공부문이 이처럼 정부와 관련을 갖는다는 것으로부터 도출되는 또 하나의 특징은 시장경쟁을 거의 전부 또는 부분적으로 배제한다는 점이다. 이러한 시장경쟁 배제는 동시에 경쟁이 격화되고 있는 세계시장으로부터 거의 전부 또는 부분적인 격리를 뜻한다. 민간부문이 극심한 세계시장 경쟁에 노출되어 있고 이에 따라 노사관계도 크게 영향을 받고 있는 데(Clark, Delaney and Frost, 2002) 견주어 공공부문은 이로부터 상대적으로 자유롭다.

(나) 공공성 추구

공공부문이 갖는 두드러진 특성은 공공성을 추구한다는 것(Haque, 2001; 박태주·김정한, 2002)을 들 수 있다. 그러나 일상에서 널리 쓰고 있지만 공공성 또는 공공이익이 무엇인가를 개념규정하기는 쉽지 않다(임의영, 2003, 2010; Freeman, 1986; Perry and Rainey, 1988). 공공성 개념을 정의하기가 어려운 이유는 공적이라는 말 자체가 추상적이며 모호하고, 정부와 거의 동의어로 이해되고 있기 때문에 독립된 이념으로 생각하지 않는 경향이 강하기 때문이다
.

(임의영, 2003). 또한 공공성을 제기하는 이론에서 공공성을 개념화하는 데 충분한 노력을 기울이지 못한 점도 지적할 수 있다(임의영, 2010).

공공성을 직접적으로 개념규정하는 일은 쉽지 않지만 다음 몇 가지 특징들은 대체로 공감대가 형성되어 있다. ① 비경합성과 비배제성(Hirshman, 1970; 김대식 · 노영기 · 안국신, 2004; 안병영 · 정무권 · 한상일, 2007), ② 대체곤란성 또는 독점성(김대식 · 노영기 · 안국신, 2004; 안병영 · 정무권 · 한상일, 2007; 유훈 · 배용수 · 이원희, 2011; Kochan and Katz, 1988; Lewin, Feuille, Kochan and Delaney, 1988), ③ 집단성(Alford, 2002; Hirshman, 1970), ④ 필수성(Kochan and Katz, 1988; Lewin, Feuille, Kochan, and Delaney)이 그것이다.

위 특징들 중 비경합성과 비배제성, 독점성은 시장실패(김대식 · 노영기 · 안국신, 2004; 안병영 · 정무권 · 한상일, 2007)로부터 나오는 것이다. 그러나 집단성과 필수성은 시장실패만이 아니라 공중(the public)과 관련되고 사회 유지에 필수적이라는 성격으로부터 나오는 것이다. 공공재의 경우 완전한 이탈이 불가능하고 관련자들이 지속적으로 관심을 갖기(Hirshman, 1970) 때문에 그 중단에 따른 사회적 파장이 크다.

(다) 예산에 대한 공공통제

공공부문 재정원천으로 세금(세금으로부터 나오는 정부교부금), 이용자부담, 차입을 들 수 있는데(Kochan and Katz, 1988) 이는 정부 또는 납세자와 직간접으로 관련되어 있기 때문에 예산제약이 따른다. 즉 납세자가 공공부문 예산 편성과 집행에 직간접적인 영향을 미치며 심한 경우 공공부문 예산 축소를 요구하는 납세자반란(taxpayer revolts)으로 나타나기도 한다(Freeman, 1986; Lewin, Feuille, Kochan and Delaney, 1988).

공공부문 예산이 궁극적으로 세금과 관련이 있기 때문에 예산에 대한 공공통제는 필수적이다. 그런데 공공부문 중 특히 공공기관과 같은 준정부부문은 일정한 자율성을 필요로 하기 때문에 공공통제 필요성과 일정 정도의 자율성 확보 사이의 모순이 발생할 수 있다(안병영 · 정무권 · 한상일, 2007; 유훈 · 배용수 · 이원희, 2011).

(라) 다양한 이해집단 관련성

공공부문에는 다양한 이해관계자들이 있다. 이 중 가장 중요한 이해관계자는 공중이다. 불특정 다수 시민인 공중은 이용자, 납세자, 여론형성자, 공공서비스의 소비자, 고객으로서 공공부문에 대한 개입근거를 갖는다. 즉 공공부문에는 영향을 미치는 수많은 공공이해집단이 있다(Alford, 2002; Fottler, 1981; Lewin, Feuille, Kochan, and Delaney, 1988; Perry and Rainey, 1988). 그러나 이런 복잡함과 불명료함이 있다고 해도 공공부문 이해관계자는 대체로 피고용인, 고용주, 공중이라고 하는 3자 구성(Kochan and Katz, 1988)으로 모아진다.

(마) 목표다양성

공공부문은 사용자가 중첩되고 이해관계자가 다양하기 때문에 목표가 다양하고 불명료하고 목표 사이에 상호모순이 있을 수 있다(Fottler, 1981; Kochan and Katz, 1988; Perry and Rainey, 1988). 목표가 다양하기만 한 것이 아니라 때로는 목표가 불명료하고 심지어 모순적이라는 것은 공공부문의 다양한 특징들, 공공성 추구, 예산에 대한 공공통제, 사용자 중첩성 또는 사용자 불명료성, 다양한 이해집단에 의한 다중통제의 결과이다.

2) 공공부문 노사관계 주요 특징

(가) 사용사 불명료성 또는 중첩성

공공부문 사용자는 중첩(신수식 · 김동원 · 이규용, 2012)되며, 공공부문 경영자의 권한은 분산되어 있고(Kochan, and Katz, 1988; Katz and Kochan, 1992), 사용자를 특정하기 어렵다(박태주 · 김정한, 2002). 즉 공공부문 사용자는 여러 층위에 걸쳐 권한이 분산되어 있으며, 누가 사용자인지 불명료하고, 법률상 사용자 권한이 민간부문에 견주어 상대적으로 약하다. 따라서 공공부문 노사관계에서 고용주가 누구인가 하는 문제는 제도가 정착되면 사라질 일시적인 문제가 아니다(Lewin, Feuille, Kochan and Delaney, 1988).

(나) 다면교섭

공공부문 노사교섭에서는 다면교섭(multi-lateral bargaining)이 나타난다. 다면교섭은 셋 이상의 당사자가 참여하고, 노사간에 명확한 구분이 존재하지 않고, 공식적인 교섭 상대방이 아니라 다양한 이해관계자 집단과 교섭하고,

상위기관의 인준을 필요로 하는 교섭을 말한다(Freeman, 1986; Katz, and Kochan, 1992; Kochan, and Katz, 1988). 공공부문 교섭에서 다면교섭이 나타나는 이유는 공공부문의 목표가 다양하고, 사용자 역할을 하는 집단이 다수 존재하고, 사용자 내부에서 명확한 의사결정 위계체계가 결여되어 있고, 이들 사이에서 이해다양성과 권한 분산으로 인해 이해조정이 어렵기 때문이다.

한국에서도 공공부문 교섭은 형식적으로는 노조와 법률상 사용자가 진행하고 있으나 실제로 노조는 관련 부처, 국회, 정당 등과 다양한 형식의 대화와 협의를 진행하고 있다.

(다) 노동권과 서비스이용권 상충 가능성

공공부문의 교섭이 다면적이기 때문에 갈등도 다면적으로 나타난다. 그러나 공공부문은 조직 안에서 노사간 갈등이 있을 수 있고, 노조와 정부 간 갈등도 있을 수 있다. 이에 더하여 공공예산 활용과 공공서비스 제공을 둘러싸고 납세자, 공공서비스 소비자와 갈등이 나타날 수 있다(Freeman, 1986; Haque, 2001). 현실에서 이런 갈등은 공공부문 노동자 노동권과 시민의 서비스이용권 상충 가능성으로 나타나고 이에 따라 공공이익의 실현 또는 증대를 근거로 공공부문 노동쟁의 해결에 중재제도를 채택하게 된다(신수식・김동원・이규용, 2012; Horton, 1975; Katz and Kochan, 1992).

(라) 노사 유착 가능성

공공기관에서는 노사간 유착 가능성도 존재한다. 즉 공공기관 내부에서는 관리자와 노동자로 나누어진다고 해도 정부 또는 납세자에 대해서는 모두 피고용인이기 때문에 이해공동성이 나타날 수 있다. 이로부터 공공부문 노조결성과 유지의 상대적인 용이성이 나타나기도 한다(신수식・김동원・이규용, 2012; Katz and Kochan, 1992; 1988). 따라서 공공부문 노사관계에서는 사용자, 특히 법률상의 사용자와 노조간에 조화로운 관계, 비교적 동등한 힘의 균형이 나타날 수 있다. 여기에서 한 걸음 더 나아가 이런 특징이 공공부문에서 이윤개념이 상대적으로 약하다는 점과 결합하여 노사간에 파이(pie)를 공유할 가능성, 그리고 그에 따른 도덕적 해이 가능성으로 나타날 수 있다.

3) 공공부문 노사관계 특징 종합

공공부문 노사관계는 이제까지 살펴본 특성으로 인해 민간부문 노사관계와 다른 특징을 갖고 있다. 따라서 공공부문 노사관계를 분석할 때는 민간부문과는 다른 분석 틀로 접근할 필요가 있다. 위에서 살펴본 바를 종합적으로 정리하면 다음과 같다. 비교를 위해 민간부문 특징을 병기한다.

[표 3-2] 공공부문과 민간부문 특징 비교

구 분	공공부문	민간부문
주요 목적	공공성 추구	이윤추구
관련 기제	정부	시장
기대 역할	선도성/모범사용자	특이사항 없음
예산제약	공공적 통제	경제적 제약
사용자	사용자 불명료성 또는 사용자 중첩성 경영자 자율성 약함	사용자가 명확함 경영자 자율성 강함
통 제	다양한 이해집단에 의한 다중통제 시장 힘으로부터 상대적으로 자유로움	기업 내 통제 시장 힘에 의한 통제
목 표	목표다양성, 상호모순 가능성	명확하고 단일한 목표
노사관계	갈등관계 또는 유착관계	갈등관계 또는 종속관계
교 섭	노조/사용자/정부 다면교섭	노조/사용자 양자교섭
갈 등	기업 내 노사갈등 노조-정부 갈등 노동권과 공공서비스 이용권 충돌	기업 내 노사갈등

다. 신공공관리

1) 신공공관리 등장과 전개

공공부문의 최근 변화 양상으로 신공공관리를 들 수 있다. 유럽과 미국에서 1970년대 이후 복지국가와 공공부문 증대에 따른 반발, 납세자반란에 따라 공공부문 축소를 지향하는 신자유주의가 등장한다. 공공부문과 관련해서는 공공부문 비효율성에 대해 비판하면서, 효율성을 강조하는 신공공관리정책으로 구체화되어 나타났다.

신공공관리 정책은 다른 나라보다 먼저 영국에서 1978~1979년 '불만의 겨울'을 거치고 난 후 등장한 대처 보수정부 정책을 통해 구체화되었다. 공공부문에 민간부문 관리기술을 도입함에 따라 공공부문과 민간부문 구분 모호화, 단체교섭 분권화, 공공부문 조직구조·임금·노동시간·노동조직 등 다양한 측면에 걸친 유연화, 인적자원관리 등장에 따른 집단주의 약화, 공공서비스 윤리 약화 등이 나타났다(Corby and White, 1999). 1980년대 이래 유럽 각 나라에서 공공부문 개혁 압력에 따라 공공부문이 민간부문을 모방함으로써 공공과 민간부문 고용관계에서 제도들의 수렴화 현상이 점증하고 있다(Bach, 1999). 공공부문 개혁은 1990년대 중반에는 이러한 움직임을 주도한 앵글로색슨 국가뿐 아니라 네덜란드, 독일, 프랑스 등 대륙계 국가로도 파급되어 전 세계적인 현상으로 자리 잡았다(김정한·오학수·이상민·채준호, 2007).

한국의 경우 신자유주의적 담론에 기초한 본격적인 공공부문 개혁은 문민정부에서 '작고 강한 정부'라는 슬로건으로 시작된 이래 세계화 충격에 따른 경제위기를 거치면서 더욱 구체화하고 강화되어 국민의 정부에서 정부개혁과 공공부문 개혁으로 나타났다(심용보, 2010; 안병영·정무권·한상일, 2007). 이런 흐름은 이후 정부에서도 공공부문 개혁, 공기업 민영화, 공공부문 구조조정, 공기업선진화 등으로 지속되었다(기획재정부 인터넷 홈페이지 자료; 고용노동부, 2007; 2008; 2009; 2010; 2011).

2) 신공공관리 주요 특징

신공공관리론은 공공부문은 비효율적이므로 개혁을 필요로 한다면서 그 방안으로 사유화(privatization)[2)]와 공공부문에 대한 민간부문 경영기법 적용을 전제로 하고 출발한다(Haque, 2001). 신공공관리론은 공공부문과 민간부문의 차이보다는 경영의 보편성을 강조하고 민간부문 경영기법의 우월성과 공공부문 적용 가능성을 전제로 한다. 이에 따라 공공부문을 축소하기 위해 사유화

2) 공공자산을 사적 자본에게 넘긴다는 의미에서 민영화라는 용어보다 사유화가 더 정확하다고 본다. 그러나 현실에서 민영화라는 말이 널리 쓰이는 만큼 민영화라는 용어도 혼용한다.

를 하고, 사유화가 안 된 부분에는 경쟁을 도입하여 민간부문 관리기법을 도입한다(Farnham and Horton, 1996a).

이런 신공공관리 정책의 주요 특징은 다음과 같다. 첫째, 효율성 강조를 들 수 있다. 둘째, 경쟁원리 강조이다. 셋째, 유연성을 중시하여 과거 전통적인 공공부문 관리자를 경영자로 바꾸고, 관료제로부터 시장 메커니즘의 적용으로 전환을 요구한다. 넷째, 효율성, 경쟁성, 유연성, 분권화, 권한위양 등이 어느 정도 성과를 거두었는지를 측정하고 평가하기 위한 개념인 책임(accountability)을 강조한다(김정한 · 오학수 · 이상민 · 채준호, 2007; Farnham and Horton, 1996a). 그 결과 신공공관리 정책 추진에 따라 공공조직들도 집단주의적 접근을 약화시키고 개인수준 관리를 중심으로 하는 인적자원관리 기법을 도입하고, 유연하고, 환경에 반응을 잘 하고, 고객맞춤형 서비스를 지향하는 조직으로 변모하게 된다(Corby and White, 1999; Farnham and Horton, 1996a).

3) 신공공관리론 비판

그러나 신공공관리론에 대한 문제제기도 다양하게 나타나고 있다. 먼저 큰 틀에서 근본적인 문제제기를 살펴보면 다음과 같다. 첫째, 이론적으로 공공부문의 과업 수행능력의 열등성에 대한 문제제기가 타당한지 의문이다(임의영, 2003). 둘째, 정책적으로 축소지향 신자유주의적 공공부문 개혁이 과연 바람직한지 의문이다(안병영 · 정무권 · 한상일, 2007). 셋째, 결과를 놓고 볼 때 성과관리와 책임경영제도는 개별기관의 수익성 목표에 초점을 두기 때문에 시민편익과 사회공익에 부합된다고 할 수 없다(심용보, 2010; 안병영 · 정무권 · 한상일, 2007).

다음 정책에 대한 세부적인 비판으로는 영국의 경우 신공공관리정책에 따라 직원들 고용조건이 악화되고, 노조가 상대적으로 약화되며, 서비스 질에 문제가 발생하고 있다는 문제제기(Farnham and Horton, 1996b)가 있다. 신공공관리를 한국에 적용할 때 문제점으로 민주성과 형평성 이념 간과, 성과주의 적용 어려움, 성과측정상의 왜곡, 고객지향적 행정이 특정 수혜계층 이익 반영으로 나타날 우려, 경영평가의 일방성 문제가 나타날 수 있다(홍주환 · 김현우, 2007)는 연구도 있다. 사례연구에서는 신공공경영전략에 따라 사유화가 이루어지고 신공공경영방식이 치밀하게 설계되어 단계적으로 시행됨에 따라 노사관계의 대립적 성격이 강화되고 있는 한국철도공사 사례보고(심용보, 2010)가 있다.

그러나 현재까지 신공공관리 또는 좀 더 폭넓게 신자유주의에 대한 대항개념 개발과 이론화는 약한 편이다(임의영, 2010). 즉 신공공관리에 대한 비판은 추상수준이 높은 차원에서 이론적, 이념적 비판에 그치고 있으며 구체적인 실증을 통한 비판과 대안제시는 많이 이루어지지 않은 편이다.

2. 시기별 공공부문 정책 특징과 법제도 변화과정

공공부문 정책은 해당 시기 정부 성격에 따라 차이가 있다. 또한 공공부문을 규율하는 법의 변화에 따라 공공부문에 미치는 영향도 달라진다. 아래에서는 정부별로 공공부문 정책변화와 공공부문을 규율하는 법의 변화를 중심으로 살펴본다. 공공부문 정책과 법률 사항은 주로 2007년 이후 쓰고 있는 '공공기관의 운영에 관한 법률(공운법)'에 따른 분류기준상 공공기관을 중심으로 살펴본다.

가. 시기별 공공부문 정책변화와 노조 대응

1) 문민정부 시기까지 공공부문 정책 개요

공공기관은 특히 정부주도형 경제개발 시기에 큰 역할을 했다. 여기에서는 주로 문민정부(김영삼 대통령 시기) 이후 시기에 집중해서 살펴본다. 문민정부 이후 현재까지 공공부문 정책이 정부주도형 경제개발에서 벗어나서 작은 정부 추구, 공공부문 효율성 제고 추구라는 측면에서 과거와 다른 흐름을 보여 주기 때문이다.

문민정부는 정부주도형 경제개발 시기에 과대성장한 규제중심의 정부를 작지만 강한 정부로 개편할 필요성을 강조하면서 국가권력 축소를 시도하였다(유훈・배용수・이원희, 2011; 홍주환・김현우, 2007). 이는 공공부문 정책에서는 공기업[3] 민영화 정책으로 나타났다. 1994년 2월 문민정부는 "공공조직 민영화 및 기능조정 방안과 세부추진계획"을 발표하면서 공공조직 민영화를 본격추진하였다. 당시 공기업 민영화는 주인 있는 경영으로 전환하는 것에 중점을 두고

3) 여기에서 말하는 공기업은 2007년 이후 공운법상 공기업 개념과는 달리 일반적인 공공기관을 의미한다. 아래 국민의 정부 시기에도 마찬가지이다.

정부지분을 완전히 매각하여 경영권을 실질적으로 민간에 이양하는 것을 목표로 하였다(강철승, 2010; 유훈 • 배용수 • 이원희, 2011). 이와 같은 경영권의 실질적 민간이양에 대해서는 재벌에게 주요 공기업을 매각한다는 비판이 제기되었다(심용보, 2007). 그러나 민영화 계획은 목표에 크게 못 미쳐서 1996년까지 추진실적을 보면 핵심 대상인 정부투자기관과 정부출자기관의 경우는 한 건도 실행되지 못했고 재투자기관의 경영권 이양과 일부 지분매각만 이루어졌다.

문민정부 시기 공공부문 정책 특징은 다음과 같다. 첫째, 과거 정부주도형 경제개발 시기에서 벗어나 작은 정부, 효율적인 공공부문 정책을 추구하기 시작했다. 둘째, 그 이론적 배경으로는 신자유주의적 정책, 공공부문에 국한시킨다면 신공공관리정책을 추구했다. 셋째, 구체적인 정책으로는 공기업 민영화라고 하는 하드웨어적 정책을 채택했다. 넷째, 그러나 실제 성과는 크게 나타나지 않았다.

2) 국민의 정부 시기

(가) 경제위기와 구조조정

국민의 정부(김대중 대통령 시기)는 1997년 맞은 외환위기 사태 해결을 최우선 과제로 했고 이는 공공부문 관리정책에도 큰 영향을 미쳤다. 국민의 정부는 경제위기를 해결하기 위해서 개혁이 필수적이라는 논리에 근거하여 기업, 금융, 공공, 노동 등 4대 분야를 중심으로 개혁을 추진하였다. 공공부문 개혁은 다시 중앙 • 지방정부 개혁, 공기업 개혁, 정부산하단체 개혁으로 구분되었다(강철승, 2010; 안병영 • 정무권 • 한상일, 2007). 정부는 공공부문 개혁을 전담하는 대통령 직속기구로 기획예산위원회를 설치하여 공기업 민영화와 경영혁신을 추진하였다. 당시 정부는 '작지만 효율적으로 봉사하는 정부 구현'을 공공개혁의 목표로 삼았는데 그 핵심은 시장 메커니즘의 회복을 통한 효율성 제고에 있었다. 이러한 방향은 1980년대 이후 미국, 영국, 뉴질랜드 등 선진국들이 추진한 정부개혁 방향과 마찬가지로 신공공관리론에 근거한 것이었다(강철승, 2010).

국민의 정부는 공공개혁을 전담하는 기구로 처음에는 기획예산위원회를 설치하고 이후 예산기능까지 확보한 기획예산처로 확대개편하였다. 정부는 경제위기 상황 극복을 위해 초기(1998~2000)에는 주로 민영화와 인원감축을 중심으로 하는 수량적 구조조정을 중심으로 진행하였다. 정부는 1998년 7월 1차공기업 민영화 계획, 1998년 8월 2차 공기업 민영화 및 경영혁신 계획, 1998년 8월 정부출연위탁기관 경영혁신 추진계획을 통해 공기업과 출연기관, 위탁기관에 대한 개혁에 착수하였다. 경제위기 상황에서 어느 정도 벗어나고 민영화가 이루어진 2001년부터는 경영혁신에 중점을 두었다(심용보, 2008; 전국공공운수사회서비스노동조합연맹, 2005).

(나) 공공부문 구조조정 주요 특징

국민의 정부 공공부문 구조조정은 경제위기라고 하는 특수상황을 반영하고 있고 다음과 같은 특징을 갖는다. 첫째, 신공공관리를 강조하면서 공기업 사유화와 인력감축을 강조하는 하드웨어적인 축소지향 방향으로 전개되었다(노중기, 2008; 심용보, 2007; 안병영・정무권・한상일, 2007; 홍주환・김현우, 2007). 즉 경제위기 상황에서 국민의 정부는 주로 기관통폐합과 소유구조 변경, 인력감축, 분할매각, 외주화 등 공공기관의 소유권이나 조직편제의 재편을 목표로 하였다(강철승, 2010). 둘째, 위기 상황에서 벗어난 이후 정부는 공공부문에 대한 다양한 통제기제를 도입하여 소프트웨어적인 구조조정도 일부 추진하였다. 이를 통해 공공부문 내에서 경쟁과 성과를 강조하는 시장기구 도입과 성과지향적 시스템 구축을 추진했다(노중기, 2008; 홍주환・김현우, 2007).

종합한다면 국민의 정부 시기 공공부문 구조조정은 문민정부 시기에 도입되기 시작한 신공공관리정책에 따른 공공부문 개혁의 연장선상에서 하드웨어적인 구조조정을 중심으로 진행되었으나 이후 경제위기 상황에서 벗어나면서 소프트웨어적인 구조조정을 통한 공공기관 관리체계 구축을 시작한 시기이다.

(다) 노조 대응

노조는 정부의 구조조정 정책에 대해 대체로 반발과 저항을 하면서 동시에 부분적으로는 참여를 통한 교섭을 진행했다. 먼저 노조는 정부의 구조조정에 대해 수량적 위주의 구조조정이며 노조배제적이라고 반발하였다. 노조는 정부 구조조정에 맞서 1998년 조폐공사노조의 인원감축 반대투쟁, 1999년 사회보험노조 파업과 한전 민영화 저지투쟁, 2000년의 한국통신노조 투쟁, 철도노조 민주화 투쟁, 2001년 한국통신 114분사 저지투쟁, 2002년 철도-발전-가스노조 연대파업 등을 진행했다. 동시에 노조는 참여를 통한 협의도 진행하였다.

공공부문 노조들은 1998년 6월 제2기 노사정위원회에서 공공부문구조조정특별위원회에 참여하였다. 초기 공공특위 활동은 두 노총이 함께 참여했으나 1999년 9월 3기 노사정위원회부터는 민주노총의 참여 거부로 한국노총 공공부문노동조합들만이 참여하였다. 그러나 노조의 저항과 참여를 통한 협의에도 불구하고 정부의 구조조정 목표는 대체로 정부의 의도대로 관철되었다(노중기, 2008; 전국공공운수사회서비스노동조합연맹, 2005).

3) 참여정부 시기

(가) 공공기관 관리체계 확립

참여정부(노무현 대통령 시기)의 공공부문 개혁정책은 공공기관 관리체계 확립과 경영효율화에 초점을 둔 소프트웨어적인 구조조정이었다. 이에 따라 참여정부의 공공기관 구조조정은 과거 경제위기 상황에서 이루어진 하드웨어적인 구조조정과 달리 공공기관에 대한 상시적 구조조정과 경영혁신 체제 정착을 중심내용으로 하였다. 즉 참여정부 시기 공공기관정책은 '자율책임경영'이라는 이름 아래 시장화와 상업화의 내적 작동원리를 갖춘 일상화된 소프트웨어적 구조조정 체계로 변화하였다(강철승, 2010; 노중기, 2008; 유훈・배용수・이원희, 2011; 홍주환・김현우, 2007). 이에 따라 문민정부 시절에 도입이 시작되어 국민의 정부 시절에 하드웨어가 구축되기 시작한 공공부문에 대한 신공공관리론적 구조개혁이 내부 경영혁신 체제까지 갖추게 되었다.

(나) 공공기관 규율 법률 법제화

참여정부의 공공기관 관리체계 확립은 법제화로 이어졌다. 참여정부는 2003년 12월 정부산하기관관리기본법(정산법)을 제정하였다. 이는 출연기관, 출자기관, 보조기관, 업무위탁기관 등 다양한 형태의 공공기관들을 체계적으로 관리할 필요성에서 나온 것이다. 이에 따라 정부투자기관을 관리하는 정부투자기관관리기본법(정투법)과 함께 공공기관을 규율하는 두 주요 법률이 정비되었다. 참여정부는 2007년에는 '공공기관의 운영에 관한 법률(공운법)'을 시행하여 공공기관의 단일한 관리체계를 법제도적으로 확립하였다. 참여정부의 공공기관 규율 법률 제정은 위에서 살펴본 관리체계 확립의 연장선상에서 이루어진 것으로 법제정을 통해 공공기관 관리정책의 제도화를 정착시켰다는 의미를 갖는다. 정산법 제정과정에서 노동진영의 요구로 개혁적 지배구조의 틀이 마련되었고 공운법의 제정을 통한 책임경영제도의 도입 등 공기업 개혁을 위한 제도적 장치를 마련하는 성과가 있었다는 점에서 참여정부는 온건하고 세련된 구조조정 정책을 시도하는 특징을 보여 주었다(노중기, 2008; 노광표 · 김현준, 2009; 전국공공운수사회서비스노동조합연맹, 2005).

(다) 노조 대응

참여정부에서 이루어진 공공기관 구조조정은 소프트웨어적이고 상시적인 구조조정이었기 때문에 노조의 대응이 일시에 폭발적인 형태를 띠고 나타나지는 않았다. 공공부문 구조조정에 대응하여 2003년 철도노조 파업, 2006년 철도노조와 발전노조 파업, 2007년 사회보험노조 파업 등 일부 파업이 있기는 하였으나 이전 국민의 정부 시기에 견주어 점차적으로 약화되어 온 노동운동은 참여정부의 소프트웨어 방식의 구조조정에 적절히 대응하지 못했다. 이렇게 된 것은 다음과 같은 이유가 복합적으로 작용한 것으로 보인다. 첫째, 전체 노조운동의 약화와 그에 따른 공공부문노조의 방어적 상황이 크게 영향을 미쳤다(노광표 · 김현준, 2009; 노중기, 2008). 둘째, 참여정부 공공부문 구조조정이 상시적인 성격을 띠고 있었기 때문에 성격상 일시에 집중하는 대응이 어려웠다. 셋째, 정산법과 공운법 제정과정에서 노정협의를 통한 일부 의견 반영, 공공기관 지방 이전을 둘러싼 노정협의와 협약체결 등 노정간에 대화, 협의도 일부 진행되었기 때문이다(공공연맹 인터넷 홈 페이지 자료; 공공운수연맹 활동보고서, 각 연도; 노광표 · 김현준, 2009; 전국공공운수사회서비스노동조합연맹, 2005).

4) 이명박 정부 시기

(가) 공기업 선진화와 민영화 정책

이명박 정부의 공공기관 선진화 정책은 참여정부의 공공부문 구조개편이 실패하였다는 평가에 기초해서 진행되었다. 이명박 정부의 공공기관 정책은 공공기관은 시장에 의한 감시와 견제가 어렵고 비효율적인 경영이 될 우려가 있어서 1998년 이후 정부주도로 민영화 계획을 추진해 왔으나 참여정부 5년간 민영화 유보 상태로 인해 차질이 빚어졌다는 평가(노광표 · 김현준, 2009; 장영철, 2008)에 기초해 있다.

이명박 정부는 새로운 패러다임으로 공공 영역은 최소한으로 축소하고 민간참여 영역을 확대할 필요성을 제기하였다(장영철, 2008). 이를 구체화하여 정부의 공공부문 정책은 공기업을 포함한 노사관계 전반을 선진화하는 '노사관계 선진화 방안'과 공공기관 경영구조 개선을 위한 '공공기관 선진화 방안'으로 나타났다. 2009년 정부가 추진한 공공부문 노사관계 선진화는 '불합리한 노사관행 개선'에 방점이 두어져 있다. 정부가 특히 공공부문에 대해 개선의지를 보였던 부분은 단체협약상의 불합리한 조항 개선이었다. 이에 따라 공공기관에서 단체협약을 둘러싸고 노사관계 갈등이 표면화되기도 했으며 일부 공기업에서는 단체협약 해지가 이루어졌는데 단체협약 해지의 대상이 된 사업장은 전부 민주노총 사업장이었다(고용부, 2009).

이명박 정부 공기업 · 공공기관 정책은 공공부문에 민간경영 기법을 도입하여 경영혁신을 유도하고 민간부문과 경쟁하는 분야는 민영화를 하는 것이었다. 그를 위한 구체화 방안이 2008년 8월에서 2009년 3월에 걸쳐 발표된 6차에 걸친 선진화 계획이었다. 선진화 계획 제1, 2, 3, 5차는 민영화, 통폐합 등 하드웨어적인 구조조정을 중심으로 하였고 4차와 6차는 경영효율화가 중심이었다. 그에 따른 성과를 살펴보면 다음과 같다.

[표 3-3] 공공기관 선진화 추진실적

구 분	선진화 방안	추진성과
민영화	• 24개 기관 - 완전 민영화: 19개 - 일부지분매각: 5개	**〈매각〉** • 2개 기관 완료(안산도시개발, 농지개량) • 4개 기관 공고(자산신탁, 문화진흥, 88관광개발, 토지신탁) **〈상장〉** • 1개 기관 완료(그랜드코리아레저) • 2개 기관 추진 중(지역난방공사, 한전기술) **〈2010년 이후 추진 예정: 15개〉** • 산은 · 기은 및 자회사(7개)→ 구체적 매각계획 준비 • 여타 기관(8개)→ 2009년 중 행정절차 사전 완료

(계속)

통합	• 36개(→16개) 기관 통합	• 30(→13)개 기관 통합 완료 • 6(→3)개 기관 미완료 - 한국환경공단(2009. 12. 통합 예정) 아동청소년활동진흥원, 근로복지공단
폐지	• 5개 기관 폐지	• 4개 기관 폐지 완료 • 정리금융공사 2009. 12. 폐지 예정
경쟁도입	• 2개 기관 경쟁 도입	• 관련 법령 개정안 마련 중
기능조정	• 20개 기관 기능 조정	• 9개 기관 기능조정 완료 - (중기 해외 마케팅 지원 일원화) KOTRA, 중소기업진흥공단, 정보통신국제협력진흥원 - (R&D기능 이관) 디자인진흥원, 한전, 생산기술연구원, 에너지관리공단 - (비핵심 기능 중단) 석유공사, 광물자원공사 • 11개 기관 추진 중
정원감축	• 129개 기관 2.2만 명 감축 (△12.7%)	• 모든 기관 정원감축 완료
출자회사 정리	• 131개 출자회사 매각 · 청산 등 정리	• 37개 출자회사 정리 완료 - (매각) 32개, (청산) 3개, (통폐합) 2개 • 94개 회사 정리 추진 중
대졸초임 인하	• 252개 대상	• 모든 기관 초임조정 완료

출처: 기획재정부(2009. 11. 27), 하반기 공공기관 선진화 워크숍 보도자료.

이명박 정부의 공공기관 정책은 1~6차에 걸친 선진화 정책을 통해 하드웨어적인 변화를 거친 이후 소프트웨어적인 변화 추구로 바뀐다. 즉 그간 이루어진 민영화, 통폐합, 정원감축 등 하드웨어 측면의 구조조정은 어느 정도 성과가 있었다고 평가하면서 이후에는 구조개혁이 공공기관의 체질개선으로 이어질 수 있도록 제도화해 나가는 것이 중요하다는 것으로 강조점이 바뀐다(기획재정부, 2009. 11. 27. 하반기 공공기관 선진화 워크숍 보도자료).

(나) 정책 특징: 구조조정과 관리체계 확립의 병행

이명박 정부의 공공기관 정책의 특징은 다음과 같다. 첫째, 이명박 정부는 신공공관리론에 근거한 '작은 정부'론에 입각하여 공공영역은 최소한으로 축소하고 민간참여 영역을 확대하여 시장활력을 제고하기 위해 민영화, 통폐합, 공기업 인력감축 등 하드웨어적 개편을 추진하였다(강철승, 2010; 유훈·배용수·이원희, 2011; 장영철, 2008). 둘째, 하드웨어 변화가 일정 정도 구축된 이후에는 다시 관리체계 확립을 추진하는 소프트웨어적인 변화를 병행추진하고 있다(강철승, 2010; 기획재정부, 2009. 11. 27).

정부정책 변화를 살펴보면 국민의 정부는 경제위기 상황에서 민영화, 통폐합 등 하드웨어 변화를 추구하여 일정한 성과를 거두었고, 참여정부는 소프트웨어적인 변화와 법제도 구축을 추구했다. 이명박 정부는 하드웨어 변화를 추진한 후 이를 토대로 소프트웨어 변화를 병행추진하였다.

(다) 노조 대응

이명박 정부의 공공기관 정책에 대한 공공기관 노조들의 반응은 기본적으로 정책 반대에 기초해 있었다(노동부, 2009; 고용부, 2010; 고용부, 2011; 공공운수연맹 활동보고서, 각 연도). 그러나 두 노총 공공기관 노조 사이에서 일정한 차이가 발견된다. 먼저 한국노총 공공기관 노조들은 공공기관 선진화에 대한 기본 입장은 정책 반대에 기초해 있지만 사회적 대화를 통해 정책변화에 영향을 미치겠다는 목표를 갖고 있었다. 이는 상급조직인 한국노총이 해당 시기 집권여당과 정책연대를 하였다는 상황에 따른 것이다. 공공기관 선진화에 대한 대응 방침에서 과연 실제 교섭을 통해 얼마나 성과를 거두었는가에 대해서는 비판적인 평가가 제기되었고(노광표·김현준, 2009), 이명박 정부 후기에는 정책연대가 파기되었다.

민주노총 공공운수연맹은 정책 전반에 대해 반대와 대안제시를 내걸고 있지만 선언적으로 표방하는 것과 실제 성과 사이에 괴리가 보인다. 연맹의 산하조직에 대한 지도력, 집행력의 약화 흐름이 지속되면서 목표로 내건 중앙집중화된 투쟁사업을 기획하지 못하였고 개별 사업장의 분산화된 투쟁을 지원하는 수준에서 그치고 말았다. 정부의 공기업 선진화 방안이 연이어 발표되었지만 그 대상과 내용에 따라 사업장별로 인식하는 위기 수준은 편차가 있었고 이는 결국 연맹 산하 노조들의 분산되고 파편화된 사업장 수준의 대응으로 귀결되었다(공공운수연맹 활동보고서, 각 연도; 노광표·김현준, 2009).

5) 시기별 공공부문 정책 특징

문민정부 이후 이명박 정부까지 각 정부별로 공공기관 구조조정 정책 주요 특징을 비교해 보면 다음과 같다.

문민정부 시기는 정부주도형 경제개발에서 탈피하기 위한 방안으로 민영화 정책을 통한 하드웨어 변화를 추진했으나 성과가 높지 않았다.

국민의 정부는 경제위기 상황 극복을 위해 강도 높은 하드웨어 변화를 추진했고 그에 따라 노조와 갈등도 심한 편이었다. 국민의 정부는 경제위기 극복과 노정갈등 완화를 위해 노사정위원회를 통한 협의를 추진했고 초기 일부 성과가 있었으나 민주노총이 탈퇴한 이후에는 반쪽짜리 협의에 그쳤다.

참여정부는 공공기관 관리체계 확립을 위한 법제도 구축을 중심으로 한 소프트웨어 변화를 추진했고 노조와 갈등은 전 시기보다 약화되었고 일부 노정협의가 진행되었다.

이명박 정부는 전임정부 공공기관 정책에 비판적이면서 하드웨어 변화와 소프트웨어 변화를 동시 추진하였고 노조와 대화는 많이 이루어지지 않았고 노조 대응도 약화되었다.

참여정부 이후 노조 대응이 약화된 것은 정부의 공공부문 구조조정이 국민의 정부 시기에 견주어 덜 집중되었기 때문이기도 하지만 노조가 약화된 것도 원인으로 작용하였다.

각 시기별 주요 법률[4]은 초기에는 기관별로 별도 입법을 해서 법체계가 복잡한 편이었으나 점차 정비를 거쳐 단순화되다가 최종적으로 참여정부 시기의 공운법으로 단일관리 체계로 정비되었다.

4) 세부 사항은 뒤에서 별도로 살펴본다.

[표 3-4] 시기별 공공부문 정책 특징

구 분	문민정부	국민의 정부	참여정부	이명박 정부
해당 시기 주요 특징	정부주도형 경제 개발에서 탈피	경제위기 상황	위기상황에서 탈피, 제도화 추진	전임정부 정책에 비판적, 초기 경제 위기 상황
주요 법률	정투법, 기관별로 제정된 다양한 법률	정투법, 민영화법, 정출연법	정투법, 정산법, 정출연법→공운법	공운법
구조조정 정책	민영화를 통한 하드웨어 변화	민영화, 통폐합 등 하드웨어 변화	효율성 추진과 법 제도 구축 등 소프트웨어 변화	하드웨어 변화와 소프트웨어 변화 동시 추진
정책 성과	민영화 목표 미달	민영화, 통폐합 강도 높게 진행	정산법, 공운법 등 제정	대체로 목표대로 진행
노조와 협의기구	공식기제 없이 사안별 노정협의	노사정위원회(초기 양 노총, 후기 한국 노총 참여)	노사정위원회(한국 노총 참여)	노사정위원회(한국 노총 참여) 여당-한국노총 정책 연대와 파기

나. 공공기관 규율 법률 변화과정과 특징

공공기관은 법률로 규율되는 사항이 많기 때문에 법률 변화에 따라 큰 영향을 받는다. 공공기관을 규율하는 법률체계는 크게 두 시기로 나누어 볼 수 있다. 첫째 시기는 공공기관 특성에 따라 규율하는 법률이 다른 시기이다. 둘째 시기는 공공기관을 규율하는 법률을 하나로 통일한 시기이다.

1) 공공기관 특성별 별도 규율 시기

1980년대 이후 2007년까지는 공공기관을 규율하는 법률이 기관특성별로 달랐다. 이 시기 공공기관을 규율한 주요 법률 중 하나로 정부투자기관관리기본법(정투법)이 있다. 1984년 제정된 정투법은 중앙정부의 사전적 예산편성 지침을 통한 통제와 함께 개별 공기업에 대해 예산운영의 자율권을 주는 방식을 특징으로 한다. 이후 정투법은 1997년과 1999년 개정을 거쳐 2007년에 공운법 제정에 따라 폐지되었다.

정부산하기관관리기본법(정산법)은 정부투자기관 외에도 많은 정부산하기관들이 존재하는데도 이를 규율하는 통일된 법률이 없다는 문제점을 해결하기 위해 2003년에 제정한 법률이다. 정부는 정투법에 따라 규율되는 정부투자기관과 정출연법에 따라 규율되는 정부출연연구기관을 제외하고 나머지 공공기관을 협의의 정부산하기관으로 개념정의하고 이들 기관을 규율하기 위한 법률로 정산법을 제정하였다.

공공기관을 규율하는 그 밖의 법률로 1999년에 제정된 '정부출연연구기관 등의 설립・운영 및 육성에 관한 법률(정출연법)'과 1997년에 제정된 '공기업의 경영구조 개선 및 민영화에 관한 법률(민영화법)'이 있었다.

2) 공공기관 단일 법률 규율 시기: 공운법 제정과 시행

참여정부는 2006년 상반기부터 공공기관 지배구조 개편작업에 착수하였고 이를 법률적으로 뒷받침하기 위해 2006년 12월 '공공기관의 운영에 관한 법률(공운법)'을 제정하고 2007년 4월 시행에 들어갔다. 이에 따라 공공기관을 하나의 관리체계로 운영하는 단일법 체계로 정비되었다. 또한 공운법 제정은 대외적으로는 OECD가 2005년 공기업 지배구조 가이드라인을 발표하면서 그에 따라 공공기관 지배구조를 개선하기 위한 체제정비 성격도 있다. 공운법 제정의 근본취지는 관련부처 기능을 산업지원 기능으로 국한시키고 공공기관에게는 분권적, 자율적인 경영기능을 주되 경영성과에 대한 통제와 지배는 기획재정부와 운영위원회로 집중시키는 것이다(심용보, 2008; 유훈・배용수・이원희, 2011).

공공기관 운영에 대한 전반적인 내용을 규정하고 있는 공운법에서는 공공기관이 갖고 있는 특성을 고려하여 다음과 같은 다양한 규정을 정해 놓고 있다. 공공기관 노사관계 주요 쟁점들은 구체적으로는 공운법에 기인한다. 첫째, 정부는 공공기관의 책임경영체제를 확립하기 위하여 공공기관의 자율적 운영을 보장하여야 하고 공공기관을 운영하는 세부방침을 결정하는 기관으로서 기획재정부장관 소속하에 운영위원회를 둔다. 운영위원회는 공기업・준정부기관과 기타공공기관의 지정, 지정해제와 변경지정, 경영공시, 기능조정, 혁신지원, 보수지침, 임원에 대한 해임이나 해임 건의, 경영실적 평가, 경영지침 등을 결의하는 권한을 갖는다. 둘째, 공공기관은 경영목표와 예산 및 운영계획, 임원 및 운영인력 현황, 인건비 예산과 집행 현황, 경영실적 평가 결과 등을 공시하고 경영목표와 경영지침에 따라 예산안을 편성하여 이사회에 제출하는 등 법과 지침에 따라야 한다. 셋째, 공공기관장은 경영목표를 수립하고 보고를 하여야 하며 기획재정부장관은 경영지침을 제시하고 계약의 이행에 관한 보고서, 경영목표와 경영실적보고서를 기초로 하여 공공기관의 경영실적을 평가한다.

그러나 과거 두 법률의 적용을 받던 이질적인 기관들을 하나로 묶어 공운법이라는 단일한 법률의 적용을 받도록 한 것은 문제의 소지가 있다(유훈・배용수・이원희, 2011). 상대적으로 수익성을 강조하는 공기업과 그에 견주어 공공목표 실현을 위한 특정 사항 실행을 목적으로 하는 기타공공기관을 동일한 법률체계에 따라 규율하는 것이 타당할 것인지는 좀 더 검토가 필요하다.

3. 노사관계 당사자 성격과 특징

노사관계 당사자는 통상 노사정을 말한다. 그러나 공공기관은 정부가 사실상 사용자라는 점에서 형식상 사용자와 사실상 사용자가 다르다. 또한 이런 특징 때문에 교섭구조도 민간부문의 노사 교섭구조와는 달리 다면교섭의 성격을 띤다.

가. 사용자 – 공공기관

1) 공공기관 개념

여기에서 살펴보는 것은 공공기관 노사관계이다. 그러나 공공기관이란 분류개념은 공운법에 따른 것이고 그 이전에는 명칭을 달리했다. 현재 사용하는 공공기관 개념이나 그 이전에 사용하던 정부투자기관, 정부산하기관들을 통칭할 수 있는 개념으로는 준정부부문조직이라는 개념이 적절할 것이다. 준정부부문조직은 '정부부처 밖에 있는 독립조직으로서 정책 수행을 위해 정부가 정책적 의도를 가지고 설립하거나 기존 조직과 관계를 맺음으로써 어느 정도 통제권을 행사할 수 있는 조직'을 말한다(안병영・정무권・한상일, 2007).

여기에서 살펴보는 공공기관은 준정부부문조직과 같이 정부부처 조직 밖에 존재하며 정부부처로부터 일상적인 관리감독을 받지 않는 가운데 일정한 자율성을 갖고 정부정책을 수행하는 기관으로서 현행 공운법상 분류기준에 따른 공공기관을 말한다.

2) 공공기관 분류

현재 공공기관을 규율하는 법률은 공운법이다. 기획재정부장관은 공운법 제5조에 따라 국가·지방자치단체가 아닌 법인·단체 또는 기관(지방정부 소관기관 제외)을 다음과 같은 다양한 유형으로 분류한다. 먼저 크게 공기업, 준정부기관, 기타공공기관으로 분류하고 세부분류로 공기업은 시장형 공기업과 준시장형 공기업으로, 준정부기관은 기금관리형 준정부기관과 위탁집행형 준정부기관으로 분류한다. 세부분류 기준은 다음과 같다.

[표 3-5] 공공기관 분류 기준

분 류	분류 기준	세부분류 기준
공기업	직원 정원이 50인 이상이고, 자체수입액이 총수입액의 2분의 1 이상인 공공기관 중 기획재정부장관이 지정한 기관	시장형 공기업: 자산규모가 2조 원 이상이고, 총수입액 중 자체수입액이 85% 이상인 공기업
		준시장형 공기업: 시장형 공기업이 아닌 공기업
준정부기관	직원 정원이 50인 이상이고, 공기업이 아닌 공공기관 중에서 기획재정부장관이 지정한 기관	기금관리형 준정부기관: 국가재정법에 따라 기금을 관리하거나, 기금의 관리를 위탁받은 준정부기관
		위탁집행형 준정부기관: 기금관리형 준정부기관이 아닌 준정부기관
기타 공공기관	공기업, 준정부기관이 아닌 공공기관	

기획재정부장관은 매년 공공기관을 새로 지정하거나, 지정을 해제하거나, 구분을 변경하여 지정한다. 2011년 지정현황과 2012년 지정현황을 비교하여 살펴보면 다음 표와 같이 280여 개에서 큰 차이가 없고 신규지정, 해제, 변경 등 일부 세부적인 변화가 있다.

[표 3-6] 2012년 공공기관 지정 현황

□(2011년) 285개 → (2012년 지정) 286개

(단위: 개)

구 분	2011년	2012년 지정	증감	신규	해제	변경
① 공기업	27	28	+1			+1
• 시장형	14	14				
• 준시장형	13	14	+1			+1
② 준정부기관	82	82				
• 기금관리형	17	17				
• 위탁집행형	65	65				
③기타공공기관	176	176		+5	△3	△2
계	285	286	+1	+5	△3	△1

출처: 기획재정부 보도자료.

3) 공공기관 사용자 - 공운법상 특징을 중심으로

공공부문 특성상 사용자는 불명료하고 중첩되어 나타난다. 또한 직접적인 사용자라고는 할 수 없으나 다양한 이해관계자가 있다. 공운법상에 나타난 사용자 관련 중요 특징은 다음과 같다. 첫째, 공공기관에 대한 중첩되는 통제이다. 공공기관은 해당 주무부처의 감독, 기획재정부의 감독을 주로 받고 이에 더하여 세부적으로는 운영위원회의 통제, 이사회를 통한 통제, 감사원 감사, 국회감사 등 다양한 감독, 통제, 감사를 받고 있다. 둘째, 기획재정부의 위상 강화이다. 공공기관 운영에 관한 사항은 기획재정부가 직접 또는 운영위원회를 통해 지정, 경영지침 제시, 경영계약, 보고와 공시, 실적 평가 등을 통해 통제할 수 있도록 권한이 집중되어 있다. 셋째, 공공기관의 법률상의 사용자가 누구인지 뚜렷하게 나타나지 않는다. 공운법상 공공기관에 대해서는 기획재정부가 큰 역할을 하고 있으나 법률상 사용자로 특정하고 있지 않다. 노조는 기획재정부로 대표되는 정부를 사실상 사용자로 주장하지만 법률요건을 내세운 기획재정부는 이를 부정하고 있다. 넷째, 다양한 이해관계자 참여 통로가 미흡하다. 공공부문에 속하는 공공기관은 다양한 이해관계자를 갖는다. 그러나 공운법상으

로는 다양한 이해관계자 참여 통로가 넓지도 명확하지도 않다.

사용자가 중첩적이고 다양한 이해관계자가 관련되어 있는 공공부문 특징은 공운법에도 나타난다. 공공기관 사용자가 누구인가는 법률적으로는 다툼의 여지가 있으나 노사관계이론에서는 사실상 사용자에 주목하기 때문에 아래에서는 형식상 사용자와 함께 사실상 사용자인 정부도 사용자로 분석에 포함한다.

나. 공공기관 노조

1) 공공기관 노조 현황

(가) 공공기관 노조 개관

기획재정부는 2011년 7월 사업장단위 복수노조 허용에 따라 세부 공시사항을 추가하여 노조가입 관련 현황 정보를 제공하도록 하였는데 이 자료에 따르면 공공기관 노조 현황은 [표 3-7]과 같다. 2011년 10.1%인 전 부문 노조 조직률에 견주어 공공기관 노조조직률은 2011년 11월 기준 58.5%로 높다. 2011년 11월 현재 노조가 있는 198개 기관 중 복수노조 기관은 37개 기관이다. 공공기관 노조들은 대체로 한국노총과 민주노총으로 나뉘어 소속되어 있다.[5)]

[표 3-7] 공공기관 노조 현황

구 분	2011년 11월 기준	2010년 11월 기준
노조 있는 기관 비율	69.5% (285개 기관 중 198개)	69.8% (285개 기관 중 199개 기관)
총노조수	244개	228개
복수노조 기관(노조수)	37개 기관(84개 노조)[6)]	26개 기관(55개 노조)
노조조직률	58.5%	59.5%
상급단체 가입률	74.2%(181개 노조)	80.3%(183개 노조)

출처: 기획재정부 인터넷 홈페이지.

5) 일부 미가맹 노조도 있으나 두 노총 소속만큼 큰 세력을 형성할 정도는 아니다.
6) 2010년과 2011년을 비교할 때 복수노조 기관수는 11개 증가했는데 노조수가 29개가 증가한 것은 2010년도에 1개 노조인 경우 복수노조가 아니므로 복수노조 계산시 0으로 계산하고 2011년에 복수노조가 되면 2개 또는 그 이상으로 계산하기 때문이다.

(나) 한국노총 소속 공공기관 노조

한국노총 소속 공공기관 노조 중 일부는 금융산업노조나 다른 산별연맹에 속해 있다. 그러나 대다수는 전국공공노동조합연맹(공공연맹)과 전국공공산업노동조합연맹(공공노련)에 소속되어 있다.

공공연맹은 외환경제위기 이후 공공부문에 가해진 민영화와 각종 슬림화 정책에 대항하기 위해 2003년 한국노총 대의원대회에서 채택된 개혁특위의 권고사항인 2006년까지 유사산별 통합과 산별노조 건설이라는 조직노선에 따라 한국노총 소속 공공부문 노조 3개 연맹(공공건설노련, 공공서비스연맹, 정투노련)이 통합하여 2004년 설립한 연맹이다. 공공연맹은 규모의 경제를 누리기 위한 양적 통합은 진전시켰으나 통합 이후 목표로 하였던 질적 변화를 위한 산별노조 전환 논의는 그 이후 진전을 보지 못하고 있다. 이는 강령에서 "대등한 노사관계 및 합리적 노정교섭을 바탕으로 자율경영 및 책임경영 구현"을 목표로 하고 있는 것처럼 기관별 자율경영, 그에 따른 기관별 노사관계를 중요시하기 때문이다. 2011년 현재 회원조합은 주택관리공단노조 등 71개 노조이다. 공공연맹 통합은 3개 연맹으로 분산된 자원과 인력을 집중하여 규모의 경제를 추구하고 단일한 사용자인 정부에 대한 대응력을 높이기 위한 것으로 조직대표성을 높였다고 긍정적으로 평가할 수 있으나 이후 한국노총 안에서 다시 전국공기업연맹이 설립됨으로써 그 의미가 퇴색하였다.

공공노련은 2010년 출범한 전국공기업연맹과 전국전력노동조합이 2012년 9월 통합하여 만든 연맹으로 설립 시점 현재 회원조합은 한국도로공사, 한국수자원공사 등 14개 노조이고 조합원은 3만여 명이다. 선언과 강령을 놓고 볼 때 공공연맹과 공공노련은 커다란 차별성을 보이지 않고 있다. 이는 같은 상급단체 산하이며 과거 활동경험도 공유하는 부분이 많고 현재 별도의 연맹 설립은 이념 차이보다는 조직 경쟁에 따른 것이기 때문이다.

(다) 민주노총 소속 공공기관 노조

민주노총 소속 공공기관 노조들은 주로 전국공공운수노동조합연맹(공공운수연맹)에 소속해 있다. 공공운수연맹은 2007년 1월 19일 공공연맹[7](한국노총 공공

7) 1999년 3월 (구)전국공공노동조합연맹, 전국공익・사회서비스노동조합연맹, 전국민주철도지하철

연맹과는 다른 조직이다), 화물통준위, 민주택시, 민주버스 소속 120개 노조 15만 명 조합원이 통합하여 만든 조직으로 2007년 말 이전 공공대산별노조 건설을 목표로 했다(공공운수노조창립대의원회 회의자료). 공공운수연맹의 조직통합은 외환위기 이후 분산된 연맹의 자원과 인력을 집중하여 대외적인 환경변화에 대한 대응력을 높이기 위한 것으로 긍정평가할 수 있다(노광표・이정봉, 2008).

목표와 달리 공공대산별노조 건설은 계속 늦어지다가 2011년 6월 24일 전국공공운수노동조합이 출범하였다. 그러나 연맹 소속 노조들의 참여가 부족하여 2011년 6월 24일 창립대의원대회 참가 공공운수노조 조합원 수는 약 5만 명이었고, 2012년 현재 공공운수노조와 공공운수연맹이 공존하고 있다. 공공운수연맹과 공공노조는 대다수의 연맹 소속 조직들이 조직전환하는 때까지 상급단체를 공공운수연맹으로 하고, 연맹의 운영과 사업을 공공운수노조가 실질적으로 담당하기로 하였다(공공운수연맹활동보고서, 각 연도). 이처럼 원래 목표와 달리 산별노조 전환이 늦어지고 있고 산별전환 조직과 미전환 조직 간의 활동 편차가 크게 나타나고 있는 것은 조직운영상 한계로 지적할 수 있다. 민주노총 공공부문 노조들은 선언적으로는 정부를 상대로 한 단일한 노조 대오를 내세우고 있지만 실제로는 기업별 노조체계를 벗어나지 못하고 있다. 이는 규모의 경제를 통한 조직운영 효율화를 못 이루고 있고, 선언과 달리 실제로는 공공기관 노조의 정체성을 확립하지 못한 것으로 평가할 수 있다.

2) 공공기관 노조 대응의 두 흐름

현재 상황에 대한 노조 대응 중 구체적인 사안에 대한 대응은 각각 해당되는 부분에서 살펴본다. 여기에서는 구체 사안에 대한 세부적인 대응을 넘어서서 노사관계 전반에 걸친 대응을 중심으로 살펴본다. 한국노총과 민주노총 공공기관 노조들의 대응은 상대적인 강조점 차이를 보이고 있다. 한국노총은 특별한 조직변화 없이 대정부정당협의에 주력하고 있고 민주노총 공공운수연맹은 산별노조 건설을 통한 조직강화와 대정부교섭구조 확보에 주력하고 있다.

노동조합연맹이 통합하여 만든 연맹이 전국공공운수사회서비스노동조합연맹(민주노총 공공연맹)이다. 분립되어 있던 공공부문 노조연맹들은 공공연맹 설립을 통해 정부를 상대로 통일적인 대응을 할 수 있게 되었다. 공공연맹이란 약칭을 사용하는 조직이 계속 나타나고 있기 때문에 혼동을 하지 않도록 주의할 필요가 있다.

(가) 한국노총: 대정부정당협의

한국노총 공공기관 노조들은 민주노총 공공기관 노조들에 견주어 볼 때 정부 그리고 정당과 협의에 주력하고 있다(한국노총, 공공연맹, 공공노련 인터넷 홈페이지 소식지, 활동보고 자료). 이는 한국노총이 상대적으로 교섭에 치중해 온 역사, 과거 여당과 정책연대 등 협조관계에 있던 것을 반영하고 있는 것으로 보인다. 특히 공공기관 경우 정부가 실질적인 사용자이고, 공공기관 예산이 궁극적으로는 국회에서 결정된다는 점을 고려한다면 정부 또는 정당과 협의 또는 교섭은 중요한 의미가 있다.

한국노총의 이러한 협의로 첫째, 예산지침 작성과정에서 의견을 반영하기 위한 노력을 들 수 있다. 공공기관 노조들이 기관 내부에서 기관사용자와 교섭을 통해 임금인상률을 자율적으로 결정하는 것은 현실적으로 어렵다. 이를 고려하여 한국노총 공공연맹은 기획재정부에 매년 예산지침에 대한 의견을 제출하고, 한국노총도 이를 받아서 비슷한 의견을 정부 또는 정당과 정책협의 또는 면담시 제출하고 있다. 둘째, 한국노총은 청와대, 정부부처, 감사원, 정당과 다양한 형태의 협의 또는 면담을 진행하면서 공공기관 노동조건, 노사관계 관련사항을 논의하거나 요구사항을 전달하고 있다.[8)]

한국노총의 이러한 대정부정당협의는 사안별로 부분적인 성과를 거두고 있지만 협의 또는 면담을 통한 의견전달이라는 한계를 벗어나지 못하고 있다. 이러한 협의 또는 의견전달은 단체교섭을 통한 단체협약 체결 또는 그에 준하는 정도의 강제력을 갖지 못하기 때문에 정부나 정당이 이를 받아들일 경우 성과가 있지만 그렇지 않을 경우 의견 표명에 그치고 만다. 따라서 한국노총의 대정부정당협의 노력은 공공기관 노동조건 결정을 위한 교섭 또는 협의체제가 형성되어 있지 않은 상황에서 현실적인 선택이라고 할 수 있으나 그 한계가 크다.

(나) 민주노총: 조직변화 노력

한국노총 공공기관 노조들이 현실적이고 실리적인 접근을 하는 것과는 달리

---

8) 구체적인 사례를 살펴보면 2009년 한나라당과 공공기관선진화 관련 합의를 한 것을 들 수 있다. 합의는 한국노총 위원장과 한나라당 정책위의장 간의 "공공기관 선진화 관련 합의문" 형식으로 이루어져 있다. 주요 내용은 공기업경영평가기준 수립시 한국노총 의견을 수렴할 것, 경영평가 성과급 지급률 종전 수준 회복, 노사자치주의 원칙 존중 등이다.

민주노총 공공운수연맹은 조직력 강화를 통해 정부와 직접적인 교섭을 달성하는 것을 중장기 목표로 삼고 있다. 공공운수연맹은 2007년 통합대의원대회를 통해 설립한 이후 운수와 공공을 포괄하는 하나의 공공운수노조를 건설하는 것을 목표로 한 후 2011년 공공운수노조를 건설했다. 공공부문은 실질적인 사용자가 정부이면서 노동조건이 기획재정부의 지침에 따라 규정되는 특성상 다른 산업보다 산별노조 건설 필요성을 더욱 절실하게 느끼고 있었다(공공운수노조대의원회 회의자료).

한편으로 공공운수노조 건설은 신자유주의 세계경제위기 심화와 노동탄압에 맞서 적극적이고 공세적인 조직화를 목표로 하고 있다. 다른 한편으로는 노조에 대한 현장탄압을 막고 현장조직력을 유지 강화하는 수세적이고 소극적인 조직보전도 함께 목표로 하고 있다(공공운수노조창립대의원회 회의자료; 공공운수연맹 활동보고서, 각 연도). 그러나 2012년 현재까지 진행된 공공운수노조 건설은 적극적인 조직화보다는 정부의 공공기관 정책에 맞서 노조조직력을 보존하고, 개별노조들의 한계를 넘어서기 위한 방안으로서 산별교섭을 모색하는 수세적 대응이라고 볼 수 있다.

공공운수산별노조 건설은 정부를 상대로 할 때는 거의 힘을 발휘할 수 없는 기업별 노조의 한계를 넘어설 조직적 토대가 될 수 있다는 점에서 이후 노사-노정관계, 노정교섭(협의 포함)에서 일정한 변화를 예상할 수 있다. 그런데 공공운수노조는 건설 이후 교섭과 관련해서 이른 시일 안에 실질적인 대정부교섭이 불가능할 것으로 예상하고 협의창구 구축 정도로 설정(공공운수노조창립대의원회 회의자료)하고 있어 중장기적으로 대응방안을 구축할 것으로 예상되나 이에 대한 세부 계획과 실행은 2012년 현재 구체화되어 있지 않다. 따라서 민주노총 공공운수산별노조 건설은 새로운 노사-노정관계를 예고할 수 있으나 현재로서는 구체화된 것이 없고 이른 시일 안에 노사-노정관계에서 변화가 예상되지 않기 때문에 평가가 이르다.

3) 공공기관 노조 연대

위와 같은 차이가 있지만 공공기관 노조들은 양 노총 차이를 넘어서서 연대를 하는 일이 많다.[9] 이는 양 노총이 협조할 때도 있지만 경쟁과 견제 때로는 갈등이 통상적인 경우와 비교해 볼 때 이례적이다.

공공기관 노조들이 이처럼 양 노총 차이를 넘어서서 연대를 하는 것은 공공기관으로서 특성을 공유하고 있기 때문이다. 첫째, 노조는 공공기관의 사실상 사용자를 정부로 보기 때문에 단일한 사용자를 상대로 하기 위해 연대 필요성을 강하게 느끼고 있다. 둘째, 공공기관들은 예산이 국회심의를 거쳐 정부를 통해 실행되는 특성상 노동조건이 대체로 비슷하기 때문이다. 셋째, 공공기관 노조들은 시기별로 주요 쟁점이 같은 경우가 많다. 공공기관 운영과 노동조건을 규율하는 것이 정부이기 때문에 구조조정, 임금인상, 노동조건 변화 등 정부정책의 방침이 나올 경우 이들 내용은 공공부문에 동일하게 적용된다.

따라서 공공기관 노조들은 기관간 차이, 노조간 차이, 두 노총 차이를 떠나서 사용자가 단일하기 때문에 정부를 상대로 한 단일한 연대기구를 구성하는 경우가 많다. 이러한 연대기구는 현안문제를 해결하기 위한 사안별 연대기구로 나타난다. 그러나 공공부문 노조의 조직대표성을 강화하고, 공공부문 노조로서 내걸고 있는 사회개혁 이념을 정립하고, 목표로 삼고 있는 사회공공성 확보를 현실화시키는 것은 과제로 남아 있다(노광표·이정봉, 2008).

다. 교섭구조: 단체교섭과 노정협의

공공기관은 형식상 사용자와 사실상 사용자가 다르다. 이 때문에 교섭도 복잡한 양상을 띠고 있다. 첫째, 통상적인 단체교섭이 있다. 둘째, 법률상 단체교섭이라고는 할 수 없지만 현실에서 나타나는 노정협의와 노정대화가 있다. 셋째, 사회적 협의기구를 통한 협의가 있다.

1) 단체교섭: 목표와 실제 현실 간 괴리

공공기관 단체교섭은 노조가 내세우는 목표로서 노정교섭 요구와 실제 현실에서 진행되는 기업별 교섭이 괴리를 보이고 있다는 것을 특징으로 한다. 먼저 민주노총 공공기관 노조들을 보면 공공산별노조 건설 논의단계부터 궁극적으로는 정부를 한 축으로 하고 공공산별노조를 다른 한 축으로 하는 산별교섭

9) 2012년 현재 국민노총도 있으나 공공기관을 많이 포괄하지 않고 있고, 양 노총과 연대도 거의 이루어지지 않고 있어 분석에서 제외한다.

을 목표로 하고 그 아래에서는 기관 특성별로 업종별 대표교섭, 공동교섭, 집단교섭, 패턴교섭 등 다양한 형태로 사용자단체와 교섭을 하는 것을 염두에 두고 있었다(유병홍, 2009). 기본적인 내용은 그 후에도 지속되어 2011년 공공운수노조 설립을 하면서 조직구성의 다양성을 고려하여 단위별 교섭구조를 설계하고 중앙정부・지방정부 교섭을 추진하되 최종적으로는 산별교섭을 하는 것을 목표로 삼고 있다(공공운수노조창립대의원회 회의자료).

그러나 실제 현실에서는 목표와 달리 기업별 교섭이 주류를 형성하고 있다. 산별노조와 연맹의 기관별 교섭 관장력이 낮아서 공동요구안 반영률과 체결률이 낮은데, 이는 중앙과 현장의 결합력과 관장력의 약화에서 주로 기인하는 것이다(2011년도 공공운수노조・연맹 사업보고서). 즉 목표와 달리 공공운수노조의 산별교섭에 대한 전략수립과 토대구축은 여전히 풀어야 할 과제가 되고 있다.

이런 상황은 한국노총 공공기관 노조도 큰 차이가 없다. 한국노총 공공연맹에 속한 사업장의 단체교섭은 기업별 교섭이 주류를 형성하고 있어 분권화된 교섭의 전형을 보이고 있다. 공공연맹 산하 단위노동조합들은 기업별 노조체계와 정부의 보이지 않는 통제장치로 인해 내부화되고 고립된 시스템을 벗어나지 못하고 있다(노광표・이정봉, 2008).

2) 노정협의: 제한적인 실효성과 열린 가능성

공공기관 노조들은 정부를 상대로 노동조건, 특히 공공기관 임금을 사실상 결정하는 공기업・준정부기관 예산편성지침에 대해 노조와 교섭할 것을 요구하고 있다. 이는 매년 이루어지는 예산편성지침에 대해 공공부문 노조들이 공동요구를 마련하고 정부와 협의를 진행하는 형태로 이루어지고 있다.

노조가 내세운 이런 요구는 강제력이 없고 정부가 협의과정에서 참고하는 수준에 불과하기 때문에 실효성이 제한적이다. 그러나 정부와 교섭 또는 다른 협의 통로가 없는 상황에서 이루어지는 노정협의는 의견통로로 활용될 수 있고 이후 발전 가능성이 열려 있다는 점에서 의미가 있다.

3) 사회적 협의기구: 제한적 긍정성

공공기관 노조들이 정부와 협의에 참여하는 또 다른 통로로 사회적 협의기구

참여가 있다. 공공부문의 사회적 협의는 1998년 6월 제2기 노사정위원회에서 '공공부문구조조정특별위원회'가 발족되면서 시작되었다. 초기 공공특위 활동에는 두 노총의 공동참여가 이루어져 왔으나 1999년 9월 3기 노사정위원회부터는 민주노총의 참여 거부로 한국노총 공공부문 노조만 참여하고 있다. 이후 노사정위원회가 2007년 4월 경제사회발전노사정위원회로 개편되면서 공공특위는 해산되고 업종별위원회 산하의 공공부문위원회로 재설치되었다. 한국노총 공공부문 노조들은 대정부 교섭구조 통로로서 외환위기 이후 제도화된 사회적 협의기구인 노사정위원회 활동에 참여하고 있다. 공공기관 노동조건을 둘러싸고 정부와 노조 간 교섭이 부재한 상태에서 사회적 협의기구로 경제사회발전노사정위원회에서 진행되는 협의는 일정한 의미를 갖는다(노광표・이정봉, 2008).

그러나 사회적 협의기구를 통한 참여가 갖는 의미는 다음과 같은 점 때문에 긍정성이 제한적이다. 첫째, 민주노총이 참여하고 있지 않은 절반의 참여에 그치고 있다. 둘째, 경제사회발전노사정위원회가 그다지 활발한 활동을 못하고 있고 정치적 외풍에 따라 영향력이 달라진다는 점에서 불안정하다. 셋째, 부문협의회에서 논의하는 내용이 대체로 노동조건, 구조조정 전반에 관한 내용이 아니라 개별기관 세부 현안문제에 대한 논의라는 점에서 제한적이다.

공공기관이 갖는 특성상 공공기관 노조와 정부, 사용자단체, 시민사회단체가 대화를 가질 필요가 있다는 점에서 현재 상태의 경제사회발전노사정위원회 협의 틀을 넘어서는 사회적 협의에 대한 고민이 필요하다.

라. 공공기관 노사관계 주요 특징

이제까지 살펴본 공공기관 노사관계를 종합적으로 정리하면 다음과 같다. 공공기관 노사관계는 성격상 형식상 사용자인 공공기관과 함께 사실상 사용자인 정부가 큰 역할을 한다는 것이 가장 두드러진 특징이라고 할 수 있다.

공공기관 노사관계 특성상 시기별로 진행된 정부의 구조조정 정책 영향을 크게 받았다는 점도 두드러지게 나타난다. 또한 공공기관 노사관계를 규율하는 법률사항은 초기 다양한 법률에서 점차 단순하게 정리되어 최종적으로는 공운법 단일체계로 정리되었다.

노조는 기업별 노조를 근간으로 하면서 산별연맹 통합이 나타나고 있는데

다만 한국노총 공공기관 노조연맹의 경우 통합되었던 산별연맹들이 일부 재분화와 재통합 현상이 나타나고 있어 추이를 조금 살펴볼 필요가 있다. 민주노총 산별연맹들은 통합과 함께 산별노조 전환을 추진하고 있으나 목표와 실제 성과 사이에는 괴리가 있다.

노조 변화와 상관없이 기관별 사용자는 별다른 변화를 보이지 않고 있어 공공기관 사용자단체는 이른 시일 안에 구성될 것으로 보이지 않는다.

단체교섭은 기관별 교섭이 주류를 이루고 있는 가운데 공공기관 특성을 반영하여 단체교섭 이외 다양한 형식과 수준의 협의가 진행되었거나 추진되었다. 그중에서 중요한 역할을 하고 있는 것이 노사정위원회(초기 노사정위원회,

[표 3-8] 시기별 공공부문 노사관계 특징

구 분		문민정부	국민의 정부	참여정부	이명박 정부
영향요인	법률	정투법, 기관별 법률	정투법, 민영화법, 정출연법	정투법, 정산법, 정출연법 → 공운법	공운법
	구조조정	민영화를 통한 하드웨어 변화	민영화, 통폐합 등 하드웨어 변화	효율성 추진과 법제도 구축 등 소프트웨어 변화	하드웨어 변화와 소프트웨어 변화 동시 추진
노조		기업별 노조	산별연맹 통합 (민주노총)	산별연맹통합 (한국노총, 민주노총) 산별노조 건설 (민주노총)	산별연맹 일부 분화(한국노총), 산별노조 전환 일부 진전 (민주노총)
사용자		기관별 사용자	기관별 사용자	기관별 사용자	기관별 사용자
교섭 협의기구		- 기업별 교섭 - 공식 기제 없이 사안별 노정협의	- 기업별 교섭 - 노사정위원회(초기 양 노총, 후기 한국노총 참여)	- 기업별 교섭 - 노사정위원회(한국노총 참여)	- 기업별 교섭 - 노사정위원회 (한국노총 참여) - 여당-한국노총 정책연대와 파기
노사관계		- 갈등적 - 노조의 민영화 반대	- 심한 갈등 - 노사정위원회를 통한 부분적인 대화 진행	- 전 시기보다 약화된 갈등 - 사안별 노정협의 진행	- 노조 대응 약화 - 노정협의 약화

최근 경제사회발전노사정위원회)를 통한 협의이나 여기에는 민주노총이 참여하지 않고 있다는 한계가 있다. 한국노총은 여당과 정책연대를 진행한 바 있으나 최근에는 파기되었고 또한 협의라는 특성상 구속력이 없다는 한계가 있다.

노사, 노정 간 관계는 시기별로 차이를 보이고 있으나 최근으로 올수록 경향적으로 갈등이 약화되고 있다. 이는 국민의 정부 시절과 같은 대규모 구조조정과 사유화가 없다는 측면과 함께 노조의 힘이 약화되고 있기 때문이다.

마. 공공기관 노사관계 과제

이제까지 살펴본 공공기관 노사관계를 토대로 이후 과제를 살펴보면 다음과 같다. 이들 과제는 노조측에서 계속적으로 문제제기를 해 왔고 앞으로도 제기할 것으로 보이는 과제들이다.

첫째, 사용자 문제이다. 공공기관 노사관계는 공공기관인 노와 사가 만나서 맺는 관계이다. 그런데 공공기관에서 노가 누구인지는 명확하지만 사가 누구인지는 간단하게 정리하기 어렵다. 법률상 사용자는 해당 기관이지만 공공기관 특성을 고려할 때 정부가 사실상의 사용자라는 점을 부정하기는 힘들다. 그렇다고 해서 정부가 법률상 사용자로 나서서 단체교섭을 진행한다는 것도 현실적으로 쉽지 않은 문제이다. 이 문제는 노조, 공공기관, 정부가 암묵적인 인정이나 관행을 통해서 상호 역할을 조정하는 것이 타당할 것이다. 이 문제는 노정협의(교섭) 문제로 이어진다.

둘째, 공공기관 노정협의 문제이다. 노조에서는 정부가 사실상의 사용자이니 노조와 정부(기재부)와 교섭을 하자고 요구하고 있다. 그러나 현실적으로 정부가 쉽게 응할 것으로 보기 어렵다. 이와 관련해서는 노조도 정부가 "노정교섭"에 쉽게 응할 수 없다는 것을 안다면 교섭이란 용어에 집착하지 말고 노정협의를 통해 실질적인 효과를 얻는 것부터 시작할 필요가 있을 것이다. 역대 정부는 공공기관 관련법을 제·개정하면서 점차 법률 숫자를 줄여 급기야는 공운법 하나로 통일했고 그 결과 공공기관 운영은 정부(구체적으로는 기재부)가 중앙집권적으로 운영하기에 이르렀다. 더구나 ILO에서 2012년 11월 15일 권고를 통해 정부가 공공기관에 내리는 주요 지침(예산편성지침, 경영평가, 감사원감사)과 관련해서 노조와 사전에 협의할 것을 권고한 바 있다. 그렇다면 노정협의(또는 교섭) 조건, 명분 그리고 필요성은 충분히 잘 갖추어져 있다. 기재부가 예산편성지침 작성과정에서 공공기관 노조들의 연대기구인 양대노총 공대위 견해를 수렴한 것은 이런 방향으로 나가는 데 도움이 될 것으로 보인다. 노조, 정부 모두 명분에 집착하지 말고 실질적인 성과에 주목한다면 타협선이 나올 수 있을 것이다. 현재 공공기관 노조 연대기구와 기재부가 진행하고 있는 협의를 정례화하는 것부터 차근차근 준비하는 것도 방안이 될 것이다.

셋째, 임금결정기준 문제이다. 공공기관 종사자의 임금과 관련해서는 "높다" 또는 "실제 다른 여건까지 고려하면 높다고 할 수 없다"는 논쟁이 있다. 그러나 여기에는 모순이 있다. 즉 임금결정기준이 무엇인지 명확하지도 않은데 높다, 낮다를 논의한다는 것은 문제가 있다. 예를 들면 2012년 공공기관 예산편성지침에 따르면 "총인건비는 '2012년도 물가상승률, 성장률, 공무원 처우개선율(3.5%) 등을 종합적으로 고려하여 전년대비 3.0% 이내 인상"이라고 하고 있다. 그러면 공무원 임금결정기준은 무엇인가? 그에 대한 이해당사자들 간 공감대는 형성되어 있는가? 공무원, 공공기관 임금수준을 이야기하기 전에 공공부문 임금 결정기준을 무엇으로 할 것인가부터 결정해야 할 것이다. 그래야 매년 인상률이 적정한지 아닌지 판단이 가능할 것이다. 이제 예산편성지침은 충분히 정착되었다고 볼 수 있으므로 지침 자체를 정교하게 하고, 임금수준과 관련한 이해관계자들의 공감대를 형성해 나가야 할 것이다.

넷째, 모범사용자로서 역할 문제이다. 정부는 노사관계 일반에서는 조정자이고, 입법자이고, 규제자이기도 하지만 공공기관에서는 사용자이다. 그것도 모범사용자 역할을 요구받고 있다. 지금 필요한 모범사용자 역할로 여러 가지가 있지만 심각한 고용문제를 앞에 두고 적극적 고용정책과 일자리 나누기가 핵심일 것이다. 이명박 정부의 적극적 고용정책에 대해서는 "고용은 있었지만 '적극'은 아니었다"고 평가하는 것이 타당할 것이다. 청년 인턴을 예로 들어보면 고용은 있었지만 좋은 일자리였을까는 의문이다. 2011년 2,193시간으로 OECD 국가 중 최장노동시간을 단축하기 위해 공공기관에서 노동시간 단축을 이끄는 방안을 검토할 필요가 있다.

다섯째, ILO 협약 비준 문제이다. ILO 협약 비준 문제는 공공부문 노사관계 문제를 넘어서는 문제이다. 가장 시급하게는 ILO 조약 중 제87호 결사의 자유 및 단결권 보호에 관한 조약, 제98호 단결권 및 단체교섭권에 대한 원칙의 적용에 관한 조약을 체결하여야 할 것이다. 이에 더하여 제151호, 즉 공공부문에서의 단결권 보호 및 고용조건 결정절차에 관한 조약을 함께 비준하여야 할 필요성이 있다. 국제노동기구(ILO) 결사의 자유 위원회는 2012년 11월 15일 권고에서 정부의 일방적인 예산지침이 가지는 문제, 단체협약 일방해지 문제, 경영평가와 감사원감사의 일방성 문제를 지적한 바 있다. ILO협약 비준 문제, 단체협약 일방해지 문제, 감사원감사와 경영평가의 일방성 문제를 차기 정부가 해결해 나가면서 노정협의를 발전시키는 것은 한국 공공기관 노사관계 정상화를 가져오는 기회가 될 것이다.

4. 공공기관 노사관계 주요 쟁점

여기에서는 현재 사용하는 공공기관 개념이 정립된 시점인 공운법 시행(2007년) 이후 공공기관 노사관계 쟁점을 중심으로 살펴본다. 이는 다음과 같은 이유 때문이다. 첫째, 제도 변화에 따라 대상기관과 법률이 달라지는 혼란을 피하기 위해서이다. 둘째, 해당 시기가 이전 시기와 달리 단일한 법률체계에 따라 규율되기 때문에 별도 시기로 구획할 만하기 때문이다. 셋째, 2007년 이후는 참여정부 시기 말기부터 현재까지 이르는 최근 시기이기 때문이다.

가. 공공기관 예산지침

1) 예산지침 성격과 내용

공공기관의 경우 임금이 정부예산과 관련이 있고 궁극적으로는 세금과 관련이 있기 때문에 민간기업 임금과는 성격을 달리한다. 기획재정부로 대표되는 정부는 공공기관 특성상 예산제약과 통제는 당연하다는 견해를 갖고 있다. 이것의 직접적인 발현 형태가 기획재정부가 매년 제시하는 예산편성지침과 예산집행지침이다.

기획재정부의 공공기관 운영방침을 예산에 반영한 통칭 예산지침은 구체적으로 예산편성지침과 예산실행지침이 있다. 공기업, 준정부기관은 이 지침을 적용하며, 기타공공기관은 이 지침을 준용할 수 있도록 되어 있어 사실상 모든 공공기관이 이 지침의 적용을 받는다. 예산편성지침은 예산편성을 위한 기본적인 방향성과 주요 기준을 제시하고, 예산집행지침은 이를 토대로 실제 집행과정에서 나타나는 세부사항을 제시하고 있다(기획재정부, 공기업·준정부기관 예산편성지침과 집행지침, 각 연도).

예산편성지침을 살펴보면 정부 예산편성지침의 성격이 드러나고 있다. 첫째, 예산편성지침에는 해당 시기 경제사정을 반영하여 정부의 전반적인 공공기관 운영 정책방향이 설정되어 있다. 둘째, 예산편성지침은 민간부문에 대한 정부의 정책방향이 제시되어 있다. 민간부문에 대해 정부가 직접적으로 통제하는 것은 어렵지만 공공기관 임금인상률, 임금제도 개정방향 등을 통해, 즉 공공기관 선도를 통해 민간부문에 간접적인 파급효과를 미칠 수 있다. 셋째, 예산편성지침에 공공기관의 사용자 중첩성이 드러나 있다. 정부가 예산편성지침을 제시하고 공공기관 사용자가 이를 수용해서 공공기관에 적용한다는 점에서 정부와 공공기관 경영자 모두가 사용자라는 사용자 중첩성이 드러나고 있다. 넷째, 공공기관에 다양한 이해관계자가 존재한다는 것이 예산편성지침에 반영되어 있다. 구체적인 열거사항만 보더라도 감사원, 국회, 언론이 나타나 있다. 그러나 이들 이외의 이해관계자, 예를 들면 공공기관 종사자(노조 또는 직원대표기구)가 참여할 수 있는 통로는 명확하지 않다.

2) 노조 대응

공공기관 노조들은 임금은 노조가 사용자와 교섭을 통해 결정해야 한다는 견해를 가지고 있고 따라서 임금을 사실상 결정하는 역할을 하고 있는 예산편성지침에 대해 거부감을 갖고 있다. 그러나 현실적으로 공공기관의 성격을 부정할 수는 없으므로 과거와 같이 예산지침 거부를 직접적으로 내걸지는 않고 있다. 이에 대신하여 공공기관 노조들은 예산지침을 편성하는 과정에서 개입을 시도하고 있다. 공공기관 노조들은 이를 노정교섭으로 요구하고 있으나 실현 가능성이 높지 않기 때문에 현실적인 방안으로 노정협의를 내걸고 있다(양대노총 공공부문노동조합 공동대책위원회 요구 자료, 2011. 11; 공공연맹 인터넷 홈페이지 자료; 공공운수연맹 활동보고서, 각 연도).

그러나 노조들 내부에서도 일정한 차이가 있어서 한국노총과 민주노총이 세부적인 대응에서 차이를 보이고 있다.

한국노총 공공연맹은 예산편성지침 작성과정에서 의견제시를 통해 요구사항 반영을 시도하고 있으나 현실적인 강제력은 없기 때문에 실질적인 영향력은 작다. 그리고 예산편성지침이 작성된 이후에는 사실상 수용하고 있다(공공연맹 인터넷 홈페이지 자료).

다음으로 민주노총 공공운수연맹은 예산편성지침에 대해 거부 또는 비판적인 방침을 밝히고 별도 임금인상률을 제시하고 있지만 현실적으로 이 인상률대로 인상한 사례를 찾기 어렵고 공공기관 교섭석상에서 주요 쟁점으로 등장하고 있지 않다. 또한 공공운수연맹은 예산편성지침 작성시 노조가 참여하는 노정교섭을 목표로 삼고 있으나 현실화시키지 못하고 있다(공공운수연맹 활동보고서, 각 연도).

2011년 경우 두 노총 공공부문 노조들은 '양대노총 공공부문 노동조합 공동대책위원회'를 구성하여 공동대응하였다(2011년도 공공운수노조 • 연맹 사업보고서). 2012년에는 조금 진전된 모습을 보이고 있다. 공공기관 노조들은 단체교섭 성격을 갖는 노정교섭 실현 가능성은 높지 않기 때문에 현실적인 방안으로 '노정협의'를 내걸고 있다. 이런 유연한 전술은 이후 공공기관 노조들의 대정부교섭(협의)요구 활동 강화로 이어질 것으로 보인다. 그러나 이러한 연대활동은 노조 세력이 약화된 상황에서 노조간 연대를 통해 정부를 상대로 협의를 요구하는 것이기 때문에 공세적 성격보다는 오히려 수세적 성격이 더 강하다. 정부는 노정교섭에 대해서는 "정부는 법률상 사용자가 아니다"라는 것을 명확히 하면서 거부하고 있지만 노정협의에 대해서는 유연하게 대응하고 있다. 노조와 정부 두 주체의 이런 대응을 볼 때 예산편성지침을 둘러싼 노정교섭은 당분간 노정협의라는 형태를 띠고 공공기관 노조 연대기구와 기재부 간 협의형태로 이루어질 것이고 현재보다 더 활발해질 것이다.

이런 대응에도 불구하고 예산편성지침에 대한 노조 대응은 한계가 뚜렷하다. 그 이유는 다음 요인들이 작용한 것으로 보인다. 첫째, 공공기관 종사자 노동조건에 대한 외부의 비판적인 여론이다.[10] 둘째, 개별노조로서는 불만이 있다고 하더라도 예산편성지침을 제시하는 정부를 상대로 대응해서 이를 무력화시킨다는 것이 불가능하기 때문이다. 셋째, 이런 한계를 극복하기 위해 산별연맹 또는 공공기관 노조 연대기구에서 예산지침에 대한 대응을 내걸었지만

10) 물론 공공기관 종사자 임금이 높은가는 논란의 여지가 있고 공공기관에 따라 차이가 있을 수 있지만 비판적인 여론이 있다는 것 자체가 노조에게는 부담이다.

현실적인 성과를 거두지 못함에 따라 조합원들이 패배의식을 갖고 있기 때문이다. 넷째, 공공기관 구조조정이 계속해서 이루어지고 있는 상황에서 구조조정에 견준다면 예산편성지침은 상대적으로 작은 쟁점이기 때문이다.

3) 전 망

공운법에 의해 규정되는 예산편성지침은 임금인상을 결정하는 기제가 되고 있다. 다만 노조가 이를 흔쾌히 받아들이고 있는 것은 아니기 때문에 노조의 힘이 강화되고 사회적으로 공공기관 임금인상에 대한 거부감이 줄어들 경우 쟁점이 될 가능성은 있으나 이른 시일 안에 현실적인 쟁점으로 등장할 가능성은 낮아 보인다.

공공기관 노조들이 예산편성지침에 대응하여 성과를 거두기 위해서는 다음 조건이 갖추어져야 할 것이다. 첫째, 공공부문 또는 좁혀서 공공기관 노조 대부분을 포괄하는 연대기구를 구성할 필요가 있다. 이럴 때만이 단일한 교섭 상대방인 정부를 상대로 한 공공기관 노조들의 대표성이 확보될 것이다. 둘째, 법률상 단체교섭만이 아니라 형식에 구애받지 않는 노정협의[11] 자리를 요구할 필요가 있다. 셋째, 공공기관 종사자 임금은 세금과 관련이 있기 때문에 적절한 인상근거를 제시하여 사회적 공감대를 형성할 수 있어야 한다.

나. 경영평가

1) 경영평가 제도 운영과 결과 활용

(가) 경영평가 제도 운영

기획재정부는 공운법에 따라 공공기관 경영평가를 하고 있다. 기획재정부장관은 공기업·준정부기관 경영평가단을 구성·운영하여 경영평가를 하고 평가결과에 따라 경영책임성 확보와 경영개선을 위하여 필요한 인사상 또는 예산

11) 이는 법률상 의미의 임금교섭이 아니다. 그러나 노조가 임금교섭이라는 용어를 고집한다면 법률상 사용자가 아닌 정부가 해당 자리에 나가지 않을 것이다. 따라서 노정협의 성립을 위해서는 노조가 현실적으로 의견을 반영할 수 있다면 형식에 구애받지 않겠다는 전략적 선택을 할 필요가 있다.

상 조치 등을 취하도록 요청할 수 있다. 기획재정부는 경영평가를 통해 기관별, 기관장별 평가를 해 왔는데 공공기관장 평가시 노사관계 협력 정도, 단체협약 합리성 여부 등 노사관계 선진화를 반영하고 있다. 그런데 공공기관 평가와 기관장 평가를 분리 시행함으로써 이중평가에 따른 기관부담 증가와 두 평가 결과 간의 차이 발생으로 인해 평가제도 신뢰성에 대한 논란이 제기되어 왔다(고용부, 2009, 2010, 2011; 기획재정부 보도자료).

(나) 경영평가 결과 활용

경영평가는 정부가 추진하는 공공기관 선진화와 노사관계 선진화 방침 실행을 위한 장치로 활용되고 있다. 2010년 6월에 발표한 2009년 공공기관장 경영평가 지표내용을 살펴보면 노사관계 선진화 지표 비중을 15%에서 20%로 확대하고, 지표과락제를 도입하여 20% 비중의 노사관계 선진화 지표 평가가 미흡할 경우 전체 평가를 미흡으로 평가하고 기관장 평가 미흡시 해임을 권고하도록 하고 있다. 경영평가에 민감할 수밖에 없는 기관장으로는 경영평가에 포함되는 항목과 그 비중을 기관운영에 반영하게 되기 때문에 경영평가는 공공기관에 대한 정부정책을 실행하는 중요한 수단이 되고 있다.

경영평가 결과에 따라 기관별로 성과급을 차등지급하고 있다. 기획재정부는 예산편성지침에 경영평가 성과급과 직무수행실적평가 성과급 관련 내용을 포함하고 있다. 세부적으로는 성과급 최고-최저 등급 간 지급 격차를 증가시키고, 최고와 최저 등급에 포함되는 비율을 강제하며, 특정 등급이 일정 비율을 초과하지 않도록 하여 실질적인 차등효과를 보이도록 하고 있다. 연도별로 구체적인 수치와 기준은 조금씩 변화가 있으나 기본적인 틀은 계속 유지되고 있다.

2) 노조 대응

경영평가 제도 운영과 결과 활용에 대해 노조는 정부와 견해를 달리하고 있다. 두 노총 공공기관 노조들은 상업적 지표로 무장한 경영평가에 의해 공공기관은 공적 서비스 기능을 상실하고 있고, 경영평가는 평가를 위한 평가가 된 지 오래라고 주장하여 그 목적, 운영, 결과 활용에 대한 평가에서 정부 견해와는 크게 다르다. 그러나 이런 총론에서는 비슷하지만 세부적인 대응에서는 한국노총과 민주노총이 조금 차이를 보이고 있다.

한국노총 공공기관 노조들은 경영평가 결과 활용과 경영평가 중 노사관계 관련 사항에 대해 초점을 맞추고 있다.

이와 달리 민주노총 공공운수연맹은 범위를 넓혀서 경영평가 목적에서부터 결과 활용까지 전면적인 문제제기를 하고 있다. 그 세부내용 중 노사관계 관련 사항은 다음과 같다. 첫째, 노사관계의 합리성 지표가 경영평가를 통한 현장통제에 초점을 맞추고 있어서 반노조적이라는 것이다. 둘째, 노사관계 선진화 노력으로 노사간 신뢰구축을 위한 공동노력, 노사화합선언, 노사공동선언 등의 효과성을 평가하도록 하고 있는데, 이는 단위사업장 내에서 발생하는 노사갈등을 부정하면서 노사협조주의를 만연하도록 유도한다고 비판하고 있다. 셋째, 수익성 강조에 따른 노동통제 강화를 우려하고 있다. 넷째, 노동통제 기제로서 경영평가 성과급이 갖는 문제점을 지적하여 경영평가의 서열화에 따른 기관간 경쟁이 격화됨에 따라 경영평가가 성과급 획득수단으로 변질되고 있다고 주장한다(고용노동부, 2010, 2011; 사회공공연구소, 2010).

3) 현황과 전망

한국노총 공공기관 노조들은 경영평가 자체에 대한 문제제기보다는 그 결과 활용에 대해 비판적이고 또한 그 비판도 근본적인 거부라기보다는 기술적인 사항에 대한 수정 보완을 요구하고 있다. 따라서 경영평가와 관련하여 과거에도 커다란 쟁점으로 제기하지 않았고 이른 시일 안에 큰 쟁점으로 제기할 것으로 보이지 않는다.

민주노총 공공운수연맹은 경영평가에 대해 근본적인 문제제기를 하면서 대안평가제도를 검토하고 있다. 그러나 현실에서 쟁점화는 못 시키고 있다. 공공운수연맹에서 경영평가에 대해 비판적으로 접근하면서도 현실적인 쟁점으로 부각시키지 못하는 이유는 공공기관에 대한 공공적 통제 자체를 부정하기는 어렵기 때문이다.

그러나 공공기관 노조들이 경영평가에 대해 미시적인 대응을 하거나 현실적인 쟁점으로 부각시키지 못하고 있는 것은 문제가 될 수 있다. 공공기관 노조는 공공기관 이해관계자 중 하나이기 때문에 다른 이해관계자와 함께 공공기관 운영과 평가에 대해 적극적인 의견을 개진하고 다양한 참여방안을 검토할 필요가 있다. 즉 경영평가에 대한 소극적인 거부보다는 적극적인 참여를 통한 의견개진으로 방향을 설정하는 것이 공공기관 성격, 공공기관 노조의 역할에 더 부합할 것이다.

다. 임금교섭과 단체교섭[12)]

1) 공공기관 노조의 임단협 요구

(가) 성격과 의미

공공기관 노조의 임단협 요구는 민간부문 기업별 노조 요구와는 성격을 달리한다. 즉 정부가 사실상 사용자이고 임단협 주요 내용이 예산지침에 따라 결정된다는 특징 때문에 기관별 요구가 큰 의미가 없고 상급단체인 산별연맹이 정부를 상대로 내거는 임단협 요구가 상대적으로 큰 의미를 갖는다.

그러나 상급단체인 산별연맹의 임단협 요구도 그 의미가 제한적이다. 첫째, 공공기관 노조 상급단체인 연맹(또는 공공기관 노조 연대기구)과 정부의 임단협 교섭이 없는 상황에서 연맹의 요구안은 선언적인 의미 이상을 갖기 어렵다. 둘째, 연맹에서 제시한 임단협 요구안을 산하단체인 노조에서 받아들이기가 어렵기 때문에 실제로는 서류상 요구에 불과한 경우가 있다. 즉 공공기관 임금과 단체협약 사항이 예산지침에 따라 사실상 상당 부분 결정되는 구조에서 연맹의 임단협 요구안이 실효성을 갖기 어렵다. 따라서 공공기관 노조를 포괄하고 있는 일부 연맹에서는 공공기관 임단협 요구안을 내걸지 않기도 한다.

(나) 요구에 나타난 특징 – 공공운수연맹 사례

이런 제한적인 의미밖에 없지만 사례 고찰로 민주노총 공공운수연맹의 교섭원칙과 임단협 요구안에 나타난 특징을 살펴보면 다음과 같다. 첫째, 주요 내용이 정부의 예산편성지침 또는 공공기관 운영 정책과 관련된 사항들이다. 둘째, 주로 정부의 공공기관 정책에 대한 반대, 저지를 목표로 삼고 있다. 셋째,

---

12) 임금교섭과 단체교섭 현황은 앞에서 살펴본 예산편성지침 관련 사항, 경영평가 관련 사항과 상당 부분 중복된다. 여기에서는 중복되는 내용은 제외하고 나머지 주요 특징과 전망을 중심으로 살펴본다.

실효성이 의문시된다. 구체적인 예를 들면 연맹은 매년 공공기관 임금인상 요구를 내걸고 있지만 예산지침을 거부하고 이와 같은 임금인상을 할 수 있는 공공기관 노조는 사실상 없다. 넷째, 유연한 협상 여지를 남겨 두지 않고 있다. 노사간 관점에 따라 평가 차이가 있을 수는 있으나 임금피크제나 노동시간유연화제도가 노조(노동자)에게 항상 불리한 것이라고 할 수는 없다. 이런 내용은 제도 도입과 운영에 노조가 개입하여 활용이 가능한 부분은 적극적인 요구를 내걸 수도 있는데 공공운수연맹 요구안에서는 협상 여지를 크게 열어 두지 않고 있다.[13] 다섯째, 공공기관 그리고 공공기관 노조의 사회적 책임을 고려한 요구를 포함하고 있다. 이는 공공기관 노조가 공공성에 주목하고 있다는 점에서 의미 있는 요구라고 할 수 있다(공공운수연맹 2010, 2011년도 활동보고서; 공공운수노조·연맹 2012년 임단협 공동요구안).

그러나 앞에서 살펴본 바와 같이 노정교섭이 이루어지지 않고 있고, 기관별 교섭에서는 산별연맹의 지침이 실효성을 갖지 못하기 때문에 이런 요구안은 원칙적인 선언 이상의 의미를 찾기 힘들다.

2) 교섭 현황과 특징

임금교섭과 단체교섭은 노동조건을 결정하므로 노조로서는 가장 중요한 사안이다. 그러나 공공기관 노사관계, 특히 최근 몇 년간 노사관계를 놓고 볼 때는 조금 다른 양상을 보이고 있다. 단순화시켜서 말하자면 과거에 견주어 임금교섭과 단체교섭, 그중에서도 특히 임금교섭의 중요성이 떨어지고 있다(고용부, 노사관계실태보고서, 각 연도; 공공운수연맹 활동보고서, 각 연도).

이처럼 공공기관 노사관계에서 임금교섭과 단체교섭의 중요성이 줄어든 이유는 다음과 같다. 첫째, 공공기관이 정부 예산지침을 사실상 수용하는 것으로 나타나고 있어 임금교섭이 큰 쟁점으로 형성되지 않기 때문이다. 둘째, 감사원감사나 경영평가보고서에서 문제가 된 단체협약 조항은 사측 수정요구안을 노조측이 수용하는 것으로 나타나고 있다. 감사원감사나 경영평가보고서에서 문제가 있다고 지적된 단체협약 사항에 대해 노조에서 현실적인 대응력이

13) 이에 견주어 한국노총 공공연맹은 좀 더 실용적인 접근을 하고 있다. 그러나 동시에 이는 정부지침을 무비판적으로 수용하는 것이라는 비판을 받고 있다.

없기 때문에 결국 수용하는 형태로 나타나는 경우가 많다. 셋째, 정부방침 중 임금협약 또는 단체협약과 관련이 있는 사안에 대해서는 산별연맹 또는 공공기관 노조 연대기구가 정부를 상대로 협의를 통해 기업별 노조들의 임단협 요구 사항을 일정 정도 대신하고 있다. 이는 노동법상 단체교섭은 아니나 현실적으로 단체교섭에 준하는 효과가 있다.

3) 전 망

위에서 살펴본 특징은 당분간 지속될 것으로 보인다. 정부의 예산편성지침, 단체협약 관련 방침은 세부내용은 달라지더라도 지속되고 노조에서는 이에 대해 불만이 있더라도 현실적으로 수용하는 양상은 지속될 것이다. 달리 말하면 개별 공공기관 수준에서 임금교섭은 사실상 실종되고 정부 예산편성지침이 임금을 결정하는 기제가 계속 작동할 것으로 보인다.

그러나 다음과 같은 점은 주목할 필요가 있다. 첫째, 정부방침 중 임금협약 또는 단체협약과 관련이 있는 사안에 대해서는 산별연맹이 기관별노조를 대신해서 정부와 협의를 하는 양상이 더 발전된 형태로 나타날 가능성이 있다. 이는 한편으로는 기관별 노조가 힘이 없기 때문이기도 하지만 다른 한편에서는 해당기관 모두에게 정부방침이 적용되는 공공기관 특성 때문이기도 하다. 예산편성지침, 공공기관 운영에 대한 정부방침에 대해서는 산별연맹이 대응하면서 법률상 형식에 상관없이 사실상 임금교섭과 단체교섭을 대리하는 형태로 발전될 가능성이 있다. 이를 법률상 단체교섭으로 볼 수는 없으나 현실적 필요성 때문에 계속해서 나타날 것으로 보인다.

둘째, 한국노총과 민주노총의 사안별 연대는 지속될 것으로 보인다. 한국노총과 민주노총은 공공기관 문제와 관련해서 정부라는 공동의 상대방이 있기 때문에 두 노총 사이 이념 차이, 과거 경험 차이를 떠나 연대해야 할 필요성이 상대적으로 큰 편이다. 사안별, 시기별로 굴곡은 있을 것이나 이러한 현실적 필요성이 있기 때문에 두 노총 공공기관 노조들 간의 공식적 또는 비공식적 협조와 연대는 지속될 것이다.

라. 성과주의 임금제도 도입

1) 정부방침: 성과주의 임금제도 도입

기획재정부는 공공기관 임직원의 기본급과 성과급의 인상률을 개인 실적에 따라 차등을 두는 실질적인 연봉제 도입을 추진했다. 이는 공공기관에 경쟁원리를 도입하고, 민간부문 경영기법을 적용하고, 성과주의를 확산시키고, 개인에 기반한 인적자원관리제도를 도입하려는 신공공관리정책의 구체화이다. 기획재정부는 2010년 공공기관운영위원회를 통해 '공공기관 성과연봉제 권고안'을 발표하여 연봉제를 간부부터 도입해서 전 직원에게 확대하는 단계적 도입안을 제시하였다. 이 권고는 공공기관에서 이미 시행 중인 형식적 연봉제를 실질적 연봉제로 전환해 공공기관 내부성과관리를 강화하고 경영효율화를 도모하기 위한 것이었다(기획재정부, 2010년 보도자료).

진행경과를 살펴보면 정부가 의도한 성과연봉제가 점차 정착되고 있다. 기획재정부가 2011년에 공공기관 간부직 성과연봉제 도입실태를 조사한 바에 따르면 공기업과 준정부기관 100개 중 98개 기관이 정부 권고안에 따라 제도개선을 한 것으로 나타났는데 특히 15개 기관은 전 직원을 대상으로 성과연봉제를 도입한 것으로 나타났다. 제도개선 내용을 살펴보면 대다수 기관이 권고안대로 호봉·연봉 테이블을 폐지했고, 대부분의 기관이 평가에 따라 고성과자와 저성과자 간 기본연봉을 차등인상하고, 누적식으로 운영하고 있었다(기획재정부, 2011. 6. 14. 보도자료).

그러나 공공기관의 업무는 개인별 표준화·전문화가 부족하고, 공동업무가 많아 개인별 성과를 측정하기가 어렵기 때문에 성과연봉제 모델이 성공적으로 정착하기 위해서는 직무급제의 보완이 필요하다. 이를 고려하여 공공기관에 적절한 성과연봉제 도입이 이루어지지 않는다면 현재까지 이루어진 간부직에 대한 성과연봉제 도입이 전 직원을 대상으로 정착될 것이라고 낙관하기 힘들다.

2) 노조 대응

공공기관 노조들은 성과연봉제에 대해 부정적인 견해를 밝히고 있다. 특히 개인별 성과연봉제에 대해서는 집단적 임금교섭을 무력화시키는 것, 즉 노조를 무력화시키는 것이라고 하여 원칙적인 반대 입장을 제시하고 있다(양대노총 공공부문노동조합공동대책위원회 회의자료, 2011년 4월 7일 기자회견문).

그러나 세부적인 내용으로 들어가면 한국노총과 민주노총 노조들의 대응은 차이를 보이고 있다. 한국노총 공공기관 노조들은 초기 대응에서 정부가 추진하고 있는 개인별 성과급 연봉제는 노조의 임금교섭권을 무력화하려는 의도라며 조직적인 반대 방침을 밝혔다. 그러나 기획재정부가 2010년 공공기관 성과연봉제 권고안을 간부부터 단계적 도입으로 바꾼 이후 성과연봉제 도입을 거부하던 것에서 선회하여 별다른 문제제기를 하지 않는 것으로 내용이 바뀌었다(공공연맹 인터넷 홈페이지 자료). 민주노총 공공운수연맹은 임단협 과정에서 연봉제 대응원칙으로 조합원에 대한 성과연봉제는 도입하지 않으며, 부분적으로 성과연봉제가 도입된 경우에도 이를 확대하지 않는다는 방침을 내세웠다. 공공운수연맹은 성과연봉제 교섭권을 연맹으로 위임하고, 사측이 성과연봉제 도입 혹은 임금체계 변경을 요구안으로 제시할 경우, 해당 사항은 연맹에 교섭권이 있어 사업장에서는 교섭이 불가함을 통보하고 연맹이 대응하였다(고용부, 2010, 2011; 공공운수연맹, 2010, 2011년도 활동보고서).

3) 전망과 시사점

전체적으로 볼 때 정부가 제시한 성과연봉제가 초기에 큰 쟁점이 되었으나 이후 간부부터 단계적 적용으로 축소되면서 큰 쟁점으로 부각되지 않았다. 그러나 성과연봉제가 간부 적용으로 제한적일 경우 노조 반대도 역시 제한적이나 전 직원 성과연봉제 적용을 추진할 경우 노조 반대가 거셀 것으로 보인다. 첫째, 전 직원 성과연봉제가 도입될 경우 공공기관 종사자들의 안정적인 호봉승급제에 변화가 나타나기 때문에 임금 불안정성 증가, 임금 삭감 우려, 중장기적으로는 고용불안으로 이어질 수 있다. 둘째, 성과연봉제가 도입될 경우 집단적 임금결정 기제가 무력화되어 노조의 존재 이유가 줄어들기 때문이다.

그러나 최근 한국 임금체계가 대체로 성과주의 임금제도 도입과 강화로 나타나고 있기 때문에 전면적인 거부는 쉽지 않을 것이다. 따라서 실제 쟁점은 성과연봉제 자체에 대한 거부가 아니라 성과연봉의 차등 폭, 산정기준 설정시 노조참여, 성과연봉과 고용 미연계 등을 둘러싸고 형성될 것이다.

마. 제도 변화

1) 근로시간면제제도 도입

2010년도 근로시간면제제도 시행에 따라 기존 공기업전임자 정부지침을 대신하여 근로시간면제심의위원회(근면위) 확정안이 적용되었다. 바뀐 제도에 따라 산정된 근로시간면제자(과거 전임자)는 다음과 같다. 소규모 사업장 경우 과거보다 숫자가 더 많아졌다.

이에 대해 두 노총 공공부문 노조들은 기획재정부가 근로시간면제제도를 빌미로 공공기관 노조를 말살하겠다는 의도로밖에 볼 수 없다며 제도 반대와 노조법 재개정 투쟁의사를 밝혔다. 그러나 실제 전개과정을 보면 근로시간면제

[표 3-9] 근면위 고시안과 기존 공기업 전임자 정부지침 비교

(단위: 명)

<table>
<tr><th colspan="3">2010년 근면위 확정안</th><th colspan="2">1993년 정부 공기업 지침</th></tr>
<tr><th>조합원 규모</th><th>시간 한도</th><th>인원</th><th>조합원 규모</th><th>인원</th></tr>
<tr><td>50명 미만</td><td>최대 1,000시간 이내</td><td>0.5</td><td>~100</td><td>0.5</td></tr>
<tr><td>50~99명</td><td>최대 2,000시간 이내</td><td>1</td><td rowspan="3">101~300</td><td rowspan="3">1</td></tr>
<tr><td>100~199명</td><td>최대 3,000시간 이내</td><td>1.5</td></tr>
<tr><td>200~299명</td><td>최대 4,000시간 이내</td><td>2</td></tr>
<tr><td>300~499명</td><td>최대 5,000시간 이내</td><td>2.5</td><td rowspan="2">301~1,000</td><td rowspan="2">2</td></tr>
<tr><td>500~999명</td><td>최대 6,000시간 이내</td><td>3</td></tr>
<tr><td>1,000~2,999명</td><td>최대 10,000시간 이내</td><td>5</td><td rowspan="3">1,001~10,000
(2+1,000명당
1명)</td><td>4</td></tr>
<tr><td>3,000~4,999명</td><td>최대 14,000시간 이내</td><td>7</td><td>6</td></tr>
<tr><td>5,000~9,999명</td><td>최대 22,000시간 이내</td><td>11</td><td>11</td></tr>
<tr><td>10,000~14,999명</td><td>최대 28,000시간 이내</td><td>14</td><td rowspan="3">10,001~
(11+1,500명당
1명)</td><td>14</td></tr>
<tr><td rowspan="2">15,000명 이상</td><td colspan="2">2012년 6월 30일까지:
28,000시간 + 매 3,000명마다
2,000시간씩 추가한 시간 이내</td><td rowspan="2">(~17,500) 16
(~0,500) 18
(~23,500) 20
(~26,500) 22
(~29,500) 24
(~32,500) 26</td></tr>
<tr><td colspan="2">2012년 7월 1일 이후: 최대
36,000시간 이내</td></tr>
</table>

제도를 둘러싼 갈등은 크게 나타나지 않았다.

고용노동부가 근로시간면제제도의 공공기관 도입 현황을 분석한 결과에 따르면 2011년 11월 기준 노조가 있는 198개 공공기관 중 172개 기관(86.9%)이 제도를 도입했으며, 도입기관 모두 법정한도를 준수한 것으로 조사되었다. 미도입 기관도 단체협약이 만료되는 시점에서 제도를 도입할 것으로 예상되어 공공기관에서 근로시간면제제도가 정착되고 있다(고용노동부, 2011). 이처럼 노조의 초기 반대의사 표명에도 불구하고 비교적 안정적인 도입 양상을 보이는 이유 중 하나는 근면위 확정안이 공기업전임자지침에 견주어 대부분 공공기관 노조들에게 유리하거나, 적어도 불리하지는 않기 때문이다. 근로시간면제제도 도입 이후 2012년 현재까지를 살펴본다면 도입 초기에 우려했던 만큼의 어려움이나 갈등은 보이지 않는다. 일단 제도가 정착되면 특별한 변수가 없는 이상 혼란이나 갈등은 없을 것이기 때문에 근로시간면제제도 도입은 안정적인 추세로 정착될 것으로 보인다.

2) 복수노조제도 시행

(가) 시행 이전 변화 예상 시나리오

복수노조는 근로시간면제제도 이상으로 많은 변화를 가져올 수 있다는 예측이 가능하기 때문에 노사정 모두에게 큰 관심사였다. 복수노조가 허용되는 데 따른 주요 변화 예상 시나리오는 다음과 같았다(고용부, 2010). ① 한국노총과 민주노총 간 경쟁이 더 치열해질 것이다. ② 사업장 수준에서 복수노조가 허용됨에 따라 과거와 달리 직종별 또는 지역별 노조가 설립될 가능성이 있다. ③ 한국노총과 민주노총 이외 새로운 조직이 나타날 수 있다.

그러나 위와 같은 전망과 달리 변화가 제한적일 것이라는 전망도 가능했다. ① 노조가 없던 사업장은 복수노조가 허용된다고 해도 큰 변화가 나타나지 않을 것이다. ② 한국노총 조직과 민주노총 조직에서 서로 교차하여 조직이 설립되는 사례도 역시 제한적일 것이다. 한국노총과 민주노총 모두 상대방 조직에 대한 적극적인 조직화가 커다란 반발을 불러일으킬 것이 예상되므로 제한적으로 대응할 것이다. ③ 사업장 규모가 작을 경우 복수노조를 만든다고 해도 규모의 경제를 누리지 못해 노조 유지가 어려울 것이기 때문에 복수노조를 안 만들거나 복수노조가 만들어진다고 해도 일시적일 것이다. ④ 기존 두 노총 이외 새로운 노동운동을 표방하는 조직의 설립과 안정적인 유지도 쉽지 않을 것이다. 기존 두 노총에 대한 비판은 쉽지만 그를 대신하는 새로운 이념 정립과 차별성 제시가 쉽지 않을 것이고 또한 총연맹의 분열에 대한 비판적 여론을 극복하기가 쉽지 않을 것이기 때문이다.

(나) 실제 시행경과

복수노조제도 시행 이후 상황을 살펴보면 복수노조 허용에 따른 혼란 또는 갈등은 크게 나타나지 않고 있다. 공공기관 중 2010년 11월 복수노조가 있는 기관은 26개 기관이었는데 2011년 11월에는 37개 기관으로 늘어나서 11개 기관이 증가하는 데 그쳤기 때문에 커다란 변화는 없었다(고용노동부, 2011). 따라서 위 두 가지 예상 시나리오 중 실제로 나타난 것은 후자이다.[14]

대체로 복수노조제도가 큰 혼란과 갈등이 없이 시행되고 있는 것은 다음과 같은 이유 때문이다. 첫째, 복수노조 허용은 노동자의 단결권을 보장하는 것이므로 제도 자체에 대한 반대가 적었다. 둘째, 노사정 모두 오랜 기간 유예를 거치면서 나름대로 준비를 했다. 셋째, 노동자들로서는 노조가 약화되고 노조 조직률이 떨어지고 있는 상황에서 새로운 노조를 설립하는 것이 유리한지에 대한 확신을 하기 어려울 것이다. 넷째, 노조 분열에 대한 비난을 피하려면 그에 합당한 계기가 있어야 할 것이기 때문에 특별한 사정이 없는 이상 복수노조 설립을 꺼릴 수 있다. 다섯째, 공공부문 경우 기존노조가 있는 경우 대체로 조직률이 높고 조직이 안정적인 편이기 때문에 새로운 노조설립을 하려면 뚜렷한 명분과 유리한 계기가 있어야 한다.

(다) 이후 전망

이처럼 복수노조제도 시행과정에서는 큰 변화가 보이지 않고 있다. 그러나 기존 노조 지도부의 중대한 정책 실패나 비리 발생, 양대 세력이 경쟁하고 있는 경우 선거 후유증 등 일정한 계기가 있으면 복수노조가 생길 수 있으므로

---

14) 그러나 복수노조 허용에 따라 큰 변화가 나타난 사례가 있다. 화력발전 5사는 한국발전산업노동조합이라고 하는 소산별 형태의 초기업노조가 설립되어 있었는데 복수노조 허용을 전후하여 5사 모두 기업별 노조가 새롭게 설립되어 과반수노조가 되었다.

중장기에 걸쳐서 살펴보아야 할 것이다. 복수노조 설립은 조합원들이 언제든지 선택할 수 있는 것이기 때문에 일정기간 지켜보아야 안착 여부를 판단할 수 있을 것으로 보인다.

특히 공공기관 경우 노조조직률이 높고, 대규모 사업장 경우 직종 차이가 뚜렷한 경우가 많기 때문에 개별기업 수준에서 복수노조 출현 가능성이 높다. 또한 상급단체 수준에서 정부를 상대로 한 단일한 노조조직 결성이라는 명분과 실리를 앞세워서 한국노총, 민주노총 소속 노조 모두를 포괄하는 공공기관(폭넓게는 공공부문) 노조연맹 결성 움직임도 있을 수 있다.

5. 현황과 전망

이제까지 살펴본 바를 토대로 공공기관 노사관계 특징을 서술한다면 한편으로는 노사관계 안정화와 다른 한편으로는 노사정이 진행하는 새로운 실험을 들 수 있을 것이다. 여기에서는 안정과 실험에 주목하여 공공기관 노사관계 현황과 전망을 살펴본다.

가. 노사관계 안정화

국민의 정부 시기 공공기관 구조조정과 참여정부 시기 법제화를 거친 이후 최근 공공기관 노사관계에서 나타난 주요 특징을 총괄한다면 공공기관 노사관계의 안정화라고 할 수 있다.

1) 정부와 사용자: 공공기관 정책의 안정적 실현

국민의 정부 이후 역대 정부는 한편으로는 경제위기 극복과 다른 한편으로는 공공부문에 대한 여론의 개혁 요구를 토대로 공공기관 임금, 복리후생, 고용조건에 변화를 가져올 구조조정 정책을 실행해 왔다. 그런데 이들 내용은 주로 사유화, 공공부문에 민간경영기법 도입, 시장과 효율성 중심주의 도입과 강화, 개인 수준의 인적자원관리 도입, 성과평가 강조 등 신공공관리 내용과 맥을 같이하는 것이 대부분이다. 국민의 정부가 경제위기 상황에서 영국 공공부문 개혁을 모델로 하는 공공부문 개혁을 천명한 이래 후속 정부도 강조점과 강도의 차이는 있을지라도 큰 흐름에서는 변화가 없었다.

이들 구조조정 내용과 절차를 둘러싸고 노정간에 갈등이 표출되었지만 노사관계 관련 사항은 대체로 정부 정책방향대로 진행되었다. 첫째, 노조가 반대하고는 있지만 이미 오랜 기간 예산편성지침은 공공기관에서 현실적으로 수용되어 왔다. 임금정책 중 하나인 성과연봉제 도입 경우 노조는 비판적이나 정부는 공공기관에 성과주의 정착을 위해 계속 추진 중이다. 둘째, 단체협약도 대체로 정부의 정책방향대로 가고 있다. 단체협약 해지 관련 쟁점은 노조가 현실적으로 대응할 수 있는 법적, 물리적 힘이 부족한 상태에서 사측 요구를 일정 정도 수용하면서 단체협약을 다시 체결하는 형태로 끝났다. 셋째, 공공기관 노조들은 경영평가와 감사에 대해 비판적이지만 현실적으로는 수용하고 있다. 넷째, 근로시간면제제도와 복수노조제도 시행 등 새로운 노사관계제도 도입도 안정적인 정착이 예상되고 있다.

2) 노조: 제한적인 대응과 변화 전망

정부의 공공기관 정책에 대한 공공기관 노조들의 대응은 제한적이고, 대응을 하는 경우에도 실효를 못 거두고 있다. 첫째, 노조는 임금교섭, 단체교섭에서 대체로 양보교섭으로 대응하고 있다. 둘째, 공공기관 경영평가와 감사에 대해서 노조는 원론적인 비판 이상의 대응은 못하고 있고 새로운 제도 도입은 별다른 쟁점 없이 수용하고 있다.[15] 셋째, 한국노총과 민주노총 소속 공공기관 노조들의 공동대응이 나타나고 있으나 성과를 크게 거두지 못했다. 넷째, 한국노총과 민주노총 소속 공공기관 노조들의 대응이 차이를 보이고 있다. 한국노총 소속 공공기관 노조들은 정책 결과 활용에 대해 비판적이고, 기술적인 사항에 대한 수정 보완을 요구하고 있고, 협의에 중심을 두고 있으며, 세부적인 사항에서 일부 성과를 거두고 있다. 이에 견주어 민주노총 소속 공공기관 노조들은 정책 자체에 대한 근본적인 문제제기를 하고, 대안을 검토 또는 제시하고, 다양한 투쟁을 조직하고 있으나 큰 실효를 거두지 못하고 있다.

그러나 공공기관 노조들의 변화가 있거나 있을 것으로 예상되는 부분도 있다. 공공기관 노조 변화로는 노조들의 선택에 따른 변화, 제도와 상황 변화에

---

15) 다만, 복수노조 도입 이후 추이는 조금 더 시간을 두고 살펴볼 필요가 있다.

따른 변화가 있다. 첫째, 한국노총 공공기관 노조들은 조직통합을 했고 민주노총 공공기관 노조들은 조직통합에 이어 공공산별노조를 설립했다. 조직통합과 공공산별노조 설립에 따라 노정교섭에 대한 요구가 거세질 것이라고 예상할 수 있다. 그러나 목표와 달리 산별노조 설립이 늦어졌고 가입규모도 크지 않다는 점에서 큰 힘을 발휘하기 힘들 것이고, 교섭창구단일화로 인해 기업별 교섭 형태로 나타날 가능성이 있기 때문에 변화가 제한적일 수 있다. 두 가능성 중 실제 어느 것으로 나타날지는 좀 더 살펴볼 필요가 있다. 둘째, 복수노조제도 시행에 따른 변화가 있을 수 있다. 먼저, 기관단위에서 기존 노조에 반대하는 새로운 노조가 설립될 수 있다. 다음으로, 두 노총 이외 새로운 상급단체 설립에 따른 변화가 있을 수 있다. 가장 파장이 클 수 있는 변화는 공공기관 또는 공공부문 노조들이 두 노총과 별개로 공공부문 노조를 구성하는 경우이다. 셋째, 오랜 공공기관 구조조정에 따른 공공기관 종사자들의 불만 누적이 영향을 미칠 수 있다. 국민의 정부 이후 지속되어 온 공공기관 구조조정은 공공기관 종사자들의 노동조건에 큰 영향을 미쳐왔지만 노조가 이에 대해 효과적으로 대응을 하지 못했다. 이 과정에서 누적된 공공기관 종사자들의 불만이 가시적으로 표출되어 노조, 사용자, 정부 모두에게 영향을 미칠 수 있다.

3) 발전방향: 노사정 역할 제고 필요

참여정부 이후 공공기관 노사관계 상태는 대체로 안정되었다. 그러나 여기에서 나타나는 안정화는 큰 갈등과 분쟁이 없다는 소극적인 의미이다. 공공기관이 공중으로부터 긍정적인 평가를 받기 위해서는 좀 더 적극적인 역할이 필요하다. 첫째, 공공성 확보이다. 특히 공공기관 서비스와 관련해서는 정부, 사용자, 노조 모두 공공성을 주장하고 있으나 대다수가 공감하는 공공성 개념이 확립되었다고 보기 어렵다.[16] 노사정 모두 공공기관이 확보해야 할 공공성이 무엇인지, 그것을 어떻게 구체화시킬지를 공중에게 제시해야 할 것이다. 둘째,

---

16) "공공성 개념은 주로 시민사회나 언론매체를 통해 신자유주의적인 정부정책의 편파성을 비판적으로 성찰하는 방식으로 사용되고 있다. (그러나-인용자) 신자유주의에 대한 '비판'에 집중하다 보니, 비판의 도구로서 공공성을 개념화하고 이론화하는 데 충분한 노력을 기울이지 못한 것으로 보인다(임의영, 2010)"는 지적은 시민사회(노조)에 대한 것이지만 공공기관과 정부도 이로부터 자유로울 수 없다.

공공기관의 민간부문 선도 역할이다. 정부의 적극적 고용정책이나 노조의 사회적 책임에 대한 관심은 이런 면에서 의미 있는 실험이다. 셋째, 공공기관 운영에 이해관계자의 참여이다. 공공기관은 공공기관 종사자, 서비스 이용자, 납세자 등 많은 이해관계자가 있다. 이들 이해관계자는 운영에 일정한 참여를 요구할 권리가 있고 공공기관은 다양한 방식과 수준으로 이해관계자의 참여를 보장할 필요가 있다.

나. 적극적 고용정책-공공기관의 선도 역할

정부의 공공기관 정책은 공공기관에 대해서는 직접적인 영향, 민간부문에 대해서는 간접적인 영향을 미친다. 이런 간접적인 영향이 있기 때문에 정부는 공공기관의 선도적인 역할을 강조하고 있다. 또한 사회경제적으로 중요한 현안이 있을 때 여론이 정부의 선도적 역할을 주문하는 이유도 이 때문이다. 정부는 공공기관정책을 통해 민간부문에 간접 영향을 미칠 수 있다. 이런 사례 중 하나로 최근 고용위기 극복을 위한 정부의 적극적 고용정책을 살펴본다.

1) 적극적 고용정책

적극적 고용정책은 더 많은 사람이 함께 일하기라는 커다란 목표 아래 근무형태 다양화로 일자리를 나누고 고용에서 불이익을 당하기 십상인 사회적 약자를 공공부문에서 먼저 채용하는 선도적 노력을 할 필요가 있다는 것을 주요 내용으로 하고 있다. 정부는 일자리 창출과 함께 취업에서 나타날 수 있는 차별문제를 해소하기 위해 3대 고용차별로 성차별, 연령차별, 비정규직 차별을 설정하고 구체적으로는 성차별 해소를 위해 적극적 고용개선 조치(AA-affirmative action)의 실효성 제고를 정책목표로 삼았다(고용부, 2011년도 주요업무 추진계획). 이와 관련하여 한편에서는 구체적인 정책방향도 의미가 있지만 다른 한편으로 공공기관의 선도적 역할을 주문하고 있는 점에 주목할 필요가 있다.

2) 공공기관의 적극적 고용정책

고용부의 이러한 적극적 고용정책을 토대로 기획재정부는 이를 구체화하여 공공기관에 다음과 같은 정책을 제시하였다(고용부, 2011년도 주요업무 추진계획; 기획재정부, 2011년 보도자료). 첫째, 청년인턴제 적극 활용이다. 둘째, 국가유공자, 여성, 장애인 등 상대적 취업 취약계층에 대한 적극적 고용정책을 통한 우대이다. 셋째, 공공기관 지역인재 채용확대를 들 수 있다. 넷째, 공공기관 고졸채용 확대이다. 다섯째, 정부가 몇 차에 걸쳐 발표한 공공부문 비정규직 고용개선 대책[17]이 있다.

3) 적극적 고용정책에 대한 잠정 평가 - 공공기관 선도 역할

이와 같은 적극적 고용정책에 대해서는 일단 긍정적 평가를 할 수 있다. 첫째, 고용문제가 심각한 상황에서 정부에서 공공기관의 적극적 고용정책을 통해 고용을 확대하고 고용의 질을 높이려고 하는 것은 긍정적으로 평가할 수 있다. 적극적 고용정책이 정착할 것인가 여부는 정부의 고용정책의 변화를 의미할 수 있다는 점에서 그 추이가 주목된다. 둘째, 정부의 적극적 공공기관 고용정책은 민간부문에 대한 공공기관의 선도 역할을 보여 줄 수 있다는 점에서 의미 있는 실험이다. 셋째, 총체적 평가는 아직 이르지만 중간점검 결과 청년인턴 채용, 상대적 취업 취약계층 채용우대, 지역인재 채용확대는 정책방향성 측면에서 긍정적인 평가가 나타나고 있다(기획재정부, 2011. 8. 26, 2011. 10. 27. 보도자료).

그러나 대체로 긍정적인 평가를 할 수 있다고 해도 다음과 같은 문제점 또는 개선 필요사항이 제기되고 있다. 첫째, 공공기관 중 일부는 적극적 고용정책을 제대로 이행하지 않고 있는 것으로 나타났다. 둘째, 제도의 형식적 운용도 나타나고 있다. 셋째, 제도의 실효성이 의문시되는 경우도 나타나고 있다(고용부, 2011). 공공기관의 이런 시범을 통해 적극적 고용정책의 효과가 확산될지 아니면 위와 같은 문제점으로 인해 실효성이 반감될지는 현재로서는 평가하기 이르다.

여기에서는 정부가 공공기관 선도를 통해 적극적인 고용정책을 펼치고 있다는 점에 주목하고 있다. 그러나 전반적인 긍정성을 전제로 하더라도 초기 시

---

17) 이런 정책의 실효성에 대해서는 많은 비판과 문제제기가 있다. 그러나 이들 정책에 대한 평가는 별도 고찰을 필요로 한다. 여기에서는 적극적 고용정책을 시도하고 있다는 점에 주목하고 있다.

행착오나 미진한 점에 대한 수정 보완을 할 필요가 있기 때문에 정부, 공공기관 사용자, 공공기관 노조들의 공감대 형성과 중장기 계획을 둘러싼 공동논의가 필요하다.

다. 새로운 실험-노정협의

1) 노정교섭 요구와 현실

공공기관은 정부가 예산편성지침 등을 통해 노동조건의 상당 부분을 규정하고 있다. 공공기관 노조들은 이런 현실을 고려하여 정부에 대해 노정교섭을 요구하고 있으나 정부는 법률상 사용자가 아니라는 이유로 교섭에 응하지 않고 있다. 이런 양상은 오랜 기간 지속되어 왔고 이른 시일 안에 변화될 것으로 보기 어렵다. 그러나 최근 공공기관 노조들과 정부는 실무적인 사안에 대해 노정협의를 진행하는 새로운 실험을 하고 있다. 그 한 사례로 공공기관 지방이전을 둘러싼 공공기관 노조와 정부의 협의를 살펴본다.[18)]

2) 새로운 실험-지방이전협의 사례

공공기관 지방이전 정책은 국토의 균형 있는 발전을 위해 수도권에 편중된 공공기관을 지방으로 이전한다는 정책이다. 2004년 4월 국가균형발전특별법에 공공기관 이전의 법적 근거가 마련됐고 2012년까지 공공기관 이전을 완료하고 2020년까지 신도시를 만든다는 구상이다. 국토의 균형 있는 발전이라는 취지로 추진되고 있는 것이기 때문에 노조는 지방이전 자체에 대해서 문제제기를 하기보다는 시행과정에서 나타날 수 있는 문제점에 대한 비판과 불편 해소를 중심과제로 삼고 있다.

사안의 성격이 이와 같기 때문에 노정간에는 문제점 해소를 위한 협의 여지가 있었다. 이런 노정협의 여지가 구체화된 것이 공공기관 지방이전 논의 초기단계인 2005년 당시 건설교통부 장관과 공공연맹(이후 공공운수연맹) 위원장 간에 체결된 "공공기관 지방이전 노정협약"이다. 여기에서 특징적인 것은 정부

---

18) 아래에서 지방이전을 살펴보지만 그 내용 자체는 주요 관심사가 아니다. 여기에서 관심을 갖는 것은 노정협의이다.

와 노조가 정책 사안을 놓고 노정협약을 맺었고 이를 구체화하기 위한 노정협의체를 구성하기로 약속했다는 점이다. 공공운수연맹과 지방이전 대상 공공기관 노조들은 이를 근거로 지방이전과 관련한 노정협의를 계속 요구하고 실무협의를 해 왔다. 그 주요 경과를 살펴보면 다음과 같다.

[표 3-10] 공공기관 지방이전(혁신도시 중심) 추진 주요 경과

시 기	주요 내용
2004. 4. 1.	국토균형발전특별법(균특법) 시행
2005. 5. 25.	지방이전 대상 공공기관 발표(177개)
2005. 6. 23.	지방이전 관련 노정협약(건설교통부 - 공공연맹) 체결
2005. 6. 24.	공공기관 지방이전 종합계획 발표
2005. 7. 23.	지방이전 관련 1차 노정협의회 개최 - 이후 3차례 진행
2007. 1. 11.	공공기관 지방이전에 따른 혁신도시 건설 및 지원에 관한 특별법 제정
2009. 9. 3.	세종시 수정계획 추진 공식화
2011. 3.	10개 혁신도시 이전지원계획(안) 발표
2011. 11.	혁신도시 건설 및 공공기관 지방이전 관련 노정실무협의회

출처: 공공운수연맹 내부회의자료, 2011년 하반기 지방이전대응계획 건.

그런데 노조측에서는 새로운 노정협약 체결과 노정협의 체계 구체화 등 노정협의에 대해 적극적으로 형식을 갖추어서 노정협약으로 가져가려고 하고 있는 데 견주어 정부에서는 일상적인 실무협의로 추진하고 노정협약 체결에 대해서는 소극적이라서 노조와 정부 사이 인식 차이는 작지 않다(양대노총 공공부문노동조합공동대책위원회 2011년 내부회의 자료).

그러니 이런 인식 차이에도 불구하고 노정실무협의를 가질 수 있었던 것은 다음과 같은 이유 때문이다. 첫째, 정부와 노조 모두 공공기관 지방이전 자체에 대해서는 국토의 균형 있는 발전이란 점에서 의미 있다고 해석하고 있기 때문에 근본적인 인식에서는 큰 차이가 없다. 둘째, 노조와 정부 모두 지방이전과정에서 나타날 수 있는 세부적인 사항에 대한 의견 조율 필요성을 느끼고 있었다. 실무적인 문제점은 양 당사자들이 만나서 협의를 통해 일정 정도 의견 교환 또는 조율이 가능하고 필요했다. 셋째, 정부는 이해관계자 의견 수렴이라는 형식과 절차를 소홀히 할 수 없었고 노조는 조합원의 실생활과 관련된 지방이전 사항에 관심을 기울이지 않을 수 없었다.

3) 조건과 전망

공공기관 노조들은 노정교섭을 요구해 왔으나 정부는 법률상 사용자가 아니라 하여 교섭을 거부해 왔다. 이와 같은 교착상태에서 지방이전을 둘러싼 노정협의는 공공기관 노사관계(노정관계)에서 새로운 실험이 될 수 있다. 첫째, 정책 사안을 가지고 노조와 정부가 협의를 한다는 것 자체가 노정협의의 단초를 열었다는 의미가 있다. 둘째, 노조와 정부 모두 형식에 구애받지 않고 실질적인 필요에 따른 협의를 하고 있는 것은 이후 노정협의를 풀어가기 위한 시사점을 제시하고 있다.

그러나 노정간에 진행되고 있는 노정협의가 발전될지 여부는 좀 더 지켜볼 필요가 있다. 지방이전 사안은 정책방향에 대해 노조와 정부 간에 큰 이견이 없고 실무적인 협의에 국한된 사안이었다는 점에서 여건이 좋은 편이었다. 따라서 이를 일반화하기에는 한계가 있다. 또한 참여정부 시절 노정협의는 범정부적 협의체 논의를 통해 지방이전 정책에 대한 구체적인 협의가 가능했지만, 이명박 정부에서는 국토해양부 중심의 실무적 점검 수준에 머무르는 등 정부에 따라 차이가 있다는 점도 안정적인 노정협의를 구축하는 데 한계점으로 작용할 수 있다.

현재 노조와 정부 간에 이루어지고 있는 노정협의는 형식상 미비한 점이 많고, 의제도 제한적이고 일시적이라는 한계가 있지만 새로운 단초를 여는 실험이 될 수 있다. 노조와 정부 모두 유연한 전략을 선택한다면 노정협의는 앞으로도 활용 가능성이 있다. 이런 형식의 노정협의는 노조가 교섭이라는 단어에 지나치게 집착하지 않고 실질적인 성과를 추구한다면, 또한 정부가 공공기관 종사자를 공공기관 운영주체 중 하나로 인정한다면 활용 가능한 형태라고 할 수 있다. 이를 발전시켜 노사정 모두가 궁극적인 공공기관 주인인 납세자와 다수 공중을 고려하여 공공예산의 효율적인 운용과 공공서비스 확충을 포함한 공공기관의 다양한 의제에 대해 여러 형식의 협의 통로를 마련할 필요가 있다.

라. 맺음말 – 안정과 실험

공공기관은 공공서비스를 제공하기 때문에 그 역할이 중요하고 이해관계자가 많다. 공공기관은 과거 정부주도형 경제개발 시기 큰 역할을 해 오다가 문민정부 이후, 특히 경제위기를 거치면서 많은 변화를 겪어 왔다. 한편에서는 하드웨어적인 구조조정을 다른 한편에서는 소프트웨어적인 내부 경영혁신을 거쳐 온 후 공공기관 노사관계는 대체로 안정을 유지하고 있다. 그러나 현재 공공기관 노사관계 안정화는 분규가 없다는 의미에서 소극적인 안정화라고 할 수 있다.

공공기관 노사관계가 이러한 소극적인 안정화에서 벗어나 질 좋은 공공서비스 제공이라는 본연의 임무와 함께 민간부문 선도를 위한 적극적인 실험을 하고 좋은 성과를 내는 것은 이후의 과제이다. 이런 점에서 현재 한국 공공부문 노사관계는 오랜 구조조정 이후 안정과 동시에 새로운 실험을 통한 변화라고 하는 두 측면이 공존하고 있다. 새로운 실험과정에서 공공기관의 사실상 사용자인 정부, 공공기관, 노조의 적극적인 역할이 요구된다. 또한 공공부문 특성상 다양한 이해관계자의 다양한 참여를 보장하기 위한 방안 강구도 역시 필요할 것이다.

참고문헌

강철승(2010), "이명박 정부 2년의 공공기관 선진화 성과와 과제", 2010 한국행정학회 춘계학술대회발표논문, 1-22.

김대식 · 노영기 · 안국신(2004), 현대경제학원론(제4판), 박영사.

김동원(2003), 세계 노사관계의 동향과 전망. 김동원 편(2003), 세계의 노사관계 변화와 전망, 한국국제노동재단 수록, 341-368.

김정한 · 오학수 · 이상민 · 채준호(2007), 신공공관리와 공무원 노동운동, 한국노동연구원.

노광표 · 김현준(2009), 공기업선진화 정책과 공공부문 노사관계, 한국노동연구원.

노광표 · 이정봉(2008), 공공부문 노동조합 조직 현황과 단체교섭 사례연구, 한국노동연구원.

노동부(2007), 2007년도 노사관계실태분석 및 평가.

______(2008), 2008년도 노사관계실태분석 및 평가.

______(2009), 2009년도 노사관계실태 평가 및 시사점.

고용노동부(2010), 2010년도 노사관계실태분석 및 평가.

_________(2011), 2011년도 노사관계실태분석 및 평가.

노중기(2008), 공공부문 노조운동에 대한 평가와 전망. 임영일 · 윤영삼 · 박하순 편저(2008), 공공부문 구조조정 대응과 사회공공성 강화를 위한 연구, 전국공공서비스노동조합 · 사회공공연구소 수록.

박태주 · 김정한(2002), 공공부문 단체교섭구조의 특징과 흐름. 박태주 · 김정한 · 김현준 · 박장현(2002), 공공부문의 단체교섭 구조에 관한 연구, 산업연구원 수록.

박태주(2002), 공공부문의 노사관계 및 단체교섭현황. 박태주 · 김정한 · 김현준 · 박장현(2002), 공공부문의 단체교섭 구조에 관한 연구, 산업연구원 수록.

사회공공연구소(2010), 올바른 공공부문 혁신을 위한 공공기관 대안평가 토론회 자료집.

신수식 · 김동원 · 이규용(2012), 현대고용관계론(제4판), 박영사.

심용보(2007), 공공조직의 혁신과 노사파트너십, 한국노동교육원.

______(2008), 공공부문 지배구조의 변화와 공기업 경영합리화, 한국노총 중앙연구원.

______(2010), "철도산업에서의 신공공경영전략과 노사관계", 「경제와 사회」, 통권 제86호, 266-304.

안병영・정무권・한상일(2007), 한국의 공공부문: 이론, 규모와 성격, 개혁방향, 한림대학교출판부.

유병홍(2009), 공공부문노조 통합과 산별노조 전환 경험. 조성재・은수미・박제성・권현지・이상호・오학수・유병홍(2009), 산별교섭의 이론과 실제-산업별・국가별 비교를 중심으로, 노동연구원 수록.

유 훈・배용수・이원희(2011), 공기업론, 법문사.

임의영(2003), "공공성의 개념, 위기, 활성화 조건", 「정부학연구」 제9권 제1호, 23-50.

_____(2010), 공공성의 유형화, 한국행정학보 제44권 제2호, 1-21.

장영철(2008), "이명박 정부의 공공기관 혁신과제", 2008년 한국행정학회 춘계학술대회발표논문.

전국공공운수사회서비스노동조합연맹(2005), 정부산하기관 경영평가 연구보고서.

정재하(2005), 공공부문의 범위와 고용변화 분석, 한국노동연구원.

홍주환・김현우(2007), 거버넌스 구조변화와 공공부문 노사관계, 한국노동사회연구소/프리드리히 에베르트재단.

Alford, J.(2002), Defining the client in public sector: A social-exchange perspective. *Public Administration Review*, Vol. 62, No. 3, May/June, 2002, 337-346.

Bach, S.(1999), Europe-Changing public service employment relations, in Bach, S. Bordogna, L., Rocca, G. D., and Winchester, D.(1999), *Public service employment relations in Europe-Transformation, modernization or inertia?* Routledge, 1-21.

Bozeman, B. and Bretschneider, S.(1994), The 'publicness puzzle' in organization theory: A test of alternative explanations of differences between public and private organizations. *Journal of Public Administration Research and Theory*, Vol. 4, No. 2, 197-223.

Clark, Paul F., Delaney, John T. and Frost, Ann C.(2002), *Introduction-Private sector collective bargaining: Is this the end or a new beginning?* in Clark, Paul F., Delaney, John T. and Frost, Ann C.(eds.)(2002), Collective bargaining in the private sector, IRRA.

Corby, S., and White, G.(1999), From the New Right to New Labor. in

Corby, S., and White, G., (ed.)(1999), *Employee relations in the public services–Themes and issues*, Routledge, 3–25.

Farnham, D., and Horton, S.(1996a), The political economy of public sector change. in Farnham, D., and Horton, S., (eds)(1996), *Managing the New Public Services*, MacMillan Press Ltd. 3–24.

____________________(1996b), Public service managerialism: a review and evaluation. in Farnham, D., and Horton, S., (eds)(1996), *Managing the New Public Services*, MacMillan Press Ltd. 259–276.

Fottler, M. D.(1981), Is management really generic? *Academy of Management Review*, 6(1), 1–12.

Freeman, Richard B.(1986), Unionism comes to the public sector. *Journal of Economic Literature*, 24, 41–86.

Freeman, R. B. and Medoff, J. L.(1984), *What do unions do?* Basic Books Publishers, New York.

Haque, M. S.(2001), The diminishing publicness of public service under the current mode of governance. *Public Administration Review*, Vol. 61, No. 1, 65–82.

Hirshman, A. O.(1970), *Exit, Voice, and Loyalty: Responses to decline in Firms, Organizations, and States*. Cambridge, Mass: Harvard University Press. 강명구 옮김(2005), 떠날 것인가 남을 것인가: 기업, 조직 및 국가의 퇴보에 대한 반응, 나남출판.

Horton, R. D.(1975), Arbitration, arbitrators, and the public interest. *Industrial and Labor Relations Review*, 28, No. 4, 497–507.

Katz, H. C. and Kochan, T. A.(1992), *An Introduction to collective bargaining and industrial relations*, McGraw–Hill, Inc.

Kerr, C., Dunlop, J. T., Harbison, F. H. and Myers, C. A.(1960), *Industrialism and Industrial man*, Harvard University Press, Massachusetts.

Kochan, Thomas A. and Harry C. Katz(1988), *Collective Bargaining and Industrial Relations: From theory to policy and practice*, Irwin.

Kochan, T. A., Katz, H. C., McKersie, R. B.(1986), *The transformation of American industrial relations*, Basic Books Inc. Publishers, New York.

Lewin, D., Feuille, P., Kochan T. A., and Delaney, T. J.(1988), *Public sector labor relation: Analysis and readings*, Lexington Books.

McGregor, E. B.(1981), Administration's many instruments. Mining, refining, and applying Charles Lindblom's politics and markets, *Administration and Society*, Vol. 13. No. 3, 347–375.

Murray, M. A.(1975), Comparing public and private management: An exploratory essay, *Public Administration Review*, Vol. 34, No. 4, 364–371.

Perry, J. L. and Rainey, H. G.(1988), The public–private distinction in organization theory : A critique and research strategy, *The Academy of Management Review*, Vol. 13, No. 2, 182–201.

Rainey, H. G., Backoff, R. W., and Levine, C. H.(1976), Comparing public and private organizations, *Public Administration Review*, Vol. 36, No. 2, 233–244.

Rawles, J. R. Ullich, R. A. and Nelson, O. T. Jr.(1975), A comparison of managers entering and reentering the profit and nonprofit sectors, *Academy of Management Journal*, Vol. 18, 616–623.

Salamon, M.(2000), (4th ed.), *Industrial relations–Theory and practice*, Pearson Education Limited.

• 고용노동부 인터넷 홈페이지 자료.
• 기획재정부 인터넷 홈페이지 자료.
• 민주노총 인터넷 홈페이지 자료.
• 민주노총 전국공공운수노동조합 · 전국공공운수노동조합연맹 활동보고서 각 연도, 회의자료, 인터넷 홈페이지 자료.
• 한국노총 인터넷 홈페이지 자료.
• 한국노총 전국공공노동조합연맹 인터넷 홈페이지 자료.
• 한국노총 전국공공산업노동조합연맹 인터넷 홈페이지 자료.

4 공무원 노사관계의 동향과 전망

1. 서 론
2. 공무원 노사관계 개관
3. 공무원 노사관계 당사자 현황
4. 공무원 노사관계 형성과 발전
5. 공무원 단체교섭
6. 최근 공무원 노사관계 실태와 쟁점 및 전망

제4장 공무원 노사관계의 동향과 전망

1. 서 론

현업 공무원으로서는 1999년 7월 교원의 노동조합 설립 및 운영 등에 관한 법률(교원노조법) 시행 이후 가장 늦게 공무원의 노동조합 설립 및 운영 등에 관한 법률(공무원노조법)이 2006년 1월부터 시행됨으로써 공무원에 대한 노동기본권이 보장되는 전환점이 되었다. 따라서 국내의 공무원 노사관계는 공무원노조법 시행을 기준으로는 7년이 채 되지 않으며, 공무원직장협의회 설치・시행을 기준으로 할 경우 약 13년을 넘긴 짧은 역사이다. 조성된 제도와 이에 대한 인식의 차이는 이 짧은 기간 동안 역동적이었지만 상당한 사회적 비용을 지출해야만 했던 대립과 갈등의 부침을 이어 오고 있다.

1997년 말 IMF 구제금융은 이 같은 공무원에 대한 노동기본권 문제를 보다 본격적으로 다루게 되는 계기로 작용하였다. ILO나 OECD 등으로부터의 노동기본권 보장에 대한 권고 압력도 논의의 속도에 영향을 미치는 요인이기도 했다.

공무원 노사관계 형성은 1999년 1월부터 6급 이하 공무원들로 하여금 그들의 권익을 대변하도록 하는 '공무원직장협의회' 설치에서부터 시작되었다. 그러나 공무원직장협의회는 조직단위를 '기관'에 한정함으로써 직장협의회들 간의 연합체가 허용되지 않았고, 이에 따라 기관 내부의 고충처리 활동 수준을 벗어나기 힘든 한계를 지니고 있었다. 공무원노조법의 시행으로 공무원 노사관계가 본격적으로 형성되기 전까지도 일부의 경우 실질적으로는 노조에 준하는 활동을 하기도 하였다. 그러나 여전히 노사간 '협의'를 근간으로 하는 직장협의회 활동의 법적 틀을 벗어나지는 못한 상태였다.

2006년 '공무원노조법' 시행 이후 공무원단체의 조직화 단위는 전국단위로까지 확대될 수 있는 틀을 갖게 되었다. 이로써 중앙단위에서 공무원노조와 정부 간 2007년 단체협약이 체결되는 등 본격적인 노사관계가 형성되었다고 할 수 있다. 그러나 공무원노조법 시행 초기에는 노동기본권의 보장 수준에 대한 이견이 커 노조설립신고를 거부하거나 지연되는 사태가 발생되기도 하였다. 이 과정에서 공무원노조는 법내·법외 노조를 놓고 조직 분열과 통합 등이 반복되는 양상을 보이면서 노조조직의 복잡한 진화과정을 경험해 왔다.

공무원 노사관계가 최근 들어 주목받는 이유 중의 하나는 우리나라를 포함하여 전 세계적 추세로 민간조직에 비해 월등히 높은 조직률에 있다. 고용노동부

[표 4-1] 공무원노조와 공무원직장협의회 비교

구 분	공무원노조	공무원직장협의회
법률상 근거	• 공무원노조법, 노동조합 및 노동관계 조정법	• 공무원직장협의회의 설립·운영에 관한 법률
설립	• 국가공무원은 행정부, 국회, 법원, 중앙선거관리위원회, 헌법재판소(헌법기관), 지방공무원은 특별시, 광역시, 도, 시, 군, 구, 시도교육청(자치단체)를 최소 단위로 설립	• 기관장이 4급 이상 상당인 기관 단위로 하나의 협의회만 설립 가능 • 2 이상 기관간 협의회 및 연합협의회 설립 금지 • 해당 기관의 장에게 설립 통보
가입범위	• 6급 이하 일반직 및 이에 상당하는 계약직·별정직공무원, 기능직, 고용직 공무원 가입	• 좌동
교섭·협의 사항	• 단체교섭 및 단체협약체결권 인정 • 보수·복지 기타 근무조건에 관한 사항 • 근무조건과 직접 관련이 없는 정책결정에 관한 사항, 임용권의 행사 등 행정기관의 관리·운영에 관한 사항은 교섭대상에서 제외	• 협의만 가능 • 당해 기관 고유의 근무환경 개선에 관한 사항 • 업무능률 향상에 관한 사항 • 소속 공무원의 공무관련 일반적 고충사항 • 기타 기관의 발전에 관한 사항
전임자	• 전임 인정(무급휴직)	• 전임 금지
사용자의 교섭의무	• 정당한 이유 없이 교섭거부·해태 등은 부당노동행위로 규정 노동위원회에 구제신청 가능	• 기관장에게 매년 2회 협의의무를 부과하고 있으나, 거부·해태시 제재규정 없음
분쟁조정	• 노동위원회에 별도의 공무원노동관계조정위원회 설치	• 별도의 규정이 없으므로 일반적 행정구제 절차에 따름

에 따르면 2010년 말 기준 민간부문의 노조조직률은 8.6%, 교원이 18.9%, 공무원이 58%로 나타났다(고용노동부, 2011). 이 같은 원인에 대해서는 여러 요인이 있을 수 있으나 결과적으로 공무원을 포함한 공공부문이 각국의 노사관계에 있어서 주요한 세력이자 주축으로 부상하고 있다는 점에는 이견이 없다(박태주, 2002; Potter, 2001). 민간부문에서의 노조조직률 쇠퇴 이후 공공부문에서의 노사관계가 핵심지대로 드러나고 있는 현상을 두고 '구노조주의(old unionism)'와 '신노조주의(new unionism)'로 구분하여 부르기도 한다(Troy, 2001).

공무원 노사관계 형성과 그 발전으로부터 노사 당사자와 사회 각 주체들이 기대하는 바는, 공무원 근로조건의 개선뿐만 아니라 공직사회의 투명한 행정과 공무서비스의 질적인 향상이라고 하겠다. 그러나 아직까지 이 같은 기대에 부응하는 수준에는 도달하지 못하고 있는 것이 현실이다. 예컨대 2008년도 공무원노조와 정부 간 중앙단위에서의 단체교섭이 2012년 12월 현재까지도 별다른 진척을 보지 못하고 있으며 공무원노조의 한 축을 형성해 왔던 전국공무원노조(전공노)의 경우 그 합법성을 인정받지 못하고 있다는 점 등은 공무원 노사관계에서 풀어 나가야 할 과제이기도 하다.

(단위: %)

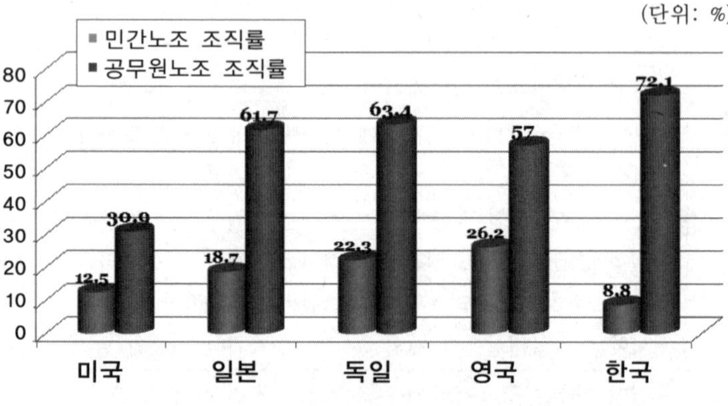

[그림 4-1] 민간노조와 공무원노조의 조직률 비교

주) 1. 한국은 2009년 8월 현재, 나머지 국가는 대략 2003년 기준.
2. 미국은 2003년 연방공무원 기준. 같은 시기 주공무원은 30.3%, 지방공무원은 42.6%.

이 글의 목적은 국내의 공무원 노사관계 형성과정과 최근 실태, 그리고 향후 생산적이고 합리적인 공무원 노사관계 구축을 위한 과제와 시사점을 등을 살펴보는 데 있다. 이를 위해 제2절에서는 공무원 노사관계에 대한 전반적인 사항을 살펴보고, 제3절에서는 노사관계 당사자 현황과 조직적 진화과정을 짚어 본다. 이후 제4절에서는 공무원 노사관계 진화과정을 시기별로 구분하여 살펴본 후 제5절에서는 노사관계 핵심사안으로서 2007년 단체교섭과 2008년 단체교섭을 자세히 들여다본다. 끝으로 제6절에서는 최근의 공무원 노사관계 실태와 쟁점 등을 정리한다.

2. 공무원 노사관계 개관

가. 공무원 노사관계의 의미[1)]

공무원 노사관계는 넓게는 공공부문(public sector) 노사관계의 한 영역을 차지한다. 공공부문에 종사하는 근로자는 국가의 행정사무를 위임받아 수행하는 공무원의 지위에 있는 근로자와 공무원이 아닌 근로자로 구분된다. 따라서 공무원 노사관계의 범위는 사용자로서 정부와 공무원 신분의 근로자 사이에 형성되는 노사관계로 파악할 수 있다.

일반적으로 노사관계란 '근로자와 사용자' 또는 근로자와 사용자의 대표기구인 '노동조합과 사용자(단체)' 사이에서 이루어지는 경제적・사회적・정치적 관계를 말한다. 노사관계는 근로자와 사용자의 관계를 다루지만, 노사관계에 대한 규칙의 제정(노동관계법), 이해관계의 조정(조정 및 중재), 노사관계 행위에 대한 감시(관리 및 감독) 등의 역할을 하는 국가 역시 노사관계의 중요한 주체로 볼 수 있다. 마찬가지로 '공무원 노사관계'는 근로자로서의 공무원 및 그 대표기구인 공무원 노동조합과 사용자인 정부 사이의 관계를 의미한다. 즉, 공무원 노사관계에서는 정부가 공무원 근로자의 근무조건을 결정하는 직접적인 사용자이자 교섭 당사자이다. 행정서비스의 이용자인 국민과 국민의 이해(interests)를 대변하는 국회는 간접적인 이해당사자라 할 수 있다.

---

1) 백종섭・유각근・김성훈・이승협(2008), 「공무원 노사관계」, 한국노동교육원; 한국기술교육대 고용노동연수원, "공무원 노사관계 이해" 강의안 등을 참고함.

공무원 노사관계는 생산하는 재화 또는 서비스가 공공의 목적으로 제공되는 까닭에 시장의 원리가 적용되지 않는다. 민간부문 노사관계와 달리 공무원의 신분적 지위를 규정하고 있는 국가공무원법이나 지방공무원법의 제한을 받으며, 근로조건이나 근로에 대한 보수 결정에서도 정부의 예산상의 제약을 받게 된다. 공무원의 경우 20세기 초까지만 하더라도 일부 선진국에서조차 "국민 전체의 봉사자"로서의 신분적 특수성을 강조하며, 민간부문과 달리 노동기본권의 제약이 심한 편이었다. 하지만 공무원도 민간부문 종사자들처럼 근로자로서의 권익 향상을 위해 노동3권을 요구하게 되었고, 많은 선진 산업국가에서 제2차 세계대전 이후에는 부분적인 제약 속에서도 각국의 특성에 따라 단결권, 단체교섭권, 단체행동권 등 노동기본권을 보장하는 방향으로 나아가게 된다.

공무원 노사관계도 민간부문 노사관계와 마찬가지로 전국 수준이나 지역 수준 또는 개별 사업장 수준에서 이루어진다. 각 나라마다 어느 수준에서 어떤 방식으로 어떤 주제에 대해 협의하고 협상하는가는 해당 국가의 제도나 상황에 등에 따라 매우 상이하게 나타난다. 예컨대 영국이나 미국 등 앵글로색슨 국가의 경우에는 주로 개별 사업장 수준에서 이루어지는 반면, 유럽대륙 국가들의 경우에는 주로 전국 및 지역 수준에서 이루어지는 공무원 노사관계가 중요한 위치를 차지한다. 이는 국가마다 '공무서비스(civil service)' 체계의 발전과정이 정치·사회·문화 등에 따라 그 나름의 독특한 방식으로 구조화되어 왔음을 보여 주는 것이기도 하다[2).

개별 사업장 단위에서의 노사관계 당사자는 노측의 경우 개별 공무원이나 공무원 직장협의회, 공무원노동조합 또는 그 지부·지회와 사측의 해당 기관장이 된다. 지역 수준에서는 노측의 경우 공무원노동조합 지역지부나 지역공무원노동조합, 지역공무원노동조합 연합단체 등과 사측의 경우 지방자치단체장이나 지방자치단체장 연합 등이 해당될 수 있다. 전국단위에서는 전국단위의 공무원노동조합과 전국단위 공무원노동조합연맹 등이 노측이 되며, 행정안전부장관, 지방자치단체장, 기초자치단체장 연합, 광역자치단체장 연합 등이

2) Bekke, Perry & Toonen(1996)은 공무서비스체계를 '국가와 행정조직을 연결하는 규칙과 권의 관계의 결합구조'로 설명하고 있으며, 정부의 정책 수행을 맡는 공무원(civil servant)에 의해 제공되는 제반 서비스(civil service)를 의미하는 것으로 보고 있다. 이 같은 공무서비스체계의 발전과정은 각 국가마다 독특한 방식의 공무원 노사관계를 형성하게 된 배경으로 볼 수 있다.

사측에 해당된다. 현재 공무원 노사관계는 공무원의 노동기본권과 근로조건 개선 및 사회적 공공성에 대한 논의 또는 갈등을 다루기 위한 통로로서 단체교섭과 직장협의회, 기타 비공식적인 의견교환이나 정보교류 등의 협의 채널이 존재한다.

나. 공무원 노사관계의 특징

서구에서 공무원과 공공부문 노사관계의 중요성이 부각된 것은 2차 대전 이후 사회적 시민권(social citizenship)에 기초한 복지국가의 출현과 밀접한 관련이 있다. 서구 선진국들은 자본주의의 발전에 수반하여 발생하는 다양한 사회문제에 대응하기 위해 사회보장제도를 확충하는 한편, 시장경제에 대한 국가의 개입을 강화하였다. 이 과정에서 교육, 보건의료, 사회서비스사업에 종사하는 공무원수가 대폭 증가하였으며, 국가는 이제 가장 거대한 사용자가 되었다.

공무원이라는 직업은 사회체계 내의 기능적 지위역할체계에서 민간부문과는 다른 특수한 신분적 지위를 가지고 있어 민간부문의 노사관계와는 상이한 성격과 특성을 가지게 된다. 공무원 노사관계가 가지는 민간부문의 노사관계와는 다른 성격과 특성들이 바로 공무원 노사관계를 특징짓는 요소가 되고 있다. 공무원 노사관계에서 나타나는 특성을 정리해 보면 다음과 같다.[3)]

첫째, 공무원 노사관계는 그 자체로서도 사회적 영향력이 크다. 민간기업의 사용자는 기본적으로 이익 향상의 목표를 지니고 있는 반면, 공무원의 사용자는 공익을 추구하는 정부조직(국가 또는 지방자치단체)이라는 측면에서 정부활동의 연속성의 보장 여부는 국민생활에 지대한 영향을 미치게 된다는 점에서 그 파급력이 크다. 따라서 공무원 노사관계는 사용자로서의 정부와 근로자로서의 공무원이라는 양자관계에 머물지 않고 이용자로서 국민에 대한 관계가 전제되어 있어 사회적 공익성이 노사관계의 기능과 구조를 설정하고 제약할 가능성이 크다고 볼 수 있다.

둘째, 공무원 노사관계는 강한 정치성을 띤다. 공무원이 수행하는 업무와 처우의 적정성에 대해 양 당사자만의 교섭 또는 협상으로 종결되는 구조가 아니라 여기에는 국민 일반의 관심이 수반된다. 공무원 노사관계의 주요 쟁점이

---

3) 행정자치부(2004), 「효율적인 공무원 노사관계 운영방안 연구」 참조.

나 현안들은 국민적인 관심사가 되고 사회적인 의제로 급부상하는 강한 사회성을 띤다. 이는 공무원 노사관계의 발전에 있어서 일반의 여론이 매우 중요하게 작용할 가능성을 보여 주는 것으로 국민적인 여론을 획득하고 형성해 나가는 과정이 공무원 노사관계에 영향을 미치게 된다. 따라서 공무원 노사관계에 있어 국민 여론을 반영하는 동시에 법률 제정권을 갖는 국회의원 및 의회 내 정당의 역할이 중요하다.

셋째, 근로조건에 대한 입법적·정치적 통제가 존재한다. 공무원의 임금과 근로조건 등은 주요 사용자인 행정안전부와 공무원노조 간의 단체협약에 의해 결정되지 않는다. 국회를 비롯해 예산부처가 예산의 편성·심의 및 배분에 책임이 있기 때문에 단체교섭의 사용자 교섭대표가 임금결정에 대한 재량권을 갖지 못하는 구조를 지닌다. 이에 공무원노조는 국회 등의 다른 정치적 힘을 가진 주체와 교섭을 요구하거나 정치활동을 지향하는 경향성을 지니게 된다.

넷째, 노사간의 약한 대립성을 들 수 있다. 공무원 노사관계의 사용자는 이익을 목표로 하는 기업이 아닌 공익을 추구하는 정부조직이다. 따라서 공무원 노사관계는 일반적으로 민간의 노사관계에 비해 사용자와 피고용인이라는 노사 대항적 요소가 약한 편이다. 노사관계 측면에서는 사실상 모든 공무원은 '피용자(被傭者)'라고 할 수 있다. 민간부문에 비해 공무원 노사는 사회의 다양한 이해관계자들로부터 더 많은 감시와 압력을 받기 때문에 근무조건을 자율적으로 결정할 수 있는 권한이 약한 편이다. 이런 측면에서 공무원의 핵심적인 근로조건의 결정에 관한 전국단위에서의 교섭상황 이외 하위단위의 경우 공무원 노사관계는 낮은 책임성 경향을 보이게 되며 오히려 노사간 담합으로 발전할 소지도 있다.

한편, 공무원 노사관계의 특징을 민간부문 노사관계와의 비교를 통해 살펴보면 다음과 같이 정리할 수 있다.

먼저, 민간부문의 근로조건은 기본적으로 당사자의 자주적이고 자율적인 계약에 의해 이루어지지만, 공무원의 근로조건의 성립이나 변경은 계약이 아니라 법령에 의해 결정된다는 점에서 차이가 있다. 즉, 공무원 노사관계는 노동시장에서 수요와 공급의 메커니즘이 작동되지 않는다는 점에서 근로조건의 규율이 특수하다. 일반적으로 민간부문의 노사관계는 '계약주의'에 기반하고 있으며, 공무원 노사관계는 '법률주의'에 기초를 두고 있다.

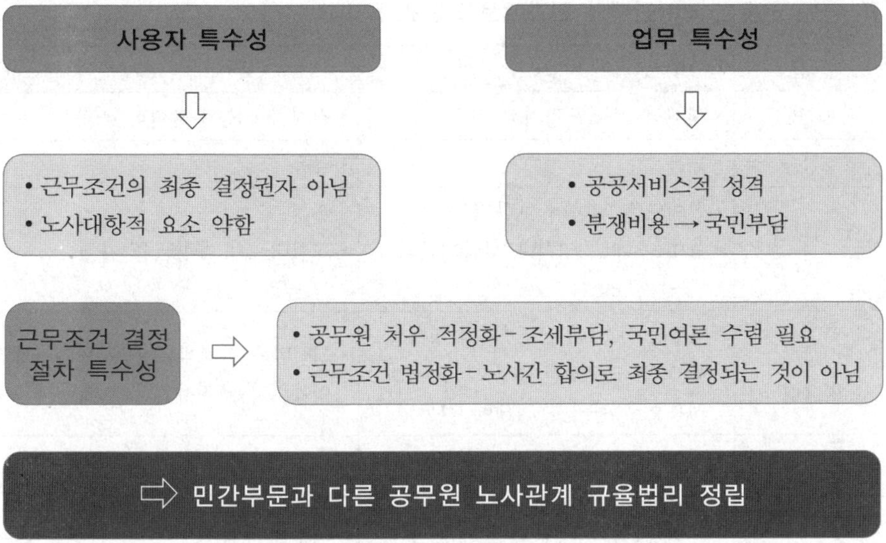

[그림 4-2] 공무원 노사관계의 특수성

둘째는, 공무원 노사관계에 있어서 사용자의 다차원성은 또 다른 특징 가운데 하나이다. 민간부문의 경우 근로제공의 사용자는 사용자인 동시에 이용자로 볼 수 있다. 그러나 공무원이 제공하는 공무의 사용자는 국가이지만 그 이용자는 국민으로 이원화된다. 따라서 공익 보호와 국민의 기본권 보장이 동시에 고려될 수밖에 없는 구조를 지닌다. 이런 점에서 공무의 계속성 보장과 관련하여 국가에 의한 공무의 정지는 허용이 불가하여 그에 따라 공무원 노사관계에서 단체행동권이 제약되는 속성을 내포하고 있다.

셋째, 노동조합의 운영은 기본적으로는 민간 노동조합과 마찬가지로 공무원의 근로조건의 유지 및 향상을 위해 기능하지만, 공무의 특수성과 사회적 역할의 기대, 권력구조적 위상 등 실제 운영면에서는 민간 노동조합과 구분되는 측면이 있다. 공무원 노동조합은 본질적으로 근무조건이 동일한 단일업종으로 구성되기 때문에 사실상 산별노조로서의 성격이 강하다. 더욱이 민간의 경우 현재 보건의료노조, 금속노조, 금융노조 등 산별교섭 구조의 시도가 계속되어 왔다는 점에서 공무원 노동조합의 단체교섭은 이 같은 민간부문에 영향을 미칠 가능성도 높다.

[표 4-2] 공무원 노사관계와 민간부문 노사관계 비교

구 분	공무원 노사관계	민간부문 노사관계
목 표	• 경제적 기능 + 정치적 기능	• 경제적 기능 + 사회적 역할
조직률	• 높음	• 낮음
단체교섭 권한	• 합의도출 권한이 제한적 • 합의 후에도 의회나 상급기관의 승인 필요	• 교섭대표가 재량권을 가짐
단체교섭 영향력	• 공무원 사회 내 근로조건의 형평성 문제 및 근로조건 법률주의(legalism) 적용으로 종사자 전체에 적용	• 기업별 교섭체계로 인해 단체교섭의 영향력이 조직사업장에 제한적
제3자(국민)의 관심	• 시민대중에게 미치는 영향과 공무의 대체 불가능성으로 시민이나 언론의 관심이 매우 높음 • 교섭대표는 다양한 외부 압력에 노출됨	• 대체상품이나 서비스가 존재하기 때문에 상대적으로 큰 관심을 갖지 않음

출처: 행정자치부(2004).

3. 공무원 노사관계 당사자 현황

가. 사용자

공무원 노사관계에서 사용자라 함은 공무원노조의 단체교섭 요구에 응해야 할 의무를 지닌 자로 볼 수 있다. 이에 대해 공무원노조법 제8조 제1항에서는 사용자에 대해 자세히 규정해 놓고 있다. 이에 따르면, 공무원노조의 단체교섭 상대방은 정부교섭대표이며, 정부교섭대표에는 행정부의 경우에는 행정안전부장관, 법원의 경우에는 법원행정처장, 국회의 경우에는 국회사무총장, 헌법재판소의 경우에는 헌법재판소 사무처장, 중앙선거관리위원회는 중앙선거관리위원회 사무총장, 광역자치단체의 경우에는 특별시장・광역시장・도지사, 기초자치단체의 경우에는 시장・군수・구청장, 16개 시・도교육청의 경우에는 각 교육감으로 기술하고 있다. 이같이 사용자를 법률상 명문으로 구체화하고 있다는 점은 민간부문과 달리 사용자로서 행정기관의 책임주체를 명확히 하고

자 하는 취지로 볼 수 있다.

그러나 이 같은 사용자의 규정에도 불구하고 공무원 노사관계의 특성에서 살펴 본 바처럼, 공무원의 근로조건에 대해 노사 당자사 간의 교섭에서 사용자의 재량권은 제한되고 있다. 이는 공무원 노사관계가 실질적으로는 다사용자적 속성을 지니고 있기 때문이다. 이런 까닭에 교섭의 상대방으로서 공무원 노사는 상호 대항적인 요소가 다른 부문에 비해 약하다고 할 수 있다.

나. 공무원 노동조합

1) 노조가입 대상과 규모

공무원노조법상 노조가입 대상은 6급 이하의 일반직과 이에 상당하는 연구 또는 특수기술직렬의 일반직 공무원이다(공무원노조법 제6조 제1항). 그러나 6급 이하 공무원이라 하더라도 지휘감독・업무총괄자, 인사・보수 등 노조와의 관계에 있어서 사용자의 입장에 있는 자, 교정이나 수사 등 유사업무 종사자, 노동관계 조정・감독 등의 업무에 종사하는 자는 제외된다. 그 밖에 경찰, 소방, 외교관 등 특정직과 정무직 등도 해당되지 않는다.

2010년 12월 말 현재 공무원노조의 조합원수는 약 16만 4,000여 명으로 54.9%의 노조조직률을 보이고 있다. 여기에는 합법노조로서 지위를 인정받지 못하고 있는 (구)전공노 조합원 약 4만 9,000여 명을 포함한 (통합)전공노의 약 10만 2,000여 명이 제외된 수치이다. 2010년 12월 말 현재 우리나라 전체

[표 4-3] 공무원노조 조직 규모(2010년 12월 말 현재)

(단위: 개, 명)

<table>
<tr><th>구 분</th><th>조합수</th><th>조합원수</th><th colspan="2">구 분</th><th>조합수</th><th>조합원수</th></tr>
<tr><td>연합</td><td>9</td><td></td><td rowspan="3">지방자치단체</td><td>시・도</td><td>19</td><td>24,500</td></tr>
<tr><td>전국</td><td>2</td><td>61,430</td><td>시・군・구</td><td>43</td><td>22,544</td></tr>
<tr><td>법원</td><td>1</td><td>7,500</td><td>소계</td><td>62</td><td>47,044</td></tr>
<tr><td>행정부</td><td>2</td><td>22,944</td><td colspan="2">교육청</td><td>20</td><td>25,229</td></tr>
<tr><td colspan="5">합계</td><td>96</td><td>164,147</td></tr>
</table>

출처: 행정안전부.

주) (통합)전공노는 102,184명(2010. 2. 25. 설립신고 기준), 위 현황에는 미포함.

노조조직률이 9.8%임을 감안할 때 공무원 노조조직률은 상당히 높은 수준이다(고용노동부, 2011). 민간부문에서의 노조조직률 하락과 공무원 및 공공부문의 높은 노조조직률은 비단 우리나라뿐만 아니라 전 세계적인 추세로서(김동원 외, 2010) 공무원 노사관계가 주목받는 이유 중의 하나이기도 하다.

2) 공무원노조 조직 현황

현재 공무원노조는 조직형태별로 크게 연합단체와 전국단위 조직형태로 구분할 수 있다. 연합단체로는 가장 규모가 큰 공무원노동조합총연맹(공노총)을 비롯하여 전국시・도교육청공무원노조(교육청노조), 전라북도공무원노동조합연맹(전북연맹), 대전공무원노동조합연맹(대전연맹), 서울특별시공무원노동조합연맹(서공련), 한국공무원노동조합연맹(한공연) 등이 있다. 그 밖의 연합노조들은 공노총 산하 조직으로 있으며, 한공연은 상급단체를 한국노총으로 하고 있다.

연합단체 형태를 취하고 있는 노조조직 중 공노총과 교육청노조, 광역연맹의 3개 조직은 2012년 6월 '대한민국공무원노동조합총연맹(공무원노총)'을 출범시켰다. 2007년 8월부터 '통합추진협의회'를 결성하여 공무원노조 통합을 위한 논의가 진행되어 왔으며, 2011년 7월에는 '통합노조설립준비위원회'를 구성하여 2단계에 걸친 조직통합 로드맵에 합의한 바에 따른 것이다. 이에 광역연맹과 교육청노조 2개 조직이 1단계로 먼저 통합을 완료하였고, 2012년 6월 공노총과의 2차 통합으로 대통합노조를 출범시켰다. 이로써 약 11만여 명 규모의 공무원 통합노조가 탄생하여 (통합)전공노(14만 명)와 함께 양대 공무원노조 시대가 본격적으로 개막되었다.

한편, 전국단위로 조직된 공무원노조에는 (통합)전공노와 한국공무원노조(구 기공노)가 있다. (통합)전공노는 2009년 9월에 (구)전공노와 민공노, 법원노조의 조직통합으로 출범한 조직이다. 그러나 조직통합 이후 고용노동부로부터 노조설립신고증을 교부받지 못하여 현재까지 합법적인 지위를 인정받지 못한 상태이다. 또한 (구)전공노의 경우에도 행정안전부가 2009년 10월 '공무원노조법상의 노조가 아님'을 통보함으로서 정부의 공식적인 공무원노조 관련 통계 등에 포함되지 못하고 있으며 노조법상의 노조로 인정되지 않고 있다. 한편, 민공노와 법원노조 또한 그 법적 지위에 대한 쟁점이 남아 있는 상태이다.

전국단위 노조로서 한국공무원노조는, 2009년 9월에 (구) '한국공무원노동조합'(한공노)과 조직통합을 이룬 후 그 명칭을 '통합기능직공무원노조'(통합 기공노)로 변경하였다. 이후 2012년 10월에는 다시 '한국공무원노동조합'(한공노)으로 명칭을 변경하였는데, 일반직으로 전환된 기능직공무원들이 계속적으로 노동조합의 지원과 보호를 받을 수 있도록 하기 위해 조합명칭을 공모하고, 이를 바탕으로 상임집행위원회, 중앙운영위원회, 중앙대의원대회를 통해 노조 명칭을 변경하였다.[4)]

현재 정부가 추진하고 있는 공무원 직종통합은 기능직 폐지를 골간으로 일반직으로의 수평전환 로드맵이 진행 중이라는 환경변화를 반영한 것이다. 2012년 10월에는 공무원 직종통합에 관한 국가공무원법 및 지방공무원법 개정안이 국무회의 의결로 통과된 바 있다.

[표 4-4] 공무원노조 조직형태별 현황(2010년 12월 말 현재)

(단위: 명)

구분	명 칭	설립일	조합원수	소속노조(지부)
연합단체	공무원노동조합총연맹	2006. 9. 4.	47,187	41개(연합단체 • 단위노조): 행공노, 전북연맹(9개), 전남연맹(7개), 서울연맹(4개), 대전연맹(4개), 서울 • 대구 • 충남교육청, 대구시, 인천시, 대전시, 광주시, 인천남동구, 광주남구, 보은군, 아산시, 충남선진
	전국시 • 도교육청공무원노동조합	2006. 5. 16.	16,097	12개: 부산, 인천, 광주, 대전, 울산, 경기, 충북, 전북, 전남, 경북, 경남, 제주교육청
	전라북도공무원노동조합연맹	2006. 9. 1.	6,285	9개: 전북도청, 군산, 정읍, 김제, 익산, 완주, 고창, 진안, 임실
	서울특별시공무원노동조합연맹	2006. 11. 21.	852	
	공무원노동조합전남연맹	2007. 8. 6.	3,287	7개: 전남도청, 보성, 함평, 담양, 완도, 영광, 화순
	한국공무원노동조합연맹	2007. 11. 16.	3,898	3개: 충남교육기관, 부산교육청민주, 인천교육청기능직
	대전공무원노동조합연맹	2008. 1. 14.	1,950	4개: 대전 동구 • 대덕구 • 중구 • 유성구

4) 한국공무원노동조합 소식지 제8호(2012. 11. 6).

(계속)

	서울지역공무원 노동조합연맹	2009. 8. 5.	1,761	4개: 서울시청, 동대문구, 강서구, 송파구
	전국광역자치단체공무원 노동조합연맹	2009. 11. 20.	10,550	7개: 서울, 울산, 경기, 충남, 충북, 강원, 제주
전국 단위	한국공무원노동조합 (구 통합기공노)	2006. 2. 2.	7,036	14개: 서울, 인천, 대구, 광주, 경기, 전북, 전남, 강원, 경남, 충북, 동작, 서대문, 부경대, 방송대, 기타
	전국민주공무원노동조합	2007. 7. 10.	54,394	
법원	법원공무원노동조합	2007. 7. 3.	7,500	
행정부	행정부공무원 노동조합	2006. 9. 6.	20,198	17개: 통일부, 외통부, 문체부, 지경부, 국해부, 복지부, 농식품부, 보훈처, 통계청, 경찰청, 소방청, 특허청, 중기청, 문화재청, 산림청, 방통위, 국립대
	중앙행정기관공무원 노동조합	2010. 6. 14.	2,746	3개: 환경부, 통계청, 농림수산식품부(국립종자원, 식물검역원)

출처: 고용노동부.

주) '법상 노조'로 인정받지 못하고 있는 '전공노' 미포함. 연합단체 중 공노총, 광역연맹, 교육청노조는 2012년 6월 통합하여 공무원노총으로 출범하였음.

한편, 공무원노조 조직의 운동노선 또는 성향을 살펴보면, 일반적으로 진보・개혁을 표방하는 '(통합)전공노'계와 온건・합리를 주창하는 '공노총'을 비롯한 '교육청노조'와 '광역연맹'으로 구분할 수 있다. 앞서 살펴본 바처럼, 조직형태에 있어서는 (통합)전공노의 경우 단일 산별노조를 지향하고 있다. 노동운동적 측면에서는 공무원의 경제적 지위 향상 외에 사회적・정치적 지위 향상을 꾀함으로써 정부와의 갈등 국면이 수시로 형성되어 오기도 하였다. 2009년 7월 발생한 노조의 '시국선언'과 '민주회복민생살리기 2차 범국민대회' 참여행위가 공무원노조법상 '정치활동의 금지'에 해당하는지 여부를 놓고 노사간 쟁점이 형성되었던 바는 그 사례 중의 하나이다. 이와 관련해서는 후술할 공무원 노사관계 쟁점에서 자세히 살펴보기로 한다.

반면, 2012년 12월 현재 조직통합을 완료한 공무원노총은 (통합)전공노와는 달리, 지역・직종별 연합체를 통해 총연맹을 구축하는 것을 지지해 왔다. 조합원의 경제적 지위 향상에 초점을 두고 정치적 중립 또는 탈정치적 입장을 견지하고 있다는 점도 (통합)전공노와의 차이점라고 볼 수 있다. 이런 맥락에서 정부와의 노사관계는 상대적으로 긴밀한 협조관계를 유지하고 있다.

3) 공무원 노조운동의 전략

일반적으로 공무원 노조운동의 전략은 사용자인 정부와 대등한 교섭력을 갖추기 위해 조직자원을 극대화하고자 하며 이에 노조통합과 산업별 노조를 추구하는 경향을 띤다. 이 같은 노조의 특성은 민간부문에서의 산별노조 건설 지향 노조운동에도 적용된다.

공무원들의 노동기본권 보장의 선행 입법으로서 1998년 2월 '공무원직장협의회법' 제정과 2005년 1월 공무원노조법이 제정된 이래로 공무원노조는 노동권 보장에 관한 대정부와의 긴장관계 속에서 노조조직의 법내 전환 여부 등을 둘러싸고 조직갈등과 분열이 진행되기도 하였다. 그러나 2009년 9월 (구)전공노와 민공노, 법원노조가 통합하여 (통합)전공노를 출범시키면서 조직자원의 집중화를 재시도하게 된다. 이른바 진보진영의 공무원노조 통합작업으로 볼 수 있다. 온건·합리주의적 노선으로 대표되는 공노총의 경우에도 교육청노조와 광역연맹 등과 단계별 통합을 추진하여 2012년 6월 거대 통합노조를 출범시켰다. 그 밖에도 2009년 9월 기능직공무원노조와 한국공무원노조가 통합하여 '기공노'를 출범시킨 이후 2012년 12월 한국공무원노조로 개칭하여 지금에 이르고 있다. 이처럼 공무원노조의 거대 조직화 경향은 공무원이 수행하는 직무와 조직체계의 유사성이 다른 민간부문에 비해 매우 크다는 점에서 자원의 중앙화가 상대적으로 용이하다는 점도 작용하고 있다.

한편, 외국의 경우에도 영국의 UNISON(공공서비스노조, 1993년 결성, 120만 명)이나 독일의 ver.di(통합서비스노조, 2001년 결성, 220만 명) 등은 통합을 통해 만들어진 대표적인 공무원노조에 속한다. 공무원노조가 자원을 중앙으로 집중하는 경향은, 정부 가운데서도 중앙정부가 핵심적인 교섭의 당사자이기 때문에 노조로서도 내부의 자원을 중앙으로 모을 필요가 있기 때문이다.

공무원노조는 노조가 갖는 기본적 성질로 '경제적 지위의 향상'이라는 실용·실리적 노선 외에도, 투입된 노동의 산출물이 공공적 특성을 지니고 있다는 점에서 '양질의 공공서비스' 지향이라는 특성을 동시에 갖게 된다. 이른바 공공서비스노조주의(public service unionism) 지향적 경향이 강하다고 볼 수 있다. 이런 측면에서 공무원 노사관계의 핵심은, 국가의 행정사무를 위임받은 공무원의 신분상 특징으로서 공공서비스의 수행이라는 '신분관계', 즉 '공공성'과 공무를 수행하는 근로자로서의 계약관계, 즉 '노동기본권'을 어떻게 조화시킬 것인가 하는 점이 과제가 된다. 공공서비스노조주의는 노동권의 실현을 통해 조합원들의 참여와 제반 근로조건의 향상이라는 실리적 노조운동과 함께 고용이나 복지, 건강, 환경 등의 영역에서 공공서비스의 질을 높이기 위한 활동이 결합되는 양상으로 나타난다.

4. 공무원 노사관계 형성과 발전

공무원의 노동권에 대한 제도화 논의의 출발은 1998년 말 IMF 외환위기 이후 국가적 위기극복을 사회적 협약 방식으로 돌파하기 위한 대안으로 노사정위원회가 출범하면서 비롯되었다. 그간 1995년 경제협력개발기구(OECD)의 회원국가로 등재한 이후 이른바 글로벌 스탠더드(global standard)에 대한 인식이 높아짐과 동시에 국제노동기구(ILO) 등으로부터 국제사회의 노동정책이나 법・제도에 대한 개선 압력과 국내에서의 공무원 노동기본권에 대한 보장 요구가 지속적으로 제기되어 왔던 것이 사실이다. 이에 1998년 2월 공무원의 직장협의회 설치에 관한 관련 법안이 임시국회에 제출・통과되어 「공무원의 직장협의회 설립・운영 등에 관한 법률」이 제정되었고, 이듬해인 1999년 1월 시행됨으로써 본격적으로 공직사회 내에서 노사관계가 형성되는 계기를 맞게 된다.

따라서 국내 공무원 노사관계의 역사를 법・제도적 측면에서 본다면 1999년 제정된 '공무원직장협의회법'을 기준으로 12년 남짓이며, 2005년 제정되어 2006년 1월부터 발효된 '공무원노조법'을 기준으로 볼 경우 겨우 7년에 불과하다. 짧은 노사관계 역사에 비추어 공무원 노사관계도 유연하고 성숙한 단계로 이행하지 못하고 노정간 또는 노노간 지난한 대립과 갈등을 겪어 왔다. 이 글에서는 법・제도와 조직변동을 중심으로 공무원 노사관계를 4단계로 구분하여 살펴본다.[5)]

---

5) 박준식・박주영(2005)의 「공무원 노동조합의 형성과정과 의식조사를 통해 본 공무원 노사관계의 특성과 정책과제」, 노광표・홍주완(2007)의 「수도권 광역자치단체 공무원 노사관계 사례연구」를 참고하여 공무원 노사관계 발전과정을 시기별로 재편하여 정리하였다.

[표 4-5] 공무원노조 관련 입법 연혁

연월일	주요 내용
• 1999. 3.	공무원노동기본권 보장을 위한 노동법 개정안이 임시국회에서 의결되었으나 대통령 거부권 행사
• 1998. 2. 6.	노사정 사회협약(경제위기 극복을 위한 사회협약)에서 노동기본권 보장키로 합의: 1단계로 공무원직장협의회, 2단계로 노동조합 허용
• 1998. 2. 24.	공무원직장협의회의 설립·운영 등에 관한 법률 제정
• 1999. 1. 1.	공무원직장협의회법 시행
• 2000. 6. 9.	노사정위원회 노사관계소위원회에서 한국노총의 요구에 따라 공무원 노동기본권 보장을 의제로 채택, 논의 시작
• 2001. 7. 5.	노사정위 산하에 「공무원노동기본권분과위원회」 구성
• 2002. 3. 16.	전공련이 대한민국공무원노동조합총연맹(대공련) 노조결성
• 2002. 3. 23.	전공련은 전국공무원노동조합(전공노)으로 노조결성
• 2002. 7. 22.	노사정위원회 본회의에서 그동안 논의결과를 입법에 반영토록 정부 이송 결정
• 2002. 8.	행정자치부 입법안(공무원노조법) 독자 마련
• 2002. 10. 8.	행정자치부 입법예고(안)에 노동계 및 사회단체가 반발한 가운데 이부영, 신계륜 의원 "공무원의 노동조합 설립 및 운영 등에 관한 법률안" 국회 공동발의
• 2003. 6. 23.	노동부 "공무원의 노동조합 설립 및 운영 등에 관한 법률안" 입법예고
• 2004. 4. 20.	전국목민노동조합총연맹(전목련) 결성
• 2004. 7. 23.	대공련과 전목련의 통합의 공무원노동조합총연맹 결성
• 2004. 8. 25.	노동부 "공무원의 노동조합 설립 및 운영 등에 관한 법률안" 입법예고
• 2004. 10. 19.	노동부 "공무원의 노동조합 설립 및 운영 등에 관한 법률안" 국무회의 통과
• 2004. 10. 28.	정부 "공무원의 노동조합 설립 및 운영 등에 관한 법률안" 국회 제출
• 2004. 12. 31.	국회 본회의에서 "공무원의 노동조합 설립 및 운영 등에 관한 법률안" 통과
• 2005. 1. 27.	법률 공포(공포 1년 후 시행)
• 2006. 1. 28.	법률 시행

가. 공무원 노동기본권 법제 변동기(1948~1997년): 정부 통제와 주도의 법제 형성 부침

공무원 노사관계의 형성기 이전 노동기본권에 대한 법제의 부침이 1948년 제헌헌법에서부터 1997년 IMF 구제금융 시기까지 진행되어 왔다. 이 기간 동안 법제 변동은 크게 3단계로 나누어 살펴볼 수 있다(조용만·문무기, 2003).

[표 4-6] 공무원 노동기본권에 관한 법제 변동 내역

시 기	주요 내용
노동기본권의 원칙적 허용 (1948~1962)	• 1948년 제헌헌법 - 근로자의 단결・단체교섭과 단체행동의 자유는 법률의 범위 내에서 인정(제18조 제1항) • 1949년 '국가공무원법' 제정 - 공무원은 정치운동에 참여하지 못하며 공무 이외의 집단적 행동 금지(제37조) • 1953년 '노동조합법', '노동쟁의조정법' 제정 - 공무원 중 현역군인, 군속, 경찰관리, 형무관리, 소방관리의 노조결성 금지(노동조합법 제6조) - 단순 노무에 종사하는 자 이외의 공무원의 단체행동권 금지 • 1961년 '국가공무원법' 개정 - 공무원은 정치운동에 참여하지 못하며 노동운동 기타 공무 이외의 일을 위한 집단적 행동 금지(제37조)
노동기본권의 원칙적 금지 (1962~1987)	• 1962년 헌법 개정 - 공무원인 근로자는 법률로 인정된 경우를 제외하고는 단결권・단체교섭권・단체행동권 가질 수 없음(제29조 제2항) • 1962년 '국가공무원법' 개정 - 사실상 노무에 종사하는 공무원 이외의 모든 공무원의 노동운동 금지(제37조 단서조항 신설) • 1963년 '국가공무원법', '노동조합법', '노동쟁의조정법' 개정 - 공무원 노동기본권의 일률적 규율 • 1980년 '헌법' 개정 - 단체행동권의 행사는 법률이 정하는 바에 의함(제31조 제1항 단서) - 국가・지방자치단체・국공영기업체・방위산업체・공익사업장 또는 국민경제에 중대한 영향을 미치는 사업체에 종사하는 근로자의 단체행동권은 법률이 정하는 바에 의하여 이를 제한하거나 인정하지 않을 수 있음(제3항)
노동기본권의 회복 지향[주] (1987~1997)	• 1987년 '헌법' 개정: 1987년 민주화 운동 영향 - 단체행동권 행사에 관한 개별적 유보조항 삭제(제33조 제1항) 및 공무원에 대해서도 일부 긍정 형태도 변경(제2항) - 단체행동권 제한・금지 대상자 대폭 축소: 국가・지방자치단체에 종사하는 근로자 제외 등(제3항) • 기타 입법으로 이어지지 않았으나 1989년 노동법 개정안, 1992년 노동관계법 연구위원회 소위원회의 법률개정(안), 1997년 노사관계개혁위원의 '공무원 단결권 보장 방안' 등 공무원 노동기본권에 대한 논의 지속

출처: 조용만・문무기(2003) 「공무원 노동기본권 입법방향」, 한국노동연구원 참조하여 정리함.
주) 조용만・문무기(2003)의 논문에서는 법제의 변화를 기준으로 1987년 이후부터 현재까지를 공무원의 노동기본권 회복 지향 시기로 파악하고 있으나, 이 글에서는 1997년까지를 본격적 노사관계가 형성되기 이전의 법제 변화 시기로 파악하여 정리하였음.

먼저 제헌헌법에서부터 1962년 헌법 개정 때까지는 공무원의 노동기본권이 원칙적으로 허용되면서 예외적으로 노조결성을 금지하는 방식이 적용되었던 시기로 볼 수 있다. 이 기간에는 철도노조(1947년), 전매청 청주·전주 등 연초공장 노조(1954년), 체신노조(1958년) 등 현업 공무원을 중심으로 노조가 결성되기도 하였다(조성일, 2010). 두 번째 시기는 1962년 헌법 개정부터 1987년 민주화 운동이 시작되었던 때까지로, 공무원의 노동기본권이 원칙적으로 금지되는 가운데 예외적으로 인정되는 방식이 적용되었던 시기이다. 1980년 헌법 개정의 내용에서는 단체행동권의 제약이나 불인정이 광범위하게 적용되기도 하였다. 이후 1987년부터 1997년 IMF 구제금융 시기까지는 민주화 운동의 영향하에서 공무원의 노동기본권에 대한 법률적 검토와 논의가 개방적 방향으로 이루어졌던 때로 볼 수 있다. 대통령의 거부권 행사로 입법에 이르지 못하였으나 여소야대 정국에서 발의되었던 1989년 노동법 개정안이나 1997년 노사관계개혁위원회의 논의는 과거에 비해 공무원 노동권 보장에 대해 진일보한 측면이 있었다.

1998년부터는 IMF 구제금융을 기회로 사회적 합의기구로 조성된 노사정위원회에서의 논의로부터 본격적인 공무원 노동기본권에 대한 조치가 이루어지는 한편, 이를 위해 단계별 입법 등을 구상함으로써 공직사회에서의 노사관계가 점차 그 상을 잡아 나가기 시작하게 된다. 따라서 국내의 공무원 노사관계의 본격적 개시는 1998년부터라고 보아도 과언이 아니다. 이하에서는 직장협의회에서부터 공무원노조 조직화와 활동 등을 준거로 시기별 특징을 살펴본다.

나. 공무원 노사관계의 법·제도 형성기(1998~2005년): 공무원직장협의회법 제정과 활동

1998년 '공무원직장협의회법' 제정과 1999년 시행은 공무원 노사관계의 시작을 알리는 출발점이었다. 법 시행 직후 산업자원부와 농림부 등 중앙부처를 중심으로 직장협의회 결성이 빠르게 진행되었다. 지자체와 달리 중앙부처의 경우 별도의 조례 없이 법 적용이 가능했기 때문에 직장협의회 결성이 중앙부처에서보다 빠른 진척을 보였다. 이후 각 지자체별로 직장협의회가 속속 설립되었다.

'공무원직장협의회의 설립·운영에 관한 법률'(이하 '직협법') 제2조 제2항에서는 '하나의 기관에는 하나의 직장협의회만을 설립'토록 규정하고 있으며, 시행

[표 4-7] 공무원직장협의회의 사안별 주요 활동

구 분	주요 내용
인사 관련 사항	• 승진임용기준 조정, 다면평가제 확대, 승진예정자 사전공개 • 광역기초단체간 인사교류, 인사기준 예고제 실시 • 별정직·기능직 공무원 일반직으로 특채
근무환경개선 사항	• O/A사무실 확보, 1인 1PC 설치, 청사 내 우체국 설치 • 직장 내 고운말 쓰기 운동 전개 • 여직원 전용휴게실 설치 및 구내식당 환경 개선 • 청사 내 주차관리제도 개선, 직원체력단련실 확충 등
업무능률 향상	• 전결권의 대폭 하향 및 실질적 전결권 부여 • 서류 없는 간부회의, 구두·메모·전화 등 보고문화 개선 • 각종 불필요한 보고회, 자료작성 및 요구 지양 • 당직근무자 사무실 보안점검과 야간순찰제도 실시 • 구내 방송통신망을 통한 간부회의 내용 생방송 실시
고충처리 등	• 토요전일근무제 시험실시 추진 • 통근버스 운행 및 출퇴근버스 운행시간 조정 • 주1회 가정의 날 실시, 하계 휴양소 운영 • 민원부서 CCTV 설치 • 교육 및 해외연수 확대 • 시간외 근무수당의 현실화

출처: 노광표·홍주환(2002), 「공무원노동조합 조직연구」, 한국노동연구원; 중앙인사위원회(2002).

령 제2조 제2항에서는 '2 이상의 기관단위에 걸쳐 하나의 협의회를 설립하거나 협의회 간 연합협의회를 설립할 수 없도록' 하고 있다. 그러나 직협법 시행 이후 개별기관에서의 직장협의회 설치가 급속히 진행됨과 동시에 2000년 들어 개별기관의 직장협의회가 전국적인 연합체 조직으로 진화되기 시작하였다.

1999년 6월, 대구광역시청 직장협의회의 제안으로 시작된 '전국공무원직장협의회 대표자 간담회'는 2000년 2월 '전국공무원직장협의회발전연구회'(전공연)의 결성으로 이어졌다. 전공연은 총회, 이사회, 운영위원회, 감사, 사무처 등의 기구와 내부 규정을 정비한 조직으로서의 실체를 갖추고 있었다. 또한 회비를 납부하는 회원제를 채택하고 있기도 하였다. 직협법상 전국조직을 결성할 수 없으므로 '발전연구회'라는 명칭을 사용하기는 했지만 사실상 전국 차원의 준(準)노조라는 성격을 견지하고 있었다(권순미, 2011). 이듬해인 2001년 2월에는 전국단위의 '전국

공무원직장협의회총연합'(전공련)이 출범하였고 이후에는 지역별로 지역단위의 연합체 결성이 활발하게 추진되기 시작하였다. 직협법상 전국단위 연합체 결성이 금지되어 있었다는 점에서 노정간 갈등도 점차 본격화되기 시작하였다.

공무원 노사관계가 제도화되었던 이 시기는 직장협의회가 공식적 전국단위 연합체인 '전공련'으로 출범하면서 노노간 갈등으로 조직분열이 가속화된 시기이기도 하다. 전공연은 출범 이후 총선을 앞두고 공무원노조 허용을 공식적으로 요구하면서 두 개의 법외노조로 분화가 이루어졌다. 노조운동의 방향과 대정부와의 관계 설정, 지도부 구성 등을 둘러싼 갈등으로, '전공련'으로의 조직변경에 반대하면서 '전공연'에 잔류키로 했던 직장협의회들이 2002년 3월 '대한민국공무원노동조합총연맹'(대공련)을 결성함으로써 조직분열이 가시화되었다.

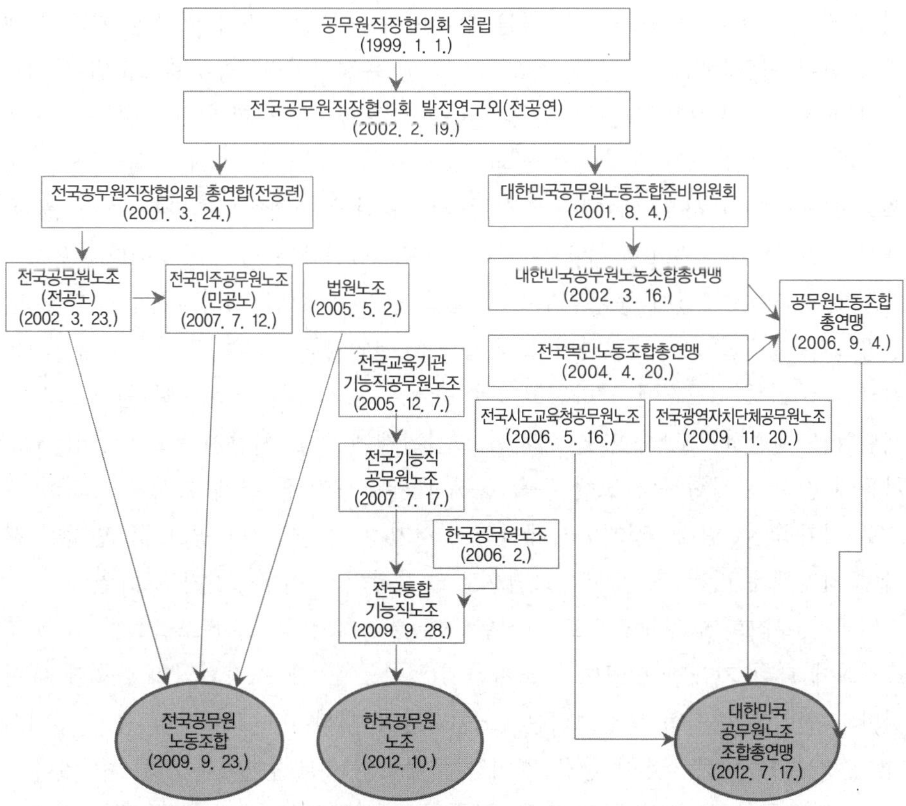

[그림 4-3] 공무원노조 조직발전 경로

전공련에 합류한 직장협의회들은 당시 행자부의 전공련 소속 간부들에 대한 파면해임 결정 등 강경조치에도 불구하고 '공무원노조전환준비기획단'을 발족하였고, 이후 2002년 3월 '전공노'를 결성하였다. 반면, '대공련'은 '전목련'과 조직통합 후 2004년 7월 '공노총'을 결성하였다. 이로써 공무원노조의 진로는 크게 두 방향으로 분기되어 나가면서 조직적 틀을 형성하게 된다. 당시까지는 공무원노조법이 시행되기 전이었으므로 전공노와 공노총은 모두 법외노조로 존재하였다.

공무원 노사관계 발전의 제1단계에서 나타난 특징을 정리해 보면, 첫째, 직협법이 시행된 이후 속속 출현한 지자체 또는 기관별 직장협의회들이 전국 또는 지역단위의 연합체로 확장되는 경향을 들 수 있다. 직협법상 금지된 연합체 형식의 조직이 짧은 기간 출현하였다는 점은 공무원들의 노동기본권과 조직화에 대한 희구를 반영한 것으로 파악해 볼 수 있다. 둘째, 직장협의회의 전국단위 조직이 곧이어 '노동조합'의 틀을 갖추면서 공무원노조의 역할과 기대에 대한 노선이 이원화되는 경향을 보였다는 점도 특징적이다. 공무원노조법이 제정되기 이전인 2002년에 전공노와 공노총이라는 노조조직화와 노조활동 노선의 분기가 드러났다. 셋째는, 이후 법외노조로서 전국단위로 양대 축을 형성한 노조조직화에 이어 하부단위에서의 활동들은 외견상 직장협의회라는 조직 틀 속에서 실질적으로는 노조에 준하는 활동을 하고 있었다는 점도 특징이다(손동희 · 권순미, 2008). 예컨대 공무원노조법 제정 전인 2004년 행정자치부에 따르면, 전공노와 단체협약을 체결하거나 유급노조 전임자를 인정하고 있는 지자체는 전국 250개 중 102개에 달하였고, 이 중에서 35개 지자체는 공무원노조와 단체협약을 체결하기도 하였다. 이처럼 노사관계에 있어 사용자측도 내용상 노조활동에 준하는 직협과의 교섭 등을 통해 대체로 원만한 관계 형성을 시도한 것으로 평가할 수 있다. 정기인사에서의 인사기준 사전예고나 공표 등 민감한 사안이 지자체에 따라 직협과의 교섭으로 노사합의가 이루어지기도 하였다.

나아가 조직화에 주도적으로 나섰던 집행부와 현장의 일반 조합원들 간 노조조직화에 대한 기대가 미묘한 온도차가 있었다. 예컨대 직장협의회 출범에 대한 일반의 인식은 변화와 혁신보다는, 노동조건의 개선이나 고충처리 등에 있어서 '없는 것보다는 있는 것'이 좋을 것이라는 정도의 기대감이었다고 볼 수 있다.

2005년 공무원노조법의 제정은 공무원 노사관계의 새로운 국면을 알리는 신호탄이었다. 비록 공무원노조법의 제정과정과 노동기본권의 제약 등과 관련하여 여러 주체들간의 논란이 있었지만, 공무원 노사관계가 그 제도적 틀을 형성하고 본격화되는 계기가 되었다.

다. 본격적 공무원노조활동과 노사관계 형성기(2006 ~ 2008년): 공무원 노조법 시행과 대정부 단체협약 체결

2005년 제정된 공무원노조법이 2006년 1월부로 시행되면서 공무원노조들간 경쟁이 발생되기 시작하였다. 공무원노조법의 한계를 지적하며 노조설립신고를 거부하거나 유예했던 공무원노조들이 2006년 공무원노조법 시행과 동시에 이에 대한 입장차를 드러내면서 갈등 양상을 빚게 된다.

전공노는 일반노조법의 특별법 지위로 탄생한 공무원노조법의 재개정을 요구하면서 법외노조를 고수하였다. 반면, 설립신고를 유보해 오던 공노총은 2006년 9월경 설립신고를 통해 법내노조로 전환하였다. 이후 법외노조를 고수하던 전공노 내부에서는 조직진로에 대한 이견으로 '법내파'와 '법외파'로 분열하기 시작하였고, 2007년 7월 법내파가 민공노를 설립하면서 떨어져 나와 법내노조로 전환하였다.

법외노조의 전공노 또한 내부의 논란과 외부 조건의 압력 등으로 2007년 10월에 법내노조로 전환하게 된다. 이로써 모든 공무원노조가 합법노조로 전환 완료하면서 공무원노조는 공노총과 전공노, 민공노의 삼자구도를 갖추게 된다.

이 기간 동안 가장 주목해 볼 사건은 2006년 9월부터 진행된 공무원노조의 대정부 단체교섭 개시와 2007년 12월 체결된 단체협약에 관한 사안이다. 정부수립 이후 공무원 노사의 최초 단체협약 체결이라는 측면과 교섭과정을 통해 살펴볼 시사점은 향후 공무원 노사관계에 대한 가늠자를 제시해 주고 있다. 또한 2008년부터 개시된 새로운 단체교섭의 개시는 2012년 5월 현재까지 답보상태에 놓여 있기도 하다. 중앙단위의 교섭에 관해서는 다른 장에서 자세히 살펴보기로 한다.

라. 공무원노조 통합과 노사관계의 양극화(2009년 ~ 현재): 공무원노조 통합 및 노정간 갈등과 법적 쟁점의 형성

2009년 들어 공무원노조의 2008년도 대정부 단체교섭은 (통합)전공노의 출범 이래로 그 진척이 이루어지지 못하였다. 이 시기의 공무원 노사관계 특징

[표 4-8] 공무원노총의 조직통합 추진 경과

시 기	주요 내용
• 2009. 5.	공노총, '대통합 선언' 제의 공문 발송(교육청노조, 광역연맹)
• 2010. 2.	공노총, 광역연맹, 교육청노조 통합추진 원칙적 합의
• 2010. 11. 4.	5차 대통합회의 개최 및 주요 합의내용 - 합리적 노사관계를 지향하는 창조적 노동운동 전개, 각 직능별 연맹체를 기본으로 하는 총연합단체 건설, 11월 중 통합위원회 구성(부위원장급) 및 세부절차 마련 등 - 3개 단체, 대통합 합의서 서명
• 2011. 4. 26.	주요 쟁점사항 합의 - 통합실무위원회를 대통합노조설립준비위원회로 전환 및 구성 ◦ 본위원회(3명 - 3개 조직위원장)와 실무위원회(8명[공노총 4명, 교육청 노조 2명, 광역연맹 2명])로 구성 ◦ 실무위원회는 규약제정위원회(4명), 사무관리위원회(4명)로 구성 - 통합규약(안) 마련: 7월 말 - 조합비(1인당 1,000원) 합의 - 조합원 200명당 대의원 1명 배정 - 지도부 구성 및 임원선거 ◦ 공동위원장 등 임원 구성, 통합 6개월 이내 임원선거 실시
• 2011. 7. 5.	제1차 대통합노조설립준비위원회 개최
• 2011. 7. 20.	실무위원회 개최 및 주요 내용 합의 - 대통합노조설립준비위 운영규정 제정 - 본위원회 총괄간사 선출방법(호선) 및 본위원회 활동기간(창립대대) - 실무위원회 간사 선임(사무관리위원회 간사: 공노총 사무총장, 규약제정위원회 간사: 교육청노조에서 추천한 자)
• 2011. 11. 19.	교육청노조 임시대대에서 광역연맹과 총연맹 설립 및 통합 규약안 의결
• 2011. 12. 5.	광역연맹 임시대대에서 교육청노조와 총연맹 설립 및 통합 규약안 의결
• 2011. 12. 20.	공노총 임시대대에서 대통합노조 추진 방안 및 규약제정(안) 의결
• 2011. 12. 27.	대한민국공무원노동조합총연맹 창립총회(교육청노조 + 광역연맹) - 강령 및 규약제정, 임원 선출 등
• 2012. 4. 4.	제7차 대통합노조설립준비위원회 개최 및 주요 합의내용 - 공노총과 대한민국공무원노동조합총연맹의 대통합노조 창립총회 개최 일정 결정(2012. 6. 20.) - 대통합노조 명칭 및 로고 복수안 확정(창립총회에서 결정), 설립추진단, 구성, 통합 로드맵 확정, 대통합노조 재정확보 방안 등 논의
• 2012. 6. 20.	'대한민국공무원노동조합총연맹' 출범 - 기존 노조의 대표자로 구성된 3인 공동위원장의 과도체제
• 2012. 7. 19.	노조설립신고필증 수령
• 2012. 9. 5.	제1대 공무원노총 출범식
• 2012. 10. 31.	제2대 공무원노총 임원선거 및 단일지도체제 구축

출처: 공노총 홈페이지 및 주요 보도자료 참고하여 정리.

은 공무원노조의 통합이 다각도로 모색되거나 이루어졌다는 점과 이후 노정간 갈등이 보다 첨예하게 진행되면서 정부의 공무원노조에 대한 정책도 이원화되는 경과를 보이게 되었다는 점이다.

먼저, 2007년에 법내·법외 노조활동에 대한 내부 이견으로 (구)전공노와 민공노로 분열되었던 공무원노조가 법원노조를 포함하여 2009년 9월 다시 통합하는 조직화가 진행되었다. 당시 조합원 투표를 통해 조직통합과 함께 상급단체로써 민주노총 가입을 결정하였다. 당시 (통합)전공노의 규모는 조직된 공무원 약 23만 명의 절반 수준인 약 11만 5,000여 명을 포괄하는 수준이었다.

공무원노조의 조직 대형화 작업은 공노총을 중심으로도 진행되었다. 2010년 2월경 공노총은 광역연맹과 교육청노조 등 '민간노동단체에 가입하지 않고 공무원 중심의 자주적인 노동조합 건설에 동참하고자 하는 조직을 대상으로' '최대한 빠른 시일 내에' 조직통합에 나서기로 의견을 모은 바 있다. 이에 조직체계는 중앙, 광역, 기초, 교육 등의 연맹으로 구성되는 총연맹을 꾸리기로 합의하였다. 전술한 3개 조직은 2010년 11월경 통합합의서에 서명하였고 각 조직의 부위원장으로 구성되는 '통합위원회'를 조직하였다.

3개 노조의 통합에 대한 원칙적 입장과 공무원노조로서의 운동 지향성이 합의사항에 포함되어 있었다. 예컨대 '합리적 노사관계를 지향하는 창조적 노동운동'과 '직능별 연맹체를 기본으로 하는 총연합단체 건설'이라는 내용이 그것이다. '합리적 노사관계 지향' 노선의 설정은 진보적 성향의 (통합)전공노와는 다른 방향성과 노선을 사전에 명확히 하고자 한 것으로 보인다. 또한 전국단위의 단일노조 형태보다는 연합체 조직형태를 지향하고 있다는 점도 (통합)전공노와 차별화되는 요소라고 볼 수 있다.

이 기간 동안의 가장 큰 특징은, 직협법과 공무원노조법 시행 이후 공무원노조들이 이합집산하는 과정을 거치면서 큰 틀에서는 공노총을 중심으로 하는 온건·보수성향 노선과 (통합)전공노를 중심으로 하는 진보·개혁성향 노선이라는 양대 축이 조성되었다는 점이다.

한편, 이 기간의 또 다른 특징으로는 2009년 (통합)전공노 출범과 함께 노정간 관계가 양극화 양상으로 전개되었다는 점을 들 수 있다. 공노총을 중심으로 협력관계가 조성된 반면, (통합)전공노를 중심으로 하는 갈등 양상의 심화가 그것이다. 이에 대해서는 후술한다.

마. 소 결

공무원 노사관계 발전과정은 짧은 역사에 비해 매우 역동적이었다. [표 4-9]에서는 공무원 노사관계 진화과정을 1998년 직장협의회 출범을 기점으로 시기별 특징을 정리한 것이다. 해당 시기의 노사관계 성격을 단선적으로 규정하기 어려운 측면이 상당하지만 대체적인 양상은 살펴볼 수 있다.

1998년부터 2005년까지는 공무원의 노동권 보장에 대한 논의에서부터 직장협의회법의 제정이 공직사회의 환경적 특징으로 볼 수 있다. 여기에는 ILO와 OECD 등 국제사회의 공무원 노동권에 대한 권고와 민간부문 노동운동의 활성화, 공직사회 내부의 인식변화 등이 요인이 되어 공무원노조법 제정에 대한 요구로 나타나기도 하였다. 노사간 교섭구조는 형식상 직협을 중심으로 단위조직 내에서 협의하는 방식이 유력하였으나 지자체를 비롯한 기관단위에서 실질적으로 노조에 준하는 교섭활동이 진행되기도 하였다. 노조의 공세적이고 타협적인 입장에 비해 사용자는 수용 또는 타협적인 교섭 양상을 보임으로써, 공무원노조법 제정 이전부터 단체협약이 체결되는 흐름을 보여 주었다. 이 기간 동안 공무원단체는 직협법에도 불구하고 전국단위의 직협 연합체를 조직하였으며(전공연, 전공련), 전국단위 노조 또는 연합체가 조직되는 한편(전공노, 대한공노련, 전목련) 이들 간 조직통합 등도 이루어졌다(공노총).

2006년부터 2008년까지의 기간 중에는 공무원노조와 정부 간 중앙단위 단체교섭과 최초의 단체협약 체결이 이루어졌던 상징적인 기간이었다. 또한 공무원노조법 시행 이후 노동권 보장 수준에 대해 '법내파'와 '법외파' 간 노조 내부의 이견으로 전공노와 민공노가 조직분열을 경험하기도 하였다. 2006년 들어 전공노의 경우 행정안전부의 전공노에 대한 불법노조 간주 및 행정대집행 등으로 인해, 법내노조로 전환하기 이전까지 곳곳에서 마찰과 갈등이 빈번하게 발생하기도 하였다.

이 기간 동안 공무원의 근로조건에 실질적인 영향을 미칠 수 있는 중앙단위 노사간 단체교섭이 이루어짐으로써 교섭구조가 다층화되는 계기를 맞았다. 노조 입장에서 공직사회 내 누적된 불만과 근로조건의 개선에 대한 요구가 강했다는 점과 처음 시도되는 중앙단위 단체교섭이라는 상징성으로 인해 조직 내부로부터의 동력은 상당하였다고 평가해 볼 수 있다. 비록 노조 내부의 교섭창구단일화 문제와 노사간 교섭의제 선정 과정 등에서 진통이 있었으나 상호 타협적인 교섭 양상을 보임으로써 단체협약 체결의 성과를 이루어 낼 수 있었던 것으로 평가된다.

[표 4-9] 공무원 노사관계 시기별 특징

구 분		1998~2005년	2006~2008년	2009~현재
산업환경 (특징)		• 직장협의회법 제정 • 공무원 노동권 보장	• 공무원노조법 시행 • 중앙단위 단체협약	• 공무원노조 이원화 • 노조조직 통합
노사관계 영향요인		• 공무원 노동권에 대한 국제기구 등의 권고 • 공무원노조법 제정 - 노동3권 보장 요구	• 법 · 제도 - 공무원노조법 시행 • 복수노조 창구단일화와 정부 노사관계 대응 - 2007년 단협 체결	• 정부 노동정책 - 법 · 원칙 기조 - 전공노와 공노총 대응 격차 - 노조조직통합화 및 공무원노조 양대 구조화
단체 교섭	교섭 구조	• 직장협의회: 지자체 등 기관 내 협의 • 노조: 지자체 등 기관 단위 노사간 단협	• 중앙교섭 및 지자체 등 기관단위 교섭	• 중앙교섭 및 지자체 등 기관단위 교섭
	노조 교섭 력	• 대체로 높은 수준 - 직협 한계에도 불구하고 다수가 실질적 노조 수준의 교섭활동	• 대체로 중간 수준 - 중앙단위 단협 체결 - 최초 교섭이라는 측면에서 내부동력과 관심 높은 편	• 대체로 낮은 수준 - 2008년 중앙단위 교섭 진척 지연 - 노조활동 전반의 협의적 방식과 전공노의 한계
	교섭 양상	• 사용자: 수용 · 타협적 • 노조: 공세 · 타협적	• 사용자: 공세 · 타협적 - 전공노 행정대집행 등 • 노조: 타협적 - 전공노 법내노조 전환	• 사용자: 회피 · 공세적 - 전공노와 단체교섭 대응 • 노조: 수용 · 타협적
	주요 쟁점	• 공무원 노동기본권 보장 • 공무원노조법 제정	• 공무원노조법 개정 • 중앙단위 단체교섭	• (통합)전공노 출범 • 공무원노조 활동 범위 • 2008년 중앙단위 단체교섭 지연
노조 조직화		• 직협 연합체 • 전국단위노조 · 연합체 구축과 통합(공노총)	• 전국단위노조 분열 (전공노 · 민공노)	• 전국단위노조 간 통합 - (통합)전공노 - 공노총 · 교육청 · 광역

2009년 이후부터 현재까지 공무원 노사관계의 특징은 노정관계에 있어서 이원화가 심화되었다는 점과 공노총을 중심으로 광역연맹과 교육청노조가 단계별 통합을 추진함으로써 공무원노조의 양대 축이 형성되는 계기를 맞고 있다는 점이다. 이 기간 동안 노사관계 영향요인으로는, 이명박 정권 출범 이후 '법과 원칙의 노사관계'라는 노동정책 기조를 들 수 있다. 이에 전공노와 공노총은 노정간 관계에 있어서 극단적 양상으로 진행되어 오고 있다. 한편, (통합) 전공노 출범 이후 2008년도 중앙단위에서의 노사간 단체교섭은 2012년 12월 현재까지 실질적인 진전 없이 공전을 거듭하고 있다. 전공노의 법적 대응은 법원의 정부 입장지지 결과로 나타남으로써 단체교섭의 진전은 더더욱 기대하기 어려운 국면이 조성되었다. 정부의 전공노 및 2008년 교섭에 대한 대응방식은 노조의 교섭위원 적격성 문제에 대한 대응과 노조 내부의 이해조정 문제 등에 부딪혀 적극적인 단체교섭의 진전을 구현하지 못하고 있다는 점에서 노조의 교섭력은 과거에 비해 취약해진 것으로 평가할 수 있다. 다만, 공노총을 중심으로 노사간 협의와 소통 채널이 가동되는 방식이 지속되는 양상을 보인 것도 특징적이다.

최근의 노사간 주요 쟁점은 공무원노조의 정당한 활동 범위에 관한 사안과 중앙단위 단체교섭에 대한 문제라고 볼 수 있다. 이에 대해서는 별도의 장에서 자세히 살펴보기로 한다.

5. 공무원 단체교섭

2007년 공무원노조와 정부 간 단체교섭 및 협약 체결은 공무원 노사관계에 있어서 일대 전환기를 상징하는 것이었다. 그러나 이듬해인 2008년 시작된 대정부 단체교섭은 2012년 5월 현재까지 실질적인 교섭의 진전에 이르지 못하고 교섭위원의 적격성 등 해결과제와 이슈만을 남겨 놓았다. 이처럼 2008년 대정부교섭 진척이 이루어지지 않은 배경에는 (구)전공노와 민공노, 법원노조가 통합을 선언하고 이후 2009년 9월 (통합)전공노 및 민주노총 가입에 대한 총투표를 실시하면서부터 행안부를 비롯한 정부와 공무원노조 간의 갈등 양상이 법적 분쟁으로까지 이어지면서 비롯된 측면이 있다. 뿐만 아니라 이후 정부의 공무원노조에 대한 전략은, 그 의도 여부와 무관하게 결과론적으로는 배제와 포용전략(divide & control)이 노사관계 규율의 핵심기제로 부상하였는데 이 또한 (통합)전공노의 출범을 둘러싼 논란에 기인하는 것으로 파악할 수 있다.

이하에서는 2007년 단협 및 그 이행 실적과 공무원노조와 정부 간 2008년 단체교섭 경과 등을 살펴보고자 한다.

가. 2007년 대정부 단체교섭

2006년 1월 28일 「공무원의 노동조합 설립 및 운영 등에 관한 법률」(이하 '공무원노조법') 시행 이후 본격적으로 형성된 공무원 노사관계는 공무원의 노조 설

[표 4-10] 2006년 공무원 대정부 단체교섭 일지

날 짜	내 용	비 고
2006. 1. 28.	• 공무원노조법 시행	• 단체교섭 근거 마련
2006. 9.	• 대정부 교섭 요구 • 행자부 단체교섭 참가 공고	• 공노총 등 10개 단체
2006. 9. ~ 11.	• 교섭요구 노동조합 간 합의에 의한 교섭단 구성 추진	• 결렬
2006. 11. 30.	• 교섭요구 노동조합 조합원 수 비례 교섭단 구성 추진	• 결렬
2006. 12. 20.	• 공노총 단독 교섭단 구성 통보	• 정부 미수용
2007. 4. 23.	• 공노총 등 10개 노조 공동 교섭위원 선임계 제출	• 정부 수용: 공노총 8명, 군소 노조 2명 등 총 10명으로 구성
2007. 5. 1.	• 정부 공동교섭단 구성: 행자부 주도하에 9개 부처	• 행자부 노사협력관실 운영
2007. 5. 30. ~6. 21.	• 예비교섭	• 6회 실시(상견례 제외)
2007. 7. 5.	• 제1차 본교섭	• 1차 본교섭 및 상견례
2007. 8. 24. ~ 11. 1.	• 분과위원회 교섭	• 7개 분과위원회 총 31회에 걸쳐 362개 교섭의제 논의
2007. 8. 16. ~ 11. 22.	• 실무위원회 교섭	• 총 8회 실시 • 분과위원회 위임 조문 및 미합의 조문 교섭 • 본교섭 상정 주요 의제 5개 확정
2007. 12. 4.	• 제2차 본교섭	• 합의 실패
2007. 12. 14.	• 제3차 본교섭	• 단체협약서 조인

출처: 권순미(2008), 「공무원노조의 대정부 단체교섭 사례」, 노동행정연수원.

립·운영의 권리 보장과 함께 노동기본권 사각지대에 놓여 있던 공직사회의 일대 전환점이었다. 이에 앞서 1999년 1월부터 공직사회에 처음으로 6급 이하 공무원의 권익을 대변하는 '공무원직장협의회'가 탄생하였으나, 그 활동은 조직의 결성단위가 '기관'에 한정되어 있었고, 주된 역할도 '기관'에서 발생하는 하위직 공무원의 고충처리에 머무는 등 한계를 가지고 있었다. 그러나 '공무원노조법'에 의해 2006년부터는 공무원의 노동조합 설립단위가 전국으로 확대될 수 있는 길이 열렸고, 노사가 대등한 입장에서 단체교섭을 진행하고 단체협약을 체결할 수 있는 권리가 합법적으로 보장되었다.

이후 2006년 9월, 공무원노조는 정부수립 후 최초로 대정부 단체교섭에 참여하여 2007년 12월 14일 제3차 본교섭에서 최종적으로 단체협약을 체결하였다. 39개 노조(10개 공무원노조에 위임)가 362개 의제로 2007년 5월부터 정부와 단체교섭에 들어가 총 48회의 분과·실무교섭을 거쳐 대략 7개월여 만에 타결에 이르렀다. 총 교섭기간은 1년 3개월이 걸렸지만 교섭창구단일화 기간(8개월)을 제외하면 단기간에 타결에 이른 것이다. 대정부 단체교섭에서 타결된 주요 의제는 모두 131건이었다. 인사와 정책 등 관련 의제는 교섭대상 여부를 놓고 노사간에 첨예한 대립으로 교섭의제 채택에는 합의하지 못하였다. 대신 이에 대한 절충방안으로 '정책건의 의제' 형태로 채택하여 반영하는 수준에서 타결되었다. 그 밖에 철회 또는 삭제된 의제는 177건이었다. 정부와 교섭참여 공무원노조 간 타결된 주요의제와 정책건의 형태로 채택된 의제를 살펴보면 다음과 같다.

2007년 체결되었던 대정부 단체협약 사항의 주요 이행 현황을 살펴보면, 먼저 정년평등화와 관련하여, 공무원 5급 이상은 60세, 6급 이하는 57세로 차등적용된 부분에 대해 2008년 2월 26일 국회 행정자치위원회에서 여-야합의에 의해 단계적으로(2년에 1세씩) 정년을 연장하는 국가공무원법 일부개정 법률안이 통과되었고, 2008년 5월 22일 제273회 임시국회 제6차 본회의에서 재적의원의 만장일치로 본회의 의결됨에 따라 2007년 체결된 단체협약 사항이 이행되었다. 다만, 개정안 초안에서 경과규정과 함께 적용대상(일반직과 기능직 적용) 일부를 변경하여 2009년부터 시행하되, 2년에 1년씩 연장하여 2013년에 60세로 단일화하도록 하였다.

공무원 보수 결정시에 공무원노조의 의견을 수렴한다는 협약사항에 대해서는, 보수에 대한 교섭이냐 보수에 대한 논의냐의 문제로 정부와 노조 간 이견이 있어 제대로 이행되지 못한 측면이 있었다.[6] 2009년과 2010년 공무원 보수가 동결되는 과정에서는 공무원노조의 의견참여가 제대로 이루어지지는 못하였다. 2009년의 경우, 정부가 2009년 공무원 보수 동결에 이어 2010년 공무원 보수도 동결할 움직임을 보이자 공노총을 비롯해 교총, 체신노조, 광역노조, 교육청노조 등이 '공무원보수 관련 공동대책위원회'를 구성하였고 기획재정부를 방문하여 '2010년 공무원보수 관련 공무원단체 의견서'를 제출하였다(2009. 9. 8). 공동대책위원회는 지난 2007년 12월 대정부 단체협약을 통해 약속한 '공무원 임금교섭'을 이행할 것을 강력하게 촉구하기도 하였다.

[표 4-11] 주요 교섭의제별 타결내용

구 분	타 결 내 용
교섭의제 (131건)	• 상호책무: 상호 대등관계, 신뢰로 협약의 성실이행 및 결과 존중 • 공무원 노동기본권 신장: 경제사회노사정위원회에 "(가칭)공무원노동관계특별위원회"설치 • 6급 이하 공무원 정년 차별 해소: 정년연장 등 합리적 개선방안 마련 • 공무원연금제도 개선: 제도개선시 노조의견 적극반영 및 논의기구 참여 보장 • 공무원퇴직금제도 개선: 민간기업 수준으로 개선 • 지급 • 기능직공무원 차별 해소: 10급제 폐지, 명칭 개칭, 6 • 7급 상위직급 확대 및 일반직으로 통합 추진 • 성과상여금제 개선: 공무원노조 의견수렴 및 개선방안 강구 • 초과근무수당 개선: 수당지급에 대한 합리적 개선방안 강구 • 호봉제도 개선: 승진시 호봉삭감 완화 및 호봉승급일을 월단위로 개선 • 2009년 공무원 보수 수준: 노조와 논의하여 반영 • 출산 및 육아휴직자 차별 금지: 정당한 이유 없이 인사상 불리한 처우 금지 • 학교근무 지방공무원 차별 해소: 학교장이 자율적으로 조정 • 실시 • 5월 1일 노동절 휴무: 휴무 실시 • 단체협약의 범위: 조합활동, 신분보장, 보수 및 근로조건, 보건안전과 모성, 후생복지, 협약, 기타 필요한 사항을 범위로 함 • 조합활동 보장 및 부당노동행위 금지: 노조와 조합원 활동 보장 및 노조탈퇴 강요 등 부당노동행위 금지

6) 2007년 단체협약서 제30조(보수결정시 의견수렴)에는 "정부는 2009년 공무원의 보수수준과 관련하여 내년 상반기 중에 조합과 논의해서 의견을 수렴하여 최대한 반영하도록 노력한다"라고 기술되어 있다.

(계속)

	• 노조전임자 처우보장: 신분, 인사, 후생복지, 원직복직 등에서 불이익 금지 • 노조예우: 정부주관 행사에 노조 참여 • 노동조건 저하 금지: 기 실시 복리후생, 노조활동 등 노동조건 저하 금지 • 근무시간 외 조합원 임의동원 제한: 법정근무시간 외 행사 등에 조합원 동원시 노조에 사전 통보 • 복무 관련 법령개정시 노조협의: 노조의견 청취 • 휴가제도 개선: 휴가제도 개선 • 호봉산정시 유사경력 인정: 공공부문 유사경력 인정 검토 • 상훈제도 개선: 공적심사제도 개선 • 보수 현실화: 국가재정 여건, 민간임금 수준 등을 고려하여 단계적 강구 • 출장비 현실화 및 균등지급: 출장비 단계적 현실화, 직급별 차등지급 완화 • 육아휴직 실시: 실시 • 가족 간호 휴직제 실시: 1년 이내 휴직 • 복지제도 확대 실시: 맞춤형 복지제도 실시 • 공무상 재해보상: 민간 산재보험 수준 고려하여 적정 보상 • 행정중심복합도시 이전 중앙부처 공무원 특별지원: 신규아파트・임대주택 특별분양, 주택자금・전세자금 대출 알선, 주거이전시 이사비용 지급
정책건의 의제 (31건)	• 6급 근속승진제 및 근속승진 소요기간 단축 • 기능직 10급제 폐지 • 기능직 6・7급 정원 상향조정 • 기능직 폐지 및 일반직에 통합 • 기능직 명칭 개칭 • 공무원수 OECD 수준으로 증원 • 지방자치단체 복수직급 정원 확대 • 공무원보수개선위원회 노조참여 • 대학생자녀 학비 보조수당 지급 • 현업근무자 임금총액 보전 • 시・도교육청에 대한 중복감사 시정 • 노조간부 감사활동 참여 • 부패다발 고위간부직 특별관리 • 건설・건축공사 단가 적정 여부 감사 • 조달물품 단가 적정 여부 감사 • 국민참여 예산제도 도입 • 의사결정의 수평적 체제 구축 • 비정규직의 정규직 전환 • 퇴직자 활동 임금피크제 도입 검토 • 경찰・소방공무원의 직장협의회 가입 허용 등

[표 4-12] 정년 관련 국가공무원법 일부개정 법률안 내용

구 분	2008년	2009년	2010년	2011년	2012년	2013년
6급 이하	57세	58세	58세	59세	59세	60세
5급 이상	60세	60세	60세	60세	60세	60세

출처: 행정안전부.

공무원연금제도[7]와 관련해서는 2007년 1월 공무원노조가 참여하지 않았던 제1기 공무원연금제도발전위원회의 연금제도 개선안이 발표되었었으나 노조의 반발 등으로 진척이 없었다가 2008년 6월 공무원노조가 위원회에 참여키로 결정하면서 재논의가 활발하게 진행되었다. 이후 공무원연금제도발전위원회의 개선안이 확정(2008. 9. 25)되어 그해 10월 14일 공청회가 개최되었으나 전공노의 공청회장 점거 등 반발과 갈등을 빚기도 하였다. 공무원연금제도발전위원회 개선안 확정 뒤 이에 참여한 공노총과 전국교직원노조 등 4개 공무원·교원노조는 성명을 통해 '제 살 깎기' 논의에 동참한 데 따른 책임감을 토로하면서, "경제가 힘든 상황에서 공무원들이 어려움을 나누는 데 동참하지 않을 수 없었다"며 "공무원의 희생을 담보로 이루어진 공무원연금 개혁 합의가 헛되지 않도록 정부와 국회가 합의이행을 위해 노력해 달라"고 주문하기도 하였다. 우여곡절 끝에 2008년 11월 4일 국무회의에서 위원회의 원안이 의결되었으며 11월 7일 국회에 상정되었으나 국회 공전이 지속되어 원래 계획보다 1년 늦은 2009년 12월 최종 통과됨에 따라 2010년 1월 1일부로 시행되었다.

공무원의 '노동절 휴무' 실시[8]와 관련해서는 2008년 10월 행안부는 미국발 금융위기에서 촉발된 경제 불안이 가중되면서 '원점 재검토' 방침으로 선회하였다. 경제사정이 좋지 않은 상황에서 불필요한 오해를 낳을 수 있을 뿐만 아니라 민간부문으로의 파급효과도 고려되어야 한다는 이유였다. 현재 노동절(근로자의 날)은 '근로자의 날 제정에 관한 법률'로 정한 '법정휴일'이지만 '국경일에 관한 법률'이나 '관공서공휴일에 관한 규정'상의 '법정공휴일'에는 포함되어 있지 않아 민간 노동자와 달리 공무원들은 근무를 해 오고 있다. 행안부는 이미 외국사례 검토작업을 마친 상태였다. 검토 결과에 따르면 공무원이 노동절에 휴무하는 국가는 미국·캐나다·영국·독일·프랑스·벨기에·일본·중국 등 대다수를 차지한다. 반면 노동절에도 근무하는 국가로는 네덜란드·그리스·호주 등을 꼽을 수 있다. 이에 따라 정부는 2008년 하반기 중에 공청회 등 의견수렴

7) 2007년 단체협약서 제39조(공무원 연금제도의 개선)에는 "공무원연금제도 개선시 이해당사자인 조합과 공직사회의 의견을 수렴하여 최대한 반영토록 노력"하고 "공무원연금제도 논의기구에 조합의 참여를 보장한다"라고 기술되어 있다.

8) 2007년 단체협약서 제18조(노동절 휴무 실시)에는 "외국사례 등을 참고하여 노동절에 휴무할 수 있는 방안을 연구·검토한다"라고 기술되어 있다. 이 협약 체결 당시 공노총은 이 문구에 대해 "노동절에 공무원도 민간 노동자와 같이 휴무하기로 합의한 것"이라는 단정적 입장이었다.

을 거친 뒤 2009년부터 '관공서공휴일에 관한 규정'을 고쳐 노동절을 공무원 휴무일로 지정한다는 계획이었다. 이후 공무원의 노동절 휴무는 무기한 연기되어 현재까지 이렇다 할 대안이 마련되지 못하고 있다.

공무원의 '노동기본권 보장'과 관련해서는 경제사회발전노사정위원회 내에 '공무원위원회' 설치[9]를 중심으로 쟁점이 전개되었다. 2007년 10월 25일 공노총위원장(박성철)이 노사정위를 방문하여 '공무원노동관계특별위원회' 설치를 요청했고, 2007년 체결한 단체협약 제15조에 의거 2008년 2월 21일 행안부가 노사정위에 '(가칭)공무원노동관계특별위원회' 설치 건의를 공식요청하면서 회의체 구성을 위한 활동이 전개되었다. 현재까지 공무원노조(공노총, 민공노, 전공노)와 노사정위원회 간 11회에 걸친 간담회가 이루어졌고, 정부부처(행안부, 노동부)와 노사정위 간 2회 간담회 등이 전개되어 왔다. 위원회 구성과 관련하여 한국노총·경총이 참여를 강력하게 희망하였고, 이에 대해 공무원노조측은 공무원노동관계 특성을 고려하여 한국노총·경총의 참여를 허용해서는 안 된다며 적극 반대하는 등 참여주체를 놓고 각 단체 사이에 이견이 발생하는 등 우여곡절을 겪게 된다. 이후 2008년 6월 24일 상무위원회 간사회의에서 한국노총 소속 공무원노동단체인 '한국공무원노동조합연맹(한공연)' 참여를 전제로 한국노총·경총은 참여하지 않기로 결정됨에 따라 공무원노조측의 요구사항은

[표 4-13] 공무원노동관계위원회 구성

- 명칭: (가칭)공무원노동관계위원회
- 위원수: 노(4명), 사(4명), 공익(5명) 등 위원장 포함 14명
  - ※ 정부측이 사용자인 특성을 고려, 정부위원 없이 사용자위원만 구성 (단, 노동부는 그 특성을 고려하여 공익위원으로 참여)
  - ※ 한국노총과 경총은 참여하지 않고 근로자위원으로 3대 주요 공무원단체 외에 한국공무원노조연합 참여
- 논의의제: '공무원노동기본권 신장' 관련 사항의 포괄적 논의
- 논의시한: 1년 원칙, 필요시 1차에 한하여 1년 이내 연장

출처: 경제사회발전노사정위원회 회의록.

9) 2007년 단체협약서 제15조(공무원노동관계특별위원회)에는 "공무원의 노동기본권 신장을 위해 경제사회발전노사정위원회에 '(가칭)공무원노동관계특별위원회'를 설치하고, 관련 법령·제도에 대하여 포괄적으로 논의토록 건의한다"라고 기술되어 있다.

충족되었고 이를 토대로 3개 공무원노동단체 의견 수렴 후 회의체 구성(안)이 마련되기도 하였다.

그러나 이러한 구성(안)의 도출에도 불구하고 공무원노동단체 사이에 근로자 위원 배분문제로 이견이 발생하여 자율합의를 보지 못하는 등 난항을 거듭하였다. 2008년 6월 이후 공무원노조와 노사정위원회 간 간담회에서 노사정위는 공무원위원회 구성과 관련하여 근로자위원·사용자위원·공익위원·특별위원으로 구성할 것을 제안했고, 특히 한국노총과 경총·노동부·법무부 관계자를 특별위원으로 위촉하자는 입장이었다. 이에 공노총·민공노·전공노 등 공무원노조는 공무원노동관계와 관련 없는 한국노총과 경총의 특별위원 참여에 반대한다는 입장을 밝히며 노동부와 법무부는 소속 공무원에 대해 해고권한을 사용할 수 있는 사용자이므로 특별위원이 아닌 사용자위원으로 참여해야 한다고 주장하였다.

한편 의제에 관해서 공무원노조는 해고자와 공무원노동기본권 등을 포괄하는 공무원노조법 개정 문제를 핵심의제로 제안하였다. 이후 관계자 간 간담회가 지속되었고, 2009년 2월 공무원노조와 행안부, 노사정위가 실무협의를 통해 노동자위원 4명, 사용자위원은 행안부를 비롯한 4명, 공익위원은 노동부를 비롯한 5명으로 구성하기로 의견 일치를 보았다. 경제사회발전노사정위원회에 공무원노동관계위원회 설치를 위한 첫 준비모임이 2009년 4월 개최되었지만 민공노, 전공노, 공노총, 한공연(한국공무원연맹)으로 구성된 노동자측 위원으로 해직자인 전공노 정책연구소장이 참여한 것에 대해 행안부가 난색을 표하면서 논란이 불거졌다. 행안부는 현직 공무원만 참여할 수 있다는 입장이었으며, 노동계는 노동계에서 추천하여 노사정위원장이 위촉하도록 하는 관련법에 저촉되지 않는다는 입장이었다. 공무원노조의 참여위원 배분 문제와 행안부 입장 등의 이견으로 현재까지 회의체 구성이 유보되고 있는 상태이다.

기능직 차별 개선과 관련해서는, 2008년 4월 기능직공무원 인사제도 개선계획이 마련된 이후 같은 해 10월까지 기능직 현황파악을 위한 현지 실태조사가 이루어졌고, 12월 기능직 제도 개선과 관련하여 대통령업무보고가 있은 후 현재까지 개선이 진행되어 오고 있다. 기능직공무원 제도 개선의 구체적인 변화는 2009년 4월 기능직공무원제도의 전면개편 방안이 마련되면서부터였다. 이때 마련된 주요 개선방안은 △국가공무원법과 공무원임용령 개정을 통해 기능인재추천채용제를 도입하고 △상위직급(5급)을 신설하여 승진기회를 확대하며 △직류·직급 명칭을 변경·통일하여 사기를 진작시키고 △기술업무수당의 신설 등 급여상의 우대로 근무여건을 개선하며 △특별채용·특별승진 기회 확대 △사무기능직 공무원의 단계적 감축 및 일반직 전환 추진 등을 내용으로 하고 있었다.

[표 4-14] 2007년 단체협약 주요 이행 현황(2010년 1월 현재)

협약 내용	이행 현황
정년 평등화	6급 이하 정년 2009년부터 2년에 1년씩 단계적 연장
보수 결정시 노조 의견 수렴	노사 이견(보수 교섭 vs. 보수 논의). 2009, 2010 보수 동결
공무원연금제도 논의기구 노조 참여	공무원연금제도발전위원회에 노조대표 9인 참여, 2008년 9월 합의안 도출 → 2008년 11월 국회 상정 → 2009년 12월 통과 → 2010년 1월 1일부터 시행
노동기본권 보장	노사정위 주관으로 '(가칭)공무원노동관계특위' 설치를 위한 간담회 실시. 위원구성 방안 논의 중단
노동절 휴무 실시	외국사례 추가 수집, 각 부처 및 민간단체, 국민여론 수렴 후 제도개선 추진을 연구검토 중이나 시기적으로 부적절
호봉제도 개선	21호봉 이상 승진시 2호봉 삭감→1호봉 삭감으로, 호봉승급일을 1/4/7/10월 1일→매월 1일로 개선
기능직 차별 개선	상위직급 신설, 직류/직렬 명칭 변경, 사무기능직 단계적 감축 및 특채를 통한 일반직 전환 등 기능인 우대정책 발표(2009. 4), 국가직은 전환시험 실시(2009. 10)

이 같은 기능직공무원제도의 개편방안은 2009년 9월 1일 기능직공무원 체계 개편 등에 관한 공무원임용령 개정안이 국무회의에서 의결되면서 보다 현실화되기 시작하였다. 기능직 5급 신설 등 국가기능인력 우대정책의 가속화를 골자로 하는 가운데 우선 기능직공무원의 채용, 승진, 보수 등 인사관리시스템을 대폭 개선하였다. 기능직 5급 직급이 신설됨으로써 기존 최고 직급이었던 6급의 한계로 인한 사기저하와 동기유발 문제를 해소하였고, 변화된 업무환경을 고려하여 조리직렬을 신설하고 교환·난방직렬을 각각 전화상담·열관

리직렬로 변경하였다. 또한 분야별로 전문자격을 갖춘 기능직공무원에 대해 기술업무수당·가산금을 지급하는 방안을 기획재정부와 협의하여 추진키로 하였고 국내외 교육훈련에 기능직공무원의 선발도 강화하기로 하였다.

2010년 8월, 행안부는 기능직뿐만 아니라 "실무 공무원 인사제도 개선방안"을 발표하여 일선 공무원들의 근무여건 개선을 지속하였다. 주요 내용으로는

[표 4-15] 공무원임용령 개정 주요 내용

구 분	주 요 내 용	관련 조항
1. 기능직공무원 인사제도 개선	• 성과가 우수한 공무원은 상위직급으로 승진할 수 있도록 기능5급 신설 - 감축을 추진 중인 사무직렬은 제외 • 전문기능인에 걸맞게 직렬·직급 명칭 개선 - 시대에 뒤떨어지거나 자긍심을 저하시키는 직렬명칭 변경 * 난방 → 열관리, 전화수리 → 통신 등 - 현행 직급 명칭을 통일성 있게 정비 * 기능5급 이상 ○○기장, 6~7급 ○○장, 8급 이하 ○○원	별표 2
2. 7·9급 공채 합격자 임용절차 개선	• 7·9급 공채합격자는 결원 여부에 관계없이 1년이 경과할 때 일괄임용이 가능하도록 하여 장기간 임용대기 문제 해소	제13조 제3항
3. 행정고시 지방인재의 중앙부처 조기유출 방지	• 행정고시 지역구분합격자의 국가직 특별채용요건 강화 - 해당 자치단체의 지방공무원으로 임용된 날부터 2년이 경과한 자	제16조 제1항
4. 반복업무, 규제·지원업무 등에 대한 전보 제한 완화	• 반복업무, 민원·규제·지원 업무 등의 경우 장기근무로 인한 폐해를 방지 - 소속장관의 사전 전보 승인권을 완화	제45조 제4항
5. 기타 현장수요 반영	• 병역수행 등 부득이한 사유로 임용하기 어려운 경우 - 임용권자가 임용을 유예할 수 있도록 명문화	제41조 제2항
	• 직무파견기간을 합리적으로 조정 - 파견한도를 동일하게 3년으로 적용 - 파견한도 기간 내에서는 파견기간의 연장횟수의 제한을 두지 않도록 함	제13조의2

출처: 행정안전부 보도자료(2009. 9. 1).

첫째, 직급간 정원의 통합운영을 통해 승진적체가 심한 소수직렬의 승진기회를 확대하였다. 7급에서 12년 이상 장기 근무한 일반직·기능직 중 근무실적이 상위 20% 이내인 자에 대해 심사를 거쳐 6급 정원의 일정 비율 이내에서 승진가능토록 하고 개인별 승진기회를 2회까지 부여하는 내용이다. 또한 계급에 따라 차등 지급되어 오던 사망조위금이나 재해부조금 등을 차별 없이 동일 금액 지급하는 내용을 '공무원연금법' 개정 후 2011년 초부터 시행키로 하였다.

둘째, 기능 10급을 폐지하여 일반직과 기능직 공무원의 계급구조를 일치시키도록 '국가공무원법'을 개정하여 2011년 초부터 시행키로 하였다. 아울러 지방 사무기능직의 경우 국가 사무기능직 공무원의 일반직 전환사례를 참고하여 각 지방자치단체별로 합리적 방안을 마련하여 전환을 추진하고 근속승진자도 현 직급을 유지하면서 기관간 인사교류가 가능토록 개선하였다. 셋째, 2010년 3월에 전직 공무원 등으로 구성된 '공선위'가 각 권역별 토론회 개최 등을 통해 일선·실무공무원들의 애로사항 수렴 결과와, 2010년 5월부터 8월까지 행안부의 각종 노조간담회, 직협간담회, '행안부장관과 일선·실무 공무원과의 대화' 등에서 건의된 사항 등을 종합하여 개선안을 도출하였는데, 이에는 기존 '하위직 공무원'으로 통칭되던 6급 이하 공무원에 대한 명칭을 '실무직 공무원'으로 변경하는 등의 개선책이 시행되었다.

[표 4-16] 실무 공무원 인사제도 개선방안

구 분	주 요 내 용	비 고
1. 기관·직급간 정원 통합운영 확대	• 상위직급 정원 한계로 소수직렬 승진의 구조적 한계 개선 • 직급간 정원 통합운영으로 근속승진 6급 확대(2011. 3월 시행) - 7급 12년 이상 근속자 중 실적우수자 20% 승진 - 개인별 승진심사 기회 2회 부여 • 기관간 결원의 통합으로 소수직렬 승진적체 해소 - 9급→8급: 7년 이상 / 8급→7급: 8년 이상	
2. 사망조위금·재해부조금 기준 통일	• 계급이나 장기재직 여부에 따라 차등지급의 형평성 문제 해소 (2011. 11월 시행) • 개인별 소득기준에서 전체 공무원의 평균 소득월액을 기준으로 동일액 지급 - 부·모·자녀 사망조위금: 7급 210.7만 원, 2급 433.4만 원 → 242.4만 원	

(계속)

3. 계급별 겸임 제한 개선	• 계급에 따라 겸임할 수 있는 직위 차등 폐지 - 계급에 따른 겸임직급 제한 폐지 : 6급 공무원 대학교원 겸임시 '전임강사'만 가능 → 6급 공무원도 능력인정시 '교수' 겸임 가능	공무원 임용령 개정
4. 기능 10급 폐지	• 일반직과 달리 기능 10급 존재로 저신분 인식 문제 및 최초 입직계급의 하향평준화로 우수인재 영입 미흡 - 기능 10급 폐지(2011. 5월 시행)	
5. 근속승진자 인사교류 불이익 해소	• 근속승진자 인사교류시 '(현 재직기관)강임 → 교류 → (전입된 기관) 당초 직급 근속승진' 등 불필요한 인사절차 - 근속승진자 전입 · 전출시, 전입받은 기관에서 근속승진한 것으로 간주하여 강임 없이 교류	
6. 육아휴직 개선	• 육아휴직 요건 완화 - (현) 만 6세 이하 자녀 → (개선) 만 8세 이하 자녀	
	• 다자녀 공무원 육아휴직시 재직기간 인정 확대 - 장기간 육아휴직 사용시 승진상 불이익 우려 문제 - 3자녀 이상 공무원에 대해 1년 초과 육아휴직기간도 승진시 재직기간에 산입	
	• 육아휴직 대체인력 채용 활성화 - 육아휴직시 민간인 채용으로 행정망 접근 곤란 및 고용불안과 낮은 보수 문제 - 대체인력에 공무원 신분 부여 및 이에 준한 보수 지급	
7. 6급 이하 호칭 개선	• 권위적이고 신분중심적인 '하위직' 호칭 문제와 계급명칭과 존칭 등이 혼용 - 업무중심 직명 '실무직', 대외직명 '주무관'(2010. 6월 시행) - 공무원 장관표창장 신분표기 주무관 사용(2011. 5월 시행)	

출처: 행정안전부 보도자료 등 참고.

나. 2008년 대정부 단체교섭 현황

제2차 정부 단체교섭은 2008년 9월 공노총, 민공노, 전공노 등 모두 74개 노조가 총 320개 조문을 가지고 정부측에 교섭을 요구하면서 시작되었다. 참여노조는 전체 공무원노조의 약 75% 수준이었고 조합원수 기준으로는 약 96%

에 이른다. 이후 대략 1년여에 걸쳐 공무원노조 간 교섭창구의 단일화에 합의하면서 2009년 10월에 상견례를 포함한 제1차 예비교섭이 개최되었다. 그러나 정부가 전공노에 대해 합법노조로서의 지위 인정을 부인하면서 교섭의제와 교섭위원의 재선임을 공무원노조측에 요구하게 된다. 이에 2010년 3월, 공무원노조는 전공노 교섭위원의 배제를 통보하였고, 전공노는 같은 해 3월 20일 노

[표 4-17] 2008년도 대정부 단체교섭 추진 경과

시 기	주요 내용
• 2008. 9. 16.	공노총・(구)전공노・민공노・법원노조 등 20개 노조 교섭 요구 - 교섭요구안: 총 320개 조문, 597건 제출 * 참여 노조: 20개 노조(위임노조 포함시 74개/전체 노조의 75%) * 참여 조합원: 20만 6,000여 명(전체 조합원 21만 5,000여 명의 96%)
• 2009. 9. 29.	행안부・공무원노조 간 예비교섭을 위한 1차 간사협의 * 예비교섭위원 상견례 일정 및 장소 확정, 예비교섭위원수 조정 및 복무문제 검토 * 예비교섭 참관인 및 관계자 참석범위, 교섭장소 및 진행, 서기 지정 및 회의록 채택 등
• 2009. 10. 13.	제1차 예비교섭 개최(노사 양측 각 8명, 상견례는 10월 27일로 연기)
• 2009. 10. 20.	(구)전공노의 교섭지위 상실(해직자 노조활동에 따른 법상 노조로 보지 아니함)에 따라 교섭의제 및 교섭위원 재선임을 노조측에 요구
• 2010. 3. 8.	노조로부터 '소위 전공노' 교섭위원 및 의제 배제 통보 ※ 교섭위원 3명(본교섭 2, 예비교섭 1) 및 의제 삭제(14개 조 44개 항)
• 2010. 3. 20.	'소위 전공노' 출범식 강행
• 2010. 3. 29.	민공노, 법원노조 교섭위원 적격 여부에 대한 고용노동부 질의
• 2010. 4. 27.	예비교섭 관련 노사간 간사협의(4차) • 민공노, 법원노조에 배정된 교섭위원 배제를 노조측에 요구
• 2010. 7. 14.	'2008 정부교섭 교섭위원 재통보 요청' 공문 노조측에 발송 • 교섭위원 배제: 법령에 따라 조합원지위 상실한 교섭위원, 기 해산된 노조 소속으로 표시된 교섭위원, 기 통보된 직위와 다르게 직위가 변경된 교섭위원, 고용노동부에 노조로 신고되어 있으나 지도부 부존재 등으로 실체가 없다고 판단되는 노조 소속 교섭위원
• 2012. 5월 말	현재까지 노사간 교섭위원 적격 여부 이견 등으로 잠정 중단 ※ 교섭은 중단되었으나, 이견 해소를 위한 간사단회의 간헐 개최

출처: 행정안전부, 전국시도교육청공무원노동조합.

조 출범식을 강행하게 된다. 한편, 행안부는 전공노에 대한 교섭배제 방침에 이어 민공노와 법원노조의 법적 지위를 문제 삼으면서 교섭위원의 적격성 여부를 고용노동부에 질의하게 된다.

이후 현재까지 교섭위원의 적격 여부에 대한 공무원노조와 정부 간 이견이 지속되면서 교섭 자체가 중단되어 있는 상태이다. 물밑으로는 이러한 이견을 해소하기 위해 간사단 회의가 5차례 이상 개최되고 있으나 당분간 정부교섭이 본격화되기는 어려워 보인다.

중앙단위에서 공무원노조와 정부 간 단체교섭 및 단체협약 진행을 살펴보았지만, 그 밖에 지자체와 각 시도교육청 등에서 진행된 공무원 단체교섭은 대체로 부진한 모습이다. [표 4-18]에서 알 수 있듯이, 자치단체의 경우 상대적으로 교섭이나 협약체결 등 공무원 노사관계가 활발하게 진전되고 있는 반면, 교육청의 경우 일부 협약체결이 유효하게 유지되고는 있으나 2012년 현재 새로운 단체협약의 체결은 미흡한 실정에 있다.

이 같은 현상은 전술한 바처럼, 공무원 노사관계의 특성에 기인하는 바가 크다. 임금을 비롯한 주요한 근로조건이 중앙단위에서의 단체교섭과 기획재정부 등 주요 정부부처의 협력 등에 의존하고 있다는 측면이다. 더욱이 2008년 2월 출범한 이명박 정부의 노동정책이 '법과 원칙'이라는 기조를 지속적으로 유지해 오는 가운데 중앙단위를 포함한 공무원 노사관계 전반이 과거에 비해 위축된 경향을 보여 주었다. 특히, (통합)전공노 산하의 각 지자체나 교육청 등의 경우 단체교섭을 통한 활동 자체가 제약되고 있는 상황도 작용하였다.

[표 4-18] 공무원 단체교섭 및 단체협약 체결 현황(2010년 9월 말 기준)

(단위: 건)

구 분	합 계	정 부	행정부	자치단체	교육청	헌법기관
대상기관	143	1	1	123	16	2
협약체결	63			56	6	1
교섭진행	60	1	1	47	10	1
교섭 미요구	20			20		

출처: 이성희(2011), 「공무원노사관계 5주년 평가와 향후과제」, 경제사회발전노사정위원회 토론회 발제문.

6. 최근 공무원 노사관계 실태와 쟁점 및 전망

2010년 이후 공무원 노사관계는 중앙단위에서 형성된 정부와 공무원노조 간 관계의 다변화를 특징 중의 하나로 꼽을 수 있다. 정부는 2008년 2월 이명박 정부 출범 이후 줄곧 노사관계 정책 기조로 '법과 원칙의 준수'를 유지해 왔다. 반면, 공무원 노사관계는 '소통과 협력' 또는 '갈등과 대립'의 서로 다른 양상을 형성해 오기도 하였다. 이하에서는 정부의 공무원 노사관계 주요 정책과 그에 따른 노사관계 이원화 현상 등을 살펴보고 그 과정에서 발생된 주요 쟁점을 짚어 본다.

가. 정부의 공무원노사관계 선진화 정책

1) 공무원 노사관계 관련조직 정비

공무원 노사관계 선진화 정책의 효율적 추진을 위해 정부는 이에 관한 조직 인프라를 구축・정비해 왔다. 고용노동부는 2010년 들어, '노동부'에서 '고용노동부'로 명칭을 변경하면서 기존 1개 팀(공공노사관계팀)을 1관(공공노사정책관) 1개 과(공무원노사관계과)로 확대 개편하고, 각 지방노동관서에는 '전담 근로감독관'을 운영하였다. 정부 교섭대표인 행정안전부도 '공무원 단체과'를 설치하였으며, 각 지자체 등에서도 전담부서를 설치하거나 전문인력을 충원하기도 하였다.

2) 불합리한 노사관행 개선

고용노동부는 2009년에 이어 2010년도에도 '불합리한 노사문화 및 관행 개선'을 골자로 하는 노사관계 정책을 일관되게 추진하였다. 2009년의 경우, 주요 공무원노조(공무원노동조합총연맹, 전국민주공무원노조, 전국공무원노조)의 규약을 검토하여 노동관계법 위반사항에 대해 노동위원회 의결을 얻어 시정명령(2009. 8)을 한 바 있다. 또한 2008년 12월 말 현재 체결된 공무원 단체협약 112개를 면밀히 분석한 결과, 전체 단체협약 내용 중 22.4%가 위법・비교섭・부당・기타 불합리한 사항에 해당되는 것으로 분류하기도 하였다. 이에 '공무원 단체협약 위법 여부 등 판단 및 조치기준'을 마련하여 불합리한 단체협약 내용을 전국 지자체 및 교육청, 헌법기관 등 관계 기관에 통보하여 자율시정토록 조치하였다. 더불어 '공무원 단체협약 개선 추진계획'을 수립, 위법 단체협약에 대해 노동위원회의 의결을 얻어 시정명령 조치를 추진해 오고 있다.

한편, 공무원 노사관계의 주 당사자인 행정안전부도 2010년 이래로 '공무원 노사관계 선진화'[10] 계획을 수립・추진하고 '법과 원칙'의 공무원 노사관계 대원칙을 엄정하게 적용하고자 하였다. 2010년을 공무원 노사관계 선진화의 '원년'으로 삼고자 했던 행정안전부의 정책 핵심내용을 살펴보면 첫째는, 공무원의 정치활동 금지범위를 명확히 하고 공직관 교육을 강화하는 것이었다. 공무원 집단행동의 구체적인 기준 마련과 함께 불법적인 정치활동이나 불법집회 등에 대해서는 유관기관 협조체계를 통해 원천 차단하는 등의 법과 원칙 기조를 적용하였다. 그 일환으로 △단체협약 중 위법사항 △해직자 활동 묵인 △휴직 없는 노조전임자 인정 △근무시간 중 노조활동 방치 △조합비 등 원천공제 △노조에 대한 부당지원 △징계처리 미이행 △부당한 인사개입 등 8대 불법・부당 노사관행을 집중 관리하고, '불법・부당한 공무원 노사관행 해소를 위한 지침'을 마련하여 각급 기관에 통보하기도 하였다(2010. 2).

둘째, 국민봉사와 협력의 공무원 노사문화 정착과 더불어 자치단체의 노조 불법행위에 대한 관리・감독체계를 강화하였다. 이를 위해 각 기관별로 부기

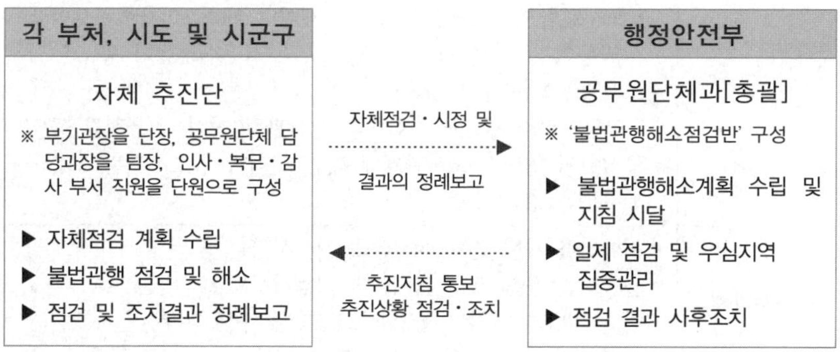

출처: 행정안전부.

[그림 4-4] 불법관행해소추진단 구성

10) 행정안전부(2009. 12. 30), 2010년도 업무보고「2010년 핵심정책 과제」.

관장을 단장으로 하는 '불법관행해소추진단'을 구성하여 기관 자체 노력을 독려하였다. 이에 2010년 4월에는 공무원노조의 불법행위를 묵인·방치하거나 위법 부당하게 처리한 단체에 대해 기관경고(7건) 및 감사부서 담당과장(32명) 등을 훈계조치하였고, 단체협약을 부당하게 체결한 8개 기관 등에 대해 시정조치하는 등 불법·불합리한 공무원 노사관계에 대한 일련의 관리·감독체계를 지속하였다.

3) 노정간 협력을 위한 정책사업

정부는 공무원노조의 불법관행에 대해서는 법과 원칙에 따라 엄정 대응하는 반면, 법을 준수하는 공무원노조에 대해서는 지원·대화와 협력을 통해 상생의 공무원 노사관계를 조성하기 위한 다양한 정책수립과 활동을 전개하였다.

2010년부터 도입된 '우수행정기관 인증제'는 정부의 상생적 공무원 노사관계

[표 4-19] 노사문화 우수행정기관 인증 심사항목

심사항목	심 사 기 준
협력적 노사관계에 대한 인식	• 기관장의 협력적 노사문화 정착 노력 • 노조지도부의 협력적 노사관계에 대한 이해 및 협조 • 노사간 의사소통 활성화 정도
협력적 노사문화 실천요소	• 노사협력을 위한 구체적 프로그램 실시 여부 - 노사화합선언, 노사공동교육·세미나 개최, 민간협력사업장 공동연수, 지역 일자리 창출 노력, 불우이웃돕기 등 • 노사협력의 구체적 성과 - 공공서비스 질 향상, 협력적 노사관행 형성, 비용절감 등 • 구성원의 협력적 노사관계에 대한 인식과 협조·기관 고유의 노사문화 정착 노력
합리적 노사관행 정착 노력	• 불합리한 관행 존재 여부(9대 점검사항) • 불합리한 관행 해소 노력(9대 점검사항) • 법을 위반하지 않는 합법적 노조활동 수행 여부 - 불법집회 참가 및 징계자 존재 여부 - 근무시간 중 조합활동 존재 여부
정부의 노사관계 지침·시책 협조	• 각종 지침 등에 대한 신속 조치 등 협조 여부 • 각종 정부의 유관 행사 등에 대한 참가 실적 등

출처: 행정안전부.

조성을 위한 정책적 시도의 예가 될 수 있다. '우수행정기관 인증제'는 공무원 노조법 시행 5년차를 맞아 공직사회에 협력적 노사관계의 기반을 구축하는 정책적 노력이 필요하다는 인식에서 시작되었다. 이에 각급 행정기관의 노사협력에 대한 관심과 노력을 제고하기 위해 파트너십을 바탕으로 건전한 노사관행과 상생의 노사문화를 만들어 가는 우수행정기관을 발굴·인증하여 지원하기 위한 계획[11]을 수립·시행하였다.

구체적인 시행내용을 살펴보면, 노조(또는 직장협의회) 설립 1년 이상 경과된 기관으로서 불법관행 해소로 건전한 노사관계가 정착된 기관이나 노사협력·화합 프로그램을 시행한 기관에게 신청자격을 부여하여 약 20개 기관에 대해서는 '노사문화 우수행정기관' 인증을, 3개 기관에 대해서는 대통령상과 국무총리상으로 나누어 '노사문화 대상'을 선정·포상하는 등을 담고 있었다. 선정기관에 대해서는 인증서와 인증패 수여 외에 교부세나 보조금 등 각종 정부지원에 대해 우대하는 내용도 담고 있다.[12]

첫 시행되었던 2010년의 경우, 중앙부처(7), 지방자치단체(광역 10, 기초 14) 등 총 31개 기관이 신청하여 중앙부처 5개 기관, 지방자치단체 13개 기관 등 모두 18개 기관이 최종 선정된 바 있다. 2011년의 경우, 국토해양부를 비롯한 19개 기관이 신청하여 공무원 노사문화 대상(3개 기관)과 노사문화 우수행정기관(7개 기관) 등 모두 10개 기관을 선정하였다.

한편, 2010년 3월에는 일선 공무원들의 애로사항을 청취하고 공직사회의 사기진작과 경쟁력 강화를 위한 의견수렴의 창구 마련을 위해 '공직선진화추진위원회'(이하 '공선위')가 구성·운영되기도 하였다. 공무원 노사관계의 주요 당사자인 행정안전부는, 공직사회의 근무여건과 각종 제도, 조직문화 선진화를 위한 전략 수립과 함께 공직사회의 경쟁력 향상을 위해 공선위를 행정안전부장관 소속하에 1년 기한으로 설치·운영하였다. 공선위의 기능과 주요 역할은 채용, 보직관리, 승진, 보수, 성과평가, 복무관리 등 인사제도 및 운영 전반과 직종·직렬·계급·지역·기관별 맞춤형 인사제도 개선이 필요한 과제를 발굴

11) 고용노동부가 노사발전재단에 의뢰하여 매년 민간부문 노사문화우수기업을 발굴하여 포상·지원하는 사업을 공직사회에 응용한 것으로 볼 수 있다.

12) 인증의 효력은 2년간 지속되고, 인증기관의 관계공무원에 대해서는 해외우수사례 견학, 지자체 합동평가 가점 반영, 기관표창 등이 주어진다.

[표 4-20] 공무원 노사문화 우수행정기관 선정

구 분	연 도	훈 격	기 관	조직형태	상급단체
노사문화 대상	2010	대통령 표창	군산시	단위노조	공노총
		총리 표장	국립농산물품질관리원	단위노조	-
			대전광역시	단위노조	공노총
	2011	대통령 표창	전남 완도군	단위노조	공노총
		총리 표창	국토해양부	행공노 지부	공노총
			경기도	단위노조	광역연맹
노사문화 우수행정 기관	2010	장관 표창	경상남도		
			경상대학교		
			구미시		
			국토해양부		
			대전시교육청		
			부산 해운대구		
			산청군		
			서울시		
			영광군		
			영덕군		
			완도군		
			울산광역시		
			전라남도		
			지식경제부		
			우정사업본부		
	2011	장관 표창	대구광역시	단위노조	공노총
			경기도	단위노조	광역연맹
			강원도	단위노조	-
			충청북도	단위노조	광역연맹
			제주특별자치도	단위노조, 민공노 지부	광역연맹 민공노
			대전 대덕구	단위노조	공노총
			경기도 구리시	단위노조	없음

출처: 행정안전부 보도자료(2010, 2011).

하여 개선방안을 제시토록 하는 것이었다. 위원회의 구성은 위원장을 포함하여 총 21명이며, 위원장에는 류호근 전 내부무 지방행정국장, 부위원장에는 김애량 전 여성부 기획관리실장, 그 외 위원으로는 각 시·도의 추천을 받아 공직사회에 대한 경륜과 학식이 풍부하고 지역 일선 공무원들의 신망이 두터운 전직 공무원과 학계인사 등이 선정되었다. 여기에는 공무원노조 대표와 함께 행정안전부의 지방행정, 인사, 보수 담당 국장도 위원으로 참여하였다. 또한 위원회 업무지원 등을 위해서 중앙부처·지자체 인사담당자와 공무원노조 대표가 각각 2명씩 참여하는 실무지원단도 구성되었다.

- 공직선진화추진위원회: 전현직 공무원 및 시·도 추천 민간위원 등 21명
  - 위원장: 류호근(전 내무부 지방행정국장)
- 권역별 토론회(7개 권역): 충청권(3. 17), 호남권(3. 19), 경북권(3. 23), 경남권(3. 24), 제주권(3. 25), 강원권(3. 26), 수도권(3. 30)

공선위는 2010년 3월 전국 7개 권역별로 지방공무원들과 언론 및 학계대표 등이 참석하는 토론회를 개최하였다. 이를 토대로 개선방안 마련을 중점 논의하여 건의과제를 도출하였고, 같은 해 8월경 '실무공무원 인사제도 개선방안'에 반영시키기도 하였다. 공선위 건의사항을 살펴보면 먼저, 일선·실무 공무원들의 열정 창출과 관련하여 6·7급 직급간 정원의 통합운영과 소수직렬 승진적체 해소, 계급에 관계없이 사망조위금 동일금액 지급, 계급별 겸임제한의 개선이 제시되었고, 현장으로부터의 고충해결과 관련해서는 기능 10급 폐지, 근속승진자 인사교류 불이익 해소, 육아휴직 요건 완화, 다자녀 공무원 육아휴직시 재직기간 인정 확대, 육아휴직 대체인력 채용 활성화 등을 담아 내었다. 공직문화 개선을 위한 사항으로서 6급 이하 호칭개선 문제와 기관별 소통시스템의 구축을 제안하기도 하였다. 공선위의 이 같은 건의사항들은 대부분 수용되어 정책개선에 반영된 것으로 평가된다.

공무원 노사관계의 선진화 구축을 위한 정부의 또 다른 모색으로서 '공무원 노사 민간기업 공동연수' 프로그램 정례화 사업을 들 수 있다. 우리나라 공무원 노사관계 역사가 아직 짧은 관계로 공직사회 내에서 공무원 노사가 벤치마킹할 수 있는 적합한 역할모델을 찾기 어렵다는 진단에 따라 민간기업으로부터 그 탐색을 도모하고자 한 것이 배경이 되었다. 이에 2010년 7월경에 현대중공업, 하이닉스반도체, 서울메트로 등의 민간기업과 상호협력 협약 체결식을 맺고 8월과 9월간 세 차례에 걸쳐 1박 2일 일정으로 공무원 노사 공동연수를 실시하였다. 이후 2011년과 2012년 각각 민간기업 연수 프로그램이 운영되어 오고 있다.

[표 4-21] 민간기업 공동연수 참여 현황

(단위: 개, 명)

2010년		2011년		2012년	
기관수	인원수	기관수	인원수	기관수	인원수
85	525	88	578	108	788

출처: 행정안전부 보도자료(2012. 4).

나. 공무원 노정관계의 이원화

공무원 노사관계에서 나타나는 특징 중의 하나는 '전공노'계와 '공노총' 중심의 공무원노조 양대 축을 중심으로 노정간 관계가 이원화 또는 양극화되는 양상을 보여 왔다는 점이다.

먼저, 정치적 중립 내지 탈정치 선언과 함께 정부와 협력적 파트너십을 형성해 온 공노총 중심의 합법노조는 정부와의 빈번한 교류를 통해 공무원노조의 요구를 효율적으로 전달하는 데 주력하였다. 정부도 합법적인 공무원노조를 상생의 파트너로 삼아 법·원칙에 기초한 공무원 노사관계의 안정화를 유지·강화해 나가는 단서로 활용하였다고 평가해 볼 수 있다.

이런 맥락에서 정부, 특히 행정안전부는 일선 공무원과의 대화를 비롯하여 합법적인 4개 공무원노조와 상생 협약을 체결하는 등 공직사회 소통 활성화에 주력해 왔다. 예컨대 2010년 5월 행안부장관은 공노총 사무실을 방문하여 노조임원들과 간담회를 가지면서 "일부 불법노조의 '정치적 중립 훼손'이나 '특정 정치단체 가입', '정부시책 비판' 등의 행위는 국민들로부터 지지받지 못할 것이며, 노조는 실질적 사용자인 국민이 납득할 수 있는 범위 내에서 국민의 지지를 받으며 행동하고 국민 편의 노조가 되어야 한다"고 강조하고, "앞으로도 합법적인 노조와는 대화와 소통을 통한 상생협력을, 불법노조에 대하여는 '법과 원칙'에 따른 엄정한 조치"를 취해 나갈 것임을 밝히기도 하였다.

이 밖에도 2010년 동안 경기도 고양에서 서울을 비롯한 인천, 대전, 경기, 강원, 충청, 제주 등 중부권역 지자체 합법 공무원노조 대표자와 지자체 노조업무 담당자 등 62명이 참석한 '지자체 공무원노사 합동간담회'를 잇따라 개최하였다. 중부권역에 이어 경남 산청에서도 영호남권 지방공무원 노사합동 간담회가 진행되었다. 2010년 7월경에는 공노총을 비롯한 6개 노조 7명의 위원장들과 만나 향후 매년 두 차례 정도 정기적인 만남을 가지기로 함에 따라 정부와 합법노조 간 소통·협력의 창구를 정례화하기도 하였다. 8월에는 중앙행정기관과 지자체 등 20개 기관의 공무원직장협의회 대표들과도 간담회를 가지는 등 이후 공노총을 중심으로 하는 합법노조와의 긴밀한 소통과 대화의 강화가 이어져 왔다.

이처럼 공노총과 광역연맹, 교육청노조, 행공노 등 합법노조와 정부의 긴밀한 협력과 대화채널의 구축은 2010년 7월의 '청렴한 공직사회 구현과 공무원 노사 상생·협력을 위한 공동선언' 협약식으로 공식화되었다. 협약식에는 정부 대표로 행안부장관과 전국단위 규모의 4개 노조위원장이 참석하였다. 협약의 주요 내용은 ① 국민에 대한 봉사자로서 법령 준수 및 청렴한 공직사회 구현, ② 정치적 중립 및 선진 노조문화 확산, ③ 공직사회의 불합리한 행정관행과

[표 4-22] 2010년 공무원노사 공동선언문

청렴한 공직사회 구현과 상생·협력을 위한
공무원노사 공동선언문

공무원노동조합과 정부는 상호 신뢰와 협력을 바탕으로, 국민에 대한 봉사자로서 청렴한 공직사회 구현과 상생의 선진 노사문화를 선도하여 국가발전에 이바지함이 우리의 소명임을 깊이 인식하면서 다음과 같이 선언한다.

하나. 공무원노동조합은 법령을 준수하고, 청렴한 공직사회 구현을 위해 앞장선다.

하나. 공무원노동조합은 정치적 중립 등 합리적인 노동운동으로 선진 노사문화 확산을 위해 노력한다.

하나. 정부는 공직사회의 불합리한 행정관행과 차별적인 제도를 개선하기 위해 적극 노력한다.

하나. 정부는 공무원 근무환경 개선 및 복지향상을 위한 노동조합의 합리적인 의견을 수렴하여 반영되도록 노력한다.

하나. 공무원노동조합과 정부는 국민에 대한 봉사자로서 양질의 행정서비스를 제공하기 위해 최선을 다한다.

2010년 7월 28일

공무원노동조합총연맹	**위원장**	**김찬균**
전국시도교육청공무원노동조합	**위원장**	**김종기**
행정부공무원노동조합	**위원장**	**오성택**
전국광역자치단체공무원노동조합연맹	**위원장**	**박상조**
행정안전부	**장관**	**맹형규**

출처: 행정안전부 보도자료(2010. 7. 28).

차별적인 제도 개선, ④ 근무환경 개선 및 복지향상을 위한 일선 공무원 의견 수렴, ⑤ 국민에 대한 봉사자로서 양질의 행정서비스 제공 등 5개 분야를 담고 있었다. 이 같은 기조는 2010년에 이어 2011년에도 이어졌다. 특히, 2011년 공무원노조와 정부 간 협약식은 '노조의 사회적 책임'(Union Social Responsibility: USR)에 관한 사항을 다루기도 했다.

[표 4-23] 2011년 공무원노사 공동협약서

「공무원노사 2단계 상생협력 및 청렴실천」 협약서

공무원노동조합과 정부는 국민에 대한 봉사자로서 사회적 책임을 다하고, 지난해 체결한 「공무원노사 상생협력 공동선언」의 성과를 바탕으로 「공무원노사 2단계 상생협력 및 청렴실천」을 추진하기 위하여 다음과 같이 협약한다.

하나. 공무원노사는 사회적 역할을 다하기 위하여 새로운 노사협력사업을 지속적으로 발굴・시행하고, 정부는 이러한 사업이 원활히 추진될 수 있도록 공무원노조에 행정적 지원을 한다.

하나. 공무원노사는 사회취약계층을 지원하는 「1노조 1협력사업」의 수행을 통하여 국민과 함께하는 공무원노조상을 확립할 수 있도록 노력한다.

하나. 공무원노사는 청렴하고 객관적인 직무수행을 통해 국민으로부터 신뢰받는 공직문화를 조성하고, 공정사회를 실현하는 데 앞장선다.

2011년 9월 5일

공무원노동조합총연맹 위원장 정의용
행정부공무원노동조합 위원장 오성택
전국시도교육청공무원노동조합 위원장 김종기
전국광역자치단체공무원노동조합연맹 위원장 박상조
행정안전부 장관 맹형규

출처: 행정안전부 보도자료(2011. 9. 6).

정부는 협약식을 통해 공노총을 중심으로 한 대규모 합법노조와의 협력적인 모습을 선언적으로 공표함으로써 '법과 원칙'의 정부 정책방침과 그에 따른 상생 및 정책적 지원을 강화하고자 하였다. 또한 법외노조의 (통합)전공노에 대한 운동노선의 변경을 촉구하는 측면도 있었다.[13)]

13) 행정안전부는 보도자료(2011. 9. 6)를 통해, 이 같은 노사공동 협약식이 공무원 노사문화를 '갈등과 대립'에서 '신뢰와 협력' 관계로 전환시키는 발전적 계기를 마련한 것으로 평가하고 동시에 '소위 전공노 등 불법노조의 투쟁성 노조활동 억제 및 합법적 노조활동 촉구 계기'로 인식하였다.

[표 4-24] 공무원 노사관계의 양극화

협력관계(공노총 중심)	갈등관계(전공노 중심)
▪2010. 3. 12: 공직선진화추진위원회 출범 - 공노총위원장 위원 참여 ▪2010. 3. 17~30: 공선위 토론회 - 7개 권역별 지방공무원, 언론, 학계대표 ▪2010. 5. 11: 행안부장관과 간담회 - 공노총위원장, 공선위위원장 등 ▪2010. 5. 14: 행안부장관 공노총 방문 - 노조임원과 간담회 ▪2010. 5. 17: 지자체 공무원노사 합동간담회 - 행안부 주도 지자체 합법 공무원노조 대표자와 지자체 노조업무 담당자 ▪2010. 7. 5: 행안부장관 간담회 - 공노총 및 6개 노조의 7명 위원장 (매년 2차례 간담회 정례화) ▪2010. 7. 28: 「청렴한 공직사회 구현과 공무원 노사 상생 • 협력을 위한 공동선언」 협약식 - 정부와 공무원노조 ▪2010. 8: 행안부장관 간담회 - 중앙행정기관과 지자체 등 20개 기관의 공무원직장협의회 대표 ▪2011년 노조와 장 • 차관 수시 면담 및 각종 정책개선위원회에 노조대표 참석 - 인사조직 TF 및 공무원직종개편 TF위원회, 민관보수조정심의위원회 등 - 노사간 합동 워크숍 및 노사정례간담회: 행공노, 교육청노조, 기공노 • 한공연, 공노총, 광역연맹 등 ▪2011. 9: 상생협력 및 청렴실천 협약서 체결 - 정부와 공노총 등 4개 노조 ▪2012년 노정간 간담회 수시 개최	▪2009. 7. 19: 범국민대회(시국선언) 참가자 징계조치 - 14명 검찰 기소(2009. 10), 2010년 현재 심판 진행 중(2010. 9. 13. 1심 전원유죄) - 57명 징계처분(이 중 18명 파면 • 해임) ▪2009. 9. 23: 전공노 출범 및 민노총 가입 ▪2009. 9. 16: 「공무원복무관리지침」 시행 ▪2009. 10. 20: 법상노조로 보지 아니함 통보 ▪2009. 10. 23: 공무원노조 행사 때 민중의례 금지 ▪2009. 11. 19: 전공노 총투표 과정에서 지침 위반 및 불법행위자 29명 징계요청 (중징계 8명, 경징계 21명) ▪2009. 12. 4: 전공노 지부가 설치된 총 95개 기관에 대한 사무실 회수 대집행 ▪2009. 12. 1 ~ 2010. 3. 3: 노조설립신고 2차례 반려 ▪2010. 3. 9: 전공노 서울행정법원에 소송제기 - 노조설립신고 반려처분 취소소송 기각 (2010. 7. 23) ▪2010. 4: 불법행위 묵인 • 방치 및 위법부당하게 처리한 자치단체 • 기관 경고(7건), 감사부서 담당과장 훈계조치(32명), 단체협약 부당체결 기관 시정조치(8개 기관) ▪2010. 5: 민노당 가입 및 당비 혐의 징계 - 검찰 기소된 전공노 소속 공무원 89명 - 해당 지자체에 관련자 중징계 처리 지시 (2010. 8) ▪2010. 9. 30: 국가인권위 노조법 개정 권고 노조가입 범위 등 노조법 개선을 고용 노동부장관에게 권고 ▪2011. 2: 노조설립신고 반려처분 취소소송 기각(2심) ▪2012. 3 ~ 4: 노조설립신고서 재제출 및 반려, 노조설립신고서 반려제도 헌법소원 합원 판결 ▪2012. 5: 노조설립신고 반려처분 상고심 진행

2009년 이후 조성된 공무원 노사관계의 또 다른 단면으로서 정부와 (통합)전공노의 관계는, 정부와 공노총 관계에 견주어 대척점에 위치해 있었다. 정부와 (통합)전공노의 관계는 2009년 7월 (구)전공노 등의 시국선언 참가자에 대한 징계조치를 계기로 갈등 양상이 표면화되기 시작하였다. 2009년 9월 (구)전공노와 민공노, 법원노조 등 3개 노조가 통합 및 상급단체(민주노총) 가입을 위한 총투표를 실시하는 과정에서 근무시간 중 투표 홍보와 독려, 무단이석 등 복무규정

[표 4-25] (통합)전공노 출범 및 설립신고 경과

〈2009년〉
- 9. 21~22: 조합원 총투표-통합결정 및 민주노총 가입 결정
  ※ 통합: 90.0% 찬성, 민주노총 가입: 66.1% 찬성
- 9. 26: 대의원대회 개최-규약 제정(해고자 조합원 자격 유지)
- 12. 1: 노조설립신고서 제출(고용노동부)
- 12. 4: 설립신고서 보완 요구 통보
- 12. 21: 설립신고서 보완 및 제출(정치 관련 전문 등 개정)
- 12. 24: 설립신고서 반려(해고자, 총회 미실시, 선거인명부 미제출 등)

〈2010년〉
- 2. 6: 임시대의원대회 개최-규약제정을 위한 총투표(안) 가결
- 2. 23~24: 노조설립신고서 재제출(규약제정)을 위한 조합원 총투표실시
  ※ 재적조합원 9만 5,670명 중 68.5% 투표, 91.0% 찬성으로 가결
- 2. 25: 노조설립신고서 재제출
- 3. 3: 설립신고서 반려(선거인명부 미제출, 조합원 자격 없는 자 사실상 조합활동 등)
- 3. 9: 노조설립신고 반려처분 취소소송 제기
- 7. 23: 노조설립신고 반려처분 취소소송 기각 판결

〈2011년〉
- 2. 16: 노조설립신고 반려처분 취소소송 원고 패소(기각) 판결(서울고법)
- 3. 17: 노조설립신고제가 사실상 허가제로 운용되도록 허용한 노조법의 위헌성에 대해 헌법소원심판 청구

〈2012년〉
- 3. 26: 노조설립신고서 재제출
- 4. 8: 노조법 제12조 제3항 제1호에 대한 헌법소원(노조설립신고제)에서 재판관전원 합헌 판결-노조설립신고서 반려제도는 헌법 제21조 제2항 후단에서 금지하는 결사에 대한 허가제라고 볼 수 없다고 해석
- 4. 19: 노조설립신고서 반려처분(고용노동부)-노조가입이 제한된 해직공무원 포함 사유
- 5월 현재: 노조설립신고 반려처분 취소소송 상고심 진행 중

출처: 고용노동부·행정안전부 보도자료, 전공노 자료.

위반으로 29명(중징계 대상 8명, 경징계 대상 21명)에 대한 징계조치[14] 등 (통합)전공노에 대한 일련의 법·원칙적 정부의 대응이 이후 지속되었다.

고용노동부는 (구)전공노에 대해 '공무원이 아닌 자(해직자)의 노동조합 가입·활동을 허용'한 것을 이유로 2009년 10월 20일 「공무원의 노동조합 설립 및 운영 등에 관한 법률」에 의한 노동조합으로 보지 아니함을 통보하였다. 이로써 2002년 3월 24일 조직된 (구)전공노는 공무원노조법 시행(2006. 1) 이후 2007년 10월 17일 설립신고를 하고 적법 노조로 활동해 왔으나, 2년여 만에 합법적인 노동조합으로서의 지위를 상실하게 된다. (구)전공노가 적법노조로서의 지위를 상실하게 됨에 따라 지부가 설치된 95개 기관에 대해 사무실 회수를 위한 대집행이 이루어졌고 그 과정에서도 크고 작은 마찰이 발생하였다.

(통합)전공노는 2009년 12월 1일 노조설립신고서를 고용노동부에 제출하였으나, 고용노동부는 ① 해고자([구]전공노 소속 82명)의 조합원 가입 여부, ② 규약 전문('정치적 지위 향상', '민주사회·통일조국 건설') 및 규약 제7조 제2항, 제11조(해고자 조합원 자격 관련)개정, ③ 총투표시 조합원수와 설립신고시 조합원수 차이 관련 소명(조합원 명단 제출) 등의 신고서 보완을 요구하였다.

이에 (통합)전공노는 12월 21일 노조설립신고서를 보완·제출하였고, 고용노동부는 '보완 요구사항이 대부분 이루어지지 않았다'고 보아 설립신고서를 반려하였다. (통합)전공노는 다시 규약개정을 위한 조합원 총회를 개최하여 규약상 해고자의 조합원 자격 부분을 삭제하고, 규약 전문 중 '정치적 지위 향상' 부분을 삭제하는 등 추가 보완 후 2010년 2월 25일 노조설립신고서를 제출하였다. 고용노동부는 3월 3일, 해고자와 업무총괄자의 노조활동과 관련하여 재차 노조설립신고서를 반려하면서, 추후 설립신고서 제출시에는 노조설립 활동에 참여한 산하조직별 조합원 명단과 각종 투표 참여자의 명단 등 조합원 자격이 없는 자가 활동하지 않았음을 소명할 수 있는 자료를 제출하여야 함을 통보하였다.

이에 (통합)전공노는 법원에 소송을 제기하는 등 법적 대응에 나섬으로써 이후 (통합)전공노를 둘러싼 노정관계는 공노총을 중심으로 형성된 노정간 협력관계와는 전혀 다른 양상으로 전개되어 왔다. (통합)전공노의 민주노총 가입과

14) 중징계: 파면, 해임, 강등, 정직, 경징계: 감봉, 견책.

정치적 표현의 자유 등에 대한 입장은 현행 공무원노조법과의 마찰 소지를 어느 정도 예견하고 있었다고도 볼 수 있다. (통합)전공노에 대한 정부의 대응은 노조 산하 조직의 부분적 이탈로 이어지기도 하였다.[15)]

이런 맥락에서 2010년 이후 정부(행안부)의 공무원 노사관계 정책기조는 법과 원칙에 근거하여 합법노조(공노총 등)와 불법노조(전공노)에 대한 대응을 차별화하면서 협력적 노사관계 구축을 위한 보다 적극적인 행보를 해 왔다고 평가해 볼 수 있다. 전술한 바처럼, 행안부는 '우수행정기관 인증제 도입'과 '공직선진화추진위원회' 출범 이외에도 5월 합법노조인 공노총 사무실 방문을 시작으로 7월 합법노조 위원장들과 오찬 간담회 개최 및 정례화, 이를 기초로 '공무원노사 상생·협력을 위한 공동선언'을 이끌어 내고 이어 8월에는 직장협의회 대표들과 간담회를 갖는 등 일련의 우호적 공무원노조와 단체와의 협력적 관계를 강화하였다. 반면, 전공노와의 관계에 있어서는 배제적 방침을 유지하면서 공무원노조의 질적 개선을 강하게 압박하는 방식으로 진행되어 왔다고 볼 수 있다.

(통합)전공노의 법적 대응들은 대부분 패소하거나 기각됨으로써 노정간 쟁점에 대해 정부의 조치에 힘이 실려 왔다. 예컨대 노조설립에 대한 신고제가 사실상 허가제로 운용될 여지를 제공하고 있다는 맥락에서 관련 노조법 조항의 위헌성을 헌법재판소에 제기하였으나 2012년 4월 재판관 전원일치로 합헌결정이 내려진 바 있다. 노조설립신고 반려처분 취소소송에 있어서도 1심과 2심 모두에서 원고 패소 판결로 결정되었다. 현재 대법원에 상고심이 진행 중에 있으나 (통합)전공노가 승소할 가능성은 매우 낮아 보인다. 2012년 총선과 대선이라는 정치 일정과 그 후 조성될 정치 지형에 따라 (통합)전공노의 합법화 여부도 영향을 받을 가능성도 배제할 수는 없다. 다만, 외부적 조건의 변화 여부와 무관하게 당사자들의 운동노선과 전략에 대한 고민이 깊어지고 있는 것만은 사실이다.

---

15) 환경부, 통계청, 농림수산식품부 산하기관(국립식품검역원, 국립종자원)이 민주노총과 (통합)전공노를 탈퇴하여 중앙행정기관공무원노조(중행노)를 따로 설립(2010. 6. 18)하였고, 전국 지자체로 부산해운대구공무원노조(2009. 12), 농림수산식품부 산하 농산물품질관리원 노조(2010. 8. 30)가 탈퇴하였으며, 서울 25개 자치구 중에서 23곳이 (통합)전공노 소속이었으나 서울강남구지부가 첫 탈퇴(2010. 1. 28) 사례로 나타났고, 기획재정부노동조합 탈퇴(2010. 10. 14) 등이 발생하였다.

다. 공무원 노사관계 현안과 쟁점

2010년 이래로 정부와 공무원노조 간에 형성된 이슈는 사회적 논쟁과 법적 공방으로 이어지는 특징을 보여 왔다. 전공노뿐만 아니라 민공노와 전국교직원노동조합 등이 현행 공무원노조법 및 정부와의 마찰적 이슈에 대해 법적 소송에 들어가면서 그 판결에 이목이 집중되기도 하였다. 한편, 2012년 들어 총선과 대선 등 정치 변동이 예고된 가운데 공무원의 노동기본권에 대한 논의와 공무원노조법 개정 요구, 공무원 직종통합 등의 현안이 부상되었다.

1) 전공노와 정부 간 쟁점

(가) 정부 조치에 대한 부당노동행위 여부 판단

정부와 공무원노조 간의 첫 법률분쟁은 2008년에 발생하였다. 행정안전부가 2008년 6월 시행한 바 있는 '공무원단체 불법관행 해소 추진계획' 및 '가입범위 등 적용기준'에 대해 민공노를 비롯한 9개 공무원노조[16]가 정당한 조합활동을 침해하는 것이라고 주장하며 부당노동행위구제신청을 제기한 사건이었다.

이에 대해 2010년 4월 서울고등법원은 정부의 조치가 ① 공무원노조법 등 관계 법령에 따라 공무원노조 전임자에게 무급휴식을 준수하도록 요구한 것에 대해서는 휴직하지 않고 사실상 전임활동을 하는 공무원의 탈법행위를 방지하기 위한 것이며, ② 노조가입 금지대상 공무원이 노조에 가입할 경우 가입 자체를 이유로 징계 등 조치를 추진토록 한 것에 대해서는 관계 법령에 따른 것으로서 위법·부당하다고 할 수 없으며, ③ 기관의 장이 소속 공무원의 노조 가입대상자 여부를 판단하는 것에 대해서는 기관의 장은 소속 공무원에 대한 징계권자이므로 노조 가입범위에 대해 판단하는 것은 당연하며 이에 대한 판단을 노조 자율에 맡길 수 없다는 요지로 원고 기각 판결을 내렸다. 이에 대해 민공노가 대법원 상고를 포기하여 판결이 최종 확정됨으로써 정부의 불법관행 해소를 위한 정책시행이 법적 정당성을 부여받은 첫 승소 사례가 되었다.

---

16) 민공노, 공무원노동조합총연맹, 행정부공무원노동조합, 대구시공무원노동조합, 대전중구공무원노동조합, 대전시청공무원노동조합, 대전동구공무원노동조합, 서울강서구청공무원노동조합, 대전유성구공무원노동조합.

(나) (통합)전공노의 노조설립신고와 반려조치

(통합)전공노의 노조설립신고 및 반려조치와 관련해 형성된 쟁점은 '반려 사유'의 정당성에 관한 문제였다. (통합)전공노의 주장은, 노조설립신고 반려 사유에 해당하는지의 여부는 법적으로 제출이 명시되어 있는 설립신고서와 규약을 통해서만 심사되어야 한다는 것이었다. 반면, 고용노동부는 (통합)전공노가 해직자 82명의 조합원 여부에 대한 소명자료를 제출하지 않았기 때문에 해직자가 조합원에서 배제되지 않았고, 노조가 제출한 산하 조직 대표자 중 8명이 업무총괄자로 확인되었기 때문이라는 입장이었다.

즉, 공무원노조 설립에 있어 신고제 법률은 '형식적 심사'로 신고증을 교부해야 한다는 취지로 해석하는 (통합)전공노의 주장과 설립신고 내용에 대한 '실질적 심사' 등을 통해 신고증 교부의 여부를 판단한 고용노동부의 입장이 서로 경합하는 양상을 보였다.

(통합)전공노가 제기한 '노조설립신고 반려처분 취소소송'에 대해 2010년 7월 서울행정법원은 "고용노동부가 해직자 및 업무총괄자 가입을 이유로 전공노의 노조설립신고를 반려한 것은 적법"하다고 판단하였고 이에 '소위 전공노'의 청구를 '기각'하는 판결로 일단락되었다. 이후 2011년 2월에는 서울고법 항소심에서도 원고 패소 판결이 났으며 2012년 현재 대법원에 상고심이 계류 중에 있다.

(다) 노조 가입범위의 판단

공무원노조의 적법성 여부 판단에 중요한 요인되었던 '노조 가입범위'에 대해서도 노사간 이견이 형성되었다. 특히, '다른 공무원의 업무를 총괄하는 공무원(이하 '업무총괄자')'에 대한 해석이 문제되었다. 서울행정법원은 "해직자가 전공노의 주요 일원으로 활동하고, 업무총괄자가 포함된 사실이 인정된다"며 고용노동부가 전공노가 제출한 노동조합설립신고서를 반려한 것이 정당하다는 판결을 내린 바 있다.

고용노동부의 「공무원노조 가입범위 판단기준」(2010. 7)에 따르면, '업무총괄자'는 "법령 등에 의해 지휘·감독의 직책을 부여받은 것은 아니나, 업무분장 등에 따라 부서장(과장 등)을 보조하여 '담당'·'계장'·'팀장'으로서 다른 공무원의 업무를 지휘·감독하거나, 총괄하는 업무에 주로 종사하는 공무원(시·군·구 6

[표 4-26] 「공무원노조 가입범위 판단기준」 중 업무총괄자 관련 사항

- 노조 가입제한 대상인 "업무총괄자" 해당 여부는 원칙적으로 다음 기준을 참고로 사실관계를 종합적으로 고려하여 개별적·구체적으로 판단
  ① 당해 공무원의 업무와 관련한 법령, 규칙·훈령, 업무분장 등의 규정 및 내용
  ② 사무(업무)분장 및 실제 업무내용
    i) 소속 공무원의 업무에 대한 협조 등 총괄권 행사 여부
    ii) 소속 공무원의 근무상황(근태, 출장 등)에 대해 중간 결재(협조) 여부
    iii) 감사결과에 대해 소속직원과 연대책임 여부 등도 고려
  ③ 각 업무(총괄업무, 고유업무)에 대한 비중과 업무량
  ④ 다른(소속) 공무원의 업무 등에 관한 사항에의 관여 정도 등
    ⇒ 위 기준에 따라 사실관계 확인 결과 총괄업무를 주로하고 있는 것으로 확인되는 경우 "업무총괄자"로 판단

출처: 고용노동부(2010. 7).

급 담당 등)"으로 규정하고 있다. 이에 대해 '소위 전공노'는 "업무총괄자의 조합가입을 배제하는 이유는 사용자측을 대표하는 자가 노동조합에 참여해 노동조합의 자주성과 민주성을 침해할 우려가 있기 때문"이라며 "업무총괄 판단은 직급이 아니라 구체적인 업무를 실질적으로 살펴야 한다"는 주장이었다.

공무원노조법 및 시행령에서는 "총괄하는 업무에 '주로' 종사하는 공무원"으로 되어 있어 어느 정도의 총괄업무가 '주로' 종사하는 것으로 판단할 것인지에 대해서는 현장에서 구체적인 업무를 살펴보아야 하는 문제가 있다. 이 같은 법 적용상의 어려움은 비단 '소위 전공노'뿐만 아니라 공무원 노사관계 전반에서 수시로 논란이 될 소지가 있다. 예컨대 2010년 11월 광주광역시교육청 공무원노조위원장(이하 교육청 노조위원장) 선거를 앞두고 입후보자의 '자격논란'이 일었다. 그 내용은 11월 16일 예정된 교육청 노조위원장 출마를 신청한 4명의 후보 중 한 명이 학교 행정실장으로서 노조위원장에 출마했기 때문이다. 교육청선관위 위원장은 지금 시점에서 '적격', '부적격'을 판단하기는 힘들다는 입장이었다. 고용노동부의 「공무원노조 가입범위 판단기준」에서도 "사무분장규정 등에 의해 업무총괄자로 지정되어 있으나, 소속 공무원이 극소수(기능직 등 1~2명)로 실제 업무전반을 전담하여 직접 수행하고 있어 사실상 업무총괄자로 보기 어려운 경우, 예를 들어 행정실장이라 하더라도 각급 학교의 행

정실에 행정직 1명과 소수의 기능직 공무원이 근무하고 있고, 행정실장이 행정실 업무전반을 전담하여 수행하는 경우라면 '업무총괄자'로 보지 아니한다"고 정리하고 있기도 하다.

따라서 업무총괄자에 대한 판단은 결국 당사자가 실제 수행하고 있는 업무를 구체적으로 파악하여 판단되어야 할 사안일 뿐 아니라 그 수행업무를 파악하더라도 그것이 업무전반에서 차지하는 비중을 일정 정도 자의적으로 판단할 수밖에 없는 상황이 존재한다. 다만 (통합)전공노의 경우에는, 고용노동부가 업무총괄자 해당 여부를 실질심사를 통해 구체적으로 파악하였음을 법원이 판결문에 명시하고 있다.

(라) 교섭위원의 적격성

정부와 공무원노조 간 진행되었던 법률분쟁으로서 공무원노조의 적법성에 관한 이슈가 제기되기도 하였다. (구)전공노가 고용노동부장관을 상대로 "2009년 10월 20일 시정요구 불이행에 따른 '법상 노동조합으로 보지 아니함' 통보처분을 취소"할 것을 주장하며 소를 제기한 사건이다. 이에 대해 서울행정법원은 '각하' 결정(2010. 4. 8)을 내렸다.[17] 판결의 요지는 (구)전공노가 주장하는 대로 당시 고용노동부의 통보처분이 취소된다고 하더라도 (구)전공노가 법상 노조로서의 실질적 지위를 인정받을 수 있는 상태가 되지 못하는 것이기 때문에 통보처분의 취소 자체가 가져다주는 법률상 이익이 있다고 보기 어렵다는 결론이었다. 문제는 (통합)전공노가 법적인 노조로서의 지위를 인정받지 못하게 된 이상 통합 이전의 (구)전공노와 이에 참여했던 민공노, 법원노조의 실체에 대해 쟁점이 형성되었다는 점이다. 이는 2008 대정부 교섭과정 초기부터 참여해 왔던 교섭위원의 적격성 문제로 이어졌으며, 정부는 교섭참여 노조에 대해 '소위 전공노' 소속 교섭위원 및 교섭의제를 배제한 후 다시 통보해 줄 것을 공무원노조측에 요구하는 상황에 이르렀다. 이에 공무원노조측은 교섭위원 중 (구)전공노 교섭위원의 배제를 통보하였다. 그러나 민공노와 법원노조의 경우에도 여전히 노조실체의 불명확성이 해소되지 못하고 있다. 이와 관련하여 서울행정법원의 판결문 내용을 살펴보면 다음과 같다.

---

17) 서울행정법원 제2부 2010. 4. 8. 선고 2009구합44690 판결(각하).

"노동조합은 그 해산사유의 하나로 합병으로 소멸한 경우를 들고 있고(노조법 제28조 제1항, 제2항), 합병에 따라 해산·소멸되는 노동조합의 조합원은 합병 결의에 의하여 개별적 가입절차 없이 자동적으로 신설합병된 노동조합의 조합원의 자격을 갖게 되는 점, 합병에 따라 해산·소멸되는 노동조합에서는 해산에 따른 청산절차를 거칠 필요가 없이 그 재산관계 및 지위가 그대로 신설합병된 노동조합에 승계되는 점, 신설합병된 노동조합이 비록 그 설립신고가 수리되지 않아 법인등기를 갖추고 있지 못하고 있다 하더라도 이미 노동조합으로서의 실질적 성립요건을 갖추고 있다면 '노조법상의 노동조합이 아닌 노동조합'으로 성립되는 점 등을 종합하면, 원고는 앞서 본 바와 같이 이미 전국민주공무원노동조합 및 법원공무원노동조합과 합병결의를 하였고, 이에 따라 통합된 전국공무원노동조합이 설립되었으며 원고 스스로 그 해산신고까지 한 이상, 그 조합원들은 통합된 전국공무원노동조합의 조합원이 되고 원고는 더 이상 공무원노동조합으로서의 실체[18]를 갖추지 못하게 되었다고 할 것이며…."

이상과 같이 서울행정법원의 판결에 비추어 본다면 (구)전공노뿐만 아니라 통합에 참여한 민공노와 법원노조 역시 공무원노조로서의 실체는 없어진 상태로 해석될 수 있다. 이에 대해 (통합)전공노의 주장은 "민공노 및 법원노조와 합병결의를 하였으나 합병은 해산사유일 뿐 합병결의로 인하여 바로 소멸하는 것은 아니고, 합병절차가 종료되어 합병등기를 완료한 때에 해산된다고 보아야 하므로" 만약 (통합)전공노가 노조설립필증을 받지 못하여 법적 노조지위에 이르지 못한 경우라면, 합병등기를 완료하지 않은 상태로서 기존의 (구)전공노와 민공노, 법원노조의 실체는 그대로 인정되어야 한다고 주장하고 있다. 이후 2012년 5월 현재까지 2008 단체교섭은 진척이 없는 상태이다.

18) 통합이전 (구)전공노와 민공노, 법원노조의 공무원노조로서의 실체 인정 여부는 공무원노조법상 인정되는 노조로서 누릴 수 있는 지위와 권한의 상실 여부와 관련된다. 공무원노조법상 노조인정의 경우 일반적인 지위와 권한 사항은 다음과 같다: 노동위원회에 노동쟁의의 조정 및 부당노동행위 구제신청(노조법 제7조 제1항), 노동조합의 명칭 사용(노조법 제7조 제3항), 노동조합의 조직 및 가입과 노동조합과 관련된 정당한 활동에 대해 공무원의 집단행위 금지규정인 국가공무원법 제66조 제1항 본문과 지방공무원법 제58조 제1항 본문의 규정 미적용(공무원노조법 제3조 제1항), 정부교섭단체와 단체교섭 및 단체협약 체결권 등.

(마) 공무원노조 활동범위의 정당성

(통합)전공노를 중심으로 이른바 '공무원노조의 시국선언' 사건과 '정당가입 및 후원' 활동으로 인한 공무원 및 공무원노조의 활동범위의 정당성에 대한 논란이 불거지기도 하였다. 먼저, 시국선언 집회 참여와 관련한 쟁점의 요지는, 공무원노조가 2009년 7월 "시국선언 탄압 규탄대회"와 "민주회복·민생살리기 2차 범국민대회"에 참여한 행위가 현행 공무원노조법상 정치활동 금지에 해당하는지 여부 및 국가공무원법상 성실·복종·품지유지의 의무 및 집단행위 금지 등에 위반되는지 여부였다. 이러한 쟁점은 공무원의 노동3권과 관련하여 공무원노조법이 시행되기 이전부터 논란이 있었던 부분이기도 했다. 이 사건으로 참여 공무원에 대한 중징계 조치와 함께 노조간부 16명에 대해서는 형사고발이 이루어짐에 따라 2009년 10월 14명이 검찰에 기소되어 2010년 심판이 진행되었다.

공무원노조측[19]의 주장을 요약하면, 헌법에 보장된 집회결사의 자유와 정치적 의사표현의 자유에 해당한다는 것이었고, 비록 '정당활동'이나 '선거운동' 등 상당한 제약이 불가피할지라도 일반적 의미에서의 '정치적 표현의 자유'는 최대한 보장되어야 한다는 것이었다. 이에 대해 서울중앙지방법원 1심 판결에서는 기소자 전원 유죄로 판결(2010. 9. 13)되었다.[20] 판결의 요지는, 시국선언 탄압 규탄대회 집회 참가활동이 공무원노조와 관련된 정당한 활동이라고 볼 수 없고, 2차 범국민대회 참가행위도 공익에 반하는 목적을 위한 집단행위에 해당한다는 것이었다. 그리고 '정치적 표현의 자유'와 관련해서는 헌법에 보장된 기본권으로서 다른 기본권에 비해 우월한 효력을 가지는 것이지만 국가공무원법과 공무원노조법상 정치적 중립성 보장이라는 목적의 실현과 공공복리를 위해 필요한 경우 정치적 활동의 자유를 일정한 범위 내에서 법률로 제한할 수 있다는 입장을 밝혔다. 한편, 법원 판결 양형의 이유에 대해서 공무원의 정치적 표현의 자유의 한계에 대하여는 여러 견해의 주장이 있을 수 있는 점을 고려하였다고 밝히기도 하였다.

---

19) 공무원노조측은 민주사회를 위한 변호사모임(민변)과 함께 27명의 변호사가 참여한 '공무원노조 민변 공동변론단'이 구성되어 변론을 맡았다.

20) 서울중앙지방법원 제36형사부(2010고합220): 판결에 따라 피고인 9명 중 3명은 각 벌금 200만 원, 5명은 각 벌금 150만 원, 1명은 벌금 100만 원에 처해졌다.

이러한 판결에도 불구하고 '정당한 공무원노조활동과 정치적 표현의 자유' 등에 대한 논쟁은 이후에도 지속되었다. 시국선언과 관련한 전국교직원노동조합(이하 '전교조') 교사들에 대한 지방법원 1심 판결이 유죄와 무죄가 서로 엇갈리는 등 법 적용의 서로 다른 입장[21]이 존재하고, 이후 무죄를 선고했던 일부 판결들은 항소심에서 잇따라 유죄로 판결되었기 때문이다. 그러나 2012년 4월 대법원 전원합의체가 '시국선언'을 주도한 혐의(국가공무원법 위반 등)로 기소된 바 있는 전교조 간부 3명에 대해 유죄를 선고하여 원심을 확정함으로써 관련 논쟁이 일단락되었다. 판결의 요지는 '정치적 표현의 자유가 보장되어야 하지만, 공무원과 교육의 정치적 중립성을 선언한 헌법정신에 비추어 자유는 제한될 수밖에 없다'는 것이다.

한편, 공무원의 정치적인 표현의 자유 등과 유사한 맥락에서 정부와 공무원노조 간 쟁점이 2010년 5월, 민주노동당에 가입하여 당비를 낸 혐의로(국가공무원, 정치자금법 위반 등) 검찰에 의해 기소된 '소위 전공노' 소속 공무원 89명에 대해 행정안전부의 중징계 사건을 둘러싸고 발생하였다. 특정 정당 가입과 당비 납부 그 자체의 정당성에 관한 문제 외에 심판이 진행 중인 사안에 대해 정부의 징계조치가 선행되었다는 점에 대하여 '소위 전공노'측이 비판하고 나섰다. '소위 전공노'는 "정당에 대한 정치후원금은 그 사안이 징계사유에 해당하는지 여부에 대한 논란이 있고 증거도 충분지 않아 징계절차를 신행하는 것은 부당하다"고 주장하고 야당·재야단체 등과 연대하여 정치적 해결방안을 모색해 왔다. 반면 정부는 "공무원들이 특정 정당의 당원으로 가입하거나 당비를 내는 일은 정치적 중립의 근간을 훼손하는 중대한 위반행위"로 규정하고 있다.

2) 공무원 직종개편

최근 공무원 노사관계에서 가장 큰 이슈 중의 하나는 30년 만에 이루어지는 공무원들의 직종체계 개편에 관한 사항이다. 행정안전부는 2011년 6월, 학계,

---

21) 전교조 시국선언과 관련한 엇갈린 몇 가지 판결 사례
- 전주지법 2010. 1. 19. 선고 2009고단1119, 2009고정1105(병합) 판결: 무죄
- 인천지법 2010. 2. 4. 선고 2009고단4623, 2009고단6734(병합), 2009고단6958(병합) 판결: 유죄
- 대전지원 홍성지원 2010. 2. 11. 선고 2009고단606, 2009고정512(병합), 2009고단873(병합) 판결: 국가공무원법 위반은 무죄, 집시법은 유죄
- 대전지법 2010. 2. 25. 선고 2009고단2786, 2009고정2259, 2009고단4126(병합) 판결: 무죄

[표 4-27] 공무원 직종체계 연혁

- 1949. 8. 12: 일반직, 별정직으로 구분
  - 별정직에 현행 정무직·특정직·고용직 성격의 업무를 포함
  - ※ ① 선거 또는 임명시 국회 승인, ② 국무위원, 각 처장, 각부 차관, ③ 대사, 공사, ④ 법관, 교원, 비서, 군인, 군속, ⑤ 단순노무 종사 공무원
- 1963. 4. 17: 일반직 내에 기능직을 별도로 구분
  - 일반직을 1~5급과 기능직으로 계급 구분
  - ※ 1963. 5. 29: 별정직 중 고용원 일부를 기능직 임용
- 1973. 2. 25: 공무원이 아닌 계약직원(1년 계약)제도 신설
  - ※ 1978. 12. 5: 계약직원 명칭을 전문직원으로 변경
- 1981. 4. 20: 7개 직종체계로 정비
  - 일반직은 일반직/기능직으로, 별정직은 정무직/별정직/고용직/특정직으로 분리, 전문직원을 계약직공무원으로 분류
  - ※ 1985. 5. 10: 고용직 일부를 기능직으로 임용
  - ※ 1981년 당시에는 '전문직'으로 신설 → 1998년에 '계약직'으로 명칭 변경
- 2011. 8. 24: 행정환경 변화에 따라 필요성이 소멸된 고용직 폐지

출처: 고용노동부·행정안전부 보도자료, 전공노 자료.

민간, 공무원노조, 관계부처 등으로 '공무원직종개편위원회'를 구성하여 개편방안을 논의해 왔다.

2012년 2월 공무원직종개편위원회가 제시한 주요 내용은 먼저, 세분화된 현행 공무원 직종체계를 통폐합하여 간소화한다는 점이다. 6개 직종을 4개 직종으로 축소하는 방안이 그것이다. 또한 기능직의 경우, 일반직과 동일한 인사관계 법령을 적용받고 별도의 인사관리를 통한 실익도 크지 않으며, 행정 전산화 등으로 2009년부터 사무기능직이 일반직으로 통합된 것과 같이 기능직의 업무변화를 반영하여 일반직으로 통합한다는 기본 방침을 정했다. 그리고 별정직과 계약직의 경우, 대부분이 과거와 달리 경쟁채용 방식이고 사실상 신분도 보장되는 등 일반직과 인사관리가 유사해지고 있어 일반직으로 통합하기로 했다. 다만, 비서관·비서, 정책보좌관 등 정무적으로 임용되는 경우에는 별정직으로 분류키로 했다.[22] 통합방법론에서는 2단계에 걸쳐 추진하는 것을

22) 행정안전부 보도자료(2012. 2. 28).

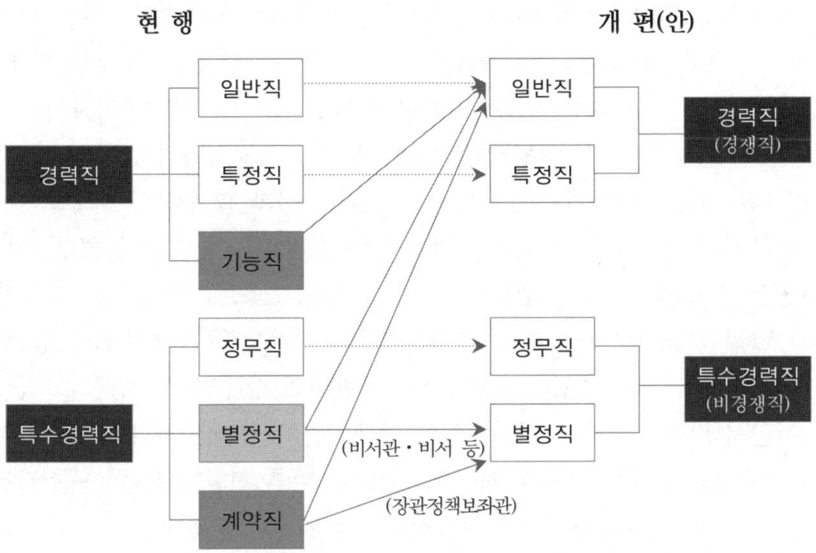

출처: 행정안전부 · 공무원직종개편위원회(2012), "공무원 직종개편 공청회" 자료집.

[그림 4-5] 공무원직종개편위원회의 직종개편(안)

골자로 하고 있다. 1단계가 통합의 틀을 형식화하는 단계라면 2단계는 실질적인 화학적 통합과정으로 접근하고 있다.

노사관계 측면에서 공무원의 직종개편 작업은 기능직의 일반직 전환에 대한 노노간 갈등의 문제로 파악해 볼 수 있다. 기능직의 전환은 원칙적으로 일반직에 상당하는 계급으로 즉, 수평전환을 고려하고 있다는 점에서 일반직의 반발이 확대되어 왔다. 공무원직종개편위원회의 방안에 따르면, 기능직 6급 이하의 경우 일반직 6급 이하와 봉급체계가 동일하고 형평성 차원에서도 종전 사무기능직의 전환사례와 달리 운영할 이유가 없다고 보고 있다. 다만, 기능 5급의 경우에는 일반직 6급으로 전환한 후 봉급은 현행과 가장 가까우면서도 낮지 않은 수준에서 재획정하는 것으로 제시하였다.

공무원 직종개편은 행공노와 공노총이 2006년부터 '공직사회 평등 구현'을 목표로 개선을 추진해 온 바였다. 2011년 구성된 공무원직종개편위원회에도 행공노 부위원장이 참여하여 의견을 개진해 왔다.

직종개편과 관련하여 노노갈등의 핵심은 일반직의 '역차별'에 대한 인식이 강하게 작용하고 있다. 2009년부터 국가직을 대상으로 실시되던 '사무기능직의 일반직 전환'이 2011년부터 시·도교육청을 포함한 지방직으로까지 확대되면서, 일부 일반직 공무원들이 집단반발하고 나선 것이다. 특히, 지자체에 비해 기능직 공무원의 비율이 상대적으로 높은 각 시·도교육청의 갈등이 부각되었다. 2011년 10월경 사무기능직의 일반직 전환 추진과 관련하여, 서울교육청 일반직 공무원 300여 명이 시교육청 앞에서 촛불집회를 개최한 바 있다. 일반직의 주장은 수평전환은 특혜이며, '공무원 고시'로 불리는 임용시험을 통과한 일반직과 달리 기능직은 대부분 면접 등 간단한 절차를 통해 공무원에 임용되고 있다는 점, 따라서 두 직종 간 형평성과 일반직의 상대적 박탈감을 고려해 일반직 전환시 직급을 낮추는 한정전환을 시행하는 것이 마땅하다는 것이었다.[23] 그 외에 승진적체 등의 우려를 가지고 있었다. 이후 전공노 서울교육청지부 내 일반직이 탈퇴하여 서울시교육청일반직노조를 결성하게 된다.[24]

경기도교육청의 경우에도 8·9급 일반직 공무원들이 모임을 결성하고 수평전환 반대 의견서를 내기도 하였다. 공노총과 (통합)전공노를 비롯한 다수의 공무원노조는 내부의 이견이나 갈등에도 불구하고 원칙적으로 기능직의 일반직 수평전환을 공식적 입장으로 견지해 왔다. 그러나 지자체나 노조의 특성에 따라 일반직이 다수를 차지하는 공무원노조의 경우에는 이와 반대되는 입장을 공식화하기도 하였다. 예컨대 법원노조의 경우에는 조합원의 80%가 일반직으로서 '9급 한정전환 방식'을 채택하기도 하였다.

공무원노조 내부의 갈등에도 불구하고 정부의 직종개편에 대한 기본 입장은 유지되고 있다. 행정안전부는 다양한 의견수렴과 공청회 등을 추진하는 가운데 2012년 6월까지 정부안을 마련, 2012년 하반기에 관련 법령의 개정을 추진한다.

3) 공무원노조법 개정

공무원노조법과 관련한 이슈는 공무원노조 간 온도차가 있지만 대체로 법 개정의 필요성에는 공감하고 있다. 공무원노조들의 조직 형성단계에서 (구)전

23) 매일노동뉴스(2011. 10. 12).

24) 서울시교육청일반직노조가 결성되면서 서울시교육청에는 모두 5개 노조가 복수로 병존하게 되었다: 서울특별시교육청공무원노조, 전공노 서울교육청지부, 전국기능직공무원노조 서울교육청지부, 전국시도교육청일반직공무원노조, 서울시교육청일반직공무원노조.

공노와 민공노의 조직분열의 원인도 공무원의 노동기본권과 공무원노조법이 그 중심에 있었다고 볼 수 있다. 공무원노조법 제정 당시 이에 대한 문제를 제기하면 강하게 반발하였던 (구)전공노가 법내노조로 전환하면서 공무원노조법 개정에 대한 투쟁 양상은 상당히 완화된 경향을 보여 왔다. 그러나 (통합)전공노가 법외노조로 존재할 뿐 아니라 그 와중에 쟁점이 되고 있는 공무원의 정치적 표현의 자유 등은 여전히 공무원노조의 법 개정에 대한 논의와 요구를 드러내는 지속적 원인이 되고 있기도 하다.

2012년 총선 직전인 3월 말, 공노총은 새누리당과 민주통합당, 통합진보당을 대상으로 정책질의서를 전달한 바 있다. 공노총은 공무원노조법을 폐기하고 일반노조법을 통해 공무원 노동기본권을 보장해야 한다는 취지의 질의를 제시한 바 있다. 이에 대해 여당은 '공무원노조법이 시행·정착 중에 있으므로 논의가 필요한 부분은 의견수렴해 검토하겠다'는 입장을 전달하였고, 야당은 '공무원노조법 폐기와 공무원에 대한 노동3권 부여' 입장을 피력하기도 하였다.[25]

2012년 총선과 대선이라는 정치적 일정은 이처럼 공무원 노사관계의 중요한 쟁점 중의 하나인 공무원노조법의 개정 여부 등에 실질적인 영향을 미칠 가능성을 배제할 수 없다. 2009년 이래로 공무원노조의 양강 구도가 형성되고 있지만, 중요한 한 축이라 할 (통합)전공노가 노정간 갈등 속에 공무원 노사관계의 불안정성 요인으로 기능하고 있다는 점에서 공무원 노사관계의 모든 주체들이 이에 대한 합리적 논쟁과 대안의 모색이 필요해 보이는 시점이다.

라. 공무원 노사관계 평가와 전망

2008년 이명박 정부 출범 이래로 최근까지 공무원 노사관계는 정부의 '노사관계 선진화'와 '법과 원칙에 근거한 불합리한 노동관행 개선' 정책이 지속적으로 관철되는 방식이 지배적이었다고 평가할 수 있다. 그 결과 공노총을 위시한 합법노조와의 소통이나 협력적 파트너십 정책은 공무원 노사관계의 안전판을 위한 지렛대로 기능해 온 반면, (통합)전공노와의 불협화음과 갈등은 보다 심화되는 양상으로 전개되어 왔다.

공노총 중심의 합법노조는 탈정치와 노정간 상생협력 선언 등을 기초로 정

---

25) 매일노동뉴스(2012. 4. 9).

책참여 활동에 보다 적극성을 보이고 정부와의 소통과 협력을 한층 강화시켜 나감으로써 공무원노조의 다양한 요구를 정부정책에 실질적으로 담아내는 성과를 이루어 내기도 하였다. 이에 공무원들의 근로조건 개선과 경제적 향상이라는 실용주의적 노조주의(business unionism)는 안정적 기반을 다진 것으로 평가해 볼 수 있다.

반면, 법상 노조로서의 지위를 얻지 못하고 있는 (통합)전공노 중심의 사회개혁적 노조주의(social reform unionism)[26]는 노정간 갈등과 더불어 노사관계 쟁점에 대한 법적 공방에서도 계속 패소하면서 상대적으로 조직적 위기가 고조되는 국면을 경험해 오고 있다.

2007년 정부와 공무원노조 간 체결되었던 단체협약의 이행이 2012년까지 순차적으로 진행됨에 따라 그간 누적되어 왔던 공직사회의 문제가 보다 완화되는 가운데 실무직 중심의 근로조건 등이 상당한 개선을 보인 측면이 있다. 이와 더불어 '공무원 노사문화 우수행정기관 인증제' 도입 • 시행, '공직선진화추진위원회' 구성 • 운영, '공무원직종개편위원회' 구성과 직종개편 방안 마련 등 공무원 노사관계 안정화를 기하기 위한 일련의 정부정책도 노정간 갈등을 이완시키는 데 기여한 바 있다. 더욱이 노정간 법적 공방의 법률적 판단 대부분이 정부조치에 대한 합법적인 정당성을 부여해 왔다는 측면도 공직사회와 사회적 갈등의 증폭을 최소화하는 데 일조하였다.

그러나 공무원 노사관계 형성의 짧은 역사는 여전히 해결해야 할 과제를 산적해 놓고 있다. 공무원노조의 양극화 심화는 특히 공무원 노사관계 관련 당사자들의 심도 있는 자평이 요구되고 있다. 노사관계의 핵심이라 할 단체교섭이 2008년 이후 진전 없이 공전되고 있는 가장 큰 요인 중의 하나라는 측면에서도 공무원 노사관계의 장기적 전망을 세우기 위한 반성과 대안이 요긴하다.

앞으로 공무원 노사관계는 전술한 바처럼 대형 공무원노조의 양강 구도가

26) 김유선 • 김인재 • 노광표(2004): 전공노 출범(2002년) 당시 규약에서 공무원노조 운동의 목표를 사회 • 경제적 지위 향상에 국한시키지 않고, 공직사회 개혁에서부터 한국사회의 총체적 개혁 및 변화까지 확장하고 있다는 측면에서 사회개혁적 관점을 파악하고 있으며, 공노총의 경우 강령에서 '대화와 타협을 통한 창조적 노동문화 창출' 및 '공무원만의 독자적 노선과 자주적 노동운동을 지향'하는 내용을 담고 있다. 그 결과 투쟁 일변도의 노조활동 지양과 타협을 통해 중앙 및 각 기관별 단체협약 체결과 가시적인 성과를 획득해 왔다는 점에서 '실용적 노선'으로 파악해 볼 수 있다.

정립될 것으로 예측된다. 그러나 공무원노조법을 비롯한 제반 법·제도적 인프라에 대한 개선이 뒷받침되지 않고서는 공무원노조가 노정간 협력과 갈등의 이원화를 상당 기간 고착화시킬 가능성도 배제할 수 없을 것이다. 이는 사회적 비용을 고려할 경우 결코 바람직하지 않은 기대이기도 하다. 또한 노조간 통합 등 대형화 시도도 함께 진행될 것으로 보이며, 그 과정에서 양강의 공무원노조간에 경쟁구도를 이어갈 가능성도 있다. 공직사회의 다양한 제도와 맞물려 오히려 직종별 노조형태의 분화 가능성도 여전히 남아 있다. 2012년 진행되고 있는 직종개편에 대한 노조 내부의 분열적 양상이 그 가능성의 한 단면이다. 2012년 총선과 대선 이후 신정부의 출범과 때를 같이하여 2013년 이후 공무원 노사관계의 새로운 지평은 공무원 노사관계 당사자들과 시민·사회단체 및 국민여론의 작동방향에 따라 명암이 갈라질 수 있을 것이다. 민간을 포함한 일반의 노사관계를 견인하고 그 이정표를 한발 앞서 세워 나가야 할 책무가 공무원 노사관계 각 주체들 모두에게 부과되고 있다.

참고문헌

경제사회발전노사정위원회(2009), 회의록.

고용노동부(각 연도), 내부자료 및 보도자료.

공무원노동조합총연맹(각 연도), 내부자료 및 보도자료.

__________________(2008), 2008년 대정부 단체교섭요구(안).

권순미(2008), 「공무원노조의 대정부 단체교섭 사례」, 노동행정연수원.

_____(2011), 「공무원 노사관계 이해와 실무」, 한국기술교육대 고용노동연수원.

김유선・김인재・노광표(2004), 「효율적인 공무원노사관계 운영방안 연구」, 한국노동연구원.

김정한・박태주・김현준・김재훈(2006), 「공무원 노사관계-단체교섭구조를 중심으로」, 한국노동연구원.

김 훈(1992), 「노사협의회 운영실태에 관한 조사 연구」, 한국노동연구원.

노광표・홍주환(2002), 「공무원노동조합 조직연구」, 한국노동연구원.

____________(2007), 「수도권 광역자치단체 공무원 노사관계 사례연구」, 한국노동연구원.

노용진(2001), "유노조기업 내 노사협의회 활성화의 결정요인", 인사관리연구, 25(2).

매일노동뉴스(각 연도), 보도자료.

박준식・박주영(2005), 「공무원 노동조합의 형성과정과 의식조사를 통해 본 공무원 노사관계의 특성과 정책과제」.

박태주(2002), 「공무원 단체교섭구조의 설계」, 전망(여름호).

백종섭・유각근・김성훈・이승협(2008), 「공무원 노사관계」, 한국노동교육원.

서울행정법원・서울중앙지법(각 연도), 사건 관련 판결문.

손동희・권순미(2008), 「공무원 노사관계 사례연구」, 한국노동교육원.

이성희(2011), 「공무원노사관계 5주년 평가와 향후과제」, 경제사회발전노사정위원회 토론회 발제문.

전국공무원노동조합(각 연도), 내부자료 및 보도자료.

전국시도교육청공무원노동조합, 보도자료.

조성일(2010), 「공무원노동조합의 단체교섭 구조에 관한 연구」, 고려대학교 노동대학원 석사학위 논문.

조용만・문무기(2003), 「공무원 노동기본권 입법방향」, 한국노동연구원.

한국기술교육대 고용노동연수원(2011), 「공무원노사관계 이해」.

허찬영(2000), 「노사협의회 운영실태 및 활성화 방안」, 고용노동부.

행정안전부・공무원직종개편위원회(2012), "공무원 직종개편 공청회" 자료집.

행정안전부(2007), 2007단체협약서.

_________(2009), 「2010년 핵심정책 과제」, 2010년도 업무보고.

_________(각 연도), 내부자료 및 보도자료.

행정자치부(2004), 「효율적인 공무원 노사관계 운영방안 연구」.

Bekke, A. G. M., Perry, J. L. & Toonen, T. A. J.(1996), "Introduction: Conceptualizing Civil Service Systems", *Civil Service Systems in Comparative Perspective*, Bloomington & Indianapolis: Indiana University Press.

Potter, E. E.(2001), "Labor's Love Lost? Changes in the U.S Environment and Declining Private Sector Unionism", *Journal of Labor Research*, 22(2).

Troy, L.(2001), "Twilight for Organized Labor", *Journal of Labor Research*, 22(2).

5 금융산업 노사관계의 동향과 전망

제5장 금융산업 노사관계의 동향과 전망

1. 서 론

1987년 6·29선언 이후의 노동운동은 양적·질적 변화를 가져 온 중대한 사건으로 기록되고 있다. 이는 일련의 정치민주화 운동이 산업민주주의라고 하는 노동운동으로 진화해 나가는 전환점이었기 때문이라고 볼 수 있다.

1987년 이후 노사관계 측면에서 드러난 가장 큰 변화 중의 하나는 노동운동에 있어서 조직대상 외곽에 머물러 있던 금융기관이나 연구기관, 병원, 언론사, 출판, 일반사무직 등 이른바 '화이트칼라' 노동자들의 노조조직화가 급속히 진전되었다는 점이다. 때로 이들 노조는 생산직 노조에 못지않은 격렬한 노동쟁의를 일으켜 사회 전체에 큰 파장을 일으키기도 하였다.

선진국에서는 노동운동이 본격화되는 19세기 중엽에서 20세기 초까지 피용자의 90% 이상이 생산직이었다. 이후 1970년대 들어 노동력의 구성이 블루칼라와 화이트칼라 비중이 유사하게 되면서 화이트칼라 노조조직률을 높이기 위한 논의가 본격화되었다. 반면, 우리나라의 경우 노동운동이 본격화되는 시점인 1987년의 경우 피용자 중 생산직의 비중이 45%이고 화이트칼라의 비중도 45% 수준으로 생산직과 사무직의 비중이 유사하였다. 즉, 본격적인 노동운동의 출발기에 있어서 화이트칼라와 블루칼라의 비중이 유사하였다는 점은 서구의 노동운동과 다른 점이다. 이는 곧 노동운동의 이념이나 목표, 노선 등에서 상당한 영향력을 미친다는 점에서 주목할 만한 특징이라고 볼 수 있다(조우현·윤진호, 2004).

이처럼 본격적인 노동운동에 있어서 화이트칼라와 블루칼라 노조의 동시적인 출발이 가능했던 것은 화이트칼라 노조 집행부를 구성하는 인력들이 대부분 직간접적으로 학생운동에 참여한 경험을 가지고 있었다는 점이다. 또한 학생운동의 경험을 가지고 있었던 화이트칼라 노동자들이 '넥타이 부대'라는 이름으로 참여함으로써 노조조직화와 그 활동이 활성화되는 계기로 작용하였다(신광영, 1994).

이런 관점에서 금융산업 노사관계는 최근에 이르기까지 공공부문을 포함하여 민간부분 노사관계에 상당한 영향을 미치고 있다. 금융산업 대표노조로서 전국금융산업노조의 경우 한국노총 내에서도 상당한 입지를 차지하고 있다는 점도 작용하고 있다. 1997년 말 IMF 구제금융에 따른 금융위기와 그로부터 10년 후인 2008년 미국발 금융위기, 보다 최근에는 유럽국가들의 재정위기에 따른 금융불안 요인의 고조 등은 국내 경제 전반에 중대한 영향을 미쳐 왔다. 이런 측면에서 금융산업 노사관계는 산업단위 자체의 문제라기보다는 금융을 포함한 국내 경제 전반과 관련된다.

이 장의 목적은 금융산업 노사관계 전반을 살펴보고 이 같은 특징과 실태 및 시사점을 정리해 보는 데 있다. 또한 금융산업 노사관계를 조망함에 있어서는 은행을 주력으로 하고 있는 전국금융산업노조를 중심으로 살펴보고자 한다.

2. 금융산업 환경과 특징

자본주의 체제하에서 금융산업은 국가의 산업구조와 경제발전 과정, 금융시장에 대한 정부의 역할 규정, 시장경제의 개방화 수준, 정치권력의 특성 등 다양한 요인이 상호 영향을 주고받으며 일국 내에서의 산업적 특징이 형성된다. 금융산업은 정부의 금리·통화정책이나 자본의 공급 등을 통해 제반 산업에 결정적 영향을 미치는 주도적 위치에 서는가 하면 국가정책과 산업환경의 변화에 따라서 금융산업의 역할이 규정되거나 금융조직이 분할·통합되는 등의 영향을 받는다(Kindleberger, 1983). 특히 자본의 이동성이 국가간 명목적 경계를 뛰어넘어 글로벌 금융으로 진화하면서 지구촌 전체의 금융질서가 어떻게 편성되고 흘러가는가에 따라 일국의 금융산업도 크게 영향을 받는 환경에 노출되었다. 이 같은 현상은 신자유주의(neo-liberalism)의 전 세계적 확산에 따른 결과인 반면, 최근 세계자본의 심장이라 일컬어지는 미국의 월가를 중심으로 금융자본의 폐단에 대한 이른바 '99%'를 위한 시위가 전개되면서 '금융자본의 도덕성' 또는 '세계화의 실패'에 대한 담론을 도태하는 요인이 되고도 있다.

국내 금융산업은 정치·경제·사회·문화적 격변기 속에서 국가의 산업정책과 정권의 특성에 따라 금융산업의 부침이 진행되어 왔고 현재도 그 진화는 진행형이다. 1997년 말 IMF 구제금융 위기, 2008년 미국의 서브프라임 모기지에서 촉발된 글로벌 금융위기 등 국제 금융시장의 변동성은 국내 금융시장에 큰 영향을 미친 사건들이다. 이는 초기 정부주도의 금융산업 정책이 신자유주의에 기반한 자율화 조치로 이행되는 가운데 특히, IMF 구제금융을 기점으로 다른 국가들에 비해 금융시장의 자율화 또는 국제자본의 이동에 대한 폭넓은 개방에 따른 결과이기도 했다. 이에 따라서 최근 유럽의 재정위기 국면에서도 국내 금융권의 위기의식과 리스크 관리의 집중 필요성이 어느 때보다 고조되고 있다. 여기에는 글로벌 시장경제의 조성과 이를 지원하는 각종 IT기술의 발전에 따라 금융자본의 이동이 과거 어느 때보다 용이하다는 점이 작용하고 있지만, 이처럼 글로벌 금융환경의 변화에 대한 국내 금융산업의 높은 반응 민감도는 금융자본의 안정성 측면에서 우려를 낳고 있기도 하다. 이런 맥락에서 국내 금융산업의 특징은 다음과 같이 정리해 볼 수 있다.

첫째, 국내 금융산업은 그 성장과 관리·운영에 있어 국가가 주도하는, 이른바 국가의 개입에 의한 관치금융(官治金融)[1]이라는 특성을 보여 왔다. 이는 국가가 강력한 중앙집중화 전략을 통해 산업화를 추진하는 과정에서 금융산업이 정권의 특성과 정치적 의도에 따라 관리되어 왔음을 의미한다. 더욱이 금융산업의 공공적 특성은 정부의 금융정책과 관료의 통제·개입 가능성을 높이는 환경을 조성한다. 금융산업에서의 시장실패 영역은 정부 개입의 정당성을 부여하기 때문이기도 하다. 이런 맥락에서 금융산업의 역사에서 관치금융 논란은 항시 제기되어 왔다. 최근에 이르기까지도 CEO의 낙하산 인사에 대한 노조의 반발이 빈번히 발생한다거나 기업지배구조에 대한 정부 개입 논란, 혹은 지주형태의 은행 대형화 이행과정에서의 정부정책의 영향력 등은 이 같은 역사성의 단면을 잘 보여 주고 있다. 1960년대와 1970년대 동안 계획적인 경제개발계획하에 특정 산업부문의 육성을 위한 자금조달과 그 비용 문제의 해결 등 실물경제에 대한 지원의 정책적 고려에 따라 금융정책이 이루어졌던 관행의 산물인 셈이다. 금융정책이 자금의 수요와 공급이라는 측면보다 정치적 결정에 의해 좌우되었던 시기는 1980년대 초 은행 민영화와 1988년 금리자유조치가 시행되기 전까지로 볼 수 있다. 이후 금융산업 구조개편은 1996년 OECD 가입을 전후하여 가속화되었고, 1997년 대통령 직속 자문기구로 금융

1) 관치금융이란 정부가 명확한 법적 근거 없이 금융기관에 부당한 영향력을 행사하거나 직접 금융자원의 배분에 개입하는 행위로 정의할 수 있다(이종욱, 2009).

개혁위원회가 설치되면서 급물살을 타게 된다(김면희, 2004).

IMF 외환위기 이후 관치금융 폐해의 심각성을 해소하기 위해 당시 재무부의 기능을 해체하여 금융감독 및 정책 기능을 떼어 '금융감독위원회'를 만들었다. 그리고 감독의 실행기관 역할을 해 오던 한국은행에 소속된 은행감독국과 별도 운영되던 보험감독원, 증권감독원을 통합하여 '금융감독원'을 만들어 금융감독위원회 산하에 두었다.[2) 그러나 이후에도 줄곧 관치금융 논란은 사회화되어 왔으며 그 방식에 있어서는 IMF 이전 공적자금 투입 등 정부당국의 직접적 감독과 달리 이른바 '낙하산 인사'라는 방식의 CEO 리스크를 발생시켜 왔다. 이는 금융회사의 지배구조와 맞물려 이사회와 사외이사, 그리고 CEO선임에 관한 추천위원회 등의 정치적·거래적 관계에 기반한 의혹과 갈등의 원인이 되기도 하였다.

CEO 승계 체계가 정비되지 않은 상태에서 법률이나 시행령, 감독규정 등에 은행장이나 지주회사 회장의 선임에 관한 규정이 부재함에 따라 그간 정치적 권력관계에 기반하는 낙하산 등의 CEO 리스크를 회피하기 쉽지 않은 구조가 있었다. 각사의 정관이나 이사회 규정 등에 '회장후보 추천위원회'를 둘 수 있도록 하는 정도로는 CEO 리스크와 지배구조의 문제를 해소할 여력이 없었다.[3] 이런 환경은 궁극적으로 KB국민은행을 포함한 금융산업 노사관계에서 항상 갈등의 원인을 제공해 왔다는 점에서 금융산업의 문제점이자 환경적 특징으로 꼽을 수 있다.

둘째, 금융산업 특징으로서 은행간 합병 등을 통한 대형화 경향을 들 수 있다. 은행 대형화의 본격화는 1997년 말 IMF 구제금융에 따른 금융산업 재편에서 출발하였다. 이후 2008년 미국의 서브프라임 모기지로 촉발된 글로벌 금융위기 등 금융산업의 글로벌 경쟁 격화에 따른 대응적 차원에서 메가뱅크에 대한 사회적 논쟁이 형성되어 왔다. IMF 관리체제의 경험은 국내 금융산업 역사에서 가장 큰 분기점이라고 볼 수 있다. 1998년까지 국내 금융산업은 5개 시중은행(조흥, 상업, 제일, 한일, 서울) 외에 후발 시중은행(신한, 한미, 하나, 보람, 동화, 동남, 대동)과 국책 특수은행(산업, 기업, 국민, 주택), 민간의 장기신용은

---

2) 이종욱(2009), "구관치금융과 신관치금융의 현상과 개선방안", 사회과학논총, 서울여자대학교 사회과학연구소.

3) 시사코리아 보도자료(2010. 11. 16) 참고.

행, 각 시・도의 10개 지방은행 등이 난립하여 과당경쟁이 조성되어 있었다.

IMF 구제금융을 기점으로 정부와 금융당국은 공적자금 투입과 동시에 강력한 구조조정에 착수하였다. 1차로 동화・동남・대동은행과 일부 지방은행의 퇴출과 상업은행과 한일은행은 한빛은행으로, 하나은행과 보람은행은 하나은행으로 통합되는 등 일련의 금융산업 재편작업이 2003년까지 활발하게 진행되었다. 2001년의 경우, 우량 은행이었던 국민은행과 주택은행이 합병하여 KB국민은행으로 전환하였고, 한빛은행과 평화・경남・광주 은행 등의 통합이 진행되어 2000년 금융지주회사법 제정 이후 국내 최초의 금융지주회사로서 우리금융지주로 출범하기도 하였다. 2002년에는 하나은행이 서울은행을 인수하였고, 2003년에는 신한은행이 조흥은행을 인수합병하고, 제일은행은 영국계 은행인 스탠다드차타드그룹에 매각되어 SC제일은행으로 전환하였다. 한미은행도 미국의 씨티그룹에 매각되었다. 이후 우리금융지주에 이어 2012년 3월 현재, 신한금융지주, 하나금융지주, KB금융지주, 산은금융지주 등 지주회사 형태로 전환한 상태이다. 가장 최근에는 NH농협이 신경분리에 대한 논란 끝에 2012년 3월 NH농협금융지주를 출범시켰다. 1997년 IMF 구제금융 당시 세계 100대 은행에 국내은행은 단 한 곳도 없었으나, 이 같은 은행 대형화와 금융지주로의 재편에 따라 2010년 기본자산 기준으로 우리금융지주와 KB금융지주, 신한금융지주 등 3개 금융기관이 세계 100대 은행에 포함되었다.[4)]

최근 금융권은 글로벌 금융시장에서 그리스와 포르투갈 등 유로 지역의 재정문제가 부각되면서 국제적인 금융시장 불안정성이 고조되고 있다. 국내에서는 저축은행과 시중은행의 PF대출 부실사태, 하나금융의 외환은행 인수 여부를 비롯한 은행간 M&A와 대형화 논쟁, 론스타를 둘러싼 외국자본의 이른바 '먹튀' 논란 등이 주요하게 부각되었다. 금융노조는 하나금융과 산은금융의 합병 등 은행간 M&A를 통한 대형화 정책에 대해 '관치금융 철폐 및 메가뱅크 저지 공동투쟁본부'를 발족하는 등 강하게 반발하는 모습을 보여 왔다. 과거 은행간 M&A가 필연적으로 인력 구조조정을 수반했던 경험에서 비롯된 위기감이 금융노조 대응방식의 본질적 배경이라고 볼 수 있다. 금융노조는 이 같

4) 한국은행(2011), "세계 1,000대 은행과 우리나라 은행" 발표자료: 세계 1,000대 은행에는 3개의 금융지주를 포함하여 농협, 하나금융지주, 기업은행, 외환은행, 대구은행, 부산은행 등 모두 9개 금융기관이 포함되었다.

은 은행 대형화 추세가 향후에도 일상적으로 발생될 사안이라는 우려스런 전망을 가지고 있기도 하다.

셋째, 금융의 공공적 특성은 사회적 책임에 대한 일반의 강한 요구로 나타나고 있다는 점을 들 수 있다. 금융산업은 다른 산업과는 달리 회사로서의 수익성 창출 외에도 공공성을 추구한다는 점에서 이중적인 정체성을 갖는다. 이런 점에서 미국의 월가에서는 리먼브라더스 사태 이후 금융자본의 사회적 책임에 대한 요구와 시위가 발생하였고, 국내의 경우에도 금융산업의 사회적 책임과 공공적 역할에 대한 낮은 인식에 대해 비판적 여론이 확산되어 있는 상황이다. 국내 금융산업이 IMF 구제금융을 기점으로 진행되어 온 금융지주회사로의 체질 변화는 사실상 금융시장의 개방과 자유화, 각종 규제의 철폐에 따른 시장의 상시적 불안정성에 대한 대응의 결과이기도 하다. 이는 IMF 외환위기 이전까지 경제성장을 견인해 오던 국가주도적인 금융체계가 신자유주의적 경제 구조조정과 개방으로 영미식의 자유주의적 모델로의 이동을 의미하는 것이었다(이강국, 2005). 많은 국내 은행이 외국자본에 매각되었고, 은행은 기업금융, 즉 금융중개자로서의 기능보다는 프라이빗 뱅킹 등 수익성을 극대화하는 방향으로 조직경영의 방향을 잡았다. 이는 금융자본의 운용 모델이 IMF를 기점으로 조정시장경제(Coordinated market economies)에서 자유시장경제(Liberal market economies)로 전환된 것으로 해석될 수 있다(Hall & Soskice, 2001).

1997년 말 IMF 이후 금융권에 대한 공적자금의 투입과 2008년 미국발 금융위기를 거치면서 2011년도 시중은행의 순이익이 15조 원을 넘을 것이라는 전망이 나오고 있다. 이미 2011년 3분기까지 시중은행의 순이익은 13조 원을 넘어선 상황이다. 서민 경제가 물가인상과 가계대출 등으로 힘겨워하고 중소기업도 재정적 어려움이 극심한 가운데 유독 은행의 호황기라는 측면이 비판적 여론 형성요인으로 작용하였다. 실제 2011년 2분기 현재 은행의 예대마진은 2.95%로 2010년도 평균(2.85%)보다 확대되었다.[5] 예대마진이 0.1%포인트 높아지면 은행권의 이자 수익은 1조 2,000억 원가량 늘어나는 것으로 보고된다. 예대마진이 은행 전체 수익구조의 약 80%를 차지하는 현실은 자칫하면 '탐욕스러운 금융자본'이라는 미국 월가식의 비난을 면키 어려운 것이 금융산업의

5) 한국은행경제통계시스템(http://ecos.bok.or.kr/).

경영환경이기도 했다. 이에 금융권에서는 사회공헌 활동에 1조 3,000억 원을 쓰고, 각종 수수료를 낮추는 등의 대응책을 내놓기도 하였다.[6] 또한 2011년도 금융산별중앙교섭 타결내용에도 "저소득·저신용·소외계층을 위한 사회공헌 활동을 강화하는 데 노사가 공동노력한다"는 합의문안이 포함되기도 했다.

[표 5-1] 금융권의 사회공헌 활동 강화 방향

구 분	내 용
사회공헌 예산 확충	• 9,000억 원→1조 3,000억 원으로 증액(2011년)
서민금융 지원	• 새희망홀씨 대출: 1조 2,000억 원→1조 5,000억 원으로 확대(2011년)
취약계층·지역 중점 지원	• 청년 창업지원 펀드 출연 • 출산장려를 위한 보육시설 지원 • 재래시장, 농어촌, 공단지역 등 취약지역 집중지원
금융회사별 조직개선	• 사회공헌 전담 임원 임명 • 사회공헌 휴가제도 도입
금리 수수료 인하	• 연체 이자율 인하 및 자동화기기 수수료 인하

출처: 전국은행연합회, 보도자료(2011. 10. 27).

3. 노사관계 당사자 현황

가. 노동조합

1) 전국금융산업노동조합

국내 금융산업을 대표하는 노동조합은 한국노총을 상급단체로 하고 있는 전국금융산업노조를 들 수 있다. 1961년 8월 19일자로 출범한 전국금융산업노조는 당시 국내 유일의 화이트칼라 노조였다. 8개 지부(250개 분회)와 조합원 3,897명으로 시작하여 1965년까지도 1만 명이 채 안 되는 조직규모를 유지하다 1970년에 이르러 외국은행으로서는 최초로 미국의 시티뱅크와 영국의 스탠다드차타

6) 2011년 10월 전국은행연합회를 비롯하여 금융투자협회, 생명보험협회, 손해보험협회, 여신금융협회가 공동으로 기자회견을 통해 "금융권의 사회적 책임 강화 방향"이라는 내용을 발표하였다.

[표 5-2] 전국금융산업노동조합 주요 연혁

연월일	주요 내용
• 1960. 6. 1.	조흥은행을 필두로 상업은행, 제일은행, 한일은행, 국민은행 전신 한국무진 노조설립
• 1960. 7. 23.	5개 노조가 전국은행노조연합회 발족
• 1961. 5. 19.	노조해산
• 1961. 8. 19.	전국금융노동조합 발족(8개 조합 5,400명)
• 1981. 2. 24.	노동조합법 개정에 따라 '전국금융산업노동조합연맹'으로 개편
• 1998. 9. 29.	금융노련 파업
• 2000. 3. 3.	'전국금융산업노동조합' 설립
• 2000. 7. 11.	금융노조 첫 총파업
• 2000. 12. 22~28.	금융노조 총파업(국민 · 주택은행 합병 저지)
• 2002. 5. 23.	전 산업부문 최초로 '주5일제' 타결
• 2003. 6. 18~22.	금융노조 파업(조흥은행 매각 저지)
• 2004. 6. 25~7. 13.	금융노조 파업(한미은행 상장폐지 반대)

출처: 전국금융산업노동조합 홈페이지.

드은행 등이 조직으로 결성되는 등 1만 5,000명 수준의 조직규모로 확대되면서 산업별노조의 틀을 형성하였다.

1997년 말 IMF 구제금융은 금융산업에 직접적 영향을 미친 중대한 사건이다. 이후 금융산업은 구조조정에 따른 대량해고와 경영악화에 부딪혔다. 이에 대한 개별 금융기관 단위노조의 대응은 조합원들의 고용안정과 임금인상 등의 근로조건 개선에 한계를 경험할 수밖에 없었다. 이에 개별 단위노조들의 산별노조로의 전환에 대한 요구와 산별교섭의 필요성이 고조되었다. 또한 그간 국제노조가맹조합의 병원노련이나 공공노련, 대학노련 등과 공동교육을 통해 산별체제에 대한 사전 학습이 이루어져 있었다는 점은 금융노조로의 산별체제를 구축하는 계기로 작용하였다.

금융노조는 시중 · 국책은행 및 기타 금융기관을 포함하여 산하에 34개 지부를 두고 있다.[7] 2010년 말 현재 조합원수는 9만 3,244명(남성 54%, 여성

7) 형식상 35개 지부로 구성되어 있으나 '비정규직지부'의 경우 사실상 활동이 전무하여 실질적인 금

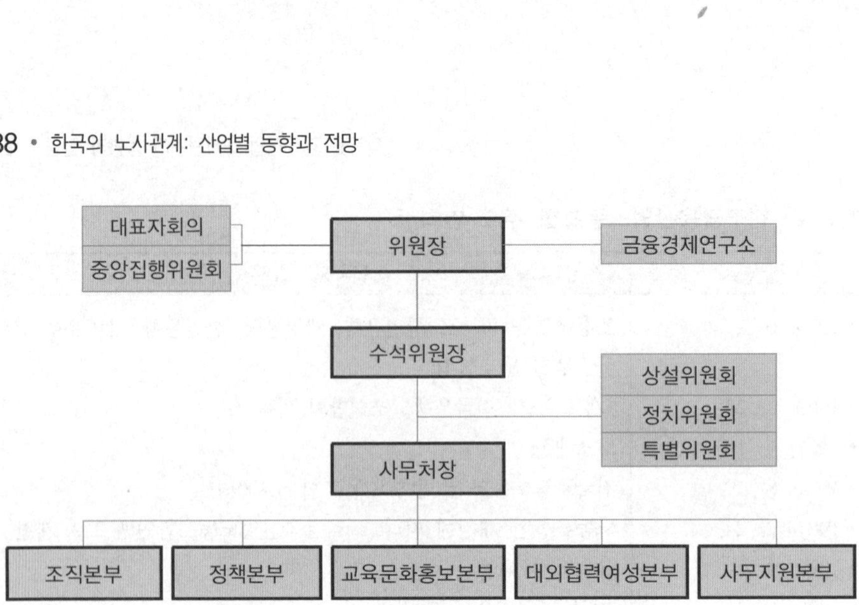

[그림 5-1] 전국금융산업노동조합 조직도

46%)으로 한국노총 내에서는 금속노조 다음으로 가장 큰 산별노조이다.

금융노조는, 2009년 산별교섭의 결렬로 금융노조 중심의 산별체제가 산하 지부의 파행적인 개별교섭 진행으로 위기를 경험한 바 있다. 이런 이유에서 2010년 들어 금융노조는 산별 규약 및 규정 개정을 통해 산별교섭 체제의 안정화에 주력하였다. 규약 변경의 주요 내용은, 교섭권을 위임받지 않은 개별 지부의 교섭을 엄격히 금지하고 이를 어길 경우 관련 절차에 따라 해당 지부 대표자를 제명할 수 있도록 한 것인데 2010년 1월 대의원대회에서 이 같은 내용의 규약 변경을 확정한 바 있다. 한편, 2010년 적용된 근로시간면제제도에 따라 금융노조는 긴축운영 방안의 일환으로 2010년 10월경 당시 6본부 체계를 4본부 체계로 축소·개편하였다.[8]

융노조 산하지부는 34개로 볼 수 있다.
- 시중은행지부: 신한은행, 우리은행, SC제일은행, 하나은행, 외환은행, KB국민은행, 한국씨티은행
- 지방은행: 대구은행, 부산은행, 광주은행, 경남은행, 전북은행, 제주은행
- 국책은행 및 기관: 산업은행, 기업은행, 수출입은행, 자금중개, 농협, 수협, 산림조합, 신협, 신용보증기금, 기술보증기금, 한국감정원, 자산관리공사, 금융결제원, 은행연합회, 금융연수원, 서울외국환중개, 우리금융정보시스템, 한국금융안전, 대한주택보증, 주택금융공사, 한국기업데이터

8) 2010년 10월 대표자회의를 통해 6본부(정책홍보, 조직, 교육문화, 평등연대, 대외협력, 사무지원)를 4본부(정책홍보, 조직교육문화, 대외협력여성, 사무지원)체계로 축소하는 내용의 규정 개정안을 의결하였다.

금융노조의 산별교섭 체계의 안정화에 대한 필요는 향후에도 지속될 것으로 보인다. 이는 금융산업사용자협의회의 입장도 크게 다르지 않다. 비록 매번 산별중앙교섭에서 산별체계의 약화에 영향을 미치는 요구가 교섭전략에 따라 드러나 왔지만 기본적으로 노사 모두 산별체계의 이점에 대해서는 공감하고 있다고 볼 수 있다.

2) 전국사무금융노동조합연맹

전국사무금융노조는 1980년대 중반 금융노련의 민주화 투쟁 과정에서, 1987년 정부의 호헌조치 발표와 이에 대한 반대 성명을 발표하면서 출발된다. 한국노총을 상급단체로 하고 있었으나 민주적 상급단체의 필요성을 주장하며 노조민주화 실천위원회를 결성하게 된다. 1987년 11월 금융노조연맹 내에서 일부 노조들이 '한국자유금융노련'을 결성하였고, 9개월 동안 피케팅과 가두시위 등 '합법성 쟁취투쟁'을 전개하여 1988년 8월에 최초의 합법연맹인 '전국사무금융노동조합연맹'을 출범시키고 한국노총 상급단체를 탈퇴하였다(조우현・윤진호, 2004).

한편, 1988년 3월 '전국보험노동조합연맹'이 한국노총을 상급단체로 하는 독립 산업연맹으로 출범한 이후 개혁적 성향의 산별연맹 활동을 지속하였다. 전국사무금융노조연맹과 전국보험노조연맹 두 조직은 조직대상의 중복 문제와 연대활동에 있어서 어려움을 극복하기 위해 통합을 지속적으로 모색하다가 1995년 2월에 '전국사무노동조합연맹'으로 출범하게 된다. 출범 당시 조합원 중심의 노조활동을 원칙을 세우고 한국노총 가입 부결 및 민주노총 가입 결의를 하였다. 이후 1999년 2월에는 다시 민주금융노조와 통합하여 '전국사무금융연맹노동조합연맹'으로 출범하였다. 2006년 8월에는 사무금융노조연맹을 상급단체로 하는 민주금융노조가 4,000여 명의 조합원으로 출범하였다. 2009년 5월에는 사무금융노조연맹 산하의 주한외국금융기관노조[9]와 민주금융노조[10]가 통합하는 등 조직화가 진행되어 왔다.

---

9) 홍콩상하이은행(HSBC), 뉴욕은행 등 한국에 진출한 14개 외국금융기관 지부를 두고 있었다.

10) 현대증권지부, 대우증권지부, 유진투자증권지부, 부국증권지부, 한국투자증권지부 등 증권사 노조 5개 지부와 AIG손해보험지부, 디미보험중개지부 등 2개 보험사 지부, 10개 외국금융기관이 모인 은행분과 등 17개 지부를 구성하고 있었다. 조합원은 약 5,100여 명 수준이었다(매일노동뉴스, 2010. 3. 12).

2012년 1월 제6대 집행부가 출범하여 3년 임기를 시작하고 있는 가운데 향후 2년 이내에 산별노조로의 전환을 목표로 하고 있다. 2012년 현재 조합원 규모는 약 6만 2,000여 명 정도이며, 5개의 업종단위로 구성된 본부와 지역본부를 두고 있다. 교섭은 주로 업종별 공동교섭 방식을 활용한다. 업종단위로 포함되지 않는 경우에는 교섭권을 위임하는 방식으로 통해 공동교섭을 활용한다.

[표 5-3] 전국사무금융연맹 현황(2012년 7월 현재)

1. 여수신업종 본부	금융분과(2)	한국은행, 전국새마을금고노조
	여신전문분과(11)	비씨카드, 신한카드 IBK캐피탈, 두산캐피탈, 산은캐피탈, 아주IB투자, 외환캐피탈, 효성캐피탈, 한국시티그룹캐피탈, 한국렌탈, 여신금융협회
	외국은행분과(2)	홍콩상하이은행, 홍콩상하이은행상급자
2. 생명보험업종 본부	생명보험기업별 노조(5)	교보생명보험, 대한생명보험, 알리안츠생명보험, 라이나생명보험, 삼성생명보험, 생명보험협회
3. 증권업종본부	증권기업별 노조(7)	동양종합금융증권, 삼성증권, 삼성증권(통합), 우리투자증권, 한화투자증권, 한양증권, NH투자증권
	증권유관(4)	한국금융투자협회, 한국거래소, 한국예탁결제원, 한국증권금융
	전국민주금융 노조(6)	대우증권지부, 부국증권지부, 유지투자증권지부, 현대증권지부, 다미보험중개지부, 메리츠종금증권지부
4. 협동조합업종 본부	중앙회(1)	NH농협중앙회
	농협(10)	전국농협노조 외 각 지역본부(강원, 경인, 울산경남, 대전충남, 대구경남, 광주전남, 전북, 부산, 충북, 제주)
	축협(9)	전국축협노조 외 각 지역본부(서울, 경인, 강원, 대전충남, 충북, 대구경북, 부산울산경남, 호남, 제주)
	수협(6)	전국수협노조 외 각 지역본부(강원, 충남, 경북, 부산경남, 전남, 제주)
	신협(1)	마산회원신용협동조합
5. 일반사무업종 본부	사회보장분과(3)	건강보험심사평가원, 건설공제조합, 한국교직원공제회
	외국기업분과(5)	말레이시아항공, 한국HP, 한국SGS그룹, 소니코리아, Lucent Technologies

(계속)

	일반사무분과(28)	각 공제조합(대한설비건설, 버스, 소프트웨어, 엔지니어링, 전국개인택시, 전국택시, 전국화물자동차, 전세버스), 미래신용정보, 우리신용정보, 한국신용정보, IBK신용정보, SG신용정보, 한국기업평가, 한국신용평가, 한국신용평가정보, KIS정보통신, 나이스정보통신, 나이스디앤비, 대한건설협회, 동양물산기업본사, 몬산토코리아, 전국보험모집인노조, 전국사무연대노조, 한국바스프사무, 한국음악저작권협회, 한국전자금융, KSNET
6. 지역본부	지역본부	부산울산경남지역본부

출처: 전국사무금융연맹 홈페이지(http://www.samugol.net/) 가맹조직 자료.

민주노총의 사무금융연맹과 한국노총의 금융노조는 몇 가지 점에서 차이가 있다. 사무금융연맹의 경우 보험이나 증권사를 주축으로 하는 반면, 금융노조의 경우 시중은행과 특수은행 등 은행이 주력이다. 또한 사무금융연맹은 전국사무금융서비스노조의 산별노조 전환이 있었으나 이에 응하지 않은 상당수 노조로 인해 현재 사무금융연맹이 여전히 존속하는 체제를 갖추고 있어 노조연합체 형식을 띠고 있는 반면, 금융노조는 강력한 산별노조 체제를 갖추고 있다는 점도 차이이다.

이처럼 금융산업을 대상으로 하는 조직이 한국노총과 민주노총으로 각각 분화되어 활동하고 있으나, 이 글에서는 산별노조로서 금융산업의 핵심이라 할 은행을 주력으로 하는 금융노조를 분석의 대상으로 삼아 살펴보고자 한다.

나. 금융산업사용자협의회

금융노조의 산별 파트너로서 사용자측은 2009년까지 각 은행들과 유관사업장의 대표자로부터 교섭원을 위임받은 은행연합회가 금융노조와 산별교섭을 진행시켜 왔다. 이후 2010년 4월, '금융산업사용자협의회'가 법적 사용자 단체로서 공식 출범하게 된다. 산별체제에서 사용자단체가 법인으로 출범한 곳은 금속산업사용자협의회 이후 두 번째이다.

사용자단체의 법인화가 갖는 의미는 첫째, 사용자의 입장에서도 산별체제와 산별교섭의 이점에 대한 이해와 공감이 있었다는 점이며, 둘째, 향후 산별협약의 노사 당사자에 대한 구속력이 상대적으로 강화됨으로써 산별교섭・협약의 안정화에 기여할 수 있다는 측면이 있다. 금융산업사용자협의회는 산별교섭의 적용대상이 되는 소속사업장의 사용자가 모두 참여하고 있다는 점에서도 타 산업부문보다 진일보한 산별체제를 갖추고 있다. 금융노조 산하의 개별지부와 일대일로 대응하는 사용자 은행 및 기관을 모두 포괄하고 있어 현재 34개 사용자가 회원사로 있다.

이처럼 금융산업의 사용자단체가 공식화된 데 대해 금융노조는 그동안 줄곧 사용자단체의 조직화 요구를 해 왔다는 측면에서 사용자단체의 공식화에 대해 환영하는 입장을 견지하고 있다. 2009년의 금융산별교섭이 파행으로 종결되었을 당시 금융노조는 사측 대표로 교섭에 임했던 은행연합회의 취약한 위상이 사측의 교섭결렬 선언으로 이어진 것으로 평가한 바 있다. 그러나 금융산업사용자협의회의 공식화 이후 2010년 금융산별중앙교섭의 첫 시험대는, 근로시간면제제도 등 제도적 변화가 영향을 미친 바 있지만, 예상보다 상당한 진통을 겪어야 했다. 또한 2011년 교섭과정에서도 금융산별교섭 역사상 노사가 서로 맞고소하는 초유의 경험을 갖기도 하였다. 다만, 이 같은 불필요한 교섭비용의 발생이 금융산업사용자협의회의 출범이 갖는 산별체제의 안정적 구축의 장점을 희석시키지는 않는다. 금융산업 노사는 그동안 산별교섭의 경험을 통해 산별체제의 강화가 노사 당사자에게 유익을 제공한다는 점에 공감해 왔기 때문이다. 오히려 금융노조의 경우 2011년 SC제일은행의 노사갈등에 대처하는 과정에서 공식적인 대화 채널로서 금융산업사용자협의회의 존재가 부분적으로는 SC제일은행에 대한 직접 개입의 여지를 축소시킨 측면도 있다고 평가하고 있다. 금융산업사용자협의회에 대한 금융노조의 기대는 사용자단체로서의 대표성과 위상 확보, 그리고 정부를 비롯한 외부의 개입이나 압력을 극복할 수 있어야 한다고 보고 있다.

한편, 금융산업사용자협의회는 정부정책에 직접적으로 영향을 받는 공공금융기관과 시중은행 등의 서로 다른 이해관계를 충족시켜야 할 부담도 있다. 이런 맥락에서 2011년도 금융산별중앙교섭 진행과정에서 임금인상률에 대해 국책기관과 시중은행을 별도 분리・교섭하자는 요구를 하기도 하였다. 예컨대 산별협약서에 국책금융기관의 경우 협약내용과 달리 적용할 수 있도록 하는 예외조항을 두자는 입장이었다. 사용자단체의 이런 입장은 2009년도 금융산별교섭의 결렬로 파행을 경험했던 때와 달리 산별 논의를 전제로 하고 있었다는 점을 발견할 수 있다. 기본적으로 산별교섭체제를 안정적으로 가져간다는 기조하에 회원사들 간 서로 다른 이해관계를 충족시키고자 하는 일면으로 이해할 수 있다.

4. 금융산업 노사관계 연혁

가. 관치금융과 정부주도 노사관계 성립기(1997년까지)

1997년 말 IMF 구제금융 이전까지 국내 금융산업 노사관계는 금융산업 전반에서 관치금융의 관행이 지속되는 가운데 노사관계 제도화 등에 있어서도 정부가 주도하는 양상으로 전개된 시기로 볼 수 있다. 세부적으로는 3단계로 구분해 볼 수 있다.[11] 첫째는 1987년 민주화 운동 이전까지의 시기로, 노조의 산별체제와 기업별 체제 전환 그리고 금융자율화 요구가 주를 이루었던 때이며, 둘째는 1987년부터 1991년까지의 시기로 1987년 민주화 운동의 흐름이 금융산업 민주화로 이어졌던 때이다. 셋째는 1992년부터 1997년까지 금융산업 개편을 둘러싼 노사관계의 시기를 상정할 수 있다.

1) 정부주도 노조체제 전환과 금융자율화 요구: 1987년 민주화 운동 이전까지

금융노조의 출발점은 1960년부터라고 볼 수 있다. 1960년 4·19의 영향을 받아 조흥·상업·제일·한일·국민 은행 등 금융산업 내 기업별 노조가 설립되기 시작하였다. 이들 5개 노조가 같은 해 7월에 '전국은행노조연합회'[12]를

---

11) 세부적인 시기 구분과 그 내용은 금융노조의 「금융노동조합 40년사」와 하익준(2011)의 "위기 이후 국내 은행산업 노사관계 변화 연구"(고려대 경제학 박사학위 논문)를 참조하여 수정·정리하였다.

12) 은행노조의 전국적 연합체로서, 당시 결성대회에는 조흥은행, 한국상업은행, 제일은행, 한일은행, 서울은행 등 5개 은행노조에서 각 5명씩의 대표 25명이 참석하여 '일체의 정치성을 배격하고 근로자의 공통된 권익의 신장에 임할 것'과 '금융질서의 정화를 위해 공헌할 것'을 선언하고, ① 부당한 외부간섭을 배격하고 공통된 권익 옹호에 진력, ② 금융질서의 정화를 위한 종래의 불건전한 음성적인 경쟁상태 지양, ③ 금융민주화의 터전을 이룩하여 국민경제의 정상적인 발전에 기여·공헌할 것 등 3개 항의 강령을 채택했다(한국근현대사사전, 한국사사전편찬회, 가람기획).

발족시켰으나 이듬해인 1961년 5·16군사 쿠데타 이후 노조의 강제해산을 경험하였다. 그러나 같은 해 8월 '근로자의 단체활동에 관한 임시조치법'과 '사회단체 등록에 관한 법률 중 개정법률'에 근거하여 8개 노조(조합원 5,400여 명)가 산별노조체제인 '전국금융노동조합'을 재건하였다. 기존의 기업단위노조가 산별노조와 지부체제로 전환하게 된 데에는 노조의 통제가 용이하다는 정부 차원에서의 목적이 작용하였다(금융산업노조, 2000). 이후 1980년 말 신군부의 노조법 개정 및 산별노조 해체로 1981년 2월 기업별 노조의 연합체인 '전국금융노동조합연맹'(금융노련)으로 개편되기까지 약 20년간 활동하였다.

1980년 12월 31일 노조법 개정으로 인해 산별노조로부터 기업별 체제로 전환한 금융노련의 노사관계 대응전략은 취약해진 교섭력 강화를 위해 업종별 협의회를 구성하는 등 공동대응을 모색한다.[13] 이 시기 금융노련이 설정한 핵심과제는 금융자율화였다. 금융자율화 요구는 정부의 관치금융으로 은행 중심의 금융구조를 시장 중심의 금융구조로 변화시킨다는 의미를 내포했다. 권위주의 정부에 의해 노사관계가 주도되는 상황에서 금융자율화에 대한 요구가 우선시되었다고 볼 수 있다. 기업별 체제로 전환한 상태에서도 시중은행과 지방은행의 경우에는 당시 재무부가, 국책은행의 경우 경제기획원이 노사관계에 영향력을 행사해 왔다는 측면에서 노조의 운동기조는 관치금융 철폐로 설명되는 금융자율화였다고 할 수 있다(전국금융산업노동조합, 2000). 그러나 노사관계 변화는 실질적인 성과로 나타나지는 않았다. 기업별 노조체제하에서 낙하산 인사 관행을 비롯한 금융자율화 등의 쟁점에 대한 노조의 영향력은 구조적 한계를 경험할 수밖에 없었다.

2) 6·29와 금융민주화 운동: 1987~1992년

1987년 민주화 운동은 노사관계에서의 민주화 운동으로 확산되면서 엄청난 폭발력을 보여 주었다. 노조설립이 폭증하는 가운데 금융노련의 조합원수도 동반 증가하였다. 그러나 이 와중에서 일부 증권 및 보험산업 노조의 금융노련

---

13) 1980년 '국책은행노동조합협의회', 1981년 '지방은행노동조합협의회', '주한외국금융기관노동조합협의회', '시중은행노동조합협의회' 등이 결성되었다. 유사한 특성의 금융기관 간에 연합하는 형태로 진행되었다고 볼 수 있다.

탈퇴가 이어지기도 하였다. 이는 금융노련이 민주화라는 시대적 흐름에 발맞추지 못한 원인도 작용하였다(전국금융산업노조, 2000). 이 같은 문제점들은 금융노련으로 하여금 낙하산 인사 반대와 금융자율화 요구 외에 금융산업 민주화 요구를 강화하는 등 노조활동의 변화를 유도하는 계기로 작용하기도 하였다. 금융노조 40년사에 따르면 금융노련 산하조직에서 1987년 이전 5년 동안 발생한 파업은 총 24건으로 연평균 5건이 채 안 되었지만, 1987년 특히 6·29선언 이후에만 24건을 기록했다는 점에서도 금융노련의 활동 변화를 읽을 수 있는 대목이기도 하다(하익준, 2011).

1988년 2월 공식 출범한 노태우 정부에서도 금융자율화와 금융규제 완화 정책은 지속되었다. 예컨대 중앙은행의 중립성 확보, 금융감독체계 개선, 금리자유화 추진, 정책금융 축소 및 책임경영체제 확립 등이 주요한 정책들이었다. 그러나 점차 시중은행들의 부실채권 문제가 불거지면서 정부는 금융자율화 맥락에서 은행 민영화를 통해 은행 자체해결 기조를 유지하게 된다. 이에 금융노련은 금융자율화 정책에 대해 원칙적 찬성 입장을 견지하는 가운데 금융부실에 대한 정부의 해결을 요구하였다. 그러나 이 같은 주장이 관철될 여지는 매우 작았으며, 1992년을 기점으로 대형 시중은행 중심으로 직원수와 조합원수의 감소 추세가 나타나기 시작하였다. 노조 입장에서 시중은행들의 비즈니스 모델의 위협에 대한 인지에도 불구하고 실질적인 대안은 제시하지 못한 상태에서 경영참여에 대한 요구를 통해 금융산업 민주화에 대한 요구를 충족시키고자 하였다. 종업원지주제 운영 개선이나 종업원대표의 이사회 참여, 노사협의회 제도를 통한 경영참여 활동의 강화 등이 이 같은 활동의 사례들이다. 1990년 한국은행과 한미은행 노조 등을 중심으로 조직된 '금융노조 민주실천연합'이 금융노련의 경제적 노조주의에 대한 비판이 거세었다는 측면에서 금융노조의 경영참여 요구 행보는 대응의 일환이라고 볼 수 있었다. 그러나 금융노련의 대부분의 요구들은 내부동력이 수반되지 않아 성과를 거두지 못한 것으로 평가된다.

이 시기 동안 정부의 금융자율화는 비록 제한적이기는 하였으나 은행장의 선임을 비롯한 여러 측면에서 은행경영의 자율성을 강화하는 방향으로 추진되었다. 그러나 여전히 정부의 영향력은 지속되었으며 노사관계 역시 기업별 체

제 속에서도 사용자의 독자적인 의사결정이 실질적으로 제약받는 환경을 벗어나지는 못하였다.[14)]

3) 문민정부와 금융산업 개편 논의: 1993~1997년

1993년 문민정부 출범 이후 시장 중심 금융구조로의 전환이라는 정부의 금융정책기조는 강화되기 시작하였다. 이 시기 금융노련은 이 같은 금융산업 개편에 대한 대응에 주력하였다. 금융산업 노사관계 민주화를 위해서는 관치금융 철폐가 전제되어야 하며 이를 위해서는 금융자율화 전략이 필요하다고 판단하고 있었다. 그러나 정부의 금융자율화는, 부실 채권에서 비롯된 부실 금융기관의 통폐합을 통해 은행이 스스로 부실을 해결하는 방향으로 나타났으며 이에 금융산업 구조조정 논의가 본격화되는 양상을 띠었다. 결과적으로 금융노련의 금융자율화 요구는 사실상 단기적으로는 조합원들의 고용안정과 근로조건 개선과 상충될 소지를 발생시키고 있었다고 할 수 있다.

금융노련의 금융자율화, 즉 금융규제 철폐와 시장원리의 적용에 대한 요구는 1997년 초 한보그룹과 7월 기아그룹의 부도사태로 심각해진 금융위기 사태에 직면하면서 기존 기조와는 배치되는 주장을 하게 된다. 관치금융의 폐해로 인해 은행부실이 커졌고 부실문제에 대한 정부의 해결이 선행되어야 한다는 맥락은 유지되었으나 필요시 금융기관에 대한 정부의 특별지원이 필요하다거나 기업체 도산으로 어려워진 은행경영에 정부가 나서 문제해결을 요구하게 된 상황이 나타났다.

이 시기 금융산업 노사관계는 노사관계 민주화, 즉 관치금융으로부터의 탈피라고 하는 핵심정책이 노사 공히 금융자율화의 형태로 추진되었으나 그 내용 측면에서 서로 다른 이해관계가 존재했던 때로 볼 수 있다. 노조측의 경우 시장원리에 충실한 금융자율화가 장기적 전망이나 전략 속에 도출되지 못한 즉자적 대응이었다는 점에서 결과적으로 고용과 근로조건이 흔들리는 금융산업 구조조정의 큰 흐름 앞에 맞닥뜨리게 되었다.

---

14) 1989년 6월 시중은행 노조가 공동교섭을 통해 경영자와 임금(14.5%) 및 복리후생 인상 등 모두 26.5% 인상에 합의하였으나 이틀 후 재무부장관이 6개 시중은행장에게 임금인상률을 10% 이내로 억제할 것을 강력하게 지시하였고, 시행 여부에 따라 은행장 문책이나 한국은행 여신 중단 등 제반 조치를 언급함으로써 결과적으로 사용자의 노사합의 번복이 발생되었다. 이후 임금은 9.9%로 하향 합의된 바 있었다(전국금융사업노동조합, 2000).

나. 금융산업 구조조정과 산별체제 구축·활동기(1998~2007년): 은행간 M&A와 구조조정, 금융지주체제의 확산

이 시기 금융산업 노사관계에서 형성된 쟁점들은 주로 조직 변동과 이후 상시적 구조조정 등에 따른 갈등이었다. 금융산업의 지배구조 변동은 노사간의 단체교섭을 사실상 형해화(形骸化)하는 위험성을 내포하고 있었다. 즉, 지주회사가 실질적인 의사결정자이지만 단체교섭에서 비껴나 있음에 따라 경영 의사결정의 위치와 단체협약 의사결정 위치 간의 불일치가 발생한다. 이는 결과적으로 노사관계에서 사용자 의사결정의 자율성 확장을 의미하며, 사용자의 교섭력 자원을 증대시킬 소지가 높게 된다(Kinnie, 1996).

지주회사로의 이행에서 나타나는 의사결정구조의 중층화는 개별은행의 노사관계 자체를 상대적으로 요식화시키거나 그렇다고 중앙단위의 노사관계에서도 해소가 용이하지 않은 측면도 존재한다. 또한 산별체제에서 개별은행 간 서로 다른 이해관계와 입장차로 인해 개별은행에서 발생하는 노사간 쟁점이 산별단위에서 통일적으로 다뤄지지 못하기도 한다. 그러나 이런 가운데서도 금융산업의 산별교섭체계는 금융산업 전반의 노사관계뿐만 아니라 개별은행 차원의 노사관계에 중요한 역할을 해 왔다고 볼 수 있다. 2004년부터 노사관계는 교섭형태에 있어 금융노조와 은행연합회의 산별중앙교섭과 이를 기초로 각 지부별 보충교섭을 통해 각 은행별 실정을 반영하는 방식으로 진행되어 오고 있다.

산별노조의 주요 활동은 임단협 외에도 정부 노동정책과 금융당국의 금융정책, 각종 법·제도 이슈 등 폭넓게 이루어져 왔다. 그 결과 지주회사의 자회사로서 개별은행의 노사관계는, 중앙단위의 산별 활동에서 파생되는 노사간 또는 노정간 대립·갈등 양상이 개별은행과 해당 이슈의 밀접도에 따라 연쇄적으로 파급되는 환경적 요인으로 작용한다. 예컨대 지주회사 지배구조상의 문제를 둘러싼 중앙단위의 갈등은 개별은행 내부에서 정책 독립성 유지와 사전 노사합의 요구로 나타나게 되고, 지주회사 회장의 CEO 리스크는 행장과의 갈등 양상으로 진행되기도 하였다.

이 시기의 또 다른 특징은 은행간 M&A의 홍수 속에서 금융산업 재편은 2000년 10월 금융지주회사법이 신설되면서 금융지주회사의 출현과 함께 은행 대형화라는 흐름으로 이어졌다는 점이다.[15] 금융노조는 이 같은 추세에 대해 강하게 반발해 왔다. 이는 2000년을 전후하여 수년간 진행된 은행간 통합과정에서 고용 불안정을 경험한 바 있기 때문이기도 했다. 은행 대형화 과정에서 인력 구조조정에 대한 금융노조의 생생한 경험은 2010년 이래로 이른바 '2차 금융 빅뱅'으로 불리는 '메가뱅크'에 대한 논쟁에 있어 금융노조가 강하게 반발하게 되는 맥락의 기저와 닿아 있다.

IMF 이후 10년간 금융산업은 과거에 없었던 극적인 변화를 겪으며 은행간 M&A에 이어 금융지주체제로의 지배구조 변동이 확산·재편되었다. 또한 이 과정에서 구조조정의 불가피성만큼이나 노사간 첨예한 갈등이 빈번하게 발생하였던 시기이다. 세부적으로는 IMF 이듬해인 1998년부터 2003년까지 본격적으로 전개되었던 금융산업 구조조정과 이에 대한 노조의 산별체제 전환 및 대응 시기, 그리고 2004년부터 미국발 글로벌 금융위기 직전인 2007년까지 구조조정 이후 안정화 단계에서의 산별교섭 진행 시기로 구분해 볼 수 있다.

1) 금융산업 구조조정과 노사갈등: 1998~2003년

금융산업이 국가 개발·성장 전략에 있어 실물부문에 대한 지원과 동시에 정부주도하의 보호와 통제로 비약적인 성장을 누렸지만, 금융개방화의 추세에 대응하여 자체 경쟁력을 갖추지 못함으로써 그간의 누적된 비효율이 IMF 구제금융이라는 '외환위기'로 나타났다. 이 시기에 금융산업의 핵심쟁점은 IMF 여파에 따른 구조조정과 이에 대응하는 노동조합의 산별체제 전환이라고 할 수 있다. 구제금융 이후 정부는 159조 원의 막대한 공적자금을 투입하여 누적된 부실을 제거하는 과정에 들어서게 된다.

정부는 '금융'을 비롯하여 '공공', '기업', '노동' 4대 부문에 대한 구조개혁을 단행하였다. 금융산업의 구조조정은 그중에서도 가장 격변적으로 진행되었다고 할 수 있다. 본격적인 구조조정으로 정부의 공적자금 투입과 은행간 강제합병, 매각 등에 따라 고용 불안정은 최고조에 달했으며 이로 인해 노사간 갈등은 곳곳에서 첨예하게 지속되었다. 구조조정 과정에서의 변화는 금융산업의 구조조정이라는 목적을 넘어 경쟁력 강화를 목적으로 소수 상위 금융기관이

---

15) 2012년 5월 현재 5대 금융지주체제가 형성되어 있다: 우리금융지주(2001. 3)가 처음 출범한 이래로 신한금융지주(2001. 9), 하나금융지주(2005. 12), KB금융지주(2008. 9), 농협금융지주(2012. 3).

[표 5-4] 금융권 구조조정 주요 내용

시 기	금융권 조직변동 주요 내용
• 1997. 12. 3.	IMF 지원금융 합의(금융개혁 추진 합의)
• 1998. 3. 30.	서울, 제일은행 민영화 추진방안 확정
4. 14.	금융기관 구조조정 방안 발표(6 • 15법 제정)
6. 29.	5개 은행 (동화, 동남, 대동, 경기, 충청) 퇴출 조치
7. 31.	상업, 한일은행 합병 발표
9. 8.	하나, 보람은행 합병 발표(1999. 1. 6. 합병 등기)
9. 11.	국민, 장기신용은행 합병 발표 (1999. 1. 5. 합병 등기)
12. 17.	조흥, 강원은행, 현대종금 합병 발표(1999. 7. 16. 합병 등기)
12. 31.	정부, 미국의 뉴브리지캐피탈과 제일은행 매각 합의(MOU 체결)
• 1999. 1. 6.	한빛은행(상업+한일) 출범
2. 12.	조흥은행, 충북은행과 합병 합의
2. 22.	정부, 영국 HSBC와 서울은행 매각 합의(MOU 체결)
7. 2.	정부, 뉴브리지캐피탈과 제일은행 매각 최종 합의
8. 31.	정부, 영국의 HSBC, 서울은행 매각협상 결렬 발표
• 2000. 11. 8.	한빛, 평화, 광주, 제주은행 독자 생존 불가 판정
• 2001. 4. 2.	우리금융지주회사 출범
4. 23.	국민, 주택은행 합병 본 계약 체결
• 2002. 9. 27.	하나, 서울은행 합병 본 계약 체결(2002. 12. 1. 합병 등기)
• 2003. 7. 9.	신한지주 조흥은행 인수 본 계약 체결(2년 유예)
• 2004. 2. 1.	한미은행, 한국씨티은행에 합병
• 2005. 12. 1.	하나금융지주회사 출범
• 2006. 4. 1.	신한은행, 조흥은행 합병
• 2008. 9. 29.	KB금융지주회사 출범
• 2012. 3. 2.	NH농협금융지주회사 출범

출처: 손경욱(2006), "성공적인 조직통합을 위한 조직문화와 인적자원관리 연구: KB국민은행 합병사례를 중심으로", 고려대 노동대학원 석사학위 논문을 참고하여 내용 보완.

주도하는 대형화와 겸업화 및 종합화, 외국계 금융기관이 본격적으로 진출하는 개방화, 향후 부실화 가능성을 예고하는 수준에까지 다다른 소매금융시장의 급팽창, 직접금융시장의 발달과 금융 신상품의 본격적 도입 등으로 나타났다(안주엽 외, 2004).

특히, 이 기간 동안 금융산업의 지배구조 변화가 활발하게 진행된 것도 특징 중의 하나이다. 1980년대 이후 시장 중심의 금융구조 전환을 위한 정부의 지속적인 정책 추진과 1997년 출범한 금융개혁위원회의 활동은 1997년 IMF와 맺은 협정이 금융산업 구조조정과 기업지배구조의 변화라는 측면에서 연결고리를 가지고 있었다. 예컨대 금융규제의 대폭 완화와 금융감독체계의 개선 및 금융건전성 감독 강화, 자본자유화를 통한 외국자본의 국내 진출 등은 기업지배구조의 변동을 전제하고 있었기 때문이다(조복현, 2000). 1998년을 기점으로 금융자유화와 자본시장의 개방 조치 등은 이후 지배구조를 포함한 금융산업 구조조정과 함께 금융산업 내 상시적인 구조조정의 근간이 되었다. 2000년 금융지주회사법의 제정은 금융산업의 대형화와 겸업화, 그리고 금융산업 구조조정을 가속화시키기도 하였다.

한편, 금융산업 구조조정에 대한 노조의 일차적 대응은 2000년 3월 산별노조인 '전국금융산업노동조합'(이하 '금융노조')의 출범으로 나타났다. 구조조정과 그에 따른 고용 불안정에 대해 개별노조의 대응이 갖는 한계점을 극복하기 위한 대안이었다. 금융노조 출범 전까지 구조조정에 대한 금융노련의 전략은 구조조정 저지와 고용안정 확보에 집중되었다. 임금의 경우 '동결'을 선언하고 대신 '고용안정협약'과 '경영참여협약' 체결에 주안을 두었다. 그러나 금융위기에 직면하여 노조의 양보교섭(concession bargaining)은 불가피하였고, 임금의 경우에도 1998년의 경우 대략 10% 수준의 감축으로 진행되었다(금융노련, 1998).

이후 퇴출 은행과 9개 은행에 대한 금융감독위원회의 조건부(40% 인원감축) 승인 등에 대해 노조의 농성과 반대 투쟁으로 1998년 9월 은행산업 역사상 첫 파업이 이루어지기도 하였으나 결과적으로 인원감축 규모의 부분적 축소 수준에서 마무리될 수밖에 없었다. 이처럼 개별 은행노조와 그 연합단체로서 금융노련의 구조조정에 대한 대응은 실질적인 영향력을 발휘하지 못했다. 특히, 인원감축 등 노사간 첨예한 쟁점을 사이에 둔 교섭구조는 형식상 노조와 은행경영자 간에 진행되었으나 실질적인 지배력은 정부가 주도하였다는 한계도 작용하고 있었다(하익준, 2011).

[표 5-5] IMF 이후 기업지배구조 관련 제도의 변화

시 기	주요 내용
1998년	• 증권거래소 상장규정 개정 - 1인 이상 사외이사 선임 의무화 • 소액주주 권한 강화 - 주주대표 소송권, 장부열람권, 집중투표제도 등
1999년	• 증권거래법 개정 - 상장기업 이사 총수 중 1/4 이상은 사외이사 의무 선임 • 감사위원회 등 '이사회 내 위원회' 제도 도입 - 감사의 권한 행사하는 이사회 내 위원회로서 총 위원의 2/3 이상 사외이사 구성 • 민간자율기구 '기업지배구조개선위원회': 기업지배구조 모범규준 제정 - 금융기관과 상장 대기업: 사회이사 과반수 이상 구성 - 감사위원회와 이사후보추천위원회 설치 의무화
2000년	• 은행법 개정 - 은행 등 대형 금융회사에 대해 2/3 이상이 사외이사로 구성된 감사위원회 도입・운영 의무화, 기존 감사제도 폐지 • 총자산 2조 원 이상 대형 상장법인 - 사외이사 최소 3인 이상 선출
2001년	• 은행 등 대형 금융회사 - 감사위원회 위원장을 반드시 사외이사가 맡도록 의무화 • 총자산 2조 원 이상 대형 상장법인 - 사외이사 최소 3인 이상에 1/2 이상 선임 의무화 • 대형 상장법인 - 감사위원회 및 사외이사후보 추천위원회 설치 의무화 • 사외이사 제도 법제화 및 선임 의무 확대
2002년	• 대형 코스닥 등록법인 - 사외이사제도 의무화 • 기타 제도 도입 및 개선 - 적대적 M&A 허용, 출자총액한도 및 자사주 취득한도 폐지, 의무공개 매수제도 폐지

이런 맥락에서 금융노조의 출범은 금융권의 구조조정 국면에서 노조가 선택할 수 있는 최선의 대응전략일 수 있었다. 금융노조는 출범 후 얼마되지 않아 금융기관으로서는 역사상 처음으로 전면파업을 벌였다. (구)국민은행과 (구)주택은행 간 합병이 발단이 되었다. 양대 은행노조는 금융노조와 함께 약 1만 5,000여 명의 조합원이 참여하는 기록적인 전면파업 강경대응으로 나섰으나 금융권 구조조정의 필요에 대한 정부와 사회적 요구에 밀려 연대 전면파업은 불발로 끝이 났다.

이 시기 금융노조의 산별전환은 노사관계 교섭구조의 변동을 목적으로 했다기보다는 금융권 빅뱅에 대한 노조의 집단적 대응이라는 현실적 필요에 기인하였다. 금융노조의 전면파업 경험은 비록 실패로 끝났지만, 산별노조와 산별교섭체계의 필요성을 보다 공고히 하는 계기가 되었고 이후 안정적인 산별교섭 체계 유지의 필요성에 대한 동인을 제공하였다.

이 기간 동안의 또 다른 특징은, 구조조정과 더불어 연봉제와 성과급제 등 새로운 보수체계의 도입 시도가 금융산업 전반에 확산되면서 노사간 갈등이 전개되었다는 점이다. 이 같은 제도의 도입은 금융산업 내 조직구성원뿐만 아니라 노조의 교섭력 약화로 귀결됨으로써 보수체계에 대한 경영자의 통제력 강화를 야기할 것임은 충분히 예상할 수 있다(Arrowsmith & Marginson, 2011). 노조의 반발과 적극적인 대응으로 제도의 전면적 도입은 제동이 걸렸으나 2012년에 이르기까지 관련 제도들이 속속 시행되어 왔으며, 이에 따른 갈등도 발생되어 왔다.

산별노조 전환 후 중앙교섭을 통해 2000년 첫 단체협약 체결이 이 기간 중 이루어졌다. 2002년 교섭에서는 주5일근무제와 여성할당제, 이익배분제 등의 제도가 구조조정에 따른 갈등 속에서 도입되는 등 산별노조의 역할이 가시적 성과로 나타나기도 하였다. 이 기간의 단체협약은 상당수가 지부별 보충협약으로 진행되기는 하였으나 산별노조 통일단체협약을 체결하였다는 점에서 산별노조의 기반을 다지는 계기가 된 것으로 평가할 수 있다(하익준, 2011).

2) 금융노조 내부 갈등과 비정규직 이슈: 2004~2007년

2004년 이후 금융노조를 중심으로 한 노사관계는 주로 외국자본의 유입과 금융지배 현상에 대한 대응을 중심으로 형성되었다. 예컨대 SCB의 제일은행 인수와 2005년 론스타의 외환은행 인수 등이 쟁점으로 형성되었다. 또한 이

기간 동안 과거에 비해 금융노조의 정치활동에 대한 참여가 강화되기도 하였으나 그 성과는 미미한 것으로 평가된다.

이 기간 동안 금융노조는 2005년 임원선거를 둘러싼 내부 갈등과 소송 및 간부 구속, 집행부 대행체제 등 노조집행부의 파행 운영이 2006년 중반까지 이어지면서 산별노조의 운영구조와 위상 또는 역할에 대한 고민이 깊었던 시기이기도 했다. 외형적으로는 2003년부터 은행연합회가 사용자단체를 대표하여 교섭권과 체결권, 교섭위원 선정권한 등을 위임받음으로써 산별교섭체계가 가닥을 잡아 가고 있었다. 이 같은 변화는 금융산별교섭의 틀을 공고히 할 수 있는 전환점일 수 있었다. 다만, 대형 사업장을 중심으로 중앙교섭과 보충교섭이라는 중층적 교섭구조에 대한 비판과 함께, 기업별 교섭이 산별교섭에 비해 더 나은 교섭결과를 도출할 수 있다는 측면에서 개별단위 교섭으로 회귀하려는 경향도 발생하였다. 이는 금융노조 내부의 파열음과 맞물리면서 중앙통제력과 교섭효과성이 산별노조 출범 초기에 비해 약화되고 있다는 반증이기도 했다. 이 기간 중 임금수준은 산별중앙교섭에서 타결된 협약임금인상률에 비해 기관별 인상률은 대체로 하향 타결되는 경향으로 나타났다.

이 시기의 또 다른 특징 중의 하나는 금융산업 비정규직의 조직화 문제였다. 2004년부터 국내경기가 침체되면서 청년실업과 비정규직 문제가 사회화되었다. 금융노조는 2003년 임단협을 통해 "비정규직의 무분별한 확산을 자제하고 비정규직 처우를 개선하기 위해 공동노력한다"는 노사공동 선언문을 작성한 바 있다. 이후 2004년에는 노사정위원회 비정규직 특별위원회 조사 활동, 비정규직 임금인상(정규직 임금인상률 대비 2배), 각 지부별 비정규직의 정규직 전환제도의 단체교섭 명문화, 비정규직 근로조건 개선 및 교육훈련 기회제공, 비정규직 확산 방지를 위한 1999년 6월 비정규직 비율 합의 준수, 여성비정규직 직원 출산휴가 사용시 불이익 금지 등을 명문화하는 타결이 이루어졌다(하익준, 2011).

금융노조는 비정규직 조직화를 위해 2005년 단체교섭에서 비정규직 지부를 중앙교섭 구조에 포함시키고자 하였고, 비정규직 임금인상률을 정규직의 2배로 합의하는가 하면, 2006년에는 임금인상률 2.5배를 이끌어 내는 등 일정한 성과를 보이기도 하였다. 2007년 '기간제 및 단시간근로자 보호 등에 관한 법률'이 제정되면서 비정규직의 무기계약 전환이 상당한 진척을 보게 된다. 그 결과 금융노조는 자연스럽게 이들을 조직화하여 조합원수의 증대를 확보하였다. 다만, 이 같은 금융노조의 조합원 규모의 양적 증대는 비정규직의 조직화 측면에서의 성과라기보다는 이른바 '비정규직법'의 시행에 따른 효과라고 평가할 수 있다.

다. 글로벌 금융위기와 금융공공성 및 산별노사관계 정착기(2008년~현재): 비정규 이슈와 메가뱅크 논란, 금융의 성과주의 확산과 사회적 책임

2007년에 이어 2009년까지 비정규직의 사회문제는 금융산업 내에서도 쟁점이 되었다. 금융권의 경우 다른 업종에 비해 상대적으로 안정적인 노사관계와 문화적 특성을 지닌 것으로 평가되고 있었으나 2007년 비정규직법 시행 이후 비정규직 문제는 노사간의 '뜨거운 감자'로 부상하고 있었다. 일부 은행들이 정규직이나 무기계약직으로의 전환에 적극적이었지만 해고를 결정한 은행들도 많았으므로 노사간 갈등의 불씨가 되고 있었다.

금융권의 비정규직 전환 유형은 [표 4-6]에서처럼, 정규직 신입직원 채용, 하위직급 신설, 직군제 도입에 따른 정규직 전환과 무기계약직 전환 등 네 가지 형태가 주를 이루었다. '신입직원 채용' 방식은 시험을 통해 정규직으로 전환되는 것으로 신입사원 선발과 동일하다. '하위직급 신설' 방식은 기존 은행에 존재하던 6개 직급을 늘려 비정규직을 모두 7급 직위로 흡수하는 방식이었다. '별도 직군제' 방식은 직군을 신설해 제한된 업무만 수행하는 방식으로 우리은행이 2009년 6월 말까지 3,076명을 전환한 경우가 대표적이다. 마지막으로

[표 5-6] 금융권 비정규직의 정규직 전환 유형

구 분		대상 은행	정규직과 차별, 노조가입
정규직 전환	신입직원 채용	신한, 하나, KB국민, 기업, SC제일, 한국씨티, 전북, 제주, 수협중앙회	차별 없음, 노조가입
	하위직급 신설	부산, 대구, 광주은행	차별 없음, 노조가입
	직군제 도입	우리은행	제한된 업무수행, 보수 차별, 노조가입
무기계약직 전환		KB국민, 외환, 기업 등 대부분 은행	제한된 업무수행, 보수 차별, 노조가입 추진

출처: 전국금융산업노동조합 정책본부(2009. 6. 30).

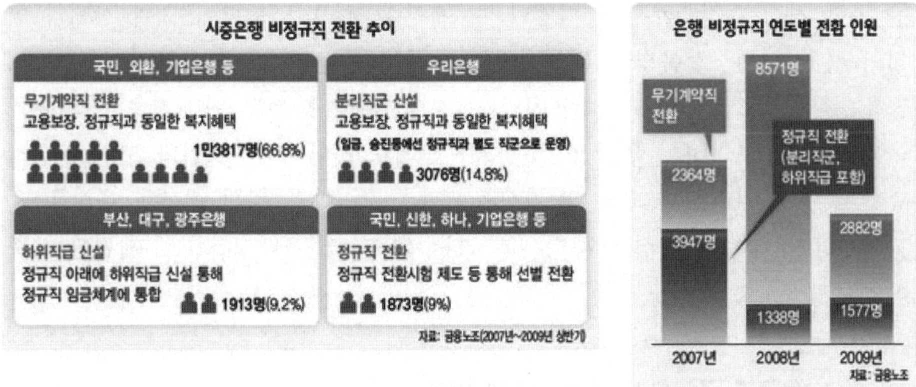

[그림 5-2] 은행권 비정규직의 연도별 정규직화 추이(2007~2009년)

'무기계약직 전환' 방식은 1년 단위 계약기간을 무기한 변경한 것으로 1년 단위 평가해고는 제한하지만 육아휴직 등을 자유롭게 사용할 수 있고, 업무수행은 비정규직과 같다. 2009년 7월 1일 이후 2년 만기가 도래하는 직원에 대해 매달 자동으로 무기계약직으로 전환되는 방식이다. 이 방식은 대부분 은행이 도입한 방식으로 2009년 6월 말까지 KB국민은행(6,559명)을 비롯한 12개 은행에서 1만 3,817명이 무기계약직으로 전환하였다.

한편, IMF 구제금융 이후 약 10년간은 초기 은행간 통합과 금융산업 재편 과정에서의 구조조정 등으로 인해 노사간 갈등을 경험해 오다가 중·후반 이후 산별교섭체계를 기반으로 상대적으로 안정화되는 양상으로 전개되었다. 그러나 2008년 9월경 미국의 투자은행 리먼브러더스가 서브프라임모기지론(Sub-Prime Mortgage Loan) 부실 사태로 파산함으로써 글로벌 금융위기가 전 세계적으로 파급되었다. 정부는 같은 해 10월경 '위기관리대책회의'를 가동하며 이에 대응하였다. 2010년 말까지 약 2년 6개월에 걸쳐 80여 차례 회의와 230여 건의 안건을 상정하여 논의하였다. 실물경제부문과 금융시장이 안정화되면 2010년 12월 말 '위기관리대책회의'를 '경제정책조정회의'로 환원하였다가 유럽국가들의 재정위기 국면에 이어 2011년 10월부터 다시 '위기관리대책회의'로 전환하여 2012년 5월 현재까지 운영되고 있는 상황이다.

이 기간 동안 금융산업의 핵심쟁점은 미국발 금융위기에 대한 대응을 둘러싼 갈등이라고 볼 수 있다. 정부의 기본 입장은 금융규제 완화와 은행 대형화를 통한 경쟁력 강화로 집약되었다.[16] 예컨대 M&A를 통한 규모의 경제와 범위의 경제 실현, 전문화를 위해서라도 요구되는 M&A, 금융산업의 해외진출, 금융규제의 완화 등이 그 내용이었다. 이를 위해 정부는 단계별로 '아시아의 금융 리더'로 도약하기 위한 비전을 제시하기도 하였다. 글로벌화 추진을 위해 M&A를 통해 400조~500조 원 자산규모의 1~2개의 '글로벌 지향형 대형은행', 3~4개의 '국내시장 중심의 중형은행', 다수의 '지역은행' 그룹으로 재편할 계획이었다(금융노조, 2010).

[표 5-7] 글로벌 금융위기 이후 정부의 비전

목표 지표	현재	2015년	2020년
국제경쟁력(IMD, WEF 기준)	30위권	20위권	10위권 이내
금융 및 관련 서비스업 비중	21%	23%	25%
글로벌 자산시장 점유율	1.2%	2% 이상	3% 이상
아시아 톱10 은행의 수	0	1개 이상	2~3개 이상
TNI(국제화)지수	4.3%	8%	15%

출처: 금융노조(2010. 2), "정부의 금융산업 정책진단."

주) 1. TNI지수=(해외자산/총자산)+(해외수익/총수익)+(해외인력/총인력)×100÷3
미국 24.7%, 영국 40.3%, 프랑스 37.5%, 독일 42.7%임.
2. 현재 외환은행의 TNI(국제화)지수는 국내 1위로 11%임.

그러나 금융노조는 우리의 수출 중심 경제가 갖는 높은 대외의존도와 IMF 이후 금융개방화로 인해 외국자본의 국내 유입이 타국에 비해 문턱이 낮은 상황에서 환율변동이나 금융위기에 보다 취약한 구조라는 문제의식을 가지고 있었다. 실제 론스타의 외환은행 인수 사건에서 이른바 '먹튀' 논란과 외국 금융자본에 대한 규제 논란이 사회적 여론을 환기시키기도 하였다.

또한 국내 금융산업의 글로벌화에 대해서는 대다수가 공감하고 있었으나 그 방법론에 있어서는 노사가 서로 생각이 달랐다. 정부는 글로벌 경쟁력을 갖춘 메가뱅크의 필요성을 M&A를 통해 구축하고자 한 반면, 금융노조는 이미 규모면에서 '충분히 크다'(big enough)는 입장에서 내부역량을 높여 점차 국제 경

16) 정부(대령령 직속 미래기획위원회)는 "위기 이후 한국 금융산업의 재도약을 위한 미래비전" 국제세미나를 개최하면서 이 같은 기조를 명확히 하였다.

쟁력을 갖추는 것이 바람직하다는 입장이었다. 금융노조 입장에서 은행간 통합과 초대형화는 상당 규모의 인력감축을 예고하는 것으로 받아들여졌다. 사실상 IMF 이후 금융산업은 구조조정의 일상화가 보편화되었다고 볼 수 있다. 그러나 이 시기 동안 진행된 구조조정 패턴은 과거 10년간과 비교해 볼 때 정규직 중심의 구조조정이라기보다는 비정규직을 완충지대로 활용하는 패턴이 과거에 비해 강화된 양상이다. 정규직의 경우에도 명예퇴직제 등 노사간 조율된 방식의 구조조정이 진행되었다. 이런 까닭에 이 시기 동안 비정규직 문제는 사회적 이슈였던 동시에 금융산업의 쟁점이기도 하였다.

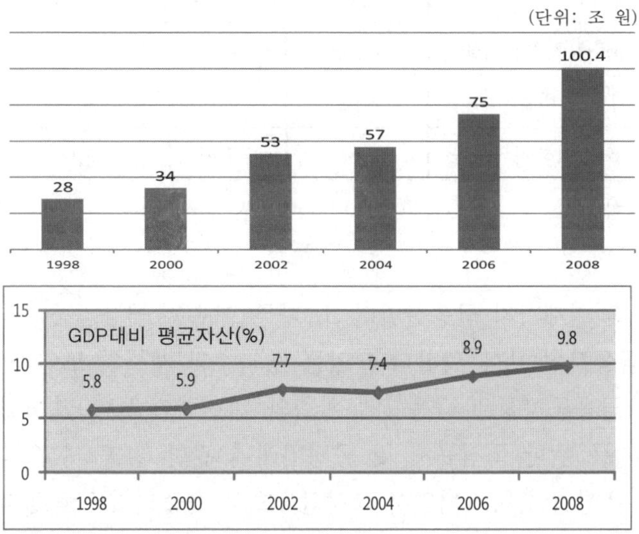

출처: 금융노조(2010).

[그림 5-3] 국내 일반은행의 대형화 추이(1998~2008년)

2010년과 2011년 들어 하나금융과 산은금융의 합병 등 은행간 M&A를 통한 대형화 정책에 대해 금융노조는 '관치금융 철폐 및 메가뱅크 저지 공동투쟁본부'를 발족하는 등 강하게 반발하기도 하였다. 글로벌 금융위기 이후 메가뱅크 논쟁은 2012년 들어서도 진행형이다. 금융위원회는 2012년 4월 우리금융지주의 매각 재추진 방안을 발표한 바도 있다. 이후 당분간 이에 대한 노사간 갈등은 지속될 가능성이 높아 보인다.

[표 5-8] 국내 4개 대형은행 재무현황 비교

(2011년 말 기준, 단위 : 억 원, %)

구 분		우리은행	국민은행	신한은행	하나은행
영업규모	총자산(조 원)	244	259	232	154
	자기자본(조 원)	18	19	19	11
	당기순이익	19,694	20,086	20,049	12,068
수익성	ROA	0.59	0.69	0.69	0.61
	ROE	7.93	9.76	8.56	9.38
	NIM	2.46	2.50	2.22	1.89
자본적정성	BIS자기자본비율	12.09	11.87	12.08	10.98
	Tier I 비율	8.98	8.74	9.32	7.55
자산건전성	고정이하여신비율	1.65	1.43	1.09	1.04

출처: 금융위원회(2012. 4), "우리금융지주 매각 재추진 방안."

2008년 이후 현재까지 금융산업의 또 다른 이슈는 금융공공성과 사회적 책임, 그리고 금융산업 내에 확산되고 있는 성과주의 제도의 도입과 확산이라고 볼 수 있다. 금융공공성은 금융규제 완화와 관련하여 2009년 4월, 출자총액 제한제도 폐지를 위한 독점규제 및 공정거래에 관한 법률 개정안과 금산분리 완화를 위한 은행법이 통과되면서 노사갈등으로 표출되기도 하였다. 금산분리 완화 등 금융규제의 완화 이슈는 2012년 현재도 진행 중에 있다.

[표 5-9] 금산분리 완화 개정방향

구 분	현 행	개정안
은행법	산업자본(비금융부문 자산규모 2조 원 이상 기업집단) 은행지분 소유한도 4%	4%→10%로 지분소유 한도 상향
금융지주회사법	보험, 증권 등의 비은행지주회사의 제조업 자회사 소유금지	보험, 증권 등의 비은행금융지주회사에 제조업 자회사 소유 허용

이 외에도 글로벌 금융위기의 원인과 관련하여 금융산업에 대한 공공성과 사회적 책임에 대한 비난 여론이 환기되면서 최근에 이르기까지 이슈가 되고 있다. 노사관계 측면에서 2008년 출범한 이명박 정부 이래로 공공부문 선진화와 노사관계 관행의 개선을 위한 제반 노동정책이 '법과 원칙'의 기조하에 추진되면서 금융산업 노사관계에도 영향을 미쳤다. 특히, 2010년의 복수노조 허용과 전임자 임금지급 금지를 포함한 노조법 개정의 가결은 이후 현재까지 노사간의 갈등 요인으로 작용하고 있다. 더불어 금융지주회사체제의 강화로 인한 노사간 교섭의 이중구조화와 공공정책에 입각한 임금 등의 근로조건이 기재부를 중심으로 외부화되는 구조로 인해 노사관계가 형해화되는 양상을 보여오기도 하였다. 금융산업 내부적으로 성과 연봉제를 비롯한 다양한 제도적 기반이 성과주의를 강화하는 방향으로 전개되면서 노사갈등이 첨예하게 대두되고 있기도 하다. 그러나 금융노사 모두 산별교섭체계의 안정화에 대한 희구가 컸던 만큼 2010년 사용자협의회가 법인으로 공식화되는 등 산별교섭체계가 정착되는 특징을 보였으며, 교섭과정에서의 갈등 국면에서도 2009년 교섭결렬을 제외하고는 산별교섭이 여느 산업에 비해 안정적으로 운영되어 왔다고 볼 수 있다. 이하에서는 최근의 금융산업 단체교섭을 비롯한 실태를 중심으로 살펴보고자 한다.

라. 소 결

국내 금융산업은 국가가 주도하는 개발주의 전략에 따라 정부주도의 노사관계로 출발하여 1997년 말 IMF 구제금융을 계기로 금융자율화를 비롯한 대대적인 구조조정의 변혁기를 거쳐 왔다. 이후 2008년 발생한 미국발 글로벌 금융위기는 금융산업의 경쟁력 강화 필요성이 강조되면서 최근에 이르기까지 메가뱅크 논란으로 확산되어 오고 있다.

이 같은 역사적 맥락 속에서 금융산업 노사관계는 공공성이라는 특성에 기인하여 현재까지도 정부의 금융정책이나 관련 법·제도의 변화에 따른 부침을 겪어 오고 있다. 이 글에서는 금융산업 노사관계 역사를 크게 세 시기로 구분하여 살펴보았으며 시기별 주요한 특징을 [표 5-10]에서 정리해 보았다.

국내 노사관계에서 산별교섭체제를 안정적으로 유지하고 있는 금융산업의 경우 역사적 부침 속에서 발견할 수 있는 공통점은 '고용'의 문제라고 하겠다. 이는 금융산업에만 국한된 것만은 아니지만, 이른바 넥타이 부대로 일컬어지는 금융산업에서 상대적으로 노사관계가 격렬히 부딪힌 시점마다에는 '구조조정'과 그에 따른 '고용'의 문제가 중심에 있었다. 다만, 1998년부터 본격화되었던 금융산업 재편에서는 정규직 중심의 인력조정으로 그 강도가 높았으며, 이후 2008년을 전후하여 상시화된 구조조정의 경우 상대적으로 비정규직을 중심으로 한 논쟁이 더 컸던 점은 있다. 이는 비정규직의 조직화 방법론에 대한 금융노조의 전략과도 관련이 깊다. 일반적으로 비정규직에 대한 정규직 노동조합의 전략은 사용자의 비정규직 활용과 이들의 노동조건 문제에 개입하지 않는 '방임' 전략, 비정규직 사용을 반대하고 기존의 비정규직에 대해서는 전원 정규직화를 요구하는 '철폐' 전략, 그리고 비정규직 사용을 용인하되 사용 절차와 노동조건을 규제하며 비정규직의 처우 개선을 시도하는 '규제' 전략으로 유형화할 수 있다. 특히, 비정규직의 조직화와 관련해서는 비정규직을 조직대상에서 제외하고 이해관계 대변도 거부하며 정규직 노동조합의 정체성을 고수하는 '배제' 전략, 정규직과 비정규직을 노동조합으로 조직화하는 '통합' 전략, 비정규직 노동자들의 조직화를 지원하며 이해관계를 대변하되 정규직 노동자들의 이해관계 대변을 우선시함으로써 비정규직을 하위범주로 포용하는 '지원' 전략으로 유형화할 수 있다(조돈문, 2011). 금융산업 내 각 지부별로 편차가 있지만, 대체로 '지원' 전략에 가까운 것으로 평가된다. 이는 2011년 발생했던 SC제일은행의 60일 장기파업과 그 이후의 내부 갈등에서도 파악할 수 있다.

금융산업 노사관계 연혁상의 또 다른 공통점은 공공적 특성에 비롯된 노사 당사자의 교섭 실효성에 관한 것이다. 즉, 노사간의 성실한 교섭이 노사관계의 수준을 규율하는가 하는 점인데, 실질적으로 일반 조직과 달리 정부의 노사관계에 대한 영향력이 상당하다는 점에서 차이가 있다. 금융산업 노사관계 1기가 이른바 '관치금융'이었다면, 그 이후에도 정부의 노동정책이나 금융산업 정책 그리고 임금을 비롯한 여러 가지 근로조건에 대한 가이드라인의 제시는 금융산업 노사관계와 교섭에 있어서 크고 작은 영향력을 미쳐 왔다고 하겠다.

[표 5-10] 금융산업 노사관계 시기별 특징

<table>
<tr><th colspan="2">구 분</th><th>~1997년</th><th>1998~2007년</th><th>2008년~현재</th></tr>
<tr><td colspan="2">산업환경
(특징)</td><td>• 국가개발전략과 산업화
• 산업육성 지원</td><td>• 금융산업 구조조정
• 산별노사관계 형성</td><td>• 글로벌 금융위기
• 성과주의 문화 확산
• 금융의 사회적 책임</td></tr>
<tr><td colspan="2">노사관계
영향요인</td><td>• 관치금융
• 정부주도 노사관계
• 정치 · 산업민주화</td><td>• 정부 금융정책
• 법 · 제도
- 은행 등 금융관련법
- 노동법: 노조체제</td><td>• 정부 금융정책
• 사회적 여론
• 법 · 제도
- 금융규제 완화 · 노동법 (타임오프제, 복수노조)</td></tr>
<tr><td colspan="2">사용자</td><td>• 개별 기관장</td><td>• 은행연합회(장)</td><td>• 금융산업사용자협의회 (2010)</td></tr>
<tr><td rowspan="4">단체교섭</td><td>교섭
구조</td><td>• 기업별 교섭 (공동교섭)</td><td>• 산별중앙교섭+지부별 보충교섭
- 산별노조 전환 전까지는 공동교섭
- 중앙 · 대표 · 대대표 교섭 등 다층화</td><td>• 산별중앙교섭+지부별 보충교섭
- 중앙 · 대표 · 대대표 교섭 등 다층화</td></tr>
<tr><td>노조
교섭력</td><td>•대체로 낮은 수준</td><td>• 전반: 높은 수준
- 구조조정 산별 대응
• 후반: 낮은 수준
- 집행부 사태 이후</td><td>• 중간 수준
- 사안별 대응과 타협</td></tr>
<tr><td>교섭
양상</td><td>• 사용자: 강압전략 (forcing strategy)
• 노조: 수용 · 회피전략</td><td>• 사용자: 회피(escaping) · 강압전략
• 노조: 경쟁전략 · 양보교섭</td><td>• 노사: 전반적 타협전략과 사안별 논쟁</td></tr>
<tr><td>주요
쟁점</td><td>• 관치금융 탈피를 위한 금융자율화</td><td>• 구조조정과 제도개선
• 비정규직 · 근로조건</td><td>• 메가뱅크 등 은행 대형화
• 낙하산 인사 · 외자문제
• 성과주의 확산과 사회적 책임</td></tr>
<tr><td colspan="2">노조체제</td><td>• 기업단위(1960) → 산별노조(1961) → 기업단위(1980)</td><td>• 산별노조(2000)</td><td>• 산별노조</td></tr>
</table>

5. 최근 금융산업 노사관계 실태[17)]

가. 최근 금융환경과 노사관계

금융권의 2011년은 글로벌 금융시장에서 그리스와 포르투갈 등 유로 지역의 재정문제가 부각되면서 국제적인 금융시장 불안정성이 고조되었다. 국내에서는 저축은행과 시중은행의 PF대출 부실사태, 하나금융의 외환은행 인수 여부를 비롯한 은행간 M&A와 대형화 논쟁, 론스타를 둘러싼 외국자본의 이른바 '먹튀' 논란 등이 주요하게 부각되었다. 금융노조는 하나금융과 산은금융의 합병 등 은행간 M&A를 통한 대형화 정책에 대해 '관치금융 철폐 및 메가뱅크 저지 공동투쟁본부'를 발족하는 등 강하게 반발하는 모습을 보였다. 과거 은행간 M&A가 필연적으로 인력 구조조정을 수반했던 경험에서 비롯된 위기감이 금융노조 대응방식의 본질적 배경이라고 볼 수 있다. 금융노조는 이 같은 은행 대형화 추세가 향후에도 일상적으로 발생될 사안이라는 우려스런 전망을 가지고 있기도 하다.

은행의 대형화와 관련한 금융노조의 대응은 2012년 7월, '전면파업'이라는 카드를 꺼내 들게 하는 요인이 되었다. 비록 2012년 11월 현재, 전면파업이 철회되고 산별교섭이 진행되고 있는 상황이지만 이 같은 쟁점의 형성은 언제든 다시 불거질 가능성을 남겨 놓고 있다.

한편, 미국의 월가에서 불기 시작한 금융자본에 대한 사회적 비판 여론은 국내 은행권에 대한 곱지 않은 여론 형성으로 이어지기도 하였다. 1997년 말 IMF 이후 금융권에 대한 공적자금의 투입과 2008년 미국발 금융위기를 거치면서 2011년도 시중은행의 순이익이 15조 원을 넘을 것이라는 전망이 나왔다. 이미 2011년 3분기까지 시중은행의 순이익은 13조 원을 넘어선 상황이다. 서민 경제가 물가인상과 가계대출 등으로 힘겨워하고 중소기업도 재정적 어려움이 극심한 가운데 유독 은행의 호황기라는 측면이 비판적 여론 형성으로 작용하였다. 실제 2011년 2분기 현재 은행의 예대마진은 2.95%로 2010년도 평균(2.85%)보다 확대되었다.[18)] 예대마진이 0.1%포인트 높아지면 은행권의

---

17) 고용노동부(2012)의 「2011년도 노사관계 실태분석 및 평가」 용역과제물을 참고하여 요약・정리함.
18) 한국은행경제통계시스템(http://ecos.bok.or.kr/).

이자수익은 1조 2,000억 원가량 늘어나는 것으로 보고된다. 예대마진이 은행 전체 수익구조의 약 80%를 차지하는 현실은 자칫하면 '탐욕스러운 금융자본'이라는 미국 월가식의 비난을 면키 어려운 것이 우리 금융산업의 경영환경이다. 이에 금융권에서는 사회공헌 활동에 1조 3,000억 원을 쓰고, 각종 수수료를 낮추는 등의 대응책을 내놓기도 하였다.[19] 또한 2011년도 금융산별중앙교섭 타결내용에도 "저소득·저신용·소외계층을 위한 사회공헌 활동을 강화하는 데 노사가 공동노력한다"는 합의문안이 포함되기도 했다. 한편, 임금인상을 요구하는 입장에 있는 금융노조로 하여금 임금인상 요구의 강도를 낮추고, 사측보다 조기타결 필요를 더욱 절실하게 하는 요인이 되기도 하였다.

2010년 말부터 불거진 하나금융과 론스타 간의 외환은행 지분의 매매계약에 대한 금융노조와 외환은행노조의 강한 반발은 2011년 내내 금융권 갈등요인으로 지속되었다. 더욱이 2011년 11월경 금융위원회가 론스타에 대해 외환은행 한도초과지분 매각명령을 내린 후 12월 초 하나금융과 론스타 간 외환은행 주식매매계약 체결 추진이 확정 발표되었고 이후 금융권의 갈등 양상이 강화되고 있는 국면이다. 더욱이 2012년 11월 현재, 론스타는 투자자국가소송제도(ISD)에 따라 주식양도 관련 세금 4,000억 원과 한국 정부가 주식매각 승인을 지연한 데 따른 예상 손실액 2조 원을 배상해 줄 것을 미국 워싱턴에 있는 국제투자분쟁해결센터(ICSID)에 제소해 놓고 있다. 노정간 갈등이 지속될 수밖에 없는 환경이 계속 만들어지고 있는 형국이다.

한편, 농협중앙회의 지배구조 개편과 관련한 갈등도 2011년 말을 기점으로 보다 두드러졌다. 지난 2007년 사회적 합의를 통해 신경분리 농협법이 개정되어 2017년까지 자율 추진토록 예정되었으나 2011년 3월 농협법이 국회를 통과한 이후 금융노조와 농협지부의 강한 반발과 집회 투쟁이 계속되었다. 2011년 11월 한미 FTA 국회비준이라는 정치경제적 변수가 작용하면서 이에 대한 농민을 비롯한 사회단체의 대규모 반대집회 등이 지속되면서 농협 신경분리에 대한 금융노조의 반대 투쟁도 가열화되는 양상을 보였다. 2012년 들어 농협의 자율성 문제와 고용에 관한 불안정성은 금융산별 노사간의 주요 쟁점 중의 하

19) 2011년 10월 전국은행연합회를 비롯하여 금융투자협회, 생명보험협회, 손해보험협회, 여신금융협회가 공동으로 기자회견을 통해 "금융권의 사회적 책임 강화 방향"이라는 내용을 발표하였다.

나이기도 했다. 2012년 금융산별 교섭과정에서 총파업 직전에 농협 문제가 농협 노사간 특별단협의 체결로 위기를 면한 바 있다.

나. 금융산별중앙교섭

2011년도 금융산업 노사관계는 산별중앙교섭이 어느 해보다 난항을 겪었으며 금융당국을 비롯한 정부정책의 영향력이 다시 한 번 드러났다고 볼 수 있다. 진척 없이 공전을 거듭하던 금융산별중앙교섭은 2011년 하반기 정부의 공공기관에 대한 정책발표 이후 급속히 진전되어 마무리되었다. 금융권 최장기 파업이라는 초유의 사태를 발생시킨 SC제일은행 노사분규는 금융산업 노사관계에 새로운 과제를 던져 준 사례이기도 하였다. 아날로그로부터 디지털 금융이라는 환경변화는 금융산업 노사관계에 많은 시사점을 제공하였다.

2011년 금융산별 노사관계는 금융산업에 대한 낙관적 경기전망과 실제 기록적인 은행권 수익 달성이라는 측면에서 협약임금인상률을 둘러싼 금융노조의 높은 기대감으로 시작되었다. 이미 지난 2~3년간 임금 동결이나 삭감을 경험한 금융노조의 입장에서 그만큼 기대가 클 수밖에 없는 상황이기도 하였다. 그러나 2011년 하반기까지 교섭이 공전되어 교착상태에 빠졌으며, 이로 인해 금융노사관계 초유의 상호 고소·고발하는 사태로까지 악화되기도 하였다. 국내 산별노사관계에서 가장 안정적인 것으로 평가되어 왔던 금융노사관계를 고려해 볼 때 이 같은 사태는 내용의 심각성 여부를 떠나 상징적인 의미가 더 컸다.

그러나 이후 정부의 공공정책이 공식화된 이래로 교섭 개시 후 약 6개월 이상 진척이 없었던 금융노사 간 교섭이 급진전되어 10월 타결로 최종 마무리되었다. 이처럼 금융산별 노사관계는 시중은행을 비롯한 공공금융기관을 포괄하고 있다는 측면에서 금융당국을 비롯한 정부의 정책결정에 따라 크게 변동성을 갖는 양상을 보여 주었다. 2011년 금융산별교섭이 초기부터 난항을 겪은 데는 교섭대상에 대한 이견이 크게 작용한 부분이 있다. 금융노조는 교섭요구안으로 임금인상률 외에 근로시간 정상화 문제를 비롯하여 단체교섭 의제에 해당될 수 있는 내용을 제시하였다. 이에 대해 금융산업사용자협의회는 금융노조에서 제시한 교섭요구안 중 임금에 관한 사항만 다룰 것을 고수하면서 교섭 지연이 상당기간 발생하였다.

한편, 2011년 금융산별중앙교섭은 금융산업의 대내외 환경적 요인도 노사간 교섭전략에 영향을 미쳤다고 볼 수 있다. 특히, 사상 최대의 수익을 올린 은행권의 경영성과에도 불구하고 미국 월가에서 시작된 금융자본에 대한 사회적 비판여론은 그간 지체되었던 임금인상에 대한 금융노조의 요구를 상대적으로 약화시키는 동시에 조기타결의 필요성을 강화시켰다. 반면, 시중은행과 국책기관 등 회원사의 서로 다른 이해관계를 조율해야 하는 금융산업사용자협의회 입장에서는 정부의 정책방향에 대한 결정과 함께 교섭 지연전략이 상대적으로 유효한 상황이 조성되기도 하였다. 이런 배경이 장기간 교섭의 공전 후 2011년 말 짧은 기간 동안 급속히 진전된 금융산별교섭의 요인이기도 하다.

2011년도 금융노사관계에서 특징적인 사건은 SC제일은행의 금융권 최장기 파업사태의 발생이었다. 화이트칼라 노조로서 합리주의적 노조주의로 평가될 수 있는 금융권 노조가 이 같은 장기파업에 이른 요인과 그 결과는 금융산업 노사 모두에게 향후 노사관계를 가늠해 볼 수 있는 중요한 단서를 제공할 것으로 보인다.

2011년 금융산별중앙교섭에 앞서 금융노조는 임금인상과 단체협약 관련 결의문을 채택하고 5월 집중교섭으로 조기타결을 목표로 하였다. 결의문에 나타난 금융노조의 2011년도 교섭 주요 목표 중 노조법 재개정 및 은행간 M&A 관련 이슈를 제외한 사항들이 금융산별중앙교섭에서 다뤄지게 된다. 다만, 교섭

[표 5-11] 금융노조의 2011년 임금인상 및 단체협약 개정 결의문 주요 내용

- 우리는 산별중앙교섭에서 그동안 동결, 삭감, 반납으로 인한 임금 및 신입직원 초임 원상회복, 비정규직 등 사업장 내 저임노동자의 임금인상을 위해 총력 투쟁한다.
- 우리는 한국노총 총력 투쟁 방침에 따라 전임자임금 및 복수노조와 관련한 노조법 전면 재개정 및 노동조합 활동의 복원을 위해 총력 투쟁한다.
- 우리는 정부가 강제 도입하고 있는 성과연봉제 도입 철회와 후선역제도, 성과향상추진본부 운영 등 노동강도를 심화시키고 해고수단으로 악용되고 있는 각종 성과차등제도 폐지를 위하여 총력 투쟁한다.
- 우리는 근무시간정상화를 위하여 기 합의사항을 충실히 이행할 것을 사용자에게 강제하고, 인력충원, 과다목표부여 금지, 시간외근로 보상, 중식시간 등 법적 휴게시간 보장을 위하여 총력 투쟁한다.
- 우리는 시대착오적 공멸의 길로 몰아넣고 있는 외환은행 합병을 통한 대형화 폐기, 농협 신경분리 등에 따른 인력 구조조정 저지, 지방은행의 독자생존을 위해 총력 투쟁한다.

초기 교섭대상을 놓고 노사간 대립이 심화되었는데, 2011년도 금융산별교섭이 임금교섭이라는 측면에서 금융산업사용자협의회는 근무시간 정상화 등에 대해 임금 관련 사항 이외에는 교섭대상으로 수용할 수 없다는 입장을 고수한 반면, 금융노조는 실제 임금과 관련될 뿐 아니라 과거 노사가 합의한 사항의 이행 요구라는 입장을 주장하면서 교섭이 교착되기도 하였다.

1) 산별중앙교섭 경과

2010년 산별중앙교섭의 경우 4월 첫 실무교섭을 시작으로 2010년 12월 14일 최종 합의에 이르러 대략 7개월여에 걸쳐 대표교섭 및 대대표교섭을 포함 모두 22차례의 교섭이 진행되었다. 금융노조가 지난 2000년 출범한 이래로 지난 10년간 교섭기간과 횟수 등 교섭비용 측면에서 상당한 진척을 보여 왔던 추세에 비하면 2010년의 교섭은 상대적으로 난항을 거듭했다고 볼 수 있다. 그도 그럴 것이 2010년의 경우 항상 쟁점이 되어 왔던 임금 이슈 이외에 지난해 7월부터 시행된 근로시간면제제도(타임오프제)의 적용 문제가 노사간 첨예한 대립으로 이어졌다는 점도 주요한 요인이었다.

2011년 금융산별중앙교섭은 2010년의 경우와 유사한 패턴을 보인 가운데 약 6개월여에 걸쳐 실무교섭을 제외하고도 모두 16차례의 교섭으로 타결에 이르는 등 상당한 진통이 있었다. 2011년도 금융산별 중앙교섭 경과는 크게 3단계로 살펴볼 수 있다. 첫째는, 교섭요구안과 교섭개시 일정을 둘러싼 노사간 입장차로 시작부터 순탄치 않았던 교섭준비 단계가 있었으며, 둘째, 상견례를 시작으로 산별중앙교섭이 진행되는 가운데 과거에 없었던 노사 맞고소 등 교섭의 파행이 지속되었던 과정, 셋째는, 정부의 공공기관 임금 가이드라인 및 신입직원 초임에 대한 입장이 발표된 이후 교섭이 급진전되어 타결에 이르는 과정이 그것이다.

2) 산별교섭 개시의 난맥상

교섭개시와 관련하여 금융노조는 금융산업사용자협의회에 교섭요구안을 송부하고 1차 산별중앙교섭 개최를 제안하였다. 이에 금융산업사용자협의회는 교섭일정 확정이 불가하다는 입장을 밝힘으로써 2011년도 산별교섭 출발부터

가 순탄치 않았다. 금융산업사용자협의회는 교섭위원의 임기만료 등에 따라 산별중앙교섭이 5월 중순 이후에 가능하다는 것과 임금 이외의 요구안에 대해서는 교섭이 불가하며, 교섭위원수의 확대도 불가하다는 입장이었다. 또한 시중은행과 국책금융기관의 임금인상률을 차등 적용할 것 등의 입장을 표명하면서 교섭일정 자체도 확정하지 못한 상황이 지속되었다.

[표 5-12] 2011년도 금융노조 교섭요구안

- 임금인상 8% + 각 지부별 최근 3년간 반납 삭감분을 보전하기 위한 α
- 비정규직 임금인상
- 신입사원 초임삭감 원상회복
- 성과연봉제 도입 금지와 후선역제도, 성과향상추진본부 운영 금지
- 근무시간 정상화 관련
- 노사관계 발전 등을 위한 기금출연
- 전임자 임금 및 조합원 범위와 자격 관련 내용

[표 5-13] 2011년도 금융노조의 교섭요구에 대한 금융산업사용자협의회 입장

- 교섭개시: 교섭위원 임기만료에 따라 5월 중순 이후 개시
- 임금 이외의 요구안에 대해 교섭 불가
- 교섭위원수 확대 불가
- 시중은행과 국책금융기관의 임금인상률 차등 적용

금융노사가 교섭을 위한 상견례 일정조차 잡지 못하고 있던 차에 4월 25일 노사 양측 대표 간 면담에서 교섭일정을 확정하는 등 교섭 진척의 계기를 만들어 갔다. 노사는 교섭의 조기타결을 위해 노력할 것과 5명의 대표교섭위원을 7인 이상으로 확대하자는 노측의 요구에 대해 사측의 긍정적 검토로 6명으로 조정하고, 교섭 최종 합의시 노사대표자 전원이 참석하도록 추진한다는 등의 내용이 정리되었다.

이후 5월 12일 상견례 일정을 확정하여 실질적으로 첫 번째 산별중앙교섭이 진행되었으나 차기 교섭일정과 관련하여 금융노조는 5월 집중교섭을 요구한 반면, 금융산업사용자협의회는 새 교섭위원들의 임기가 6월부터 시작되므로 6월

[표 5-14] 2011년도 금융산별중앙교섭 교섭위원

구 분	금융노조	금융산업사용자협의회
교섭대표	위원장(김문호)	회장(신동규)
교섭위원	우리은행지부	우리은행 행장
	KB국민은행지부	KB국민은행 행장
	중소기업은행지부	중소기업은행 행장
	경남은행지부	경남은행 행장
	한국자산관리공사지부	한국자산관리공사 사장
간사・서기	노사 각각 간사・서기 각 1명	

출처: 금융노조, 2011년 금융산별중앙교섭 자료집(2011. 4).

초 교섭재개를 요구하면서 아무런 진척 없이 교섭이 파행되었다. 이후 6월 한 차례 교섭이 진행되었으나 실질적 교섭은 이루어지지 않았다. 금융산업사용자협의회는 임금인상과 관련하여 국책공기업과 민간금융기관의 분리교섭, 신입직원 초임 원상회복 문제에 대해 산별교섭을 통한 해결이 곤란하다는 입장을 유지하였고, 금융노조는 사측의 교섭 정상화를 위한 사측의 태도변화와 주 1회 이상 교섭을 요구하고 있었다. 노사간 입장 차를 좁히지 못하면서 교섭개시에서부터 시작된 노사간 마찰은 교섭대상조차 확정하지 못한 채 7월까지 공전을 거듭하였다. 이에 금융노조가 사측의 불성실 교섭을 이유로 부당노동행위 신고 및 구제신청을 하는 초유의 사태가 발생하였다. 이에 대해 사측 또한 업무방해 혐의로 노측을 맞고소로 대응하면서 2011년도 금융산별중앙교섭은 약 3개월 동안 실질적 교섭안건에 대해 한 걸음도 떼지 못하고 파행으로 운영되었다. 금융노조는 7월 21일 쟁의행위 돌입을 위해 찬반투표를 실시하였고 조합원 9만 2,449명 중 7만 2,464명이 투표에 참여하여 6만 7,084명이 찬성하여 92.6%로 가결시킴으로써 금융노사 간 갈등이 구체적으로 표출될 가능성을 높이고 있었다.

교섭의 실질적 안건을 다루기 위한 진입 자체에서 노사간 갈등이 고조된 배경에는 노사 각 주체의 입장과 환경적 요인이 작용한 것으로 판단해 볼 수 있다. 금융노조의 입장에서는 교섭력의 변동성에 따른 조기 교섭타결 필요성도 한몫하고 있었다. 미국 월가를 중심으로 확산된 금융권에 대한 따가운 사회적 여론이, 2008년 미국발 금융위기에서부터 2010년에 이르기까지 금융권의 임금 동결과 삭감 등을 경험한 금융노조로서 실질임금의 인상이라는 교섭목표를 달성하는 데 있어 교섭이 지연될수록 상대적으로 불리해질 수밖에 없는 상황이었기 때문이다. 또한 금융산업사용자협의회의 입장에서도 정부의 임금 가이드라인과 신입직원 초임 문제에 대한 분명한 정책 표명이 없는 상태에서는 실질적인 교섭의 진척이 어렵다는 현실적인 문제가 작용하고 있었다.

3) 교섭의 공전과 갈등

금융 산별중앙교섭은 7월 25일 노사간 대대표교섭을 시작으로 조금씩 진전될 기미를 보이기 시작하였다. 비록 노사간 교섭안건에 대한 입장차는 여전하였으나 차기 교섭일정을 확정하는 등 이후 논의가 활발하였다. 이에 앞서 금융노조는 교섭 진척이 없자, 사측에 교섭 결렬을 통보하고 중앙노동위원회에 쟁의조정 신청을 한 바 있다. 이에 중앙노동위원회는 올해부터 적용되는 복수노조 및 교섭창구단일화와 관련하여 창구단일화와 교섭의 병행을 권고하고 교섭창구단일화에 대한 행정지도 결정을 내렸다. 금융노조는 이러한 결정에 위법성을 들어 반발하기도 하였으나 산하 지부에 교섭창구단일화 절차 이행 공문을 발송하는 등 교섭 및 파업절차상의 하자를 치유하면서 사측에 대해 교섭 압박을 가하는 방식을 취하였다. 금융노사는 7월 하순부터 산별중앙교섭의 지속적 개최는 실실적인 교섭안건의 진전과 무관하게 일정한 행보를 유지하게 된다.

그러나 8월 초 정부의 '공공기관 임금체계의 공정성 제고 방안' 발표 이후 금융산업사용자협의회가 신입직원 초임의 원상회복에 대해 난색을 표하는 등 금융산별교섭은 진전 없이 답보상태를 유지한다. 이에 금융노조는 한국노총 차원에서의 대응을 이끌어 냄과 동시에 공공부문 산별연맹과의 연대 등 신입직원 초임 문제를 대정부·대국회 등으로 이슈를 확산시켜 나갔다. 이 과정에서 금융노사는 3개월여 만에 노사 교섭위원 각 6명이 참여한 교섭위원단 교섭을 가지기도 하였으나 임금인상 문제를 제외한 안건에 대해 논의할 수 없다는 금융산업사용자협의회의 입장만 확인하고 교섭의 진전을 보지 못하였다. 이후 금융노조에서는 양대노총의 공공부문 공조 등과 함께 10월 총파업의 배수진을 쳐 나갔고, 9월 중순의 금융노사 간 교섭은 정부지침 확정 이후 논의를 주장하는 금융산업사용자협의회의 입장이 고수되면서 여전히 공전하였다. 금융노조는 두 번째 쟁의행위 조정신청을 중앙노동위원회에 제출하는 한편 금융노조 위원장의 삭발 단행 등으로 10월 총파업의 위기감이 고조되었다. 이 같은 금융산별교섭의 난항은 9월 말 기획재정부가 공공기관운영위원의 서면결의를 통해 신입직원 초임의 원상회복이 확정되는 시기까지 지속되었다.

4) 교섭의 급진전과 타결

신입직원 초임 문제에 대한 정부의 공식입장 표명 후 금융산별중앙교섭은 급물살을 타게 된다. 10월부터 노사간 실무교섭을 비롯하여 교섭단 및 교섭대표교섭을 통해 임금인상폭과 신입직원 초임 원상회복 문제가 타결에 이르러 10월 20일 최종 조인식을 개최하였다.

5월 12일 금융노사 간 상견례를 기점으로 본다면 약 4개월간 진척 없이 공전을 거듭하던 금융산별교섭이 약 3주에 걸친 집중논의로 타협에 이르렀다는 점에서 현행 금융산별교섭의 한계점과 과제를 노정하고 있다. 막바지 임금인상률 교섭에서는 금융산업사용자협의회가 민간부문과 공공부문의 임금인상률을 차등 적용하자는 주장으로 한때 어려움을 겪기도 하였고, 10월 초 금융노조가 중앙노동위원회에 제출했던 쟁의행위 조정신청이 10월 20일까지 추가교섭 진행으로 결정되면서 교섭타결의 전환이 마련되기도 하였다.

2011년 금융산업중앙교섭이 난항을 거듭하면서 10월 교섭이 급진전을 보게 된 데는 정부의 공공기관 예산 및 정책 결정이 주요하게 작용하였다. 가장 쟁점이 되었던 신입직원 초임 원상회복과 관련하여 8월 고용노동부가 발표한 '공공기관 임금체계의 공정성 제고 방안'은 금융노조의 입장에서 신입직원 초임의 현행 유지로 받아들여졌다. 이로 인해 양대노총의 공공부문 연대 활동이 강화되는 한편 10월 금융권 총파업이라는 배수진으로 이어졌다. 이후 9월 말경 기획재정부가 공공기관운영위원회의 서면결의를 통해 확정한 '2011년도 공기업·준정부기관 예산집행지침 개정안'이 발표되면서 금융산별중앙교섭은 급진전을 보게 된다. 정부 발표의 주요 내용은 2011년 공공기관의 임금 가이드라인이 4.1%로 제시된 것 외에 기존 입장보다 진전된 것으로 수용되었다. 정부의 공공정책 방향이 분명해짐으로써 그동안 답보상태에 있던 금융산별중앙교섭은 급물살을 타면서 10월 20일 최종 타결 및 산별중앙교섭 조인식으로 마무리되었다.

[표 5-15] 2011년도 산별중앙교섭 주요 진행경과

일 자	내 용
3. 30.	• 금융노조: 단체교섭 요구안 제출 및 교섭 요구(4/11)
4. 7.	• 금융산업사용자협의회: 조기교섭 불가입장을 금융노조에 통보
4. 8.~4. 22.	• 금융노조: 사측에 교섭 요구(3회)
4. 25.	• 1차 산별중앙교섭(교섭대표): 교섭단-노사 각 6인으로 구성
5. 12.	• 2차 산별중앙교섭(교섭단): 상견례 및 교섭 중단
5. 13.~6. 1.	• 금융노조: 교섭 요구(4회)
6. 8.	• 3차 산별중앙교섭(교섭대표) - 사측: 조기교섭 불가 및 노측 교섭요구안 수용 불가 입장
6. 9.~6. 1.	• 금융노조 교섭 요구, 금융산업사용자협의회 교섭 불가
6. 16.	• 금융노조: 사측을 부당노동행위로 고소(서울지방노동청), 부당노동행위 구제신청(서울지방노동위원회)
6. 17.	• 금융산업사용자협의회: 금융노조위원장 외 2명을 업무방해 및 주거침입 혐의로 고소(남대문경찰서)
6. 27.~6. 28.	• 금융산업사용자협의회: 7. 6. 산별교섭 재개를 금융노조에 제의 • 금융노조: 6. 30. 최종 교섭일을 금융산업사용자협의회에 통보
7. 1.	• 금융노조: 금융산업사용자협의회에 교섭 결렬 통보
7. 6.	• 금융노조: 쟁의행위 조정신청(중앙노동위원회)
7. 14.	• 중앙노동위원회 특별조정위원회 - 행정지도 결정, 창구단일화 및 교섭 병행을 금융노사에 권고
7. 21.	• 금융노조: 쟁의행위 찬반투표 실시
7. 25.~9. 7.	• 산별중앙교섭(교섭단 및 교섭대표) 4~10차
8. 9.	• 금융노조의 부당노동행위 구제신청 기각: 중앙노동위원회
9. 19.	• 산별중앙교섭(교섭대표) 11차: 교섭 결렬
9. 21.	• 금융노조: 2차 노동쟁의 조정신청
9. 28.~10. 19.	• 산별중앙교섭(실무교섭, 교섭단 및 교섭대표) 12~16차
10. 20.	• 2011년도 금융산별중앙교섭 조인식 - 노사 상호 고소 취하 및 중앙노동위원회 조정신청 취하

출처: 금융노조 내부자료 외.

다. 금융산별 노사관계 주요 쟁점

1) 임금인상 및 신입직원 초임

2011년 금융산별중앙교섭의 가장 큰 쟁점은 임금인상 폭과 신입직원의 초임에 관한 사항이었다. 금융노조는 2011년도 임금인상에 대해 총액임금기준 8%+α를 요구하였고, 비정규직의 경우 정규직 임금인상률의 2배를 최초 요구안에서 제시하였다. 또한 신입직원 초임과 관련하여 원상회복을 요구하였다. 금융노조의 이 같은 주장은 2008년 미국발 금융위기로 인해 그동안 동결, 반납 등으로 감소된 임금의 실질임금 회복을 요구하는 것이었다. 그러나 임금인상률의 결정에 있어서 금융산업사용자협의회와 금융노조 간 접근방법의 인식 차이로 9월까지 아무런 진척을 갖지 못한 사항이었다. 금융산업사용자협의회의 입장에서 정부의 임금 가이드라인이 제시되지 않은 상황에서 교섭안건으로 다루기 어렵다는 현실적인 문제가 있었다. 또한 민간금융과 공공금융기관을 분리하여 임금인상률을 적용하자는 주장을 견지하였다. 국책기관들이 2010년에도 임금을 동결한 결과 민간금융기관과의 임금격차가 확대되고 있다는 배경과 이에 2011년도에 배정된 예산의 범위 내에서 조기 임금인상을 적용하기 위해서는 분리교섭이 필요하다는 입장이었다. 금융산업사용자협의회는 공공기관의 경우 정부의 공공기관 임금 가이드라인 4.1%를 넘을 수 없으며, 시중은행의 경우 2.1% 이상은 안 된다는 입장을 고수하였다. 여기에는 금융위기 확산과 월가 시위 등에 따른 금융권에 대한 부정적 여론 형성도 임금협상에 부담으로 작용하였다. 금융노조도 산하 국책기관 지부의 문제점을 인지하고 있었지만 분리교섭이 금융노조의 교섭력을 약화시킬 뿐만 아니라 궁극적으로 산별체계 자체에 위협이 될 수 있다는 관점에서 이를 수용하지 못하였다. 결국 노사는 4.1%를 가이드라인으로 하여 각 기관별 노사가 상황에 맞게 별도로 정하는 것으로 최종 합의하였다. 한편, 금융노조가 비정규직 임금인상률을 정규직의 2배로 하자는 교섭요구는 노사간 이견을 좁히지 못한 가운데 정규·비정규직 간 임금격차 축소를 위해 노력한다는 수준에서 합의가 이루어졌다.

정부가 9월 발표한 주요 내용은 2011년 공공기관의 임금 가이드라인이 4.1%로 제시된 것 외에 신입직원 초임 문제와 관련하여 첫째, 기관별 특성에 따라 총액 인건비 범위 내에서 2009년 이후 입사한 대졸 신입직원의 임금인상률을 기존 직원보다 높게 하여 임금격차를 조정하고, 둘째, 임금격차의 조정은 2년 이상 단계적으로 추진하되, 셋째, 조정 완료시점에 채용되는 대졸 신입직원의 초임은 2009년 2월 이전 수준을 초과하지 않도록 한다는 것이다. 이는 금융노조의 입장에서 당초 신입직원 초임 삭감의 기조를 계속 유지한다는 정부안의 변경을 의미하는 것이었으며, '하후상박'식 임금격차 해소 기조에 비해 진전된 것으로 수용되었다. 정부의 공공정책 방향이 분명해진 이후 그동안 답보상태에 있던 신입직원 초임에 관한 쟁점은 2009년 2월 이후 채용된 대졸 신입직원의 초임을 단계적으로 정상화하되, 각 기관별로 노사가 상황에 맞게 별도로 정하는 것으로 마무리되었다.

2) 근무시간 정상화

금융노조에서 교섭요구안에 제시한 근무시간 정상화와 후선역제도 등은 교섭대상 포함 여부에 대한 금융노사 간 이견으로 산별중앙교섭 자체가 지연되는 요인이 되기도 하였다. 2008년에 체결한 사용자단체 설치 관련 합의서에 따르면 산별단체협약의 유효기간은 2009년부터 2년으로 하되, 임금협약과 시부보충협약의 유효기간은 1년으로 하고 있다. 따라서 금융산업사용자협의회의 입장에서 2011년도 금융산별중앙교섭은 임금교섭에 한정되어야 한다는 주장이었다. 따라서 근무시간 정상화 문제는 산별중앙노사협의회에서 별도 논의하자는 입장이었다.

반면 금융노조의 입장은, 2008년 산별중앙교섭에서 금융산업의 경쟁력 강화를 위해 금융기간 영업시간을 기존 09:30~16:30에서 09:00~16:00으로 변경·합의한 바 있으나 현장에서 제대로 시행되지 않고 있을 뿐 아니라 그 결과 조기출근과 야근이 지속되는 등 노동강도가 강화되어 따른 직원들의 불만이 고조되고 있다는 주장이다. 따라서 근무시간 정상화와 관련된 교섭요구는 원칙적으로 단체교섭 사항이지만 기 체결된 사항이 제대로 시행되지 않고 있어 교섭요구가 가능한 사항이라는 주장이었다.[20]

---

20) 금융노조는 질의회시 사례 등을 근거로 제시하기도 하였다: 협약 유효기간 중 교섭요구의 정당

근무시간 정상화에 관한 사항은 2011년도 산별중앙교섭 막바지에 이르러서야 실질적 논의가 이루어졌다. 금융노사 간 타결내용은, 2008년도에 체결된 근무시간 정상화 및 영업시간 변경 관련 사항에 대해 사용자가 이를 준수토록 하고, 금융산별 및 산하 지부 노사는 기 합의사항의 준수 여부에 대한 점검단 구성 및 실태조사를 실행하며, 그 이행 방안에 대해서는 산별중앙노사위원회를 통해 논의키로 하면서 마무리되었다.

3) 후선역제도와 CS제도 등 기타 사항

2011년도 금융산별중앙교섭에서 쟁점과 다소 동떨어진 기타 교섭안건은 대체로 구체적 논의 없이 상징적 의미에서 마무리되었다. 후선역제도와 CS제도 개선에 관한 사항은 2008년 합의를 준용하여 제도개선을 위해 노력하기로 하는 선에서 정리되었고, 저소득·저신용·소외계층에 대한 지원 강화에 대해서도 사회적 책임을 위해 공동노력한다는 상징적 타결로 정리되었다. 그 밖에 금융노조가 최초 제시한 교섭요구안 중 성과연봉제와 구조조정 수단으로 운용되는 제도의 폐지에 관한 사항과 노조전임자 및 노조활동 관련 사항, 조합원 범위에 관한 사항 등은 최종 타결내용에 포함되지 않았다. 따라서 이 같은 내용은 2012년도 금융산별중앙교섭으로 미루어졌다.

금융노조가 제시한 안건으로서 노조활동과 관련한 사항과 조합원 범위에 관한 사항은 역설적으로 금융노조의 향후 교섭력에 대한 선제적 조치 차원이라고 볼 수 있다. 특히 조합원의 범위에 대해서는 SC제일은행 장기파업에서 드러난 것처럼 노조의 실질적 교섭력을 위해서는 노조규약상의 문제로 다룰 수 있도록 기존 단협에서 제외하고자 하였고, 이를 통해서 교섭 결렬에 따른 파업전략의 선택시 사측에 대한 영업상의 타격을 줄 수 있다는 입장도 반영되었다. 따라서 이 같은 사항도 2012년 교섭으로 연기되었다.

성 및 교섭대상 해당 여부 – "...., 협약체결 당시 예상하지 못한 현저한 사정변경으로 근로조건 관련 사항에 중대한 변경이 있어 이에 대해 교섭을 요구하는 경우, 사용자의 경영권의 내용을 침해하지 않는 범위 내에서 고용안정 등 근로조건 관련 사항은 성실히 교섭에 응하여야 함"(노사관계법제과-198, 2009. 1. 28) 등.

[표 5-16] 2011년도 금융산별중앙교섭 타결내용

- 2011년도 임금을 총액임금 기준 4.1%를 기준으로 하여 각 기관별 노사가 상황에 맞게 별도로 정한다.
- 2009년 2월 이후 채용된 대졸 신입직원의 초임을 단계적으로 정상화하되, 각 기관별 노사가 상황에 맞게 별도로 정하도록 한다.
  - 이에 따라 국책은행 등 금융공기업은 정부지침(2011. 10. 6.「공기업・준정부기관 예산집행지침 개정」)에 따라 대졸 신입직원의 임금을 단계적으로 정상화하고 시중은행은 동 지침을 준용한다.

〈대졸 초임정책 조정방안〉

ㅇ 2009년 2월 이후 채용된 신규직원의 초임을 총인건비 내에서 기존 직원보다 높게 인상하여 임금격차를 조정할 수 있다.

ㅇ 임금격차 조정은 기관 특성에 따라 단계적(2년 이상)으로 추진하되, 2011. 7. 1일부터 적용할 수 있다.

ㅇ 임금격차 조정 완료시점에서의 대졸초임(1년차)은 2009년 2월 이전 수준을 넘지 않아야 한다.

- 사용자는 근무시간 정상화 및 영업시간 변경과 관련한 2008. 12. 10. 기 합의사항을 준수하며, 산별 및 지부 노사는 빠른 시일 내에 기 합의사항 준수 여부에 대한 점검단 구성 및 실태 조사를 행하고, 연내에 이행 방안 등 세부사항에 대하여 중앙노사위원회를 개최하여 논의하기로 한다.
- 사용자는 2008. 12. 10. 기 합의한 대로 후선역제도, C.S.제도를 개선하기 위하여 적극 노력한다.
- 비정규직의 임금, 복지 등 격차완화를 위하여 적극 노력한다.
- 노사는 양 당사자 간 제기한 고소 및 조정신청 등 일체의 사건을 취하한다.

출처: 금융산업사용자협의회 노사협력처(2011. 10. 20), 금융노조 회의록 기재사항.

라. 금융산별중앙교섭의 특징과 시사점

1) 금융노사의 특성과 산별교섭체계 안정화 노력

전통적으로 금융산별 노사단체간의 이해는 상당 부분 기본적인 공감대가 있어 왔다. 비록 시중은행과 국책금융기관이 혼재되어 있기는 하지만 개별기관

CEO의 제한적 임기 등 공공적 특성을 기반으로 하고 있다는 점에서 다른 산업에 비해 노사가 상호 공유하는 이해의 폭이 넓고 특별히 문제될 사안이 아니라면 노사협력을 선호하는 경향이 상대적으로 강한 특성을 가지고 있다. 2010년도 근로시간면제제도의 도입 쟁점과 2011년도 신규직원 초임의 원상회복과 관련한 이슈들의 경우에도 금융산별 노사를 둘러싼 외부환경과 그 제약조건들에 대해 노사간 사전 이해가 상당 부분 공유되고 있었다. 2010년과 2011년의 경우 과거에 비해서는 상대적으로 교섭상의 난항을 겪었으나 이해관계의 전면적 대립각에서 비롯된 사항은 아니라고 볼 수 있다.

한편, 2010년도에 금융산업사용자협의회가 법인으로 공식 출범하면서 금융산업을 대표하는 사용자단체의 입지와 역할에 대한 부담이 상대적으로 강화된 측면이 있다. 정부정책에 직접적으로 영향을 받는 공공금융기관과 시중은행 등의 이해관계가 다를 경우 이를 조율할 수 있는 역량의 한계도 존재한다. 이런 맥락에서 2011년도 금융산별중앙교섭 진행과정에서 임금인상률에 대해 국책기관과 시중은행을 별도 분리·교섭하자는 요구로 이어져 노사교섭이 지연되기도 하였다. 다만, 이런 요구에서도 2009년도 금융산별교섭의 결렬로 파행을 경험했던 때와 달리 산별 논의를 전제로 하고 있었다는 점을 발견할 수 있다.

사용자단체의 공식화와 함께 산별교섭체계의 안정적 유지에 대한 금융노사의 필요성은 그에 따른 이점에 대해 공감이 있기 때문이라고 보여진다. 금융노조의 경우 산별노조 출범 배경을 추적하면 금융환경 변화에 대한 공동대응의 필요가 여전히 존재하고 있으며, 사용자의 입장에서도 노사간 쟁점을 사전 조율하는 안전핀으로서의 기대 역할을 가지고 있다. 사용자의 이 같은 입장은 2008년도 교섭시에도 나타난 바 있다. 당시 금융산별중앙교섭이 교착상태에 빠지자 금융노조가 임금교섭은 산별교섭에서 진행하되 단협은 지부별 보충교섭으로 해결하자는 주장에 대해 당시 은행연합회는 오히려 산별중앙교섭이 마무리되기 전에는 지부 보충협약을 진행하지 않겠다는 입장을 보인 바도 있다. 이런 현상이 보여 주는 바는 사용자의 입장에서도 사용자단체의 공식화를 통해 산별교섭체계를 안정적으로 구축하는 것이 노사관계의 완충적 지대로 활용할 여지가 그만큼 크다는 인식이다.

금융노조도 그 내부에는 시중은행과 국책금융기관 지부 간에 서로 다른 이해가 존재한다. 국책금융기관 지부의 경우 임금을 비롯한 단체교섭이 산별중앙교섭을 통해 진행되기를 희망하는 반면, 시중은행의 경우에는 분리 접근하는 것이 보다 효과적이라는 측면을 인지하고 있으며 때로는 그러한 주장을 하기도 한다. 그러나 산별체제의 공고화에 대한 산하 지부의 인식은 2011년도 매가뱅크 등 은행 대형화 논쟁 등에 대한 공동대응이라는 현실적 필요를 강화시키고 있다.

2) 금융의 공공적 특성과 협약임금인상률

금융산업의 공공적 특성은 금융산업의 실질적인 수익 증감 외에 국내외 금융환경의 변화와 정부정책, 사회적 여론 등에 따라 협약임금인상률이 가변성으로 나타난다는 것이다. 2011년의 경우, 금융산업 전반의 실적 호전에도 불구하고 금융산별중앙교섭에는 긍정적인 영향을 미쳤다고 보기 어렵다. 유럽국가들의 재정위기에 따라 금융산업 전반의 불안정성이 고조된 가운데 미국 월가를 중심으로 확산된 금융자본에 대한 비판적 사회여론이 국내에서도 고조된 탓이다.

사실상 지난 3년간 임금 동결과 삭감 등을 겪은 금융노조와 조합원들의 2011년도 임금교섭에 대한 기대는 다른 어느 해보다 상대적으로 높았다. 이것은 금융노조가 2008년 미국발 금융위기 이후 가장 높은 수준의 기준 임금인상률을 요구하였던 점에서도 엿볼 수 있다. 더욱이 요구안을 제시할 당시 2011년도 상반기 은행권 실적이 호전되었을 뿐 아니라 하반기에도 경기전망이 밝았다는 점도 높은 임금인상률 요구의 배경으로 작용했다.

[표 5-17] 금융산별중앙교섭 협약임금인상률 추이

연 도	금융노조 최초 요구안	최종 협약임금인상률	비고
2006	9.6%	2.9%±α	
2007	9.3%+α	3.2%±α	
2008	5.8%	동결	
2009	동결	(산별교섭 결렬)	반납/삭감(약 2.1%)
2010	3.7%	2%±α	국책기관 동결
2011	8%+α	4.1%	
2012	7%	3.3%	

출처: 금융노조 KB국민은행지부 활동보고(각 연도).

그러나 금융권의 실질적인 수익규모 증대와는 별도로 전 세계로 확산된 금융자본의 독점적 수익구조에 대한 비판이 국내에 영향을 미치면서 역대 최고의 순이익을 달성한 국내 금융권 수익의 약 80%가 예대마진에 기초한다는 점에 따가운 사회적 비난이 형성되었다. 더욱이 물가불안과 가계대출 문제, 중소기업의 재정난 등이 심화되고 있는 측면에서 이 같은 여론은 확산의 탄력을 받았다. 따라서 금융노조의 조기타결을 위한 집중교섭 요구는 전략적 선택의 일환으로 볼 수 있다. 국책금융기관을 포괄하고 있는 금융산업사용자협의회가 정부의 임금 가이드라인 제시 이전에 임의적으로 의사결정을 하기 어려운 제약으로 실질적인 교섭의 진전은 2011년 10월을 전후하여 이루어졌다. 2011년도 협약임금인상률은 정부 가이드라인이 기준이 되었으며 협약문안에는 금융권의 사회적 책임에 대한 성실한 이행 노력을 담았다. 이처럼 2011년도 금융산별중앙교섭은 협약임금인상률을 결정하는 데 있어 영업이익의 규모에 앞서 정부를 비롯한 사회적 여론 등 외부적 환경의 영향이 크게 미치는 특성을 보여 주었다. 이런 맥락에서 2012년 4월 금융노조의 교섭요구안에는 사회공공성에 관한 사항으로 대학생 20만 명에 대한 학자금 무이자 대출지원과 비정규직의 단계적 폐지에 관한 내용을 담기도 하였다.

3) 금융산별 노사갈등

2011년도 금융산별 노사관계에서 나타난 또 다른 특징은, 산별노조로서의 위상과 역할을 제고하고자 하는 금융노조가 조합원들로 하여금 노조의 필요에 대한 인식을 높이기 위한 노력과 함께 노사간 형성된 쟁점이 조합원들에게 직접적으로 영향을 미치는 사안에서 보다 부각되었다는 점을 들 수 있다. 우선 금융산별중앙교섭의 쟁점이 되었던 신입직원 초임 원상회복 문제와 SC제일은행의 최장기 파업사태의 배경에는 대상 쟁점이 조합원 개개인에게 직접적 영향을 미치는 사안이었다는 점에 주목할 필요가 있다. 특히, 신입직원 초임 문제는 2010년 말 새롭게 꾸려진 금융노조 집행부가 내걸었던 산별노조 위상 복원과 산별체계의 안정적 구축이라는 측면에서 조합원들로 하여금 산별노조의 필요성 인식을 높이는 중요한 이슈였다. 2009년 이후 신규 진입한 직원들과 조합원들의 요구를 산별노조를 통해 실마리를 풀어내는 것은 결과적으로 금융산별노조의 역할에 대한 조합원들의 인식을 강화시키고 금융노조로의 체제 집중성을 높이는 요소이기 때문이다. 또한 2009년 산별교섭의 결렬 경험 이후 금융노조의 산별체제 안정화에 대한 희구는 금융산업사용자협의회가 국책기관과 시중은행 간 분리교섭에 대한 요구에 불가 입장을 고수한 배경이기도 하다.

한편, 금융권 사상 최장기 60일 파업을 겪었던 SC제일은행 노사갈등은 개별 성과연봉제와 후선역제도의 전 직원 확대 문제가 쟁점이었다. 두 가지 사안은 본질적으로 '고용'과 '임금' 불안정성으로 귀결된다. 따라서 SC제일은행노조뿐만 아니라 금융노조 입장에서도 예민한 사항이 될 수밖에 없었다. 특히, 조합원 개개인에게 직접적으로 영향을 미치는 '고용'이라는 쟁점 특성은, 2개월 장기파업의 내부동력이 조합원들의 자발성에 기인하여 조직될 수 있었던 것으로 평가해 볼 수 있다. 금융노조의 입장에서도 그간 성과주의 임금체계에 대한 현장의 강한 거부 정서를 고려할 때 SC제일은행을 필두로 시중은행으로 확산될 개연성을 사전에 차단할 필요가 있었다. 이에 한국노총을 비롯하여 공공부문 연대를 조직화하여 대응하는 양상을 보였다.

2010년도 금융산별중앙교섭에서 쟁점이 되었던 근로시간면제제도는 사실상 조합원들의 적극적인 참여와 관심을 이끌어 내는 데 한계를 노정하였다. 조합원들에게는 상대적으로 간접적인 쟁점이었다는 점, 즉 노조집행부 내지 노조간부를 대상으로 형성된 이슈라는 인식이 교섭과정에 대한 조합원들의 적극적인 자발성을 동원하기 힘든 구조였다고 볼 수 있다. 사뭇 신입직원 초임 문제와 SC제일은행의 쟁점에 대한 대응의 차이를 발견할 수 있다.

4) 금융노조 개별지부(SC제일은행) 장기파업과 실효성

SC제일은행 노사갈등은 금융권의 최장기 파업이라는 기록을 남기고 일단락되었다. 갈등 유발의 요인이 되었던 쟁점들이 해결되지 않은 가운데 조합원들의 현장복귀가 이루어졌다. 이로 인해 조직 내부에서는 현재까지 갈등이 지속되는 양상을 보이고 있다. SC제일은행의 노사간 갈등은 그 쟁점을 떠나 금융권 최장기 파업이라는 측면에서 여론의 주목을 끌었다. 노조의 파업활동은 노무제공의 중단을 통해 은행영업의 정상적 활동에 지장을 초래함으로써 주장하는 바의 관철을 목적으로 이루어졌다는 사실은 분명하다. 문제는 이 같은 전략의 효과성에 의문이 제기되었다는 점이다. SC제일은행은 파업기간 동안 일부 영업점의 폐쇄 그리고 부분적인 예금인출 사태 등 파업에 따른 부작용이 나타났지만, 실질적으로 교섭의 국면전환을 이끌어 낼 만큼의 효과를 보이지 않았다.

이런 현상의 이면에는 두 가지 요인이 크게 작용한 것으로 파악된다. 첫째는 이른바 디지털금융이라는 환경적 변화이다. 은행영업이 CD/ATM, 인터넷 뱅킹, 모바일뱅킹 등 비대면(on-line) 방식으로 진화함에 따라 영업점 창구의 공석이 큰 영향을 미치지 않았던 것이다. 둘째는, 보다 직접적 요인으로써 비정규직에 대한 노조전략의 한계점에서 찾을 수 있다. SC제일은행은 총 6,500여 명의 직원 중 1,800여 명(27%)이 비정규직이다. 이들 중 창구에서 고객을 직접 상대하는 텔러는 1,300여 명 정도이며 모두 계약직이다. 문제는 이들 비정규직이 노조의 가입대상에서 제외되어 왔다는 점이다. 이들 중 무기계약 전환한 경우도 마찬가지이다. 노조의 장기파업 기간 동안 비정규직은 영업점 근무를 유지하였다. 파업의 효과성은 이런 맥락에서 실질적인 위력을 발휘할 수 없는 한계를 노정하고 있었다. 이런 탓에 노조의 현장복귀 후 정규직과 비정규직 간 갈등이 심화되었다. 정규직은 영업점 운영에 실질적 타격을 주지 못한 원인을 비정규직 탓으로 돌렸고, 비정규직은 비정규직에 대해 배제주의로 일관해 온 정규직과 노조에 대해 불만이 높았다. 비정규직에 대한 노조의 전략은 정규직 조합원들의 선택이 여전히 고용 안전판이라는 비정규직에 대한 존재 인식, 그리고 비정규직과 함께하기 위해 전제되고 있는 근로조건의 양보에 대한 인색함에서 벗어나지 못한 데 따른 결과물이기도 하다. 노조가입 범위 확대를 통해 비정규직을 끌어안고자 할 경우 대출이나 자녀학자금 지원 등 기존의 복리후생을 일정 부분 양보해야 하는 불가피한 측면이 있다.

SC제일은행노조는 장기파업에 따른 피로 누적과 경제적 부담, 그리고 파업에도 불구하고 은행영업의 정상적 운영으로 인해 쟁점 해결 없이 현장복귀를 일방적으로 선언하였다. 비록 현장복귀가 사측에 대한 대응전략의 변화, 즉 기관 내에서 태업 등을 표방하였지만 파업의 효과성 문제는 금융노조의 입장에서도 비정규직 문제를 포함하여 교섭전략에 대한 새로운 탐색을 요구하는 것으로 읽혀진다.

마. 금융권 갈등 사례와 의미: 최장기 SC제일은행 노사분규

1) 노사갈등 쟁점과 경과

SC제일은행 노사간 분쟁의 쟁점은 2010년도 임금 및 단체협약에 있어서 사측에서 요구한 개별 성과급제와 후선발령제도의 도입이었다. 후선발령제도는 사측이 성과향상 프로그램의 일환으로 전 직원 확대적용을 요구한 사항으로서 현재는 지점장급 이상을 대상으로 하고 있다. 실적평가에서 하위 10%에 해당하는 인원에 대해 개인별 연봉에 따라 이익목표를 부여하고 목표 미달시에는 연봉의 18%가 삭감되고 그 이후 지원업무부서로 배치된다.

노사간 교섭은 2011년 1월부터 모두 30여 차례에 걸쳐 진행되었으나 합의점을 찾지 못하고 결렬되었다. 구체적 경과를 살펴보면 다음과 같다.

SC제일은행 노사는 2010년도 임금 및 단체협약 체결을 위해 2011년 1월부터 5월까지 약 4개월여에 걸쳐 교섭을 진행하였으나 노사간 이견을 좁히지 못하고 SC제일은행노조가 쟁의행위 돌입을 신인하면서 문제가 장기화 조짐을 갖기 시작하였다. 교섭에서 노측의 요구안은 2010년도 금융산별중앙교섭에서 체결된 바 있는 2%의 임금인상이었으며, 사측의 요구는 전 직원에 대한 개별 성과급제의 도입이었다. 사측 요구에 대해 노측은 개별 성과급제를 징벌적 성격으로 규정하고 있었다. SC제일은행노조의 쟁의행위 찬반투표 실시결과는 92%의 압도적 찬성으로 가결되었고, 이후 전 직원 사복근무와 중식시간의 동시사용, 정시 출퇴근 등 쟁의행위를 전개하였다. SC제일은행노조의 쟁의행위 선언 이후에도 노사간 10여 차례의 교섭이 진행되었으나 최종 결렬되었고 이에 SC제일은행노조는 5월 말 조합원 2,500여 명과 함께 1박 2일 파업에 들어갔다. 금융권에서의 파업은 2005년 금융노조 산하 한미은행지부가 시티은행과의 합병에 반대해 벌였던 18일 파업 이후 6년 만의 사건이었다.

이후에도 노사간 양보 없는 팽팽한 주장이 지속되다가 6월 말경 SC제일은행노조는 무기한 파업을 선언하였다. 8월 말경 SC제일은행노조가 현장복귀를 선언하기까지 금융권에서 2개월의 장기파업이라는 초유의 기록을 남겼다. 파업기간 중에도 노사간 교섭이 진행되어 합의점을 찾는 듯 보였으나 매번 결렬되었다. 개별 성과급제 도입에 대해 TFT를 구성하는 데 노사가 공감하였으나 사측이 제도의 도입을 전제로한 TFT 구성을 주장한 데 대해 노측이 이를 거부하는 과정의 연속이었다고 볼 수 있다. 파업이 장기화되는 과정에서 금융산업사용자협의회와 금융노조, 그리고 고용노동부를 비롯한 금융당국 등이 나서 노사간 분쟁을 조정하기 위한 다각적인 노력을 전개하였으나 분규의 해소에는 이르지 못하였다. SC제일은행은 개별 성과급제와 상시 명예퇴직제도의 폐지, 후선역제도의 전 직원 확대를 2010년 임·단협 타결의 전제조건임을 양보 없이 고수하였고 이에 노사간 합의점에 도달하지 못하였다.

SC제일은행노조는 8월 29일 전격적으로 현장복귀를 선언하였다. 노사간 교섭타결 없이 이루어진 현장복귀 선언은 장기파업에 따른 조합원들의 경제적 압박과 노조 내부의 부담, 그리고 노사간 타결 기미를 보이지 않는 가운데 노측으로서는 대응전략의 변화 모색이 필요했던 것으로 보인다.

SC제일은행의 장기파업이 노측의 현장복귀로 일단락되었으나 그 이후 1일 파업이 발생하는 등 노사갈등은 지속되었다. 한편 사측은 조직개편을 예정하고 있어 노사간 갈등의 소재는 여전하다. 조직개편의 일환으로 SC제일은행은 이미 사명을 '한국스탠다드차타드은행'으로 변경하였다. 희망퇴직제를 실시하여 임원 20명 중 12명은 기 퇴직하기도 하였다. 지점장급의 개인영업점 발령과 함께 총파업 당시 폐쇄되었던 42개 지점 중에서 15개 지점은 여전히 가동되지 않고 있다. 또한 탄력근무제를 활용하여 '24시간 상설지점'을 운영하고 '주말 영업'의 거점점포 운영 등과 같은 변화를 구상하고 있지만 노사간 이견으로 TF팀에서 논의키로 하는 등 은행 내부의 큰 변화를 예고하고 있기도 하다.

SC제일은행 노사관계가 정상화되기까지는 좀 더 시간이 필요한 것으로 보인다. 적어도 SC제일은행노조의 새 집행부가 꾸려지는 2012년 이후가 되어야 노사관계 정상화의 돌파구가 마련될 것이다.

2) SC제일은행 노사분규의 상징과 함의

금융권 최장기 파업이라는 기록을 남긴 SC제일은행의 노사간 갈등과 그에 따른 결과는 금융산별 노사관계에도 적잖은 상징적 의미와 시사점을 제공하고 있다.

첫째는, 금융권 내에서도 공공금융을 중심으로 확산되고 있는 성과주의 임금체계가 SC제일은행에 도입된다는 의미는 일반 시중은행으로의 제도 확산을 불가피하게 한다는 측면에서 금융노조 차원에서의 긴장과 공조가 있었다는 점이다. 기존 근속에 따른 호봉제 폐지 및 성과평가에 따라 5등급으로 차별화되는 개별 성과연봉제의 도입은, 노조의 입장에서 조합원들의 '노조 수단성(union instrumentality)' 인식을 약화시켜 결국 노조 무력화로 이어질 것에 대한 우려이다. 이런 맥락에서 성과형 임금체계의 시중은행 확산의 도화선으로 판단된 SC제일은행 분규와 쟁점은 금융노조 산하 지부의 간접적 지원과 공조를 자연스럽게 이끌어 내고 있었다.

둘째는, 금융권에서 60일 장기파업이 가능했던 배경이다. 여기에는 일반조합원들의 적극적인 파업참여와 결속이 있었음을 반증하는 것으로, 쟁점 사안이 조합원 개개인에게 미치는 직접적 영향력이 장기파업의 동력을 이끌어 내었던 배경이다. 금융노조 조합원들의 노조에 대한 관심도는 일반적으로 낮은 것으로 평가되어 왔다. 이는 2010년도 금융산별중앙교섭에서 쟁점이 되었던 근로시간면제제도에 대한 대응에서도 확인해 볼 수 있다. 타임오프제도는 집행부를 비롯한 노조간부에 대해 직접적 영향을 미치는 쟁점이 되었던 반면, 조합원에게는 상대적으로 간접적 영향권에 있는 여러 이슈 중의 하나로 비춰졌다. 그 결과 노조전임자 및 근로시간면제 대상자의 상당폭이 축소되는 가운데서도 금융산별중앙교섭과 지부별 보충교섭이 심각한 갈등 없이 마무리되었던 바 있다. 이런 맥락에서 SC제일은행의 장기파업은 직접적 이해당사자로서 조합원들의 임금체계에 대한 민감도가 반영되었다고 볼 수 있다. 한편, 이같이 일반조합원들의 이해관계에 직접적으로 연관되는 민감한 사안이 향후에도 노사간 쟁점으로 부각될 경우, SC제일은행 외에 타 금융권에서도 언제든 첨예한 대립 상황이 연출될 가능성도 배제할 수 없다는 뜻이기도 하다.

셋째는, 장기파업의 결과 측면에서 노조의 파업력은, 일부 지점에서 예금인출 사태 등의 문제가 발생하기는 했으나, 예상과 달리 은행영업에 실질적인 타격과 손실을 주지 못하였다는 것이 중론이다. 여기에는 파업기간 중 정규직을 대신하는 영업점 유지 인력으로서 비정규직의 존재가 있었다는 점, 그리고 은행업무가 CD/ATM, 폰뱅킹, 인터넷뱅킹, 모바일뱅킹 등 이른바 IT 정보기술의 발전에 기반하고 있는 '디지털 금융'이라는 환경적 진화가 배경이 되었다.

비정규직에 대한 SC제일은행노조의 전략은 정규직 조합원들의 이해관계를 고려하여 노조가입 범위에서 이들을 배제하는 선택을 지속해 왔다. 그 결과 은행권 최장기 파업에도 불구하고 실질적 목표를 달성하지 못한 가운데 정규직과 비정규직 간 갈등만 키우는 결과를 초래하였다. 비록 노조가 비정규직의 임금 및 근로조건 등의 향상을 위한 다각적인 노력과 교섭을 해 왔지만, 비정규직과의 이원화 전략을 고수함으로써 주장의 명분과 실리를 확보하지 못한 결과로 이어졌다.

한편, 디지털 금융이 갖는 대표적인 특징은 비대면(on-line) 거래, 즉 고객이 은행직원을 직접 대면하여 서비스를 받지 않아도 된다는 점에서 장기파업의 효과성에 영향을 미치는 요인으로 작용하였다. 최근 CD/ATM과 같은 무인자동화기기나 전화, 인터넷, 모바일폰 등이 금융거래의 주요한 수단으로 등장하여 급속히 확산되고 있는 추세이다. 은행 입장에서는 이 같은 디지털 금융을 통하여 영업점 운영에 드는 임차료 등과 인건비 같은 거래비용을 절감하는 경영전략을 강화할 유인이 있다.[21] 더군다나 이 같은 환경에서 조합원들의 직무가 은행업무 전반에 크게 영향을 미칠 수 있는 '중요직무(key job)'의 비중이 상대적으로 낮다는 점도 파업의 효과를 감소시키는 요인으로 판단할 수 있다. 파업과 함께 잠정 폐쇄되었던 43개 영업점이 노조의 현장복귀 이후 순차적으로 일부 영업을 재개하였으나 이 중 15개 지점은 폐쇄상태가 유지되고 있다. 이는 디지털 금융 환경과 은행 내 조합원들의 직무특성 그리고 영업점 창구를 담당하는 비정규직의 존재로 인해 영업점 개폐가 은행영업 전반에 심각하게 작용하지 않도록 하는 기제였음을 시사한다.[22] 이런 맥락에서 SC제일은행의 장기파업 경험은 금융노조의 입장에서는 환경변화에 대한 인식과 비정규직에 대한 전략적 검토의 필요성을 제기하는 것인 동시에 대결적인 파업을 수단으로 하는 교섭전략의 변경 필요를 시사하기도 한다.

넷째는, 금융산별교섭체계가 2010년 사용자단체의 공식화에 따라 산별단위에서의 직접적 논의 창구가 보다 명확해졌다는 점에서, SC제일은행 사태에 대한 금융노조의 직접적인 개입이 상대적으로 자제되었다는 점이다. 파업과정에서 금융노조위원장과 SC제일은행장이 노사 각 3인의 교섭위원을 구성하여 네 차례에 걸친 논의를 한 바 있지만 별다른 성과 없이 종료된 후에도 공동투쟁

---

21) 이원기・이준희(2000), "디지털 금융의 영향과 대응과제", 한국은행.

22) 2011년 3/4분기 SC금융지주의 당기순이익은 전년 동기 대비 19% 늘어난 1,066억 원이었으며, 연간 누적 순이익은 3,488억 원으로 전년 동기 대비 34% 증가했다. 이는 SC제일은행의 누적 순이익이 전년 동기 대비 16% 증가한 데 따른 결과였다(한국소비자연대뉴스, www.kcsnews.co.kr).

의 수위를 높이는 강력한 개입은 상대적으로 자제되었다. 오히려 금융산업사용자협의회와의 논의를 통해 SC제일은행 사태가 조속히 해결되도록 공동노력하기로 하는 등 외곽을 지원하는 방식의 대응을 보인 바 있다.

끝으로, 거시적 맥락에서는 금융노조 산하 외환은행지부의 론스타 의결권 박탈 및 징벌적 매각 요구를 위한 집회 개최 등 외국 금융자본에 대한 전반적인 불신이 확산되는 분위기에서 SC제일은행이 그동안 보여 왔던 은행경영 행보와 조직문화 충돌이 SC제일은행 노사갈등의 한 요인으로 작용하였다고 볼 수 있다. 영국계 스탠다드차타드은행은 2005년 제일은행 인수 직후 상장폐지와 함께 지금까지 보유 부동산 35건을 약 3,000억 원에 매각해 왔고 은행이익의 상당 부분을 주주배당으로 처리하는 한편, 2011년 3월까지 지점 27곳을 폐쇄하는 등 이른바 노조의 입장에서 '먹튀' 논란이 제기되고 있었다. 이 같은 상황에서 금융노조 조합원들이 가장 민감해하는 아킬레스건으로서 '고용'(후선역제도의 전 직원 적용)과 '임금'(개별 성과연봉제) 문제가 쟁점화되면서 노사간 대결구도가 고착화되는 경향을 보였다.

바. 2012년 금융산별중앙교섭 현황

2011년 금융산별 단체교섭 사례에서 살펴본 것처럼, 금융산업의 특성과 공공성은 정부의 직간접적인 영향력을 배제할 수 없다는 점에서 2012년에도 유사한 패턴을 보였다.

2012년 금융산별 임단협은 2012년 4월부터 15차례에 걸쳐 타결을 시도하였으나 진전을 보지 못하였으며, 중앙노동위원회의 조정에서도 최종 결렬되는 등 난항을 거듭해 왔다. 금융노조는 2012년 7월 조합원 9만 3,000여 명을 대상으로 총파업에 대한 찬반투표를 실시하기에 이르렀다. 그 결과 약 8만 3,000여 명의 조합원이 투표에 참여하여(투표율 86%), 약 7만 3,000여 명이 전면파업에 찬성표를 던짐으로써 약 91%의 높은 지지율로 전면파업이 가결되었다.

금융노조 역사에서 12년 만에 전면파업이라는 강수를 들고 나선 배경에는 특별히 은행 민영화와 그에 따른 고용 불안정이라는 예민한 이슈가 있었기 때문이다. 그러나 2012년 7월 30일로 예정되었던 금융노조의 전면파업은 7월 29일 긴급대표자회의를 통해 무기한 연기하기로 결정된다. 그 배경은 첫째,

[표 5-18] 2012년도 금융노조 주요 교섭요구안

- 임금인상 7%
- 노동시간 단축을 통한 34% 이상 추가인력 채용
- 정년연장: 만 58세 → 60세
- 비정규직 채용 금지 및 2015년까지 비정규직 단계적 폐지
- 대학생 20만 명 학자금 무이자 대출
- 우리금융과 KB금융의 합병을 통한 메가뱅크 시도 중단
- 농협의 자율성 확보
- 산업은행 민영화 중단

농협중앙회노조가 사측과 교섭을 진행하여 자율성 확보와 고용안정에 관한 특별단협을 체결함으로써 총파업 불참 결정을 하였다는 점, 둘째, 메가뱅크 저지와 관련하여, 2012년 7월 27일 우리금융 매각 예비입찰 마감결과 유력하게 거론되었던 KB금융지주가 제안서를 제출하지 않았다는 점이 그것이다. 국민은행지부의 경우 매가뱅크 저지의 구심점이었다는 측면에서 파업참여의 명분이 약화되는 등의 요인이 작용한 것으로 판단된다.

이후 금융산별중앙교섭은 2012년 11월 15일 약 6개월여 만에 최종 타결되었다. 그동안 6차례의 산별대표단 교섭을 비롯해 공식·비공식 접촉을 해 왔으나 계속 이견을 좁히지 못하였다가 막바지 7차 교섭에서 대체적인 의견의 접근이 이루어졌다. 이 같은 패턴은 금융산별중앙교섭의 과거 패턴과 거의 같다고 볼 수 있다. 타결된 협약의 주요 내용은 [표 5-19]와 같다. 기획재정부는 2012년 11월 '2013년도 공기업·준정부기관 예산편성지침안'을 발표하였는데 임금의 경우 2.8% 인상을 제시하였다. 다만, 임금수준이 낮은 기관에 대해서는 최고 4.3% 인상이 가능하도록 하였다. 금융산별중앙교섭에서 체결된 임금인상률은 결과적으로 이 같은 정부의 가이드라인 범위 내에서 타결된 것으로 볼 수 있다. 금융산별교섭이 중반까지는 진전 없이 공전하다가 매년 하반기에 이르러 급속히 진전되는 양상은 2012년에도 지속된 특성이다.

2012년 11월 현재 금융노조 산하 각 지부별로 보충협약 체결을 위한 교섭이 진행 중에 있다. 개별은행 단위의 경우 성과급이나 신규채용 확대 등 관련 쟁점이 형성되고 있는 양상이지만 타결로 마무리될 것으로 전망되고 있다.

[표 5-19] 2012년도 금융산별중앙교섭 주요 타결내용

- 임금인상 3.3%(총액 기준)
  - 비정규직 임금인상률은 정규직 임금인상률 이상
- 400억 원 규모의 사회공헌사업 재원 마련
  - 노사가 임금인상률의 각 10%인 0.3% 출연
  - 2013년부터 대학생 무이자 학자금 대출 등 사회복지사업에 활용
- 기간제의 무기계약직 전환기간 단축: 2년 → 1년
- 근로시간 단축
  - 오후 7시 전산 자동종료제도 도입
  - 근무시간 정상화 관련 경영평가 반영

6. 금융산업 노사관계 전망

가. 금융환경 불확실성 증대

향후 세계 금융시장은 유럽국가들의 재정위기와 미국의 더블딥 우려, 중국의 경기회복 둔화 등의 요인으로 불확실성이 어느 때보다 높게 전망되고 있다. 특히, 2012년 11월 미국 대선에서 오바마 대통령의 재선이 확정된 이후 재정절벽(Fiscal Cliff)에 대한 우려로 미국 주가가 오히려 하락세를 보이기도 했다. 2012년 말 미국의 감세정책이 종료되고 정부지출이 삭감되면서 미국뿐만 아니라 세계적인 충격을 줄 수 있다는 의미이다. 미국의 기업들이 이에 대비하기 위해 투자와 고용 감소로 대처할 경우 미국 성장률의 둔화에 이어 글로벌 경제의 악재로 작용할 개연성을 배제할 수 없는 상황이다.

세계경제의 성장세 둔화와 금융 및 외환시장에서의 변동성 확대로 인해 국내경제는 대체로 완만한 경기둔화로 전망된다. 유럽 재정위기 문제는 미국의 더블딥 우려와 주택경기를 비롯한 내수부진의 장기화로 이어질 가능성이 높은 가운데 국내의 외화차입선의 80%가 유럽과 미국계 자본에 집중되어 있다는 점에서 국내 금융시장의 반응이 민감하다. 이에 정부는 통화스와프의 확대 등 외화유동성의 확보와 외환보유고의 보수적 운영을 유지하고 있기도 하다.[23] 국내적으로는 가계부채가 1,000조 원에 육박하고 부동산시장이 침체를 벗어나지 못할 것으

23) 기획재정부(2011. 12), 「2012년 주요국의 경제전망 및 정책이슈」.

로 예상되는 등 2013년 경제성장률 전망치도 2.8%를 내다보고 있기도 하다.[24] 이런 맥락에서 국내 금융산업은 수익이 축소되는 가운데 대내외 금융 불안에 따른 위험관리 강화, 금융당국의 규율 및 감독강화 기조에 대한 적응, 금융권에 대한 사회적 공헌 확대 요구, 안정적 자산관리 및 장기 금융수요 확대에 대한 대비, 부동산 및 가계부채의 연착륙 유도 등이 필요하다는 것이 대체적 전망이다.

정부정책에 민감하게 반응하는 금융산업 특성상 향후 금융산업 노사관계도 이 같은 금융산업 전반의 환경변화와 정부정책에 따라 가늠될 것으로 보인다. 특히, '고용' 문제와 직결될 수 있는 사안에 대해서는 금융산별 노사관계뿐만 아니라 노정관계를 통해 첨예한 갈등 양상이 전개될 수도 있을 것이다. 2011년 말부터 보다 본격화되고 있는 하나금융의 외환은행 인수, 농협 신경분리 등 금융당국의 정책방향은 궁극적으로 '고용 불안정'에 대한 금융노조의 강한 우려에서 비롯된다. 이는 SC제일은행 최장기 노사분규의 이면에는 고용에 대한 불안정성이 놓여 있었다는 점에서도 알 수 있는 대목이다. 비록 2012년 11월 금융산별중앙교섭에서 매가뱅크의 일환으로 진행되던 우리금융지주에 대한 매각 입찰에서 KB금융지주가 참여하지 않으면서 금융노조의 전면파업이라는 위기를 넘기긴 하였지만, 향후에도 유사한 환경이 조성될 가능성을 배제할 수 없는 상황이기도 하다. 따라서 향후 금융산별 노사관계는 은행간 합병 등 메가뱅크 동향과 추이에 따라 안정 기조 여부에 영향을 미칠 것으로 보인다.

한편, 금융권에서 시도되고 있는 성과주의 제도에 대한 쟁점들과 비정규직 문제 등은 향후에도 일정 부분 갈등 양상으로 전개될 가능성도 있어 보인다. 더불어 복수노조와 근로시간면제제도에 대한 쟁점도 노사간 줄다리기가 상당할 것으로 예측된다.

나. 정권 교체시기와 맞물린 복잡한 노정관계

2012년 4월 총선이 치러진 가운데 12월 대선을 앞두고 있다. 국내 노사관계 전반이 불안정해질 개연성이 그만큼 높다. 특히, 현 정부의 레임덕 현상이 어느 정도 가속화될는지, 총선과 대선에 따른 향후 정권의 향방 등 정치적 환경이 금융노사관계에도 크게 작용할 것으로 판단된다. 2011년 동안 금융노조의 대외적

---

24) 한국금융연구원(2012. 11), "2013년 거시경제 전망."

활동이 론스타의 외환은행 인수와 매각 등 외국 금융자본에 대한 규제 및 농협의 신경분리에 관한 사업구조 개편, 그리고 이런 추세의 이면에 놓여 있는 은행 대형화 논쟁 등에 대한 비판이 주를 이루었다는 점에서 향후 정치권의 지형변화를 고려한 금융노조의 강경한 대외활동이 강화될 것으로 보인다.

특히, 정부의 금융정책과 관련한 쟁점들이 노정간 갈등으로 증폭될 우려도 있다. 2011년 11월경 금융위원회가 론스타에 대해 외환은행 한도초과지분 매각명령을 내린 후 12월 초 하나금융과 론스타 간 외환은행 주식매매계약 체결 추진이 확정 발표되었다. 이에 더하여 농협중앙회의 지배구조 개편이 2011년 3월 농협법 개정으로 2012년 3월 마무리되었지만, 금산분리 완화를 비롯한 그 밖의 주요 쟁점들로 인해 금융노조의 대정부 투쟁과 정치적 활동이 강화되기도 하였다. 2012년 11월 론스타가 정부를 상대로 투자자국가소송(ISD)을 제기함으로써 새로운 국면을 맞고 있기도 하다. 론스타는 2003년 외환은행 인수 후 매각을 통해 대략 4조 6,000억 원의 차익을 얻어 떠남으로써 이른바 '먹튀' 논란의 중심에 있던 기업이다. 론스타는 외환은행 매각에 따른 양도세의 부당과세와 한국 정부의 매각 지연에 따른 손실금 약 2조 원 규모의 손해배상을 국제투자분쟁해결센터(ICSID)에 제기해 놓고 있는 상황이다. 그동안 금융산업 노조와 정부 간 론스타와 관련한 일련의 갈등 국면이 향후 재연될 조짐을 보여 주고 있다. 정부의 대처에 따라서는 금융산업뿐만 아니라 시민사회단체 등과의 대대적인 갈등으로 확산될 가능성도 있다.

한편, 2012년 12월에 있을 대선 이후 차기 정권의 성격에 따라 금융산업 노사관계에 영향을 줄 수 있는 각종 노동 관련법과 노동정책의 변화도 예상해 볼 수 있다. 이미 19대 국회의 경우 노동문제를 다루는 국회 환경노동위원회의 구성이 처음으로 '여소야대' 지형이 이루어짐으로써 각종 노사문제의 주요 쟁점 법안 등이 어떤 방향으로 운용될지에 대해 기대 반 우려 반의 시각이 팽팽하다. 특히, 복수노조와 교섭창구단일화 문제, 타임오프제도 문제 등이 영향을 받을 가능성을 배제할 수 없다.

다. 금융산업의 사회적 책임에 대한 여론 고조

2011년 한 해 동안 물가 불안과 가계부채의 증가[25] 등은 금융산업의 역대 최고 순이익 달성과 대비되었다. 이에 미국 월가에서 시작된 금융자본에 대한 비판여론이 국내에 확산되면서 금융사의 공공적 책무에 대한 사회적 요구가 높아졌고 이 같은 흐름은 2012년에도 계속될 것으로 전망된다. 가계대출 부실 우려에 대한 대응으로 대출규제가 뒤따랐으나 이로 인한 은행의 대출금리 인상은 은행수익의 대부분을 예대마진을 통해 달성했다는 비판으로 이어졌다. 이에 2011년 10월 금융기관은 서둘러 사회적 공헌 활동을 강화하겠다는 공식 발표를 하였다. 주요 내용은 시중은행과 국책은행, 지방은행들이 영업시간 외 자행 ATM 인출 수수료를 일제히 인하하거나 면제했고, 타행 ATM 인출과 송금 수수료도 인하하였다. 또한 저소득·저신용자 대상 새희망홀씨 대출의 2012년 공급을 1조 5,000억 원 이상으로 2011년보다 3,000억 원 늘리고, 금융권 전체 사회공헌활동 사업 예산도 50% 이상 확대하였다.

정부와 금융당국도 금융기관들의 사회적 책임 경영을 강화하기 위해 관련 조직이나 인프라를 구축하도록 유도한다는 방침을 세웠다. 또한 금융기관들이 고위험·고수익 영업행위보다는 서민 금융회사로서 본연의 역할을 수행하도록 하고 서민지원 프로그램을 지속적으로 개발하도록 유도하여 서민 부담을 경감하도록 하겠다는 것이다. 국내의 경우 미소금융 등 사회 취약계층을 위한 금

[표 5-20] 시중은행별 주택담보대출

(단위: 억 원, 잔액 기준)

구 분	2006년	2007년	2008년	2009년	2010년	2011년	2012년
우리은행	273,116	373,013	372,121	387,693	396,661	440,747	451,246
국민은행	643,280	665,603	716,726	724,390	727,054	764,223	756,361
신한은행	320,682	329,527	354,273	392,743	434,905	476,761	474,932
하나은행	233,707	226,469	244,739	274,344	292,698	305,750	308,108
농 협	183,984	200,038	231,360	276,969	302,690	345,304	357,096

출처: 은행연합회(2012).

주) 2012년은 4월 말 기준.

25) 2011년 8월 현재 소비자물가 상승률은 5.3%로 IMF 직후인 2008년도의 7.5% 이후 최고 수준을 보였고, 2/4분기 가계부채 역시 총 1,050조 원으로 가구당 약 6,000만 원이 넘어 사상 최대를 기록하기도 하였다.

융지원 사례, 미국 씨티은행의 지역 일자리 기금 출자 및 지원, JP모건과 영국 바클레이은행의 사회적 책임 이행을 위한 실무부서 운영 등 금융의 사회적 책임과 관련한 국내외 주요 사례도 적극적으로 소개되고 있다.

2011년에 이어 2012년 금융산별교섭에서도 사회공공성 협약에 대한 논의가 어느 때보다 활발한 것은 위의 [표 5-20]에서도 확인할 수 있듯이 은행의 예대마진 경영에 비해 가계의 빚이 사회문제로 부상하고 있기 때문이기도 하다. 2013년부터 상환해야 할 가계대출 규모는 대략 210조 원으로 예측되고 있다. 주택담보대출자 6명 중에 1명은 이른바 하우스푸어(House Poor)로 전락하고 있는 상황이다. 은행 입장에서도 가계대출의 부실은 금융부실로 이어질 가능성이 그만큼 높을 수 있다. 따라서 정부와 금융권의 경우 가계부실에 대한 대비와 사회적 책임을 동시에 감안한 노력을 전개하지 않을 수 없게 된 것이다.

같은 맥락에서 2011년 금융 산별중앙교섭에서는 노사간 사회적 공헌 활동의 확대 노력에 대한 선언적 문구가 최종 협약서에 삽입되기도 하였다. 2012년 4월 금융노조는 산별교섭의 주요 협약내용으로 사회공공성을 담아 내는 교섭요구안을 제출하여 2012년 11월 금융노사가 사회공공성 협약 조인식을 갖기도 하였다.[26] 핵심내용은, 2012년 협약임금인상률 3.3%의 10%에 해당하는 0.3%포인트를 노사가 각각 출연하여 400억 원의 사회공헌기금을 마련하는 데 합의하였다. 이 기금은 경제적 여건이 어려운 대학생 약 20만 명을 대상으로 학자금 무이자 대출자금으로 활용한다는 계획이다. 또한 비정규직의 정규직화와 관련하여 기간제법상 2년 활용기간을 1년으로 단축하는 것에 합의하기도 하였다.

금융산업 노사가 이 같은 사회공공성 협약을 도출하게 된 것은 사실상 국내외 경제환경과 사회적 여론을 감안하지 않을 수 없는 분위기에 기인하는 바 크다. 당분간 금융산업 노사관계는 일반 여론의 공공성 강화에 대한 요구를 적극적으로 반영하는 방식으로 대응해 나가게 될 것으로 보인다.

---

26) 산별노조의 사회공공성에 대한 관심은 2012년 들어 경제환경의 악화에 따라 금융부문뿐만 아니라 금속이나 보건의료 영역에까지 확산되는 추세에 있다. 전국금속노조의 경우 단협요구안으로 원하청 간의 불공정거래를 개선하기 위한 노사정 감시단 구성을 제안하였으며, 전국보건의료노조의 경우에도 의료서비스 개선을 위해 지역별 병상총량제 실시에 관해 노사 공동으로 정부에 청원할 것과 비정규직 문제 해결을 위한 노사 공동기금 마련 등을 요구하고 있는 상태이다.

라. 제2금융권 부실과 노사관계 긴장 고조

금융산업 노사관계의 중심에는 은행을 중심으로 하는 한국노총의 금융산업노조와 금융산업사용자협회가 있지만, 이 외에 제2금융권의 경우 민주노총의 사무금융연맹이 중심이 되어 노사관계의 한 축을 형성해 오고 있다. 금융산업노조와 달리 사무금융연맹의 경우 서로 다른 업종이 혼재되어 있어 중앙교섭이 쉽지 않아 현재 업종별 공동교섭 형태로 운영되고 있다.

이처럼 제1금융권(Banking Sector)의 경우 은행권을 주축으로 산별교섭구조를 통해 쟁점을 다루어 나가는 형국이라면, 제2금융권(Non-Banking Sector)은 조직규모와 재원 등에서 상대적으로 열세 있으면서 서민금융과는 보다 밀접히 관련되고 있다는 측면이 비교될 수 있다. 이런 측면에서 무리한 몸집 불리기와 과도한 PF(Project Financing)대출이 원인이 되어 2011년부터 드러나고 있는 부실 저축은행의 줄도산은 금융산업 전반에까지 파급이 미치고 있다. 2012년 8월에도 제일저축은행과 제일2저축은행, 프라임상호저축은행 등이 법원에 파산신청을 내기도 했다.

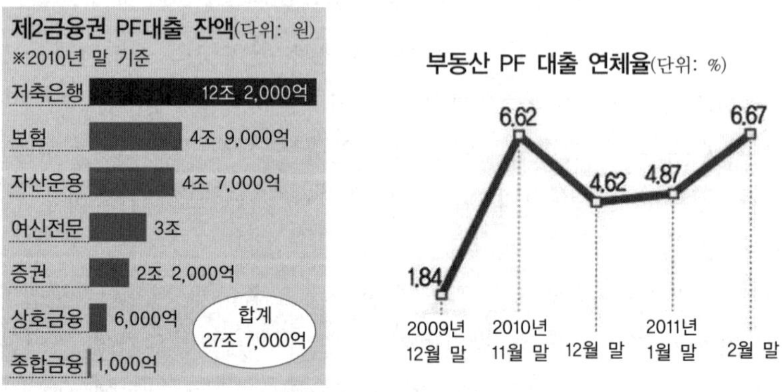

출처: 금융감독원.

[그림 5-4] 제2금융권 PF대출 실태

[표 5-21]에서 알 수 있듯이, 적어도 2010년까지 제2금융권의 매년 임금인상률은 금융산업노조의 주력인 은행권에 비해 나쁘지 않은 상황을 이어 왔다. 그러나 2011년 이후 부실 저축은행 사태가 2012년까지 지속되면서 노사관계도 점차 악화되는 국면이다.

[표 5-21] 금융권 임금인상률 비교

구 분	공무원	공기업	은행권	제2금융권	대기업
2008년	2.5%	3%	동결	4.6%	5.2%
2009년	동결	동결	반납/삭감	3%	0.2%
2010년	동결	동결	동결(국책) 시중은행 2%	5.9%	4.5%

출처: 금융노조.

금융산업이 큰 틀에서 지주체제로 전환되면서 제2금융권의 경우에도 노사간 교섭이 형해화되는 어려움을 겪고 있다. 은행권에 비해 제2금융권의 조직규모가 작고 금융환경 변화에 취약할 뿐 아니라 노조조직률도 상대적으로 낮은 편이다. 이로 인해 금융산업의 불안정기에 경험하게 될 구조조정에서 고용불안에 대한 체감은 제2금융권이 훨씬 더 크다고 볼 수 있다. 은행권의 경우 구조조정에 따른 희망퇴직시 받는 혜택이 작지 않아 명예퇴직제의 폐지에 대해 노측이 반대하고 있는 상황이기도 하지만, 제2금융권의 경우에는 퇴직시 보상이 절대적으로 낮아 사실상 정리해고에 가깝다는 점도 차이가 있다. 따라서 현재 제2금융권의 전반적인 금융시장 불안정성과 부실사태가 2013년에도 계속 이어질 경우 노사간 갈등이 불가피할 수 있다. 은행권과 마찬가지로 성과주의로의 인사제도 개편이나 조직규모 조정 등은 그러한 갈등의 단서가 될 소지가 크다. 제2금융권의 경우 사무금융연맹에 대응하는 사용자단체가 명확하지 않다는 점에서 노사간 문제해결이 난항을 겪을 가능성이 그만큼 더 커 보인다.

참고문헌

고용노동부(2012), 2011년도 노사관계 실태분석 및 평가.

공광규(2011), "금융노조의 현안과 과제", 「노동저널」, 2011년 8월호, 한국노동조합총연맹.

_____(2010), "금융노조의 대응활동과 방안", 「노동저널」, 2010년 6월호, 한국노동조합총연맹.

금융경제연구소(2005), "금융공공성을 확보하기 위한 금융정책 대안을 모색한다", 토론회 자료.

금융산업사용자협의회(2011), 노사협력처 보도자료.

김면희(2004), "한국 금융산업 구조조정과 노동조합운동-IMF 관리체제 이후", 「한국정치학회보」 제38집 제2호, 167-187.

산은경제연구소(2011), "2012년 금융시장 및 금융산업 전망."

신광영(1994), 계급과 노동운동의 사회학, 나남.

안주엽 · 김동배 · 전병유 · 김주섭(2004), 경제위기 전후 금융산업과 노동, 한국노동연구원.

이원기 · 이준희(2000), "디지털 금융의 영향과 대응과제", 한국은행.

전국금융노동조합연맹(1999), "1998년 활동보고."

_____________________(2000), 금융노동조합 40년사.

_____________________(2011), 2011년 금융산별중앙교섭 자료집.

_____________________(2011), 내부자료.

전국금융산업노동조합 KB국민은행지부 활동보고, 각 연도.

전국은행연합회(2011), "금융권의 사회공헌 활동 강화방향", 보도자료(2011. 10. 27).

조돈문(2011), "비정규직 노동자 투쟁의 승패와 조직력 변화", 「산업노동연구」 제17권 제1호.

조복현(2000), "금융건전성 감독과 자본시장 활성화, 그리고 경제의 안정과 성장", 「구조조정의 정치경제학과 21세기 한국경제」, 윤진호 · 유철규 편, 풀빛.

조우현 · 윤진호(2004), 한국의 화이트칼라 노동조합 연구, 한국노동연구원.

하익준(2011), "위기 이후 국내 은행산업 노사관계 변화 연구-자본주의 다양성과 노동조합의 전략을 중심으로", 고려대 대학원 박사학위 논문.

한국금융연구원(2011), "은행산업 환경변화와 전망", 「2011년 금융동향과 2012년 전망」 세미나 자료.

한국노동사회연구소(2007), "금융공공성 운동 확산을 위한 제안", 월간 「노동사회」 특집.

한국은행(2011), 2012년 경제전망.

한국은행경제통계시스템(http://ecos.bok.or.kr)

Arrowsmith, J. Marginson, P.(2011), "Variable Pay and Collective Bargaining in British Retail Banking", *British Journal of Industrial Relations*, 54-79.

Kindleberger, C. P.(1983), "International Banks as Leaders or Followers of International Business: An Historical Perspective", *Journal of Banking and Finance*, 7(4).

Kinnie, N.(1996), "Institutional Separation and the Management of Industrial Relations: Evidence from a Diachronic case study", *Employee Relations*, 18(1): 20-35.

보건의료산업 노사관계의 동향과 전망 6

제6장 보건의료산업 노사관계의 동향과 전망

1. 서 론

보건의료산업은 경제협력개발기구(OECD) 대부분의 국가의 국내총생산(GDP)에서 상당한 비중을 차지하고 있으며, 1980년대 이후 의료비용은 가파르게 증가했다. 인구 고령화, 소비자의 의료서비스 기대 증가, 의료기술 발전으로 인한 시설비용 증가로 인해 병원들은 의료전달체계 변화를 요구받았다. 환자의 생명과 건강을 다루기 때문에 공공성이 강한 보건의료산업에서 과거와 달리 민간부문에 요구되던 경쟁력 강화와 비용 축소를 통한 수익성 강화 논리가 비등했다(Bloom, 2000; Wunderich et al., 1996). 이러한 환경변화는 보건의료산업 노사관계 당사자의 선택에 중요한 영향을 미치고 있다.

우리나라 보건의료산업의 단체교섭 구조 변화는 노사단체가 병원간 경쟁격화에 맞서 어떻게 대응하려 했는지 보여 주는 특징적인 현상의 하나이다. 단체교섭 구조는 노사관계의 특징을 보여 주는 결정적 요인이라는 점에서 큰 의미를 갖는다(Clegg, 1976). 서구의 노사관계가 1980년대 이후 교섭구조 분권화 현상이 보편적으로 발현한 데 비해(Katz, 1993), 한국의 노조들은 기업별 노조에서 산별노조 전환이라는 전략적 선택을 했다(Lee & Lee, 2004; Kim & Kim, 2003). 보건의료산업 노사관계는 그중에서도 드라마틱한 교섭구조 변화를 보여 주는 대표적인 사례이다. 우리나라 보건의료산업은 1987년 7~9월 노동자대투쟁 과정에서 전국적으로 노조가 결성되며 집단적 노사관계를 형성하게 됐다. 보건의료산업 노사관계는 기업별 교섭구조로 시작하여 1994년 대각선교섭으로 전환, 2004년 산별중앙교섭의 성사, 2009년 사용자단체의 해산 및 산별중앙교섭의 와해와 2011년 대형병원의 대각선교섭과 중소규모 병원들의 집단교섭이라는 이원화된 교섭구조에 이르게 됐다. 지금까지 변화무쌍한 교섭구조를 보였다는 점에서 이처럼 이원화된 교섭구조가 앞으로 고착될 것이라고 전망하기에는 이르다고 할 수 있다.

본 연구의 목적은 보건의료산업 노사관계 변화를 단체교섭 구조변화에 초점을 두고 역사적으로 고찰하려는 것이다. 이를 위해 본 연구는 다음과 같이 구성된다. 보건의료산업의 환경변화, 노사단체의 특징과 현황을 살펴보고, 교섭구조 변화에 따른 노사관계 특징 변화를 검토한 뒤, 보건의료산업 노사관계의 특징과 최근 이슈를 파악하고자 한다. 이를 위해 본 연구는 보건의료산업 노사관계를 고찰한 문헌을 검토하고 주요 관계자들에 대한 면접조사를 수행했다. 본 연구의 대상은 1987년 이후 보건의료산업 노사관계에서 주된 행위자로 등장한 민주노총 전국보건의료산업노동조합(보건의료노조)과 그 전신인 전국병원노동조합연맹(병원노련)에 소속된 병원들을 대상으로 하고 있음을 밝혀 둔다.

2. 보건의료산업의 특징과 현황

가. 공공성이 강한 산업

보건의료산업은 제조업이나 다른 서비스산업과 달리 몇 가지 고유한 특징을 가지고 있다(이주호, 2008). 첫째, 인간의 생명과 건강을 다룬다는 점에서 공공성을 갖고 있다. 건강은 시대를 막론하고 국민의 보편적 권리에 해당될 뿐만 아니라 국민들이 의료서비스를 제공받지 못할 경우 큰 사회문제가 된다는 점에서 공공성이 큰 재화이다.

둘째, 의료서비스 소비자의 지식 결여와 의료제공자의 지식의 독점성이다. 보건의료산업은 소비자가 의사결정에 필요한 정보를 의료서비스 제공자에게 전적으로 의존하는 비대칭적인 관계가 형성된다. 다른 상품이나 서비스와 달리 소비자 주권(consumer sovereignty)이 성립되지 않는다. 또한 면허를 가진 의사, 간호사, 의료기사 등만 의료시장에 참여할 수 있는 자격이 부여된다. 의료서비스업에 종사하는 이들조차도 직종간 지식이 상호 교류되지 않는 독자성을 보유하고 있다.

셋째, 의료수요와 의료공급의 특성을 살펴볼 때, 의료수요를 예측할 수 없으며 수요와 공급은 시간적으로 불일치한다. 수요 측면에서 볼 때, 개인은 질병의 발생 시기를 거의 예측할 수 없다. 공급 측면에서 볼 때, 의료인력의 양성과 의료시설의 건립에 오랜 시간이 소요되기 때문에 질병이 발생했다고 해서 의료서비스를 즉시 제공받는다고 할 수 없다. 다시 말해, 보이지 않는 손이 작동한다고 할 수 없어 대표적인 시장실패 산업이다.

이러한 특성으로 인해 보건의료산업은 공공성 확보를 위한 제도적 개입이 불가피하게 요구된다. 국가별로 정도의 차이는 있지만 공공병원 설립, 전 국민에게 의료서비스를 제공하기 위한 재정 투입, 의료인력 양성, 의료보험제도 실시 등 제도를 통한 개입이 존재해 왔다. 또한 노사관계 측면에서 볼 때, 병원노조의 파업은 국가의 규제를 받는 사례가 흔하게 발견되며 우리나라의 경우 오랫동안 직권중재를 통해 노조의 파업을 억제해 왔다.

나. 보건의료산업 확대와 미래의 성장동력

우리나라 보건의료산업은 공급부족을 겪다가 1977년 직장의료보험제도 도입, 1989년 전국민의료보험제도 도입과 1990년대 삼성과 현대 등 재벌의 보건의료산업 진입, 병원간 대형화·고급화 경쟁으로 인해 급격히 성장했다. 이로 인해 병원수, 병원 종사자수와 병상수가 모두 빠르게 증가했다.

우선 우리나라 보건의료산업의 성장의 궤적을 살펴보기로 하자. 의료보험이 도입되기 이전에는 국내에 종합병원이 37개, 병원이 133개, 의원이 6,087개에 그쳐 의료기관이 부족한 상태였다. 당시에는 국가재정의 빈곤으로 차관을 활용하여 민간병원 설립을 지원했다.

그러다가 1977년 의료보험이 도입되면서 민간병원 건립 지원 단계에 들어서게 된다. 당시 정부의 정책방향은 공적 재원을 바탕으로 민간이 의료공급을 추진한다는 것이었다. 정부는 이를 위해 시설비 융자금에 이자 보존, 운영비 일부에 대한 국고보조, 공중보건의사 배치 지원, 수입의료장비에 대한 세제혜택 등 지원책을 구사했다.

1989년 전국민의료보험제도 도입 이후 보건의료산업은 급성장하게 된다. 이 시기 의료수요 대비 공급부족으로 인해 정부는 병상 신·증설 관련 규제를 단계적으로 해제하고 병상수[1] 상한제 폐지, 병원 병상 신·증설 사전승인제 폐

1) 병상수는 의료법 제3조 "의료기관"의 전체 병상수 기준이며, 의료기관은 종합병원, 병원, 치과병원, 한방병원, 요양병원, 의원, 치과의원, 한의원, 조산원을 포함한다. 인구 천명당 병상수는 병상자원에 대한 적정 수급 및 관리를 통해 국민의료비를 적정 관리하고 의료이용의 접근성을 제고하기 위한 정책판단의 기초 자료(OECD 주요국 대비 척도)로 활용되고 있다(보건산업통계집, 2011).

지 등 규제를 완화했다. 이 시기에 현대 계열인 서울아산병원이 규모를 확대하고 삼성이 기존 병원 인수를 통해 보건의료산업에 진출했다.

이러한 과정을 거쳐 2001년 전체 병・의원은 4만 276개였으나 2010년 5만 6,244개로 39.6% 늘어났으며 같은 기간 종합병원은 268개에서 312개로 16.4% 증가했다. 또한 전체 병・의원 병상수는 2001년 28만 8,952개에서 2010년 52만 3,357개로 81.1% 늘었으며 이 중 종합병원은 같은 기간 10만 8,224개에서 2010년 13만 2,961개로 22.9% 증가했다(보건산업통계집, 2011).

[표 6-1] 의료기관 및 병상수(2001~2010년)

(단위: 년, 개소)

연 도	전 체		종합병원		요양병원		일반병원		의 원	
	병원수	병상수	병원수	병상수	병원수	병상수	병원수	병상수	병원수	병상수
2001	40,276	288,952	268	108,224	-	-	599	63,813	20,819	76,976
2002	44,029	316,089	284	115,779	-	-	691	75,392	23,299	83,987
2003	45,772	340,988	283	111,801	68	8,355	730	78,853	23,502	96,338
2004	47,378	353,289	282	117,323	92	10,445	763	86,897	24,491	91,702
2005	49,566	379,751	290	120,728	177	25,501	794	90,467	25,412	93,972
2006	51,286	410,581	295	124,090	363	43,336	850	98,228	26,078	95,224
2007	52,914	450,119	302	125,840	593	66,727	945	112,391	26,265	96,292
2008	54,165	478,645	313	128,673	690	76,970	1,064	122,654	26,581	97,842
2009	55,769	498,302	312	130,601	762	89,503	1,129	130,788	27,104	91,762
2010	56,244	523,357	312	132,961	849	112,827	1,154	130,670	27,334	88,204

출처: 보건산업진흥원, 2011년 보건복지통계연보.

주) 전체 병원수 및 병상수는 특수병원, 치과병의원, 한방병의원, 부속의원, 조산원까지 포함된 수치이다.

국제적으로 볼 때도 2000년대 들어 우리나라의 인구 천명당 병상수가 가장 급속하게 늘어났다. OECD에 따르면 2000~2009년 10년간 한국의 천명당 병상수는 4.65개에서 8.29개로 두 배 가까이 증가했다. 반면, 호주, 오스트리아, 벨기에, 캐나다, 덴마크, 프랑스, 영국, 미국 등 대다수 선진국들이 같은 기간 동안 감소했다는 점에서 이례적이라고 할 수 있다. 우리나라의 경우 급속한 인구 고령화로 인해 보건의료산업에 대한 수요는 증가할 것으로 예측되고 있다.

[표 6-2] OECD 회원국 인구 천명당 병상수(2000~2009년)

(단위: 개)

국 가	2000년	2001년	2002년	2003년	2004년	2005년	2006년	2007년	2008년	2009년
호주	4.01	3.93	3.91	3.93	3.96	3.86	3.88	-	3.78	-
오스트리아	7.95	7.85	7.81	7.74	7.74	7.69	7.66	7.75	7.68	7.66
벨기에	7.77	7.66	7.58	7.51	7.47	7.42	6.7	6.63	6.57	6.51
캐나다	3.77	3.69	3.64	3.49	3.43	3.39	3.41	3.31	3.26	-
칠레	2.71	2.61	2.53	2.5	2.4	2.3	2.3	2.28	2.27	-
체코	7.79	7.76	7.76	7.73	7.64	7.55	7.43	7.31	7.18	7.11
덴마크	4.3	4.22	4.29	4.14	3.97	3.86	3.79	3.69	3.57	3.5
에스토니아	7.17	6.72	6.08	5.93	5.82	5.48	5.64	5.57	5.71	5.44
핀란드	7.54	7.46	7.35	7.24	7.1	7.05	6.98	6.73	6.52	6.22
프랑스	8.0	7.86	7.7	7.53	7.38	7.21	7.09	7.04	6.88	6.64
독일	9.12	9.01	8.87	8.74	8.58	8.47	8.3	8.24	8.21	8.24
그리스	4.72	4.77	4.71	4.7	4.69	4.73	4.82	4.81	4.77	4.85
헝가리	8.1	7.86	7.85	7.84	7.83	7.85	7.92	7.19	7.11	7.14
아이슬란드	-	-	-	-	-	-	-	5.79	-	-
아일랜드	6.16	5.89	5.8	5.7	5.68	5.49	5.31	5.17	4.93	-
이스라엘	4.01	4	3.95	4.01	3.96	3.92	3.59	3.53	3.46	3.35
이탈리아	4.71	4.61	4.43	4.16	3.99	4	3.94	3.85	3.79	3.71
일본	14.69	14.58	14.43	14.26	14.2	14.08	13.98	13.89	13.75	13.67
한국	**4.65**	**4.45**	**4.84**	**5.09**	**5.42**	**5.9**	**6.5**	**7.28**	**7.8**	**8.29**
룩셈부르크	-	-	-	-	6.39	5.79	5.65	5.67	5.62	5.51
멕시코	1.81	1.77	1.76	1.74	1.75	1.76	1.71	1.68	1.67	1.67
네덜란드	4.83	4.65	4.57	4.5	4.47	4.45	4.78	4.74	4.71	4.69
뉴질랜드	-	-	-	-	-	-	-	-	-	-
노르웨이	3.8	3.82	4.31	4.27	4.19	4.04	4.01	3.8	3.52	3.35
폴란드	-	-	-	6.68	6.67	6.52	6.47	6.42	6.62	6.65
포르투갈	3.8	3.74	3.64	3.65	3.64	3.54	3.45	3.41	3.37	3.35
슬로바키아	7.84	7.67	7.57	7.24	6.9	6.77	6.71	6.75	6.56	6.51
슬로베니아	5.41	5.17	5.1	4.96	4.8	4.83	4.77	4.68	4.76	4.65
스페인	3.68	3.59	3.54	3.45	3.42	3.36	3.32	3.27	3.22	3.19
스웨덴	3.58	3.27	3.13	3.05	3.01	2.93	2.89	2.86	2.81	2.76
스위스	6.29	6.04	5.95	5.82	5.67	5.54	5.39	5.36	5.21	5.1
터키	2.0	2.06	2.1	2.08	2.17	2.2	2.3	2.31	2.4	2.48
영국	4.1	4.04	3.98	3.95	3.87	3.79	3.61	3.46	3.4	3.34
미국	3.49	3.46	3.39	3.33	3.26	3.2	3.17	3.14	3.13	3.08

출처: OECD 홈페이지.

한국 국민경제에서 의료부문에 대한 지출이 계속 상승하고 있다는 점도 보건의료산업이 주목을 받는 이유이다. 우리나라 GDP 중 국민의료비는 1998년부터 20조 원대에 접어들어 2001년 32.9조 원이었다가 2005년 49조 원, 2010년 81.3조 원으로 증가했다. 우리나라의 GDP 대비 국민의료비[2] 비중은 1997년까지 3% 후반대, 1998~2002년에 4%대, 2003~2005년 5%대, 2006년부터 6%대로 상승했다. 정부와 관련 업계가 보건의료산업을 미래의 성장동력으로 바라보는 이유는 이러한 추세가 향후에도 지속될 것이라는 전망에 따른 것이다.

[표 6-3] 국민의료비 비중 추이(1993~2010년)

연 도	국민의료비	(GDP대비,%)	공공의료비	(구성비,%)	민간의료비	(구성비,%)
1993	11.9	4.0	4.2	35.7	7.7	64.3
1994	13.8	3.9	4.8	35.0	9.0	65.0
1995	15.4	3.8	5.9	38.5	9.5	61.5
1996	18.1	3.9	7.5	41.7	10.5	58.3
1997	19.9	3.9	8.8	44.4	11.1	55.6
1998	20.3	4.1	10.0	49.0	10.4	51.0
1999	23.4	4.3	11.8	50.2	11.7	49.8
2000	27.0	4.5	13.1	48.6	13.9	51.4
2001	32.9	5.1	18.1	54.9	14.9	45.1
2002	35.4	4.9	19.0	53.7	16.4	46.3
2003	39.7	5.2	20.8	52.4	18.9	47.6
2004	43.4	5.3	22.8	52.6	20.6	47.4
2005	49.0	5.7	25.9	52.9	23.1	47.1
2006	55.0	6.0	30.4	55.3	24.6	44.7
2007	61.4	6.3	34.3	55.8	27.2	44.2
2008	66.3	6.5	37.1	55.9	29.2	44.1
2009	73.7	6.9	42.9	58.2	30.8	41.8
2010	81.3	6.9	47.9	59.0	33.4	41.0

출처: 보건복지부 홈페이지.

2) 한나라 국민이 한 해 동안 보건의료를 위해 지출하는 화폐적 지출의 총합이다. 국민의료비는 국제적으로 통일된 기준에 따라 추계되기 때문에 국가별 의료비의 총량규모를 비교할 수 있는 유일한 자료로 쓰인다(보건산업진흥원, 2010).

다. 민간병원의 주도와 병원간 경쟁 격화

우리나라는 OECD 소속 다른 선진국들에 비해 민간의료기관의 비중이 높은 나라에 해당되어 산업 내 경쟁적·갈등적 구조가 심하다고 할 수 있다. 삼성병원을 포함한 서울아산·연세·서울대병원 등 Big4가 병원의 대형화·전문화·고급화를 주도하고 있으며 사립대병원들은 이러한 흐름에 적극 동참하고 있다. 국공립대 병원의 경우 정부의 예산 제한을 받기 때문에 사립대병원들에 비해 대형화·전문화·고급화의 속도가 더딘 편이다. 민간병원의 주도는 공공성이라는 특성보다 수익성을 중시하는 산업적 측면으로 접근하게 만드는 구조적 원인이다.

우리나라의 민간의료체계 중심성은 다른 선진국들과 비교할 때 확연해진다. 국가별 국공립병원 구성비는 호주의 경우 전체 병원의 약 60%, 미국과 독일은 약 35%, 일본은 약 20% 수준이다. 영국과 프랑스의 경우 국공립병원이 80~90%를 차지한다. 반면에 한국의 경우는 민간병원이 89.8%를 차지하고 국공립병원은 10.2%에 불과하다. 국공립병원이 보유하고 있는 병상수를 살펴볼 경우에도 호주의

[표 6-4] 공공 및 민간 의료기관 현황

(단위 : 개소, %)

구 분		한 국 (2002년)	미 국 (1999년)	일 본 (1999년)	독 일 (1999년)	프랑스 (2000년)	호 주 (2001년)
병원수	소계(A)	1,268 (100.0)	5,810 (100.0)	9,239 (100.0)	2,014 (100.0)	4,202 (100.0)	1,265 (100.0)
	국공립병원	129 (10.2)	2,058 (35.4)	1,854 (20.1)	753 (37.4)	1,058 (25.2)	749 (59.2)
	민간병원	1,139 (89.9)	3,752 (64.6)	7,385 (79.9)	1,261 (62.6)	3,144 (74.8)	516 (40.8)
병상수	소계(B)	230,353 (100.0)	983,628 (100.0)	1,648,970 (100.0)	528,946 (100.0)	492,042 (100.0)	78,563 (100.0)
	국공립병원	44,534 (19.3)	290,757 (29.6)	541,783 (32.9)	287,127 (54.3)	318,795 (64.8)	52,410 (66.7)
	민간병원	185,819 (80.7)	692,871 (70.4)	1,107,187 (67.1)	241,819 (45.7)	173,247 (35.2)	26,153 (33.3)
	평균 병상수 (B/A)	182	169	178	263	117	62

출처: 한국보건산업진흥원(2005). 2004 보건산업백서.

경우 66.7%, 프랑스는 64.8%, 독일이 54.3%, 일본이 32.9%, 미국이 29.6%이나 우리나라는 19.3%로 낮은 편이다. 반면 민간병원이 보유하고 있는 병상수는 80.7%나 되어 다른 선진국보다 월등하게 많다고 할 수 있다.

민간병원의 주도성은 병원간 경쟁을 심화시키는 중요한 원인의 하나이다(Clark et al., 2001). 국립대·사립대·종교재단이 주된 공급자였던 보건의료산업에 재벌병원이 진입하며 미국처럼 의료계 군비경쟁 시대(Medical Arms Race)가 도래했다.[3] 재벌병원의 등장 이전까지는 우수한 의사인력을 안정적으로 확보할 수 있었던 대학병원이 높은 중증환자 점유율을 갖고 있었다. 그러나 재벌병원은 설립 초기부터 장기이식과 같은 고난이도 시술에 잇달아 성공했을 뿐만 아니라, '환자 중심'의 병원을 표방하면서 기존의 권위적인 서비스 관행을 개선하는 데 앞장섰다. 그 결과, 이들은 10년이 채 안 되는 기간에 시장지배적 사업자로 부상했다(이주호, 2011).

재벌병원들의 투자 수준을 뒤따르기 위해 사립대병원들은 적극적인 투자와 서비스 개선에 나서게 됐다. 대표적으로 연세의료원이 국내 최대 규모의 병동을 완공하고 가톨릭의대 강남성모병원이 병동 신축공사에 나서는 등 대형화에 동참했다. 이에 맞서 삼성서울병원은 미국 유수의 암센터를 능가하는 암센터를 신설하고 서울아산병원도 서관 신축공사로 대응했다. Big4 병원들은 최근 들어 해외 환자유치 및 해외 분원 설치에도 박차를 가하고 있다.

사립대병원들은 내부운영의 효율화에도 주력해 왔다. 외형 성장과 함께 내부적으로는 전자의료시스템 및 원가관리제 도입, 의사 성과급제 확대, 신인사제도 도입, 직·간접 고용 형태의 비정규직 채용 등 수익성 증대를 위한 장치를 마련해 왔다(윤영삼 외, 2010).

반면, 병원들의 경쟁 격화로 인해 중소병원들의 경영악화가 심화되고 있다. 병원협회에 따르면 최근 5년간 병원급 의료기관 폐업 현황을 보면, 2006년 105개, 2007년 121개, 2008년 132개, 2009년 122개, 2010년 148개, 2011년 6월 현재 88개에 이르고 있다. 폐업 병원 중 종합병원도 2006년 10개, 2007년 8개, 2008년 15개, 2009년 7개, 2010년 13개, 2011년 9개이다. 병원 폐업이

---

3) 1970~1980년대 미국 병원들이 환자유치를 위해 호텔 같이 쾌적하고 세련된 시설을 구비하고, 최첨단 시술을 경쟁적으로 채택하며 이를 홍보하던 현상에서 유래하는 표현이다(Culer, et al., 2000).

[표 6-5] 의료기관 건강보험급여비 압류 및 폐업 현황(2006~2011년)

(단위: 개소, %)

연 도	급여비 압류병원	폐업 현황					
		종합병원		병 원		계	
2006	62	10	3.4	95	8.7	105	7.6
2007	74	8	2.7	113	8.5	121	7.5
2008	125	15	4.8	117	7.0	132	6.6
2009	188	7	2.2	115	9.6	122	8.1
2010	387	13	4.2	135	10.7	148	9.4
2011	423	9	2.9	77	5.7	88	5.2

출처: 대한병원협회 보도자료.
주) 2011년은 6월 현재 기준임.

2009년 이후 점점 증가하고 있는 것이다. 중소병원들은 이처럼 경영난 이외에도 의사와 간호사 부족에 시달리고 있다(김인선, 2009; 박광옥, 2009). 300병상 미만의 중소병원들은 규모의 영세성으로 인해 독자적으로 의료서비스의 질을 높이고 인력을 확보하는 데 한계를 보이고 있다(보건산업진흥원, 2010).

경쟁압력이 심화되면 사용자들은 노조와의 관계를 재설정하도록 요구받는다(Kochan et al., 1986). 재벌병원의 팽창에 긴장하고 있는 주요 사립대병원들은 신·증축 경쟁에 뛰어들며 노조의 임금 및 근로조건 향상 요구에 부응하기 어려워진다(박형철, 2011). 또한 대형병원과 의원급 중간에서 환자 확보에 어려움을 겪고 있는 중소병원의 경우 고질적인 인력난과 경영난에 시달리며 노조와 불편한 관계를 피하기 어렵게 된다(이주호, 2011). 이는 보건의료산업 노사관계가 평탄하지 않은 중요한 환경요인이라고 할 수 있다.

라. 노동집약적 산업과 인력부족

보건의료산업은 노동집약적 산업이다(Duckett, 2000). 노동유발계수는 생산의 파급과정에서 직·간접적으로 유발되는 노동량을 계량적으로 표시한 것으로 어느 산업부문의 최종수요 한 단위 생산에 필요한 노동량과 생산파급 과정에서 간접적으로 필요한 노동량까지 포함한다. 노동유발계수는 취업자수를 기

[표 6-6] 노동연관효과 추이

(단위: 명, %)

구 분	2000년		2005년		고용유발 계수 증감률	취업유발 계수 증감률
	고용유발 계수	취업유발 계수	고용유발 계수	취업유발 계수		
의약품	10.0	13.7	7.6	10.4	-23.9	-24.1
의료기기	13.7	16.6	11.0	13.1	-19.3	-20.9
화장품	8.9	12.1	7.8	10.2	-12.1	-15.7
식품	10.2	22.7	8.7	19.0	-14.7	-16.3
의료서비스	15.4	20.0	13.6	16.7	-12.1	-16.6
제조업	8.8	13.2	7.2	10.1	-18.2	-23.5
서비스업	13.7	21.5	12.6	18.4	-8.0	-14.4
전산업	11.1	18.1	9.9	14.7	-10.8	-18.8

출처: 한국보건산업진흥원, 2011 KHIDI 통계브리프.

준으로 하는 취업유발계수와 피용자수를 기준으로 하는 고용유발계수로 구분할 수 있다.

본 연구의 관심대상인 보건의료산업에 해당되는 의료서비스업의 취업유발계수와 고용유발계수를 살펴보기로 하자. 2005년 의료서비스업의 취업유발계수는 서비스업(18.4명)보다 낮았으나 전산업(14.7명)보다 높은 것으로 나타났다. 고용유발계수는 서비스업 평균보다 높아 임금을 받고 일하는 피용자수에 대한 유발효과가 큰 것으로 나타났다. 보건의료산업은 노동집약적 산업일 뿐만 아니라 고용창출을 주도하는 사업이라고 할 수 있다.

그럼에도 불구하고 우리나라 보건의료산업의 중요한 특징 가운데 하나가 인력부족 현상이다. 표면상 살펴보면, 지난 10년간 우리나라의 의료서비스산업 종사자수는 증가했으나 인구 천명당 활동 의사수를 OECD 주요 국가와 비교하면 여전히 부족하다. 2008년 현재 우리나라 인구 천명당 활동 의사수는 1.86명으로 독일 3.56명, 일본 2.15명, 영국 2.61명, 미국 2.43명보다 적다. 인구 천명당 활동 간호사수도 OECD 주요국과 비교할 때 매우 적은 수준이다. 우리나라의 경우 인구 천명당 활동 간호사수가 2000년 2.98명에서 2008년 4.36명으로 늘어났다. 그러나 2008년 현재 캐나다는 9.2명, 독일 10.68명, 일본 9.54명, 영국 9.52명의 절반 수준이어서 낮은 편이다.

[표 6-7] OECD 주요국 인구 천명당 활동 의사수 추이(2000~2008년)

(단위: 명)

구 분	2000	2001	2002	2003	2004	2005	2006	2007	2008
독일	3.26	3.31	3.34	3.37	3.39	3.41	3.45	3.5	3.56
일본	1.93	-	1.98	-	2.03	-	2.096	-	2.15
한국	**1.3**	**1.39**	**1.49**	**1.57**	**1.57**	**1.63**	**1.69**	**1.74**	**1.86**
영국	1.96	2.01	2.08	2.18	2.31	2.39	2.45	2.52	2.61
미국	2.29	2.35	2.34	2.38	2.39	2.43	2.42	2.43	2.43

출처: OECD Health Data.

[표 6-8] OECD 주요국 인구 천명당 활동 간호사수 추이(2000~2008년)

(단위: 명)

구 분	2000	2001	2002	2003	2004	2005	2006	2007	2008
캐나다	10.13	10	9.44	8.5	8.49	8.71	8.82	9.02	9.2
독일	9.59	9.68	9.8	9.98	10.08	10.22	10.34	10.48	10.68
일본	-	-	8.38	-	8.74	-	9.1	-	9.54
한국	2.98	3.2	3.43	3.54	3.8	3.85	3.99	4.16	4.36
영국	8.68	8.96	9.26	9.71	9.84	9.92	9.55	9.48	9.52

출처: OECD Health Data.

3. 노사단체의 성격과 현황

가. 노동조합의 성격과 현황

1) 노조의 성격

우리나라 보건의료산업에 속해 있는 노조들의 성격은 다음과 같이 다섯 가지로 요약할 수 있다. 첫째, 많은 노조들이 1987년 7~9월 노동자대투쟁 시기 또는 그 이듬해에 설립되었다. 1987년 이전에 설립된 노조들은 1960년 7월 설립된 연세의료원 노조를 비롯해 국립의료원, 원주기독병원, 전주예수병원 등 4개에 불과하여 병원은 노조의 무풍지대였다(송광선, 2011). 그러다가 1987년 사회민주화 열기 속에서 그동안 권위주의와 통제에 억눌려 있던 병원 노동자들의 분노가 한꺼번에 표출됐다. 서울대병원 노조를 시작으로 고려대병원, 한양대병원, 이화여대병원 등에서 노조결성이 줄을 이어 1987년 7~8월 두 달 만에 211개 노조가 설립되었다.

둘째, 성별-직종별로 볼 때, 여성-간호사 중심의 노조이다(이주희, 2002). 병원은 의사, 간호사, 의료기사 등 전문직은 물론 환경미화, 식당, 경비 등 기능직까지 대략 60개 직종을 포괄하고 있다. 이 중 병원에서 가장 많은 인원을 차지하는 직종이 간호사이며 이들은 사실상 1987년 노조결성의 핵심적인 주체였다.[4] 간호사들은 병원의 권위체계 내에서 의사들의 명령을 받아 직무를 수행하는 과정에서 대부분 남성인 의사 중심으로 운영되는 병원과 마찰을 빚게 된다. 병원의 의사결정 구조에서 사실상 배제되어 있기 때문에 의견을 개진할 수 있는 장치로 노조를 결성하게 된 것이다. 노조위원장들이 대부분 간호사 출신 여성인 경우가 많으며 의료기사와 기능직 등 다른 직종의 이해관계도 포괄하고 있다.

셋째, 병원 특성을 고려할 때, 종합병원 중심의 노조이다. 우리나라는 종합병원, 병원, 치과병원, 한의원, 의원 등 다양한 형태의 병원들이 존재한다. 보건의료산업에 소속된 노조들은 종합병원에서 설립된 노조들이며 산별노조 전환 이후에 의원급 노동자들의 조직화를 표방하고 있으나 실제로는 조합원으로 포괄하고 있지 못하다. 따라서 보건의료산업 노조들은 병원 중에서도 상대적으로 규모가 큰 대형 사업장 노동자들만 대표하는데다 단체협약의 효력이 미조직 사업장까지 확장되는 것도 아니어서 포괄성이 낮은 편이다.

넷째, 1산업 3노조이다. 보건의료산업을 대표하고자 하는 노조는 민주노총 소속으로 전국보건의료산업노동조합(이하 보건의료노조)과 전국공공운수사회서비스노동조합 의료연대본부(이하 의료연대본부)가 있으며 한국노총 소속으로 전국의료산업노동조합연맹(이하 의료산업노련)이 있다. 이 중 보건의료노조가 4만여 명으로 규모가 제일 크며 의료산업노련이 7,000여 명, 의료연대본부가 6,000여 명으로 가장 규모가 작다. 보건의료노조가 대다수 병원들을 포괄하여 정부와 사용자에 대해 사실상 보건의료산업을 대표하여 의사대변(voice)을 하

4) 당시 서울대병원을 비롯한 일부 병원에서 의사들도 노조결성에 참가하였으나 얼마 가지 않아 유・무형의 압력으로 모두 탈퇴했다.

고 있으나 국립대병원의 단체교섭에 유형설정자(pattern setter) 역할을 하고 있는 서울대병원은 의료연대본부 소속이며 사립대병원 단체교섭에 큰 영향을 미치는 연세의료원은 의료산업노련 소속이다. 한편, 의료연대본부 소속 사업장들은 보건의료노조 소속이었으나 2004년 보건의료산업 노사의 산별협약 내용에 대해 양보교섭이라고 문제를 제기하며 보건의료노조를 집단적으로 탈퇴했다.

다섯째, 보건의료산업 노조들은 의료 공공성과 형평성을 지향하고 있다. 이는 보건의료산업 노조들이 정부와 사용자와 갈등을 빚는 근본적인 원인이라고 할 수 있다. 정부는 의료서비스산업 선진화 정책을 추구하며 투자개방형 의료법인 등 영리병원의 도입과 민간의료보험의 활성화를 통한 산업경쟁력 제고 방침을 갖고 있다(김경희, 2010). 사용자측은 또한 경쟁격화에 따라 효율성을 추구하는 과정에서 1990년대 이후 병원간 대형화·전문화·고급화 경쟁으로 시설확장, 성과주의 인사제도 도입, 직·간접 고용 형태의 비정규직을 확대시켰다. 이에 대해 보건의료산업 노조들은 의료를 산업으로 접근하는 시각에 반대하며 국민건강보험제도 보장성 강화를 통한 서민 의료비 감면 확대, 과잉진료의 원인이라는 이유로 행위별 수가제가 아닌 포괄적 수가제로 전환, 공공병원 확충, 의료인력 확대 등을 요구하고 있다. 노조들은 정부 및 지자체와 정책협의, 사용자와 단체교섭을 통해 의료 공공성 요구를 제시하며 제도화를 추진하고 있다.

2) 전국보건의료산업노동조합

보건의료노조는 전국병원노동조합협의회(이하 병노협, 1987~1988년), 전국병원노동조합연맹(이하 병원노련, 1988~1997년)[5]을 거쳐 1998년 2월에 산별노조로 전환하여 오늘에 이르고 있다. 산별노조 전환 당시 조합원수는 3만 5,000명이었다가 최초로 산별교섭을 성사시킨 2004년 4만 3,000명, 일부 지부 집단탈퇴로 인해 2006년 3만 8,000명으로 줄었다가 최근에는 133개 지부[6], 조합원 4만 1,000명의 조합원을 포괄하고 있으며 상급단체는 민주노총이다.

보건의료노조 조합원의 주를 이루고 있는 직종은 대부분 간호사와 간호조무

5) 1993년 6월에 대법원 판결로 합법화되었다.
6) 기업지부는 총 127개이며 지역지부가 6개이다.

사이다. 보건의료노조의 조합비는 규약에 따라 통상임금의 1% 수준으로 2011년 현재 약 8,102원이다. 최근 보건의료노조의 예산은 약 45억 원 정도이다.

보건의료노조는 본조-지역본부-사업장지부의 구조로 이루어져 있는데, 이 중 지역본부는 교섭을 진행하지 않는다. 산별교섭을 할 때 대체로 산별중앙교섭과 지부교섭이라는 2단계 교섭을 진행해 왔다. 노조 내 모든 단체교섭의 대표자는 위원장이며 체결권도 위원장이 갖는다. 단, 위원장이 필요하다고 인정될 때 지역본부장과 지부장 또는 특정인을 지명해 교섭권을 위임할 수 있다. 위임받은 지역본부장이나 지부장이 단체협약을 체결하고자 할 때는 위원장의 사전승인을 받아 교섭위원들이 연명으로 서명해야 한다.

보건의료노조는 2002년 63개 병원과 산별교섭을 추진키로 합의하여 2004년 최초로 산별교섭을 성사시켰다. 보건의료노조는 2007년 보건의료사용자협의회와 산별교섭을 벌여 비정규직 정규직화에 합의한 바 있으며 2008년 병원인력 충원방안을 노사정위원회에서 논의키로 합의하는 데 중심적 역할을 했다.

[표 6-9] 보건의료노조 연혁

연 도	주요 내용
1998	보건의료노조 결성 및 제1대 집행부 출범(위원장 이상춘)
2000	제2대 집행부 출범(위원장 차수련)
2000	산별교섭 요구 병원협회 점거농성
2002	63개 병원 산별교섭 추진 합의
2003	제3대 집행부 출범(위원장 윤영규)
2004	14일간 산별총파업 - 최초의 산별협약 체결
2006	제4대 집행부 출범(위원장 홍명옥)
2006	산별 5대 협약 체결
2007	보건의료사용자협의회와 최초로 산별교섭 - 비정규직 정규직화 등 합의
2008	병원 인력충원 방안을 의료노사정위원회에 논의키로 합의, 의료기관 평가기준 변경을 위한 노사 TF팀 구성 합의
2009	제5대 집행부 출범(위원장 나순자)
2012	제6대 집행부 출범(위원장 유지현)

보건의료노조는 정부에 대해서도 의료공공성 강화를 위한 정책제안을 지속적으로 벌여 왔다. 2004년 본인부담 상한제(6개월 300만 원), 2005년 1월부터 MRI 건강보험 적용(질병에 따라 차이), 2005년 9월부터 암환자 병원비 건강보험 적용 확대, 2006년 1월부터 만 5세 이하 어린이 입원 본임부담금 면제, 2006년 6월부터 환자 식사에 건강보험 적용 확대, 2006년 7월부터 PET-CT 건강보험 적용 확대(질병에 따라 차이), 2007년 보건복지부와 병원 상급병실료 건강보험 확대 적용 합의, 2008년 환자 본인부담 상한제 인하 및 소득수준별 차등 적용 등을 이끌어 냈다.

3) 전국공공운수사회서비스노동조합 의료연대본부

민주노총에는 보건의료산업을 포괄하는 노조로 공공운수노조 소속 의료연대본부도 있다. 의료연대본부에는 서울대병원 등 국립대병원과 동국대병원, 울산대병원 등 사립대병원들이 있다. 이들은 보건의료노조 소속이었다가 2004년 산별협약에 대한 시각 차이로 인해 보건의료노조 지도부와 갈등을 빚은 끝에 집단탈퇴를 결의했고 상급단체를 민주노총 소속 공공운수연맹으로 변경했다. 이러한 전사로 인해 의료연대본부와 보건의료노조의 교류는 전무한 편이다.

의료연대본부 본부장의 임기는 2년이며 3개 지역본부, 24개 분회, 6,151명의 조합원으로 구성되어 있다. 의료연대본부는 보건의료노조나 의료산업노련에 비해 환경미화, 식당 노동자들과 특수고용형태 종사자인 간병인들을 조직하는 데

[표 6-10] 공공운수노조 의료연대본부 연혁

연월일	주요 내용
2005. 6. 8.	공공운수연맹, 서울대병원노조 가맹 승인
2006. 1. 11.	공공운수연맹, 충북대병원지부노조 등 7개 노조 가맹 승인
2006. 2. 9.	전국병원노동조합협의회 출범(의장 임상구)
2006. 9. 1.	의료연대노조로 조직형태 변경(위원장 이장우)
2007. 11. 28.	공공서비스노조 출범에 따라 의료연대분과로 명칭 변경(분과장 김애란)
2011. 6. 24.	공공운수노조 출범에 따라 의료연대본부로 명칭 변경(본부장 김애란)

집중하고 있다(김애란, 2011). 또한 전국요양보호센터 위탁운영을 통해 요양보호사들을 대거 양성하고 있으며 전국요양보호사협회 건설을 적극 지원했다.

4) 전국의료산업노동조합연맹

한국노총 소속 노조로는 의료산업노련이 있는데 여기에는 연세의료원, 원주기독병원, 순천향대병원, 국립의료원, 적십자병원, 금강병원, 한림대병원 등이 활동하고 있다. 이들은 1998년 5월 의료산업노련을 결성했다. 의료산업노련 위원장은 연세의료원 노조위원장 출신들이 도맡아 하고 있으며 7개 노조에 조합원수는 약 7,800명에 이르고 있다.

[표 6-11] 의료산업노련 연혁

연월일	주요 내용
1997. 5. 31.	전국의료산업노동조합협의회 발족
1998. 5. 1.	의료산업노련 결성(초대 위원장 이용무)
2001. 8. 23.	의료산업노련 제1년차 정기대의원대회(2대 위원장 이용무)
2004. 2. 12.	의료산업노련 제5년차 정기대의원대회(3대위원장 이용무) 이용무위원장 사퇴로 최재준 사무처장이 위원장 직무대행 선임
2007. 1. 17.	제8년차 정기대의원대회(4대 위원장 최재준)
2009. 12. 18.	임시대의원대회 및 임원 선출(5대 위원장 조민근)

나. 사용자의 성격과 현황

1) 사용자의 성격

보건의료산업 사용자의 특징은 다섯 가지로 요약할 수 있다. 첫째, 병원의 사용자는 대부분 의사 출신 남성이다. 병원은 사람의 생명과 건강을 다루는 조직이기 때문에 의사의 전문성과 권위로 운영되는 조직이다. 물론 다양한 직종이 각각의 전문성을 갖고 있으나 이들 간 협력과 조정, 효율적 운영을 이끌어 내는 직종은 의사이다. 따라서 새로 입사한 의사가 아무리 경험이 짧고 나이가 젊더라도 병원에서 수십 년간 재직한 간호사나 의료기사에 대해 명령을 내리고 통제하는 역할을 하기 마련이다. 게다가 병원경영에서 중요한 관리직은 의사집단이 독차지하여 다른 직종은 의사결정에서 배제되고 있다. 의사집단은 병원경영에 필수적인 비의사집단 인사관리나 노사관계에 대한 관심이 낮은 편이다(이주희, 2002). 이들은 대부분 노조결성이 의사 중심의 병원운영에 방해된다는 일원론적(unitarist) 사고를 갖고 있다.

둘째, 병원간 특성 차이로 사용자의 이해관계가 일치되기 어려워 다양한 사용자조직이 존재한다. 우리나라 병원은 소유구조가 다양하여 재벌병원, 국공립대병원, 사립대병원, 민간중소병원, 지방의료원, 특수목적 공공병원, 적십자사 등이 각기 고유한 설립목적과 운영방식이 있다. 재벌병원이 대형화·전문화·고급화의 선두에 서 있으며 사립대 및 국공립대 병원들은 재벌병원과의 경쟁에서 밀리지 않기 위해 분투하고 있다. 사립대병원들은 국공립대병원들보다 재정운영이나 인력관리 문제에 대한 해법을 선택하는 데 자유로운 편이지만, 사립대병원들끼리도 상호 경쟁체제여서 이해관계가 일치하지 않는다. 국공립대병원들은 주요한 의사결정이 정부의 방침에서 벗어날 수 없기 때문에 시설확장이나 인력확보 측면에서 사립대병원들보다 제약이 많다. 반면 공공부문과 민간부문을 막론하고 중소규모 병원들은 대형병원과 소규모 의원 사이에서 환자유치 경쟁에서 어려움을 겪고 있다. 이러한 차이로 인해 대한병원협회, 사립대병원장협의회, 국립대병원장협의회, 대한중소병원협회 등 다양한 조직이 존재하여 정부와 국회에 대해 로비활동을 펼치고 있다.

셋째, 사립대병원이 노사관계를 주도하고 있음에도 사용자들은 재단으로부터 병원경영의 독립성을 확보하지 못하고 있다(김형철, 2007; 남용우, 2007; 이주호, 2008). 사용자 내부 논의과정에서 사립대병원들의 발언권이 다른 병원들보다 크다. 반면, 영남대병원, 고신대병원, 상지대 한방병원 등 일부 병원들을 제외하고 대다수 사립대병원의 경영은 재단이 주도하고 있으며 재단 관계자자 파견되어 실질적인 영향력을 행사하고 있다. 따라서 대부분 임기가 3년인 이들이 산별교섭에서 사용자를 대표하는 것은 매우 부담스러운 일이다(박형철, 2011).

넷째, 짧은 기간이지만 사용자단체를 구성하여 운영한 경험이 있다. 보건의료산업사용자협의회[7]는 2007년 5월 8일 정식 출범한 이후 2009년 8월 12일 해산에 이르기까지 만 2년 3개월 동안 활동했다. 해산 당시까지 사용자협의회에는

102개 병원이 참여하고 있었다. 보건의료산업사용자협의회는 보건의료노조에 비해 인적으로나 재정적으로나 충분한 자원을 확보하지 못하고 있었다. 무엇보다 특성에 따라 사용자 간 이해관계가 단일하지 않았고 회원병원 간 느슨한 관계로 인해 집단적 대응이 어려웠다. 사용자들은 기업별 체제에 대한 선호와 산별교섭에 대한 거부감이 강했다. 노조의 산별전환과 산별교섭 투쟁에 대응하여 전문가 혹은 대리인에 의존하는 회피적·소극적 전략을 선택하였다. 또한 병원장 중 아무도 사용자대표를 맡으려 하지 않다가 노조의 반발이 확대되면 마지못해 돌아가며 대표를 맡았다. 사용자협의회는 2009년 법인으로 등록할 예정이었으나, 보건의료노조와의 산별중앙교섭이 파국을 맞은 뒤 해산을 결의했다. 보건의료산업 사용자들의 태도는 서구 사용자들의 단체결성 및 교섭 경향과는 매우 다르다고 할 수 있다. 서구의 사용자들은 사용자단체 결성과 산별교섭을 활용하여 노조의 위협을 기업으로부터 외부화하여 산업평화를 달성하고, 산업 내 저임금 경쟁 방지를 통해 공정경쟁을 확보하려 했기 때문이다(전인·서인덕, 2009).

다섯째, 사용자들은 경쟁력 강화와 효율성을 추구한다. 전통적으로 의사 출신의 병원 사용자들은 인사관리, 노사관계 관리에 큰 관심을 기울이지 않았으나 그나마 IMF 외환위기 이후 경영 마인드가 확산되었다고 할 수 있다. 대형병원들의 경우 노조의 반대에도 불구하고 의무기록 전산화, 통합물류시스템 및 성과주의 인사제도 도입에 성공했다. 사립대병원은 물론 국공립대병원도 공공성 강화 측면보다는 환자유치 경쟁에 뛰어들었으며 이 과정에서 의료공공성과 형평성을 추구하는 노조와 갈등을 빚었다.

2) 대한병원협회

병원협회는 1959년 설립되어 병원경영 환경 개선과 의료제도에 관한 연구를 수행하는 국내 최대 규모의 병원단체이다. 전국적으로 12개 시도병원회, 약 1,300개의 회원병원으로 구성되며 이 중 유노조 사업장은 약 180개이다.

---

7) 2007년 보건의료산업사용자협의회가 설립됐다. 협의회 공동대표는 김상형 전남대병원장, 이성식 소화아동병원장, 남궁성은 가톨릭중앙의료원 의무원장(사립대병원 대표) 등 3명이었다. 출범 직후 사용자단체는 96개 병원이 가입하여 102개로 늘어났으나 2009년 공식적으로 해체됐다. 사립대병원의 주도로 인해 중소병원들과 내부의견 조율이 쉽지 않았고 병원경영 차이를 무시한 단일한 임금인상률 적용에 대한 불만이 높아졌기 때문이다.

병원협회는 스스로 공식적인 사용자단체는 아니라고 밝히고 있으며 역할을 회원병원 노사관계 지원기관으로 국한시키고 있다. 2000년 4월 보건의료노조가 산별교섭의 당사자로 나설 것을 요구하며 병원협회에서 점거농성을 벌인 뒤 보건의료노조와 실무협의를 시작했다. 2004년 사상 최초로 산별교섭이 진행되며 사립대병원들이 교섭권을 위임하여 병원협회는 사실상 사용자단체로서의 역할에 나서게 됐다. 이후 사용자단체 구성방안을 놓고 본격적인 논의를 벌여 보건의료산업사용자협의회를 구성하기로 결정한 바 있다.

[표 6-12] 대한병원협회 연혁

연 도	주요 내용
1959. 7.	대한병원협회 창립 총회
1971. 9.	병원신임업무 수임(보건사회부)
1986. 4.	주간 병원신보 창간
1990. 3.	의료감시 자율지도업무 수임(보건사회부)
1999. 2.	재단법인 한국병원경영연구원 설립
2000. 6.	제1차 의약분업 저지를 위한 투쟁
2002. 6.	제2차 의약분업 투쟁
2004. 1.	의료법 개정에 따라 법정단체로 승인
2004. 3.	의료기관평가 사무국 현판식
2004. 6.	사립대병원들의 단체교섭 위임요구 수락, 보건의료노조와 산별교섭
2009. 7.	창립 50주년

출처: 병원협회 홈페이지.

사용자단체가 해체된 이후 병원협회는 전국병원인사노무팀장회의를 매년 2~3차례 정도 개최하고 사립대학노무팀장협의회에 참가하며 노사관계 문제에 개입하고 있다. 또한 회원병원들이 교섭권을 위임할 경우 위임교섭에 나서고 있으며, 임금·단체교섭·파업 등 다양한 노사문제에 대해 법률자문 서비스 제공, 노동법 교육 등을 통한 인사노무관리자 역량 강화 등 지원사업을 벌이는 등 병원 노사관계에 직·간접적으로 영향을 미쳐 왔다.

3) 사립대병원장협의회

사립대병원장협의회는 2006년 6월 설립되어 사립대병원들의 이해관계를 대변하고 있으며 41개 사립대병원이 참여하고 있다. 이들이 별도 조직을 결성한 배경은 병원협회가 사실상 중소병원들의 이해를 반영해 왔다는 점에서 찾을 수 있다.[8)]

사립대병원장협의회는 직접적으로 노사관계 문제에 관여하지는 않고 있다고 밝히고 있다. 다만, 사립대병원들은 대부분 유노조 사업장이기 때문에 노조 및 단체교섭 대응을 위해 과거부터 사립대학노무팀장협의회를 운영해 왔다. 이들은 짧게는 3~4년, 길게는 20년 이상 노사관계 업무를 담당해 온 경력을 갖고 있어 사용자측의 이해관계를 실질적으로 대변하고 있다.

사립대병원들은 산별중앙교섭에서 병원 사용자 전체를 실질적으로 대표해 왔다. 사립대병원들이 규모가 크고 다수 조합원이 소속돼 있기 때문이었다. 사립대병원에서 교섭대표가 나오지 않으면 사용자 교섭단의 대표성이 약화되었다. 다른 특성 집단(국립대병원, 지방의료원, 민간중소병원, 특수목적병원)의 사용자들은 사립대병원에서 교섭대표가 선임될 때까지 선뜻 교섭대표를 맡으려 하지 않았다.

4) 대한중소병원협회

대한중소병원협회는 1984년 3월 서울중소병원협회가 설립된 데서 기원을 찾을 수 있으며 1990년 5월 전국 조직으로 전환하여 본격적인 활동에 들어갔다. 중소병원협회는 2000년대 들어 중소병원 활성화 비상대책회의 구성 및 인력난 해소를 위한 정책연구 등 다양한 활동을 전개해 왔다.

중소병원들은 정부의 지원이 주로 대형병원에 집중되어 있다는 데 불만을 갖고 있다. 이는 중소병원 노사관계가 전통적으로 대립적임에도 불구하고 최근 민간중소병원들이 보건의료노조와 적극적으로 특성별 교섭[9)]에 임하는 원

8) 이는 두 가지 이유에서 원인을 찾을 수 있다. 첫째, 병원협회의 의사결정구조상 1병원 1표결권을 가짐으로써 수적으로 우세한 중소병원의 이해관계가 더 많이 반영될 수 있다. 둘째, 사립대병원의 경우 병원장이 임기제인 반면 중소병원들의 경우 소유주가 직접 운영하며 병원협회의 주요 직책을 맡아 왔다. 사립대병원들과 중소병원들의 이해관계 차이를 병원협회가 조정하기 어렵다는 비판이 제기되어 별도 조직을 설립한 것이다.

인이 되기도 했다. 노사관계 안정을 통해 Big4 병원들의 의료공급 독점을 지양하기 위한 정책 개발을 시도하게 된 것이다. 이들은 보건의료노조와의 중앙교섭이 기업별 교섭보다 의료제도 개선안을 마련하는 데 효과적인 수단으로 보고 있으며 보건의료노조와 노사공동포럼을 운영하는 등 적극적인 행보를 이어 나가고 있다.

5) 전국지방공사의료원연합회

지방의료원연합회는 1987년 사단법인으로 설립되어 저소득층, 생활보호대상자 등 의료소외계층에 대한 의료지원을 비롯하여 공공의료를 담당해 왔다. 연합회는 전국에 있는 34개 지방의료원으로 구성되어 있으며 이 가운데 보건의료노조 소속 사업장이 있는 지방의료원은 모두 27개, 의료연대본부 소속은 3개이다.

지방의료원연합회는 2000년대 들어 의료정보시스템 구축 및 성과관리 프로그램 개발 등 경영성과 개선에 주력해 왔다. 그러나 이들 병원들은 이른바 수도권병원, 대형병원, 민간병원에 밀리는 '삼중고'를 겪고 있다. 2011년 기준으로 20개 지방의료원이 임금을 체불하고 있는 상황이다. 이에 지방의료원연합회도 보건의료노조와 노사합의를 바탕으로 정부에 대해 대책마련을 요구하고 있다.

4. 보건의료산업 노사관계의 전개: 교섭구조 변화를 중심으로

가. 기업별 교섭 시기(1960~1993년)

다른 산업과 마찬가지로 우리나라 보건의료산업에서 지배적인 교섭구조는 기업별 교섭이다. 기업별 교섭은 개별 병원노조와 사용자가 단체교섭을 벌이는 형태를 말한다. 서구와 달리 우리나라와 일본처럼 기업별 노조 형태를 띠는 나라에서 흔하게 발견되는 교섭방식이다. 보건의료산업의 기업별 교섭 시기는 한국 최초의 병원노조인 연세의료원 노조(결성 당시 명칭은 세브란스병원 노조)가 1960년 7월 결성된 이후부터 1987년 7~9월 노동자대투쟁 시기에 노조결성이 봇물을 이루던 시기를 거쳐 병원노조들이 대각선교섭을 실시하기 이전인 1993년까지 해당된다.

---

9) 보건의료산업에서 특성별 교섭이란 국공립대병원, 사립대병원, 중소규모 민간병원, 지방의료원 등 병원 지배구조와 규모라는 특성을 반영한 소산별교섭이라고 할 수 있다(이주호, 2011).

우선 1960년부터 1987년 7~9월 노동자대투쟁 이전까지 노사관계에 대해 살펴보기로 한다. 이 시기에 한국의 병원노조는 연세의료원, 1963년 2월 설립된 국립의료원, 1977년 9월 결성된 원주기독병원, 1987년 3월 설립된 전주예수병원 등 모두 4개에 불과했으며 모두 한국노총 연합노련 소속이었다. 원주기독병원이 연세의료원 노조로부터 분리된 조직이고 전주예수병원도 1987년에야 설립됐다는 점에서, 사실상 연세의료원과 국립의료원 단 두 병원에만 노조가 존재했다고 할 수 있다.

보건의료산업에서 최초의 파업은 1963년 8월 5일 돌입한 연세의료원 노조의 파업이다(연세의료원 노조, 2003). 파업에 앞서 6월 24일 연합노련으로부터 쟁의인준서를 받았으며 당시 노조의 요구사항은 임금 100% 인상, 단체협약 체결, 체불된 제 수당 지급, 부당해고 원직복직 등이었다. 파업에는 의사와 간호사를 제외하고 350명의 조합원이 참가했다. 4시간 만에 서울지방노동위원회의 중재가 이루어져 파업은 중단됐고 사건은 노동위원회에 회부됐다. 8월 29일 서울지방노동위원회의 중재판정이 나왔으나 노조는 이를 거부했고 중앙노동위원회에 재심신청을 거친 뒤 11월 18일 단체협약이 체결됐다.

1987년 이전까지 노조의 무풍지대였던 보건의료산업은 사용자의 권위주의가 팽배했으며 개별 노동자들은 절대적인 교섭력 약화로 사용자에게 복종하는 시대였다. 자본주의 사회에서 노사갈등은 필연적이지만 이 시기까지 노동자들은 노조결성을 통해 집단적인 목소리를 낼 수 없었다. 채용부터 해고까지 사용자의 일방적인 판단만이 존재했을 뿐이며 개별 노동자들은 사용자에 대해 불만을 제기할 집단적인 수단은 없었다.

노조가 결성된 사업장들의 노사관계에서도 사용자의 절대적 힘의 우위 속에서 노사갈등의 원인은 저임금, 하루 8시간 노동, 임금체불과 수당 미지급, 승진차별, 사용자의 불성실 교섭, 부당노동행위 척결 등 주로 노동법 준수와 관련된 문제들이었다. 노조는 병원 내부의 노사관계 문제 해결에 집중했으며 군사정권 시절인 만큼 병원 외부의 정치·사회적인 현안에 관심을 기울일 여지는 전혀 없었다. 1987년 7~9월 노동자대투쟁 이전까지 병원노조 간의 공동활동은 현안이 발생할 때마다 지원방문하는 정도에 국한됐다(연세의료원 노동조합, 2003).

사용자의 절대적인 힘의 우위가 관철됐던 보건의료산업 노사관계는 1987년 7~9월 노동자대투쟁을 계기로 근본적인 변화를 맞게 된다. 1987년 7월 31일 서울대병원 노동조합이 결성된 뒤 고려대, 한양대, 이화여대 등 전국적으로 노동조합이 결성됐다. 1989년 8월까지 전국 병원급 이상 의료기관 562개 중 211개(37.5%) 병원에 노조가 결성되었다. 특히 1988년에는 3일에 한 개꼴로 노조가 결성되었으며 노조결성은 중소병원으로 급속히 확산됐다. 주요 병원에서 노조결성의 주체는 학생운동 경험이 있던 간호사들로 1987년에 4·13 호헌조치 반대 성명을 발표하기도 했다. 당시에는 노조결성과 동시에 쟁의발생신고(현 조정신청)도 하지 않고 파업하는 경우가 허다했다. 보건의료산업에서 새로 설립된 노조들은 그동안 사용자에게 억눌려 왔던 불만을 쏟아냈으며, 주된 요구는 노조활동 보장, 임금인상과 노동조건 개선, 단일호봉제 도입을 통한 직종간 차별 금지, 의료민주화 요구 등 다양했다(서울대병원 노동조합, 1992).

반면 병원 사용자들은 노조라는 이질적인 집단이 의사 중심으로 운영되던 기존 병원 구조와 권위를 위협한다고 바라보았다. 중소병원 사용자들은 특히 노조에 대해 적대적인 사고를 갖고 있었으며 노조회피 전략을 구사했다. 구체적으로 노조조직률이 정점을 찍은 1989년 이후 위장폐업을 통해 노조 와해를 시도한 사례가 많이 발견된다(이주호, 2011). 반면 대형병원 사용자들은 노조가 병원경영에 방해되는 세력이라고 보면서도 노조설립이 합법성을 인정받자 마지못해 교섭에 나서게 됐다. 따라서 당시 노조들은 사용자들의 불성실 교섭에 대해 직권중재에 불복하는 불법파업도 마다하지 않았다. 노조의 이러한 공세적인 태도로 인해 사용자들은 수세적인 형국이었다고 할 수 있다.

기업별 교섭구조에서 노조들은 대부분 임금인상 등 병원 내부문제를 단체교섭을 통해 해소하려 했다. 보건의료산업 관계자들에 따르면 이 시기까지 패턴교섭 형태는 발견되지 않았다. 노조들은 서로 정보공유를 통해 각 병원들의 임금수준과 노동조건을 파악하는 수준이었고, 특정 병원에서 노사갈등이 폭발하면 해당 사업장 노조를 지원하는 활동을 전개하는 데 그쳤다. 따라서 대표성을 띠는 병원의 임금교섭이 다른 병원의 임금교섭에 영향을 미치는 양상은 1994년 이후 노조들이 집단교섭을 추진하며 나타난 것이다(나영명, 2012).

1987년 이전에 설립된 노조들과 다른 점은 사회민주화 분위기 속에서 결성된 노조들이니만큼 의료민주화 요구를 전면적으로 내세우기 시작했다는 점이다. 1990년 서울대병원 노조를 비롯하여 6개 노조가 부당진료비 청구 고발, 병원 촌지거부 운동, 약품처방전의 성분명화 투쟁 등을 전개하였다. 이듬해 1991년에는 28개 병원

노조가 환자 보호자 편의시설 확보, 환자 대기시간 단축을 요구했으며 1993년에는 병원 내 금연운동을 벌이기도 했다. 이 과정에서 병원 내에서 암암리에 행해졌던 의약품 리베이트비 문제가 부각되기도 했다(서울대병원 노동조합, 1992).

이 시기에 노사갈등은 감정적인 문제가 쌓여 파업으로 비화(이주희, 2002)되는 우발적인 파업(irrational strikes) 형태를 보이는 경우가 많았다. 교섭석상에서는 서로 폭언과 폭행이 오가는 바람에 고소 고발이 난무했다. 예를 들어 서울대병원의 경우 노조결성 초기에 병원측은 노조의 보고대회 장소를 원천봉쇄하고 소방호스로 물을 뿌리는 등 이성적으로 대응하지 못했다. 병원장이 교섭석상에서 노조대표들에게 반말을 했다는 이유로 노조측은 몸싸움도 불사했다. 병원장 역시 항의하는 노조간부들을 폭행하고 차량으로 밀어 버리는 사건도 있었다. 1990년 급식과 조합원들이 식기 파손을 둘러싸고 관리자와 노동자 간에 마찰이 일어나자 순식간에 급식과 노조원들이 병원장실 앞에서 농성에 돌입했고, 방호과장이 조합원들을 폭행하면서, 급식과 전 조합원 경고로 이어졌다. 급기야 파업 21일 만에 경찰력이 투입되고 노조간부들이 구속되는 사태로 악화되는 식이었다(김애란, 2011).

특히 중소병원의 경우 적대적인 노사관계가 형성되는 경우가 다반사였다. 그동안 병원장의 의사결정에 아무런 문제제기 없이 순응하던 직원들이 노조를 결성하여 집단적인 목소리를 내는 상황을 사용자측은 이해하기 어려웠다. 사용자들은 노조결성이 병원경영을 위협한다고 바라보았기 때문에 징계·해고는 물론 이 시기에 사용자측의 위장폐업과 이를 저지하려는 노조측의 극한 대립이 벌어지는 경우가 종종 있었다. 이러한 과정에서 1990년 병원노련은 143개 사업장이 소속되어 있었으나 1993년에 127개로 축소됐다. 중소병원의 노사갈등 과정에서 노조를 지원하기 위해 인근 지역 노조와 대학생들의 연대활동이 전개됐으나 위장폐업을 불사하는 사용자들의 태도를 바꾸기에는 역부족이었던 것이다(이주호, 2008).

이 시기 보건의료산업 노사간은 매우 갈등적인 관계였다고 할 수 있다. 노조는 사용자의 일방적이고 권위적인 경영에 극렬하게 저항했으며 사용자는 노조간부들에 대해 징계·해고는 물론 위장폐업도 불사하며 노조를 병원 밖으로 몰아내려 했다. 이는 제3자 개입금지, 복수노조 금지 등 억압적인 노동관계법, 노사갈등을 합리적으로 조정하는 중립적 기구의 역할 미비, 노사관계 학자 및 전문가가 부재했던 당시 한국 노사관계 상황을 반영하는 것이기도 하다. 이처럼 갈등적인 노사관계는 대각선교섭 시기부터 학습을 통한 상대적 안정기로 전환된다. 이는 수많은 중소병원 노조들이 사용자와의 적대적인 갈등 속에서 와해된 이후이다.

나. 대각선교섭 시기(1994~2003년)

한국의 보건의료산업에서 대각선교섭 시기는 1994년부터 2003년까지이다. 대각선교섭은 산별노조나 지역별 노조와 이 노조에 소속된 개별기업의 사용자 간에 이루어지는 교섭이다(신수식・김동원・이규용, 2008). 산별노조나 지역별 노조가 결성되어 있지만 사용자단체가 조직되어 있지 않다든지 또는 조직되어 있더라도 각 기업의 특수한 사정이 있는 경우에 이와 같은 교섭방식을 채택한다. 병원노조들이 채택한 대각선교섭은 IMF 외환위기 이후 산별노조로 전환한 전국손해보험노조와 개별 보험사, 전국대학노조와 각 대학교 사용자들이 채택한 방식이기도 하다. 연세의료원과 국립의료원 등 한국노총 소속 병원노조들은 기업별 교섭구조를 유지하고 있었으나 병원노련이 대부분의 병원노조들을 포괄하고 있었다는 점에서 전체적으로 볼 때 대각선교섭 시기라고 할 수 있다.

대각선교섭 시기는 산별노조인 보건의료노조 건설 전후를 중심으로 1994~1997년 시기와 1998~2003년 시기로 양분할 수 있다. 전자는 산별노조 전환을 위해 사용자에 대해 지역별 공동교섭[10]을 요구하여 대각선교섭을 벌인 시기이며 후자는 실질적으로 전국적 중앙교섭을 성사시키기 위한 예열단계였다고 할 수 있다.

우선 1994~1997년 산별노조 건설 이전에 병원노련이 중심이 되어 대각선교섭을 진행한 시기를 검토하고자 한다. 이 시기에 대각선교섭이 시행된 이유는 첫째, 노조측이 기업별 교섭에 대해 비판적으로 평가한 데서 찾을 수 있다(서울대병원 노동조합, 1992). 기업별 교섭은 병원간 임금 및 노동조건 격차를 좁히는데 불리하여 산업 내 임금경쟁을 방지하여(taking wages out of competition) 노사관계 안정을 추구하는 노조의 기본 취지와 상반되기 때문이었다. 장차 산별노조를 건설하기 위해서는 공동요구-공동교섭-공동투쟁의 경험이 누적될 필요

10) 거대기업 사용자와 산별노조가 교섭하는 공동교섭이 아니라 병원노련이 당시에 요구했던 공동교섭은 기업별 노조들과 병원 사용자들이 모여 집단교섭을 하자는 요구이다. 이하 모두 같다.

가 있다면서 점진적인 접근을 한 것이다. 당시는 보건의료산업 노조들뿐만 아니라 1987년 7~9월 설립된 신생 노조들이 산별노조 전환방식에 대해 열띤 논의를 펼치던 시기이기도 했다.

둘째, 병원노련의 합법성 획득이다(나영명, 2012). 보건의료산업 노조들은 1987년 12월 12일 병노협을 결성하였으며 다시 1년여의 준비 끝에 87개 노조가 참가하여 1988년 12월 17일 병원노련을 건설했다. 병원노련은 보건의료산업을 기반으로 하는 최초의 상급단체였으나 당시에 연합노련과 설립목적이 중복되어 복수노조라는 이유로 인해 법외단체로 활동해야 했다. 그러다가 1993년 6월 대법원으로부터 합법성을 획득하여 1994년부터 본격적으로 병원별 공동요구를 취합하여 공동교섭단을 구성하게 됐다. 기업별 노조들이 병원노련에 교섭권을 위임하면 병원노련이 병원별 교섭에 개입하는 방식으로 진행됐다.

셋째, 병원노련이 지역별 공동교섭을 요구했음에도 불구하고 실제로는 대각선교섭을 벌인 이유는 사용자들이 공동교섭을 거부했기 때문이다(송광선, 2011). 이 시기 국공립대 및 사립대병원들은 재벌병원의 진입에 긴장하고 있었다. 1989년 현대를 모기업으로 하는 서울아산병원에 이어 1994년 삼성계열의 서울삼성병원이 병원시장에 진입한 이후 서비스 차별화를 경쟁전략으로 삼았기 때문이다. 서구 노사관계를 보더라도 경쟁 격화와 서비스 차별화가 요구되는 상황에서 사용자들은 산별교섭 대신 교섭구조 분권화를 선호하게 된다(Flanagan, 2008). 무엇보다 사용자들은 상급단체를 외부세력으로 바라보았고 이들이 병원 내 노사관계 문제에 개입하는 것을 혐오했기 때문이라고 할 수 있다. 또한 사용자들을 공동교섭에 참가시킬 만큼 노조의 교섭력이 강하지 못했다는 반증이기도 하다.

1994년에 병원노련에 45개 노조가 교섭권을 위임했고 이듬해 1995년에는 62개 노조, 1997년에는 79개 노조로 확대됐다. 이 시기에 병원노련 소속 노조들은 교섭 초기에 공동교섭을 추구하다가 본격적인 교섭은 대각선교섭으로 진행하는 2단계 교섭을 진행했다. 서울과 인천, 부천 등 일부 지역에서는 노사가 집단적으로 상견례를 벌이기도 했으나 공동교섭으로 이어지지는 않았다(은수미 외, 2005). 노조의 공동요구안에는 의료보험적용 180일 제한 폐지와 의약품 비리 척결, 촌지 없는 병원 등 의료개혁 요구가 포함되어 있었다. 또한 1996년에는 인력확보를 핵심적인 공동요구로 내걸고 전 조합원 하루교육을 시행하기도 했다.[11]

이 시기부터 보건의료산업 노사관계에서 패턴교섭이 시작되었다고 할 수 있다. 서울대병원과 이화의료원이 공공부문과 민간부문에서 각각 선두에 서서 타결을 이끌어 내면 다른 병원들이 이를 따라 단체교섭을 마무리하는 방식이었다. 보다 엄밀히 말하면 이들에 앞서 삼성과 현대 등 재벌병원이 임금수준을 정하면 상대적으로 노사관계가 협력적인 연세의료원이 타결했다(이수진, 2011). 한국노총 사업장들에 비해 민주노총 소속 병원노련 사업장들은 대부분 조정을 거쳐 타결됐기 때문에 교섭기간이 긴 편이었다.

대형병원을 중심으로 볼 때, 이 시기에 보건의료산업 노사관계는 과거 기업별 교섭 시기보다 안정화됐다고 할 수 있다. 노조결성 초기에 노사 모두가 적대적인 태도를 취했던 데 비해, 몇 차례 단체교섭 경험이 쌓이면서 노사갈등을 간헐적으로 해소하는 시스템에 익숙해지기 시작한 것이다. 사용자로서도 노조를 현실적으로 존재하는 세력으로 인정할 수밖에 없었으며, 노조들도 단체교섭 파트너로서 사용자와 대응한 관계 구축이 진전되고 있다고 바라보았다(이주희, 2002). 이 당시 노조들은 노동위원회의 직권중재를 회피하기 위한 수단으로 총회 형식을 빌려 파업을 전개했다. 사용자들은 노조의 경영참가 요구는 완강히 거부하면서도 임금인상과 노동조건 개선, 의료개혁 요구를 일부 수용하며 극한 대립을 피하려 했다. 그러나 메리놀병원과 동수원병원 등 중소병원들의 경우 위장폐업 등 극단적인 노사갈등을 빚은 사례가 발견된다(이주호, 2012a).

1998~2003년은 병원노련이 보건의료노조로 조직전환을 마치고 전국적 중앙교섭을 준비하던 시기이다. 그러나 IMF 외환위기 직후로 사용자의 교섭력이 과거에 비해 강화된 시기라고 할 수 있다. 이 시기에 재벌병원은 각종 첨단 시술의 성공과 차별화된 서비스로 병원업계 선두주자를 차지하고 있었다. 사립대병원은 재벌병원의 확장을 의식하며 지속적으로 분원 건립과 첨단장비투자 등 시설투자에 주력해야 하는 한편 비정규직 확대, 아웃소싱 확대를 본격적으로 추진해야 하는 상황이었다. 서울대병원을 비롯한 국공립대병원은 정부의 지침으로 인해 퇴직금 누진제 폐지, 환경미화 및 식당 용역 추진을 수행해야 하는 처지였다(서울대병원 노동조합, 1998).

경쟁압력에 처한 사용자들은 전국적 중앙교섭을 통해 인원 중심의 구조조정

11) 병원노련 서울지역본부 소속 노조들이 이 시기에 단체협약으로 명문화한 전 조합원 하루교육 실시는 조합원들이 기업별 노조 의식을 허물고 산별노조 건설의 필요성을 공감하는 데 중요한 장치였다(나영명, 2012).

을 저지하겠다는 보건의료노조와 대결을 불사하는 전략을 선택했다. 보건의료노조는 구조조정에 반대하며 1998년 선도사업장 투쟁을 시작으로 연쇄파업을 벌였고 26개 병원이 조정을 신청했으며 11개 병원이 파업에 들어갔다. 사업장의 54%에서 임금이 동결됐으며 보훈병원은 용역도입 및 정리해고 반대 투쟁을 벌였고 청구성심병원의 경우 노사간 극단적인 대립과 폭력사태를 빚었다. 보건의료노조는 현안 해결조차 버거운 현실에서 전국적 중앙교섭이라는 이상과는 멀어지고 과거와 마찬가지로 대각선교섭을 전개해야 했다.

보건의료노조 결성에도 불구하고 1998년부터 2003년까지 산별교섭이 아닌 대각선교섭이 진행된 이유는 무엇보다 사용자들이 산별교섭에 완강히 반대했기 때문이다(이주희, 2009; 나영명, 2011; 박형철, 2011; 이주호, 2011). 첫째, 사용자들은 보건의료노조가 제기하는 산별교섭 형태가 중앙교섭과 지부별 보충교섭으로 이원화된 구조여서 사용자의 교섭비용이 증가한다고 보았다. 둘째, 병원간 지불능력의 차이가 현저하고 병원별 설립목적과 경영형태가 다르기 때문에 사용자들 간 이해조정이 어렵다고 보았다. 설령 병원협회와 보건의료노조가 산별교섭을 통해 임금인상률을 결정했다고 하더라도 지불능력이 높은 병원은 별다른 거부감 없이 수용할 수 있으나 해당 병원 노동자들은 불만을 제기하여 보충교섭을 요구할 가능성이 있다는 것이다. 반대로, 지불능력을 벗어나 임금결정이 이루어질 경우에는 사용자들이 산별교섭 결과를 거부하거나 경영상태가 더욱 악화되는 사태가 예견된다는 것이었다. 셋째, 사용자들은 노조가 병원 내부의 임금 및 노동조건 개선을 벗어나 산업 수준에서 무상의료나 의료공공성을 요구하는 데 대해 부담감이 컸다. 또한 산별교섭으로 인해 보건의료노조의 세력이 강화되어 정부의 의료정책에 영향력을 행사하는 것도 원하지 않았다.

2000년 이후 한국 경제가 IMF 외환위기의 그늘에서 벗어나기 시작하며 보건의료노조는 보다 적극적으로 산별중앙교섭 성사를 위해 집중적인 활동을 전개했다. 2000~2001년 2년간은 보건의료노조와 병원협회 사이에 산별교섭 성사 여부와 관련하여 주목받았던 시기이다. 이 시기에는 민주노총과 한국노총 소속 노조들이 적극적으로 산별노조 전환을 추진하며 공감대를 넓혀 가고 있었다. 이러한 분위기에 힘입어 2000년 보건의료노조는 병원협회에 대해 사용자단체를 구성하여 산별중앙교섭에 참가할 것을 요구했다. 병원협회가 사용자단체가 아니라는 이유로 거부하자 노조는 중노위에 조정신청을 냈다. 그러나 중노위는 병원협회의 손을 들어 주어 노조의 요구를 기각했다. 이때 보건의료노조는 병원협회에서 20여 일간 점거농성을 벌이기도 했다.

이듬해인 2001년 보건의료노조와 병원협회의 비공식 대화가 이루어져 노사간 공동 워크숍을 추진했다. 병원협회는 총회에서 공식적으로 산별교섭에 임할 수 없다는 결정을 내렸으나 보건의료노조와의 면담과 대화는 무조건 거부하지 않기로 결정했다. 2월 초부터 병원협회와 보건의료노조의 간담회가 열렸고 6월경 노사간 워크숍을 열었다. 임금교섭 시기 이후에도 정책 워크숍을 다시 열어 중앙 차원의 노사관계를 구축하는 노력을 전개했다. 한편, 이때 구조조정 압력에 시달리던 지방의료원들은 민영화와 민간위탁 방침에 공동대응한다는 기조를 가지고 여섯 차례의 중앙교섭과 세 차례의 실무교섭을 가졌으며 당시 20여 개 지방의료원이 참가했다.

2002~2003년 2년간은 보건의료노조와 개별병원 사용자들 사이에서 산별교섭 참가와 관련하여 긴장이 높아졌던 시기이다. 2000~2001년 2년간 보건의료노조는 병원협회를 대상으로 산별교섭을 추진했으나 병원협회는 병원장들의 느슨한 협의체 구조인데다 실질적인 힘을 가지고 있는 사립대병원장들보다 중소병원장들의 의사결정 참여가 높은 조직으로 노사관계 문제에 관하여 어떠한 결정도 내리기 어려웠다. 또한 보건의료노조는 금속노조를 비롯하여 민주노총 소속 다른 산별노조들과 산별노조 법제화를 추진하기 위하여 노정교섭 시도, 노사정협의체 구성 요구 등 다각도로 노력을 기울였으나 스스로 한계를 인정해야 했다. 각 병원 사용자들이 산별교섭에 응하지 않는 한 실질적인 권한을 갖지 못한 병원협회를 상대로 한 투쟁이나 병원 외부에서 법제화 요구를 통한 여론몰이로는 실질적인 산별교섭 달성이 어렵다고 판단한 것이다.

이에 보건의료노조는 병원협회 대신 개별 사용자들을 대상으로 산별교섭 참가를 요구하는 전술로 전환했다. 그 결과 2002년 노조가 요청할 시 산별교섭에 참가한다는 문구에 63개 사업장 노사가 합의했으며 이듬해 2003년에는 93개로 증가했다. 2003년 6월 1일 보건의료산업 노사는 '2003 산별집단교섭 노사공동성명서'를 발표했다. 2004년 산별교섭 진행을 위해 2003년 10월부터 산별교섭 추진 방식 등에 대해 본격적인 논의를 하고 이를 위해 보건의료노조에 가입된 병원들은 2003년 9월까지 병원측 대표를 구성한다는 것이 골자였다.

중앙 차원에서 산별중앙교섭 성사를 이끌어 내는 동안에도 개별병원 노사관계에서 극심한 갈등을 빚는 사례를 찾기는 어렵지 않다. IMF 외환위기 이전에는 노사갈등 이슈가 임금 및 노동조건 개선이었으나 IMF 이후에는 구조조정과 정리해고, 비정규직 도입, 퇴직금 누진제 문제 등으로 변화했다. 노조는 그동안 달성했던 성과를 내놓아야 하는 뼈아픈 현실에 직면한 반면, 사용자는 이 기회를 놓치지 않고 노조를 제압하여 경영권을 강화하려 했다(이주호, 2008). 재벌병원의 경쟁압력에 대응하기 위해 대형화·전문화·고급화를 추진하고 인건비 절감·외주용역화를 추진하는 과정에서 성모병원(CMC)과 경희대의료원, 충북대병원 등 일부 병원들은 200일이 넘는 노사갈등을 빚었다(나영명, 2012). 2000년대 초 보건의료산업 노사갈등의 상징으로 떠올랐던 이 사례들은 대부분 노사간 감정의 골이 깊어지고 사용자가 노조를 제압하는 결과로 막을 내렸다. 보건의료노조는 사용자들이 직권중재를 기다리며 의도적으로 교섭을 회피하여 노사관계 악화를 유도한다고 비난했고 직권중재 폐지를 강력하게 주장했다.

이러한 점에서 2003년 93개 병원 사용자들이 산별교섭 참가에 응하기로 한 점은 단기간이나마 노사관계에 안정기를 불러왔다고 할 수 있다. 2002년 21개 병원에서 파업에 돌입한 반면 2003년에는 4개 병원만이 파업에 돌입했다. 대부분의 병원들이 무파업 타결로 마무리된 이유는 우선, 사용자들이 산별교섭 참가를 수용한 데서 원인을 찾을 수 있다. 사용자들은 2004년부터 병원에 본격적으로 주5일제가 도입된다는 점에서 사용자 간 공동대응이 필요하다고 보았으며, 산별교섭은 이를 위해 효과적인 수단이 될 수 있다고 보았다. 또한, 2003년은 노무현 정부가 등장한 첫 해로 참여적 노사관계 관행 정착을 위해 노력하는 과정에서 노동위원회가 직권중재 회부보다는 노사간 자율교섭을 권장했다는 점도 꼽을 수 있다.

이상을 종합하면, 대각선교섭 시기에 보건의료산업 노사관계는 산별중앙교섭 실시 여부를 놓고 노사갈등이 심화됐다. 산별교섭에 대해 노사간 근본적인 시각 차이에도 불구하고, 보건의료노조의 지속적인 투쟁과 참여정부의 등장, 주5일제 도입 등 환경변화로 인해 산별중앙교섭의 필요성은 높아졌다. 이 시기에 산업별 노사관계 구축을 향한 변화의 조짐이 일어나고 있었던 한편, 개별병원 노사관계는 경우에 따라 험로를 노정했다. IMF 외환위기 이전에는 대형병원 노사관계가 과거 기업별 교섭 시기보다 상대적으로 안정되는 듯했으나, IMF 외환위기 이후에는 사용자의 구조조정과 효율적 인사관리 도입으로 인해 갈등이 장기화됐다. 중소병원들도 대형병원들과의 수익성 격차가 확대되고 경영난과 인력난이 점차 확대되면서 노사갈등을 빚는 경우가 빈번했다.

다. 산별중앙교섭 시기(2004~2008년)

2004년부터 2008년까지 보건의료산업은 명실상부한 산별중앙교섭 시대를 열었다. 산별중앙교섭은 산별노조와 사용자단체 또는 사용자대표단이 벌이는 교섭형태로 통일교섭을 말한다. 서구에서는 노조가 산업별 또는 직종별로 전국적 또는 지역적인 노동시장을 지배하고 강력한 통제력을 가지고 있는 경우 이와 같은 교섭구조를 취한다(신수식·김동원·이규용, 2008). 보건의료노조를 비롯하여 우리나라 노조들이 산별교섭을 굳이 산별중앙교섭이라고 지칭하는 이유는 중앙단위 교섭과 현장단위 교섭으로 이원화되어 있는 구조라는 의미가 배어 있다고 할 수 있다. 1950~1960년대 제2차 세계대전 이후 독일을 비롯하여 서구 유럽에서 산별교섭의 황금기를 누린 바 있으며 1980년대 이후 경제의 세계화와 경쟁압력 격화로 인해 서구 유럽 대다수 국가에서 산별교섭이 기업별 교섭이나 작업장 교섭으로 하향화되는 단체교섭 분권화를 경험했다(Katz, 1993). 서구와 달리 보건의료노조를 비롯한 우리나라 노조들은 IMF 이후 대표성의 위기를 산별노조 건설과 산별교섭 성사를 통해 돌파하려 한 것이다(Kim and Kim, 2003).

2004년 사상 최초의 산별중앙교섭은 기업별 노사관계에 기반한 한국 노사관계에서 획기적일 뿐만 아니라 보건의료노조의 교섭력이 절정에 올랐음을 보여 주는 사건이다. 그 이유는 무엇보다 노조가 사용자의 반대를 누르고 단번에 산별중앙교섭을 현실화시켰다는 점에서 찾을 수 있다. 사용자들은 병원 특성을 고려하여 특성별 교섭으로 하되 산별중앙교섭은 상견례와 최종 조인식으로 국한하자는 방안을 가지고 있었다. 그러나 노조는 사용자들을 산별중앙교섭 무대로 이끌어 내는 데 성공했다. 둘째, 사용자교섭단 구성이나 사용자단체 결성은 노조의 끊임없는 투쟁에 의한 것이었다고 해도 과언이 아니다. 2004년 최초의 산별중앙교섭에서도 사용자들은 교섭단 구성에서 난항을 겪었으며 노조가 파업에 들어가자 뒤늦게 전체교섭단(20명), 대표교섭단(9명), 축조교섭단(7명), 실무교섭단(3명)으로 구체화하여 대응에 나섰다. 또한 사용자단체 건설은 사용자들이 자율적으로 결정할 사안임이 분명하지만 2005년 교섭부터 산별중앙교섭에서 노조가 적극적으로 방안을 제시하고 논의를 붙였으며 노사갈등 끝에 2006년 교섭에서 그해 말까지 사용자단체를 구성하자는 합의를 이끌어 냈다(전인·서인덕, 2009; 은수미·권현지, 2007). 뿐만 아니라 산별기본협약, 보건의료협약, 고용협약, 임금협약, 노동과정협약 등 5개 세부협약으로 구성되는 산별중앙협약의 골격을 제시한 쪽도 보건의료노조이다. 사용자들은 임금 및 근로조건 이외에 교섭의제가 확대되는 것을 원하지 않았으나 노조는 산업별 의제나 의료공공성 요구를 포함시키는 데 성공했다.

앞서 제시했듯이 사용자들은 사용자단체 구성과 산별중앙교섭 참여에 있어서 통일된 입장을 제시하지 못했으며 소극적인 태도를 보였다(전인·서인덕, 2009). 어떤 개별병원 사용자 또는 특성별 집단도 사용자단체 구성을 주도하지 않았다. 수차례의 간담회와 회의를 열었으나 병원간 이해관계는 조정되지 못했다(은수미·권현지, 2007). 2006년 사용자단체 구성에 노사합의한 이후 단체 구성을 위한 운영방안, 재정 확보방안 마련을 위한 실무적인 논의를 벌였으나 합의도출에 실패했다. 결국 산별중앙교섭에 참여했던 병원대표들이 미완의 사용자단체를 구성하여 2007년 5월 8일, 42개 병원 대표자들이 참석한 가운데 국공립대병원, 민간중소병원 및 사립대병원 등 공동대표 3인으로 구성된 '보건의료산업 사용자협의회'가 공식적으로 출범하게 된 것이다. 그러나 사립대병원장이 아무도 대표로 나서지 않는 바람에 3인 공동대표체제는 공석인 채 출범했다. 부대표도 총 7~8명으로 구성키로 하였으나 사립대병원이 담당해야 할 2~3명은 선출되지 못했다(전인·서인덕, 2009).

이러한 소극적인 태도는 산별중앙교섭 참여에서도 마찬가지였다. 사립대병원장들은 산별중앙교섭에 참가할 대표를 선출하지 않았으며 순번제를 정해 교섭석상에 나타났다(이주호, 2011). 보건의료산업 노사관계에서 가장 발언권이 높은 집단은 사립대병원이었으나 병원장들은 병원재단을 상대로 노조와 교섭한 결과를 설득할 만큼 영향력이 크지 않았다. 이들 대부분이 노사관계 문제는 병원 주요 업무에서 비껴 난 부차적인 업무로 여기거나 귀찮은 업무로 보았으며 노사관계 문제에 대한 전문성도 낮았다. 반면, 사립대병원 대표의 결정은 국공립대병원이나 민간중소병원, 지방의료원이 모두 주목했기 때문에 부담감은 매우 높았다. 이로 인해 선뜻 교섭대표로 나서려는 이가 아무도 없었던 것이다. 결국 노조의 쟁의조정 신청에 이어 중앙노동위원회의 권고가 제시되자 마지못해 제비뽑기를 통해 대표를 선출하는 상황으로 이어졌다(이주호, 2012a).

이 시기 산별중앙교섭은 2006년까지 교섭파행과 전면파업 등 노사갈등을 겪다가 2007년부터 전면파업 없이 노사가 산별중앙협약에 합의하는 등 산별중앙교섭이 안정화되는 모습을 보였다. 이를 구체적으로 살펴보면 다음과 같다. 산별중앙교섭 원년인 2004년 보건의료노조는 6월10일부터 14일간 전면파업을 전개했다. 93개 병원이 2003년 단체교섭 과정에서 산별중앙교섭에 참여하기로 합의하고도 이를 이행하지 않았기 때문이다. 또한 산별중앙교섭과 특성별 교섭 중에서 교섭구조 선택이라는 근본적인 사안부터 교섭절차와 장소 등 세부적인 사안까지 공전에 공전을 거듭했다. 6월 14일 주5일제 도입 병원은 2% 임금인상, 그렇지 않은 사업장은 5% 임금인상에 합의하며 마무리됐다. 그러나 서울대병원지부를 비롯한 9개 지부가 산별협약이 지부협약에 우선한다는 '10장 2조'가 지부수준의 보충협약 체결을 저해하는 양보교섭이라며 문제제기하는 과정에서 이견을 좁히지 못하여 결국 보건의료노조 탈퇴로 이어졌다(김애란, 2011).

이듬해 2005년 산별중앙교섭도 사용자의 교섭회피, 노조의 전면파업, 정부의 직권중재 회부로 인해 불안정성을 보였다. 사용자들이 노무사에게 교섭권을 위임하자 보건의료노조는 사용자단체를 구성하고 병원장들이 교섭에 참여할 것을 요구하며 석 달간 날 선 공방을 벌였다. 결국 노조가 7월 8일 전면파업 돌입을 선언하자 중앙노동위원회는 직권중재에 회부하며 파업에 제동을 걸었다. 노조는 이에 불복하여 7월 20일 직권중재 철폐를 요구하며 전면파업으로 맞섰다. 교섭 막바지에 사용자들이 산별중앙교섭 참여로 돌아서고 산별기본협약, 보건의료협약, 고용협약, 임금협약, 노동과정협약 등 5개 세부협약으로 구성되는 산별중앙협약에 잠정합의하기에 이르렀다. 그러나 중앙노동위원회가 7월 22일 직권중재안을 발표하자 사용자들은 일제히 교섭에 불참하며 산별중앙교섭이 중단으로 귀결됐다. 당시 직권중재는 노사 모두에게서 환영받지 못했다. 노조는 사실상 노사합의에 근접했다가 직권중재로 인해 산별중앙교섭이 형해화됐다는 이유로 비난했으며 사용자측은 직권중재 결과가 상대적으로 노조에게 유리한 내용이었다면서 불만을 제기했다.

2006년에도 사용자의 합의번복과 노조의 전면파업 끝에 산별중앙교섭이 타결되는 불안정한 모습을 보였으나 사용자단체 구성 합의와 병원 특성별 임금인상률 결정 등 노사가 한발씩 물러나 향후 산별중앙교섭이 안정화되는 과도기였다고 할 수 있다. 넉 달간 대립 끝에 보건의료 노사가 합의한 내용은 △2006년 말까지 사용자단체 구성과 하반기 노사공동실무위원회 가동 △의료공공성 강화를 위한 의료노사정위원회 구성과 운영 △의료의 공공성 강화를 위한 정부 지원대책 공동추진 △공보험 강화를 위해 병원 내 건강보험 상담센터 설치 운영 △병원 식당과 환자식에 우리 쌀과 농산물 사용 △국내외 재난발생시 노사공동 긴급의료지원활동 △직접고용 비정규직 단계적 정규직화 △간접고용 비정규직 고용승계 △병원 특성별로 임금총액 대비 3.5~5.54% 인상 등이다. 또한 '지부에서 기 합의한 사항과 지부 단체협약이 산별협약의 합의를 상회하는 경우 그에 따르기로 한다'는 조항이 포함되며 산별협약으로 인한 근로조건 하향평준화 우려를 불식시키는 계기를 마련했다. 한편, 산별중앙교섭 타결 이후에도 고려대의료원지부, 동아대의료원지부, 영남대의료원지부가 지노위의 행정지도 결정을 무시하고 파업을 지속하자 이후 사용자측이 이중교섭의 문제점을 본격적으로 제기하게 되는 계기가 됐다(박형철, 2011).

2007년은 사용자단체의 정식 출범과 교섭참여, 노조의 전면파업과 직권중재 없이 산별협약이 체결되어 산별중앙교섭 안정기에 들어갔다. 보건의료노조와 보건의료사용자협의회가 체결한 산별중앙협약은 정규직 임금인상 4.0~5.3% 중에서 1.3~1.8%를 비정규직 정규직화 및 차별 시정, 처우개선 비용으로 분담키로 합의한 내용을 담고 있어 사회적으로 주목을 받았으며 산별교섭의 최대 성과라는 평가를 받기도 했다(조성재, 2007). 보건의료노조 소속 지부가 있는 사업장에서 직·간접 고용형태의 비정규직이 1만 3,553명이었으나 이 합의 이후 1만 1,169명으로 감소했다(이주호, 2008). 또한 그동안 노조가 일방적으로 문제제기하고 밀어붙이고 사용자는 줄곧 거부로 일관하다가 파업에 돌입해서야 합의하는 관행이 변화했다는 점에서 과거의 산별교섭과 다른 전기를 마련했다. 뿐만 아니라 산별중앙노사운영협의회, 비정규직 노사특위, 의료노사정위원회 등을 실질적으로 가동하여 산별 수준의 노사협의 채널을 다양화했다.

2008년 산별중앙교섭은 파국으로 종결될 것 같던 초기 분위기와 달리 노사가 조정까지 연기하며 합의를 모색하여 전년도에 이어 산별교섭 안정화 분위기를 이어갔다. 특히 인력충원, 의료공공성, 우리 농축수산물 사용, 비정규직 문제 등의 의제가 2007년 수준 혹은 그보다 약간 더 진전된 수준으로 합의되었다. 따라서 특히 산별교섭 의제의 안정화를 보여 주고 있다.

초기에 산별중앙교섭 분위기를 악화시킨 요인은 여러 측면에서 검토할 수 있다. 첫째, 미국산 소고기 수입 문제로 사회갈등이 매우 높았던 시점에서 진행됐으며 이는 교섭 분위기에도 영향을 미쳤다고 할 수 있다. 환자급식에서 미국산 소고기를 제외하자는 노조의 요구로 교섭이 파행을 빚기도 했다. 둘째, 정부 요인이다. 2007년까지 상대적으로 노동친화적인 노무현 정부는 산별노조와 초기업단위 노조는 시대적 대세라며 산별교섭을 촉진하는 분위기를 보였다. 반면 비즈니스 프렌들리를 표방하며 당선된 이명박 정부는 산별교섭에 응해야 할 의무가 없다는 입장을 여러 차례 발표했다. 이로 인해 노사단체 모두 산별교섭의 순항을 기대하기 어렵다고 보았다. 셋째, 사용자 요인이다. 사용자 내부의 갈등이 어느 때보다 극심하여 중소병원 대표들은 조정신청 전까지 아예 산별교섭에 불참했다. 또한 산별교섭 경험이 적은 대표들이 지도부를 구성하여 노조와 소통이 원활하지 못했다. 내부 조율 실패와 불안정한 리더십은 공인노무사에 대한 의존도를 높였는데, 이는 사용자 내부에서도 자격 시비가 일었을 뿐만 아니라 노조측의 격렬한 반발을 불렀다(은수미, 2008). 마지막으로 노조쪽 요인이다. 직권중재제도 폐지 대신 필수유지업무제도가 도입되며 파업참가 노조원수가 제한받으며 파업을 통해 사용자를 압박할 수 있는 노조의 역량이 감소했다. 보건의료노조는 그동안 직권중재를 무릅쓰고 파업을 통해 사용자들의 산별중앙교섭 참가와 사용자단체 결성을 이끌었기 때문이다.

그럼에도 불구하고 중노위 조정까지 연기하며 노사가 합의한 배경은 다음과 같다. 노사는 특성별 교섭으로 돌파구를 열었으며 이는 양측의 유연한 대응의 소산이다. 노사합의가 가능한 부분부터 특성별 교섭을 진행하여 교착상태의 산별교섭을 진전시켰다. 사용자는 2004년 산별중앙교섭 초기부터 특성별 교섭을 요구했으나 노조는 산별중앙교섭을 선호했다는 점에서 이는 이례적이라고 할 수 있다. 노조가 결국 현실적으로 존재하는 특성별 격차를 수용했다고 할 수 있다. 특성별 교섭은 2009년 산별교섭이 중단된 이후 2011년 중소규모 민간병원과 지방의료원이 채택한 방식이기도 하다. 이는 향후 한국 산별교섭에서 오랜 논쟁 중의 하나인 대규모 산업별 교섭인지 소규모로 유사업종 간 교섭인지 선택해야 하는 오랜 논쟁에 대해 중요한 시사점을 주고 있다고 할 것이다.

마지막으로 산별중앙교섭이 노사갈등에 어떠한 영향을 미쳤는지 관심을 끌고 있다. 교섭구조가 집중화되면 파업은 줄어든다는 해외 연구결과(Kuhn and Gu, 1998)와 부문별로 차이는 있으나 산별교섭을 할 때 파업이 줄어든다는 연구(이주희, 2009)와 특별한 인과관계를 보이지 않는다는 연구(이영면·나인강, 2005) 등 다양하다. 보건의료산업의 경우 산별중앙교섭 초창기에 파업이 급증했다가 이후 차츰 줄어들어 안정화됐다고 할 수 있다. 2004년 산별중앙교섭 원년에 66개 지부가 14일간 전면파업에 참여했으며 산별수준에서 노사합의 이후에도 55개 지부가 별도로 파업을 지속했다. 그러나 이듬해 2005년에는 전면파업 기간이 3일로 감소한 데 이어, 2006년에는 1일로 마무리됐다. 나아가 2007년과 2008년에는 산별 수준의 전면파업 없이 노사합의에 이르렀기 때문에 적어도 보건의료산업 노사관계는 빠르게 안정됐다고 할 수 있다. 뿐만 아니라 보건의료 산별교섭은 교섭비용이 기업별 교섭에 비해 적게 들 수 있다는 가능성, 그리고 쟁의행위 역시 기업별 노조체제에서보다 확연히 줄어들어 노사관계가 안정화될 수 있다는 가능성을 보여 주었다.

라. 교섭구조의 분화 시기(2009년~현재)

2009년부터 현재까지 우리나라 보건의료산업의 교섭구조는 산별중앙교섭의 붕괴와 특성별 교섭의 재개라는 변화를 맞고 있다. 2009년 사용자단체의 해산과 산별중앙교섭 중단, 2010년 대각선교섭의 부활, 2011년에 대형병원의 대각선교섭과 중소병원의 특성별 교섭으로 분화가 시작됐다. 이처럼 산별교섭의 붕괴와 특성별 교섭의 시작은 2007~2008년 2년간 전면파업 없이 노사합의에 이르러 산별중앙교섭의 안정화를 조심스럽게 예측(은수미, 2007)했던 것에 비하면 극적인 반전을 보여 준다.

이 시기에 노사간 역관계는 사용자측으로 기울어졌다고 할 수 있다. 산별중앙교섭의 와해는 사립대병원들이 강경한 입장으로 교섭 분위기를 주도한 결과이기 때문이다. 보건의료노조는 산별중앙교섭이 산업적 의제 개발, 의료공공성 확보, 비정규직 처우개선 등 광범위한 사안을 다루는 데 중요한 교섭형태라고 바라보았으나 사용자들, 특히 사립대병원 사용자들의 경우 경제위기를 이유로 이러한 문제를 다루는 것을 부담스러워 하며 기업별 교섭으로 회귀하고자 했다. 사용자들의 이러한 주장은 새삼스러운 것은 아니었으나 2009년 사용자들의 완강한 태도가 확연해졌다. 경제위기라는 상황을 이유로 사용자들은 보건의료노조의 6.8% 임금인상안을 거부했다. 국공립대병원 등은 정부의 정책 가이드라인에 의해 임금이 규정된다는 점, 사립대병원은 그 규모로 인해 보건의료 산업 노사관계를 대표한다는 점, 대규모 민간병원이 대규모 투자를 통해 수익을 창출하고 있다는 점 등 과거에 줄곧 주장해 왔던 이유를 들어 사용자협의회가 보건의료노조의 요구사항을 수용할 수 없다고 맞섰다. 사용자들의 완강한 태도에 대해 보건의료노조는 과거처럼 전면파업으로 맞서지 못했다. 산별중앙교섭 시기에 사용자들의 자율적인 판단사항인 사용자단체 구성까지 보건의료노조가 강제했던 것에 비하면 산별중앙교섭 붕괴와 사용자단체 해산은 노조의 약화와 사용자의 강화를 보여 주는 상징적인 사건이라고 할 수 있다.

2009년 산별중앙교섭이 파국을 맞은 과정을 요약하면 다음과 같다. 노사간 임금인상 문제로 갈등을 빚다가 보건의료노조가 6월 15일 중노위에 조정신청을 냈다. 중노위 조정안으로 사립대병원과 민간중소병원은 총액대비 임금 2% 인상, 공공부문은 노사 자율결정, 단체협약 논의사항 존중 등을 뼈대로 하는 안을 제시했다. 중앙노동위원회 조정안에 대해 보건의료노조는 수용했지만 사용자협의회는 거부했다. 전면파업을 하루 앞둔 2009년 6월 30일 산별중앙교섭이 결렬됐다. 보건의료노조는 대각선교섭으로 전환할 것을 선언했고, 보건의료산업사용자협의회는 이 기회를 놓치지 않고 8월 12일 해산을 결의했다. 이후 대각선교섭으로 회귀하여 국립대병원·일부 사립대병원·지방의료원 등은 동결, 민간중소병원은 2% 이상 임금인상에 합의했다.

이듬해인 2010년 보건의료산업의 교섭도 산별중앙교섭이 아닌 대각선교섭을 진행했지만 보건의료노조가 전체적인 교섭을 총괄하고 조직의 역량을 집중하여 집중교섭, 집중타격투쟁 등을 배치했다. 산별중앙교섭의 붕괴에도 불구하고 보건의료노조가 중앙 차원에서 조정과 조율을 통해 대각선교섭을 관장하여 지부들이 전체적으로 예년의 수준에서 타결을 이루었다. 이는 교섭구조의 파편화가 아니라 조직화된 분권화 현상(organized decentralization)을 보였다고 할 수 있다. 특성별 유형설정자를 중심으로 선타결 사업장이 나타나고 이후 나머지 사업장이 비슷한 수준으로 타결하는 양상으로 진행된 것이다.

다만 대각선교섭 결과 병원 특성별로 임금인상, 인력충원, 타임오프제 사이의 조합에서 약간의 차이가 발생하였다. 산별중앙교섭과 달리 산업 수준의 통일된 근로조건 결정은 나타나지 않았다. 임금인상의 경우 공공 및 사립대병원에서 노사는 낮은 인상률로, 그리고 민간중소병원에서 노사는 그보다 약간 높은 인상률로 타결하였다. 타임오프의 경우 사립대병원과 국립대병원에서는 대체로 축소-유지 선에서 노사가 합의하였고 민간중소병원의 경우 현행 유지-개선 선에서 노사가 합의하였다. 사회적 의제와 관련하여 대각선교섭의 단점이 드러났는데, 많은 지부에서 의료공공성 강화 등의 요구안을 지부 수준에서 풀기는 어렵다는 의견을 보였으며 실제로 요구안을 관철한 경우는 드문 것으로 나타났다.

2011년 보건의료산업 노사관계의 중요한 특징은 산별교섭이 민간중소병원으로 확대됐다는 점이다(김동원 외, 2011). 2009년 사용자단체의 해산 이후 특성별 교섭은 지방의료원에 국한되어 산별교섭 규모가 축소됐으나 상승 모드로 접어들었다고 할 수 있다. 또한 21개 중소규모 민간병원들이 보건의료노조와 중앙교섭을 벌인 결과 큰 갈등 없이 합의를 이끌어 낸 데 이어 중소규모 공공병원인 21개 지방의료원들도 파국 없이 합의에 이르렀다.

2009년 이후 교섭구조가 분화되며 보건의료산업의 노사갈등은 다음과 같은 특징을 보인다. 첫째, 고려대병원, 한양대병원, 이화여대병원 등 대형 사립대병원들의 노사갈등이 커졌다. 이들 병원들은 Big4 병원들과 환자유치 경쟁에서 과거보다 버거워하며 대형화·고급화·전문화를 추진하는 한편 노조에 대해서는 내핍을 요구하는 경향이 강화됐다. 노조의 임금인상이나 근로조건 개선 요구에 대해 순순히 응하지 않으며 노사갈등이 장기화되는 현상이 나타났다. Big4 병원의 분원 유치에 대해 노조 차원에서 반대 서명을 전개하는 사례가 종종 발견되는 이유가 여기에 있다.

둘째, 비정규직 문제는 특히 국공립대에서 폭발력을 지닌 이슈이다(김애란, 2011). 2011년 주요 병원 중 유일하게 파업에 들어간 경북대병원의 경우 특수고용형태 종사자들의 고용문제에서 출발했다. 서울대병원에서는 비정규직들과 정규직 노조, 시민단체가 연대하여 로비농성을 벌였으며, 화순 전남대병원은 고용노동부로부터 불법파견을 판정받았다. 비정규직 문제는 최근 들어 국립대병원 노사갈등의 주요 원인일 뿐만 아니라 사회적으로 파급력이 큰 쟁점인 것이다.

셋째, 중소병원 노사는 상생의 필요성에 대한 공감대를 높여 가고 있다. 지방의료원에 이어 민간중소병원이 특성별 교섭에 동참한 이유는 보건의료노조와 노사타협을 통해 생존을 모색하려는 전략적 선택에 기인한다고 할 수 있다. 대형 사립대병원이 노조와 갈등을 불사하고 있다면, 중소병원들은 보건의료노조와 공동논의를 통해 정책을 개발하여 정부에 대해 적극적으로 건의하고 있다.

[표 6-13] 산별교섭 진행과정(1998~2011년)

연 도	산별교섭 추진 내용	산별교섭	사용자측
1998 ~ 2003	• 사용자단체를 구성할 것과 산별중앙교섭 참가를 요구하였으나 사측은 거부 • 각 지부별로 "산별교섭에 참가한다"는 합의서를 확보하는 투쟁을 전개하여 산별교섭 성사의 발판을 마련	성사되지 않음	산별교섭 거부
2004	• 산별노조 건설 6년 만에 산별교섭 성사 • 14일간의 파업 끝에 주5일제 등 최초의 산별협약 탄생	산별교섭 진행	사용자 교섭대표단 구성하여 산별교섭 참가
2005	• 중앙노동위원회에서 직권중재, 자율교섭을 통한 타결 무산		
2006	• 특성별로 사용자 대표단 구성하여 산별교섭 • 사용자단체 구성하기로 합의		
2007	• 사용자단체 구성하여 산별교섭 진행 • 비정규직 문제 해결, 산별 노사공동위원회 구성(산별중앙노사운영협의회, 비정규직 대책 노사특위, 의료노사정위원회 실질 가동) 합의		사용자단체 구성하여 산별교섭 참가
2008	• 산별중앙교섭 추진했으나 사용자측 불성실교섭(교섭불참, 일방퇴장, 개악안 제출 등)으로 특성별 잠정합의를 거쳐 산별중앙교섭 합의		
2009	• 산별중앙교섭 진행하였으나 사용자측의 불성실교섭 행태로 산별중앙교섭을 중단하고 대각선교섭(현장교섭)으로 전환 • 보건의료산업사용자협의회 해산	산별교섭 파행	사용자단체 해산
2010	• 사용자측이 산별중앙교섭을 거부 • 타임오프 교섭을 포함하여 현장교섭에 집중		산별교섭 거부 민간중소 병원과 지방의료원 특성별 교섭 진행
2011	• 2012년 산별교섭 전면 정상화를 내걸고 산별교섭 교두보 확보를 위해 특성별 중앙교섭 추진[국립대병원, 사립대병원, 민간중소병원, 지방의료원 + 적십자사, 보훈병원, 원자력의학원, 근로복지공단(산재의료원), 국립중앙의료원] • 지방의료원, 민간중소병원 소속 40여 개 사업장은 산별특성교섭이 성사되어 교섭이 본격화되고, 국립대병원과 사립대병원은 특성별 교섭을 거부, 대각선교섭으로 전환		

출처: 보건의료노조 내부 자료.

[표 6-14] 보건의료산업 노사관계 시기별 특징

구 분	~1993년	1994~2003년	2004~2008년	2009년~현재
산업환경 특징	• 재벌병원 진입 • 규제완화 • 의료보험 확대	• 민간의료 중심체제 • IMF 구조조정	• Big4 체제 고착화 • 성과주의 확산	• Big4의 해외분원 설립 시작 • 사립대병원들의 경쟁력 약화 • 병원의 양극화
노사관계 영향요인	• 복수노조 금지 등 노조 억압적 제도 • 권위주의적 경영	• 직권중재 • 정부의 임금가이드라인 • 구조조정	• 주5일제 도입 • 산별교섭에 대한 정부의 개방적 태도 • 직권중재 폐지와 필수유지업무 제도 도입	• 정부의 비즈니스 프렌들리 노사관계 정책 • 타임오프, 복수노조 도입 등
노조형태	• 기업별 노조	• 전반: 기업별 노조 • 후반: 산별노조	• 산별노조	• 산별노조
사용자	• 개별 사용자	• 개별 사용자	• 사용자단체	• 대형병원: 개별 사용자 • 중소병원: 사용자 단체 구성
교섭구조	• 기업별 교섭	• 대각선교섭	• 산별교섭	• 대형병원: 대각선 교섭 • 중소병원: 특성별 교섭(소산별교섭)
노조 교섭력	• 낮은 수준	• 강화	• 최고조	• 약화
교섭기조	• 대립	• 대립	• 대립 → 타협	• 대형병원: 대립 • 중소병원: 타협
노사간 쟁점	• 기업별 임금인상 및 단체교섭 • 인력난 해소	• 구조조정, 외주용역 도입, 퇴직금 누진제 폐지 • 인력난 해소	• 산별 노사관계 규칙설정 • 인력난 해소	• 대형병원: 병원 중·개축에 따른 임금동결 • 중소병원: 경영난·인력난 해소와 임금동결
주요 사건	• 1987년 노동자 대투쟁 • 병원노련 합법성 획득	• 보건의료노조 설립 • CMC·충북대 병원 장기파업	• 2004년 14일간 산별 총파업 • 서울대병원지부의 보건의료노조 탈퇴 • 보건의료산업사용자협의회 설립 • 비정규직 정규직 전환 산별 합의	• 보건의료산업사용자협의회 해산 • 민간중소병원사용자협의회 구성

5. 보건의료산업 노사관계의 특징

가. 대형병원 중심의 노사관계

전통적인 다원주의적 노사관계는 노조와 사용자의 교섭력의 균형을 전제로 한다(Hyman, 1978). 사용자와 개별 노동자가 임금 및 근로조건에 대해 협상할 경우 사용자는 압도적인 힘의 우위를 갖기 때문에 노동자들은 노조결성을 통해 집단적인 에너지를 바탕으로 사용자와 단체교섭을 할 때 교섭력이 동등하다는 것이다(Kaufman, 2003; Voos, 2001). 그러나 한국 보건의료산업에서 이 다원주의적 명제는 적어도 대형병원 노사관계에 국한된 내용이라고 할 수 있다.

1987년 노동자대투쟁 이후 노조의 무풍지대였던 보건의료산업에서도 전국적으로 노조결성이 봇물을 이루었다. 서울대병원을 시작으로 고려대·이화여대·한양대병원 등 대부분의 국립대 병원과 사립대병원에서 노조가 결성되었다. 대형병원들은 1987년 이전에는 중소병원과 임금수준과 근로조건에 큰 차이가 없었으나 노조결성 이후 막강한 교섭력을 바탕으로 임금인상과 근로조건을 꾸준히 향상시켰다. 대형병원들의 임금 및 단체협약은 중소병원들의 타결에도 영향을 미치는 역할을 해 왔다.

반면 중소병원의 경우 노조가 결성되는가 하면 극심한 노사갈등 끝에 얼마가지 않아 와해되는 사례가 빈번하게 발생했다. 병원노련 시절부터 가입 노조 수는 1,000개가 넘지만 현재 보건의료노조 소속 지부수는 130개 안팎이다. 서울대병원 등 일부 탈퇴 노조를 제외하고는 대부분 사용자와 대립적 노사관계로 인해 와해된 중소병원노조가 그만큼 많다는 것을 보여 준다(이주호, 2012a).

이처럼 대형병원 중심의 노사관계가 고착화된 이유는 다음과 같이 제시될 수 있다. 첫째, 병원경영의 양극화와 대형병원의 지불능력에서 찾을 수 있다. 1990년대부터 재벌병원이 본격적으로 진입하며 급속도로 양적 팽창과 의료의 질적 성장을 보여 주자 대형병원들도 대형화·고급화 경쟁에 동참했다. 대형병원들은 중소병원에 비해 환자유치 경쟁에서 유리하여 경쟁력을 갖기 때문에 상당기간 노조의 요구를 어느 정도 수용하면서 임금 및 근로조건을 향상시켜 왔다. 반면 중소병원들은 대형병원과 의원급 사이에서 환자유치 경쟁에서 어려움을 겪고 있는 집단이다. 대한병원협회 소속 중소병원들의 폐업률이 10%에 육박하는 데서 알 수 있듯이 중소병원들은 경영난에 시달리고 있으며 경력 간호사들이 대형병원으로 몰리며 고질적인 인력난에 시달리고 있다. 이는 다시 중소병원 노동자들의 저임금과 노동강도 강화로 이어져 갈등적 노사관계가 해소되지 않는 요인으로 작용한다.

둘째, 사용자의 특성 차이에서 기인하는 측면이 있다. 대형병원들에 비해 중소병원 사용자들의 노조에 대한 태도가 훨씬 강경하다(이주호, 2012a). 대형병원들의 경우 국립대병원과 사립대병원 모두 병원장 임기제를 운영하며 병원장들은 노사관계에 대한 전문성도 약하고 이러한 업무 자체를 귀찮은 일로 바라본다. 이들은 노사갈등으로 언론에 부각되는 것은 병원장 개인으로도 명예롭지 못한 일이라고 보기 때문에 극단적인 노사갈등은 회피하려 하는 성향도 있다. 반면, 중소병원들의 경우 병원장은 대부분 소유주에 해당된다. 스스로 물러나지 않는 한 평생 병원장을 하게 된다. 이들은 대부분 소규모 의원급부터 시작하여 치열한 경쟁에서 살아남아 병원 규모를 키워 온 이들이다. 따라서 노조라는 이질적인 세력이 병원경영에 관여하는 데 대해 심한 알레르기 반응을 보이며 피땀 흘려 모은 재산을 빼앗기는 일로 인식한다. 이처럼 일원론적 사고가 훨씬 강한 중소병원 원장들은 노조의 임금 및 근로조건 요구나 경영참가 요구에 대해 위장폐업도 불사하며 오랫동안 대결전략을 폈다고 할 수 있다.

셋째, 노조의 자원동원 역량의 차이다. 대형병원노조들은 대부분 조합원수와 조합비가 많고 파업에 들어갈 경우 사회적 관심도도 높다. 대형병원의 파업이 장기화될 경우 보건의료노조는 물론 민주노총의 지원도 이끌어 내기 쉬운 편이다. 반면 중소병원노조들은 인적·물적 자원이 적기 때문에 파업에 돌입할 경우 훨씬 더 큰 부담을 안게 된다. 사회와 여론의 주목도 받기 어려우며 인근 지역에 있는 노조 활동가들의 연대투쟁 이외에는 사실상 대규모 연대투쟁을 장기적으로 기대하기는 어렵다. 살아남은 중소병원노조들은 병원측과 장기적인 관계 설정에 성공한 노조들이라고 할 수 있다.

이처럼 보건의료산업에서 대형병원 중심의 노사관계가 뿌리를 내렸다는 사실은 금속산업이나 금융산업과 유사하다. 대기업 정규직 중심의 노사관계라는 한국 노사관계의 주된 특성은 향후 보건의료산업 노사관계에서도 크게 변화할 가능성은 낮다고 할 수 있다. 다만, 최근 중소병원들이 특성별 교섭을 통해 경영난과 인력난을 해소할 돌파구를 모색하고 있다는 점에서 중소병원 노사관계가 새로운 관심을 받고 있다.

나. 단체교섭 구조의 역동성과 패턴교섭의 지속성

우리나라 보건의료산업의 단체교섭 구조는 지난 25년간 매우 드라마틱한 변화를 겪었다. 앞서 살펴보았듯이 1987~1993년 기업별 교섭, 1994~2003년 대각선교섭, 2004~2008년 산별중앙교섭, 2009년 이후 대형병원의 대각선교섭과 중소병원의 특성별 교섭으로 분화되며 이원화됐다. 보건의료산업은 금융산업과 달리 과거에 산별교섭 경험이 전무하다는 점에서 차이가 있으며, 공동교섭 경험이 없이 산별교섭을 성사시킨 금속산업과 달리 대각선교섭을 통해 단계적으로 접근했다.

보건의료산업 단체교섭 구조의 역동성의 원인은 행위자 측면에서 볼 때, 노사의 전략적 선택과 정부 요인에 대한 검토가 가능하다. 우선 노조의 시각에서 볼 때, 보건의료노조는 1987년 정치적 민주화와 1997년 IMF 외환위기라는 한국 현대사에서 가장 역동적인 환경변화에 조응하고 조직의 위기를 타개하기 위한 방법으로 산별교섭 구조의 정착을 선택했다고 할 수 있다. 1987년 이후 설립된 병원노조들은 기업별 노조로 출발하였으나 병원 경영진의 반노조주의적인 태도로 갈등을 빚는 과정에서 공동대응의 필요성을 공감하여 병노협, 병원노련을 조직하게 된다. 이어 병원노련의 합법화 직후 공동교섭을 추진하는 과정에서 대각선교섭을 추진했으며 IMF 외환위기 이후 구조조정 위기에 직면하자 본격적으로 산별노조 건설과 산별교섭 구조 구축에 노력했다. 보건의료노조는 산별교섭이 기업별 교섭보다 의료민주화 정책 제안, 재벌병원이 주도하는 병원 경쟁에 대해 병원의 공공성 확보를 위한 대안 마련, 중소병원의 활로 개척 등 산업적 의제 개발에 유리하다고 보고 있다.

사용자들은 전통적으로 기업별 교섭을 선호했다. 보건의료산업 노사관계에서 중심적인 역할을 하고 있는 사립대병원들의 경우 재벌병원과 경쟁하고 사립대병원끼리도 경쟁하는 상황에서 대형화·고급화 전략을 구사하고 있다. 경쟁에 내몰린 사용자들이 산별교섭을 통한 임금경쟁 방지와 산업정책 개발

보다 기업별 교섭을 통해 노사관계를 병원 내로 국한시키는 것이 더 적합하다고 보는 것이다. 이 밖에도 사용자들이 기업별 교섭을 더 선호하는 이유는 산별교섭이 노조의 힘만 더 키워 줄 것이라는 의혹도 작용한다. 사용자들은 또한 보건의료노조에 비해 노사관계에 대한 전문성이 상대적으로 낮고 인력과 재정도 감당하기 어렵다고 보고 있다. 뿐만 아니라 산별교섭을 통해 정부의 의료정책과 제도 형성에 개입한다는 점도 부담스러운 문제라고 여기고 있다. 따라서 사용자들은 산별교섭을 회피하거나 소극적인 태도를 보여 왔다고 할 수 있다. 최근 산별교섭에 대한 선택이 대형병원과 중소병원별로 차이가 나타난다는 점은 이러한 측면에서 관심을 끌기에 충분하다. 2009년 병원 사용자단체가 해산된 이후에도 지방의료원들은 특성별 교섭을 유지하고 있으며 2011년에는 민간중소병원들도 특성별 교섭을 통해 임단협을 마무리했다. 적어도 현 시점에서 이러한 현상은 산별교섭과 기업규모는 부(-)적 관계가 나타난다는 기존 연구들을 뒷받침하는 증거가 될 수 있다. 이와 관련하여 정주연(2008)은 대기업보다 중소기업이 훨씬 더 심한 경쟁에 노출되어 있는 만큼 저임금 경쟁을 방지하기 위한 일환으로 산별교섭에 나서게 된다는 결론을 내린 바 있다.

이처럼 보건의료산업 노사관계에서 노사가 상이한 입장을 취하고 있다는 점이 단체교섭 구조가 역동적인 근본적인 이유이다. 교섭구조 선택과 관련하여 이들의 태도가 변화하지 않는 이상 노사의 역관계에 따라 교섭구조는 변화할 수 있다는 점을 시사한다. 여기서 놓치지 말아야 할 점은 노사의 전략적 선택을 현실화시키는 환경요인으로 정부의 노사관계 정책이다. 보건의료산업 노사관계에서 산별중앙교섭이 현실화됐던 2004~2008년은 대체로 참여정부의 영향이 컸던 시기이다. 참여정부 시기인 2007년 무렵 이상수 노동부장관은 산별교섭이 대세라고까지 발표한 반면, 이명박 정부 시기인 2009년에 고용노동부는 노조의 산별교섭에 요구에 반드시 응할 필요가 없다고 밝혔다. 이명박 정부의 이러한 태도는 2009년 이후 대형병원들이 산별교섭 중단을 선택하는 데 일정한 역할을 했다고 할 수 있다. 달리 말해, 정부의 노사관계 정책이 변화할 경우 산별교섭 구조의 부활도 예측해 볼 수 있다는 뜻이다.

이처럼 교섭구조가 역동적으로 변화하고 있는 반면 보건의료산업 노사관계에서 패턴교섭은 지속성을 보이고 있다. 이는 보건의료산업 노사관계의 중요한 특징 중 하나라고 할 수 있다. 병원들은 소유구조와 규모에 따라 특성별로 구분되며 병원 규모에 따라, 민간병원 여부에 따라 각각 노사관계 환경과 임금 및 근로조건의 격차가 상당한 편이다. 이러한 차이에도 불구하고, 보건의료산업은 1990년대 중반 지역별 공동교섭 시기부터 대형병원의 임금 및 근로조건 결정이 중소병원 교섭에 영향을 미치는 패턴교섭이 시작되어 오늘에 이르고 있다.

2004년 보건의료노조를 탈퇴하기 이전까지 보건의료산업 노사관계에서 유형설정자 역할은 서울대병원의 몫이었다. 서울대병원은 국내 최초의 공공병원이자 국가 중앙병원이고 최고의 의료진이 종사한다는 상징성으로 인해 영향력이 크다. 노조 측면에서 볼 때도 1987년 출범 시기부터 기업별 노조의 한계를 적시하고 산별노조 지향성을 보일 정도로 간부들의 의식도 높은 편이었다. 2004년 산별협약에 대해 문제제기하며 보건의료노조를 탈퇴한 이후에도 서울대병원은 국공립대병원들의 임금 및 근로조건 결정에 중요한 영향을 미치고 있다. 그러나 이는 유노조 병원에 국한된 설명이다.

무노조 병원까지 확장할 경우 임금 및 근로조건 결정은 주로 재벌계열인 삼성병원과 서울아산병원이 가장 빠른 편이다. 재벌병원의 타결 이후 한국노총 소속인 연세의료원 노사가 이를 참고하여 반영하는 편이다. 물론 보건의료노조 관계자들은 소속 조직도 아닌 연세의료원이 타결한 결과를 참고하지는 않는다(나영명, 2012). 그러나 실제 대각선교섭 석상에서 사용자들은 연세의료원의 교섭결과를 바탕으로 타결방향을 제시하며 노조를 압박하는 경우가 있다(이주호, 2011). 이는 사립대병원 중 최대 규모 병원인 연세의료원을 포괄하지 못함으로 인해 나타나는 보건의료노조의 구조적 취약성이기도 하다. 대다수의 연구자들이 패턴교섭을 유노조부문 내로 국한하여 검토하는 경향이 있으나 무노조 기업이 압도적으로 많은 현실 노사관계에서 대형 무노조 사업장의 임금 및 근로조건 결정을 눈여겨볼 필요가 있다는 점을 시사한다.

다. 노조의 교섭력 약화와 파업의 감소

보건의료산업 노사관계 태동기인 기업별 교섭 시기부터 산별중앙교섭 시기까지 노조가 공세적으로 노사관계를 주도했다면 2009년 산별교섭 와해 이후부터 노조의 교섭력 약화 현상이 나타난다고 할 수 있다. 노조는 1988년 병원노련 건설, 1998년 보건의료노조결성, 2004년 산별중앙교섭 개최 등 보건의료산업 노사관계서 중요한 이정표를 만들어 왔다. 심지어 사용자의 자율적인 결정사항인 사용자단체 결성까지 노조가 지속적으로 압박하여 사용자들이 결국 수용하도록 하는 저력을 과시했다.

그러나 2009년 사용자단체의 와해 이후 상황은 돌변하여 사용자들은 노조의 산별중앙교섭 요구에 불응했다. 사용자들의 강경한 분위기는 사용자들이 처한 경쟁환경과 전략에서 찾을 수 있다. 사립대병원들은 삼성과 현대 계열 재벌병원들이 산업에 진입하여 대형화·고급화·전문화를 추진하며 영토를 확장하자 이를 모방하는 전략을 추구해 왔다. 이는 인사관리나 노사관계 영역도 마찬가지인데 IMF 외환위기 이후 경영 효율성을 적극적으로 추구하여 연봉제 및 성과급제 도입, 비정규직 및 외주용역화 추진, 물류 아웃소싱, 의료정보시스템 구축 등을 진행해 왔다.

그러나 보건의료노조는 과거와 달리 사용자들의 태도변화를 위해 전면파업으로 응수하지 못했다. 보건의료노조는 상대적으로 친노동자적인 노무현 정부와 달리 비즈니스 프렌들리를 추구하는 이명박 정부하에서 전면파업으로 맞서기에는 조직이 입게 될 내상이 클 것이라고 보고 있다. 그러나 이러한 정치 환경 변수 이외에도 보건의료노조는 구조적 취약성을 안고 있다고 할 수 있다. 조직률이 10%에 불과한데다 보건의료산업 Big4인 삼성·서울아산·연세대·서울대병원 중 보건의료노조는 서울아산병원만 포괄하고 있다. 삼성은 설립 초기부터 무노조 사업장이고 연세의료원은 1987년 잠시 병원노조협의회에 가입하기도 했으나 이후 지속적으로 한국노총 소속이다. 서울아산병원은 보건의료노조 소속으로 IMF 직전까지만 해도 조합원수 1,000명 이상의 대형 노조였으나 최근 규모가 미미한 수준으로 축소되어 활발한 노조활동을 기대하기 어렵다. 2004년 산별협약 논란으로 서울대병원마저 탈퇴한 이후 보건의료노조는 상징성을 지닌 핵심 사업장을 휘하에 두지 못하고 있다.

노사갈등을 대표적으로 보여 주는 지표인 파업 추이를 살펴보면 갈등은 감소했으나 갈등의 깊이는 깊어졌다고 할 수 있다. 전체적인 파업건수를 볼 때, 기업별 노사관계와 산별 노사관계가 새로이 시작되는 시점에 노사가 충돌하는 것으로 보인다. 다시 말해, 1988년 기업별 노사관계 형성기, 1997년 IMF 외환위기 전후, 2004년 산별 노사관계 형성기를 전후로 빈도, 주체, 사유에서 상당한 차이를 보여 준다.

기업별 노사관계 형성기인 1988년 파업건수는 46건, 파업기간은 14.2일이었으며, 1989년은 25건으로 줄었으나 기간은 24.1일로 늘어났다. 이후 1990~1997년 8년간은 평균 2.6건, 기간은 12.6일이어서 상대적으로 노사관계 안정기를 구가했다. 그러나 1998년부터 2004년까지 구조조정기와 산별교섭 추진기에 노사관계는 매우 갈등적이었다. 이 시기 파업빈도는 17.7건, 기간은 29.5일로 증가했다.

특히 산별중앙교섭 첫 해인 2004년은 파업건수가 66건으로 기업별 노사관계 형성기보다 더 높았다. 그러나 2006년 7건, 2007년 4건, 2008년 1건, 2009년 4건, 2010년 2건, 2011년 0건에서 알 수 있듯이 최근 보건의료산업에서 파업은 현저히 감소했다. 그러나 파업지속일수가 2002년 51.9일, 2003년 71.9일, 2006년 36.3일, 2010년 50일에서 알 수 있듯이 과거에 비해 파업기간은 상대적으로 길어져 파업이 한 번 발생하면 갈등의 골은 깊다고 할 수 있다.

파업의 주체 측면을 검토하면, 기업별 노사관계 형성기에는 민간중소병원에서 파업이 자주 발생한 반면, 2000년 이후 구조조정기와 산별 노사관계 형성기에는 국립대와 사립대병원에서 파업이 발생하는 사례가 증가했다. 한편 파업의 사유를 볼 때, 초기에는 임금인상, 해고, 부당노동행위가 주를 이루었다면 1990년대 이후에는 경영참가 및 구조조정 반대, 산별교섭 요구 등이 두드러진다.

이상을 요약하면, 한국 보건의료산업에서는 1987년 노조결성으로 집단적 노사관계가 시작된 이후 산별중앙교섭 시기까지 노조가 주도했다면 2009년 사용자단체 해체 이후 노조의 영향력이 약화됐다. 이러한 주장은 파업건수와 파업기간 추이를 통해 정당화될 수 있다. 또한 보건의료산업의 파업은 기업별 노사관계의 규칙이 형성되던 시기인 1987년 이후와 산업별 노사관계가 형성되던 시기인 2004년 이후에 가장 빈번하게 발생했다. 기업별 노사관계와 산업별 노사관계의 규칙이 형성되면서 파업이 감소하여 파업의 제도화 이론(Kerr, 1964)이 정당화되는 사례라고 할 수 있다. 반면, 노조가 포괄하지 못하는 비정규직 문제나 특수고용직 문제는 향후 보건의료산업 노사관계의 불안정성을 예고한다고 볼 수 있다.

[표 6-15] 연도별 보건의료노조 조직실태와 노사갈등 현황

(단위: 개, 명, 일)

연 도	소속 노조(지부)수	조합원수	파업건수	기간(평균)
1988	-	-	46	14.2
1989	126	21,300	25	24.1
1990	144	25,023	3	9.7
1991	139	26,378	2	23.5
1992	133	25,472	2	7.5
1993	127	25,437	4	17.3
1994	143	32,271	2	7.5
1995	151	35,742	3	12.7
1996	149	35,489	4	22.8
1997	147	35,624	1	2.0
1998	148	35,316	1	10.1
1999	145	33,998	10	6.2
2000	173	39,942	19	22.7
2001	168	40,552	8	28.5
2002	158	41,256	18	51.9
2003	156	39,394	3	71.9
2004	161	41,871	66	15.2
2005	161	42,753	12	2.9
2006	143	38,236	6	36.3
2007	141	38,866	1	2
2008	141	39,363	1	1
2009	133	40,025	4	13
2010	133	40,107	2	50
2011	139	41,020	0	0

출처: 소속 노조(지부)수, 조합원수, 조정신청 건수는 보건의료노조 내부자료. 파업건수와 파업 기간은 이주희(2004)와 노동부 노동백서, 노동부 자료.

6. 최근 이슈: 동향과 전망

가. 보건의료노조의 정치활동 참가

노사의 힘의 균형이 사용자쪽으로 기우는 시기에 노조는 정치활동 참가를 통해 법・제도적 환경을 변화시키는 데 관심을 갖게 된다(Estreicher, 2010). 노조가 특정 정당의 후보를 지지하거나 직접 후보를 선출하는 데 참여하며 정치활동을 증가시키는 전략은 노사의 힘이 대등한 환경에서 자율적인 단체교섭을 통해 임금 및 근로조건 향상이 어려워지며 노조쪽이 적극적으로 돌파구를 찾는 과정에서 발현된다. 이는 유럽의 노동조합에 비해 전통적으로 정치정당과 일정한 거리를 두었던 미국노총도 예외가 아니다.

보건의료노조는 과거에 정치활동에 큰 관심이 없는 노조에 해당됐다(나영명, 2012). 보건의료노조의 상급단체인 민주노총은 1997년 조직방침으로 후보를 선출하여 대통령선거에 참여하고 2000년 민주노동당을 출범하는 등 적극적인 정치활동을 벌여 왔다. 민주노총 내에서도 특히 금속노조나 공공운수연맹은 조합원들을 진보정당의 당원으로 가입시키고 노조간부 출신들을 진보정당의 후보로 출마시켜 적극적으로 지지하고 당선시키는 데 주력해 왔다. 그러나 보건의료노조의 주요 활동가들은 노사관계 문제에 대한 해법에 골몰하느라 노조의 정치활동 참가에 소극적이었다.

그러나 최근 보건의료노조는 정치활동에 대한 관심이 크게 증가한 것은 물론 적극적으로 후보를 배출하기에 이르렀다. 2010년 지자체 선거에서 5명의 기초의원 및 광역시・도 의원을 출마시켜 당선시키는 데 성공했다. 2012년 총선에서 보건의료노조 나순자 5대 위원장이 통합진보당 비례대표 후보로 출마했으며 전종덕 광주전남지역본부장은 후보로 등록했다가 야권후보 단일화 과정에서 사퇴하기도 했다. 보건의료노조는 2014년 지자체선거에서는 11개 지역본부별로 최소한 2명씩의 후보를 출마시킨다는 계획을 가지고 있다. 과거에는 민주노동당 국회의원을 통해 노사관계 문제와 의료공공성 확보를 위한 방안을 실현시키는 소극적 방식을 취했으나 이제는 직접 후보를 출마시키는 적극적인 방식으로 전환한 것이다.

뿐만 아니라 보건의료노조는 2011년부터 친노동계 성향의 기초 및 광역시・

도 지자체단체장과 정책협약을 체결하고 이들이 당선된 경우 적극적으로 공약 이행에 나서고 있다. 강원도, 충청남도, 경상남도 등 주로 야권 성향의 지자체 단체장들과 정책협의 및 면담을 지속적으로 벌여 나가고 있으며 이를 통해 지방의료원 재정지원, 영리병원 도입 중단 등 공공의료 확충방안에 관하여 논의하고 있다.

구체적으로 진보적 성향의 지자체 단체장과 후보 시절에 보건의료공약 협약식을 맺는 방식을 추진하여 이들이 당선된 이후 지속적인 협의를 진행하고 있다. 보건의료노조는 2011년 4월 21일 최문순 강원도지사 후보와 보건의료 공약 및 보호자 없는 병원 공약 협약식을 체결한 데 이어 박원순 서울시장 후보와도 10월 21일 정책협약식을 열었다. 보건의료노조는 이들의 당선 이후 토론회 개최 등을 통하여 정책협약 실천방안을 협의하고 있다. 김두관 경남도지사와 '어르신 틀니 보급사업'을 실천하고 성남에서는 최초로 시민단체와 공동발의하여 시립병원 건립을 추진하고 있다(김동원 외, 2011).

보건의료노조가 이처럼 적극적인 정치활동을 전개하고 있는 이유는 산별중앙교섭 붕괴 이후 돌파구를 모색하는 과정에서 불가피한 선택이라고 할 수 있다. 보건의료노조는 기업별 교섭부터 산별중앙교섭까지 드라마틱한 교섭구조 변화를 경험하며 사용자를 상대한 결과, 병원간 치열한 경쟁을 완화시키고 고질적인 인력문제를 해결하기 위한 정책개입이 절실하다고 보게 되었다(나영명, 2012). 대형병원은 대형병원대로, 중소병원은 중소병원대로 극한 경쟁에 휘말리며 노사관계가 악화되고 있는 만큼, 의료공공성을 확보하여 병원간 생존경쟁을 약화시키기 위한 수단으로 국회와 지자체 정책참여가 가장 효과적이라고 보게 된 것이다. 특히 2009년 산별 노사관계 구축을 통한 보건의료산업 발전방안 마련이 벽에 부딪히면서 노조의 정치활동 참여가 보건의료산업 노사관계에 영향을 미치는 새로운 환경요인을 구성할지 계속해서 주목받을 것으로 보인다.

나. 산별중앙교섭의 복원 가능성

2009년 사용자단체의 해산 이후 보건의료산업에서 산별중앙교섭은 재개되지 않고 있다. 보건의료노조는 사립대병원 일부 사용자들의 강경한 태도를 원인으로 지목하는 반면 사용자들은 오히려 보건의료노조의 태도를 문제 삼고 있다. 2009년 산별중앙교섭 결렬 이후에도 사용자들은 교섭재개를 요청했으나 보건의료노조가 대각선교섭으로 전환한 것이 사용자단체 해체의 시발점이 됐다고 주장하고 있다. 현재 보건의료산업은 중소규모 민간병원과 지방의료원이 특성별 교섭을 하는 반면 대형병원들은 대각선교섭을 하고 있다.

현재 대형병원의 대각선교섭과 중소병원의 산별교섭으로 교섭구조의 이원화가 고착화될지 산별중앙교섭이 복원될지 결론 내리기에는 아직 이르다. 경쟁이 훨씬 치열한 중소기업에서 산별교섭 가능성이 높다는 연구가 설득력을 가짐에도 불구하고 보건의료산업의 교섭구조는 환경변화에 따라 역동성을 보여왔기 때문에 더 지켜볼 필요가 있다. 앞서 제시했듯이 이러한 역동성은 환경변화에 따라 노사 당사자의 전략적 선택과 정부 요인으로 인해 얼마든지 변화할 수 있다.

보건의료노조는 2012년부터 사립대병원들에 대해 산별중앙교섭 참여를 요구하고 있다. 과거와 달라진 점이 있다면 사립대병원들의 교섭참여를 위해 총파업을 통한 강제력 행사, 불참 사업장 집중타격투쟁(whipsawing), 병원별 로비농성 등 물리력 행사는 가급적 지양할 것이라는 점이다. 과거에 주로 대립과 압박 전술을 구사했다면 향후에는 사용자들과 보건의료산업 발전을 위한 공동토론회 개최 등 태도적 교섭(attitudinal bargaining)에 주력할 것으로 보인다. 노사간 불신을 해소하기 위한 방책이 필요하다고 보기 때문이다.

이는 2011년 중소규모 민간병원들과 지방의료원 노사가 본격적인 교섭에 앞서 공동워크숍을 개최하여 사전에 공감대를 형성하는 데 큰 도움이 됐다고 보기 때문이다. 노사간 고충에 대한 공감대 형성은 노사대립이 불가피한 분배적 교섭 분위기를 완충하는 역할을 했다고 할 수 있다. 보건의료노조는 이러한 경험학습을 사립대병원들과도 공유할 의지를 피력하고 있는 상황이다. 과거와 달리 힘으로 사용자들을 산별교섭 석상에 앉히는 게 아니라 노사간 신뢰를 우선적으로 형성하겠다는 보건의료노조의 접근에 대해 사립대병원들이 어떤 선택을 할지 주목되고 있다.

참고문헌

김경희(2010), "의료서비스 산업 선진화 정책의 비판적 검토", 한국정책학회・한국정책분석평가학회 공동추계학술대회.

김동원・김승호・임상훈・유병홍・손동희(2010), 2010년도 노사관계 실태분석 및 평가, 한국노사관계학회.

김동원・유병홍・김영두・정경은・김승호・손동희(2011), 2011년도 노사관계 실태분석 및 평가, 한국조직학회.

김애란(2011), 공공노조 의료연대 서울지역지부장 인터뷰, 2011년 11월 7일.

김인선(2009), "일・가정 양립형 일자리 나누기 사례: 중소병원 간호인력의 다양한 근무형태", 월간 「노동리뷰」, 2009년 5월호, 16-26.

나영명(2011), "보건의료노조 산별운동의 현황과 과제", 산별노조의 사회적 역할과 산별교섭 제도화 방안을 위한 대토론회 자료집, 2011. 6. 30, 43-57.

_____(2012), 보건의료노조 정책실장 인터뷰, 2012년 4월 5일.

박광옥(2009), "중소병원의 간호인력 수급 논쟁: 인력난 vs 임금난", 「간호학의 지평」, 6(1): 67-75.

박형철(2011), 대한병원협회 노사협력팀장 인터뷰, 2011년 11월 16일.

서울대병원 노동조합(1992), 활동보고 Ⅰ 1988-1992년.

__________________(1998), 활동보고 Ⅱ 1993-1998년.

송광선(2011), "우리나라 의료서비스산업 노사관계의 전개과정과 특징: 1987년 이후부터 현재까지", 한국경영사학회, 26(2): 277-303.

신수식・김동원・이규용(2008), 현대 고용관계론 제3판, 박영사.

연세의료원 노동조합(2003), 연세의료원 노동조합 40년사.

윤영삼・심영옥・손헌일(2010), "병원공공성에 대한 신경영인사제도의 영향", 「산업노동연구」, 16(2): 273-303.

은수미(2008), "2008년 보건의료 산별교섭: 평가와 전망", 「노동리뷰」, 한국노동연구원.

은수미・권현지(2007), "산별교섭과 사용자단체: 보건의료 및 금융산업을 중심으로", 「노동리뷰」 6월(통권 제30호), 30-42.

은수미・배규식・조성재・권현지・강병식・김가람・임상훈(2007), 2007년도 노사관계 실태분석 및 평가, 한국노동연구원.

은수미・이영옥・조경애・조경수(2005), 노사분규 실태분석 및 평가: 보건의료부문,

한국노동연구원.

은수미・이종래・김종호・이영옥(2006), 노사분규 실태분석 및 평가: 보건의료부문, 한국노동연구원.

이수진(2011), 연세의료원 노동조합 위원장 인터뷰, 2011년 11월 16일.

이영면・나인강(2005), "산별노조전환에 따른 교섭특성의 변화와 임금교섭비용에 관한 연구", 「인사관리연구」, 23(3): 31-66.

이주호(2008), "한국에서 산별교섭 정착 가능성 연구: 보건의료노조 산별교섭의 새로운 진전과 도전(1998-2007년)", 고려대학교 노동대학원 경제학 석사 학위 논문.

_____(2011), 보건의료 전략기획단장 인터뷰, 2011년 11월20일.

_____(2012a), 보건의료노조 전략기획단장 인터뷰, 2012년 3월 13일.

_____(2012b), "4.11 총선투쟁, 우리에게 무엇을 남겼나?" 한국노동사회연구소 제93차 노동포럼 발제문.

이주희(2002), 서울대병원 노사관계 선진화 방안, 한국노동연구원.

_____(2009), "한국의 단체교섭 구조", 「산업관계연구」, 19(1): 65-85.

전국보건의료산업노동조합, 2011년 제1차 임시대의원대회 자료집(3월 30일).

_____________________, 2011년 보건의료 노동자 실태: 노동조건 및 의식조사, 2010. 3.

전인・서인덕(2009), "금속 및 보건의료산업의 사용자단체 구성과 산별교섭 대응", 「산업관계연구」, 19(1): 1-34.

정주연(2008), 제2장: 산별교섭으로의 전환의 장애물들: 국제비교적 시각의 분석, 은수미 외, 산별노사관계, 실현가능한 미래인가? 87년 이후 노동 20년 연구시리즈, 한국노동연구원.

조성재(2007), 산별교섭의 실태와 개선방향, 노사정위원회.

한국노동연구원(2007), 2007년도 노사관계 실태분석 및 평가: 총괄, 한국노동연구원.

한국보건산업진흥원(2005), 2004 보건산업백서.

_______________(2011), 2010 보건산업백서.

_______________(2010), 2010년 보건복지통계연보.

_______________(2011), 2011년 보건복지통계연보.

_______________(2011), KHIDI 통계브리프.

• 매일노동뉴스 / 데일리메디 / 메디칼투데이 / 청년의사.

• 전국병원협회・전국보건의료산업노동조합・공공운수노조 의료연대본부・전국의료산업노동조합연맹 보도자료 및 성명서.
• 대한병원협회 홈페이지.
• 대한중소병원협회 홈페이지.
• 전국공공운수노동조합 의료연대본부 홈페이지.
• 전국보건의료산업노동조합 홈페이지.
• 전국의료산업노동조합연맹 홈페이지.
• 전국지방공사의료원연합회 홈페이지.

Bloom, A.(2000), *Health Reform in Australia and New Zealand*, South Melbourne: Oxford University.

Clegg, H. A.(1976), *Trade Unionism Under Collective Bargaining: A Theory Based on Comparisons of Six Countries*. Oxford: Blackwell.

Duckett, S.(1995), The Australian Health Workforce: Facts and Futures, Australian Health Review, Vol. 23(4): 60-77.

Estreicher, S.(2010), Trade: Trade Unionism under Globalization: The Demise of Voluntarism? *Saint Louis University Law Journal*, 54: 415-426.

Flanagan, R. J.(2008), The Changing Structure of Collective Bargaining, Blyton, P., Bacon, N., Fiorito, J., and Heery, E.(Eds.) *The Sage Handbook of Industrial Relations*. Sage.

Hyman, R.(1978), Pluralism, Procedural Consensus and Collective Bargaining, *British Journal of Industrial Relations*, 16(1): 16-40.

Katz, H.(1993), The Decentralization of Collective Bargaining: A Literature Review and Comparative Analysis, *Industrial and Labor Relations Review*. Vol. 47(1): 3-22.

Kaufman, B.(2003), John R. Commons and The Wisconsin School on Industrial Relations Strategy and Policy, *Industrial and Labor Relations Review*, Vol. 57(1): 3-30.

Kerr, C.(1964), Industrial Conflict and Its Mediation, in Clark Kerr(Eds.) *Labor and Management in Industrial Society*. New York: Anchor, 167-200. Originally in American Journal of Sociology, LX(Nov. 1954), 230-245.

Kim, Dong-One and Seongsu Kim(2003), Globalization, Financial Crisis, and Industrial Relations: The Case of Korea, *Industrial Relations*. Vol. 42(3): 341-367.

Kochan, T. A., Katz, H. C., and McKersie, R.(1986), The Transformation of American Industrial Relations, New York: Basic Books.

Kuhn, P., and Gu, W.(1988), A Theory of Holdouts in Wage Bargaining, The *American Economic Review*, Vol. 88(3): 428-449.

Lee, Wonduck and Joohee Lee(2004), "Will the Model of Uncoordinated Decentralization Persist? Changes in Korean Industrial Relations after Financial Crisis", in Katz, Harry et al., eds. *The New Structure of Labor Relations: Tripartism and Decentralization*, Ithaca: Cornell University Press.

Voos, P. B.(2001), An IR Perspective on Collective Bargaining, *Human Resource Management Review*, 11: 487-503.

Wunderlich, G., Sloan, F., and Davis, C.(1996), *Nursing Staff in Hospitals and Nursing Homes: Is It Adequate*? Washington, D.C.: National Academy Press.

7 건설업 노사관계의 동향과 전망

1. 서 론
2. 건설산업의 노사단체
3. 건설산업의 단체교섭과 정책협의
4. 건설업 노사관계의 과제와 전망

제7장 건설업 노사관계의 동향과 전망

1. 서 론

건설업 노사관계를 규정하는 주요 환경으로는 생산방식 및 산업구조, 건설수요, 법제도를 포함한 산업정책 등을 들 수 있다.

건설산업의 생산방식과 산업구조는 타 산업과 큰 차이를 지닌다. 주문생산방식의 특성은 생산물에 대한 수요를 불확실하게 함으로써 파생수요인 노동력 수요도 불안정하게 한다. 또한 생산과정의 복잡성은 다수 기업의 참여와 여러 공종에 따른 순차적인 노동력 투입을 불가피하게 하여 노동력 수요를 역시 불규칙하게 한다. 그리고 옥외생산이라는 특성은 생산의 수행 여부에 대한 기후의 영향을 강하게 하여 장마철이나 겨울철에 잦은 생산중단을 초래하도록 한다.

[표 7-1] 건설산업의 산업특성(제조업과의 비교)

구 분	건설업	제조업
생산방식	주문생산	계획생산
생산구조	공종별 분할도급구조	주로 직접생산
작업환경	옥외생산	옥내생산
생산수요	불확실	안정적

생산방식 및 산업구조에 있어서 특히 노사관계에 영향을 주는 건설업의 특성은 주문생산방식 및 다단계 하도급 구조에 있다. 주문생산방식은 건설업의 수요와 고용에 불안정성을 야기하는 근본적인 원인이라고 할 수 있는데, 건설업체들은 이 불안정성을 '발주처-수주처-전문건설업체-시공참여 작업팀-건설근로자' 등으로 이어지는 다단계의 하도급관계를 통해 완충해 왔다고 할 수 있다. 이러한 다단계 구조는 건설업체들에게는 수요 불안정성에 따른 고정비용의 부담을 외부화시키는 긍정적 기능을 갖지만, 건설근로자들로서는 상시적으로 고용불안과 저임금을 떠안아야 하는 결과를 초래할 수 있다. 다

단계의 하도급 관계 중에서도 그동안 관심이 집중된 부분은 '시공참여 작업팀'이라고 할 수 있다. 예전부터 종합건설업체로부터 하도급을 받은 공종(工種)별 전문건설업체들은 공사를 수행할 근로자들을 직접 고용하기보다는 소위 '십장(什長)' 혹은 '오야지'라 불리는 오랜 경력의 숙련공을 매개로 이를 확보하였다. '십장(什長)' 혹은 '오야지'는 자신의 책임하에 근로자들을 모집하여 '시공참여 작업팀'을 구성하게 되며, 이 작업팀은 전문건설업체와 사실상 재하도급 관계에 놓이게 된다. 이렇게 다단계의 하도급 관계가 형성되면 시공의 재원과 책임이 단계별로 분산됨으로써 공정보수 문제와 건설공사의 안전성 문제를 야기하게 된다. 특히 고용관계에서는 이러한 '시공참여 작업팀'에 의한 재하도급관계가 건설업 기능직 근로자들의 저임금과 고용불안정의 주요 원인으로 지목되어 왔다.

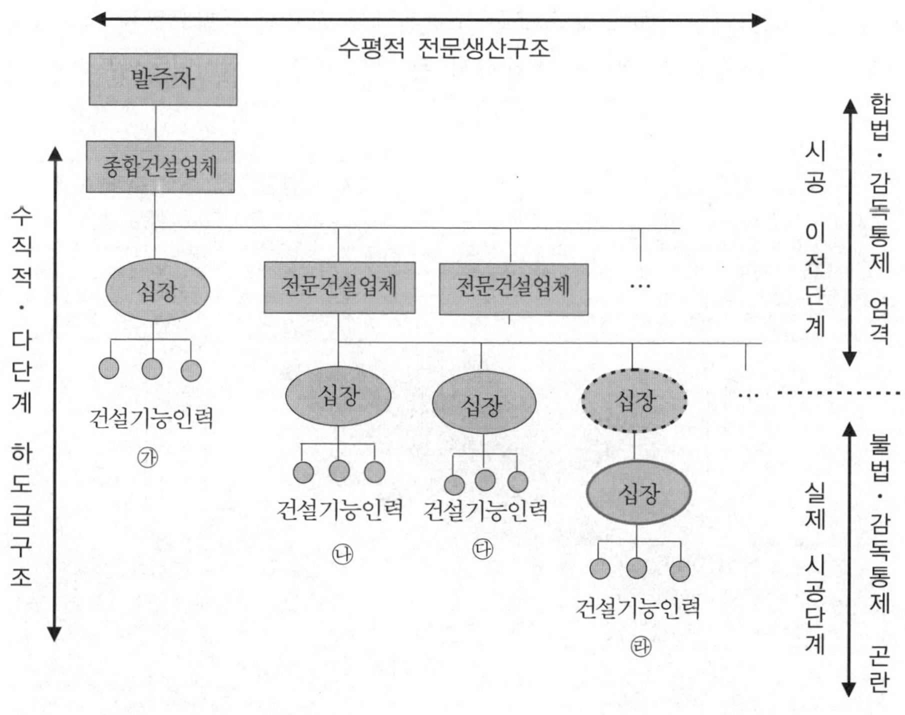

출처: 심규범(2006).

[그림 7-1] 건설산업의 다단계 하도급구조와 고용구조

결국 이런 이유로 2008년에 발효된 개정 건설산업기본법은 '십장(什長)' 혹은 '오야지'라 불리우는 '시공참여자'들이 건설공사에 참여할 수 없도록 함으로써 이 문제를 제도적으로 해소하였다. 이에 따라 불법적인 재하도급 문제가 사라질 제도적 근거가 마련되었고, 고용관계에 있어서는 건설업의 기능직 근로자들이 전문건설업체에 직접 고용될 가능성이 증대하였다. 실제 시공참여자제도가 폐지된 이후 건설업의 세부업종별로는 근로자들이 전문건설업체에 계약직으로 고용되는 관행이 확산되었다. 반면, 건설업의 세부업종 중 가장 비중이 큰 토목·건축 업종의 경우 여전히 관행적으로 재하도급 관계가 온존하고 있다.

건설산업의 특성이 노사관계에 미치는 영향을 살펴보면, 수평적 전문생산, 수직적인 다단계 하도급, 비정규직화, 현장 이동성 문제를 지적할 수 있다(심규범, 2008). 수평적 전문생산구조는 하나의 공사에 대해 공종별 진출입이 잦아서 노조의 교섭 요구에 대해 사용자의 거부감과 기피성향을 유발하는 경향이 있다. 또한 다단계 하도급 구조는 고용관계를 모호하게 함으로써 사용자의 교섭 기피와 지불능력 저하를 초래하게 된다. 노동력의 임시화·외부화는 근

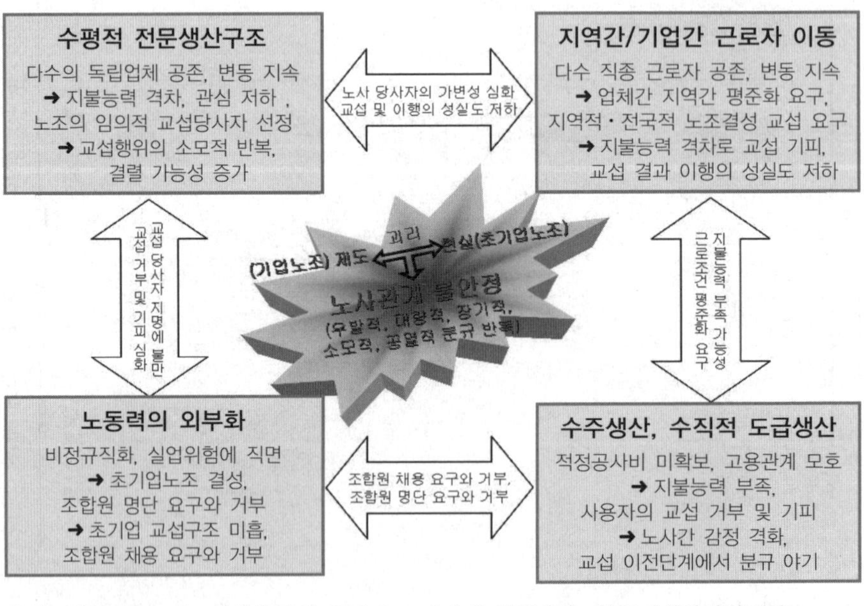

출처: 심규범(2008), 건설산업의 합리적 노사관계 정립방안, 한국건설산업연구원.

[그림 7-2] 건설산업의 특성과 노사관계에 미치는 영향

로자들의 고용안정성과 소득안정성을 저해하게 되어 이에 대한 노조의 요구를 강하게 만드는 경향이 있다. 마지막으로 잦은 이동은 노조의 안정적인 조직화를 어렵게 하고 단체교섭의 안정성에도 부정적인 영향을 준다.

건설업 노사관계에 영향을 미치는 중요한 상황적 요인으로 건설 수요를 들 수 있다. 건설 수요의 증대와 감소는 고용과 임금에 직접 영향을 미치게 된다. 건설 수요의 중요한 특성 중 하나는 부분적으로 반경기적(partial anti-cyclical)이라는 점에 있다. 경기가 전반적으로 확장 국면일 때는 민간건설 수요가 증대하는 경향이 있지만, 경기가 위축될 경우 재정지출의 증대를 통해 공공건설 수요가 늘어나는 경향이 있다. 예를 들어 2008년 말 미국발 금융위기가 전 세계적인 경제적 불안정성을 야기하면서 민간건설 수요가 위축되었으나, 정부가 추진한 초대형의 공공건설 프로젝트인 '4대강 정비사업'을 통해 건설기계와 토목·건축 분야에 부분적으로 수요 증대를 낳았다.

[표 7-2] 건설업 경기 현황

연도별	분기별	건설투자 추이		건설수주 추이	
		금액(조 원)	전년동기대비 증감률(%)	금액(조 원)	전년동기대비 증감률(%)
2009	1/4분기	30.8	1.6	20.9	-11.4
	2/4분기	43.2	4.3	29.9	-5.7
	3/4분기	39.9	3.2	21.9	3.8
	4/4분기	45.4	4.0	46.0	4.8
	연 간	159.2	3.4	118.7	-1.2
2010	1/4분기	32.1	4.3	20.8	-0.5
	2/4분기	42.2	-2.3	29.9	0.0
	3/4분기	38.7	-3.1	22.1	0.9
	4/4분기	44.1	-2.9	30.4	-33.9
	연 간	157	-1.4	103.2	-13.1
2011	1/4분기	28.3	-11.9	19.9	-4.3
	2/4분기	39.3	-6.8	50.0	67.2
	3/4분기	37.0	-4.2	23.6	6.8
	1/4~3/4	104.6	-7.4	93.5	28.4

출처: 대한건설협회(2011) 및 한국건설산업연구원(2011).

마지막으로, 제도적 환경도 건설산업 노사관계에 큰 영향을 준다. 한국의 경우 건설산업의 전체 산업 중 비중이 다른 나라에 비해 큼에도 불구하고 하도급구조의 합리화 정도가 여전히 낮고 고용구조나 근로조건의 취약성도 온존하기 때문에 이에 따른 제도 공급의 필요성이 다른 나라에 비해 크다고 할 수 있다.

특히 하도급구조의 합리화를 매개로 노동시장을 합리화하려는 정책이 늘어나고 있다. 예를 들어 앞서 언급한 개정 건설산업기본법에서의 시공참여자제도 폐지 이후 2011년에는 임금채권의 안정적 확보를 위해 전문건설업체의 연대책임을 강화하는 정책이 시행되었다. 또한 2008년부터는 기능직 근로자들을 위한 퇴직공제제도가 실시되고 있으며, 최근 일각에서는 임금 불안정성을 완화하기 위한 대책으로 건설업 최저임금제(prevailing wage)[1)]까지 논의되었다.

노동정책 중에서는 특수형태근로 종사자들의 근로자성 인정 여부에 관한 정책이 이 부문의 고용관계에 영향을 크게 줄 수 있는데, 그 이유는 건설업 취업자 중 다양한 종류의 건설기계나 운송장비를 조작하는 취업자의 상당수가 이 정책의 저촉을 받을 수 있기 때문이다. 또한 이 부문의 노조원 상당수 역시 특수형태근로 종사자에 포함된다.

2. 건설산업의 노사단체

건설산업에는 주요 노동조합단체로 1988년에 설립된 민주노총 산하의 전국건설산업노동조합연맹과 2007년에 설립된 한국노총 산하의 전국건설기계노동조합이 존재한다. 사용자측의 유관단체로는 대한건설협회와 대한전문건설협회가 존재하는데 이들은 노사관계상의 사용자단체가 아니라 사업자단체(business association)이다. 건설산업에서 사용자단체의 부재는 이 부문의 저조한 노조 조직률과 단체교섭을 반영하고 있다. 단, 초기업적인 수준에서 단체교섭이 벌어지는 일부 직종에서는 유관 사용자들로 구성된 단체교섭 기구가 형성되어 있다.

---

1) 이와 관련해서는 미국의 공공부문 건설공사에서 채용하고 있는 적정임금제(prevailing wage) 도입에 대한 연구가 진행되고 있다. 이 제도는 지역별·직종별 최저임금을 설정하여 공공부문 건설공사의 발주처와 수주처의 원가계산에 반영함으로써 건설근로자들의 임금 안정성을 확보한다는 취지를 담고 있다.

가. 노동조합 조직

1) 노동조합의 역사와 구성

건설산업에서 최초의 노동조합이 언제 생겨났는지는 정확히 알 수 없다. 다만 1987년 노동자대투쟁을 통해 건설기능직과 사무·기술직 노동자들에서 각각 독립적으로 조직화 흐름이 형성되었다. 건설기능직 노동자들은 1988년 3월에 서울건설일용노동조합의 결성을 시작으로 같은 해에 성남, 인천, 포항, 여수 등에서도 지역별 일용직노동조합들을 탄생시켰으며 이듬해에는 서울전기공, 서울남부지역, 서산, 대전, 전주, 광주, 구미, 울산, 마산 등지에서도 노동조합들이 결성되었다. 이들은 1988년 11월부터 전국단일조직추진위원회를 결성하여 전국적 조직화를 추진하였으며 결국 1989년 4월 일종의 전국 직종별 노동조합인 전국건설일용노동조합을 결성하는 데 성공하였다. 하지만 조합원수 2,000명 미만인 영세한 규모 등 전국조직으로서의 기반이 취약함을 감안하여 1992년 11월에 지역노조의 전국 협의체인 전국건설일용노동조합협의회(약칭 전일노협)로 조직형태를 전환하였다. 이후 이들은 지역별로 조직적 기반의 확대를 도모하며 재차 전국적 단일조직화를 위한 노력을 기울이게 된다.

한편, 1987년 민주화 시위 및 노동자대투쟁 과정에서 다수의 대형 건설업체에 근무하는 사무·기술직 노동자들이 기업단위로 노동조합을 결성하게 된다. 이들 중 15개의 기업별 노조들이 1988년 12월 전국건설노동조합협의회를 결성하였고 이후 1989년 12월에는 이를 다시 전국건설노동조합연맹(약칭 건설노련)으로 전환하였다. 이들은 1991년에는 국제건설노련(IFBWW)에 가입하고 1995년에는 전국민주노동조합총연맹(약칭 민주노총)에 가입하였다. 건설노련 산하의 기업별 노조들은 안정된 재정적, 조직적 기반을 통하여 1990년대 건설산업의 노동조합 활동에서 주도적 지위를 점하게 된다.

독립적으로 활동하던 기능직과 사무·기술직의 노동조합들은 1999년 12월 조직을 통합하여 전국건설산업노동조합연맹(약칭 건설산업연맹)으로 재출범하였다. 이 당시까지도 사무·기술직의 기업별 노동조합들이 규모나 재정면에서 기능직 노동조합들에 비해 우위에 있었으나 1990년대 말의 외환위기를 경유하여 2000년대에 들어와서는 양자 간에 조직 내의 위상 변화가 발생하였다. 사무·기술직의 노동조합들은 외환위기 시기에 다수의 건설기업들이 도산과 구조조정을 겪는 과정에서 조직세와 활력이 취약해졌다. 반면, 기능직에서는 2000년대 들어와 건설기계 업종과 건설플랜트 업종에서 조직화가 활발하게 일어났다.

건설산업의 노조원 규모와 조직률에 대한 정확한 통계는 알 수 없다. 고용노동부의 '전국노동조합 조직 현황 보고서' 자료에 근거할 경우 2010년 말 현재 3만 8,491명으로 집계되며, 노조들의 주장을 따르는 경우 건설업의 노조원 규모는 2010년 말 현재 약 6만여 명으로 추정된다. 이에 근거할 경우 통계청의 건설업조사보고서(2010)상의 건설업 종사자 현황에 따르면 건설업의 피용자 규모는 162만 443명이므로 건설업의 노동조합 조직률은 이 부문 피용자의 1.95~3.85%로 추정할 수 있다.

[표 7-3] 건설업 노동조합 조직 현황

<table>
<tr><th colspan="4">고용노동부 노동조합 조직 현황 자료(2011)</th><th colspan="3">해당 조직 자료(2011)</th></tr>
<tr><th colspan="3">조직별</th><th>규 모</th><th colspan="2">조직별</th><th>규 모</th></tr>
<tr><td rowspan="4">민주노총</td><td rowspan="4">건설산업연맹</td><td>전국건설노동조합</td><td>25,000명</td><td rowspan="4">건설산업연맹</td><td>전국건설노동조합</td><td>20,075명</td></tr>
<tr><td rowspan="2">전국플랜트건설노동조합</td><td rowspan="2">4,200명</td><td>전국플랜트건설노동조합</td><td>25,489명</td></tr>
<tr><td>전국건설사무노동조합</td><td>6,964명</td></tr>
<tr><td>소계</td><td>29,200명</td><td>소계</td><td>52,528명</td></tr>
<tr><td rowspan="4">한국노총</td><td rowspan="2">연합노련</td><td>한국타워크레인조종사노동조합</td><td>320명</td><td colspan="2" rowspan="4">전국건설산업노동조합</td><td rowspan="4">약 10,000명</td></tr>
<tr><td>전국건설플랜트노동조합</td><td>800명</td></tr>
<tr><td>화학노련</td><td>한국건설레미콘운송노동조합</td><td>437명</td></tr>
<tr><td colspan="2">소계</td><td>1,557명</td></tr>
<tr><td>미가맹</td><td colspan="2">건설기업노련</td><td>834명</td><td colspan="2">?</td><td>?</td></tr>
<tr><td colspan="3">합 계</td><td>31,591명</td><td colspan="2"></td><td>약 62,528명</td></tr>
<tr><td colspan="3">조직률</td><td>1.95%</td><td colspan="2"></td><td>3.86%</td></tr>
</table>

출처: 고용노동부 자료는 전국노동조합조직 현황 보고서(2011), 해당 조직 자료는 민주노총은 민주노총 조직 현황(http://nodong.org/formation), 한국노총은 해당 조직 간부 구술에 의함.

주) 건설 관련 노동조합들의 조직규모 자료는 건설노동자 특유의 잦은 노동이동, 노동조합들의 불명료한 집계, 조합원 규모 공개를 꺼리는 분위기 등으로 인해 조직별로 과장과 축소가 존재함.

노조원들의 구성을 보면, 상급단체별로는 민주노총 건설산업연맹 소속 노조원의 비중이 84.0~92.5%로 압도적이고 나머지는 한국노총 계열의 전국건설산업노동조합에 속하고 있다. 기능직과 사무・기술직으로 나누어 보면 노조원의 88.9~97.4%가 다양한 업종에서 일하는 건설기능직 노동자로 추정된다. 1990년대까지 건설업 노조원의 60% 이상을 이루었던 사무・기술직 노조원의 규모는 전체 노조원의 약 10% 내외로 축소되었다. 통계상으로 파악되지는 않지만 건설업 노조원의 구성에서 특이점 중 하나는 건설업 피용자의 다수를 점하는 일반 토목・건축 분야의 노조원 규모가 적고 건설기계와 건설플랜트 업종에 속한 운전직 및 기능직 노동자들이 노조원의 대부분을 차지한다는 점이다. 토목・건축 분야의 노조조직화가 부진한 것은 이 분야에서의 공사가 한시성이 더 강하고 근로자들의 분산성도 더 크기 때문에 노조의 입장에서는 조직화 비용이 현저히 높다는 사정과 관련이 있다.

2) 전국건설산업노동조합연맹

민주노총 계열의 전국건설산업노동조합연맹(이하 건설산업연맹)은 1999년 12월 17일에 사무직 중심의 건설업체 노조 연합체인 전국건설노동조합연맹(1989년 설립, 이하 건설연맹)과 건설일용공들의 지역별/건설현장별 노조 연합체인 전국건설일용노동조합연맹(1995년 설립, 이하 전일노련)이 통합함으로써 설립되었다.

건설산업연맹 내에는 세부업종별로 구분할 때 종합건설업, 플랜트건설, 건설기계, 토목・건축 등에 속하는 시공관리, 설계, 감리, 건설 중장비 운전(레미콘, 덤프트럭, 타워크레인, 기타 건설중장비), 전기기능직, 토목 및 건축 분야의 다양한 건설 기능직 근로자들이 조합원으로 조직되어 있다.

건설산업연맹은 설립 직후부터 지속적으로 조직 확대와 산업별노조 체제로의 전환을 추진해 왔다. 그 결과로 2007년에는 전일노련 출신의 지역건설노조들과 건설기계 분야의 노조들이 전국건설노동조합(이하 건설노조)으로 단일화되었고, 건설플랜트 분야의 지역노조들 역시 별도로 전국플랜트건설노동조합(이하 플랜트노조)을 설립하였다. 하지만 종합건설업체들을 조직하고 있는 기업별 노동조합들은 단일노조 설립을 이루지 못한 채 전국건설기업노동조합연합(이하 기업노련) 형태로 연대를 모색하고 있다. 이에 따라 건설산업연맹은 크게 건설노조, 플랜트노조, 그리고 기업노련 등 3개 조합원 집단의 연합체로 구성되어 있다고 할 수 있으며, 이 밖에 이 3개 조직의 어디에도 미가입 상태로 있는 기업별 및 지역별 조직들이 일부 잔존하고 있다(그림 7-3 건설산업연맹 조직도 참조).

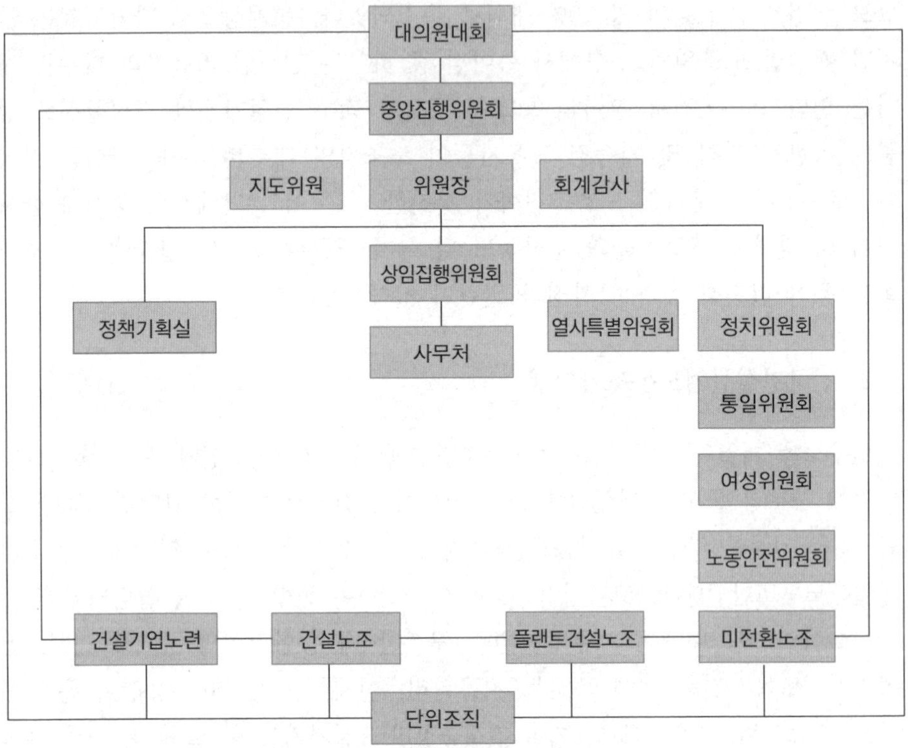

출처: 건설산업연맹 인터넷 사이트(http://www.kfcitu.org).

[그림 7-3] 건설산업연맹 조직도

2010년 11월 현재 건설산업연맹의 조합원수는 5만 2,528명이고, 이 중에는 건설노조 소속 조합원이 2만 75명, 플랜트노조 소속 조합원이 2만 5,489명, 기업노련 소속 조합원이 6,964명이 포함되어 있다(표 7-4 참조). 하지만 건설업 특성상 전체 조합원 중 상시적으로 조합비를 내는 조합원 규모는 약 3만 5,000여 명으로 추산된다.

[표 7-4] 건설산업연맹 조직 현황(2010년 11월 현재)

(단위: 개, 명)

노조별	지부수	조합원수
건설노조	46	20,075
건설플랜트노조	5	25,489
기업노련(건설사무)	31	6,964
합 계	82	52,528

출처: 전국민주노동조합총연맹 사이트(http://nodong.org).

이하에서는 건설산업연맹의 주축 세력인 건설노조와 플랜트노조에 대해 조금 더 자세히 소개한다.

(가) 전국건설노동조합

1988년 3월 10일 서울지역 일용직 건설근로자를 중심으로 결성된 서울건설일용노동조합을 시작으로 서울전기공, 서울남부, 인천, 성남, 서산, 대전, 전주, 광주, 여천, 구미, 포항, 울산, 마산 등지에서 일용직 건설근로자들의 조직이 설립됐다. 이들 대표자들이 모여 1988년 전국단일조직추진위원회(전일노추)로 전환됐고, 1989년 4월 전국단일노조인 전국건설일용노동조합을 창립했다. 전일노조는 1992년 11월 전국건설일용노동조합협의회(약칭 전일노협)로 재편됐다.

2000년대 들어와 지역건설노조와 타워크레인, 레미콘(건설운송노조) 등 업종 조직들이 만들어졌고 플랜트건설 분야의 근로자들도 조직되기 시작했다. 2004년 하반기 결국 지역건설노조는 지역업종협의회로, 기업단위노조는 건설사무노조로 분화됐고 지역 및 업종단위 노동조합이 모인 지역업종협의회는 2005년 통합단일노조 추진위원회를 거쳐 2006년 12월에 통합단일노조 준비위원회로 전환했다. 2007년 2월 각 단위노조가 조직전환 찬반투표를 실시, 마침내 2008년 3월 2일 약 2만여 명의 조합원을 포괄하는 전국단일노조인 전국건설산업노동조합을 창립하게 된다.

[표 7-5] 전국건설노동조합 현황

위원장	김금철(2009. 12. 17. 선출)	조합원	약 2만여 명
조직구성	3개 분과위원회(토목건축, 건설기계, 전기) 4개 지역본부(광주전남, 대구경북, 부산울산경남)		

(나) 전국플랜트건설노동조합

2000년대 이전까지 플랜트건설 분야의 노동조합은 포항과 여수 지역에만 존재하였다. 2000년대 들어와 울산건설플랜트노조(2004), 전남동부경남서부지역건설노조(2005), 충남지역건설노조(2007)가 새로 만들어졌다. 2007년 포항, 울산, 전남동부경남서부, 그리고 충남 지역의 건설플랜트노조들은 기존의 협의체 형태에서 탈피하여 단일조직인 전국플랜트건설노동조합(이하 플랜트건설노조)을 창립하였다. 이후 2011년에 여수지역건설노조가 합류함으로써 플랜트건설노조는 현재 약 1만 5,000명의 조합원을 보유하고 있다.[2)]

[표 7-6] 전국플랜트건설노동조합 현황

조합원수	약 15,000명					
지 부	포항	울산	전남동부 경남서부	충남	전북	여수
설립 연도	1989	2004	2002	2007	2009	1988
관련 업체수	동진건설 외 100개	제이콘 외 110개	거명산업 외 105개	대종ENG 외 65개	약 40여 개	약 40여 개
조합원수	1,500여 명	2,000여 명	6,000여 명	500여 명	300여 명	4,300여 명

나. 한국노총 산하 전국건설·산업노동조합

한국노총 산하의 전국건설·산업노동조합은 덤프·레미콘·화물차 등의 특수고용직 근로자들을 중심으로 2007년 7월 16일 출범하였다. 현재 이 노동조합은 건설기계, 건설현장, 화물운송, 건설플랜트, 타워크레인, 전기 등 6개 본부체제로 조직되어 있고 조합원 규모는 약 7,000여 명(노조측 1만여 명 주장)으로 추산된다. 이 노조는 한국노총이 복수노조 체제에 대비하기 위한 일환으로 조직되었으며 조합원의 상당수는 민주노총 건설산업연맹 및 운수산업노조 출신으로 알려져 있다(건설산업연맹 인터뷰 결과, 2011).

---

2) 건설플랜트노조를 비롯한 건설업 노동조합의 조합원 규모는 기업노련 소속의 기업별 노조를 제외하면 매우 유동적이다. 해당 지역의 공사규모의 변화나 기존 조합원의 지역 이동에 따라 조합원 규모에 변화가 발생하기 때문이다. 위의 숫자는 비교적 보수적으로 파악된 수치이다.

아직은 건설산업연맹 소속 노조들과의 경쟁이 전면화되지는 않고 있으나, 2011년에 이미 타워크레인 부문의 단체교섭과 건설플랜트 부문의 일부지역 교섭(군산)에서 교섭창구단일화를 둘러싼 논란이 발생하는 등 향후 경쟁 양상은 조금 더 확대될 수도 있을 것으로 예상된다.

다. 사용자 조직 현황

건설업에는 노사관계를 위해 특화된 사용자단체가 아직 형성되지 않았다. 다만, 일부 업종과 지역을 중심으로 전국적 교섭기구(타워크레인) 혹은 지역별 교섭기구(건설플랜트 및 전기원)가 형성 중에 있다고 할 수 있다. 여기에서는 고용노동부 및 국토해양부 등과의 정책협의에 참여하는 주요 사업자단체와 현재 단체교섭을 담당하는 일부 교섭기구들을 중심으로 소개한다.

1) 사업자단체

건설업의 주요 사업자단체로는 대한건설협회와 대한전문건설협회가 있다. 전자가 종합공사업을 영위하는 건설업체들을 조직하고 있다면 후자는 전문공사업을 영위하는 업체들을 조직하고 있다.[3] 두 단체는 건설업에 관련된 법령 제개정과 정책 수립 및 실행에 있어서 정부와의 협의 파트너 역할을 수행하고 있다. 하지만 노사관계에서의 역할에는 다소 차이가 있다. 본래부터 대한건설협회는 노사관계에 대한 관여를 꺼려 왔는데 종합공사업을 영위하는 건설업체들의 노동조합들과 그 노사관계의 위상이 저하되면서 이 단체의 노사관계에 대한 관심은 더욱 멀어졌다. 반면 전문건설업체들을 조직하고 있는 대한전문건설협회는 건설업의 노동조합들이 현장의 기능직 근로자들을 중심으로 재편되면서 노사관계와의 관련성이 더욱 커졌다. 이러한 관련성은 특히 2008년의 건설산업기본법 개정을 통해 전문건설업체의 직접 시공이 장려됨으로써 전문건설업체가 근로자를 직접 고용해야 하는 사정이 늘어나면서 더욱 심화되었다.[4] 또한 일부 지역에서 형성되고 있는 사용자측의 단체교섭 대응기구들은

---

3) "종합공사"란 종합적인 계획, 관리 및 조정을 하면서 시설물을 시공하는 건설공사를 말한다. "전문공사"란 시설물의 일부 또는 전문 분야에 관한 건설공사를 말한다(건설산업기본법 제2조).

4) 건설산업기본법 제28조의2(건설공사의 직접시공), 제29조(건설공사의 하도급 제한).

모두 이 단체 소속의 업체들에 의해 이루어지고 있다. 이러한 사정 때문에 대한전문건설협회측도 얼마간의 공식적인 대응이 나타날 수밖에 없었는데, 예를 들어 대한전문건설협회 경영지원본부가 노동문제 현안에 대한 대응을 위해 신설되었다(심규범, 2008). 하지만 건설업의 노조원 규모가 이 부문 전체 임금근로자의 약 4.1%에 불과하기 때문에 이 단체가 직접 노사관계의 행위자로 등장할 동기는 여전히 취약하다고 할 수 있다.

2) 지역 · 업종별 단체교섭 기구

사용자단체는 없는 대신 노동조합의 단체교섭 요구에 대응하기 위한 지역별 교섭기구들이 형성되는 과정에 있다. 이러한 집단적 교섭기구들로는 타워크레인 업종의 전국적 단체교섭을 수행해 온 한국타워크레인협동조합을 비롯하여, 건설플랜트 업종의 포항전문업체협의회, 여수국가산단플랜트건설업협의회, 울산지역경제활성화협의회, 광양제철산업단지전문건설인협의회 등을 들 수 있다.

[표 7-7] 건설업의 사용자측 교섭단체 현황

단체명	설립 연도	구 성	기 능
한국타워크레인 협동조합	1998	타워크레인임대업체 약 200곳(2011)	회원 이익 도모 단체교섭
포항전문업체협의회	2004	건설기계업체 33개, 전기업체 30여 개, 철근목공업체 7개(2008)	단체교섭 노사공동사업
여수국가산단 플랜트건설업협의회	2005	전문건설업체 약 40여 개(2008)	단체교섭 노사공동사업
광양제철산업단지 전문건설인협의회	2004	전문건설업체 56개(2011)	단체교섭 노사공동사업

출처: 심규범(2008), 건설업에서의 합리적 노사관계 정립방안, 한국건설산업연구원.
주) 2011년 자료는 건설산업연맹.

한국타워크레인협동조합은 1999년에 설립된 타워크레인임대업체들의 대표적인 이익단체로 국내 타워크레인임대업체 중 약 200여 개 업체가 가입하고 있으며 국내 타워크레인 중 약 55~60%가 이 협동조합에 소속된 업체들의 소유이다. 타워크레인협동조합은 타워크레인노조측과 2001년부터 단체교섭을 수행해 왔다. 교섭과 관련하여 협동조합측은 6명의 교섭대표를 선출하여 교섭에 임하고 있으며 이 중 3명은 총회에서 나머지 3명은 조합원업체들에서 선출되고 있다(심규범, 2008). 포항전문업체협의회는 2004년 말 구성된 단체로 포항지역의 전문건설기계협의회와 전문건설전기협의회가 소속되어 있다. 이 단체는 포스코건설과 연관된 33개 기계업체와 포스코건설, POSCON, POSMEC 등과 연관된 30여 전기업체, 그리고 7개 철근목공업체들을 대신하여 노조와 교섭한다. 협의회는 상근자를 두고 회비를 걷고 있으나 소속업체들에 대한 지도력은 매우 취약한 편이고 단체교섭을 담당하는 것 이외에 노사관계에서의 역할도 취약하다.

광양건설인협의회는 2004년 말에 전남동부경남서부건설노조와의 단체교섭 당사자였던 약 40여 개의 전문건설업체에 의해 결성되었다. 협의회의 전임자는 1명이고 포항지역에 비해 협의회의 규모나 응집력이 더 취약한 것으로 알려져 있다.

마지막으로 여수국가산업단지 플랜트건설업협의회는 2005년 1월에 결성되었다. 이 단체는 GS-Caltex, LG화학 등 발주업체 설비의 개보수를 담당하는 40여 개 전문건설업체들이 여수지역건설노조와 단체교섭을 수행하는 과정에서 형성되었다. 한편 여수에는 여수계전협의회의 계전업체들이 느슨한 형태의 사용자 모임을 구성하여 교섭에 함께 응하고 있다. 여수지역의 플랜트건설업협의회 전임자는 1명이고 여수계전협의회는 전임자가 없다.

건설업의 사용자 조직들은 여전히 취약한 상태이고 부분적으로는 형성과정에 있다. 금속 등 다른 부문에서와 마찬가지로 건설업에서도 사용자 조직의 형성은 노동조합들의 파업을 동반한 강력한 압박을 통해 이루어지고 있다. 또 다른 특징은 사용자 조직이 이원적 구조를 지니고 있다는 점이다. 즉, 노사정 간의 정책협의에는 대한건설협회와 대한전문건설협회 등의 대표적 사업자단체들이 참여하고 있으나, 각지의 단체교섭에는 발주처나 원청업체 사용자가 배제된 전문건설업체들만의 교섭기구들이 활동하고 있다.

3. 건설산업의 단체교섭과 정책협의

가. 건설업의 단체교섭 형태

민주노총 건설산업연맹이 등장하기 전까지 건설산업에서의 지배적인 단체교섭 형태는 건설업체의 사무기술직 중심 기업별 노조들과 해당 업체의 사용자가 벌이는 기업별 교섭이거나 각 지역의 건설일용공노조들이 건설현장에서 하수급업체 사용자나 도급업체 감독자와 벌이는 작업장교섭(건설현장교섭)이었다고 할 수 있다.

민주노총 건설산업연맹이 설립되고 이들이 설립 초기부터 조직확대와 함께 산별노조와 산별교섭을 추구하게 되면서 단체교섭의 형태도 변화를 보이게 된다. 이에 따라 현재 건설업의 단체교섭 형태는 다양한 모습을 띠고 있다.

첫째, 전통적인 종합건설업체들의 기업별 노조들은 해당 사용자와 기업별 교섭(firm level bargaining)을 통해 임금과 근로조건을 결정하고 있다.

둘째, 토목·건축 분야와 덤프 및 레미콘 등의 건설기계 분야의 근로자들은 해당 건설현장별로 단체협약을 체결하는 작업장교섭(workplace bargaining)을 통해 임금과 근로조건을 정하고 있다.

셋째, 건설플랜트 분야 및 전기원 일부의 경우 특정 발주처와 수주관계에 있는 특정 지역의 건설업체들과 지역 차원의 단체교섭을 벌이고 있다.

넷째, 타워크레인 부문의 경우 유일하게 관련 노동조합들과 타워크레인협동조합이 전국 차원의 통일교섭을 벌여 왔다.

[표 7-8] 건설업의 업종·공종별 단체교섭 형태

주요 업종	교섭형태	사용자단체
건설기계(덤프/레미콘)	작업장교섭(현장/분회교섭)	-
타워크레인	통일교섭(혹은 작업장교섭)	타워크레인협동조합
토목·건축	작업장교섭(현장교섭)	-
전기원	지역별 교섭(또는 기업별 교섭)	-
건설플랜트	지역별 교섭/작업장교섭	포항전문업체협의회 광양건설인협의회 여수플랜트협의회
종합건설업체	기업별 교섭	-

나. 단체교섭 사례

1) 전국건설노조와 관련 사용자 간의 단체교섭 사례

건설산업의 단체교섭 과정은 전국단위의 노동조합이 연례 대의원대회를 통해 단체교섭 요구를 확정지음으로써 시작된다. 전국단위 노동조합의 단체교섭 요구는 정부에 대한 정책적 요구와 사용자단체들에 대한 요구로 나뉘어진다. 정부와 사용자단체들과의 단체교섭이 실제 이루어지는 것은 아니고 단지 전국단위 노조들을 이러한 요구안을 정부와 사용자단체에 제시하고 요구하는 과정을 수행한다. 다만 일부의 요구에 대해서는 협의가 진행될 수도 있다. 전국단위 노조들의 요구안은 지역과 현장의 하부 노조조직들이 벌이는 단체교섭의 대략적인 가이드라인을 제공하는 역할도 한다.

[표 7-9]의 요구안은 전국건설노조가 2011년 대의원대회를 통해 확정 지은 사용자 및 정부에 대한 요구사항이다. 건설산업 노조들의 요구에서 정책적 요구가 많은 것은 이 부문 노사관계의 두드러진 특징이라고 할 수 있는데, 이는 건설산업이 공공적 규제가 많은 산업이고, 고용관계 전반에 걸쳐 상호작용에 대한 제도화가 미비한 편이며, 하도급구조 등 산업구조적 특성이 근로조건과 고용관계에 영향을 많이 미치기 때문이다.

전국단위의 건설노조가 요구안을 확정하면 단체교섭 상대방에 대한 실질적인 교섭준비는 건설노조 내부의 타워크레인, 건설기계, 토목건축, 전기원 등의 직종·업종 분과별 조직들에 의해 진행된다. 즉, 이들 분과조직들이 임금인상과 단체협약 개정안의 작성주체이다.

2) 타워크레인의 단체교섭 사례

타워크레인 업종의 단체교섭 노조측 당사자는 전국건설노동조합에 속한 타워크레인분과(기존 명칭은 전국타워크레인기사노동조합)이고 사용자측 당사자는 타워크레인협동조합이다. 이 부문에서는 2001년부터 노사간의 전국교섭(통일교섭)이 이루어져 왔다. 2000년에 설립되었던 타워크레인기사노조는 2001년에 30일간의 파업을 통해 협동조합측에 전국교섭을 요구하였고 협동조합측이 이를 받아들여 현재의 교섭구조가 형성되었다. 협동조합측은 단체교섭 시기가

[표 7-9] 건설노조의 대(對)사용자(2011) 및 국토해양부(2010) 요구사항

단 체	요구사항	
건설협회 · 전문건설 협회 · 지자체	임금	• 체불 · 유보 임금 근절 • 원청업체의 관리 감독 강화
	고용	• 조합원 우선 고용
	근로시간	• 8시간 노동, 일요 휴무 • 심야작업 근절
	산업안전	• 산업안전보건협약 체결 • 원청업체 책임 및 감독 강화
	하도급	• 재하도급 확대 및 시공참여자 제도 재도입 반대 • 불법하도급 상시적인 관리 감독
	수급조절	• 레미콘, 덤프, 굴삭기 수급조절
	기타	• 타워크레인 편법 와이어 지지고정 방식 근절 • 표준 근로/임대차 계약서 작성 지도 • 노조와 정례협의
국토해양부	① 건설기능향상훈련 예산확보 대책수립 ② 덤프 · 레미콘 건설기계 수급조절 기간 연장과 굴삭기 수급조절 시행 ③ 유보임금 및 체불임금 근절 대책수립 ④ 공공공사 표준근로계약서와 건설기계 표준임대차계약서 작성 의무화 ⑤ 화물로 등록된 덤프 규제 방안 마련 ⑥ 도로법 시행령 개정 관련 문제 ⑦ 타워크레인 벽체지지고정 원칙과 편법 와이어 지지고정 방식 개선	
고용노동부	① 특수형태근로자 노조활동 인정 ② 레미콘 근로자 노동분쟁에 대한 노동부 및 노동위원회의 개입 ③ 특수형태근로자 노동기본권 인정 입법 ④ 특수형태근로자 산재보험 전면 적용 ⑤ 건설기계노동자의 체불 · 유보임금 및 어음 근절대책 시행 및 입법 ⑥ 타워크레인 및 전북지역 단체교섭에 대한 행정지도 ⑦ 표준근로계약서 의무작성 제도화 ⑧ 건설현장 산업안전 관련 정례협의	

출처: 전국건설노동조합(2011).

되면 소속 사용자들로부터 교섭권을 위임받아 교섭에 임하여 왔다. 하지만 교섭은 현장 수준에서도 별도로 이루어진다. 이는 교섭권을 위임받은 협동조합 측이 약한 하부 통제력을 가지고 있기 때문이다. 따라서 전국교섭이 종료되고 나면, 노조측은 개정된 협약안을 가지고 개별 건설현장 사용자들을 방문하여 동의를 받는 절차를 거치고 있다.

단체교섭을 통해 체결되는 주요 협약내용으로는 조합원의 우선고용, 복지확충, 고용승계, 임금인상률, 근로시간 등이 있다. 특이한 사항으로는 '신규 근로계약 체결자가 조합원인 경우 별도의 협약체결 없이 기존 협약을 신규 체결자에게도 이를 그대로 적용한다'는 규정이다. 이는 건설업 노동자들의 높은 이동성을 반영한 조항이라고 할 수 있다.

타워크레인 업종에서의 단체교섭은 갈등적인 점도 특징이다. 노사는 2001년부터 2011년까지 11년 동안 단체교섭을 수행하면서 8회의 분규를 겪었다. 이는 노조측이 조직동원을 통한 교섭력 확보에 치중하는 활동 성향을 가지고 있어서이기도 하지만 이 부문에서도 자동하는 하도급구조로 인해 사용자들의 지불능력에 한계가 뚜렷하기 때문이다.

최근 들어 이 부문의 단체교섭은 다시 난맥상을 드러내고 있다. 2011년에 타워크레인의 전국교섭은 약 30차례에 걸친 협상에도 불구하고 명시적으로 단체협약에 대한 합의를 이끌어 내지 못한 채 노사는 소송전을 통해 갈등을 이어가고 있다.

3) 건설플랜트부문 단체교섭

건설플랜트업종에서는 단체교섭이 지역별 노조조직과 유관 사용자 집단에 의해 지역별 집단교섭 방식으로 치러진다. 단체교섭 시즌이 되면 노조측은 요구안을 확정하여 조합원이 근무하는 건설현장 사용자들의 목록을 작성한 후 단체교섭 테이블에 참석할 것을 요청함으로써 단체교섭에 착수한다. 이 중에서 참석에 응한 사용자들이 사용자측 교섭대표를 선출함으로써 협상이 본격화된다.

노조측은 여러 해에 걸쳐 안정적인 사용자측 조직의 결성을 촉구해 왔으나 현재 노조측의 요구를 최소한이나마 만족시킬 만한 안정성을 갖춘 사용자 조직은 포항과 전남동부경남서부 지역에만 존재하고 있다.

광양의 건설플랜트노조 전남동부경남서부지부와 해당 지역 플랜트건설부문 전문건설회사들 간의 2011년 단체교섭을 예로 들어 단체교섭 과정을 소개하면 다음과 같다. 이 지역 노사는 2011년에 임금교섭만을 수행하였다. 교섭 개시일은 4월 20일이며 노조측은 105개 전문건설업체에 단체교섭 참여를 요청하였고 최종적으로 56개 업체를 대표하는 광양제철산업단지전문건설인협의회 회장단과 나머지 49개 업체들의 위임을 받은 7개 업체 대표들이 사용자측 교섭대표로 노조측과 협상을 벌였다. 사측의 교섭대표 구성은 3차 교섭기일인 5월 18일에야 마무리되었으며 결국 사실상의 본교섭은 4차 교섭인 5월 25일에야 시작되었다. 5월 25일 4차 교섭에서 노조측은 9% 임금인상안을 제시하였고, 이후 노사는 협상을 거듭하여 8월 4일 제17차 교섭에서 파업을 겪지 않은 채 최종적으로 합의에 도달하였다. 노조측은 이를 조합원 찬반투표에 부쳐 67.9%의

[표 7-10] 건설플랜트부문 단체교섭의 갈등 양상

지역별		울 산	광 양	여 수	포 항
노조설립 연도		2004년	2002년	1988년	1989년
2004년	교섭 특성		임금/단협	임금/단협	임금/단협
	갈등 수준		**45일 파업**	**10여 일 파업**	**43일 파업**
2005년	교섭 특성	임금/단협	임금협약	임금협약	임금협약
	갈등 수준	**76일 파업**	무파업	무파업	**분회 파업**
2006년	교섭 특성	임금협약	임금/단협	임금/단협	임금/단협
	갈등 수준	**30일 파업**	**25일 파업**	무파업	**82일 파업**
2007년	교섭 특성	임금/단협	임금협약	임금협약	임금협약
	갈등 수준	**9일 파업**	무파업	무파업	무파업
2008년	교섭 특성	임금/단협	임금/단협	임금/단협	임금/단협
	갈등 수준	무파업	무파업	무파업	**파업**
2009년	교섭 특성	임금/단협	임금협약	임금협약	임금협약
	갈등 수준	**15일 파업**	**11일 파업**	무파업	**9일 파업**
2010년	교섭 특성	임금협약	임금/단협	임금/단협	임금/단협
	갈등 수준	태업	무파업	**23일 파업**	**5일 파업**
2011년	교섭 특성	임금/단협	임금협약	임금협약	임금협약
	갈등 수준	**3일 파업**	무파업	무파업	**5일 파업**

찬성으로 가결지었다.

하지만 위와 같은 사례가 건설플랜트 업종에서 일반적인 양상은 아니다. 건설플랜트 업종은 건설산업 노사관계에서 가장 갈등이 두드러진 업종에 속한다. 특히 울산과 포항의 단체교섭은 교섭관계가 형성된 이후 거의 매년마다 크고 작은 파업을 수반하는 갈등 양상이 반복되었다.

건설플랜트 부문에서 갈등이 지속되는 이유는 노사의 상호 인정 정도가 약하고 단체교섭의 제도화 수준도 낮기 때문이다. 여기에 노조의 동원주의적 성향과 사용자측의 낮은 지불능력 등도 중요한 배경으로 작용하고 있다. 최근 가장 두드러진 갈등 양상을 보이는 울산지역 단체교섭에서의 갈등 양상을 보면 갈등의 핵심적 이슈가 '노조창립일 유급휴일 인정' 문제였는데, 여기에는 휴일의 증가보다는 '노조의 존재가 현장에서 널리 인정된다'는 사용자측의 우려가 단체협약 체결을 가로막았다. 한편 사용자측의 노조 인정에 대한 소극적 태도의 배경에는 그간의 노사관계가 파업과 폭력을 수반한 일상적인 대립으로 점철되었다는 경과가 작용하고 있다.

다. 정책협의

건설업은 타 산업부문과는 달리 안정적인 기업별 노사관계가 구축되기 어렵고 초기업 수준의 상호작용이 활발할 수밖에 없는 조건인데다가 공공적 규제 정도도 강한 편이어서 중위조합주의(meso corporatism)적인 노사관계의 형성 필요성이 제기되기도 한다. 그러나 단기간 내에 이러한 양상으로의 발전을 기대하기는 힘들 것으로 보인다. 하지만 필요에 따른 일정한 형태의 정책협의가 현재도 이루어지고 있다.

건설산업의 노사와 정부측 간의 정책협의 통로로는 고용노동부 및 국토개발부와의 협의통로가 존재한다. 이전 정부에서 건설업의 노사는 고용노동부와 정례적인 협의 틀 속에서 법제도 적용과 관련된 시책에 대해 의견을 공유하여 처리하는 기회를 가졌다. 이는 건설산업 근로조건과 고용관계의 취약성을 반영한 것이었지만 이전 정부의 정치적 성향과도 무관하지 않았다. 반면 이명박 정부가 들어선 후 고용노동부와의 정례적인 협의구조는 약화되어 현안문제에 대한 정례적 협의는 간헐적인 면담 수준으로 하락하였다. 이 역시 이명박 정부의 정치적 성향과 관련이 있다.

하지만 국토해양부와의 정책협의는 최근 들어 건설기계부문의 수급조절 문제와 건설기능인력 육성, 체불임금 근절, 건설산업의 하도급구조 개혁 등을 이슈로 하여 정례화되었다. 2011년 현재 차관급과 노사대표 간의 간담회 구조가 여전히 유지되고 있으며, 2009년 결성된 건설현장선진화 TFT(Task Force Team)를 통해서는 보다 실무적인 정책협의가 진행되고 있다.

4. 건설업 노사관계의 과제와 전망

건설업의 노사관계는 환경에 있어서는 다단계의 하도급구조, 수요 불안정성, 제도 및 정책 등의 영향을 많이 받고, 행위자에 있어서는 강력한 사용자들의 조직에 비해 노동조합 단체의 힘은 미약하며, 상호작용에 있어서는 불안정한 단체교섭 관계가 특징적이다.

향후의 전망과 관련해서 환경에 있어서는 단기적으로 건설업의 경기상황이 크게 호전될 것으로는 예상되지 않으므로 파업 등 근로자들의 집단행동이 활성화될 것으로 보이지는 않는다. 하지만 건설업은 불황기에 근로자들의 임금과 고용의 불안정성이 크게 증폭되는 특징을 지니므로 지불능력이 낮은 하청업체 사용자와 임금과 고용의 불안정성이 높은 근로자 간에 이루어지는 건설업의 단체교섭을 지지부진하고 갈등적으로 만들 가능성이 있다.

건설업 노사관계에서는 다단계의 하도급구조로 인해 야기되는 불공정하고 불안정한 산업구조 및 노동시장 구조를 개선할 수 있는 제도와 정책의 중요성이 크다. 그리고 이에 관한 변화 양상은 정치세력 교체기에 가늠될 수 있기 때문에 단기적으로는 정치과정의 추이에 주목할 필요가 있다.

두 번째로 앞서 언급한 대로 건설업에서 노동조합의 조직률은 4.4% 정도로 전 산업 조직률 9.8%에 비해 절반에도 못 미치는 반면, 건설업의 사용자들은 전국건설협회와 전문건설협회를 통해 비교적 잘 조직되어 있어서 세력관계상 사용자 우위의 상황은 유지될 것이다. 다만, 이 부문의 주요 노조들이 대립주의적이고 동원력이 높으며, 사회경제적 파급력이 높은 업종을 조직하고 있다는 점 때문에 상호작용 여하에 따라서는 일시적인 세력균형 상황이 조성될 수도 있을 것이다. 한편, 노조들의 경우 주요 업종이면서도 조직화가 지지부진한 상태인 토목·건축부문에서 노조원수를 얼마나 확보할 수 있는지가 전반적인 교섭력 향상에 관건이 될 것이다.

세 번째로 상호작용에 있어서는 단기적으로 노사간의 상호인정과 단체교섭의 안정화를 둘러싼 힘겨루기가 거듭될 가능성이 높다. 앞서의 2011년 현황에서 드러난 대로 상호 인정과 신뢰 수준이 낮아서 단체교섭 관계가 형성되어 있어도 환경이나 상황의 변화가 생길 경우 쉽게 대립적 상호작용을 선택하는 경우가 나타나고 있다. 따라서 상호 인정과 신뢰 수준의 제고와 그에 긍정적인 영향을 줄 수 있는 제도적인 상호작용 관계의 조성이 과제가 될 수밖에 없다.

여러 변수의 동향을 살펴보았을 때 건설업의 노사관계는 사용자가 우위에 서기는 하지만 불안정한 상황이 계속 전개될 가능성이 있다. 이러한 불안정성을 불식하고 호혜성과 상호 신뢰에 바탕한 관계가 형성되기 위해서는 이 부문 노사관계에 대해 중위조합주의(meso corporatism)적 접근이 필요할 것으로 판단된다. 이는 다른 산업에 비해 공공부문의 제도·정책적 관여가 보다 적극적으로 전개될 필요가 있음을 의미한다.

여러 산업 중에서도 건설업은 주문에 의한 생산과 자연환경의 영향에 직접 노출되는 작업환경으로 인해 생산과 근로조건의 불안정성이 특히 두드러진 산업의 하나라 할 수 있다. 반면 건설업은 단일 산업으로 GDP 내 비중이 크고, 시장 수요의 약 30%가량을 정부 등 공공부문이 담당하고 있으며, 산업의 공공적 성격도 크다. 한편, 산업적 불안정성에 대처하기 위한 건설업체들의 관행에서 유래된 다단계 하도급구조가 이제는 산업발전과 고용관계에 부정적인 영향을 주고 있어서 이를 개선하기 위한 적극적인 제도·정책적 대응이 불가피하다고 할 수 있다. 특히 이 부문 근로자들의 경우 이러한 건설업 특유의 산업여건하에서 불공정한 처우와 불안정한 조건의 희생양이 되어 왔다는 지적이 많았고, 실제 이 때문에 최근에는 건설업에 대한 매력이 감소하여 건설기능인력의 안정적인 재생산에 대한 우려가 커지고 있는 형편이다(심규범, 2008).

이러한 상황을 종합할 때 불법하도급 근절 등 산업구조의 선진화, 건설인력의 고용안정과 근로조건 개선 및 육성 개발, 단체교섭 관계의 안정화를 포함한 노사관계 개선 등을 추진할 수 있는 노사정 간의 중장기적 논의구조가 마련되고, 이 틀 안에서 다음의 사안들에 대한 개선대책이 마련되는 것이 필요하다.

첫째, 불법하도급 문제를 비롯하여 발주처-원도급-하도급 간의 공정한 게임 규칙과 보상 등 건설업 산업구조의 선진화 개혁이 지속적이고 강도 높게 추진되어야 할 것이다. 둘째, 임금-고용-안전-훈련-복지 등에서 불안정성과 낙후성을 벗어날 수 있는 강도 높은 개선대책이 노사정 간에 논의될 필요가 있을 것이다. 셋째, 노사관계에서 안정적인 상호작용의 틀을 갖출 수 있도록 노동행정 당국의 지원이 필요할 것이다. 특히 노동조합과 발주처 및 원청 사용자 간의 상호작용, 전국과 지역 단위에서의 안정적인 상호작용을 위한 집단적 주체의 형성을 위해 이러한 지원이 긴요하다. 넷째, 건설업 취업자의 10% 이상을 점하는 특수형태 고용의 종속노동적 속성과 계약상 세력 열위 속성을 고려하여 집단적 단결과 교섭을 할 수 있는 제도가 하루 빨리 마련되어야 한다.

참고문헌

건설산업기본법(2011).

건설근로자의 고용개선 등에 관한 법률(2011).

건설산업연맹 및 건설노조 정책담당자 인터뷰 결과.

건설교통부 산업정책비서관실(2007), 건설기능인력 근로개선대책 추진현황 점검.

김훈 외(2009), 2009년도 노사관계 평가 및 시사점, 고용노동부.

백석근(2011), 건설산업연맹 산별운동 평가 및 향후 방향, 〈산별운동 평가, 새로운 모색!〉 토론회 자료집, 민주노총 정책연구원.

심규범(2008), 건설산업의 합리적인 노사관계 정립 방안, 한국건설산업연구원.

심용보(2010), "인적자원개발 파트너십에 관한 사례연구: 플랜트건설업종의 노사공동훈련", 「직업능력개발연구」 제13권(1), 49-73.

은수미 외(2007), 2007년도 노사관계 실태분석 및 평가, 노동부.

주종섭(2011), "우리들의 현장", 일과복지연대.

최정일(2011), 건설업 노무관리 실무 2011, 삼일인포마인.

8 운수업 노사관계의 동향과 전망

제8장 운수업 노사관계의 동향과 전망
- 버스와 택시를 중심으로 -

1. 서 론

가. 버스・택시 운수업[1] 기초 현황

2009년 말 현재 버스와 법인택시의 사업체수는 각각 830개, 1,735개이고, 종사자수는 각각 10만 2,449명과 14만 4,358명이며, 매출규모는 각각 7조 46억 원과 2조 1,343억 원을 차지하고 있다. 한편, 종사자 1인당 연급여액은 버스가 3,008만 원인 반면 택시는 982만 원에 불과한 차이를 보이고 있다. 전체 운수업과 버스 및 법인택시 운수업을 비교해 보면, 버스 및 법인택시 운수업이 기업체수에 있어서는 각각 0.24%와 0.51%를 차지하고, 종사자수에 있어서는 각각 9.8%와 13.8%를 차지하며, 매출액에 있어서는 각각 6.3%와 2.8%를 차지하고 있다. 또한 인당 연급여액에서는 각각 167%와 54.7%라는 비중을 보이고 있다.

경영조건을 보면, 버스와 법인택시 운수업은 철도 및 수상 운송업과 함께 매출액에 비해 영업비용이 더 커서 적자상태를 나타내어 온 대표적인 업종에 속한다. 이러한 저조한 수익성은 이 업종이 공공성의 요구와 상업적 경영동기 사이의 균형에 문제가 존재할 가능성을 암시한다. 실제 두 업종은 자가용의 대중화 및 도시철도 체계의 발달 등으로 인해 교통수요를 잠식당하면서 꾸준히 수익성이 악화되어 왔다. 이로 인해 두 업종 모두 노사단체가 교통정책 변경 등 정부 개입을 요구하고 있는 현실이다.[2]

그럼에도 불구하고 버스와 택시 운수업은 수송분담률이 각각 1위와 2위인 우리나라의 대표적인 대중교통 서비스업종이다. 연도별 수송실적에서 볼 수

---

1) 이 글에서는 버스 세부업종 중 전세버스 및 장의차량, 택시 중 개인택시를 논의에서 일단 제외하도록 한다.

2) 두 업종 모두 노사가 지자체 및 정부의 재정지원 확대(버스), 대중교통수단에의 포함(택시) 등을 요구하고 있는데, 이는 불가피하게 중앙정부와 지자체의 버스 및 택시 시장에 대한 개입을 증대시키게 된다.

있듯이 두 업종은 최근까지도 꾸준히 시민들에게 일상적인 교통서비스를 제공해 왔다. 다만, 버스와 택시를 비교해 보면 버스가 비교적 안정적으로 수송수요를 확보하고 있는 데 반해, 택시는 지난 수년간 상대적 수요가 다소 위축되어 왔음을 알 수 있다.

[표 8-1] 운수업 기초 현황

구 분		기업체수 (개)	종사자수 (명)	인당 급여 (만 원)	매출액 (천만 원)	영업비용 (천만 원)	매출-영업비용 (천만 원)
운수업 전체		340,526	1,043,861	1,797	111,981,875	105,417,240	6,564,635
육상 및 파이프라인 운송업		322,546	882,353	1,531	47,588,895	42,842,708	4,746,187
(1) 철도	철도	1	31,038	-	35,288	41,149	- 5,861
	도시철도	9	24,687	5,056	2,073,643	2,967,766	- 894,123
	소계	10	55,725	-	2,108,931	3,008,915	- 899,984
(2) 버스	**시내버스**	**410**	**75,540**	**3,093**	**4,798,941**	**5,045,224**	**- 246,283**
	마을버스	**343**	**8,055**	**1,994**	**406,399**	**406,805**	**- 406**
	시외버스	**69**	**14,485**	**2,885**	**1,248,109**	**1,300,268**	**- 52,159**
	고속버스	**8**	**4,369**	**3,814**	**551,145**	**490,858**	**60,287**
	소계	**830**	**102,449**	**3,008**	**7,004,594**	**7,243,155**	**- 238,561**
(3) 택시	**법인택시**	**1,735**	**144,358**	**982**	**3,134,340**	**3,427,995**	**- 293,655**
	개인택시	162,673	162,673	-	5,485,012	2,493,604	2,991,408
	소계	164,408	307,031	-	8,619,352	5,921,599	2,697,753
(4) 전세버스/장의차량	전세버스	1,287	30,397	1,238	1,443,522	1,380,235	63,287
	장의차량	899	2,013	1,026	95,152	80,969	14,183
	소계	2,186	32,410	1,225	1,538,674	1,461,204	77,470
(5) 화물	일반 화물자동차	6 000	201,082	2,463	16,525,682	15,753,954	771,728
	용달 화물자동차	82,724	82,990	-	2,534,335	1,103,209	1,431,126
	개별 화물자동차	65,416	66,094	-	3,091,188	1,671,884	1,419,304
	소계	154,140	350,166	1,416	22,151,205	18,529,047	3,622,158
(6) 기타	택배업	27	21,380	2,561	2,103,045	2,016,366	86,679
	늘찬 배달업	944	12,845	1,706	369,332	340,113	29,219
	파이프라인 운송업	1	-	-	-	-	-
	소계	972	-	-	-	-	-
수상운송업		513	26,701	4,238	35,999,248	37,441,175	- 1,441,927
항공운송업		15	26,442	5,512	13,610,096	13,775,265	- 165,169
창고 및 운송관련서비스업		17,452	108,365	2,452	14,783,636	11,358,092	3,425,544
버스/운수업		0.24	9.81	167.39	6.26	6.87	-
버스/육상운수업		0.26	11.61	196.47	14.72	16.91	-
법인택시/운수업		0.51	13.83	54.65	2.80	3.25	-
법인택시/육상운수업		0.54	16.36	64.14	6.59	8.00	-

출처: 통계청(2010). 2009년 운수업조사보고서.

나. 버스운수업의 노사관계 환경

버스운수업의 2007~2009년간 기초 현황을 보면, 업체수는 큰 변화가 없고 종사자수는 소폭이지만 꾸준히 증가하고 있다. 종사자수의 증가를 이끄는 것은 마을버스이다. 한편, 차량 대수 역시 소폭이지만 증가 중인데 이중 마을버스는 꾸준히 증가하고 있고 고속버스는 꾸준히 감소하고 있다.

경영상황을 보면 매출액보다 영업비용이 더 큰 적자상태가 꾸준히 유지되고 있음을 볼 수 있고, 특히 2008년에는 연료비 인상 등으로 인해 매출 증가에 비해 큰 폭의 영업비용 증가가 발생하여 적자 폭이 확대되었음을 알 수 있다. 이 중에서도 경영압박이 가장 두드러진 부문은 시내버스이다. 시내버스는 인건비와 유류비의 비중이 약 80%를 차지하는 등 비용구조가 가장 경직적으로 알려져 있기 때문이다(한국운수산업연구원, 2008).

[표 8-2] 버스운수업 최근 기초 현황

연도별	세부업종별	업체수 (개)	종사자수 (명)	급 여 (백만 원)	인당 급여 (만 원)	차량 대수 (대)	매출액 (백만 원)	영업비용 (백만 원)	매출-비용 (백만 원)
2007	시내버스	413	72,177	2,099,020	29.08	31,714	4,307,490	4,543,394	-235,904
	마을버스	334	7,064	130,730	18.51	3,546	330,541	332,737	-2,196
	시외버스	73	14,170	350,483	24.73	7,514	1,049,386	1,134,294	-84,908
	고속버스	8	4,587	166,458	36.29	2,125	531,146	489,205	41,941
	소계	828	97,998	2,746,691	28.03	44,899	6,218,563	6,499,630	-281,067
2008	시내버스	417	75,398	2,267,191	30.07	33,637	4,874,709	5,130,986	-256,277
	마을버스	339	7,453	141,990	19.05	3,556	367,990	377,583	-9,593
	시외버스	70	13,858	373,437	26.95	7,312	1,198,849	1,309,024	-110,175
	고속버스	8	4,334	169,635	39.14	2,088	563,278	522,340	40,938
	소계	834	101,043	2,952,253	29.22	46,593	7,004,826	7,339,933	-335,107
2009	시내버스	410	75,540	2,336,426	30.93	33,376	4,798,941	5,045,224	-246,283
	마을버스	343	8,055	160,647	19.94	3,807	406,399	406,805	-406
	시외버스	69	14,485	417,848	28.85	7,750	1,248,109	1,300,268	-52,159
	고속버스	8	4,369	166,617	38.14	2,067	551,145	490,858	60,287
	소계	830	102,449	3,081,538	30.08	47,000	7,004,594	7,243,155	-238,561

출처: 통계청, 운수업조사보고서 각 연도.

버스운수업의 적자경영은 최근의 현상이 아니다. 버스운수업의 수익성은 1980년대 중반부터 불어닥친 자동차 대중화, 1987년 이후의 인건비 상승, 2000년대 이후의 급속한 연료비 상승 등 계기적인 여건 변화와 함께 꾸준히 악화되어 1996년부터는 만성적으로 매출이 영업비용을 보전할 수 없는 상태가 야기되었다. 이는 최근까지도 마찬가지여서 2007년에 제출된 버스업계의 한 조사보고서에 의하면 2006년 말 현재 조사된 419개의 버스업체 중 52.3%가 자본잠식 상태이고 평균 부채비율이 636%이며 88개 업체는 임금체불 상태이고 경영난으로 노조에게 경영권을 넘긴 업체가 6개 등으로 나타나고 있다(한국운수산업연구원, 2007).

만성화된 적자경영을 타개하기 위해 정부당국은 2001년부터 버스운수업체에 재정지원금을 제공하기 시작했으며 2004년부터는 서울을 시작으로 5대 도시에 '준공영제' 방식의 공공개입적인 운영시스템이 도입되었다. 버스운영체계는 민영, 준공영, 공영 체계 등으로 구분할 수 있는데, 한국에서는 그동안 노선 독점권에 기반을 둔 민영체제로 운영되어 오다가, 수익성이 본격적으로 악화되기 시작한 1990년대에는 요금인상을 통해, 2000년대 들어와서는 교통카드 할인, 적자노선 지원, 연료비 지원 등의 명목으로 재정지원금을 제공하기 시작하였고, 이에도 불구하고 적자폭이 더 커지자 2004년 7월부터 서울을 시작으로 부산, 대구, 대전, 광주 등 5대 도시에 대해 준공영제 방식의 운영체계를 도입한 것이다.[3]

한편, 버스운영체계의 변화는 소유와 경영주체의 변화 및 운영방식의 변화를 초래함으로써 노사관계에도 영향을 준다. 민영제하에서는 요금인상이 단체교섭에 중요한 변수였으나 수익성이 악화되면서 요금인상과 함께 정부의 재정지원금 규모 역시 단체교섭의 중요한 변수가 되었으며, 현재와 같은 지자체별 준공영제하에서는 요금인상, 재정지원금 등과 함께 지자체의 운수업체 경영모니터링과 대중교통정책, 재정지원 능력 등이 부수적으로 노사관계의 변수로 작용할 수 있다.[4]

---

3) 준공영제란 민간 버스사업자가 버스의 운영을 직접 담당하되, 버스노선 및 운행 관리는 국가나 지방자치단체가 담당하는 민관혼합의 버스운영체계를 이른다. 우리 정부가 도입한 준공영제는 표준운송원가에 근거한 수입금(공동)관리형 준공영제라고 할 수 있다. 이 제도는 지자체와 버스운송업체가 운송수입금을 공동으로 관리하는 체제(수익금공동관리협의회)를 기반으로, 설정된 표준운송원가 대비 운송수입금의 과부족분을 계산하여 부족분에 대해서는 재정을 지원하는 방식을 취한다.

[표 8-3] 버스운영체계 유형

유 형		주요 운영방식	적용 시·도
민영	순수민영	• 민간사업자 주도의 수익성 위주 운영	-
	재정지원	• 적자노선에 대해 정부/지자체가 보조금 지급	5대 도시 이외의 대부분 시·도
준공영	노선관리형	• 버스노선의 면허 및 운영권을 정부/지자체가 소유하고 일정기간 동안 사업자가 위탁 운영	-
	수입금관리형	• 정부/지자체가 수입금을 관리하여 사후에 노선별 운송실적과 원가를 정산	서울, 부산, 대구, 대전, 광주, 마산 등
	위탁관리형	• 정부/지자체가 민간사업자에게 특정 노선에 대한 재정지원과 운영 위탁	-
공영	직영	• 정부/지자체가 직접 운영	과천시, 제주시
	공기업	• 정부/지자체가 공사의 형태로 운영	-

출처: 운수산업연구원(2007), 버스운송산업 육성지원방안.

버스운수업의 만성화된 재정적자 상태를 해소하기 위해서 앞서 살펴본 대로 정부/지자체의 재정지원이 중요한 역할을 수행해 왔다. 그러나 최근 들어와 연료비 등이 급등하면서 정부/지자체의 재정지원 부담이 더욱 늘어나고 있는 추세이다(교통안전공단, 2011).

버스운송업의 노동시장 특성은 다음과 같이 요약할 수 있다. 첫째, 버스업의 근로자들은 고졸 이하의 학력, 남성 가장 위주, 40~50대가 인력의 대부분을 차지한다는 인적 속성을 지니며 직종별로는 운전직이 80% 이상을 차지한다.

둘째, 버스운송업은 기업특수적 숙련이 적어 근속기간에 대한 보상 등 내부노동시장이 잘 발달되어 있지 않다. 이에 따라 근로자들의 근속기간이 짧고 이직률이 높은 편이다. 예를 들어 대규모 사업장이 비교적 많이 몰려 있는 서울지역의 2005년 근속연수와 이직률이 각각 3.6년과 23.9%를 기록하고 있다(한국노동연구원, 2006).

---

4) 버스운영체계만이 노사관계에서 지자체의 영향력을 제고하는 요인은 아니다. 지자체의 대중교통서비스업 노사관계에 대한 영향력 제고는 버스 및 택시 등 대중교통수단들에 대한 전반적 관리가 지자체로 이관되면서 비약적으로 커졌다고 보아야 한다.

셋째, 버스 근로자들의 상대임금 수준은 2010년의 경우 전 산업 평균(월 291만 7,415원)에 비해 약 22만 원 정도 낮으며(월 269만 2,723원)(전국자동차노동조합연맹, 2011), 근로시간은 전 산업 평균에 비해 긴데, 이는 노동법상의 근로시간특례규정, 교대제・격일제 근무 등의 제도와 관행에 의해 뒷받침되고 있다.

[표 8-4] 버스업 업체, 차량 대수, 임직원 현황(2010년)

(단위: 개, 대, 명)

구 분	업체수	차량 대수	임직원							
			임원	직원	교육훈련 담당자	정비직	안전 관리자	운전직	기타	임직원 계
합계	522	43,738	1,252	7,673	342	3629	1,346	79,434	1,812	95,488

출처: 전국버스운송사업조합연합회(http://www.bus.or.kr).

[표 8-5] 버스업 이직률 현황(2010년)

(단위: 명, %)

시내버스			농어촌버스			시외버스			고속버스			이직률 (%)
운전자수	이직자수	이직률	운전자수	이직자수	이직률	운전자수	이직자수	이직률	운전자수	이직자수	이직률	
59,795	8,684	14.5	2,553	461	18.1	10,531	1,652	15.7	2,936	220	7.5	14.5

출처: 전국버스운송사업조합연합회(http://www.bus.or.kr).

다. 택시운수업의 노사관계 환경

택시운수업은 크게 고용관계가 존재하는 법인택시와 자영업에 속하는 개인택시로 분류된다. 여기서는 법인택시에 국한하여 환경을 검토한다. 법인택시는 1980년대까지만 해도 등록대수가 3만여 대에 불과했지만 2000년대에 들어와서는 9만 대를 상회하게 되었으며, 운송수입 역시 약 3조 원대로 성장하였다. 종사자수 또한 2000년에 19만 3,000명에 이를 정도로 크게 성장하였다.

하지만 2000년대 들어와 법인택시의 경영사정은 크게 악화되었다. 자동차 대중화에 따른 운송수요의 상대적 감소의 지속, 연료인 LPG에 대한 특별소비세 부과 등이 그 주요 요인이라고 할 수 있다. 이에 따라 법인택시는 2003년부터 본격적인 영업손실 상태에 접어들었다. 이러한 상태는 이후에도 나아지지 않았으며 그 결과 2009년 영업손실 규모가 2,937억 원에 이르렀다.

한편, 법인택시 종사자의 1인당 연평균 급여액은 2000년 851만 원에서 2003년에는 922만 원까지 올랐으나, 2005년 다시 863만 원으로 감소하였다가 그 후 계속 상승하여 2009년에는 982만 원이 되었다.

[표 8-6] 연도별 법인택시 기초 현황

연 도	기업체수 (개)	종사자수 (명)	급여액 (억 원)	인당 급여 (만 원)	장비 대수 (수)	운송수입 (억 원)	운송비용 (억 원)	수입-비용
2000	1,788	192,970	16,414	851	97,437	32,658	32,383	275
2005	1,765	146,366	12,638	863	90,478	27,134	29,297	-2,163
2006	1,754	145,756	13,105	899	91,417	28,466	30,638	-2,171
2007	1,752	141,496	13,078	924	91,389	28,627	30,714	-2,087
2008	1,747	144,607	13,376	925	90,147	29,612	32,692	-3,080
2009	1,735	144,358	14,180	982	89,112	31,343	34,280	-2,937

출처: 통계청, 운송업통계조사보고서 각 연도.

택시 수급상황을 보면 1980년까지는 법인택시와 개인택시 대수가 비교적 균등하였으나 1990년부터는 개인택시 위주로 택시가 증차되었다. 이에 따라 1991년부터 2009년까지의 증차 현황을 보면, 법인택시는 7만 7,113대에서 8만 9,112대로 15.6%가 증가한 반면, 개인택시는 8만 1,606대에서 16만 2,673대로 거의 2배 가량(99.3%) 증가하였다. 개인택시의 빠른 증차는 결국 택시의 공급과잉 문제를 야기하였고, 이를 개선하기 위해 2005년도부터 지자체별 택시총량제가 시행되어 택시 증차가 제한되었다.

[표 8-7] 법인택시 및 개인택시 증가 현황

(단위: 대)

구 분		1991년	2009년	증감률(2009/1991)
법인택시	업체수	1,843	1,735	−5.9%
	차량수	77,113	89,112	15.6%
개인택시	차량수	81,606	162,673	99.3%
차량 총계		158,719	251,785	58.6%

출처: 국토해양부.

법인택시운수업 근로자의 임금과 근로조건은 다음과 같은 특징을 지니고 있다. 첫째, 낮은 임금 수준과 특유의 성과급 임금제도를 지니고 있다. 법인 택시 근로자의 임금은 전 산업 평균의 58% 수준이며 운수업 평균에 비해서도 절반을 약간 상회하는 정도의 낮은 수준에 머물러 있다. 낮은 임금 수준 때문에 2009년 7월 1일부터 적용시기의 간격을 두고 택시 최저임금제가 실시되었다. 한편, 택시의 임금제도는 업적급제도라고 할 수 있다. 예를 들어 대표적인 임금제도인 사납금제하에서 근로자는 1일 운행시 회사측에 의무적으로 지불해야 하는 운송수입분인 사납금을 내고 이에 상응하여 고정급여와 일정한 연료량을 지급받는다. 그리고 사납금초과액의 운송수입은 근로자의 수입이 되며 사납금 초과 근로시간 중의 운행 연료비는 스스로 부담한다.

[표 8-8] 택시의 임금제도 유형

유 형	운전자의 수입	수입안정성	연료비 부담	확산 정도
도급제 (지입제)	운송수입－(도급료＋운행경비)	불안정	본인 부담	사납금제 다음 확산 중소도시에 확산
사납금제	고정급＋개인수입[운송수입－(사납금＋일부운행경비)]	불안정	본인 일부 부담	가장 널리 확산
업적금제	고정급＋업적급 (운송수입 초과분의 60%)	약간 안정	회사 부담	대도시 일부 업체
가감누진 월급제	고정급＋성과수당 (평균 운송수입의 50%를 임금으로 하고 임금의 20%는 성과수당)	약간 안정	회사 부담	대도시 일부 업체

출처: 배규식(2008).

둘째, 근로시간이 매우 길다. 예를 들어 2005년에 택시의 주당 근로시간은 62.7시간으로 전 산업 주당 근로시간 45.1시간보다 17.6시간이 더 긴 것으로 조사되었다(배규식, 2008). 법인택시에는 긴 근로시간을 야기하는 근무제도가 존재하는데 주야 맞교대로 하루 12시간 근무하는 1일2교대제, 하루 24시간 근무 후 하루를 쉬는 격일제 근무, 이틀 계속 근무한 후 하루를 쉬는 복격일제 등이 그것이다. 수년 전부터는 부산을 시작으로 아예 1일1차제가 적용되는 사업장이 늘어나고 있는데 이 또한 근로시간을 늘이는 데 크게 영향을 주고 있다(최낙봉, 2011).

셋째, 이직률이 극도로 높다. 예를 들어 서울특별시택시운송사업조합 자료에 따르면, 서울법인택시의 이직률은 1990년대 들어와 급격히 높아지기 시작했으며 1990년대에는 약 70%대, 2000년대 들어와서도 50%를 훨씬 상회하는 극도로 높은 이직률을 나타내고 있다. 이러한 높은 이직률은 이 부문 노동시장의 신규 진입이 상대적으로 용이한 반면 저임금과 장시간근로 등의 영향으로 퇴장 또한 신속하게 이루어지기 때문이라고 할 수 있다.

[표 8-9] 서울 법인택시 이직률

(단위: 명, %)

구 분	1988년	1990년	1992년	1994년	1996년	1998년	2000년	2002년	2004년	2006년
종사자수	50,636	47,084	43,086	43,278	46,409	55,041	55,390	51,376	42,075	40,030
퇴직자수	13,138	23,322	33,603	37,768	36,564	35,845	31,065	29,641	27,041	21,162
이직률	25.9	49.5	78.0	87.3	78.8	65.1	56.1	57.7	64.3	52.9

출처: 서울특별시택시운송사업조합 사업보고서 각 연도.

넷째, 택시의 또 다른 문제는 교통사고이다. 아래 표에서도 나타나 있듯이 1990~2005년간 자동차 대수는 3.5배 이상 늘었지만 법인택시 이외의 사업용 자동차와 자가용 등 비사업용 자동차의 교통사고는 절대적 수치가 감소하고 있다. 반면, 법인택시의 교통사고만 1990년 2만 1,226건에서 2005년 2만 6,139건으로 23.1% 증가하였다. 특히 1995년경부터 택시 교통사고가 급속히 증가하고 있음을 알 수 있다.

[표 8-10] 교통사고 일반 현황

(단위: 건, %)

구 분		1990년	1995년	2000년	2005년	증감률 (2005/1990)
사업용 자동차	사업용 자동차	66,260	42,593	51,467	52,119	-21.3
	법인택시	21,226	15,392	21,938	26,139	23.1
	개인택시	5,090	2,330	3,650	4,478	-12.0
비사업용 자동차		159,758	183,835	216,568	157,047	-1.7
총 계		226,018	226,428	268,035	209,166	-7.5
자동차 대수(만 대)		339	847	1,206	1,540	354.3

출처: 교통안전진흥공단.

2. 노사단체 현황

가. 버스업의 노사단체 현황

1) 노동조합 단체

(가) 한국노총 산하 전국자동차노동조합연맹

버스운송업의 지배적인 노동조합은 한국노총 산하의 전국자동차노동조합연맹(자동차연맹으로 약칭)이다. 2010년 말 현재 이 노조의 조합원수는 8만 1,726명(2009년 8만 1,738명)으로 2009년 말을 기준으로 하면 전세버스업 종사자를 제외한 버스업 종사자 10만 2,449명의 79.8%에 달하며, 전세버스업 종사자를 포함시킬 경우 61.5%에 달한다.

노조는 버스업의 전 세부 업종에 걸쳐 조직을 보유하고 있으며, 25개의 지역노조와 18개의 직할노조를 기반으로 전국에 464개의 사업장 조직을 보유하고 있다. 이는 버스운송사업조합연합회측의 가입 사업체 522개의 88.9%이고, 2009년 통계청 운수업 조사에서의 전세버스업을 제외한 버스업 사업체수(830개)의 55.9%에 달하며, 전세버스업을 포함시킬 경우 21.9%에 달한다.

직종별로는 2010년 말 현재 운전직 조합원이 전체 조합원수의 92.6%를 차지하고 있으며, 전세버스업을 제외한 버스업 전체의 운전직 종사자 중 95%를 차지하고 있다. 전세버스업을 제외한 버스업 전체 종사자 중 운전직의 비율이 83.2%이므로 노조의 조직기반은 매우 탄탄하다고 할 수 있다.

자동차연맹은 1960년대부터 버스운송사업조합들과 지역별 단체교섭을 수행해 왔다. 이러한 지역별 단체교섭은 1980년대 초 기업별 노조체제가 법률로 강제된 조건하에서도 유지되었다. 이는 당시의 지역별 단체교섭이 노조의 강한 압력이나 투쟁에 의해 진행되지 않아 사용자들에게도 적지 않은 이점을 가져다주었기 때문이다(배규식, 2006). 이러한 안정된 단체교섭 관계는 이 노조가 지닌 중요한 자산이라고 할 수 있다.

자동차연맹은 철저한 실리주의 노선을 취해 왔다. 경영은 회사가 하고 노조는 근로조건만 개선시키면 된다는 인식이 강하다. 단체협약에 있어서도 임금 및 근로조건이 주된 내용을 이루며 인사경영권에 대한 근로자의 참여에 관한 내용은 거의 추구하고 있지 않다.

자동차연맹 산하 노조의 대표자들은 대부분 대표자 경력이 길고 "3선 미만이면 단위조합에서 발언권 얻기가 힘들" 정도이며 다소 보수적이라는 평가를 받는

[표 8-11] 전국자동차노동조합연맹 지역별 및 업종별 · 직종별 조직 현황

조 직 명	지부수	조합원수	직종별 / 업종별	운전 기사	정비사 기술직	매표원 사무직 영업직	기 타	합 계 (명)	구성비 (%)
서울시버스노조	69	16,821	시내버스	55,582	720	78		56,380	(69.0)
서울경기마을버스노조	1	1,011	시외버스	9,635	62			9,697	(11.9)
부산버스노조	35	6,142	고속버스	3,415	220	120	197	3,952	(4.8)
대구버스지부	23	3,139	전세버스	1,625				1,625	(2.0)
대구지역관광버스노조	24	808	마을버스	2,159				2,159	(2.6)
인천지역노조	27	3,879	공항버스	1,005	19			1,024	(1.3)
광주전남지역자동차노조	29	3,746	농어촌버스	1,933				1,933	(2.4)
광주지역버스노조	8	1,257	정 비		2,198	260		2,458	(3.0)
경기지역자동차노조	29	9,225	화 물	385		103		488	(0.6)
경기지역버스노조	7	1,499	기 타		61	223	1,726	2,010	(2.5)
경기중부지역버스노조	5	5,630	합 계	75,739	3,280	784	1,923	81,726	(100.0)
강원지부	15	2,292	구성비(%)	(92.7)	(4.0)	(1.0)	(2.4)	(100.0)	
충남지부	29	2,613							
대전버스노조	13	1,698							
충북지역노조	16	1,456							
전북지역자동차노조	19	2,761							
경남지역자동차노조	37	4,827							
울산지역노조	5	854							
경북지역자동차노조	30	3,158							
제주지역자동차노조	7	518							
전세버스노조	19	516							
고속노조	5	2,569							
정비노조	3	2,310							
직할노조	18	2,997							
합 계	464	81,726							

출처: 전국자동차노동조합연맹(2011. 5. 19), 2010 사업보고서.

다. 이러한 특성은 조직적 안정성과 사용자와의 안정된 단체교섭 관계에 따른 것으로 설명할 수 있다. 한편, 사업장 내에서 단체교섭이 벌어지지 않기 때문에 조합원들의 노조활동 참여 수준은 비교적 소극적인 편이고, 사업장지부나 지역노조 대표자들의 조합원과의 상호작용도 소극적인 편이다. 이러한 보수성과 관료주의는 노조간 경쟁체제에서는 일정한 약점으로 작용할 수 있다.[5)]

(나) 민주노총 산하 전국공공운수사회서비스노동조합

전국공공운수사회서비스노동조합(공공운수노조로 약칭)은 공공기관, 운수업체, 사회서비스 부문에서 일하는 근로자들을 가입대상으로 하여 2011년 6월 24일에 창립하였다. 이 노조의 조직은 12개 지역본부와 2개 업종본부(화물연대, 민주버스)로 구성되어 있다. 이 중 버스부문의 조합원수는 2011년 말 현재 약 3,500명 정도로 추산되고 있다(공공운수노조 정책담당자 인터뷰).

공공운수노조는 2010년경부터 전략적인 조직화 방침을 설정하고 자동차노련 가입 사업장에 조직기반을 구축하고자 노력했으며, 그에 따라 장기간의 파업을 통해 조직기반을 확보한 전주지역을 비롯해 50여 개의 사업장에 새로이 조직을 형성하였다.

2) 사용자 조직 현황: 전국버스운송사업자연합회

대표적인 사용자 조직으로는 전국버스운송사업자연합회(이후 버스연합회로 약칭)가 있다. 이 조직은 여객자동차운수사업법(2008. 7. 14. 공포)에 그 근거 규정을 두고 있다. 버스연합회의 설립 당시(1954) 명칭은 '전국자동차운송사업조합연합회'였으나 이후 택시 및 화물운송업종이 떨어져 나가면서 1957년 현재의 명칭으로 변경되었다. 현재의 명칭하에서도 1992년에는 전세버스, 1994년에는 장의버스가 별도의 사업조합연합회를 설립하여 분리되었다.

버스연합회의 조직구조는 지역별 버스운송사업조합을 토대로 한 연합체 성격을 지니고 있다. 이는 여객자동차운수사업법에서 사업자단체의 설립인가와 감독을 지자체(시도지사)에 맡겨 놓은 데 연유한다고 볼 수 있다. 또한 대중교

---

5) 전주지역에서의 일부 조합원의 조직이탈도 이러한 대표자들의 보수성과 관료주의의 산물로 이해할 측면이 있다.

[표 8-12] 전국버스운송사업자조합연합회 가입 현황

회원사	업체수(개)	임직원수(명)
서울특별시 버스운송사업조합	67	19,398
부산광역시 버스운송사업조합	33	6,291
대구광역시 버스운송사업조합	26	4,195
인천광역시 버스운송사업조합	36	5,721
광주광역시 버스운송사업조합	10	2,545
대전광역시 버스운송사업조합	13	2,318
울산광역시 버스운송사업조합	8	1,528
경기도 버스운송사업조합	75	24,756
강원도 버스운송사업조합	34	3,024
충청북도 버스운송사업조합	23	2,548
충청남도 버스운송사업조합	23	3,711
전라북도 버스운송사업조합	22	3,090
전라남도 버스운송사업조합	51	4,796
경상북도 버스운송사업조합	35	4,019
경상남도 버스운송사업조합	57	6,877
제주도 버스운송사업조합	9	671
전국 고속버스운송사업조합	8	(2,058)
합 계	522	95,488

출처: 전국버스운송사업조합연합회(http://www.bus.or.kr).

통 사업에 지급되는 각종 보조금 역시 지급주체를 지자체로 하고 있기도 하다. 이러한 지자체별 규제감독이 사업자단체의 조직구조를 규정하였고, 더 나아가 단체교섭 구조에도 영향을 주었다고 할 수 있다.

버스연합회의 설립목적은 i) 버스운송사업의 공익사업으로서의 건전한 발전을 도모, ii) 사업자 상호간의 긴밀한 제휴로 협조체제를 확립, iii) 운송사업의 건전한 발전과 공동이익 추구 및 명랑한 교통환경 조성을 통한 국민복지향상 기여 등으로 이에 관련된 사업을 수행하고 있다. 이 중 노동관계에 유관한 활동으로는 종사원의 교육훈련과 취업관리를 들 수 있다. 그러나 연합회는 집단적 노사관계에서 사용자단체로서의 역할을 수행하지 않는다. 다만, 교통정책과 관련하여 전국자동차노동조합연맹 등과 함께 국토해양부의 자문에 응하는 정도의 역할을 수행하고 있다.

반면, 각 지역의 버스사업조합들은 조합원인 버스사업체 사용자의 위임을 받아 단체교섭에 관한 업무들을 직접 수행해 왔다. 예를 들어 전라북도버스운송사업조합의 정관에 규정된 사업내용을 보면 노사관리 업무가 규정되어 있고 이를 위해 조합의 관리부 산하에 노무과를 두고 산하업체의 임금협정 및 단체협약에 관한 사항, 노무관리 지도 및 조사연구에 관한 사항 등을 수행하고 있다.

[표 8-13] 전라북도버스운송사업조합의 사업

1. 운임・운송 기타 조합원의 사업에 관한 통할
2. 조합원의 사업에 관한 지도 조사 및 연구와 건의 헌책(獻策)
3. 조합의 사업에 필요한 물자구입 및 공동설비 또는 공동시설
4. 조합원의 사업에 필요한 자금의 융자알선
5. 버스공제조합에 관한 사항
6. 각종 통계의 작성관리 및 조사연구
7. 운송질서 확립을 위한 운송지도 및 안전관리
8. 노사관련 업무와 종사자의 기능인력의 수급, 취업관리 및 교육훈련에 관한 사항
9 위탁행정 사무의 처리
10. 조합원사 사업을 침해하는 일체의 행위에 대한 법적 조치 강구
11. 교통수단 외부광고사업과 부수되는 사업
12. 전 각호 이외에 조합원의 복리증진에 필요한 사업

출처: 전라북도버스운송사업조합(http://www.busta.or.kr).

나. 택시운수업 노사단체 현황

1) 노동조합: 전국택시노동조합연맹과 전국민주택시노동조합

택시업의 주요 노동조합단체는 전국택시노동조합연맹(이하 전택노련)이다. 전택노련은 전국적으로 18개의 지역본부 체제로 구성되어 있으며 2010년 11월 말 현재 사업장별 조직인 828개소의 분회와 7만 735명의 조합원을 보유하고 있다.[6] 이 중 산별노조인 전국택시산업노조에 속한 조합원수는 2010년 말 현재 4만 5,519명으로 추산된다. 전택노련은 조직한 사업장의 비중으로 볼 때는 전국 법인택시업체의 절반에 약간 못 미치는 47.9%의 사업장을 조직하고 있

6) 반면, 고용노동부 노동조합 조직 현황 통계(2010. 12)는 조직수 332개, 조합원수 7만 8,939명으로 추산하고 있다.

[표 8-14] 전국택시노동조합연맹 조직 현황(2010년 11월 30일)

(단위: 개, 명, %)

구 분	조직 현황		사업체 및 근로자		조직률	
	분회수	조합원수	사업체수	근로자수	사업장	근로자
서울본부	207	30,720	255	38,504	81.2	79.8
부산본부	80	11,565	90	14,715	88.9	78.6
대구본부	85	5,466	98	6,558	86.7	83.3
인천본부	26	1,485	60	6,950	43.3	21.4
광주본부	15	437	76	3,000	19.7	14.6
대전본부	53	1,039	76	4,000	69.7	26.0
울산본부	8	403	44	2,604	18.2	15.5
경기본부	75	7,859	102	10,934	73.5	71.9
경기북부	39	2,206	58	4,559	67.2	48.4
경기동부	21	1,547	29	2,189	72.4	70.7
강원본부	41	1,229	111	3,954	36.9	31.1
충북본부	13	260	59	2,930	22.0	8.9
충남본부	32	888	76	3,242	42.1	27.4
전북본부	31	2,007	92	4,500	33.7	44.6
전남본부	26	274	271	3,542	9.6	7.7
경북본부	30	1,310	73	4,585	41.1	28.6
경남본부	27	1,376	125	5,452	21.6	25.2
제주본부	19	664	34	1,691	55.9	39.3
합 계	828	70,735	1729	123,909	47.9	57.1

출처: 전국택시노동조합연맹(2011).

으며, 법인택시 종사자 대비 조직률로 볼 때는 57.1%의 법인택시업체 종사 근로자들을 조직하고 있다. 이러한 규모와 비중은 앞서 살펴본 버스업의 자동차노련에는 못 미치지만 다른 산업업종의 노동조합단체들에 비해서는 비교적 높은 수준이라고 볼 수 있다.

한편, 전택노련의 사업장 조직은 별도의 기업별 노조로 등록되어 있는 '○○운수노조'라는 명칭의 유형과 별도의 노조로 등록되어 있지 않은 '○○운수분회' 등이 혼재한다. 후자가 산별노조에 가입한 조직이라고 할 수 있다. 하지만 전택노련의 경우 다른 노조들과는 달리 산별노조와 기업별 노조를 구분한 조직운용이나 단체교섭을 하지 않는다. 전택노련의 산하 사업장조직들은 기업별 노조든 산별노조 분회든 각 지역본부에 편성되어 관리를 받으며 단체교섭 역시 지역본부에 의해 주관된다.

민주노총 산하에는 2개의 택시운수업 관련 조직이 존재한다. 우선 전통적으로 전택노련의 대항조직으로서 전국민주택시노동조합연맹이 존재한다. 이 노조는 민주노총 내의 산업별 조직통합의 흐름 속에 공공운수연맹 운수산업노조 민주택시본부로 편성되었다가 2011년 7월 전국민주택시노동조합으로 조직형태를 변경했다. 또한 민주노총 산하 전국공공운수사회서비스노동조합 내에도 별도의 택시지부가 존재한다. 양 조직은 민주노총 내에서 조직통합과 활동방향에 대한 견해 차이를 보이며 경쟁상태에 있다.

2) 사용자단체: 전국택시운송사업조합연합회

택시운수업의 주요 사용자단체는 전국택시운송사업조합연합회와 그에 속한 각 지역별 택시운송사업조합들이다. 이들은 버스와 마찬가지로 택시사업을 규제하는 '여객자동차운수사업법'에 의거하여 조직된 단체들이다. 특히 버스와

[표 8-15] 전국택시운송사업조합연합회 조직 현황

지역별 조합	가입 업체수(개)	면허 대수(대)	운전자수(명)
서울특별시택시운송사업조합	255	22,831	40,550
부산광역시택시운송사업조합	99	11,083	14,048
대구광역시택시운송사업조합	96	6,967	6,293
인천광역시택시운송사업조합	60	5,385	6,435
광주광역시택시운송사업조합	76	3,471	3,737
대전광역시택시운송사업조합	76	3,370	3,732
울산광역시택시운송사업조합	44	2,159	2,448
경기도택시운송사업조합	193	10,475	19,463
강원도택시운송사업조합	111	3,496	3,669
충청북도택시운송사업조합	59	2,655	2,686
충청남도택시운송사업조합	76	2,412	3,536
전라북도택시운송사업조합	92	3,780	4,132
전라남도택시운송사업조합	261	3,186	3,380
경상북도택시운송사업조합	73	3,330	3,997
경상남도택시운송사업조합	123	5,405	6,308
제주도택시운송사업조합	34	1,623	1,609
계	1,728	91,628	126,023

출처: 전국택시운송사업조합연합회(2011. 11. 30).

마찬가지로 택시운수업에서도 단체교섭 등 노사관계의 실질적 주체로 활동하는 것은 지역별 택시운송사업조합들이고 연합체인 전국택시운송사업조합연합회는 주로 정책적 이슈에 관해 노사관계와 관련을 맺는다.

전국택시운송사업조합연합회의 조직 현황을 보면, 16개의 시도별 조합들을 구성단체로 삼고 있으며, 여기에 가입한 법인택시업체들의 수가 2011년 11월 말 현재 1,728개소, 이에 소속된 근로자수는 12만 6,023명에 이른다. 연합회는 이러한 조직 기반하에 가입 사업체들의 경영지도, 경영자 및 종사자 교육훈련, 운전자격시험 관리, 택시운송사업 조사연구 및 통계 작성, 안전운행 및 운송질서 지도, 종사자 취업관리, 공제사업, 기타 정부로부터 위탁받은 업무의 처리 등을 수행하고 있다.

한편, 개별 사업조합들의 업무는 가입한 사업체들의 경영지원과 이익보호를 직접 담당한다는 점에서 연합회 업무와 차별화된다. 이들은 각 지자체별로 시행되는 택시 공급규모 결정, 택시요금 결정과정에 참여하여 업체들의 이익을 대변하며 노사관계에서는 단체교섭을 비롯하여 지자체 수준의 노사관계 정책에서 택시사업자들의 이해를 보호한다.

단체교섭과 관련하여 각 지역의 조합들은 단체교섭을 앞둔 시점에 정기총회를 개최하여 가입 사업자들로부터 교섭권을 위임받고 단체교섭을 직접 수행할 교섭대표를 선출하는 절차를 거쳐 단체교섭에 임한다. 한편 단체교섭 및 노사관계의 수행관리는 조직체계상의 노무부서가 담당한다(그림 8-1 참조).

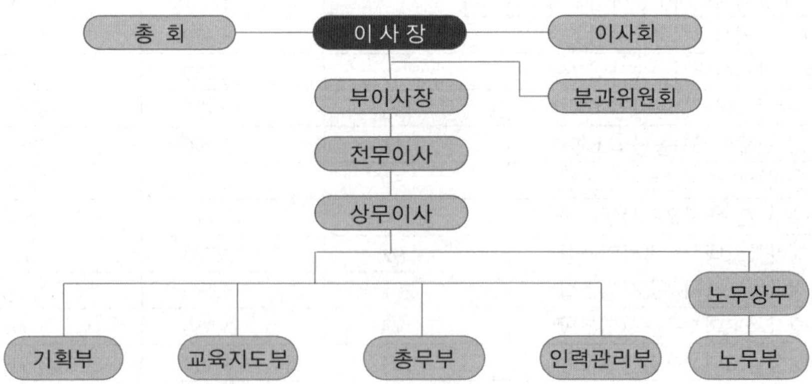

출처: 서울특별시택시운송사업조합(http://www.stj.or.kr).

[그림 8-1] 서울특별시택시운송사업조합 조직도

3. 버스 · 택시운수업의 노사관계 상호작용

가. 버스 · 택시운수업의 단체교섭 특성

버스 · 택시운수업은 공통적으로 지역의 노사단체가 주도하는 지역별 단체교섭을 통해 노사관계를 규율해 왔다.

버스와 택시 모두 정부/지자체의 공적 규제를 강하게 받고 있다. 예를 들어 사업자의 시장진입, 요금 등에서 그러하다. 이러한 공적 규제는 노사관계와 단체교섭에도 영향을 주고 있다. 예를 들어 버스의 경우 과거에는 요금인상, 최근에는 지자체의 재정지원금 지급이 단체교섭의 요구 수준이나 타결에 중요한 영향을 주고 있다. 반면, 택시에서는 지자체의 규율하에 있는 요금인상 여부가 단체교섭에서 중요한 영향을 준다. 예를 들어 택시업종의 임금교섭에서는 요금인상이 이루어지는 해에만 의미 있는 임금인상이 이루어진다.

두 업종 모두 비교적 안정된 단체교섭 관계를 통해 갈등이 적은 상호작용을 지속하고 있다는 점도 공통점이 있다. 여기에는 민주노총 소속 노조들이 소수파 노조 상태를 크게 벗어나지 못하고 있다는 사정도 영향을 주었다고 할 수 있다.

두 업종 모두 경영환경, 노동시장 환경, 임금 및 근로조건 등이 정책의 영향

[표 8-16] 버스 · 택시운수업의 단체교섭 관련 특성 비교

구 분	버 스	택 시
노조형태	• 지역별 노조	• 산별노조
사용자단체	• 지역별 버스운송사업조합	• 지역별 택시운송사업조합
교섭형태	• 지역별 교섭	• 지역별 교섭
주요 이슈	• 고정급 중심 임금제도 • 근로시간 감축 • 준공영제 확대 시행	• 최저임금 • 운송수익금전액관리제 도입 • 근로시간 감축 • 도급제 폐지/개선
산업특성	• 정부/지자체의 강한 규제 • 수송수요 감소	• 정부/지자체의 강한 규제 • 수송수요 감소
사업운영체제	• 규제된 민영+준공영제 • 상대적으로 적은 자본 규모	• 민영체제(법인택시+개인택시) • 상대적으로 적은 자본 규모
노동시장 특성	• 외부 노동시장 우위	• 외부 노동시장 우위

을 크게 받고 있다는 점도 공통적이다.

버스업에서의 지배적인 단체교섭 형태는 지역별 교섭이다. 버스업에서는 약 40년에 걸쳐 지역별 버스노동조합 조직과 시도별로 설립되어 있는 버스운송사업사업조합 간에 임금 및 단체협약이 체결되어 왔다. 이러한 관행은 1980년대에 들어와 기업별노동조합이 법률로 강제되었던 시기에도 유지되었다.

교섭과정을 보면 노조측은 매년 개최되는 지역별 노조의 대의원대회를 통해 교섭위원을 선출하고 사용자측은 사업조합의 총회에서 교섭권을 집행부에 위임하고 회원사 대표 중에서 교섭위원을 선출한다. 집단교섭이 합의에 이르면 교섭위원들은 합의서에 서명하여 협약을 작성하며 이 협약에 단위 사업장의 노사대표가 서명 날인함으로서 교섭이 종결된다(오지섭, 2007). 특기할 점은 사업장별로는 사업장에 위임된 극히 일부의 사항을 제외하고는 단체교섭이 이루어지지 않는다는 점이다.

버스업의 지역별 단체교섭은 시기적으로 세 국면으로 그 특징을 구분해 볼 수 있다. 첫째는 1989년 이전으로 이 시기에는 고전적인 지역별 단체교섭이 이루어졌다. 1989년부터 2005년까지는 지역별 단체교섭에서 중앙 차원의 조율이 강하게 이루어진 시기이다. 이 시기는 노조측이 '6대 도시 공동투쟁의 시기'라고 일컫는 시기로 이 당시에 전국자동차노동조합연맹은 i) 6대 도시 단체교섭에 대한 요구안, 교섭 스케줄, 단체행동 등의 통일, ii) 요금 결정 및 보조금 지급권을 지닌 정부에 대한 압박 강화, iii) 패턴교섭 추진 등을 통해 이 부문의 낙후된 근로조건을 급속히 끌어올리고 임금격차를 감소시키는 데 어느 정도 성공하였다. 세 번째 시기는 2006년 이후로 단체교섭의 분권성이 커진 시기이다. 이 시기에는 버스업체의 경영여건에 지역별 편차가 확대되고, 지역별로 지자체들에 의해 지급되는 지원금의 편차가 커졌으며, 특히 5대 도시에서 준공영제가 실시되는 등의 여건이 단체교섭에 영향을 미쳤다. 이 시기에도 지역별 교섭의 틀은 그대로 유지되고 있으나, 노사단체의 중앙 차원의 교섭 조율은 과거에 비해 상당히 약화되었다.

택시운수업에서도 버스와 마찬가지로 지역별 집단교섭의 형태로 단체교섭이 이루어지고 있다. 이 단체교섭의 담당자는 노조측의 경우 전택노련(전택노조)의 지역본부 대표이고, 사용자측의 경우 지역별 택시운송사업조합의 대표자들이다. 양자는 각각 정기대의원대회와 정기총회를 통해 개별 노조분회 혹은 개별 사업자들로부터 교섭권을 위임받게 된다.

본래 임금교섭은 매년, 단체협약 교섭은 2년에 한 번씩 열도록 하고 있으나 2000년대 들어와 사용자측이 경영사정 악화를 이유로 단체교섭에 소극적으로 응함으로써 단체교섭 자체가 타결되지 않고 장기간 협상이 지연되거나 아예 단체교섭의 정기성이 훼손되는 경우도 나타나고 있다.

[표 8-17] 택시업 단체교섭의 시기별 특징 비교

시기별	시기별 특징
1988～1992 (전투성과 집권화)	• 극심한 노사분쟁 • 단체교섭의 집중성 증대 • 서울지역 교섭의 패턴세터 역할 • 높은 요금인상과 임금인상
1992～1996 (분쟁의 완화와 분권화)	• 지자체 중심의 택시 관리체제 도입 • 노사분쟁의 완화 • 요금인상과 임금교섭의 연계성 증대 • 단체교섭의 분권화와 지역별 편차 증대 • 사납금인상률 < 임금인상률
1997～2001 (지역별 교섭체제의 약화)	• 운송수입금전액관리제 도입 시도 • 노사간 대립의 재발 • 지역별 협약의 사업장 준수율 저하 증대 • 사납금인상률 > 임금인상률
2002～ (집단적 노사관계의 약화)	• 운송수입 감소 등 경영환경 악화 • 단체교섭의 단절화, 협약 준수의 약화 심화 • 사업장별 협약, 개별적 고용관계의 부각 • 노사분쟁의 현저한 감소 • 1인1차제, 도급제 등의 확산

출처: 배규식(2005).

나. 버스 · 택시운수업의 최근 단체교섭 사례

1) 2011년 버스운수업의 단체교섭

버스운수업의 2011년 단체교섭은 예년과 크게 다르지 않은 수준과 이슈를 가지고 이루어졌다. 임금인상의 경우 주요 노조인 자동차노련의 요구율은 월

평균임금의 9.6%였는데 이는 전년도 요구율인 9.7%에 근접하였다. 이 요구율은 특히 지자체의 2011년 재정지원금 규모와 2010년 11월경에 이루어진 지역별 버스요금 인상의 영향을 많이 받았다.[7] 노조측은 이 요구율을 특히 기본급과 통상급 수준의 인상을 통해 이루고자 했다.

한편, 단체협약 갱신에서는 전임자 임금 및 노조활동을 기존 수준에서 보장할 것, 호봉제 도입 및 기본급 중심의 임금구조 강화, 근로시간 단축을 위한 1일2교대제 지역의 주5일제 실시, 격일제 근무지역의 1일2교대제 시행, 만근일수 단축, 노사정대타협을 통한 비정규직 정규직화, 노조가입 추진, 정년 60세 이상으로 연장 등을 체결 목표로 설정하였다. 마지막으로 정책 요구사항으로는 근로시간 특례조항 개선, 버스준공영제 확대, 버스전용차로 유지 등을 제기하였다.

자동차노련측은 단체교섭의 협상력을 높이기 위해 준공영제 지역의 공동투쟁 계획을 수립하고 교섭일정, 조정신청 및 파업일정 등을 조정하였으며, 특히 7월 1일부터 사업장 복수노조제도 시행에 따른 교섭창구단일화에 대처하기 위해 단체교섭이 상반기에 완료할 수 있도록 노력하였다.

한편, 소수파 노조인 공공운수노조 버스본부의 단체교섭 활동은 복수노조제도를 활용한 사업장 조직화에 초점을 맞추었다. 이에 따라 2010년 하반기부터 전략적 조직화 지역을 설정하고 조직화 사업에 착수하였다. 공공운수노조 버스본부의 조직화 활동은 다양한 사업장에 사업장 조직을 구축하고 근로조건 등 노사관계가 취약한 곳에 조직력을 집중하여 단체교섭 성과를 마련하는 데 주안점을 두었다.

자동차노련 소속 지역노동조합들과 버스운송사업조합이 참여하는 지역별 단체교섭은 일부 지역에서 노동위원회 조정까지 거치는 긴장이 조성된 것을 제외하면 대부분 늦어도 7월 초까지 파업이나 집단행동 없이 타결되었다.

반면, 공공운수노조 민주버스본부의 단체교섭은 양상이 다소 달랐다. 민주버스본부의 단체교섭은 소속 사업장이 적었기 때문에 대부분 기업별로 전개되

---

7) 예를 들어 2010년 2월에 이루어진 충청남도의 버스요금 인상률은 9%, 2010년 11월 충청북도의 요금 인상률은 9.7%, 역시 같은 시기 부산시의 요금 인상률은 13.7% 등을 기록하였다. 각 지역의 임금교섭은 각 지역 지자체의 재정지원금 규모와 함께 이러한 요금 인상률의 영향을 받는다. 이는 또한 지역별 협약의 격차를 유발하는 압력요인이 된다.

[표 8-18] 버스운송업 노조들의 2011년 단체교섭 및 정책 요구

항 목	자동차노련	공공운수노조
임금인상	• 월평균임금 9.6% 인상	• 시급 1,000원 인상
단체협약	• 전임자 임금 및 노조활동 기존 수준 보장 • 호봉제 도입 및 기본급 중심 임금구조 • 상여금 지급제한 철폐 • 주5일제, 1일2교대제 시행 • 노사정대타협을 통한 비정규직 정규직화, 노조가입 • 정년 60세 이상으로 연장	• 복수노조 시행시 교섭권 보장 • 전임자·노조활동 유지 • 인력충원, 일자리 확대 • 정년차별 철폐 • 회사의 사회적 책무 • 비정규직노동자 차별 철폐, 노동인권 보장
정책요구	• 근로시간 특례조항 개정 • 버스준공영제 확대 및 제도 개선 • 버스전용차로 유지	• 버스준공영제 확대 및 제도 개선

출처: 전국자동차노동조합연맹(2011. 5. 19). 2010 사업보고.
2011년 공공운수노조(준) 임단협 요구안 및 교섭방침(2011).

었다. 또한 조직화와 대표노조 지위를 획득하기 위해서 사용자와의 대립전략을 추구하였다. 이에 따른 두드러진 사례로 전주지역에서의 집단적 조직화 및 공동교섭과 파업, 그리고 인천지역에서의 공동파업 등이 등장하게 되었다.

[표 8-19] 자동차노련 단체협약 체결 현황

지역별	단체교섭	협상형태(차수)	분쟁 여부	협약체결 내용	
				임금인상	단체협약
서울	임단협	집단교섭(10차)	조정 후 합의	총액 12만 원	- 정년 1년 연장
부산	임단협	집단교섭(9차)	무분쟁 합의	총액 10~12.1만 원	- 근속, 위험, 직무수당 통상급화 - 유급휴가 1일 추가 - 하계휴가비 5만 원 인상
대구	임단협	집단교섭 9차	조정 후 합의	총액 117,500원	
인천	임단협	집단교섭 9차	무분쟁 합의	총액 3.5%	- 정규직 비율 80%→85%
대전	임금교섭	집단교섭 5차	무분쟁 합의	총액 104,000원	- 타임오프 합의 - 청원휴가 1일 신설 - 운전자보험료 인상
광주	임단협	집단교섭 7차	무분쟁 합의	총액 80,000원	- 정년 1년 연장

(계속)

울산	임단협	집단교섭 8차	무분쟁 합의	총액 85,000원	- 타임오프 합의 - 100만 원 미만 무사고 적용 - 청원휴가 1일 추가
청주	임단협	집단교섭	무분쟁 합의	총액 4.5%	- 호봉제 도입
경기	임금교섭		무분쟁 합의	총액 120,000원 시급 4～4.25%	- 월차휴가, 공휴수당 시급 전환
충남	임단협	집단교섭 5차	무분쟁 합의	일급 4%(총액 6%)	- 전임자 임금수준 유지 - 운전자공제회비 인상
경북	임단협	집단교섭 4차	무분쟁 합의	5.2%(시외), 9만 원(시내, 농어촌)	- 정년연장 2년(시내) - 유급휴가 2일 추가
경남	임단협	집단교섭 6차 창원 15차	무분쟁 합의 조정 후 합의	70,800원(경남) 총액 5.4%(창원)	- 근속수당 호봉 산입(경남) - 교통비 통상급화(창원)
전북	임단협	집단교섭 9차	조정 후 합의	만근임금 105,000원	- CCTV 수당 시급화
전남	임단협	도시별 교섭	무분쟁 합의	총액 5%(농어촌), 협정 8.5%(금호고속)	- 호봉제 도입 - 교육수당 인상 - 정년 1년 연장
강원	임단협	기업별 교섭	무분쟁 합의	4.0～5.1%	

출처: 전국자동차노동조합연맹 정책실 내부자료(2012. 1. 10).

2) 택시운수업의 단체교섭

택시업의 2011년 단체교섭은 택시 최저임금제 시행 세부협약, 노조재정 충당을 위한 복지기금, 타임오프 시간, 임금과 사납금 수준 등이 쟁점이 되었다. 7대 도시의 지역별 단체교섭은 분쟁 없이 상반기에 모두 마무리되었다.

[표 8-20] 2011년 7대 도시 택시 임단협 현황

지역별	단체교섭	체결일	분쟁 여부
서울	임금교섭	2011. 4. 25.	무분쟁
부산	임단협	2011. 1. 20.	무분쟁
대구	임단협	2011. 2. 15.	무분쟁
인천	임금교섭	2010. 2. 9.	무분쟁
대전	단협	2010. 7. 8.	무분쟁
광주	임단협	2011. 3. 4.	무분쟁
울산	임금교섭	2011. 6. 30.	무분쟁

출처: 전국택시노동조합연맹 내부자료(2011).

다. 복수노조 설립을 둘러싼 노사관계 동향

버스와 택시 업종은 사업장 복수노조가 허용되기 이전부터 복수노조 설립이 가장 활발할 것으로 예상되었던 업종이다. 2011년 7월 1일 이후의 노조설립 동향을 보면 이러한 예상대로 버스와 택시 업종의 노조설립이 가장 활발하여 두 업종의 노조설립이 전체의 45.6%를 차지하고 있다.

[표 8-21] 2011년 7월 1일 이후 노조설립 건수(2011. 7. 1.~2011. 12. 30.)

업종별	택시	버스	기타 업종	합계
노조설립신고수 (비중)	206 (32.2%)	86 (13.4%)	348 (54.4%)	640 (100%)

출처: 고용노동부 노사관계선진화실무지원단 내부자료(2012. 1. 10).

1) 버스업종의 복수노조 설립과 노사관계

관련 노조들의 집계자료에 따르면 버스업의 복수노조 발생 현황은 2011년 말 현재 112건이다. 이 중 주요 노조인 한국노총 소속 자동차노련 가입 사업장에서의 복수노조 발생건수가 98건으로 대부분을 차지하고 있으며, 민주노총 소속 공공운수노조 가입 사업장에서의 복수노조 발생건수는 14건이다. 한편, 112건의 복수노조 발생에 의해 조직된 노조원의 규모는 2,217명으로 조직당 19.8명에 불과하다.

지역별로 보면 서울, 인천, 대구, 경기, 경상도 지역에서 10건 이상의 발생건수를 보이고 있어서 대체로 수도권과 경상도 지역에서 복수노조 현상이 활발한 것으로 추정할 수 있다.

상급단체별로는 상급단체를 별도로 두지 않은 비가맹 독립노조들이 41건(1,211명)으로 설립건수로는 36.6%이지만 노조원 규모로는 과반수를 점하고 있다. 민주노총 소속 노조가 설립된 경우는 58건(706명)으로 건수로는 가장 많다.

결국 버스업에서는 버스 근로자 대부분을 조직하고 있는 주요 노조인 한국노총 자동차노련에 대해 상급단체를 특정하지 않은 비가맹 독립노조들과 소수파 노조인 민주노총 소속 공공운수노조의 도전이 시작된 것으로 볼 수 있다.

[표 8-22] 자동차노동조합연맹 산하 사업장의 복수노조 설립 현황

기존조직	신규조직	노조수(개) 조합원수(명)	합 계	서울	부산	대구	인천	광주	대전	울산	경상	경기	강원	충청	전라	제주
한국노총 자동차노련	독립노조 (비가맹)	노조수	34	7		7	6	1	2		4	3			3	1
		조합원수	974	72		95	258	5	132		233	95			34	50
	민주노총 운수노조	노조수	58	18	8	7	4	2	1	1	8	7	1		1	
		조합원수	706	208	100	28	70	17	8	35	114	98	8		20	
	국민노총	노조수	5	1							3	1				
		조합원수	41	4							22	15				
	기 타	노조수	1	1												
		조합원수	30	30												
	소 계	노조수	98	27	8	14	10	3	3	1	15	11	1		4	1
		조합원수	1,751	314	100	123	328	22	140	35	369	208	8		54	50
민주노총 운수노조	독립노조 (비가맹)	노조수	7				2				2	1		1	1	
		조합원수	231				29				133			50	19	
	한국노총 자동차노련	노조수	5				3							1	1	
		조합원수	217				173							28	16	
	국민노총	노조수	2				2									
		조합원수	18				18									
	소 계	노조수	14				7				2	1		2	2	
		조합원수	466				220				133	0		78	35	
합 계		노조수	112	27	8	14	17	3	3	1	17	12	1	2	6	1
		조합원수	2,217	314	100	123	548	22	140	35	502	208	8	78	89	50

출처: 자동차노동조합연맹 정책실 내부자료(2012. 1).
주) 민주노총 운수노조 자료는 자체 집계 자료가 아니라 자동차노동조합연맹이 집계한 자료임.

그러나 그 규모는 자동차노련 소속 조합원수 8만 1,726명에 비하면 2.7% 수준의 미미한 수준에 불과하다. 또한 조직별 규모도 매우 영세한 수준이라서 아직은 사업장 내에서 대표노조가 될 수 있는 조직은 드물 것으로 예상된다.

노조측은 현재의 복수노조화 현상에 대해서는 대체로 우려 섞인 시각이 지배적이다. 노조측의 우려는 다음의 몇 가지로 요약할 수 있다.

첫째, 안정적인 교섭권의 확보와 행사를 위해서는 지속적으로 노조원 과반수를 유지해야 하기 때문에 노조간의 일상적인 조직경쟁이 심해지며, 자칫하면 노조원들 간의 갈등으로 비화되는 경우도 생길 수 있다.

둘째, 대표노조가 파업권을 행사하더라도 경쟁노조가 이에 참여하지 않으면 파업의 노조측 교섭력 제고 효과가 약해진다.

셋째, 사업장의 대표노조가 지역별 교섭에 반대하는 경우 버스업 특유의 안

정적인 지역 집단교섭체제에 균열이 생길 수 있다.

넷째, 사용자가 지원하는 동호회 등의 조직들이 기업별 노조 형태를 띠고 등장하여 단체교섭 과정에서 노조의 교섭력에 전반적인 악영향을 미칠 수 있다(오지섭, 2011; 공공운수노조 조직담당자 인터뷰, 2011).

2) 택시업종의 복수노조 설립과 노사관계

택시업종은 단일업종으로는 복수노조 설립이 가장 두드러진다. 주요 노조인 전국택시노동조합연맹측의 집계 자료에 의하면 택시업종에서는 2011년 하반기에만 총 199건의 사업장 복수노조가 발생하였다. 이 중 대부분은 주요 노조인 전택노련 소속 사업장에서 복수노조가 설립된 경우로 복수노조 설립건수의 63.3%(126건)가 그러하였다. 설립된 복수노조의 상급단체별 유형을 보면 상급단체를 특정하지 않은 미가맹 독립노조들의 설립이 66.3%(132건)로 대부분을

[표 8-23] 택시업종 복수노조 현황(2011. 7. 1.~2011. 12. 31.)

기존 조직	신규 조직	합 계 (개)	서울	부산	대구	인천	광주	대전	울산	경기	강원	충청	전라	경상	제주
전택노련	전택노련	3				1							2		
	민택노련	39	6	2	2	2		7		12		5	4	3	
	독립노조	84	19	16	16	5		3		9	3	3		6	
민택노련	민택노련	1				1									
	전택노련	8								2		2	2	2	
	독립노조	20	3			2	1	1	1	6	2	1	1	2	
독립노조 (미가맹)	전택노련	2							1				1		
	민택노련	4	1			1	1		1						
	독립노조	28	3	2	2	2			8	1	3	2	4	1	
무노조	신 설	7									2	1	4		
기 타		3		3											
합 계(개)		199	32	23	20	14	2	11	11	30	10	14	18	14	0

출처: 전국택시노동조합연맹 내부자료(2012).

주) 독립노조란 전택노련과 민택노련에 모두 가입하지 않은 조직을 의미함. 노조측은 독립노조의 대부분이 기존에 휴면 노조였거나 사용자 지원 동호회였다가 설립신고를 한 경우라고 보고 있다.

차지하였다. 반면 주요한 기존 노조들인 전택노련과 민택노련 간의 상호간 복수노조 설립건수는 47건(23.6%)을 차지하였다. 그리고 무노조 사업장의 노조 신규설립 사례는 7건에 불과하여 복수노조 허용이 당장은 신규노조 조직화에 큰 영향을 주고 있지는 않은 것으로 나타난다.

택시업종에서는 노사가 고용노동부의 시책에 맞추어 교섭창구단일화에 적극적으로 응하는 등 복수노조제도의 시행이 무난하게 이루어지고 있다. 한편, 복수노조에 따른 노조간 경쟁으로 대표노조가 바뀌는 사례는 아직 두드러지게 나타나지는 않고 있으며[8] 버스업종에서와 같이 노조간 갈등이 크게 두드러지지도 않고 있다.

하지만 택시업종에서도 현행 복수노조제도와 이에 따라 야기되는 현상에 대해 노조측의 우려가 커지고 있는데, 노조측의 우려는 노조측이 대부분 사용자의 지원에 의해 설립되고 있는 것으로 추정하고 있는 독립노조들의 활발한 설립에 쏠려 있다고 할 수 있다. 노조측의 의견에 따르면 택시업종의 복수노조 현상은 노조간 경쟁에 의해 주도되기보다는 사용자의 주도로 야기되고 있다. 택시업종의 사용자들이 복수노조제도를 적극적으로 활용하는 이유에 대해 노조측은 첫째, 택시업 사용자들의 전근대적인 경영방식과 노사관, 둘째, LPG 가격인상 등 경영환경의 악화, 셋째, 기존 노조들의 강경한 압박(민택노련)이나 지역 집단교섭에 대한 부담(전택노련) 등을 원인으로 지적하고 있다(전택노련 조직담당자, 2012).

라. 버스와 택시운수업 노사관계의 특징 비교

대중교통을 담당하는 운수업이면서도 버스와 택시 운수업의 노사관계는 유사한 측면도 많지만 차이도 존재한다.

노조조직률, 단체교섭 형태 등에서 두 업종은 유사한 특징이 있다. 반면, 정부 규제, 근로조건, 단체교섭의 효력 면에서 두 업종 간의 차이는 적지 않은 편이며 이는 양 업종의 경영환경의 차이와 무관하지 않다.

버스와 택시 모두 강한 공익성 때문에 정부와 지자체의 강한 규제하에 있다. 반면 1990년대 이후 운송수요의 퇴조로 경영환경이 악화되면서 버스업종

---

8) 전택노련측은 2011년 하반기에 경쟁노조로 대표노조 자격이 넘어간 사례를 7건으로 파악하고 있다.

에서는 정부의 재정지원이 확대되어 온 반면, 택시업종에 대해서는 정부가 재정지원보다는 개인택시의 증대와 진입규제 등을 통해 이에 대처하였다. 이는 정부가 버스를 대중교통에 포함시킨 반면 택시업종은 여기에서 배제한 점과도 관련이 있다. 경영악화에 대한 이러한 정부의 대응방식의 차이는 버스와 택시의 경영적자 보전방식에도 차이를 초래하였는데, 버스업에서는 정부의 재정지원을 통해 경영적자를 상당 부분 보전할 수 있었던 데 반해, 택시업주들은 고용관계의 변화를 통해 경영적자 문제를 해소하고자 하였다. 버스와 택시 근로자들의 근로조건과 나아가 단체교섭 관계에도 상대적인 차이가 발생한 이유의 상당 부분은 이를 통해 설명될 수 있다. 택시업에서 사납금제와 같은 변종적인 변동임금제도가 유지되고 1인1차제 같은 고용의 최소화와 가동률 극대화를 동시에 추구하는 근무방식이 확산되고 있는 이유는 수익성 보전을 저임금과 장시간 노동, 최소 고용을 통해 이루려는 택시업주들의 전략에서 찾을 수 있다.

나아가 버스와 달리 택시업종에서 단체교섭이 갈수록 형해화되는 현상도 경영악화에 대한 사용자 전략에서 찾을 수 있다. 택시사업자들이 수익성 보전의 대안을 고용관계에서 찾게 되면서 사용자들은 지역별 단 체교섭의 효력을 약화시키는 태도를 강화해 갔는데, 그 첫째는 단체협약 갱신을 미루는 것이고 두 번째는 지역별 단체교섭과 별도로 사업장별 단체교섭을 추진하거나 아예 개별적 교섭을 추구하는 것이다.

[표 8-24] 버스와 택시 노사관계의 특징 비교

구 분	버 스	택 시
노조조직률	• 약 79%	• 약 72%
사용자단체	• 지역별 버스운송사업조합	• 지역별 택시운송사업조합
정부 규제	• 지역별 요금 규제 • 지역별 진입 규제 • 재정지원제도 • 6대 도시 준공영제 • 대중교통에 포함	• 지역별 요금 규제 • 지역별 진입 규제 • 재정지원제도 • 대중교통에서 배제
근로조건	• 상대적 안정	• 열악하고 불안정
단체교섭 형태	• 지역별 교섭	• 지역별 교섭
단체교섭 효력	• 강한 편	• 취약함

결국 노사관계의 여러 면에서 유사한 조건을 지녔던 두 업종은 경영여건의 악화에 대한 대응방식의 차이를 매개로 현재 근로조건과 단체교섭의 유효성 측면에서는 갈수록 차이가 벌어지고 있다고 할 수 있다. 최근의 사업장 복수노조 제도화 국면에서 버스업에 비해 택시업의 사용자들이 사업장 내 제2노조 설립에 적극적으로 임한 이유도 이러한 사용자의 전략적 대응방식의 차이에서 연유하는 것으로 해석할 수 있다.

마. 버스업 노사관계의 최근 특징

최근 버스운수업 노사관계에서 가장 두드러진 현상은 복수노조와 관련된 것들이었다. 버스운수업에서 사업장 복수노조들이 많이 생긴 이유는 이념과 활동방식을 달리하는 노조들의 존재 때문인 측면도 있겠지만 버스운수업의 조직률이 매우 높아서 소수파 노조의 성장이 기존의 지배적 노조에 대한 도전을 통해서 가능하다는 노조간 경쟁의 구조에 기인하는 측면도 강하다. 현재 버스 업종에서 소수파 노조의 규모나 지위가 매우 낮기 때문에 이를 타개하기 위한 소수파 노조의 적극적 활동은 당분간 유지될 것이다. 또 이를 염두에 둔 주요 노조인 자동차노련의 경쟁적인 활동도 예상할 수 있다. 이러한 노조간 경쟁이 파업의 증대로까지 이어질지는 예측하기 힘들지만, 국지적으로 심한 갈등이 유발되는 경우는 충분히 예상할 수 있다.

사업장 복수노조의 활발한 결성, 전주지역에서의 장기파업 등을 제외한다면 버스운수업의 노사관계는 예년과 크게 달라진 바는 없었다. 지역별 단체교섭의 틀이 유지된 상태에서 노사는 큰 갈등 없이 임금협약과 단체협약을 체결하는 데 성공하였다.

복수노조체제의 도래가 기존의 단체교섭 구조에 교란을 야기한다는 우려가 일부 존재하였다. 이 부문의 지배적인 노조인 자동차노련측은 교섭창구단일화 규정으로 인해 지역별 집단교섭의 수행절차가 더욱 번거로워졌으며 소수파 노조인 공공운수노조 버스본부측과 경쟁이 과열되는 경우 집단교섭에 균열이 생길 것을 우려하고 있다. 하지만 자동차노련과 버스운송사업조합의 경우 기존의 지역별 집단교섭의 취약점을 보완하는 노력이 필요할 것이다. 예를 들어 사업장 수준에서의 보다 활발하고 투명한 노조활동과 공정한 인사관리, 사업장 수준에서의 보충적 교섭 등을 검토할 필요가 있다.

한편, 버스운영체계에 대한 관심은 다각도로 더욱 늘어났다. 인건비, 연료비, 무료환승비 등의 상승에 따른 버스운수업체들의 적자규모가 커지고 이에 대한 지자체의 지원금 부담이 늘어나면서 이런 부담이 단체교섭에 영향을 줄 가능성이 커지고 있다. 다른 한편으로 전주지역에서는 파업과정에서 지자체가 버스업체에게 제공하는 재정지원금에 대한 투명한 관리가 이루어지고 있지 않다는 점이 문제가 되기도 하였다. 버스운영체계와 관련해서 노사가 모두 준공영제의 실시를 보다 확대하는 방안에 이해를 같이하고 있다는 점은 특기할 만하다.

바. 택시업 노사관계의 최근 특징

최근 택시운수업의 노사관계는 외견상 안정적이다. 2000년대 들어와 택시업종 노사관계의 중요한 특징이 된 산업평화가 2011년에도 무난히 유지되었다고 볼 수 있다.

하지만 단체협약의 내용과 관련해서는 이 부문의 임금 및 근로조건의 열악성을 극복할 수 있는 긍정적인 변화가 뚜렷하게 감지되지 않고 있다. 예를 들어 2009년부터 시행된 택시업 최저임금제도는 협약체결 과정에서 '최저임금에 맞추기 위해 소정근로시간을 줄이는' 식으로 적용되고 있다. 법으로 제도화된 운송수입금전액관리제도에도 불구하고 사납금 수준은 여전히 임금인상 액수와 함께 중요한 임금교섭의 안건이다. 또한 주5일제의 사회적 흐름과는 반대로 '1인1차제'가 전국적으로 확산되면서 노동시간 단축의 여건이 악화되고 있다. 사납금제, 1인1차제, 지입제 등 이 부문 고용관계의 건전한 발전을 저해할 수 있는 제도와 관행의 개혁이 노사 당사자들에 의해서는 이루어지지 않고 있다.

2011년 노사관계에서 가장 두드러진 점은 활발한 복수노조 설립 현상이라고 할 수 있을 것이다. 주요 노조인 전택노련의 경우 소속 조직이 존재하는 828개의 사업장 중 약 10%에 달하는 84개 사업장에서 경쟁노조가 설립되었다. 이 중 경쟁노조가 대표노조가 된 사례는 7건에 불과하기 때문에 노조간 경쟁이 본격화되었다고는 보기 힘들다.

택시업종의 복수노조 현상에서 두드러진 점은 비가맹 독립노조의 활발한 설립으로 총 199건 중 약 2/3인 132건이 이러한 노조들이다. 버스업종과는 달리 이에 대한 노동조합측의 우려는 매우 큰데, 노조측은 이들의 대다수가 사용자에 의해 지원받는 조직이라고 보기 때문이다. 한편, 복수노조 설립과 관련하여 사용자측의 부당노동행위가 급격히 증대한 사례도 택시부문에서 현저하게 발생하였다.

4. 버스·택시운수업 노사관계의 과제와 전망

가. 버 스

버스업의 노사관계는 비교적 안정세를 유지할 것으로 예상된다. 하지만 버스운영체제와 복수노조체제가 노사관계 안정성 정도에 변수로 작용할 가능성이 크다.

정부와 지자체의 재정지원이 버스업의 경영적자를 보전해 줌으로써 버스 노사관계의 안정성에 크게 기여했다는 점을 언급한 바 있다. 그러나 정부와 지자체의 재정지원 부담이 갈수록 늘어남으로써 이에 대한 대책이 논의될 수밖에 없는 형편이다. 이와 관련하여 정권교체기에 준공영제를 비롯한 버스운영체계에 대한 논의가 정치과정에 어떻게 수렴될 것인지도 관심거리이다. 공공성의 시각에서 버스운영체계를 고려하는 시각이 버스운영체계에 대한 정책적 논의를 주도할 경우 이 부문 노사관계의 안정화에 기여할 수도 있을 것이지만, 이에 따라 더욱 커질 수 있는 지자체의 재정부담 및 노정관계 의존성 심화는 장기적으로 노사관계에도 부담으로 작용할 수 있다.

복수노조체제의 도래에 따른 노조간 경쟁과 이에 따른 노사관계의 유동성은 점진적으로 커질 것이다. 2012년부터는 교섭창구단일화제도가 본격적으로 영향을 미칠 것이기 때문에 대표노조가 되기 위한 노조간 경쟁은 그 강도가 더 높아질 수 있을 것이다. 이 과정에서 최근의 전주지역 파업처럼 노조간 경쟁에 매개된 노사간 갈등이 재연될 가능성도 있다.

한편, 노조간 경쟁이 이 부문의 단체교섭 구조에 어떤 영향을 줄지도 관찰을 요한다. 교섭창구단일화제도는 사업장 수준에서의 노사관계를 더욱 활발하게 만드는 대신 초기업 수준의 노조활동과 단체교섭에는 일정한 제약을 초래한다. 사업장 내에서의 노조간 경쟁이 개별 버스사업자들로 하여금 집단교섭의 유효성을 의심하게 하여 지역별 교섭의 틀에 예상보다 빨리 균열이 발생할 수도 있다.

나. 택 시

택시 노사관계는 2000년대 들어와 매우 평화로운 모습을 보여 왔다. 1990년대 초에 1,000여 건에 가까웠던 파업건수는 2000년대 들어와 대폭 줄어들었다. 향후에도 이런 양상에 큰 변화는 없을 것이다.

택시 노사관계는 노동조합의 높은 조직률에도 불구하고 2000년대 들어와서는 기존의 지역별 집단교섭 틀의 약화와 함께 부분적으로는 집단적 노사관계 자체가 약화되는 양상을 띠고 있는 점이 특징이다. 이러한 양상에는 택시업종의 경영환경이 악화된 점이 영향을 미쳤으나 집단적 노사관계의 주체들이 택시운수업의 시장과 제도에 적극적인 영향을 미치지 못한 점도 적지 않게 영향을 미쳤다. 그리고 이러한 양상은 향후 계속될 것으로 예상된다.

한편, 향후 사용자측의 복수노조체제에 관한 전략적인 활용이 더욱 증대하면서 그간의 대노조 압박이 더욱더 강하게 표출될 수도 있을 것으로 예상된다.

노사정 관계에 있어서는 택시업종을 대중교통으로 인정받음으로써 현재의 어려운 경영상황과 근로조건을 타개해 보고자 하는 노사의 공동행동이 활발하게 전개될 것이다.

택시 노사관계는 별다른 상황변화가 없는 한 사용자 우위의 관계가 유지되고, 특히 중장기적으로는 집단적 관계 중심에서 개별적 관계 중심으로 변화할 가능성도 배제할 수 없다. 기존의 집단적 노사관계가 안정적으로 유지되기 위해서는 경영적자의 보전 원천을 고용관계에서 취하려는 사용자 전략을 완화시킬 수 있는 노사정의 노력이 긴요해 보인다.

참고문헌

교통안전공단(2011), 2010년 대중교통현황조사 결과보고서.
국회입법조사처(2009), 버스준공영제 시행에 따른 지방자치단체의 재정부담과 과제, 현안보고서 제55호.
배규식(2002), 자동차운수업의 노동시간 단축 방안, 경제사회발전노사정위원회.
오지섭(2011), 버스운수업의 복수노조 실태와 문제점, 전국자동차노동조합연맹.
이희성(2009), "버스운수업체의 현황과 노사관계의 발전방안: 전북지역을 중심으로", 경북대학교 법학연구원「법학논고」제31집, 29-62.
전국자동차노동조합연맹, 2010년 사업보고서.
전국택시노동조합연맹, 2010년 사업보고서.
통계청(2011), 운수업조사보고서.
한국노동연구원(2008), 택시최저임금제 적용에 관한 연구.
한국운수산업연구원(2007), "버스운송산업 육성지원 방안",「정책연구」07-3.

- 국가교통DB센터(http://www.ktdb.go.kr)
- 전국공공운수사회서비스노동조합(http://www.kptu.net)
- 전국버스운송사업조합연합회(http://www.bus.or.kr)
- 전국자동차노동조합연맹(http://bus.inochong.org)
- 전국택시운송사업조합연합회(http://www.taxi.or.kr)
- 전라북도 버스운송사업조합(http://www.busta.or.kr)
- 한국운수산업연구원(http://www.kriti.re.kr)

9 결 론

1. 산업별 노사관계 요약

2. 한국의 산업별 노사관계의 특징

제9장 결 론

본 연구는 건설, 공공기관, 공무원, 금속, 금융, 보건의료, 운수산업 등 7개 산업 노사관계를 연구대상으로 하여 질적 연구를 수행했다. 이 7개 산업 노사관계는 IMF 외환위기 이후 전개된 양상을 중점적으로 다루었다. 본 연구는 결론에서 7개 산업의 노사관계 사례를 분석한 결과를 요약하고, 한국의 산업별 노사관계에서 나타나는 추세를 다음과 같이 정리하였다.

1. 산업별 노사관계 요약

가. 금속산업

금속산업은 1987년 노동자대투쟁 시기 이후 20여 년 이상 한국 노사관계의 중심축을 형성해 왔다. 1990년 전투적 노동조합의 대명사로 불렸던 전국노동조합협의회의 핵심세력이었던 것도 금속산업의 중소규모 노동조합들이었다. 이후 자동차, 조선 등 대기업 노동조합이 민주화되고, 제조업 이외의 업종별 노동조합들이 1995년 민주노총 건설에 합류하면서 금속산업의 노사관계가 가진 규정력은 더욱 커지게 되었다. 이와 함께 금속산업의 노사관계도 자동차, 조선 등 대기업 노사관계를 중심으로 구축되었다. 1996년 말 김영삼 정부의 노동법개정에 맞선 민주노총 총파업을 이끌었던 것도 기아자동차, 쌍용자동차, 현대자동차 등 자동차산업 노동조합들이었으며, 이후 1997년 기아자동차 부도, 1998년 현대자동차, 2001년 대우자동차, 2010년 쌍용자동차의 정리해고를 둘러싼 노사갈등은 전국 차원의 노사갈등을 촉발시키는 원인이 되기도 했다.

2001년 금속노조의 출범은 금속산업 노사관계의 질적 전환을 가져오는 또 하나의 계기가 되었다. 산별노조 형태로 출범한 금속노조는 자동차와 조선산업의 대규모 노동조합이 합류하지 않은 채 중소규모 사업장을 중심으로 출발하였다. 그러나 2003년 중앙교섭을 성사시키면서 산별교섭의 가능성을 열기도 했고, 주40시간제 도입, 금속산업 최저임금 합의, 비정규직 처우개선과 고용보장 등 주요한 조항들에 대한 합의를 이끌어 내기도 하였다. 금속노조는 이러한 성과에도 여전히 중소사업장, 특히 자동차부품 사업장 중심의 조직이라는 평가를 받고 있었다.

2006년 현대자동차를 중심으로 한 완성차 노동조합 등 10만여 명이 새로이 산별전환에 성공하면서 금속노조는 조합원수 15만 명의 한국 최대 단일 산별노조로 재탄생하게 되었다. 15만 명 조합원을 거느린 산별노조의 탄생은 향후 한국 노사관계의 지형을 산별노조 중심으로 재편하는 계기가 될 것으로 평가되기도 했다. 그러나 2007년과 2008년 금속노조가 완성차 사용자들을 중앙교섭에 참가시키지 못하고, 완성차 지부 또한 기업별 노조와 다름 없는 기업별 교섭을 진행하면서 금속노조의 전체 조직력과 교섭은 15만 조합원을 포괄하지 못하고 여전히 중소사업장 중심으로 유지되었다. 뿐만 아니라 2009년부터 2011년 사이에는 완성차지부가 모두 무쟁의로 교섭을 마무리하는 등 오히려 현상적으로는 대기업을 중심으로 노사관계가 안정화되는 것처럼 보이기도 했다.

다른 한편으로는 경주의 발레오만도, 대구의 상신브레이크, 구미의 KEC, 대전충북의 유성기업 등 금속노조 지역지부의 중심 사업장에서 사용자들이 노조의 파업을 빌미로 직장폐쇄를 하고 금속노조에서 탈퇴하는 기업노조를 지원함으로써 노조약화를 꾀한다는 비판을 받기도 했다. 특히 복수노조가 허용된 이후에는 노사관계가 악화된 곳을 중심으로 별도의 기업노조가 설립되면서 금속노조의 기반을 약화시킬 것이라는 우려를 낳고 있다. 또한 비정규직 노사관계는 사내하청을 중심으로 형성되는데, 격렬한 형태로 진행되는 비정규직의 투쟁은 정규직 노조의 지원을 얻지 못하고 대부분 소기의 성과를 얻지 못한 채 마무리되었다. 한편 현대자동차 사내하청은 불법파견이라는 대법원 판결 이후 사내하청지회의 조합원이 급증하고 정규직에 대한 기대가 높아짐과 동시에 정규직화를 둘러싸고 공장점거 등 노사갈등이 첨예하게 전개되기도 했다. 그러나 정규직 노조의 전면적인 지원을 얻지 못한 비정규직 농성은 무기력하게 철회되었고 지회는 조합비 횡령 등의 내부 문제로 조직력이 약화되기도 했다.

전반적으로 대공장 조합원이 고령화, 보수화, 실리화되는 가운데 완성차지부는 금속노조의 통제범위 밖에 있다는 것이 확인되고 있고, 기업규모 간 임금, 근로조건의 격차로 인해 중앙교섭이 확대될 가능성은 더 낮아지고 있다. 여기에 각 지역에서 중심적 역할을 해 왔던 중규모의 지회들이 파업-직장폐쇄를 계기로 조직이 분리되어 기업노조가 설립되는 등 특히 복수노조 도입의 영향으로 금속노조의 조직적 기반이 침식될 가능성도 높아지고 있다. 반면 조직을 확대할 만한 대상은 영세사업장과 비정규직으로 제한되어 있으며, 이들은 조직화하기도 어려울 뿐만 아니라 조직이 되더라도 조직이 유지될 만한 역량이 충분하지 않아 조직확대도 쉽지 않은 국면이다. 결국 산별노조 건설로 노동조합의 침체를 극복해 보고자 했던 노동조합의 시도가 성과를 낼 수 있을지는 불투명하다.

전반적으로 금속산업에서 사용자의 노조회피 성향이 강화되는 가운데 노동조합의 힘은 약화되거나 정체현상을 보이고 있다. 이것이 노사갈등을 장기화시키는 요인이 되고 있고, 향후 노사관계의 대립적 성격을 강화시키는 요인이 될 수도 있다. 동시에 다른 한편에서는 경제적 이해관계가 충족되는 재벌계열사 노동조합이 금속노조활동이나 방침에 소극적 태도를 보일 가능성도 있다. 이런 조건에서 노동조합이 어떠한 전략으로 침체국면을 극복할 수 있을지가 주목된다. 주변 환경이 불리하게 형성되는 국면에서 노동조합의 전략적 선택이 어떻게 되는가에 따라 전반적인 노사관계의 방향이 달라질 수 있을 것이다.

나. 공공기관

공공기관 노사관계에서 나타나는 주요 특징을 주체와 단체교섭을 중심으로 살펴보면 다음과 같다.

첫째, 정부는 법과 제도 정비를 통해 공공기관 관리체계를 발전시켜 왔고, 대체로 정부 의지대로 공공기관 정책을 관철해 왔다. 정부는 법의 제·개정을 통해 다양한 법률 적용을 받던 공공기관들을 점차 소수의 법률, 최종적으로는 단일한 법률 적용으로 체계를 갖추어 나갔다. 이를 통해 사실상의 사용자인 정부는 집중된 관리체계를 완성시켰다. 또한 공공기관 구조조정과 예산편성지침, 경영평가 등 다양한 제도와 정책은 대체로 정부 의지대로 관철시켰다.

둘째, 공공기관 노조들은 이런 환경변화에 대응하여 통합과 집중을 추구하고 있지만 실제 성과는 목표에 이르지 못하고 있다. 한국노총 공공기관 노조들은 주로 연맹 조직통합을 추진해 왔고 일정 정도 성과가 있었으나 공기업 노조들이 주로 모인 공공노련과 다양한 공공기관들이 모인 공공연맹 분립이 지속되고 있다. 민주노총 공공기관 노조들은 산별전환을 꾀했으나 목표에 크게 미치지 못했고 최근 집중에 대한 재검토가 이루어지면서 소산별 형태를 논의하고 있다. 현재 노조는 90년대 후반부터 2000년대 처음 10여 년간 추진해온 통합과 집중에 대한 재검토를 하고 있다.

셋째, 양대노총 공공기관 노조들 간의 연대는 제한적이지만 다양하게 이루어지고 있다. 이는 공공기관 노조들이 정부가 사실상의 사용자이며 그에 따라 노동조건이 비슷하다는 공공기관 특성을 반영하는 것이다. 양대노총 공공기관 노조들은 연대기구를 통해 정부와 협의하고 정당과 정책협약을 맺는 등 다양한 실험을 하고 있다. 양대노총 공공기관 노조들 사이에서는 양대노총 차이에 따른 갈등과 견제보다는 공통 이해관계에 따른 연대 움직임이 더 강할 것으로 보인다.

넷째, 단체교섭은 기관별 교섭(기업별 교섭)이 유지되는 가운데 이를 보완하기 위한 노정협의가 실험적으로 이루어지고 있다. 노조는 조직통합과 집중을 통해 단체교섭도 노정교섭 형태로 가져가려는 목표를 가졌으나 조직의 통합과 집중이 목표만큼 이루어지지 않았고 노조가 생각하는 사실상의 사용자인 정부에서 노정교섭에 응하지 않아서 기관별 교섭이 유지되고 있다. 그러나 양대노총 연대기구와 정부(주로 기재부) 간 협의는 점차 활성화될 것으로 보인다. 노조는 노정협의를 점차 노정교섭으로 발전시켜 나가겠다는 목표를 가지고 있고, 정부는 공공기관 이해당사자인 노조 의견을 일정 부분 수렴하고 반영할 필요성을 느끼고 있기 때문에 노정협의는 앞으로도 이루어질 것이다. 그러나 노조의 희망에도 불구하고 노정교섭으로 이어질 가능성은 높아 보이지 않는다.

위와 같은 환경변화와 노사관계 주체들의 대응의 결과를 놓고 볼 때 공공기관 노사관계는 현재 안정 추세를 보이면서 새로운 실험을 하고 있는 중이라고 할 수 있다. 정부는 공공기관 관리체계를 완성했고 정책목표를 대체로 달성했다. 이에 따라 공공기관 노사관계는 대체로 안정을 유지하고 있다. 그러나 노조가 이런 안정을 받아들인 것은 스스로 원해서가 아니라 노조 약화와 대응능력 부족 때문이다. 따라서 노조는 안정보다는 새로운 실험에 초점을 둘 것이다. 먼저 노조는 노정협의를 발전시켜 노정교섭으로 나가려는 시도를 계속적으로 할 것이다. 또한 사회적 협의기구, 정당이나 사회단체 등과 연대 또는 협의 참여를 통해 우회적으로 자신의 의지를 관철시키려는 새로운 실험을 지속할 것이다. 새로운 실험과제로는 공공기관 사용자를 정하는 문제, 공공기관 노정협의 문제, 공공기관(좀 더 폭넓게는 공공부문) 임금결정기준 문제, 정부에 대해 모범사용자로서 역할을 요구하는 문제, ILO 협약 비준과 권고수용 문제 등이 있다.

현재 한국 공공부문 노사관계는 오랜 구조조정 이후 안정과 동시에 새로운 실험을 통한 변화라고 하는 두 측면이 공존하고 있다. 새로운 실험과정에서 공공기관, 노조와 특히 사실상 사용자인 정부의 적극적인 역할이 요구된다. 또한 폭을 넓혀서 공공부문 특성상 다양한 이해관계자의 다양한 참여를 보장하기 위한 방안 강구도 필요하다.

다. 공무원

국내 공무원 노사관계는, 노사관계 불모지였던 공직사회에서 1998년 직장협의회와 2005년 공무원노조법의 제정 이후 대립과 갈등의 노사관계를 지나 현재 휴전 또는 냉각기간에 접어들어 있다고 평가된다. 노조의 경우 공무원노조법 시행 이후 조직화 활동이 활발하게 전개되면서 조직간 이합집산이 지속되어 왔으며 그 와중에 조직간 갈등이 빈번히 발생되기도 하였다. 현재 노조는 전공노와 공무원노총으로 크게 양분된 상태이다. 공무원 노사관계에서 사용자인 정부 및 지자체 등은 노사관계에 대한 이해와 경험이 부족한 상태에서 규율과 통제 중심의 입장을 견고히 해 왔다고 볼 수 있다.

그러나 2008년 이명박 정부 출범 이래로 최근까지 공무원 노사관계는 정부의 ‘노사관계 선진화’와 ‘법과 원칙에 근거한 불합리한 노동관행 개선’ 정책이 지속적으로 관철되는 방식이 지배적이었다고 평가할 수 있다. 공노총 중심의 합법노조는 탈정치와 노정간 상생협력 선언 등을 기초로 정책참여 활동에 보다 적극성을 보임으로써 정부와의 소통과 협력을 한층 강화시켜 공무원노조의 다양한 요구를 정부정책에 실질적으로 담아내는 성과를 이루어 내는 등 실용주의적 노조주의(business unionism) 기반을 다졌고, 2012년 6월 출범한 공무원노총이 현재 그 맥을 이어 가고 있다. 반면, 법상 노조로서의 지위를 얻지 못하고 있는 (통합)전공노 중심의 사회개혁적 성향의 노조주의(social reform unionism)는 노정간 갈등과 더불어 노사관계 쟁점에 대한 법적 공방에서도 계속 패소하면서 상대적으로 조직적 위기가 고조되는 국면을 경험하고 있다. 이처럼 공무원노조의 양극화 심화는 현재까지 공무원 노사관계의 가장 큰 특징 중의 하나이며 대형 공무원노조의 양강 구도가 정착될 것으로 예측된다.

공무원 단체교섭은 2008년 이후 진전 없이 공전되고 있는 가운데 법·제도적 인프라에 대한 개선이 뒷받침되지 않고서는 2013년 신정부 출범 이후에도 노정간 협력과 갈등의 이원화를 상당 기간 고착화시킬 가능성도 배제할 수 없어 보인다.

라. 금융산업

금융산업은 그 자체로 공공성을 지니고 있어 정부의 경제정책이나 제반 산업환경의 변화와 밀접히 관련되어 있다. 이런 점에서 금융산업 노사관계는 국가의 개입이나 통제 가능성이 높은 영역에 있으며 이로 인해 줄곧 관치금융이나 낙하산 인사, 정부주도 금융산업 구조개편 등을 둘러싸고 노사간 갈등과 쟁점이 형성되어 왔다. 금융산업 노사관계에 중대한 변곡점은 1997년 IMF 구제금융과 2008년 미국발 금융위기, 그리고 보다 최근에는 유럽국가들의 재정위기에서 발생하였다. 1997년 IMF에 따른 금융산업 구조조정은 금융산업 노사관계를 산별체제로 전환하는 계기로 작용하였고, 2008년 미국발 글로벌 금융위기 확산은 금융규제 완화와 은행산업 경쟁력을 남론으로 하는 메가뱅크 논쟁을 촉발시키기도 하였다. 지주회사체제로 전환된 현재 금융산업은 하드웨어적인 구조보다는 금융산업 내부의 성과주의 제도를 강화하는 소프트웨어적 조정이 추세이다. 이에 노사간 갈등이 과거의 노정간 대립보다는 은행단위에서의 각종 제도를 중심으로 빈번히 발생되어 왔다. 2011년 SC제일은행의 최장기 파업사태는 이 같은 변화를 읽을 수 있는 대목이다.

한국노총을 상급단체로 하는 금융산업노조는 은행에 주력하고 있으며, 금융산업사용자협의회와 함께 산업별 교섭구조를 지지하고 있다. 이는 노사 모두 산별체제의 이점을 경험해 왔기 때문이라고 할 수 있다. 한편, 제2금융권을 중심으로 민주노총을 상급단체로 하는 사무금융연맹은 금융노조에 비해 여러 면에서 어려움을 겪고 있다. 2011년 이래로 저축은행을 비롯한 제2금융권의 부실문제는 조직 존폐와 더불어 인력 구조조정을 둘러싼 노사간 갈등으로 비화되기 일쑤였다. 향후 금융산업 노사관계 측면에서도 제2금융권 내에서의 갈등이 보다 빈번하게 촉발될 것으로 예측되고 있다.

2012년 이후 세계 금융환경의 불확실성이 증대하면서 수면 아래에 있던 은행 대형화 문제나 은행간 조직변동 등의 이슈가 불거질 가능성은 남아 있다. 최근 국내경기 부진과 가계부채 문제 등은 금융산업의 사회적 책임이라는 여론으로 조성되었다. 2011년과 2012년 금융산별 단체협약에서 사회적 책임을 명시하고 있는 맥락이기도 하다. 향후 금융산업 노사관계는 이처럼 내부 노사문제 외에도 사회적 역할에 대한 입장과 대응이 주목될 부분이다.

마. 보건의료산업

보건의료산업에서는 1987년 노동자대투쟁 이후 노조결성이 봇물을 이루며 집단적 노사관계가 형성됐다. 보건의료산업 노사관계 초기에는 노조를 인정하지 않는 사용자와 의사 중심의 일방적 경영통제에 억눌려 있던 간호사·의료기사 집단의 불만이 폭발하며 극심한 노사갈등을 야기했다. 그러다가 서울대·고려대·이화여대·한양대 병원 등 주요 병원들의 경우 노조가 합법화되면서 사용자들도 마지못해 단체교섭을 인정하게 되었다. 그러나 중소병원들의 경우 1987년 이후 설립된 노조수는 1,000개가 넘지만 현재 130개 정도가 살아남았다는 점에서 적대적 노사관계로 노조가 와해됐음을 알 수 있다. 또한 보건의료산업 노사관계가 그동안 대형병원 중심으로 구성되었음을 알 수 있다.

우리나라 보건의료산업 노사관계의 주된 특징은 단체교섭 구조의 역동성이다. 1987년 이후 기업별 노사관계가 유지됐으나 1994~2003년 대각선교섭, 2004~2008년 산별중앙교섭, 2009년 이후 대형병원의 대각선교섭과 중소병원의 특성별 교섭으로 분화되는 추세를 보이고 있다. 보건의료산업에서 산업별 노사관계는 대략 10년간 대각선교섭 기간을 거쳐 시작됐다. 보건의료산업 노조들은 병원노련의 합법화 직후 대각선교섭을 추진했으며 IMF 외환위기 이후 구조조정 위기에 직면하자 산별노조인 보건의료노조로 조직형태를 변경하고 산별교섭 구축에 나섰다. 반면, 사용자들은 기업별 교섭을 선호했다. 보건의료산업 노사관계에서 중심적인 역할을 하고 있는 사립대병원들의 경우 재벌병원과 경쟁하고 사립대병원끼리도 경쟁하는 상황에서 대형화·고급화 전략을 구사하고 있다. 경쟁에 내몰린 사용자들이 산별교섭을 통한 임금경쟁 방지와 산업정책 개발보다 기업별 교섭을 통해 노사관계를 병원 내로 국한시키는 것이 더 적합하다고 본 것이다. 또한 사용자들은 산별교섭이 노조의 힘만 더 키워줄 것이라는 의구심을 가졌다.

보건의료산업은 2004년에 최초로 산별중앙교섭을 열었다. 기업별 교섭보다 산별교섭을 지지하는 참여정부의 등장과 주40시간제라는 공통된 현안을 다루기 위해서였다. 사용자들이 교섭단 구성에 응하지 않자 노조는 14일간 전면파업을 벌였으며, 그 결과 최초의 산별협약을 체결했다. 그러나 일부 노조들이 합의사항에 항의하며 집단탈퇴하는 등 조직분리를 겪었다. 보건의료산업은 이후에도 노사간 긴장 속에서 산별중앙교섭을 진행했으며, 2007년에는 노조의 임금인상분의 일부를 재원으로 마련하여 비정규직을 정규직으로 전환하기로 합의하기도 했다. 이 시기에 금속, 금융과 함께 보건의료산업은 한국에서 산별교섭 구조 구축이라는 측면에서 큰 관심을 받았다.

그러나 대형병원 간 경쟁격화, '비즈니스 프렌들리'를 표방하며 산별교섭에 호의적이지 않은 이명박 정부의 출범 등 환경변화로 인해 2009년 사용자단체 해체와 산별중앙교섭의 와해를 맞게 되었다. 보건의료노조는 과거와 달리 전면파업을 통해 산별교섭체제를 재구축하는 대신에 대각선교섭으로 회귀했다. 반면, 경영난-인력난에 시달리는 중소병원 노사는 특성별 교섭을 통해 협조적 노사관계를 형성하고 정부에 대해 정책건의안을 제출하고 있다. 당분간 대형병원의 대각선교섭과 중소병원의 특성별 교섭으로 이원화되는 추세가 지속될지, 산별교섭체제가 재구축될지 여부는 경쟁환경에 맞선 노사의 전략적 선택에 달려 있다.

바. 건설산업

건설업의 노사관계는 환경에 있어서는 다단계의 하도급구조, 수요 불안정성, 제도 및 정책 등의 영향을 많이 받고, 행위자에 있어서는 강력한 사용자들의 조직에 비해 노동조합 단체의 힘은 미약하며, 상호작용에 있어서는 불안정한 단체교섭 관계가 특징적이다.

향후의 전망과 관련해서 환경에 있어서는 단기적으로 건설업의 경기상황이 크게 호전될 것으로는 예상되지 않으므로 파업 등 근로자들의 집단행동이 활성화될 것으로 보이지는 않는다. 하지만 건설업은 불황기에 근로자들의 임금과 고용의 불안정성이 크게 증폭되는 특징을 지니므로 지불능력이 낮은 하청업체 사용자와 임금과 고용의 불안정성이 높은 근로자 간에 이루어지는 건설업의 단체교섭을 지지부진하고 갈등적으로 만들 가능성이 있다.

건설업에서 노동조합의 조직률은 4.4% 정도로 전 산업 조직률 9.8%에 비해 절반에도 못 미치는 반면, 건설업의 사용자들은 전국건설협회와 전문건설협회를 통해 비교적 잘 조직되어 있어서 세력관계상 사용자 우위의 상황은 유지될 것이다. 다만, 이 부문의 주요 노조들이 대립주의적이고 동원력이 높으며, 사회경제적 파급력이 높은 업종을 조직하고 있다는 점 때문에 상호작용 여하에 따라서는 일시적인 세력균형 상황이 조성될 수도 있을 것이다.

단기적으로 노사간의 상호인정과 단체교섭의 안정화를 둘러싼 힘겨루기가 거듭될 가능성이 높다. 노사간 상호인정과 신뢰 수준이 낮아서 단체교섭 관계가 형성되어 있어도 환경이나 상황의 변화가 생길 경우 쉽게 대립적 상호작용을 선택하는 경우가 나타나고 있다. 따라서 상호인정과 신뢰 수준의 제고와 그에 긍정적인 영향을 줄 수 있는 제도적인 상호작용 관계의 조성이 과제가 될 수밖에 없다.

여러 변수의 동향을 살펴보았을 때 건설업의 노사관계는 사용자가 우위에 서기는 하지만 불안정한 상황이 계속 전개될 가능성이 있다. 이러한 불안정성을 불식하고 호혜성과 상호신뢰에 바탕한 관계가 형성되기 위해서는 이 부문 노사관계에 대해 중위조합주의(meso corporatism)적 접근이 필요할 것으로 판단된다. 이는 다른 산업에 비해 공공부문의 제도·정책적 관여가 보다 적극적으로 전개될 필요가 있음을 의미한다.

여러 산업 중에서도 건설업은 주문에 의한 생산과 자연환경의 영향에 직접 노출되는 작업환경으로 인해 생산과 근로조건의 불안정성이 특히 두드러진 산업의 하나라 할 수 있다. 반면 건설업은 단일 산업으로 GDP 내 비중이 크고, 시장 수요의 약 30%가량을 정부 등 공공부문이 담당하고 있으며, 산업의 공공적 성격도 크다. 한편, 산업적 불안정성에 대처하기 위한 건설업체들의 관행에서 유래된 다단계 하도급구조가 이제는 산업발전과 고용관계에 부정적인 영향을 주고 있어서 이를 개선하기 위한 적극적인 제도·정책적 대응이 불가피하다. 특히 이 부문 근로자들의 경우 이러한 건설업 특유의 산업여건하에서 불공정한 처우와 불안정한 조건의 희생양이 되어 왔다는 지적이 많았고, 실제 이 때문에 최근에는 건설업에 대한 매력이 감소하여 건설 기능인력의 안정적인 재생산에 대한 우려가 커지고 있는 형편이다.

이러한 상황을 종합할 때 불법하도급 근절 등 산업구조의 선진화, 건설인력의 고용안정과 근로조건 개선 및 육성개발, 단체교섭 관계의 안정화를 포함한 노사관계 개선 등을 추진할 수 있는 노사정 간의 중장기적 논의구조가 마련되고, 이 틀 안에서 다음의 사안들에 대한 개선대책이 마련되는 것이 필요할 것이다.

첫째, 불법하도급 문제를 비롯하여 발주처-원도급-하도급 간의 공정한 게임 규칙과 보상 등 건설업 산업구조의 선진화 개혁이 지속적이고 강도 높게 추진되어야 할 것이다. 둘째, 임금-고용-안전-훈련-복지 등에서 불안정성과 낙후성을 벗어날 수 있는 강도 높은 개선대책이 노사정 간에 논의될 필요가 있을 것이다. 셋째, 노사관계에서 안정적인 상호작용의 틀을 갖출 수 있도록 노동행정 당국의 지원이 필요할 것이다. 특히 노동조합과 발주처 및 원청 사용자 간의 상호작용, 전국과 지역 단위에서의 안정적인 상호작용을 위한 집단적 주체의 형성을 위해 이러한 지원이 긴요하다. 넷째, 건설업 취업자의 10% 이상을 점하는 특수형태 고용의 종속노동적 속성과 계약상 세력 열위 속성을 고려하여 집단적 단결과 교섭을 할 수 있는 제도가 하루 빨리 마련되어야 한다.

사. 운수산업

최근 버스・택시운수업의 노사관계에서 공통적으로 두드러진 현상은 복수노조의 활발한 설립이다. 아직 정확한 집계가 이루어지지 않았지만 버스업종에서는 약 100건, 택시업종에서는 약 200건의 복수노조가 탄생하였다. 이는 기존의 지배적인 노조인 전국자동차노동조합연맹과 전국택시노동조합연맹 소속 사업장의 약 20% 및 10%에서 경쟁노조가 설립되었음을 의미한다. 이로 인해 기존 노조들의 대처 움직임이 더욱 바빠졌다.

공통점에도 불구하고 버스・택시운수업의 복수노조 현상은 성격상 차이가 있다. 버스업종의 경우 전주버스 파업에서 표출된 것처럼 경쟁노조인 민주노총 공공운수 노조의 대두가 관심사로, 이 부문에서는 향후에도 노조간 경쟁과 그에 따른 노사관계의 불확실성 증대를 얼마간 예측할 수 있을 것이다. 반면, 택시업종의 경우 양대노총에 가입하지 않은 기업별 노조 형태의 독립노조들이 이 부문 복수노조 발생의 2/3를 차지하고 있으며, 노조측은 그 대다수가 사용자에 의해 지원받는 조직이라고 우려하고 있다. 양 업종은 노사간 세력균형에 있어서 상당한 차이가 있고, 택시의 경우 2000년대 들어와 경영환경이 악화되면서 사용자의 노조에 대한 공격적 태도가 증가하였는데, 택시업종의 복수노조 현상은 이를 반영하는 것으로 보인다. 한편, 복수노조체제의 도래가 두 업종의 안정적인 지역별 단체교섭 틀에 어떤 영향을 줄지도 지켜볼 사항이다. 사업장에서의 노조간 경쟁이 사용자의 '갈등의 외부화'에 대한 바람을 크게 할 수도 있지만, 반면 현재의 집단교섭체제의 약화로 이끌 수도 있기 때문이다.

또한 두 부문 모두 공공의 규제를 많이 받는 업종으로 최근 몇 가지 정책적 이슈가 노사관계에서 제기되었다. 버스업종의 경우 준공영제 이슈와 노동시간 단축 이슈가 향후에도 꾸준히 높은 우선순위를 가지고 노사정 간에 논의될 것이다. 택시업종의 경우 택시의 대중교통 수단으로서의 인정, 지입제 폐지, 운송수입금전액관리제 등이 높은 우선순위를 가지고 노사정 간에 논의될 사안들이다. 택시업종의 정책 사안들은 노사간의 세력관계가 빠르게 변화함으로써 정부측의 제도개혁 의지 없이는 의미 있는 사태 발전을 꾀하기 힘들 것이다.

향후 노사관계를 예상해 보면 버스의 경우 사업장 복수노조체제의 도래에 따른 노조간 경쟁과 이에 따른 노사관계의 유동성이 더욱 확대될 것으로 예상된다. 반면, 택시업종의 경우 사용자측의 복수노조체제에 관한 전략적인 활용이 더욱 증대하면서 그간의 대노조 압력이 더욱더 강해지리라 예상된다.

2. 한국의 산업별 노사관계의 특징

가. 산업별 노사관계 약화와 기업별 노사관계로 회귀

IMF 외환위기 이후 한국의 산업별 노사관계에 영향을 미치는 공통된 환경요인은 공공과 민간을 막론하고 경쟁격화와 구조조정이라고 할 수 있다. 한국의 노조는 1997년 외환위기 이후 공공부문, 금속, 금융, 보건의료산업 등에서 단행된 산업 차원의 구조조정에 공동으로 대응하기 위해 산별노조 전환이라는 전략적 선택을 했다. 그러나 사용자들은 이중교섭으로 인한 교섭비용 증가, 현장 노사관계의 불안 가중 등의 이유를 들어 반대했다. 이처럼 노사간 시각 차이로 인해 대부분의 산업에서 기업별 교섭이 진행되다가 2000년대 들어 금속, 금융, 보건의료, 건설의 일부 업종에서 산별교섭이 성사됐다. 그러나 2008년 이후 산별교섭이 위축되는 양상이 공통적으로 나타나고 있다. 특히 금속산업과 보건의료산업의 산별교섭은 대형사업장이 아닌 중소기업 노사단체 중심으로 진행되고 있다. 금융산업의 경우 산별중앙교섭과 지부별 보충교섭 형태가 형성되었다가 최근 들어 중앙-대표-대대표 교섭 등으로 다층화되고 있다. 1987년 이후 지역별 교섭체제를 구축한 운수업의 경우에도 경영난 편차에 따른 교섭구조 분권화 현상이 심화되고 있다. 건설의 경우 타워크레인 등 일부 업종에서 지역별 교섭을 지속하고 있으나, 전체적으로 기업별 교섭구조가 지속되고 있다. 공무원의 경우 노조의 합법성 여부에 따라 노사관계 이원화가 지속되고 있으며, 공공기관은 기업별 교섭구조를 지속하고 있다.

또한 2000년대 후반 들어 노조의 교섭력 약화 현상이 공통적으로 나타난다고 할 수 있다. 특히 1997년 금융위기와 마찬가지로, 2008년 글로벌 외환위기에 따른 사용자의 교섭력 강화가 노조의 교섭력 약화의 주된 원인이라고 할 수 있다. 2000년대 들어 금융, 금속, 공공기관, 보건의료산업에서는 산별교섭 촉구와 주5일제 도입, 구조조정 반대 등을 이유로 산별 수준의 전면파업을 통하여 사용자를 압박했다. 그러나 글로벌 외환위기 이후 노조의 교섭력 약화로 인해 대립과 갈등에서 공존과 타협으로 변화했다고 할 수 있다. 전면파업보다 집회, 항의면담, 광고홍보 중심의 활동이 확산되는 한편, 대국회 면담, 대정부・대지자체 면담 등을 통한 정책건의 활동이 활발한 편이다. 공공기관의 경우 1990년대 초・중반 정부의 임금 가이드라인 설정에 대해 노조의 반대가 극심했으나, 최근에는 이를 이유로 파업에 돌입하는 사례는 찾아보기 힘들다. 김대중-노무현 정부에서 이명박 정부로 이어지며 공공부문 선진화에 대한 정부 차원의 의지가 점차 강해지며 노조가 이에 순응한 것으로 해석된다.

전체적으로 파업이 현저히 감소한 가운데, 일부 사업장에서는 오히려 노사갈등이 장기화되는 현상이 나타나고 있다. 정리해고로 인한 갈등으로 SC제일은행노조의 경우 60일의 파업, 쌍용자동차는 77일간 파업을 벌였으며, 한진중공업의 경우 고공 크레인농성이 1년을 넘겼다. 사내하청이나 특수고용 등 비정규직 문제가 노사갈등의 원인인 경우에 해당되는 기륭전자, 경북대병원에서 수년간 노사갈등이 지속됐다. 복수노조 도입으로 인한 노사갈등은 전주버스가 두드러진 사례로 144일간 파업이 전개됐다. 요약하면 전체적으로 파업은 감소하는 가운데 일부 사업장에서 파업에 돌입할 경우 상당히 장기화되는 양상으로 나타나고 있다.

나. 복수노조 도입과 노동운동의 활성화 조짐

13년간 유예됐던 기업단위 복수노조가 2011년 7월부터 본격적으로 도입되기 시작되어 1년을 넘기는 동안 840개가 넘는 신규노조가 결성되었다. 1989년 19.8%를 정점으로 꾸준히 하락하던 노조조직률이 2010년 9.8%로 최저점을 찍은 뒤, 2011년 0.3% 반등하여 10.1%(약 170만 9,000명)에 이른 것은 복수노조 도입이 어느 정도 영향을 미친 것으로 보인다. 복수노조 도입이 1년을 넘기며 노조설립 추세는 안정국면에 접어들었다고 할 수 있다. 고용노동부에 따르면 노조 일평균 설립개수는 복수노조 시행 첫 달 10.4개를 기록한 뒤 지속적으로 감소하다가 2012년 6월 0.8개로 감소세를 보였다. 복수노조 도입은 2011년 노조조직률이 전년도에 비하여 0.3% 상승하여 10.1%가 되었다는 점에서 노조 활성화의 계기로 작용한다고 할 수 있다.

예상과 달리, 삼성이나 포스코 등 무노조 사업장에서 노조가 설립되기보다는 기존의 한국노총과 민주노총 소속 사업장에서 주로 복수노조가 출현했다. 시행 초기부터 상급단체 가입 없이 독립노조로 설립하는 양상이 나타나면서 기존 양대노총에서 분화한 신규노조가 전체의 64.4%에 달했다. 현장 중심의 실리적 운동으로 변하기를 원하는 근로자들의 정서가 반영된 것으로 해석된다. 아울러 민주노총과 한국노총의 노조법 재개정 투쟁기조에도 현장에서는 교섭창구단일화 이행률이 97%를 넘어 제도가 빠르게 안착하고 있다고 할 수 있다.

이처럼 전체적으로 복수노조 도입이 노사갈등으로 비화되지는 않고 있으나 특히 운수업에서는 노사갈등 요인으로 작용하고 있다. 2011년 버스·택시 운수업의 노사관계에서 공통적으로 두드러진 현상은 복수노조의 활발한 설립이다. 제도 도입 6개월 동안 버스업종에서는 약 100건, 택시업종에서는 약 200건의 복수노조가 탄생하였다. 이는 기존의 지배적인 노조인 전국자동차노동조합연맹과 전국택시노동조합연맹 소속 사업장의 약 20% 및 10%에서 경쟁노조가 설립되었음을 의미한다. 이로 인해 기존 노조들의 대처 움직임이 더욱 바빠졌다. 공통점에도 불구하고 버스·택시운수업의 복수노조 현상은 성격상 차이가 있다.

버스업종의 경우 전주버스 파업에서 표출된 것처럼 경쟁노조인 민주노총 공공운수노조의 대두가 관심사로, 이 부문에서는 향후에도 노조간 경쟁과 그에 따른 노사관계의 불확실성 증대를 얼마간 예측할 수 있을 것이다. 반면, 택시업종의 경우 양대노총에 가입하지 않은 기업별 노조 형태의 독립노조들이 이 부문 복수노조 발생의 2/3를 차지하고 있으며, 노조측은 그 대다수가 사용자에 의해 지원받는 조직이라고 우려하고 있다. 양 업종은 노사간 세력균형에 있어서 상당한 차이가 있고, 택시의 경우 2000년대 들어와 경영환경이 악화되면서 사용자의 노조에 대한 공격적 태도가 증가하였는데, 택시업종의 복수노조 현상은 이를 반영하는 것으로 보인다. 한편, 복수노조체제의 도래가 두 업종의 안정적인 지역별 단체교섭 틀에 어떤 영향을 줄지도 지켜볼 사항이다. 사업장에서의 노조간 경쟁이 사용자의 '갈등의 외부화'에 대한 바람을 크게 할 수도 있지만, 현재의 집단교섭체제의 약화로 이끌 수도 있기 때문이다.

한편, 시행 2년을 맞은 근로시간면제제도도 지난 6월 기준 도입률 98.8%, 준수율 99.8%로 정착단계에 접어들었다는 평가다. 한국노총 사업장에서 99.5%, 민주노총 사업장에서 98.0%, 미가입 사업장에서 97.7%로 상급단체 가입 노조 사업장에서 도입률이 높은 것으로 나타났다. 이 또한 우려와 달리 빠른 속도로 현장에 안착되고 있다고 할 수 있다.

다. 노조운동의 실리주의 경향 강화

최근 들어 노조의 실리주의 추구 경향이 두드러지고 있다. IMF 외환위기 이전에는 주로 한국노총 소속 노조들이 경영은 회사의 몫이고 노조는 근로조건만 개선시키면 된다는 인식이 강했다. 예를 들어 운수노조들의 경우 단체협약에 있어서도 임금 및 근로조건이 주된 내용을 이루며 노조의 인사경영권 참여에 관한 내용은 거의 추구하고 있지 않았다. 반면, 민주노총 소속 노조들은 단체교섭을 통해 임금 및 근로조건 향상뿐만 아니라 인사경영권 참여를 위한 제도적 장치 마련에 적극적이었다. 또한 노조의 관심대상은 기업 내 사안뿐만 아니라 사회정치적 문제를 포괄했다. 노조의 투쟁 자체가 정치적 성격을 띠는 경우도 많았다. 그러나 IMF 외환위기 이후에는 전투적 노조운동의 상징이었던 민주노총 소속 대기업 정규직 노조들의 실리추구 현상이 강화되었다. 이는 구조조정과 고용불안을 경험한 정규직 노조들이 비정규직을 정규직 고용안정의 안전판으로 삼기 시작하면서 두드러졌다고 할 수 있다. 나아가 비정규직 노조원들의 파업이나 공장점거 과정에서 정규직 노조와 갈등을 빚는 사례를 어렵지 않게 찾을 수 있다. 정규직과 비정규직 갈등은 이념에 기반한 연대보다 자신의 처지와 조건에 기반한 경제적 이익, 실리주의를 우선시하는 경향 때문에 더욱 깊어지고 있다. 금속산업의 예를 볼 때, 노조의 실리주의 추구는 대공장 노조에서 더욱 강화되고 있으며, 이미 최고 수준의 임금과 복지혜택을 받고 있어서 산별중앙교섭 참가에도 관심을 보이지 않는 원인이 되고 있다.

노조의 실리주의 경향 심화는 점점 치열해지는 글로벌 경쟁, 고용불안으로 인한 위축 이외에도 조합원들의 고령화로부터 기인한다고 할 수 있다. 예를 들어 금속노조의 주축인 현대자동차와 기아자동차를 비롯하여 주요 공기업 조합원들의 평균연령이 40대 후반에 접어들었다. 이에 실리주의를 앞세우며 회사의 경쟁력 강화를 위한 노사협력을 수용하는 경향이 강해지고 있는 것이다. 그러나 장기적 관점에서 기업의 경쟁력 강화를 위한 전략적 모색보다는 기업성과와 연동한 임금인상 또는 성과급 인상이 단체교섭의 최대 쟁점으로 부각되는 것이다.

이는 공공부문 노사관계에서도 마찬가지이다. 공무원 노사관계의 경우 이명박 정부 출범 이후 '법과 원칙에 근거한 노사관계'가 정착되며 공노총을 위시한 합법노조와 소통이나 협력이 증가한 반면, 전공노와의 불협화음이 심화된 측면이 있다. 공노총 중심의 합법노조들은 탈정치와 노정간 상생협력 선언 등을 통해 정부와 협력을 강화시켜 나가고 있다. 또한 공공기관 노조들의 경우 IMF 외환위기 이후 민영화에 대별되는 공공성 담론을 제기하며 이념적 지향을 드러냈다. 그러나 이명박 정부가 들어선 이후에는 이러한 담론을 사회여론으로 확대하거나 노조의 투쟁근거로 삼는 사례를 찾기 어려워졌다.

이는 1987년 이후 노동-자본 간 계급대립의 시각으로 노사관계를 바라보던 시각이 노조운동 내에서 현저하게 약화되고 있는 것으로 볼 수 있다. 2000년대 중반 이후 민주노총 소속 주요 대기업 노조들은 이념적 성격을 강하게 드러내는 간부들 대신 실리지향적인 간부들이 선거에서 승리해 왔다. 그러나 이러한 노사협조적 기조가 전략적 파트너십으로 도약한 사례는 드물어 보인다. 거의 모든 산업에서 노조의 경영참가를 확산시키기 위한 체계적 도입이나 노사간 공동노력이 부족하다고 할 수 있다.

라. 다면적 노사관계의 등장

그동안 민간부문 노사관계는 노사간의 양면적 관계(bilateral relationship)로 이론이 정립되어 왔다. 그러나 2000년대 들어 한국 노사관계 갈등의 주체로 떠오른 비정규직 노조의 등장은 다면적 노사관계(multilateral relationship)로 시각을 전환해야 할 필요성을 제기하고 있다. 기존의 이론에 따르면, 노사는 1:1의 대립관계를 형성하여 교섭석상에서 노조가 얻는 금전적인 이익은 정확히 그 액수만큼 사용자의 손해로 나타난다고 한다. 경쟁시장에서는 임금인상분을 소비자에게 쉽게 전가하지 못하기 때문이다. 그러나 비정규직 노조의 등장은 이러한 노사간의 양면적 관계를 희석시키고, 정규직 노조, 비정규직 노조, 원청사용자, 하청사용자 간의 다면적 관계가 등장했음을 보여 주고 있다. 다시 말해 교섭석상에서 정규직 노조가 얻는 금전적 이익이 고스란히 사용자의 부담으로 남지 않고, 사용자는 그중의 일부라도 교섭력이 약한 비정규직 노조원이나 하청업체 직원의 처우악화로 전가할 수 있게 된 것이다.

그간 노사의 분배적 교섭(distributive bargaining)은 제로섬 게임이라는 이론이 형성되어 왔으나 비정규직의 등장으로 사용자는 정규직 노조의 임금인상으로 인해 손해 보지 않고 그대로 비정규직에 전가할 수 있게 된 것이다. 이는 노사간 제로섬 게임이 노노간 제로섬 게임으로 전화될 가능성이 생겨난 것이다. 정규직과 비정규직이 임금인상과 고용안정이라는 파이를 두고 서로 직접적으로 경쟁하는 상황으로 내몰리는 사례가 발견되는 경우도 흔하다고 할 수 있다. 정규직의 임금인상이 비정규직의 처우를 저하시키는 사례도 있고, 비정규직의 증가는 정규직 노조원들의 고용불안으로 나타나기도 한다. 결국 정규직 노조는 조합원들의 이해관계를 보호하기 위해 비정규직 노조의 결성과 활동을 방해하거나 제약하는 현상이 나타난다. 일부 사례를 제외하고 대부분의 경우 정규직 노조가 비정규직 노조의 노력을 방치하거나 대립관계를 보이고 있다.

비정규직 노사관계의 등장은 파업주체의 변화를 함께 보여 주고 있다. 구조조정을 제외하고는 정규직 노조가 파업에 돌입하는 경우는 찾기 어려운 반면, 비정규직 노조의 파업은 어렵지 않게 찾을 수 있다. 비정규직 노조의 투쟁은 기존 정규직 노조와의 연대보다 시민사회단체와 연대하여 장기화되는 경우가 대부분이다. 사용자들은 주로 무대응으로 일관하고 있으나 사회적 부담감을 강하게 느끼는 편이다. 향후 정책담당자들은 비정규직 노사갈등 문제를 해소하기 위한 대비가 필요하다.

비정규직의 처우개선과 정규직 전환은 개별기업 수준의 해법보다는 산별 수준이나 국가의 정책적 개입을 통한 수단이 보다 효과적일 것으로 보인다. 금융산업과 보건의료산업 사례는 산별교섭과 보충교섭을 통해 비정규직 처우개선과 정규직 전환을 부분적으로 노사합의한 과정을 보여 준다. 최근에는 공공부문에서 청소용역 근로자를 비롯하여 비정규직 근로자들의 근로조건을 개선시키거나 정규직으로 전환하는 사례들이 나타나고 있다. 물론 이는 전체 비정규직 근로자 규모와 비교하면 극히 일부에 해당되는 것이다.

갈수록 빈부격차가 심화되면서 미국, 영국, 프랑스, 이탈리아, 그리스, 칠레 등 세계 각지에서 대학생, 서민, 비정규직의 집회가 빈발하고 있다. 우리나라의 경우도 광우병, 대학등록금을 이슈로 한 시위가 빈번하게 일어났다. '월스트리트를 점령하라(Occupy, Wall Street!)'는 구호에서 보이듯이, 자본주의 자체에 대한 분노가 확산되고 있음을 알 수 있다. 특히 학력과 생산성이 비슷한데도 입직경로 차이 때문에 정규직과 비정규직으로 분화된다면 계급사회적인 고용구조를 각인시킬 가능성이 크다. 이는 사회적 안정 자체에 큰 위협으로 작용할 수 있다. 빈부격차가 완화되지 않고 비정규직의 분노가 누적되면, 1987년 대투쟁과 마찬가지로 다시 대규모 투쟁이 일어나지 않는다고 장담할 수 없다. 비정규직 노조운동의 움직임을 예의 주시할 필요가 있다.

찾아보기

ㅊ

공저자 약력

김동원

고려대학교 노동대학원장 및 경영대학 교수
국제노동고용관계학회 차기회장
한국고용노사관계학회 부회장
중앙노동위원회 공익위원
근로시간면제심의위원회 공익위원
고용노동부 정책평가위원
고려대학교 기획예산처장, 총무처장 역임
뉴욕주립대학교 경영대학 교수 역임

김승호

자동차연맹, 금속산업연맹, 금속노조 정책국장 역임
민주노총 정책연구원 연구위원 역임
고려대학교 경영학박사
고려대학교 노동대학원 강사
고려대학교 노동문제연구소 연구교수

김영두

한국노동사회연구소 연구위원 역임
고려대학교 경영학 박사과정 수료

손동희

고려대학교 경영학 박사
고려대학교 노동대학원 강사
한국기술교육대학교 고용노동연수원 교수

유병홍

공공운수연맹 정책실장, 민주노총 정책실장 등 역임
고려대학교 경영학박사
고려대학교 노동대학원 강사
고려대학교 노동문제연구소 연구교수

정경은

민주노총 정책국장 역임
고려대학교 경영학 박사과정 수료

한국의 노사관계: 산업별 동향과 전망

초판인쇄 2013년 4월 25일
초판발행 2013년 4월 30일

지은이 김동원 · 김승호 · 김영두 · 손동희 · 유병홍 · 정경은
펴낸이 안종만

편 집 김선민 · 이강용
기획/마케팅 박광서
표지디자인 김지은
제 작 우인도 · 고철민

펴낸곳 (주) 박영사
서울특별시 종로구 평동 13-31번지
등록 1959. 3. 11. 제300-1959-1호(倫)
전 화 02)733-6771
f a x 02)736-4818
e-mail pys@pybook.co.kr
homepage www.pybook.co.kr
ISBN 978-89-6454-410-5 93320

정 가 28,000원